丛书主编 吴松弟　丛书副主编 戴鞍钢

Modern Economic Geography of China
Vol. 6

林玉茹　姜修宪　周子峰　王湛 著

中国近代经济地理——第六卷

闽台近代经济地理

华东师范大学出版社
全国百佳图书出版单位

图书在版编目(CIP)数据

中国近代经济地理.第6卷,闽台近代经济地理/林玉茹等著.—上海:华东师范大学出版社,2016.5
(中国近代经济地理)
ISBN 978-7-5675-5030-8

Ⅰ.①中… Ⅱ.①林… Ⅲ.①经济地理-中国-近代②经济地理-福建省-近代③经济地理-台湾省-近代　Ⅳ.①F129.9

中国版本图书馆CIP数据核字(2016)第122792号

中国近代经济地理

第六卷　闽台近代经济地理

丛书主编	吴松弟　副主编　戴鞍钢
本卷著者	林玉茹　姜修宪　周子峰　王　湛
策划编辑	王　焰
项目编辑	庞　坚
特约审读	方学毅
责任校对	林文君
版式设计	高　山
封面设计	储　平
出版发行	华东师范大学出版社
社　　址	上海市中山北路3663号　邮编200062
网　　址	www.ecnupress.com.cn
电　　话	021-60821666　行政传真　021-62572105
客服电话	021-62865537　门市(邮购)电话　021-62869887
门市地址	上海市中山北路3663号华东师范大学校内先锋路口
网　　店	http://hdsdcbs.tmall.com
印刷者	上海中华商务联合印刷有限公司
开　　本	787×1092　16开
印　　张	32.75
字　　数	659千字
版　　次	2016年5月第1版
印　　次	2017年4月第2次
书　　号	ISBN 978-7-5675-5030-8/K·469
定　　价	115.00元
出版人	王　焰

(如发现本版图书有印订质量问题,请寄回本社市场部调换或电话021-62865537联系)

本书为
国家出版基金资助项目
"十二五"国家重点图书出版规划项目
上海文化发展基金会图书出版专项基金资助项目

《中国近代经济地理》总序

吴松弟

描述中国在近代(1840—1949年)所发生的从传统经济向近代经济变迁的空间过程及其形成的经济地理格局,是本书的基本任务。这一百余年,虽然是中国备受帝国主义列强欺凌的时期,却又是中国通过学习西方逐步走上现代化道路,从而告别数千年封建王朝的全新的历史时期。1949年10月1日中华人民共和国成立,中国的现代化进入新的阶段。

近20年来,中国历史地理学和中国近代经济史研究都取得了较大的进步,然而对近代经济变迁的空间进程及其形成的经济地理格局的研究,却仍处于近乎空白的状态。本书的写作,旨在填补这一空白,以便学术界从空间的角度理解近代中国的经济变迁,并增进对近代政治、文化及其区域差异的认识。由于1949年10月1日以后的新阶段建立在以前的旧时期的基础上,对中国近代经济地理展开比较全面的研究,也有助于政府机关、学术界和企业认识并理解古老而广袤的中国大地上发生的数千年未有的巨变在经济方面的表现,并在学术探讨的基础上达到一定程度的经世致用。

全书共分成9卷,除第一卷为《绪论和全国概况》之外,其他8卷都是分区域的论述。区域各卷在内容上大致可分成两大板块:一个板块是各区域近代经济变迁的背景、空间过程和内容,将探讨经济变迁空间展开的动力、过程和主要表现;另一个板块是各区域近代经济地理的简略面貌,将探讨产业部门的地理分布、区域经济的特点,以及影响区域经济发展的主要因素。

在个人分头研究的基础上,尽量吸收各学科的研究成果与方法,将一部从空间的角度反映全国和各区域经济变迁的概貌以及影响变迁的地理因素的著作,奉献给大家,是我们的初衷。然而,由于中国近代经济变迁的复杂性和明显的区域经济差异,以及长期以来在这些方面研究的不足,加之我们自身水平的原因,本书在深度、广度和理论建树方面都有许多不足之处。我们真诚地欢迎各方面的批评,在广泛吸纳批评意见的基础上,推进中国近代经济地理的研究。

目 录

绪 论 /1
  第一节 闽台地区的研究范围界定 /1
  第二节 研究回顾 /5
  第三节 研究方法 /9

第一篇 近代闽东闽北经济地理

第一章 绪论 /17
  第一节 区域研究对象、资料及历史经济地理研究脉络 /17
  第二节 区域经济变迁的地理背景和历史基础 /21

第二章 对外贸易的发展 /25
  第一节 进出口贸易的发展 /25
  第二节 口岸—腹地圈的形成与变迁 /43

第三章 工业化进程 /48
  第一节 机器工业的成长与分布 /48
  第二节 传统手工业的分布与变迁 /67

第四章 农业生产与布局 /79
  第一节 土地利用与农业生产 /79
  第二节 农业 /91
  第三节 林牧渔业 /105

第五章 交通运输业的演进 /118
  第一节 现代交通运输业的兴起与繁荣 /118
  第二节 传统水陆运输业的维持与发展 /145

第六章 区域经济差异及其成因 /153
  第一节 自然环境与区域经济差异的形成和变迁 /153
  第二节 现代交通运输网络构建与区域经济联系的加强 /157
  第三节 区域经济中心与经济腹地的变迁 /158

第二篇　近代闽南闽西经济地理

第一章　绪论 /165
  第一节　福建南部区域的界定 /165
  第二节　学术源流 /167
  第三节　福建南部自然地理环境 /172

第二章　近代经济变迁的动力与原因 /176
  第一节　传统经济网络的形成 /176
  第二节　华侨与近代本区域的经济变迁 /179
  第三节　通商口岸对区域近代化的作用 /182

第三章　产业部门的变迁与地理分布 /187
  第一节　交通与通讯的发展 /187
  第二节　农业发展 /201
  第三节　传统手工业的演化 /218
  第四节　新式产业的兴起 /227
  第五节　经贸关系的发展 /235

第四章　城镇体系的发展 /256
  第一节　开港前本区的城市发展 /256
  第二节　开港后本区城市发展的动力 /257
  第三节　从米粮市场运销结构看本区城镇体系 /258
  第四节　近代厦门的城市发展 /261
  第五节　近代本区中小型城镇的发展 /275
  第六节　近代本区墟市的发展 /280

第五章　两大区域经济的变迁与区域特点 /282
  第一节　闽南地区 /282
  第二节　闽西地区 /283

第三篇　近代台湾经济地理（清统治时期）

第一章　绪论 /287
  第一节　问题意识 /287
  第二节　研究回顾 /289
  第三节　研究方法 /298

第二章　鹿耳门正口下的全岛型经济区（1684—1783年）／301

第一节　鹿耳门与厦门正口对渡机制的形成／301
第二节　地域经济区的萌芽与鹿耳门正口体制的松弛／306
第三节　作为全岛政治经济中心的府城／323
第四节　商人团体的出现与扩散／326

第三章　清中叶三大区域型经济区的鼎足而立（1784—1850年）／330

第一节　单一正口对渡政策的打破：由三正口至五正口／331
第二节　以鹿耳门—府城为中心的区域型经济区／334
第三节　鹿港区域型经济区／339
第四节　八里坌—新艋区域型经济区／345
第五节　噶玛兰地区型经济区／352

第四章　开港前后的南北双核心区域型经济区（1851—1895年）／357

第一节　被迫的自由贸易时代与经济近代化的萌芽／358
第二节　全岛版图的完成与政治近代化／370
第三节　淡水—基隆区域型经济体系／373
第四节　安平—打狗区域型经济区／391

第五章　结论／402

第四篇　近代台湾经济地理（日据时期）

第一章　绪论／407

第一节　综述／407
第二节　研究回顾／419

第二章　第二次世界大战前的经济地理／424

第一节　台湾作为日本殖民地原材料供应基地的形成／424
第二节　山地经济状况：樟脑生产与原住民传统经济及生态破坏／427
第三节　20世纪30年代以前的工业分布／432

第三章　第二次世界大战期间的经济地理／440

第一节　第二次世界大战期间台湾的"工业化"／440

第二节　战争后期台湾"重化工业"和基础设施的破坏和毁灭 / 444
第四章　日据时期的区域经济和交通体系 / 447
　　第一节　日据时期的区域经济 / 447
　　第二节　港口建设和海运事业 / 450
　　第三节　铁路交通 / 452
　　第四节　公路交通与陆路交通体系 / 456
　　第五节　城市及其市街体系 / 457

表图总目 /　459
参考征引文献举要 / 463
索引 / 495

绪　论[*]

第一节　闽台地区的研究范围界定

本卷综论近代以来福建和台湾两个经济地理区的变迁。福建简称闽，因此定名为闽台卷。之所以将闽、台合卷，主要基于以下理由：首先，台湾于康熙二十三年（1684年）正式纳入清朝版图，直至光绪十三年（1887年）台湾建省，长期为福建省下的一府。其次，康熙二十三年，清廷开海禁，除了于厦门设立闽海关之外，也实行台湾鹿耳门与福建厦门港口对渡管理政策，其后虽然台湾中北部地区又陆续开放几个对渡正口，但仍限制台湾一府仅能与福建省的特定港口交通往来。直至道光二十四年（1844年）开放台湾与华中的宁波、乍浦对渡之后，才打破清初以来台湾各港口仅与福建各港口贸易往来的官方规定。① 再者，正由于清廷政策、福建与台湾一海相隔的地缘关系，使得清代台湾的移民大多来自福建地区，近代两地的连结也相当紧密。另一方面，自清初以来，台湾与福建的贸易结构也相当类似，两地的商人又组成各种商人团体，进行中国沿海或东南亚的贸易。基于此，本卷将福建和台湾两个经济地理区合卷。

福建经济地理区由于幅员广大，无论从自然环境的地形、地景，或是人文条件的语言、风俗、交通以及市场关系，均有不小的地域性差异存在，又分成闽东、闽北和闽南、闽西两大篇。台湾则以时间取向分成清代和日据时期两大篇。②

福建分成两大板块来讨论，自民国以来即有例可循。清代文献中并未发现有关福建经济区划的记载。民国以来，尤其是抗战以后，随着对福建经济问题研究的需要，时人已开始注意福建省经济区的划分。划分方法主要有两种。第一种，绝大多数学者依据自然地理位置和政治区划的不同，将全省划分为闽北、闽西、闽南以及闽东四部分，③ 或是划分为闽东区、闽海区、闽北区、漳厦区以及闽西区等五部分。④ 第二种则以水系为参照，根据原料、动力、集散、交通等四方面，将福建经济区划分为闽江区、晋兰区、龙汀区和闽东区。⑤ 至于各个经济区具体包括哪些县（区），更因研究内容和角度的不同而不尽一致。

---

* 全书绪论由林玉茹、姜修宪撰稿。
① 林玉茹：《由私口到小口：晚清台湾地域性港口对外贸易的开放》，林玉茹主编：《比较视野下的台湾商业传统》，中研院台湾史所，2012年，第135—168页。
② 1895年，台湾在《马关条约》签订后割让给日本，在学理上属于日本的殖民地。直至1945年日本无条件投降，台湾才又重新纳入中国领土。
③ 包望敏：《福建省立农学院农业考察团工作报告》，《新农季刊》，1941年第1卷第4期，第247页。
④ 陈明璋、陈心渊、叶阑清：《福建省农业特征初步调查报告》，《福建农业》，1947年，第7卷合订本，第186页。
⑤ 季天祐：《福建经济建设之路》，福建省政府建设厅经济研究室：《福建经济问题研究》第1辑，1947年，第48页。

本卷根据自然地理条件和历史时期较稳定的行政区划,并参照前人的分区方式,将福建全省分成闽西、闽南、闽东、闽北四部分。闽北、闽东作为第一篇,闽南和闽西作为第二篇。然而,由于福建呈南北长而东西狭的斜长方形,故所谓闽东实偏东北,而闽北与闽西则分据本省西北与西南。

地理条件

福建省地处中国东南沿海,北纬23°33′—28°20′,东经115°50′—120°40′之间,东北与浙江省比邻,西北横贯武夷山脉与江西省交界,西南与广东省相接,东隔台湾海峡与台湾相望。全省海域面积达13.6万平方公里,比陆地面积还大,海岸线长达3 752公里,居全国第二。陆地面积12.14万平方公里,占全国总面积的1.26%。[①] 福建地处亚热带,因靠近北回归线,且背山面海,既可阻挡北方寒冷空气南下,又不妨碍海洋暖湿气流的进入,故本省大部分地区冬无严寒,夏少酷暑,雨量充沛,形成暖热湿润的亚热带海洋性季风气候。又由于纬度和地形的作用,全省冬天普遍较温暖,且自北而南温度逐渐升高,但各地差别也很大。年平均气温多在16℃—22℃之间,各地日平均气温≥10℃的稳定期积温大致在4 400℃—7 700℃之间。[②]

福建全省丘陵、山地分布广大,平原河谷面积很少,自古即有"八山一水一分田"之说。[③] 山地、丘陵约占全省土地面积的95%,其中海拔1 000米以上的山地约3.25%,500—1 000米的山地和丘陵占32.87%,500米以下的丘陵占58.88%,河谷平原仅5%。[④] 因此,福建号称"山国",90%以上的面积是山区,地形与地貌较复杂。本区中部和闽、赣之间有两列呈北北东——南南西或北东——南西走向且互相平行的山脉:一列(自北向南)由鹫峰山脉、戴云山脉和博平岭组成,为戴云山系统,称为闽中大山带,长580公里,海拔平均1 000—1 200米之间,以北段和中段较高,宽度在70—80公里,以大田德化一线最宽,约100余公里。另一列武夷山脉系统,称闽西大山带或闽西北大山带,长530公里,为闽江水系、汀江水系和鄱阳湖水系的分水岭,其中位于浙西的仙霞岭与武夷山脉相接,成为闽、浙和闽、赣二省的分水岭。整个闽西大山带平均海拔1 000—1 100米,北高南低,1 500米以上的山峰多集中在崇安、建阳、光泽一带,是全省地势最高的地区。[⑤] 山带宽度十余公里至数十公里不等。这就使得本省的地势不是简单的自西北至东南渐次下降,而是呈现出如图1-1-1所示的马鞍形态势。

在冬天,高耸入云的武夷山脉可将南下的干冷气流阻挡在山北坡,从而使得本

---

① 有关福建省的经纬度,各书记录不一致,本文采用中国官网的说法。"中华人民共和国中央人民政府网站",http://www.gov.cn/test/2005-08/10/content_21515.htm,2015年10月撷取。
② 福建师范大学地理系:《福建自然地理》,福建人民出版社,1987年,第75、83、84页。
③ 朱代杰:《福建经济发展的途径》,福建省政府秘书建设厅经济研究室:《福建经济问题研究》第1辑,1947年,第2页。
④ 陈及霖:《福建经济地理》,福建科学技术出版社,1985年,第1页。
⑤ 陈及霖:《福建经济地理》,福建科学技术出版社,1985年,第1、2页。

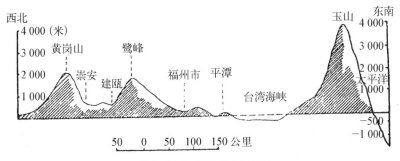

图 1-1-1 福建地形剖面图

（资料来源：福建师范大学地理系：《福建自然地理》，福建人民出版社，1987年，第39页。）

区冬天的气温远高于江西。美中不足的是，山脉中还有许多与山带成直交或斜交，称为"关"、"隘"、"口"的垭口，如浦城枫岭隘和小关，崇安分水关和桐木关，光泽铁牛关、杉关，邵武的黄土隘，建宁的甘家隘等。这些垭口固然一向是闽赣、闽浙的交通要道和军事要冲，更是冬半年冷气流入侵福建的通道，因此垭口内风力特别强劲。①

在两大山带山脊的外侧以及山间盆地的内外围，还有面积较大、绝对高度在500—800米的低山，在各种地貌中所占比例最大，达30%以上。低山地区水热条件优越，森林资源丰富，是福建森林的主要分布地带，包括常绿阔叶林，人工马尾松林、杉木林和毛竹林等。低山地带相当一部分还可以种植果树、茶树和油茶树，靠近村落的低山则被开辟成梯田种植水稻等粮食作物。②

与高大挺拔的群山相比，海拔相对较低的丘陵占了全省总面积的30%左右，主要分布于山地外侧及河流两岸，沿海一带也有广泛分布。其中低于200米的占12.47%，200—500米的占51.41%。内地丘陵分布地区普遍覆盖着一层红色风化壳，含有较多矿物质，对植被的生长十分有利，宜种植甘薯和茶树，但一旦植被破坏，即引起水土流失。在这里，普遍种植着许多小片的茶园、果园和竹木杂树。③

山脉之外，闽东南低丘、平原带，则具有众多的谷地以及闽江、九龙江、晋江等河流在下游沉积的广大平原。自北往南有福州平原、兴化平原、泉州平原以及漳州平原等四大平原，其中漳州平原最大，泉州平原最小。平原仅占全省面积的1.57%。另外，沿海也有狭长的滨海平原，大致上闽江口以北和九龙江以南的滨海平原较窄。④

福建省既有竹木、水果、茶叶、海鲜水产等丰富的山海资源，又有陡岩峭壁、崎

---

① 福建师范大学地理系：《福建自然地理》，福建人民出版社，1987年，第39、40页。
② 福建师范大学地理系：《福建自然地理》，福建人民出版社，1987年，第59页。
③ 福建师范大学地理系：《福建自然地理》，福建人民出版社，1987年，第40—44、60页。
④ 福建师范大学地理系：《福建自然地理》，福建人民出版社，1987年，第39页；陈及霖：《福建经济地理》，福建科学技术出版社，1985年，第3、4页。

岖狭仄的山径小道和险滩林立、行驶维艰的河流,使得本省大部分地区的交通条件极其恶劣。另一方面,高峻的闽西大山在阻挡了北方寒冷气流南下的同时,也阻断了与他省之间的经济文化交流,而导致开发迟缓,其发展也与沿海地区不可同日而语。沿海地区则是低山、丘陵、平原以及岛屿错综复杂地交织在一起,是本省的精华区域。复杂的地形也造成本省气候差异不小,但动植物资源丰富,品类繁多。①

台湾及其附属岛屿,则属于海岛地形。台湾位于中国大陆棚东南缘和东亚花彩列岛中枢,界东海和南海,东滨太平洋,东北遥接琉球群岛,南隔巴士海峡与菲律宾相望,西北隔台湾海峡与福建相接;绝对位置位于东经119°—122°,北纬21°—25°。②台湾本岛形状如番薯,长380公里,平均宽度约140公里。海岸则平直少曲折,长1 253公里,缺乏良港,为地形上的一大劣势。③全岛南北狭长,面积为36 002平方公里,但由于地盘隆起,加上侵蚀与堆积作用旺盛,因此面积一直在增加。全区面积小而高度大,平均高度660米,山地、丘陵以及平原的面积比约3∶4∶3。山脉纵行并列,走向与岛屿走向完全一致,为北北东——南南西方向。山地分布于中央和东部地区,由数条平行的山脉所组成。东部海岸山脉,北起花莲南至台东,全长约150公里。中央山脉为本岛的主分水岭,北起苏澳南迄恒春半岛,全长约340公里。台地和丘陵主要分布于西部,北自林口台地,南至恒春台地,高度在600米以下。平原主要有嘉南平原、屏东平原以及宜兰平原。盆地主要有台北盆地、台中盆地以及埔里盆地。④

台湾的气候特征是高温、多雨以及强风,草木终年常绿,而有"常夏岛"、"常绿岛"之誉。⑤年均温,南部约24℃,北部约22℃,南北之差很小,甚至有北部高于南部现象。雨量的空间分布,则山地多于平地,东岸多于西岸。平均年雨量达6 700厘米,最少雨地在嘉南平原沿海和澎湖群岛。雨量的分布,北部四季有雨,南部夏雨冬干。一般而言,台湾雨量丰沛,水力蕴藏量特别丰硕。全年大多吹着季风,夏、秋两季偶有台风。冬半年盛行东北季风,夏半年盛行西南季风。⑥

台湾的自然环境适宜农业发展,农林物产非常丰富。稻米年可两熟,主要农产为稻米、甘蔗、甘薯、茶叶以及香蕉等。20世纪70年代,耕地面积近90万公顷,约占全台四分之一,其中水田54%,旱田46%。林地面积占全台一半,其中五分之三为阔叶林,五分之一为针业林。⑦

---

① 李国祁:《中国现代化的区域研究:闽浙台地区,1860—1916》,中研院近代史所,1985年,第2,3页;陈及霖:《福建经济地理》,福建科学技术出版社,1985年,第5页。
② "国立"编译馆:《台湾地理》,台湾正中书局,1953年,第2页;石再添主编:《台湾地理概论》,台湾中华书局,1991年,第1页。
③ 石再添等:《重修台湾省通志》卷二,土地志地形篇,台湾省文献委员会,1996年,第4页。
④ 宋家泰:《台湾地理》,台湾正中书局,1956年,第4页;石再添主编:《台湾地理概论》,台湾中华书局,1991年,第1,2页。
⑤ 宋家泰:《台湾地理》,台湾正中书局,1956年,第2页。
⑥ 石再添主编:《台湾地理概论》,台湾中华书局,1991年,第3,4页。
⑦ 石再添主编:《台湾地理概论》,台湾中华书局,1991年,第4,5页。

第二节 研究回顾

过去至今,尚未出版以闽、台经济地理为研究主题的专书。李国祁《中国现代化的区域研究:闽浙台地区(1860—1916)》是第一本从区域研究的角度,将闽、浙、台划为一区的专书。该书从传统背景、外力冲击、政治现代化、经济现代化以及社会现代化等方面,讨论鸦片战争之后至民国初年闽、浙、台三地现代化的过程。作者指出影响闽浙台的传统背景,一是经济作物的栽培,促进该地区的农产品商品化的发展;一是关税与厘金制度的实施,使闽浙的财政结构在1860年前后改变,贸易的货物税逐渐取代田赋的地位。晚清外力的冲击,虽对某些地区造成破坏,但却使闽浙台地区颇能接受现代化的观念,而对外贸易的兴盛,同样影响该地区现代化的过程。闽浙台清季至民初经济现代化的重心,作者认为一是崭新的工业化,这肇始于军工业的开创,一是传统农商手工业的改进。至于台湾的现代化,作者认为即是将台湾内地化。不过,由于该书以现代化现象为观察重点,因此并未关注此际较少受冲击的内陆地区;另一方面,1894年甲午战争之后,台湾割让予日本,因此台湾的讨论也仅及于1894年。[1] 1993年,马波的博士论文《清代闽台农业地理》,[2]则首度从农业地理角度,将闽、台两地合论。大体上,由于福建和台湾两个地理区虽然关系密切,但也相当不同,因此大多数的研究经常分论福建和台湾。本节主要说明福建地区重要的研究成果,台湾部分则除了经济地理的相关研究之外,主要于分篇中说明。

以福建省为单位,专论本区经济地理的著作以成书于1926年由林传甲主编的《大中华福建地理志》为最早,[3]但该书系资料编纂性质,与旧方志差别不大,而且少论及经济现象,难以视作经济地理研究。其后有陈文涛《福建近代民生地理志》一书,系作者于1927年在福建省建设厅任职时所编纂,除简要陈述本省地形、地势等自然条件之外,也说明本省的交通、邮电、金融财政及农、矿、工商各业的发展情况。[4] 由于作者主要参考民国初至20年代末的各种调查报告,而一定程度地展现了当时各产业的地理分布状态。但该书较少使用旧方志材料,故对历史经济地理的论述偏少。最早以"福建经济地理"为题撰写论著的,当属林作梅于1929年写成的《福建之经济地理上的价值及未来实业的发展》。[5] 该文概括性地介绍福建的自然资源和农林矿各物产,并提出发展福建实业的途径,虽以经济地理为题,实际上以历史经济为重。1934年,王东生发表《福建经济地理》一书,其所用资料以1933—1934年间为主,很少回溯历史情况,主要作为福建省统计人员训练所学员

---

[1] 李国祁:《中国现代化的区域研究:闽浙台地区(1860—1916)》,中研院近代史所,1985年。
[2] 马波:《清代闽台农业地理》,陕西师范大学1993年博士学位论文。
[3] 林传甲主编:《大中华福建地理志》,中国地学会,1919年。
[4] 陈文涛:《福建近代民生地理志》,远东印书局,1929年。
[5] 林作梅:《福建之经济地理上的价值及未来实业的发展》,《新闽前锋》,1930年,第1卷第4期。

的讲义。不过,作为对《福建近代民生地理志》的补充,该书与陈著"意在民生而不在于地理"稍异,对农、矿、工各业的地理分布关注较少,对交通运输地理方面则多所发挥。① 稍后,又有卢世延《福建经济地理》一书,首论地理学定义、分类及经济地理学的意义,次论本省的历史沿革、自然及人文情况,主体部分则以张其昀的《中国经济地理》一书为蓝本,按照衣、食、住、行分叙本省民国以来至1936年间的农、工、矿、各业及运输通讯、电力和商业贸易。② 抗战期间撰成的经济地理著作主要有两部,先有林振成于1940年撰成《福建经济地理》一书作为福建省游击训练班的讲义,并开始运用抗战时期的统计资料。③ 其后又有徐天胎、陈庚孙合著的《福建战时经济地理》,除简要介绍福建的疆域、形势、地形和自然条件外,对20世纪三四十年代时的人口、交通、农业及工业等方面的发展历程和特点,也作了概括性描述和历史性回溯。④ 但因其主要论述材料系取自1935—1939年间的经济和地理数据,故只能为我们提供20世纪30年代后期的区域经济地理面貌。

1976年,厦门大学庄为矶主编的《福建历史地理》(福建师范大学藏油印本)一书印行。该书虽然分为历代地理、分区地理及分类地理三卷,但从严格意义上讲,只是"资料性"汇编,并非历史经济地理的专题研究。⑤ 20世纪80年代后,有关本区的经济地理著作不断涌现,而且体例、结构和内容都日益科学化、标准化、精细化。陈及霖的《福建经济地理》一书,不但对本区的生产力发展条件、历史时期的人口、工业、农业、交通运输以及旅游地理等都作了详尽的论述,而且分成四区——说明本省的经济区划及区域经济特征。虽然论述主体仍以中华人民共和国成立后的现当代为主,但也用少部分篇幅将区域经济部门的发展回溯到民国时期,从而多少增加历史经济地理的学术味道。该书将福建分为四个经济区,九个经济副区,并指出闽东、闽南农业发达,农作物种类繁多,以生产粮食为主。另一方面,经济作物和水果产区也相当发达,其中闽东是重要产茶区,渔业资源丰富。闽西、闽北经济作物品种较少,农业生产以粮食作物为主,也适合发展畜牧业。⑥ 陈佳源的《福建省经济地理》,不但讨论本区经济的发展,而且在分析部门经济时,更是将战前的发展视为当前经济发展的基础而详细阐述。⑦ 只是由于篇幅和体例所限,并未分析鸦片战争以来的整个近代时期的区域经济变迁。

近10年来,黄公勉出版《福建历史经济地理通论》一书,是目前所见唯一以"福建历史经济地理研究"为主旨的著作。⑧ 该书以70%的篇幅说明自先秦以来至建

---

① 王东生:《福建经济地理》,福建省地方自治训练所编印,1934年。
② 卢世延:《福建经济地理》,福建省县政人员训练所编印,1937年。
③ 徐吾行:《近年来国人对于福建经济问题研究总述》,《社会科学杂志》,1947年,第3卷第3、4期合刊,第117页。
④ 徐天胎、陈庚孙:《福建战时经济地理》,福建人文出版社,1943年。
⑤ 祁刚:《八至十八世纪闽东北开发之研究》,复旦大学2010年博士学位论文,第16页。
⑥ 陈及霖:《福建经济地理》,福建科学技术出版社,1985年。
⑦ 陈佳源:《福建省经济地理》,新华出版社,1991年。
⑧ 黄公勉:《福建历史经济地理通论》,福建科学技术出版社,2005年。

国前的区域政区沿革、历史人口、文化和经济,但却弱化了对区域经济的论述。书中虽然也略及近代时期的经济变迁,但不够深入;虽然提出了独到的历史经济地理区划方案,并详细论证各经济区的经济特点、形成过程及区域差异,但却因囿于现代行政区划而对区域经济变迁着墨过少,从而削弱了区域历史经济地理的研究特质。

另一方面,从历史角度来总论福建地区发展史的论著亦不少,如:唐文基主编的《福建古代经济史》、[1]林庆元的《福建近代经济史》、徐晓望主编的《福建通史》。其中,林庆元的《福建近代经济史》,以19世纪40年代鸦片战争为分界,认为福建是个先天缺粮的地区,为使劳动者富裕起来,则必须发展经济作物与多样化农作物的栽种。随着晚清外国资本主义的入侵,对于福建传统农副产品及山林资源需求的激增,促使栽种面积扩大,并逐渐商品化。传统手工业受国际影响甚大,福建制茶业便是因此发展起来。至于近代工业的兴起,福建是中国最早出现近代工业的省份之一,著名的福建船政局被认为是由传统手工业走向近代大型工业的起点。晚清的福建近代工业出现时间较早,侨资比例重,但规模大的工业数甚少。[2]

汪征鲁主编《福建史纲》,认为宋元明清时期,福建农业经济发展迅速,尤其是茶叶与水果的种植,促使农业趋于多元化,传统手工业亦发展迅速。鸦片战争后,出现一批外资工业,华侨与外资也开始办起民族工业。由于农业与手工业的发展,促进了福建城乡市场的繁荣,形成福建境内市场网络。商业与商业资本发展至明清时期,已经渗透生产过程,开始向产业资本转化。福建的近代工业始于晚清,其中福建船政局不仅是当时全国最大的造船厂,更培养出大量专业人才。[3]

徐晓望主编的《福建通史·第五卷:近代》,认为道光二十二年(1842年)鸦片战争结束,福州、厦门开口,外国资本主义势力随之而来,对福建的冲击,早期表现在掠夺劳动力出口,贩卖华工,以及鸦片走私,而外国商品的输入、洋教的传入也造成影响。太平天国之后,福建社会经济结构发生变化,一是马尾兴建福建船政局,二是福州茶港的兴起,加上福州、厦门相继设立洋关,对外贸易有了长足的发展。另一方面,19世纪70年代起,开始出现民族资本的近代工业。这些近代工业虽迫使福建成为西方资本主义的原料供应地和商品市场,但又促进了传统经济的解体,使资本主义生产方式在福建生根,对福建民族工业的发展起了作用。不过,其往往出现较早,发展较慢,且具有典型的口岸形态特征,即多在通商口岸发展,工业发展的规模小,受官府影响甚大。另外,华侨多半参与投资或是经营,并具有较强的民族意识,部分官僚、地主、商人等采用资本主义生产方式,而转化为民族资本家。[4]

---

[1] 唐文基主编:《福建古代经济史》,福建教育出版社,1995年。
[2] 林庆元主编:《福建近代经济史》,福建教育出版社,2001年。
[3] 汪征鲁主编:《福建史纲》,福建人民出版社,2003年。
[4] 徐晓望主编:《福建通史·第五卷:近代》,福建人民出版社,2006年。

陈克俭、林仁川主编《福建财政史》,则是以福建为单位的财政专史。该书认为明代至清前期由于一条鞭法与摊丁入地赋役制度的改革,使农民与国家的人身依附关系更加紧密。清代后期,即自鸦片战争之后,中国由独立自主的国家,转变为半殖民地半封建的国家,财政也转变为半殖民地半封建的财政,福建省财政收支便是这样的一个缩影。①"半殖民地半封建"的说法,大致反映了早期研究者对于西力冲击的深刻印象。然而,自20世纪80年代中叶以来,有一些研究成果对此进行了新的探讨。

戴一峰《区域性经济发展与社会变迁:以近代福建地区为中心》,指出福建地处中国东南沿海,境内多山,森林资源丰富,明清时期,林业经济已有发展,人民充分利用山林资源,生产各种林产品与副产品,并以进入商品化。步入近代,由于外国资本主义侵略的影响,国内外市场对山区资源与农林产品的需求增加,山区商品经济进一步发展。但是山区经济的发展后来越加衰败,主要是受到生存时代的历史、社会条件及人化的自然条件所影响。② 此外,苏文菁《福建海洋文明发展史》,认为闽族长期居住于中国东南沿海一带,形成特有的"闽文化"。闽文化具有海洋性的特色,是福建人愿意出海从事商业活动的文化支持。然而自明清以来,东南沿海一带实行海禁政策,在此期间,福建地区民生凋零,朝贡贸易虽提供了对外贸易的出口,却沦为官员贪污的利器,更多的是走私、偷渡以及海盗的出现。19世纪初,随着欧洲海上势力的兴起,也是闽商崛起的重要时期,这些闽商多以"三把刀"起家,而后从事零售、中介和批发,待累积足够资本后,再开始扩张性经营,并在南洋一带发展。③

综论近代以来福建地区经济发展的论文也有一些,兹举其要者。其主题特别着重于华侨汇款和近代工业的形成。华侨汇款,如林金枝《略论近代福建华侨汇款》,指出由于福建华侨多居住在东南亚,因而汇款的来源主要来自这些地区。华侨汇款的方式,约是起源于19世纪六七十年代,由水客带来,估计初期汇款金额不多,自20世纪开始则由民信局负责。④ 戴一峰《近代福建华侨出入国规模及其发展变化》,以海关统计资料、移民统计资料等,统计1841年至1949年福建移出入国的人数。作者分析,1841年至1890年属于华侨出国的发展期,出国人数增长不大;1891年至1930年是出国的高潮期,整体出国人数大幅增长;1931年至1949年是出国的低潮期,出国人数的增长不大。⑤ 近代工业的讨论,如张文绮《福建民族资本经营的近代工业》,指出中日甲午战争前二十年,福建民族资本经营近代工业的历史有三项特点。第一,福建的近代工业,最早是制茶业,主要是因为福建原是著名

---

① 陈克俭、林仁川主编:《福建财政史》,厦门大学出版社,1989年。
② 戴一峰:《区域性经济发展与社会变迁》,岳麓书社,2004年。
③ 苏文菁:《福建海洋文明发展史》,中华书局,2010年。
④ 林金枝:《略论近代福建华侨汇款》,《中国社会经济史研究》,1988年,第3期,第40—47页。
⑤ 戴一峰:《近代福建华侨出入国规模及其发展变化》,《华侨华人历史研究》,1988年,第2期,第33—39页。

产茶区,福建茶商有较雄厚的资财;第二,19世纪80年代以后,投资的近代工业逐渐增多,部门扩大,地区也扩展,但以轻工业为主;第三,这些投资的近代工业,规模都很小,资本有限,设备简陋,技术不足。甲午战争后,中国原有经济结构被破坏,国内市场扩大,加上收回利权运动的发展,同时清政府奖励工艺的措施,才促进民族近代工业的发展。① 上述这些通史或专题性质的专书或论文,虽然较少关注区域的差异和变迁,但其整体史的观察,仍值得参考。

有关台湾经济地理的研究成果,早在日本殖民地时代,地理学者已经注意到台湾都市地理的研究。1928年台北帝国大学成立,1931年渡台而任教于理学部地质科的富田芳郎,深入台湾各地从事田野调查和研究,并致力于台湾地形与聚落两项课题。② 在市街的研究基点上,富田阐述港口是台湾市镇的起源,而且河港衰落之后大都以乡村都市形态继续存在。③ 不过,最早讨论台湾经济地理的学者,是陈正祥。他于1950年首先使用图表来展现台湾的自然环境、人口、农业等各项作物的分布。④ 其后,陈正祥又陆续汇集其相关研究论文,出版《台湾地志》三大册,分别讨论台湾的地理变迁、自然环境、气候、土地利用和农业区域、作物、人口、聚落、渔盐之利、水资源和利用、森林与林业、家畜、矿产与工业、糖业、交通建设、贸易,之后再分各地理区域来说明其自然和人文的变化。⑤

第三节 研究方法

闽台卷的研究方法,可以从研究观点、研究史料以及章节架构等三部分来说明。

一、研究观点

"经济地理"一词,是1882年德国地理学家高兹(Wilhelm Gotz)于柏林地理学会会刊上首度提出的。⑥ 经济地理学也是人文地理学中重要的一部门,因此有关经济地理的定义和研究范围,地理学者有众多的讨论。一般认为经济地理应是经济现象的地理研究,或说明主要物产的分布和产量,或是主张以生产、交换以及消费为研究对象,研究人类的经济活动与自然和人文环境的相互关系,或是研究人类经济活动的空间组织、因果关系,以及演进过程等。⑦

---

① 张文绮:《福建民族资本经营的近代工业》,《中国社会经济史研究》,1987年,第2期,第93—100页。
② 施添福:《清代竹堑地区的聚落发展和分布形态》,《台湾历史上的土地问题国际研讨会》,台湾史田野研究室,1991年,第2页。
③ 日本学者富田芳郎对于台湾港口市镇的研究,曾以大溪、中港、盐水、朴子、北港、麻豆诸港,作为范例。参见[日]富田芳郎:《台湾乡镇之地理学研究》,《台湾风物》,1954年,第4卷第10期;1955年,第5卷第1期;1955年,第5卷第6期;《台湾乡镇之研究》,《台湾银行季刊》,1955年,第7卷第3期。
④ 陈正祥:《台湾之经济地理》,台湾银行金融研究室,1950年。
⑤ 陈正祥:《台湾地志》上、中、下,敷明产业地理研究所,1959、1960、1961年。
⑥ 史光华:《经济地理:农业之部》,台湾荣泰印书馆,1972年,第1页。
⑦ 陈伯中:《经济地理》,三民书局,1970年;史光华:《经济地理:农业之部》,台湾荣泰印书馆,1972年,第1、2页;邹豹君:《新经济地理》,台湾开明书局,1974年,第3、4页;胡振洲:《经济地理》,台湾东大图书公司,1992年,第4页。

绪 论 9

本卷则加入历史向度，按照总计划的研究主旨，探讨鸦片战争之后到1949年之间，近代福建和台湾经济地理的变迁。特别着重于两经济地理区近代化的进程，亦即近代经济的发展过程，传统经济如何向近代经济转型，及其对近代经济地理格局的影响。

福建和台湾两个跨海相对的经济地理区，一个位于海陆交界的沿海地区，一个是海岛地形，与中国众多的大陆型经济地理区最大的差异是直接面向海洋世界。因此，诚如滨下武志所指出，沿海地区所分布的贸易口岸和城市，成为海洋地带的中心枢纽。这些口岸不仅是内地通往海洋的出口，也是一个海洋地带与另一个海洋地带的连接点。口岸城市更通过长距离贸易将各个海洋地带连接起来。[①] 因此，以口岸城市为中心，从"港口与腹地"的角度切入，论证近代福建和台湾经济地理格局的演变，乃本卷的主要研究观点。

口岸城市在不同的区域中，几乎都是近代经济变迁的源头，口岸与腹地的关系逐渐演变成近代城市之间、区域之间的主要经济关系，且影响了物流方向、交通布局，以及区域经济中心的形成，促进新的经济地理格局的形成。[②]

本卷因此注意口岸城市在区域经济变迁中的作用，进出口贸易如何冲击区域经济的发展，带有近代性质的生产力又如何自口岸往腹地扩展及其影响，口岸城市与腹地连结路线的构成和演变，以及位居交通路线上的重要腹地城市的出现和作用。

其次，不论幅员大小，由于不同的自然环境资源和人文条件的作用，福建和台湾两个经济地理区都产生明显的内部区域差异。区域差异是本卷的焦点之一。亦即探讨现代产业成长和传统经济转型在速度上和程度上的空间差异，探讨因地理环境、经济结构以及外力冲击力道不同而形成的经济区域，并阐明这些差异的历史的、地理的以及文化的因素。

二、研究史料

本卷虽然分由四人执笔，但是除了充分使用既往的研究成果之外，大家所使用的研究史料有几项共同特点。

首先，大量使用19世纪到20世纪海关、领事报告以及西人游记等，甚至包括英文报纸的运用。特别是近年来中国第二历史档案馆出版的《中国旧海关资料》，有170册。这是过去研究本地域较少使用的材料，因此可以得到一些新看法。

其次，日文史料的运用。光绪二十一年（1895年）台湾割让给日本之后，台湾总督府除了在台湾进行各种大规模的科学化的调查之外，也通过地缘之便，在福建

[①] ［日］滨下武志著，王玉茹等译：《中国、东亚与全球经济：区域和历史的视角》，社会科学文献出版社，2009年，第104、105页。
[②] 吴松弟：《中国近代经济地理·第一卷：绪论和全国概况》，华东师范大学出版社，2014年，绪论。

省进行调查,完成不少报告。因此,研究近代福建和台湾两地的经济地理变迁,有必要参考日本外务省、台湾总督府、银行以及其他相关机构留下来的各种调查报告书,从而可以可能更深入而多元地解读此时期各地域经济和地理格局的变迁。

第三,中文档案、报纸以及契约文书的大量利用。除了过去研究者常使用的地方志和先行研究之外,由于近年来众多清代和民国时期的政府档案、契约文书、舆图、《申报》等晚清和民国时期报纸或资料库的出版和开放,使我们可以进行更全面而周全的经济地理实态的观察。

第四,统计资料和调查报告的使用。进入20世纪,各级政府和研究单位编纂的统计资料和实地调查报告也相当多。本卷也极力搜集可能的资料,以进行量化分析。这也是过去相关研究较少使用的一手史料。

第五,口述史料的运用。近年来,福建和台湾两地也出版了不少的口述历史资料,可以反映国家档案之外的另一种经验和现象。

整体而言,史料运用的多元性、全面性,应是本卷的特色之一,而能站在前人的研究基础上,进一步深入探讨近代闽、台两地经济地理的演变。

三、章节架构

闽台卷共分成四篇。第一篇和第二篇,以福建省为研究范围,分别讨论闽东、闽北地区和闽南、闽西地区经济地理的变迁。第三篇和第四篇,以台湾为研究范围,按照时序和政权变化,分别讨论清代台湾的经济地理和日据时期的经济地理。各篇各有其结构,以下略述各篇章节安排。

第一篇"近代闽东闽北经济地理"。本篇共分六章,除了第一章"绪论"之外,分成五大部分进行论述。第二章"对外贸易的发展",通过先后开作条约港的福州和三都澳的海关资料,分析近代闽东和闽北进出口贸易的发展和结构,并阐述福建北部地区如何形成以福州口岸为中心的腹地圈及其变迁。第三章"工业化进程",分别从机器工业的发展和地理分布、传统的手工业的变化和地域差异等两大部分,说明近代闽东闽北工业化的进程。第四章"农业生产与布局",分别讨论近代闽东、闽北的土地利用和农业生产的变化,粮食作物和经济作物的发展,以及林业、畜牧以及渔业的发展概况。第五章"交通运输业的演进",首先说明近代公路和客运的出现及发展,沿海和内河轮船的兴起,以及新式邮政、电报、电话等通讯业的发展。其次,回溯传统以邮递驿传为基础的传统陆路运输及其分布,并描述闽江内河传统中式帆船的航行和数量。第六章"区域经济差异及其成因",由自然环境和现代交通运输网络建设两方面,论证近代闽东和闽北之间的区域差异和原因,并说明历史时期的区域经济中心与腹地的变迁。

第二篇"近代闽南闽西经济地理"。本篇共分六章,除了第一章"绪论"之外,分成经济变迁的动力、产业部门、经贸关系、城镇体系以及区域变迁和特色等五大部分。第二章"近代经济变迁的动力与原因",首先以厦门为中心,从厦门网络的观点说明传统经济网络如何形成;其次,从华侨和通商口岸两个面向,论证华侨汇金、厦门开作条约港、租界的出现以及厦门如何成为区域经济的中心,以展现近代闽南闽西经济的变迁。第三章"产业部门的变迁与地理分布",分别叙述闽南闽西交通与通讯、农业发展、传统手工业的变化以及新式产业的兴起。首先论述西力东渐前主要的交通网络,再说明轮船、铁路、公路、邮政以及电讯的基本情况,同时也检视传统帆船运输情况,以及战争对本区交通业的破坏。其次,分析本区近代农业发展的背景、生产概况以及发展困境。再次,分鸦片战争前、五口通商后以及民国时期三阶段,阐述传统手工业的演变过程。最后,按资本属性将1858—1949年分成四阶段来论证外资、华资、侨资与近代闽南闽西新式工业发展之关联性,并综论工业发展的特点。第四章"城镇体系的发展",分析厦门开港前和开港后本区城市的发展;再以米粮市场运销结构论证城镇体系的构成;并逐一讨论厦门城市、中小型城镇、墟市的发展。第五章"两大区域经济的变迁与区域特点",分别说明闽南地区和闽西地区的区域差异和特色。

第三篇"近代台湾经济地理(清统治时期)"。本篇对于资料的处理、概念的运用以及问题的解析,大致上采取如下的论证过程:第二章讨论康熙到乾隆朝末年,在鹿耳门与厦门单一正口对渡体系下,对内而言,台湾如何形成一个全岛型的经济区,对外如何以福建为核心贸易圈?此期的主要进出口商品为何?其通过何种陆运和海运系统在岛内销售和集散?其所形构的经济区范围和特质为何?作为节点的港口城市及乡街的发展为何?乾隆中叶台湾的商人团体"郊"如何出现?在哪些港口陆续扩展?第三章说明乾隆末年至19世纪40年代,台湾如何形成北、中、南三个区域型经济区,道光二十年(1840年)至19世纪50年代鸦片战争之后,清廷又如何因应财政需要,加以西力自由贸易的影响之下,逐渐修正港口政策,不但大幅放宽贸易网络,同时开放台湾与华中直接贸易,以及正口贸易体制如何崩解?另一方面,因应各地域拓垦成果和经济发展,竹堑、大安、北港等小口如何逐渐开展对外贸易?经济区的范围如何向丘陵延伸以及重要乡街有何变动?特别是过去未注意的沿山地区乡街新节点的出现,其如何与港口城市连结?此际进出口商品又有何变化?商人团体如何由中南部扩张到北部,以泉州商人为主的"水郊"如何在地化,在哪些港口经营生意,又如何参与进出口商品的集散?第四章重点在19世纪50年代开港前后至1895年,台湾南北双核心区域型经济区的形成及近代化的萌芽。亦即台湾如何进入被迫的自由贸易时代,进出口商品有何演变?洋行和新式的金融制度如何在台湾重要港口展开?南北四个条约港如何以鹿港为界线重组其市场圈或经济区?随着政治近代化的展开,特别是清末开了一些新道路、又积极进行开山抚番事业,如何重构港口城市与其腹地的关系?进口商品贸易又如何由外国人手中逐渐转到华商或本地台商手中?因应开港新契机,台湾传统商人组织如芙蓉郊、茶郊、脑郊如何出现？郊商买办化的过程为何？

第四篇"近代台湾经济地理（日据时期）"，除了第一章绪论之外，共分成三章。第二章和第三章以1937年抗日战争全面爆发为分界，先叙述台湾成为日本的原料供应地、山地经济和原住民传统经济的变化，工业分布与"热带产业调查"，以及第二次世界大战期间台湾以重化工业为主的"工业化"及其毁灭。第四章简述日据时期台湾的区域经济、港口建设、海运事业、铁路、公路等交通体系，以及城市及其市街简况。

第一篇
近代闽东闽北经济地理

第一章 绪 论[*]

第一节 区域研究对象、资料及历史经济地理研究脉络

一、研究区域的界定

本篇主要研究鸦片战争以来闽东和闽北地区的经济地理。具体说来,就晚清和民国时期较稳定的行政区划来讲,闽东区包括闽侯、古田、屏南、闽清、长乐、连江、罗源、永泰、福清、平潭、霞浦(含柘荣)、福鼎、福安、宁德(含周宁)、寿宁等15个县级政区,闽北区包括南平、将乐、沙县(含三元)、尤溪、顺昌、永安、建瓯(含水吉、上洋)、建阳、崇安、浦城、政和、松溪、邵武、光泽、泰宁、建宁等16个县级政区。[①] 就当下的行政区划来讲,闽北区主要包括今南平市的全部和三明市的大部,闽东区包括今福州市和宁德市的全部政区。由于历史经济地理的研究需要顾及历史发展的连续性和区域的相对稳定性,因此,本文论述时限包括但并不仅仅局限于1840年鸦片战争后到1949年中华人民共和国成立前的百年间,而研究空间也涵盖但不仅仅囿于上述区域。

二、研究资料的择取

本文运用的资料主要来源于地方志,海关贸易报告与英、美领事商务报告和贸易统计,以及其他有关地方性资料。

地方志以特定的空间为记载范围,以一定的地情为描述对象,具有鲜明的地域性、综合性和连续性特点。作为系统记载各地自然、经济及历史与社会情况的重要典籍,已经成为人们探讨过去及当下区域经济布局与变迁的重要资料来源。因此,有关闽东和闽北历史经济地理的研究必须依赖对本区地方志资料的爬梳。学者的最新研究成果表明,闽北地区现今可资考证的旧方志有273种,其中现存者为108种,闽东地区的宁德市的现存旧方志为42种。[②]

近年来随着中国旧海关史料的影印出版,由中国旧海关领导机构定期编辑发

---

[*] 第一篇由姜修宪撰稿。
[①] 其中,闽侯县(曾一度改称林森县)和建瓯县分别是合并闽县和侯官、建安和瓯宁二县而来,而福州市系1946年时从闽侯县析置而来;光泽县在1934—1947年间曾析出为江西省辖;三元县系1940年时从沙县所辖的三元镇与从明溪、永安析出的一部分区域所组成;原属建瓯的洋口在1935年被设为上洋特种区,并在1938年时并入顺昌县;水吉县1938年时从建瓯县划出的特种区,并在1940年从该县析出;原属宁德的周墩、霞浦的柘洋在1935年被设为特种区,并在1945年时分别改为周宁县和柘荣县。请参见福建省地方志编纂委员会:《福建省志·民政志》相关内容。
[②] 叶建金:《闽北地区旧方志研究》,福建师范大学2014年硕士学位论文,第1页;许建萍:《闽东地区旧方志研究》,福建师范大学2010年硕士学位论文,第2页。

布的海关报告和贸易统计,才开始为学者所知,并因其完整、系统和科学而成为近代经济史研究中最具价值的资料宝库。① 本文研究所使用的绝大部分系列数据资料即来源于此。驻福州的英、美领事商务报告,② 也含有价值丰富的调查报告和统计数据,但较少为学人充分利用。又因外国传教士的游记、论文和调查报告,③ 保留了许多当时中国人视为司空见惯而不愿记载但事实上颇具研究价值的资料,也成为本文研究所参考的重要资料。

此外,对清人文集、奏折和档案资料,《明清福建经济契约文书选辑》④ 等典型契约文书,《申报》、《益闻录》等晚清和民国时期的报纸,以及中、外经济调查资料,均予以采撷。⑤ 至于中华人民共和国成立后出版的文史资料,⑥ 因其中包含着一些第一手资料,也适当引用。

本文的研究既然以海关统计数据为基础,因此有必要分析所采用数据的可靠性。由于对外贸易不仅经由海关而且还经由常关,不但经由港口而且还经由内陆,有时经由后者的部分还远远超过前者。因此,海关数据并不能代表一省对外贸易的全部。不过,就福建一地来讲,据前人的统计,福州、厦门和三都三海关的输入之数可代表全省输入总数的90%,输出之数可代表全省输出总数的87%,而50里之外常关如涵江、泉州、铜山、沙埕等亦与上海、山东及东北的各省有帆船往来。在考虑到常关的影响因素后,"则三口岸输出入之总和,仍可视为全省总数85%以上,输入之总和,可视为全省90%之谱,纵所估计,仍难免含有若干错误,以及各种违禁品之出入均未能计算在内,然而三口岸输出入数之能代表全省输出入总数80%以上,当可断言"。⑦ 单就福州而言,货物由福州港进出口所占的比例当更高。"观闽北大宗产品,如木材、茶、纸、笋之类,悉经闽江而从福州出口,可资信证,故所遗漏之数,大可略而不论。"⑧ 因此,就本口来言,海关的统计数据似乎有较高的代表性。大致说来,各种货物经由海关输出入之数中,除输出品之茶、烟草、干果、樟脑以及进口之米谷、五金、棉纱、麦粉、火柴、煤油等物大体可以代表全省数目外,其他各物,如出口之鱼介海味、磁瓦器、竹品、神香以及进口之植物油、棉花、小麦等,代表程度都

---

① 吴松弟:《一座尚未充分利用的近代史资料宝库——中国旧海关系列出版物评述》,《史学月刊》2005年第3期。
② The Parliament of the United Kingdom of Great Britain and Northern Ireland, *British Parliamentary papers: China*. V. 7, *Commercial reports: embassy and consular commercial reports*, Shannon: Irish University Press, 1972(英国议会文书,后文简称BPP);Jules Davids, *American Diplomatic and Public Papers: the United States and China*, Vol. 20, Wilmington: Scholarly Resources, 1979.
③ 代表性著作是黄兴涛、杨念群主持翻译的《穿蓝色长袍的国度》、《变化中的中国人》、《中国人生活的明与暗》、《中国乡村生活》,均由时事出版社于1998年出版。
④ 福建师范大学历史系编:《明清福建经济契约文书选辑》,人民出版社,1997年。
⑤ 最近李斗石在《日本东亚同文会对福建省的调查与记述》(《莆田学院学报》,2015年,第6期)一文中针对日本东亚同文会于1920年编印的《支那省别全志》第四卷(福建卷)作了评述,详细论述了此书的编纂背景、结构与内容、特点与局限,以及日本人进行类似调查的真实目的。事实上,这方面的调查资料还有不少,仅将笔者眼见且与本区研究相关者罗列如下:外务省通商局:《福建事情》,1917年;台湾总督官房调查课:《北部福建事情》,1921年;台湾总督府热带产业调查会编:《南支那の资源と经济》第1卷,福建省;东亚海运株式会社营业部企画课:《南支那内河水运概况其ノ一福建省ノ部》,1941年,福建省图书馆藏抄本。
⑥ 刘德成:《福建省各级政协文史资料指南》,福建省委员会文史资料委员会,1994年。
⑦ 福建省政府秘书处统计室编:《福建历年对外贸易统计(1899—1933)》,1935年,第4页。
⑧ 福建省政府秘书处统计室编:《福建历年对外贸易统计(1899—1933)》,1935年,第3页。

很低。总之,虽然海关数据毕竟不能代表全省对外贸易的全部,但经由海关进出的贸易值约占贸易总值的80%以上,其中的部分主要货物又占海关贸易总值的绝大部分。因此,在近代缺乏统计数据的情况下,海关统计数据的效度是目前所存数据中最高的,本文据此分析的结论当是可靠的。

三、本区历史经济地理研究的历史、现状及特点

由于经济地理作为一门学科在中国的出现是比较晚近的事情,因此,学界有关本区近代经济地理的研究成果较为少见。1933年,林观得发表了《福州区经济地理述略》(《地学杂志》,1933年,第2期)一文,对福州一地的地形、地貌、气候、水文、交通等自然地理要素,以及本地的农副业和工商业的发展情况作了简要论述,可以视作本区具有经济地理学研究意味的开山之作。另外,在有关福建全省历史经济地理的研究著作中,也有对闽东、闽北地区经济地理要素的简要论述与分析(参见导论部分)。此外,在众多论述全国经济地理的著作中也部分涉及本区的经济地理研究,而专题讨论本区产业部门经济地理的著述也并不少见。如在傅润华、汤约生主编的《中国工商要览》(中国工商年鉴编纂出版社,1948)一书的中篇即对1946—1947年间本区农、工、矿、商业及贸易、财政与金融、交通等方面进行了论述,但由于该书系要览性质,故一切取材和论述均以扼要为旨归。至于王金绂《近编中华地理分志》(北京求知学社,1924年)、张其昀《中国经济地理》(商务印书馆,1929年)、王金绂《中国经济地理》(文化学社,1929年)、[苏联]卡赞宁《中国经济地理》(光明书局,1937年)等著作,也散见着对本区经济地理的零星论述。

然而,这一时期的历史经济地理研究,一方面基本上属于当时人记当时事,缺乏长时段的历时性研究,无论是资料的运用还是数据的择取,都局限于若干集中年份,从而无法对区域经济地理变迁进行详尽深入的分析。另一方面,以上论著虽然谈及区域内各产业经济的发展情况,但真正运用经济学和地理学的理论进行综合性研究的著作十分鲜见。这些经济地理研究著作要么纯属资料编纂性质的概括、介绍,要么仅仅提供一个时间段的区域经济概况,至于其中的变迁过程、区域差异等则根本没有涉及。

尽管学界对区域历史经济地理的研究十分薄弱,但学界针对近代闽北闽东地区经济活动和生产要素的研究成果却极其丰富。因这方面的工作已经有学人或者于专著和学位论文中进行评述,[①]或者专门撰文予以评述,[②]下文仅对一些代表性研究成果作简要回顾。

有关闽东地区近代经济方面的研究主要有梁民愫、刘恋、陈东等学者对区域商

---

① 李金强:《区域研究——清代福建研究史论》,香港教育图书公司,1996年;祁刚:《八至十八世纪闽东北开发之研究》,复旦大学2010年博士学位论文。
② 潘健:《三十年来近代福建经济史研究述略》,《福建省社会主义学院学报》,2009年,第2期。

业、贸易和航运业的研究,①以及其他学者对区域个别经济部门、行业或生产要素的考察。②不过,这些研究总体上仍然偏重于对福州和三都澳的港口贸易,以及区域人口、城市和市场的考察,其中又以对茶叶贸易的研究最为集中。有关闽北地区的研究主要有陈支平、郑振满、戴一峰、水海刚、林星、姜修宪等人③对近代闽江流域区域经济发展与变迁的探讨,这主要涉及本区的农业、商业、木材业、航运业、金融业,以及人口和城市等方面。此外,在有关福建或全国地区的研究中,与本区经济发展相关的研究也并不鲜见。④例如,林庆元主编的《福建近代经济史》(福建教育出版社,2001年)和罗肇前的《福建近代产业史》(厦门大学出版社,2002年)即以部门经济的发展整体演进过程为主线,详细论述了晚清和民国时期福建的农业、传统手工业与近代工矿业、交通运输与电讯事业、商业和外贸、财政和金融等行业部门的经济变迁情况。在以上这些有关福建或闽台地区的研究中,学者们对闽东和闽北地区的经济发展情况不但有所涉及,甚至相关的论述占了很大的篇幅。

---

① 梁民愫:《试论近代福建三都澳开埠后的对外贸易及其特征》,《江西师范大学学报(哲学社会科学版)》,2000年,第4期;《试论三都澳的主动开埠和闽东北近代航运的兴衰》,《江西财经大学学报》,2000年,第5期;《试论三都澳主动开埠后闽东北区域社会经济发展的动力因素》,《中国社会经济史研究》,2002年,第3期。陈东:《近代福州商品进出口途径分析(1840—1912)》,《福建师范大学福清分校学报》,2011年,第6期;《近代福州商品流通网络》,《闽江学院学报》,2012年,第3期。刘恋:《论近代三都澳自开商埠与闽东北区域经济发展——基于三都澳海关十年报告(1899—1931)的考察》,《华侨大学学报(哲学社会科学版)》,2012年,第3期。

② 陈长伟:《1844年至1894年福州港进出口贸易的兴衰嬗变》,福建师范大学2003年硕士学位论文;林星:《近代福州城市人口研究》,《闽江学院学报》,2005年,第6期;纪耿钗:《论福州近代民营企业的曲折发展——以福州"电光刘"家族企业集团为例》,福建师范大学2007年硕士学位论文;蓝炯熹:《近代闽东一个畲族村落的茶叶商帮(1874—1927)》,《宁德师范高等专科学校学报(哲学社会科学版)》,2008年,第1期;黄淑忠:《晚清福州茶港的兴衰》,《福建论坛(社科教育版)》,2008年专辑;李健民:《闽东茶业的历史变迁和现代振兴》,《宁德师范高等专科学校学报(哲学社会科学版)》,2010年,第2期;李清:《闽都神话:一个美梦的幻灭——近代茶叶贸易兴衰中的福州》,上海师范大学2010年硕士学位论文;黄廷:《谈鸦片战争后闽茶贸易对福州港兴衰的影响》,《福建论坛(人文社会科学版)》,2010年专辑;水海刚:《中国近代通商口岸城市的外部市场研究——以近代福州为例》,《厦门大学学报(哲学社会科学版)》,2011年,第2期;陈扬ington:《民国福建福安茶庄票探析》,《宁德师范学院学报(哲学社会科学版)》,2013年,第1期;吴巍巍:《晚清开埠后福州地区社会经济的发展与变化——以西方人的考察为中心》,《福建论坛》,2015年,第2期。

③ 郑振满:《清至民国闽北六件"分关"的分析——关于地主的家族与经济关系》,《中国社会经济史研究》,1984年,第3期;陈支平:《闽江上下游经济的倾斜性联系》,《中国社会经济史研究》,1995年,第2期;戴一峰:《区域性经济发展与社会变迁》,岳麓书社,2004年;颜丽金:《清代福建茶叶外销与地区经济发展的互动关系研究》,暨南大学2004年硕士学位论文;水海刚:《近代闽江流域经济与社会研究(1861—1937)》,厦门大学2006年博士学位论文;姜修宪:《环境·制度·政府——晚清福州开埠与闽江流域经济变迁(1844—1911)》,复旦大学2006年博士学位论文;袁嫱:《明清时期闽赣地区山林产品流通与贸易研究》,北京林业大学2010年博士学位论文;王梦恬:《明至民国闽浙赣交界地区商业往来与区域社会变迁》,江西师范学院2014年硕士学位论文。

④ 陈贞寿:《清末帝国主义对福建铁路权的觊觎和福建人民保卫主权的斗争——兼论当前福建铁路建设问题》,《福建师范大学学报(哲学社会科学版)》,1983年,第3期;胡刚:《近代福建茶叶对外贸易的盛衰》,《中国经济问题》,1985年,第1期;徐晓望:《论近代福建经济演变的趋势——兼论近代福建经济落后问题》,《福建论坛》,1990年,第2期;黄清根:《洋务时期闽浙台地区农商手工业的发展》,《江汉论坛》,1992年,第9期;马波:《清代闽台地区稻的分布与生产》,《中国农史》,1995年,第4期;林日杖:《鸦片战争前后外国在华洋行经济活动初探》,福建师范大学2001年硕士学位论文;谷桂秀:《民国时期福建民营近代工业研究》,福建师范大学2001年硕士学位论文;陈友良:《近代福建的厘金制度》,《福建商业高等专科学校学报》,2001年,第3期;陈东:《钱庄与晚清福建经济》,《宁德师范高等专科学校学报(哲学社会科学版)》,2002年,第4期;肖丽梅:《近代福建钱庄业研究(1840—1949)——以福州、厦门地区为中心》,福建师范大学2004年硕士学位论文;刘梅英:《全球视野下的福建对外贸易研究(1895—1937)》,厦门大学2006年博士学位论文;胡中升:《1911—1928年福建邮政的发展》,福建师范大学2006年硕士学位论文;吴巍巍:《近代闽台地区樟脑贸易述论》,《福建省社会主义学院学报》,2008年,第2期;林星:《城市发展与社会变迁:福建城市现代化研究(1843—1949)——以福州、厦门为中心》,天津古籍出版社,2009年;林星:《抗战内迁与沿海省份内地城市的现代化——以福建为个案》,《抗日战争研究》,2009年,第2期;潘荣阳:《抗日战争时期福建盐业经济管理研究》,福建师范大学2009年硕士学位论文;陈惠群:《晚清福建邮政局研究(1897—1911年)》,福建师范大学2010年硕士学位论文;余建忠:《传统与变革——电报的出现与晚清福建通讯业的早期现代化》,四川师范大学2010年硕士学位论文;谢稀雯:《晚清福建厘金研究(1853—1911)》,福建师范大学2012年硕士学位论文;邓上清:《福建省金融业现代化转型研究(1927—1937)——基于金融制度变迁的视角》,福建师范大学2014年硕士学位论文;张浩:《晚清福建票盐改革述论》,福建师范大学2014年硕士学位论文;潘健:《辛亥革命前后福建近代经济发展的比较与分析——基于统计数据的分析》,《福建论坛》,2015年,第1期。

综上可见,学界对本区经济史的研究取得了丰硕的成果,但既往的研究成果,不管是采用现代化研究的视角,还是采用制度变迁的视角,也无论是对区域经济的整体论述,还是对区域部门或行业经济的细致考察,都偏重于对经济现象变迁过程的历时性探究,而对经济或生产要素的区域分布讨论得较少。即使部分著作对历史时期本区的部门产业地理或单辟章节进行分析,或集中进行全面深入研究,但由于或者对鸦片战争以来的近代时期较少涉及,或者缺乏对本区经济地理的整体把握,因而有进一步加强研究的必要。本文的研究希望能够对此有所改进。

第二节 区域经济变迁的地理背景和历史基础

一、区域自然地理条件[①]

闽东、闽北地区山岭耸峙,丘陵起伏,河谷和山间小盆地错综其间,形成以丘陵山地为主的低山地貌特征。东端是曲折的海岸线,西端是高耸的武夷山脉,中部鹫峰山脉、闽东丘陵等地形,且在大山带间形成了许多面积不大的山间小盆地,仅在底部河谷两岸分布着小片的平地,故本区地势整体上呈现西北、东北高,西南、东南渐低的态势。[②] 因区域内主要的山脉大致呈现东北—西南走向,在北东向和北西向两组主要构造线控制下,本区发育了密集的格子状水系,并对山地进行强烈的差异侵蚀作用,形成了一个个以巴掌状小河谷平地为中心的山间盆地,以致总体上呈现出一个山间盆地镶嵌体结构。其中,闽北区中闽江上游的地区主要地貌特征是,海拔150—350米的盆谷和相对高度250米以下的丘陵坡地占50%以上,开阔的盆谷地与坡度较缓的山地相间,而同区中闽江中游的地貌特征则以雄浑的中低山、狭窄的河谷、较陡峭的山坡和湍急的河流为主。闽东区的大部分区域除兼有闽江中游区域的地貌特征外,还分布着较狭窄的冲积平原、低山平原、丘陵台地和沿海泥质滩涂与半岛或岛屿。[③]

在各种地形中,山地和丘陵占了本区面积的80%以上,平原数量屈指可数。除闽东地区的福州平原为冲积平原外,其他均是位于山间盆地、沿河两岸的面积狭小的河谷平原,其中较大的有建瓯平原、永安平原、浦城平原等。这些平原是山区的主要农耕地带和人口聚集地,农业集约化程度较高,盛产稻米和柑橘、橄榄等水果,部分地区中甘蔗、烟草、蔬菜等作物也有一定种植面积。处在大山带间还分布着不少的内陆盆地,如武夷山地区的崇安盆地、泰宁的朱口—梅口盆地等,这些盆地上

[①] 除特别注明外,本节有关本区自然环境的叙述均参照以下著作,福建师范大学地理系:《福建自然地理》,福建人民出版社,1987年,第39—128页;武夷山市志编纂委员会:《武夷山市志》,中国统计出版社,1994年,第68页;福建省地方志编纂委员会:《福建省志·总概述》,方志出版社,2002年,第1—3页;福建省地方志编纂委员会:《福建省志·地理志》,方志出版社,2001年,第1页。
[②] 叶晨璐、王彬、罗炜祥:《福建北部地区古村落空间特征及文化传播分析》,《吉林师范大学学报(自然科学版)》,2013年,第2期;肖坤冰:《茶叶的流动:闽北山区的物质、空间与历史叙事(1644—1949)》,北京大学出版社,2013年,第34页。
[③] 郑达贤:《福建自然区划新方案——一个作为环境、评价和管理的自然基础的新区划方案》,《福建地理》,2000年,第2期。

一般都有居民点分布,山上辟有层层梯田,在梯田之上的山坡上还栽种着茶、油茶等经济作物,耕作线有时可以到达海拔1 000米以上的高程。①

上述地貌对福建的气候、水文及其他自然要素的形成和分布都有着深刻的影响,其中对气候和水文水系的影响尤其显著。因高耸绵亘的武夷山起到了屏障作用,阻隔了从北方南下的冷空气,使得本地区气候与同纬度的江西等省份相比更为温暖宜人。大体说来,闽北地区的气候特征以典型中亚热带湿润气候为主,年均气温17℃—20℃;闽东地区则兼具中亚热带和南亚热带气候,年均气温14℃—21℃。② 但具体到区域内的不同地点来讲,气温差别也很大。例如,在闽北内陆地区经常可以见到的下雪天气,在闽东的福州则极其罕见。康熙《建宁府志》对此曾有形象的说明:"按八闽东南湿燥之地,大抵多热少寒。建宁据闽上游,界连中洲,而地势颇高,故寒于福州。然寒不裂肤,故人多服单夹之衣,遇隆冬霜雪亦不免拥炉,入春即和,正月贺节者或以扇。四月衣绤絺,至九月而止。六月暑甚,道路如炙,屋宇之下,坐席有薰蒸气。一雨即凉气袭人,久雨则寒。春季多雨,夏多暴雨,风不甚号,水无盐卤,雪间有之,然着地即融,不能积厚。霜多三日而止,俗谓之'压霜'。山间四时多雾,至午消,春秋冬三时尤甚,中其气者能使人疾病,故早行必饮酒……浦城地势愈高,故比府治寒凉之气较多。寿宁又高于浦城,夏不甚暑。"③

就水文水系来说,因本区最大的河流闽江作北西—南东流向切割过两大山带,而支流多顺着两大山带的走向呈北东—南西或北北东—南南西流向,从而组成了典型的格子状水系。闽江上游有建溪、富屯溪和沙溪三大支流,三溪在南平汇流而下,溯建溪而有崇阳溪等大小支流,可达建瓯、建阳、崇安、浦城等县;溯富屯溪而上可达邵武、光泽等县;溯沙溪而上可达沙县、永安等县。这些河流构成了闽北山区发达的水系。闽江中、下游又有古田溪、尤溪、梅溪和大樟溪汇入,各支流汇聚而成干流,至福州出海。

就降水来讲,因高峻的闽北大山带阻挡了南下的冷气流,而东南低矮的地势,又有利于海洋气流的登陆和深入,从而使得本区的降水分布呈明显的两高两低的态势。其中3—4月为春雨季,5—6月为梅雨季,7—9月为台风雨季。3—6月雨季由锋面形成,雨区广,雨期长,约占年降雨总量的60%;特别是5—6月梅雨季节,降雨强度大,雨量集中,是江河洪水的主要季节,占全部洪水的86.6%。闽北等内陆各地的大暴雨主要集中在梅雨期,而闽东沿海地区的大暴雨主要集中在台风期,且暴雨强度和频率均从东部沿海向西北内陆递减。因闽西和闽中大山带之间的盆地位于河流中游,受东西两侧大山脉的抬升作用影响,降水量较大,多为暴雨中心,加上格子状水系在盆底河谷平原交汇,洪水相聚,汇洪不畅,也常造成洪涝灾害。④ 在

---

① Robert Fortune, *Visit To The Tea-Districts Of China And India*, London: John Murray, Albemarle Street, 1852, p. 221.
② 郑达贤:《福建自然区划新方案——一个作为环境、评价和管理的自然基础的新区划方案》,《福建地理》,2000年,第2期。
③ 康熙《建宁府志》卷二,舆地志,气候。
④ 陈香:《福建洪涝灾害特点及减灾对策研究》,《莆田高等专科学校学报》,1999年,第4期。

这种时候,因江水汛急,上游的船只多不敢运货下行,上行船只也较平时更加困难,有时不过 10 英里左右的航程却要走上两天。①

综上所述,本区的自然地理环境既有利于生产活动的一面,也有不利于区域发展的因素。这样,在古代和近代交通不发达的时期,一方面使得福州港的经济腹地被迫限制在闽江流域一隅之地;另一方面,也使得本区的山海资源虽然丰富但却略显单一,除了茶、纸、木材以外,几乎找不到其他可供出口外国及外埠的大宗商品,从而使得福州港和三都澳港在茶叶出口贸易衰退之后,未能像汉口等地一样由"一枝独秀时代"顺利进入"多元出口时代"②。

二、历史人文环境

在当代,制度供给和政府在区域经济发展中的作用已经得到普遍的重视。在晚清乃至民国时期的中国,它们对区域经济发展的影响有时至关重要。因本区的行政区划面积和政区数量均占全省数量的一半以上,因此下文就主要从福建全省社会治理和地方政府统治者的更迭情况,对本区经济地理变迁的人文环境予以说明。

本省吏治的腐败由来已久。早在道光末期时就有人指出,"方今吏治之坏,委成胥幕,既一无所事焉。其可见者以隐忍为宽仁,以弥缝为安辑,以不纠举为和衷,以善卸责为干济……驯至民不畏吏,使不畏长官,而积弱之形成矣。"③咸丰初年的闽浙总督季芝昌更是拿"州县更调不时,视官廨如传舍"的恶习毫无办法。④ 左宗棠在闽不过 4 年,而其遗留下来的书信集中却处处充满了对闽省吏治败坏、难以除弊的绝望之语。⑤ 在左宗棠即将离闽它任时不禁慨然写道,"此间失治已久,民困于贪残之政,强者为匪,黠者为讼师,结会械斗,抢劫拒官,杀人掘冢,自相残害,冤抑之气,充塞里间。因而市肆萧条,百物昂贵,四民各失其业,吁,可伤也!"⑥左氏离闽后,鲜有干员能够力挽狂澜,闽省吏治依然如故。如当时委一把总缺即费至五百余金。各汛地委署人员都在任一年,并视汛地美否而由提督衙门收取数量不等的规礼,即使在各提督离缺它任时还要将规礼送至其接任者。⑦

如果有得力干员能够长期在任整治,对吏治的整治工作多少会有些起色,但由于闽省最高执政者来去频繁,故人亡政息式的历史悲剧一次次在福建政治生活中上演。据不完全统计,自道光二十三年(1843 年)起至宣统三年(1911 年)辛亥革命

---

① Robert Fortune, *Three Years' Wandering In The Northern Province Of China*, Shanghai: The University Press, 1847, p. 337.
② 张姗姗:《汉口港的贸易发展和腹地变迁》,《中国百年经济拼图:港口城市及其腹地与中国现代化》,山东画报出版社,2006 年,第 159—170 页。
③ [清] 高澍然:《与姚石甫书》,《抑快轩文集》卷十九,《福建丛书》第二辑,江苏广陵古籍刻印社,1998 年,第 585 页。
④ [清] 季芝昌:《遗爱录》,沈云龙主编:《近代中国史料丛续编》第 11 号,台湾文海出版社,1984 年,第 188 页。
⑤ [清] 左宗棠:《左宗棠全集》,书信一,岳麓社,1996 年,第 638,640,670 页。
⑥ [清] 左宗棠:《左宗棠全集》,书信一,岳麓社,1996 年,第 716—717 页。
⑦ 《申报》光绪九年(1883 年)四月二十日。

止 70 余年的时间内,清政府一共任命了 29 位闽浙总督,其中未就任者 10 人,任职三年以上者仅 11 人,占总人数的 38%,占实任人数的 60%弱。就巡抚的任职情况来讲,自道光二十年(1840 年)起至光绪十年(1884 年)由福建总督兼署福建巡抚止,共 40 余年的时间里,清政府一共任命了 21 位巡抚,其中未赴任者 2 人,任职三年以上者 7 人,占总人数的 33%,占实任人数的 40%弱。① 在民国时期的近 40 年间,前后有 18 人担任省级长官,平均任职时间不过两年余,只有陈仪(1934—1941 年)和刘建绪(1941—1948 年)主政时间最长。至于县级官员的更迭更是频繁,在 1912—1949 年 38 年间,历任县长人数在 38 人以上的有 13 县。换言之,至少有 40%的县级长官平均任职时间在一年以下。② 这样,一方面,腐败的地方政府不能为区域经济发展提供良好的社会环境和制度供给,另一方面,因受人亡政息规律的支配,现有的有效制度安排也难以长时间地维持下去,从而使得整个经济的发展因之受到阻碍。

---

① 钱实甫:《清代重要职官年表》,中华书局,1959 年,第 124—161、171—200 页。
② 福建省档案馆编:《民国福建省县以上行政长官名录》,福建省档案馆,1987 年,第 1—267 页。

第二章　对外贸易的发展

本区的对外贸易可溯至东汉时期,在宋代和元代达到顶峰。明清以来,除少数禁海时期以外,本区仍然通过沿海的诸多港口与国内的台湾、江浙、关东、天津等地,以及海外尤其是东南亚各国进行频繁的海上贸易往来。① 史称:福建沿海各县"在内地北向则浙江、江南、山东、天津以及奉天等省,南向则往广,其往贩外番,则有暹罗、柔佛、马辰、吕宋、苏禄等处"②。1842年中英鸦片战争结束后,中国被迫开辟广州、宁波、上海、厦门和福州五个通商口岸,是为约开商埠的滥觞。1844年英国驻福州领事李泰国(Horatia Nelson Lay)进驻福州,并于7月3日正式宣布对外开埠通商。与上述约开商埠不同,作为中国自开商埠的首次尝试,位于闽东宁德县的三都澳也于1899年5月8日正式对外通商。闽海关和福海关的相继设立,便开启了本区近代对外贸易的新时期。

第一节　进出口贸易的发展

一、对外贸易的历史进程③

鸦片战争前,福州是闽省根本重地,受政治力量的影响最大。除在明代朝贡贸易时期与琉球有着较为密切的经贸往来外,大部分时期是作为进行国内省际贸易的地区性港口而存在,其港口贸易也因之起伏互见。④ 至于僻处闽东的三都澳,始终作为闽东与浙南沿海部分县份的贸易中转港而存在。

1. 骤兴骤衰的福州口岸贸易

鸦片战争结束后,福州虽然在1844年7月3日就已经正式开埠,但并没有什么大宗出口的货物,进口的洋货也大多是由广州和厦门转运而来,口岸贸易很不景气。当时,除外国鸦片的走私外,福州港几无任何正常对外贸易可言。其间,虽曾有过洋商开辟当地市场的企图,但为时均不甚长,并以失败告终。由于种种原因,在1843—1853年长达十年的时间中,福州甚至可称得上是全国对外贸易中唯一的"死港"⑤。1854年以后,随着茶叶出口贸易的迅速增长,尤其是1861年在福州正

---

① 松浦章:《清代盛京海港锦州及其腹地》,《锦州师范学院学报(社会科学版)》,1989年,第2期,第73页;黄国盛:《清代前期台湾与沿海各省的经贸往来》,《福建师范大学学报(哲学社会科学版)》,2004年,第1期,第33页。
② [清]德福等:《闽政领要》,福建师范大学图书馆藏抄本,第32页。
③ 主要的研究成果有:陈长伟:《1844年至1894年福州港进出口贸易的兴衰嬗变》,福建师范大学2003年硕士学位论文;刘梅英:《全球视野下的福建对外贸易研究(1895—1937年)》,厦门大学2006年博士学位论文;林庆元主编:《福建近代经济史》,福建教育出版社,2001年;唐凌:《自开商埠与中国近代经济变迁》,广西人民出版社,2002年。
④ 杨国桢:《东溟水土——东南中国的海洋环境与经济开发》,江西高校出版社,2003年,第250页。
⑤ 姜修宪:《"死港"的复活——一个国家的视角》,《福州大学学报(社会科学版)》,2008年,第3期,第5页。

式设立闽海关后,福州口岸的对外贸易逐渐步入正轨。在19世纪60年代中期到80年代中后期,大部分土、洋货的输入和腹地土货的输出均呈上升态势,此后即呈现全面下降趋势。从港口主要进出口货物的发展态势来看,可以将晚清福州港的贸易发展进程以1885年为界,简单分为前后两期。前期基本上是贸易发展期,而后期则是贸易衰落期。民国肇基至一战前,福州的口岸贸易总体上呈上升态势,但变化不大。一战后则迅速发展,至1929年达到新的高峰后即渐趋下降,并在抗战期间曾一度中止了对外贸易。抗战胜利后虽然有所恢复,但仍未达到战前水平。

就本口对外贸易在全国中的地位来讲,福州在通商之初的十年间几乎没任何对外贸易可言。虽然自1854年后的对外贸易有增有减,但在晚清时期的多数年份中,长时期位居全国通商口岸的末次。[①] 据学者研究表明:福建全省各口岸对外贸易值在全国所占的比例在1889年前是10%—16%,1889—1896年为10%以下,1900年前为5%,1912年为3%,1916—1935年为2%,而福州一口又占全省比例的50%弱。[②] 因此,本口岸在全国的地位不但甚低,而且随着清末、民国后全国其他口岸的渐次开放,其在全国口岸的重要性也在渐趋下降。

就福州口岸的对外贸易结构来讲,晚清时期形成了以鸦片、棉纺织品、五金为主要进口商品和以茶叶为主要出口商品的贸易结构。在进口的大宗洋货中,鸦片始终占最主要的位置,在19世纪90年代前几乎占本口全部净进口值的一半左右;布匹则是除鸦片以外的最主要进口洋货,一般占进口值的15%上下;铅是五金类中的最大宗进口商品,一般在进口值的10%以下波动;进入19世纪90年代后,棉纱和煤油的进口量大增,但亦不过占总值的10%左右。就土货进口来讲,进口土货的种类极其繁杂,但以土布为主的棉纺织品、主要作为肥料使用的豆饼等民生日用品和烟丝、绸缎等奢侈品是常年进口土货的大宗;而以大米、小麦为主的谷物进口一般只在发生较大的灾情或进行战前储备时才有大量的进口。

土货出口方面,作为与上海、汉口并称的全国近代三大茶市之一,福州土货出口的最大宗当然是茶叶。除茶叶、干果和新鲜水果外,海关统计表中显示的其他出口商品很少。但如果参照其他相关文献叙述,进而将帆船贸易计算在内的话,我们发现福州口岸还大量出口木材、纸及其他土特产品。

表1-2-1　1868—1908年福州主要进口洋货净值占洋货进口总值的百分比

年份	总进口值	鸦片	布匹	棉纱	铅	锡	火柴	煤油
1868	5 207 019	63	10	0.22	10	1	0.02	0.09
1873	3 006 436	51	15	0.15	4	4	0.2	0.04
1878	3 468 015	48	14	0	9	3	0.4	0.46

---

① 姚贤镐:《十九世纪七十至九十年代中国对外贸易的发展趋势》,《中国社会经济史研究》,1987年,第1期,第14页。
② 刘梅英:《全球视野下的福建对外贸易研究(1895—1937年)》,厦门大学2006年博士学位论文,第398、411页。

续表

年份	总进口值	鸦片	布匹	棉纱	铅	锡	火柴	煤油
1883	3 431 308	46	21	0.03	6	3	0.61	1.12
1888	4 310 807	49	16	0.1	5	4	0.5	0.74
1893	4 774 904	49	10	3.02	3	2	1.93	3.56
1898	5 816 862	30	10	10.51	3	2	1.03	5.27
1903	8 059 007	32	7	9.32	2	3	0.81	6.01
1908	6 496 630	28	6	10.41	0	3	1.07	9.85

说明：总进口值单位1868年为元，1873年为两，1878年以后为海关两。
（资料来源：福州口历年贸易统计，见茅家琦主编：《中国旧海关史料(1859—1948)》，京华出版社，2001年。）

民国时期的情况较晚清时期有了较大变化。就进口贸易来讲，本期进口商品的种类大大增多，许多新的商品如水泥、电气设备、各式车辆等不断出现在海关贸易统计表中。虽然在晚清时期即占据主导地位的鸦片、棉纺织品、煤油、火柴等仍是本期大宗进口商品，甚至有些商品在民国时期的进口量突飞猛进，但粮食、肥田粉、各种机械化生产设备的进口却也在明显增长。到20世纪前期，福建全省面粉、米谷和棉布的进口占到总进口量的三分之一。

相对于进口贸易结构来讲，本期福州出口贸易结构的变化并不明显。作为晚清时期大宗出口的茶、纸、木材仍是本期最重要的出口商品，虽然这三种主要出口商品的位次变动较大，而且出口数量也与晚清时期不可同日而语，但三种商品的出口量仍占全部出口货物的70%左右。①

2. "门阀"性质的三都澳口岸贸易②

1899年，位于宁德县的三都澳作为中国自开商埠主动对外开放。历史时期三都澳的对外贸易均以转口贸易的埠际贸易为主要方式，特别是与海外直接贸易货值的比重一向极低。本口的进出口贸易总值不大，绝大部分进口洋货和土货系经福州转口，而出口货物主要输往沿海国内诸口，进而分销国内和国外市场。据统计，民国时期三都澳常年对外贸易占全省对外贸易总值的比例向来在10%以下，唯独1939年因时值抗战相持期，福州、厦门受日寇封锁，贸易衰退，三都澳独居一隅，得以保持增进的势头，突增至占全省外贸总额的11%，打破历年三都澳贸易增长的纪录。

在1899—1911年三都澳开埠初期，本口对外贸易呈现缓慢增长的趋势，但进出口贸易严重不平衡，输出长期大于输入。如从1899年到1908年，出口总值占贸易总值的97.2%，而进口只占2.8%。这种不平衡性表明三都澳对外贸易比重很小，涉入程度很浅，带有偶然性和间断性。民国时期，对外贸易规模比初期有所扩

---
① 林观得：《初中乡土教材福建地理》，建国出版社，1941年，第52页。
② 本节内容转引自梁民愫：《试论近代福建三都澳开埠后的对外贸易及其特征》，《江西师范大学学报(哲学社会科学版)》，2000年，第4期，第45—51页。

大,但贸易量增长的绝对值微小,且起伏波动很大。1912—1918年对外贸易呈现由升趋降的态势,与开埠初期相比,如考虑贸易值的价格波动,则贸易实际上处于停滞阶段。1919—1930年的对外贸易基本处于持续上扬阶段,但1931年以后则进入衰落时期。虽然,民国时期本口的埠际贸易无论规模还是商品种类和范围都比开埠初期有进步,不过同初期一样,贸易的发展也并非一帆风顺地稳步增长,而是呈现波动不定的偶然性和间断性,进出口贸易仍然很不平衡,长期不正常地出超。

二、口岸贸易结构的变化

1. 福州口进口商品贸易结构

(1) 鸦片。与全国其他港口相似,福州进口的鸦片也是分为洋药和土药两大类。前者主要有白皮土、公班土、喇庄土和波斯土四种,在极个别年份还曾进口过微量的土耳其鸦片;它们在很长一段时期内是福州进口鸦片的主体部分。至于土药主要包括温州鸦片、台州鸦片和本地鸦片,偶尔也有川土和云土少量进入本口,但它们在进口总量中所占份额很小。①

早在鸦片战争开始前的19世纪20年代,福州就已经成为外国在华走私鸦片贸易的重要口岸之一。1856年,闽海关以"洋药"的名义准许鸦片进口,使得鸦片的进口量开始日益增加。"除了鸦片以外,这里的进口生意很少",一直是19世纪六七十年代前英、美领事商务报告和通信中最常用的话语。② 在开埠初期,本口每年输入鸦片约二三千箱,50年代末达到六千箱,在1862年达到7 292箱后即急剧下降。到1875年时才开始反弹,呈现上升的趋势,在1888年达到第二个峰值6165担后,又开始下滑,直到本期终了时,一直保持着下滑的态势,并在1914年后消失于海关贸易统计中。这与全国鸦片进口的趋势——即60年代鸦片贸易徘徊、70年代上升、80年代后因土药的竞争而下降——部分相符。③

造成鸦片进口数量变化的原因是多方面的。首先,鸦片进口税率的变化是造成本口鸦片进口数量变动不居的主要原因。早在19世纪60年代,英国领事在历年的商务报告中即将福州鸦片销售量的减少,归因于以厘金名义征收的各种地方性税收高于其邻近的几个口岸;而英国领事的这种抱怨在整个19世纪70年代一直都未曾止息,并持续到80年代。④ 从下表可以看出,福州对鸦片征收的税厘在各口岸中不但是最高的,而且还要高出许多。因福州的鸦片税厘较其他口岸,尤其是与其邻近的口岸为重,因此,本应从福州口岸进口的鸦片取道邻近税率较低的宁

---

① 福州海关:《近代福州及闽东地区社会概况》,华艺出版社,1992年,第181页。
② Jules Davids, *American Diplomatic and Public Papers: the United States and China*, Vol. 20, Wilmington: Scholarly Resources,1979, p. 191.
③ 张仲礼:《张仲礼文集》,上海人民出版社,2001年,第329页。
④ The Parliament of the United Kingdom of Great Britain and Northern Ireland, *British Parliamentary papers: China. V. 7, Commercial reports: embassy and consular commercial reports*, Shannon: Irish University Press, 1972, p. 306.

波、温州等地进口也就不足为怪了。直到 1885 年,由于新的征收洋药税厘办法的改进,尤其是 1887 年全国各口岸开始实行洋药税厘并征措施后,①各港口的税率已经划一,福州口鸦片进口的增长速度才有所提高。如 1887 年时福州海关税务司即指出,当年鸦片进口量的增加"可能要归于各口岸实行了平等的关税,这样本省通过本口岸进口了一些鸦片,货源就变得更为充足,而先前是通过厦门、汕头、宁波、九江等口岸进口的。"②

表 1-2-2　1869 年全国部分口岸鸦片进口税率

口岸	每担征收量（海关两）		
	在港口时	运入内地主要市场时	总　　数
牛庄	18 两 6 钱	10 两 1 钱 9 分 7 厘	28 两 7 钱 9 分 7 厘
天津	17 两	到北京 36 两,到山西 17 两	到北京 53 两,到山西 34 两
烟台	18 两 6 钱	—	18 两 6 钱
汉口	13 两 9 钱 2 分	16 两 5 钱 6 分 4 厘	30 两 4 钱 8 分 4 厘
九江	34 两	16 两 9 钱 6 分	50 两 9 钱 6 分
镇江	38 两 4 钱	24 两	62 两 4 钱
上海	44 两 7 钱 4 分	—	44 两 7 钱 4 分
宁波	34 两		34 两
福州	84 两 6 钱 4 分	20 两 8 钱 6 分	105 两 5 钱
淡水	32 两 1 钱 3 分 6 厘	—	32 两 1 钱 3 分 6 厘
打狗	45 两 3 钱 4 分		45 两 3 钱 4 分
厦门	90 两 2 钱 9 分	—	90 两 2 钱 9 分
汕头	11 两 5 分	3 两 7 钱 1 分	14 两 7 钱 6 分
广州	23 两	25 两 3 钱 4 分	48 两 3 钱 4 分

（资料来源：茅家琦主编：《中国旧海关史料（1859—1948）》第 4 册,京华出版社,2001 年,第 217 页。）

其次,福州茶叶出口贸易的盛衰是导致本口鸦片贸易变动的另一重要原因。自 19 世纪 80 年代中期以后,福州的茶叶贸易已是强弩之末,过去那种繁荣的景象已不复存在。因此,茶叶出口贸易的衰落直接导致了福州及其腹地经济收入的减少,从而影响了其购买外国鸦片的能力,进而导致福州口的鸦片进口在 1899 年以后趋于下滑,直到本期终了都未发生什么实质性的改观。③

复次,清末及民国初期国内的禁烟举措最终使得鸦片贸易合法化寿终正寝。光绪末年,鉴于鸦片流毒既广且深,清政府不得不于 1906 年颁布禁烟章程,令各地将军、都统、督抚及税务司等在本辖区内设法稽查,严禁鸦片进口。④ 1906 年,林则

---

① 中国第一历史档案馆编：《光绪朝朱批奏折》第 79 辑,中华书局,1995 年,第 208 页。
② 福州海关：《近代福州及闽东地区社会概况》,华艺出版社,1992 年,第 162 页。
③ 福州海关：《近代福州及闽东地区社会概况》,华艺出版社,1992 年,第 181、185 页。
④ 于恩德：《中国禁烟法令变迁史》,中华书局,1934 年,第 263 页。

徐曾孙林炳章在福州创设去毒社,此后,福建各地也纷纷建立去毒支社,并曾一度发展到112个支社。如古田县全年鸦片消耗不下数十万金,去毒支社即从禁售、禁吸、禁种诸方面严格禁烟,以绝漏卮。社员们不但集资设立戒烟所,而且还凭借清政府的支持将本县各土膏店全部封禁,甚至带领军队铲除本地烟苗。① 面对国内人民轰轰烈烈的禁烟运动以及慑于世界舆论的影响,英国等遂宣布逐年递减向中国的鸦片输出量。这样,在中国政府厉行禁烟,以及西方列强被迫减少对华鸦片输出的情况下,福州口岸的鸦片进口逐年减少,并在1914年后消失于海关贸易统计中。

最后,其他诸如国内的战争、国产土药对进口洋药的替代、鸦片生产地的经济变动和鸦片质量,以及因汇率变化而导致的鸦片价格波动等,都影响了福州口鸦片的进口和销售。② 试以国产鸦片对外国鸦片的进口替代为例加以说明。福州市场上的土药最初主要来自邻省浙江温、台二地,19世纪90年代后又经汉口、江西运入大量的川土和云土,而本省鸦片生产量较少。③ 就福州及其腹地来讲,本区罂粟的种植最晚在1870年前后开始逐渐增加,19世纪80年代时这种状况一直在持续发展,19世纪90年代时罂粟的种植仍然有增无已。④ 但实际上除了福宁府、福州府、漳州府及泉州府的部分县份有较多的种植外,罂粟在福建尤其是闽北的种植并不普遍。诚如1898年一份官方报告所指出的那样,福建本省土产鸦片的产地有福州府的闽县、侯官、长乐、福清、连江、闽清6县,福宁府的福安、福鼎、霞浦3县,泉州府同安县,以及建宁府松溪县。以上各县所产土药每年总共不过三四十担。⑤ 因此,19世纪90年代前,在本省土药产量稀少,而温、台二地的土产鸦片在不交税或者交很少的税就可进入福州腹地的情况下,对外国鸦片产生进口替代的主要还是来自温州和台州的鸦片。⑥ 直到19世纪90年代后,由于川土和云土的输入,才稍稍加速了土药对洋药的替代过程。⑦ 但经由海关进口的土产鸦片数量仍是微不足道的,进口量在数百至千余担之间波动。海关统计显示,其第一次出现在统计表中是1900年,当时进口656担;最后一次出现是在1911年,当时进口176担。民国时期,尤其是20世纪二三十年代,由于割据一方、拥兵自重的福建地方军阀多以种烟

---

① 民国《古田县志》卷三十八,禁烟小史。
② The Parliament of the United Kingdom of Great Britain and Northern Ireland, *British Parliamentary papers: China. V. 14, Commercial reports: embassy and consular commercial reports*, Shannon: Irish University Press, 1972, p. 449; The Parliament of the United Kingdom of Great Britain and Northern Ireland, *British Parliamentary papers: China. V. 19, Commercial reports: embassy and consular commercial reports*, Shannon: Irish University Press, 1972, p. 125;林满红:《清末本国鸦片之替代进口鸦片(1858—1906)——近代中国进口替代个案研究之一》,《中研院近代史所集刊》1985年第9期,第428页。
③ 中国第一历史档案馆编:《光绪朝朱批奏折》第78辑,中华书局,1996年,第160页; The Parliament of the United Kingdom of Great Britain and Northern Ireland, *British Parliamentary Paper: China. V. 17, Commercial reports: embassy and consular Commercial reports*, Shannon: Irish University Press, 1972, p. 231.
④ The Parliament of the United Kingdom of Great Britain and Northern Ireland, *British Parliamentary papers: China. V. 9, Commercial reports: embassy and consular commercial reports*, Shannon: Irish University Press, 1972, p. 485; The Parliament of the United Kingdom of Great Britain and Northern Ireland, *British Parliamentary papers: China. V. 21, Commercial reports: embassy and consular commercial reports*, Shannon: Irish University Press, 1972, p. 501.
⑤ 中国第一历史档案馆编:《光绪朝朱批奏折》第78辑,中华书局,1996年,第159页。
⑥ The Parliament of the United Kingdom of Great Britain and Northern Ireland, *British Parliamentary papers: China. V. 12, Commercial reports: embassy and consular commercial reports*, Shannon: Irish University Press, 1972, p. 397.
⑦ 福州海关:《近代福州及闽东地区社会概况》,华艺出版社,1992年,第206、212页。

为筹军养兵之款,从而强迫农民大量种植罂粟,鸦片种植才成为福建最为严重的经济和社会问题之一。

(2)棉织品。福建本非产棉区,棉织业又十分落后,当地土布的生产无法满足人们的需求,因此需要从海外大量进口棉纺织品。

先看布匹类的进口。开埠之初,虽然本地对布匹的需求量很大,但也仅限于从中国其他口岸进口的土布,极少有洋布在福州及其腹地市场流通。① 甚至在19世纪50年代时,福州口岸的洋布进口量也不过10万匹左右,而土布则多达100多万匹。② 进入19世纪60年代后,随着茶叶贸易的繁荣,洋布的进口日见起色,并在总体上呈现持续增长的态势;到1990年前后,因茶叶贸易的衰落和福州土布业的发展才渐趋下滑。③ 以本口最大宗的标布及本色市布的进口为例,前者的进口数量在19世纪60年代末到19世纪末,一直在10—30万匹之间波动,1885年的最高额不过296 420匹。进入民国以后,标布进口量逐年下跌,到1919年仅5万余匹。相对标布来讲,本色市布的进口几乎没有什么变化,自19世纪60年代至19世纪末一直在年均6万匹的低水平上轻微浮动。民国以后仍继续维持晚清时期的水平,基本在5—7万匹之间波动。

可见,福州历年进口的洋布数量并不多,与全国其他口岸相比也是很少的。以福州进口数量最大的标布来讲,其"一年的进口量还抵不上上海一天的销售量"④。那么,造成这种现象的原因何在? 诚然,影响洋布进口的因素很多。除了世界经济的变动、贸易汇率的变化、福建茶叶贸易的衰退和本省交通不便等因素外,还有以下两点值得注意。

首先,沉重的厘金和内地税是洋布难以深入福州腹地的重要原因之一。在19世纪六七十年代英国领事的商务报告中,处处充满了对福建内地税厘加征的抱怨:"从我与一些主要的商人的谈话中,似乎可以看出,这种生意(洋布的销售)被遍布全省的内地厘金局加诸于铅和所有洋货身上的重税所大大削弱了,并且不会产生任何重大进展。"⑤这就使得九江和厦门、宁波等通商口岸参与了对福州洋布销售市场的争夺。

---

① The Parliament of the United Kingdom of Great Britain and Northern Ireland, *British Parliamentary papers: China. V. 4*, *Commercial reports: embassy and consular commercial reports*, Shannon: Irish University Press, 1972, p. 758.
② The Parliament of the United Kingdom of Great Britain and Northern Ireland, *British Parliamentary papers: China. V. 6*, *Commercial reports: embassy and consular commercial reports*, Shannon: Irish University Press, 1972, p. 9.
③ The Parliament of the United Kingdom of Great Britain and Northern Ireland, *British Parliamentary papers: China. V. 8*, *Commercial reports: embassy and consular commercial reports*, Shannon: Irish University Press, 1972, p. 244; The Parliament of the United Kingdom of Great Britain and Northern Ireland, *British Parliamentary papers: China. V. 16*, *Commercial reports: embassy and consular commercial reports*, Shannon: Irish University Press, 1972, p. 664.
④ The Parliament of the United Kingdom of Great Britain and Northern Ireland, *British Parliamentary papers: China. V. 14*, *Commercial reports: embassy and consular commercial reports*, Shannon: Irish University Press, 1972, p. 449.
⑤ The Parliament of the United Kingdom of Great Britain and Northern Ireland, *British Parliamentary papers: China. V. 7*, *Commercial reports: embassy and consular commercial reports*, Shannon: Irish University Press, 1972, p. 308; The Parliament of the United Kingdom of Great Britain and Northern Ireland, *British Parliamentary papers: China. V. 8*, *Commercial reports: embassy and consular commercial reports*, Shannon: Irish University Press, 1972, p. 249; The Parliament of the United Kingdom of Great Britain and Northern Ireland, *British Parliamentary papers: China. V. 8*, *Commercial reports: embassy and consular commercial reports*, Shannon: Irish University Press, 1972, p. 482.

因此"棉织品仅在福州城的邻近地区消费。本省西部和北部的布匹消费可能由九江进口,并在子口税单的保护下由江西运入其他消费。"[1]民国以后,随着中国关税自主能力的增强,尤其是1931年、1933年两度提高进口棉布的税率后,洋布进口量更趋下降。

表1-2-3 1869年福州口部分进口商品征税量

货物花色	1868年进口量（匹）	在港所征税(海关两)			转运税(海关两)	
		税 种	开征时间	税 额	税 种	税 额
本色市布	65 147	厘金	1858年	0.05	水口厘金	0.054 6
标 布	124 320	小税	1866年	0.002 7	延平府厘金	0.036 4
					竹崎关税	0.022
白 布	8 392	厘金	1858年	0.06	同本色市布	
		小税	1866年	0.002 7	和标布	
染色布	883					
印花布	3 550					
缎 子	318					
斜纹布	4 560	厘金	1858年	0.06	水口厘金	0.027
		小税	1866年	0.002 7	延平府厘金	0.018
					竹崎关税	0.022
彩 布	4 758				水口厘金	0.067 2
					延平府厘金	0.044 8
					竹崎关税	0.022
小 呢	3 662	厘金	1858年	0.72	水口厘金	0.7
		小税	1866年	0.45	延平府厘金	0.4
					竹崎关税	0.8
羽 毛	4 234			0.6	水口厘金	0.42
				0.053	延平府厘金	0.28
					竹崎关税	0.8
哔 叽	1 633			0.3	水口厘金	0.3
				0.09	延平府厘金	0.2
					竹崎关税	0.35

(资料来源：茅家琦主编：《中国旧海关史料(1859—1948)》第4册,京华出版社,2001年,第258页。)

其次,本国及本地所出土布对洋布的进口形成了强大的阻力。由于中国土布较洋布更为便宜、暖和且经穿,因此严重影响了洋布在福州及其腹地的销售。[2] 而当时英国及其他国家的生产力还没有发展到能够对中国的这种消费需求作出回

---

[1] The Parliament of the United Kingdom of Great Britain and Northern Ireland, *British Parliamentary papers: China. V. 16*, *Commercial reports:* embassy and consular commercial reports, Shannon: Irish University Press, 1972, p. 357.
[2] 福州海关：《近代福州及闽东地区社会概况》,华艺出版社,1992年,第132页。

应,从而改进生产的程度。①因此,在20世纪以前,福州港洋布进口数量不多、发展不快也就是理所当然的事情了。虽然后来随着西方资本主义国家社会生产力的提高,这种情况有所改善,但又遇到了来自本国和本地所产土布的更大竞争。

与洋布的滞销相较,主要来源于上海的土布进口一直是历任英国领事羡慕不已的事情。"每年从天津和上海运来大量的土布在本口倾销,它们较英国棉布更具竞争优势。因为它们因其结实、温暖和耐穿而主要为以穿棉制品为主的劳动阶层所偏爱。"②据英国领事估计,1846年时,福州从江南地区进口的土布即多达981 680元,到19世纪50年代时,这一数字又上升为1 500 000元,19世纪60年代则为2 000 000元。③据海关统计数字显示,1867年是海关统计中福州口土布进口的峰值,当年土布进口量为28 746担,折合土布约达四五百万匹。④由于土布绝大多数利用帆船载运而不在洋关监管范围内,如果再加入这一部分进口量的话,数字将会更大。故而,甚至直到19世纪90年代末,英国领事还将福州视为除镇江和九江以外的最大土布进口港。⑤直到1901年海关兼管常关后,才保存下了长时期、成序列的经由常关进口的土布统计数据。从中可以看出,清末及民国初期的常关土布进口量每年多在一二百万匹,而洋关进口的数量从未超过5千担(以每担180匹折合为90万匹)。虽然,民国以后至抗战前,土布的进口值仍呈不断上涨之势,但相较于晚清时期,土布的进口量却要逊色得多。

再看棉纱的进口。19世纪60年代前,福州仅从英、美等国输入少量的棉花。较原棉价格低廉的洋纱始于1864年才出现在福州口海关贸易统计表中,当年进口棉纱161担。不过,在19世纪90年代前,福州进口的印度棉纱数量仍是微不足道的,其大规模地进口始于1891年,当年进口2 947担,是前一年进口量339担的8倍多。此后即持续畅销多达二十余年,进口量常年保持在二三万担。但民国以后,尤其是一战之后,曾经畅销一时的洋纱进口却呈现了一泻千里的状态,并为国产机制纱所取代。1913年,包括印纱在内的来自外洋的棉纱多达35 129担,到1920年则剧降至2 197担,到1930年时仅3担,并在1931年后消失在对外贸易统计表中。相反,随着印度棉纱价格的上涨以及国内机制纱厂的增加和产量的增长,来自上海的国产纱逐渐成为福州棉纱进口的主流。1912年,来自上海的棉纱进口首次突破

---

① The Parliament of the United Kingdom of Great Britain and Northern Ireland, *British Parliamentary papers: China. V. 9, Commercial reports: embassy and consular commercial reports*, Shannon: Irish University Press, 1972, p. 71.
② The Parliament of the United Kingdom of Great Britain and Northern Ireland, *British Parliamentary papers: China. V. 8, Commercial reports: embassy and consular commercial reports*, Shannon: Irish University Press, 1972, p. 482.
③ The Parliament of the United Kingdom of Great Britain and Northern Ireland, *British Parliamentary papers: China. V. 21, Commercial reports: embassy and consular commercial reports*, Shannon: Irish University Press, 1972, p. 137; The Parliament of the United Kingdom of Great Britain and Northern Ireland, *British Parliamentary papers: China. V. 7, Commercial reports: embassy and consular commercial reports*, Shannon: Irish University Press, 1972, p. 307.
④ The Parliament of the United Kingdom of Great Britain and Northern Ireland, *British Parliamentary papers: China. V. 9, Commercial reports: embassy and consular commercial reports*, Shannon: Irish University Press, 1972, p. 76.
⑤ The Parliament of the United Kingdom of Great Britain and Northern Ireland, *British Parliamentary papers: China. V. 21, Commercial reports: embassy and consular commercial reports*, Shannon: Irish University Press, 1972, p. 137.

1万担，1914年则达到2万担，一战期间输入量骤减，在1923年达到33 730担的峰值后即转趋下降，至抗战前退回至年均进口一万多担的水平。①

（3）米谷。本口各类粮食的进口变化极不规则，呈现出骤升骤降、忽高忽低的折线形，其变动主要受国内大米进口贸易的影响。

以中国大米的进口为例，其发展变化的峰值出现在1864年、1877年、1882年、1888年、1893年、1900年、1903年、1913年和1933年等几个年份。这主要是由于战争和严重水旱灾引起缺粮所致。② 如1864年、1893年、1913年、1933年进口量的突然增加都是在诸如平定太平军余部、中日战争、辛亥革命、十九路军入闽等战事发生前后，因军队增加以及抚恤难民而进行粮食储备所致，而1877年、1882年、1888年和1900年进口的增加都是因为当年或前后数年间（或连续或不连续）的水、旱灾害所致。相对国产大米来讲，晚清时期外国大米的进口相对较少，多数年份没有进口，仅在1865年、1877年、1902年、1907年大量进口，但民国以后，外国大米进口的比重逐渐增加，尤其是1921—1927年时的进口量较往常增加甚多，并在1927年达到了39万担的峰值。这一方面说明，在晚清时期的战争或灾荒年景，外国洋米对国产大米的进口起着调剂余缺的作用。另一方面也说明，民国以后驻军等外来人口的突然增加，也是引起本口粮食进口增加的重要原因。

洋货中外国面粉的进口极少，其中的美国面粉在1884年前极少超过1 000担，但1884年开始近于2 000担，1886—1894年间一直在三四千担间徘徊，在1895—1898年自七八千担上升到二万多担后，始终不过数万担；直到1907年突然增加至25万担之后，又迅速跌落，一战结束后进口量又有所增加，但直到抗日战争前的最高进口量仍不超过28万担。国产面粉首次出现在1899年，当年进口不到2 000担；大量进口始于1909年，其后便不断增加，至1919年增加至30万担，并在1933年达到战前进口的峰值近48万担。从国产面粉和外国面粉的进口趋势基本相反来看，二者之间有极强的相互替代作用。

此外，本国小麦的进口虽远较外国小麦为多，但与大米的进口量相比还是不大，且其变动曲线基本上与国产大米相吻合，同样也应该是为了填补国产大米进口的空缺。

由此看来，因气候变化导致的年成丰歉是影响福州米谷进口的最主要原因。开埠后至1876年前的30余年间，福州及闽江流域地区除了1844年和1853年的大水外，一直风调雨顺，极少见有水灾的记录。因此，除了在1864年前后为了作战补充军粮而大量进口大米外，其他时间的大米进口量都很小。此时，福州每年进口的

---

① 福建省政府秘书处统计室编：《福建历年对外贸易统计(1899—1933)》，1935年，第142页。
② 水利电力部水管司科技司，水利水电科学研究院合编：《清代浙闽台地区诸流域洪涝档案史料》，中华书局，1998年，第413—503页；余天胎：《福建历代之饥馑》，《福建文化》，1941年，第1卷第3期；林敦奎：《晚清福建水灾概述》，《福建论坛》，1993年，第5期；福州口历年海关贸易和领事商务报告。

大米最多不过 5 万余担,少者仅数百担。然而在 1876 年,尤其是 1877 年的大水灾后,福州地区的水灾时有发生。因此,大米的进口也增加至新的高峰。19 世纪 80 年代前后,即使在没有特大灾年和战争影响的时期,福州进口的大米也多在一二十万乃至三十万担左右波动,不足十万担的情况都很少。

此外,福州米谷进口趋势的变化还与闽江上游地区制茶、造纸等外向化产业的兴衰有关。在左宗棠写于 19 世纪 80 年代时的一件文书中曾谈到,"闽省山多田少,本地所产之米,民不敷食,向借上游、台湾、江、浙等处运济。溯至通商以来,延、建一带产茶日旺,外来做茶人愈聚愈众。时至春夏,转多入省运米,上游之无米运省由来已久"①。一个旁证是,中日甲午战后大米输入的减少,一方面固然受台湾割日后台米运榕受限的影响,另一方面也是闽江流域商品性农业逐渐消退的结果。此外,诸如闽江流域产米区域的社会秩序、交通情况以及外来非农人口的增加也会引起福州粮食市场的变化。

(4) 五金及其他洋杂货。福州进口的五金及其制品主要为铅、锡、铁及铜等,常年进口以铅为最大宗。其中,铅的进口在 19 世纪 80 年代以前一直处于增长的态势,并在 1878 年达到近 7 万担的最高峰值,此后即转而下降,但在 1890 年以前还始终能保持四五万担的水平,其后的进口数量持续下降,进入 20 世纪后,从未超过 2 万担,均在一二万担之间波动。锡主要是用来制作迷信用纸,称为纸箔;其进口在 19 世纪 90 年代中期前基本上是逐步增长的,并在 1896 年达到七千担的峰值,此后即趋于下降,进入 20 世纪后更是如此。铜几乎全部作铸币之用,且数量少,时断时续,而且在统计中的分类又极不统一。

在 19 世纪 80 年代后福州进口的洋杂货中,最有影响的要数煤油、火柴等生活日用品。煤油进口于 1864 年首次出现在贸易统计表中,当年进口量仅为 1 510 加仑,1876 年进口 1.5 万加仑,1880 年突破 10 万加仑。此后的进口虽呈不断增加的趋势,但起伏较大。在 1893 年达到 166 万加仑后,进口量常年稳定在二三百万加仑之间,并在 1904 年达到了民国前的最高值 450 万加仑。民国以后至抗战前,煤油的进口量虽然在一战期间有所减少,但战后迅速增加,均保持在二三百万加仑的水平,到 1923 年达到近 460 万加仑的峰值,直到 20 世纪 30 年代后才渐呈下降趋势,进入低落期。福州进口的煤油主要来自美国、俄国、苏门答腊和日本等,其中前期以美国煤油和俄国煤油为主,在 1895 年后进口了苏门答腊油并在此后成为福州煤油进口的主流,而日本煤油也在一战期间大量进入福州煤油市场。

火柴的进口早期以欧洲火柴为主,到 19 世纪 90 年代时,日本火柴已在福州及其腹地的市场上占有垄断地位,并用了不到十年的时间就将欧洲火柴完全驱逐出

---

① [清] 左宗棠:《左宗棠全集》,奏稿八,岳麓书社,1987 年,第 578 页。

福州市场。① 1865年时,火柴的全部进口量不过6千余罗,十年后也不过1万余罗,此后即逐渐增长,到1892年突破11万罗,并持续增长至1912年的峰值38万罗。一战期间的进口量有所减退,战后更是由1919年的近26万罗剧跌至1920年的8千余罗,并于1931年消失在贸易统计表中。然而,自1923年起,来自外埠的国产火柴开始出现于海关统计表中,是年进口20万罗,价值123万元。此后的进口即日渐增长,1931年达到33万罗的峰值。因此,从总体上看,进口火柴在19世纪90年代后开始迅速增加,在1906年进口量超过30万罗后,直到抗战前,除1919—1927年间进口量多在20万罗左右外,其他时间多在30万罗上下。②

2. 福州口出口商品贸易结构

(1)茶。茶叶是福州的主要出口商品,在很长的时间里,福州港对外贸易的繁荣即是建立在茶叶出口贸易的发展之上。

福州茶叶贸易开始起步于1853年,并在60年代发展成为当时全国最大的茶叶出口地,这种状况持续发展,并在19世纪七八十年代达到了顶峰。但福州茶叶出口在1880年达到802 000担的峰值后,除了在1885—1886年间出现了短暂的反弹外,一直呈剧烈下跌的态势,至20世纪初时出口量仅为峰值的三分之一,其后即维持在这一低水平上平稳发展,并在20世纪20年代中期最终下降至低谷。就出口茶叶种类来讲,直到1900年,红茶始终是茶叶出口的主体,砖茶最早于1872年首次列入统计表中,并在1886年达到10.6万担的顶峰,但从未超过总出口量的24%。绿茶的出口更少,从未超过1万担,只是在1914—1918年间,由于海关统计口径的变化,才使得绿茶的出口量显著超过了红茶。③

福州茶叶出口的兴衰何以变得如此曲折?个中原因,不一而足。既受茶叶输入地外贸政策的影响,又受茶叶生产地各种条件的限制;既有本地茶叶质量参差不齐的因素,又有他国茶叶排挤的压力;既有本区茶叶生产方式落后的原因,又是列强对国际茶叶市场操纵的缘故。对此,学者们均作了一定的探讨。④ 另外一个重要原因是,制度设计及变迁在福州茶叶出口贸易中具有不可忽视的作用。由于商人是市场中最活跃的一员,商品的运输和交易都要经过商人之手,因此,商人的经营行为、旧有商业网络和商业习惯(或制度)都对贸易的发展产生不同程度的影响。在福州茶叶出口贸易的繁荣时期,我们可以看到内地采买制度、"往来赊欠账户制度"在其中所扮演的积极角色;同样,在福州茶叶出口贸易的衰退时期,我们也可以看到税收制度、中间商制度在其中所产生的阻碍作用。就前者来讲,学人的研究早

---

① 福州海关:《近代福州及闽东地区社会概况》,华艺出版社,1992年,第224、236页。
② 福建省政府秘书处统计室编:《福建历年对外贸易统计(1899—1933)》,1935年,第134页。
③ Thomas P. Lyons, *China Maritme Customs And China's Trade Statistics（1859-1948）*, Willow Crerk Press, 2003, pp. 97-105.
④ 林齐模:《近代中国茶叶国际贸易的衰减——以对英国出口为中心》,《历史研究》,2003年,第6期;戴鞍钢:《近代中国植茶业的兴衰》,《史学月刊》,1989年,第1期。

已证明"这些活动(茶叶收购中的内地采买制、合同茶和优先取舍制)的最终结果,是中国茶叶出口的迅速增长"①。而"往来赊欠账户制度"也使得"福州茶叶的产量几乎是无限的,只要这个制度存在,中国(其他地区)的茶叶贸易就很少有复兴的希望"②。就后者来讲,福州茶叶中掺杂了太多的茶末,以致严重影响到了外销茶叶的质量,并为印度、锡兰等国茶叶侵占福州茶叶的国外市场提供了口实和机会;而福州茶叶之所以掺杂过多的茶末则是当时的税收制度使然。因为根据规定,茶末的税率与茶叶相同,而二者的价格却是天壤之别。英国领事也曾经对福建地方政府提出了降低茶末税率的期望,但事实是,直到1908年在英国驻华公使的强烈要求下,茶末的出口税才由原来的每担1.25两下降到0.6两。③ 以此观之,不合理的税收制度直接导致了出口茶叶质量日益下降,从而在很大程度上导致了福州茶业出口贸易的衰退。④

(2) 木材。福州港出口的木材主要有软木类的松木(板)、杉木(杆)以及硬木类的楠木、樟木等。木材最初多是以圆木的形式捆载出口,后来随着茶叶、煤油和香烟贸易的兴起又增加各类木板、木箱的制作和出口,20世纪以后这种趋势一直在发展。抗战前后,原材输出减少,改用松、杉板条外销,至1939年杉板输出额即超过杉木原材。

清代前期时,福州的杉木出口贸易就已十分兴盛。1832年4月下旬,英轮阿美士德号(Ship Tord Amherst)到达福州时看到,"福州府似乎是同它的邻省浙江进行着大宗贸易,许多浙江船只停泊在江上,每日进出港口……各种木材和木料似乎是主要的货物"⑤。开埠后福州港的木材输出继续发展,成为仅次于茶叶的第二大宗出口土货。1845年复庆(Robert Fortune)在谈到福州港口的贸易时说:"福州最大的出口货还是木材。由闽江放筏下来,堆在郊外江边,占地很广。成千的木帆船来自厦门、宁波、乍浦,有的甚至来自北方的山东及渤海湾,它们都是经营木材贸易的。这种木材主要是供建筑用的普通松木。在装船之前,一般都将木材锯成适于建筑用的长度。在福州也能买到任何数量的上等硬木锯成的良好木板。"⑥甚至连当时的英国驻福州领事阿礼国(Alcock,1845—1846年任)也将福州港定性为"木材(出口)港"⑦。

不过,英国领事商务报告首次提及木材出口贸易是在1858年,当年由帆船出口的货物总值约为38万两,而木材即达到24万两(约8千镑)。同年,由英国船只

---

① 郝延平著,陈潮等译:《近代中国商业革命》,上海人民出版社,1991年,第182页。
② 李必樟译编:《上海近代贸易经济发展概况》(1854—1898年),上海社会科学院出版社,1993年,第488页。
③ 福州海关:《近代福州及闽东地区社会概况》,华艺出版社,1992年,第271页。
④ 姜修宪:《制度变迁与中国近代茶叶贸易——基于福州港的个案考察》,《中国社会经济史研究》,2008年,第3期。
⑤ 福建师范大学历史系编:《鸦片战争在闽台史料选编》,福建人民出版社,1982年,第68页。
⑥ Robert Fortune, *Three Years' Wandering In The Northern Province Of China*, Shanghai: The University Press, 1847, p. 344.
⑦ R. Montgomery Martin, *China: Political Commercial and Social*, in an official report to her Majestys' Government, Vol. Ⅱ, London: James Madden, 1847, p. 300.

出口的木材为 5 717 镑,而到 1862—1864 年间,这一数字已分别剧增至 11 050 镑、21 484 镑和 48 680 镑。① 以木材中的杉木出口为例,自 1864 年海关首次对其进行统计以来,在经历了 19 世纪 60—80 年代的持续下降后,于 19 世纪 80 年代中期开始趋于上升,在 1906 年达到峰值后,又开始下降,直到 1913 年达到另一峰值。但是,由于福州木材的外运主要使用帆船,而不在海关的监管范围之内,使得福州港木材输出的绝大部分不经过海关,因此上述趋势并不能够真实反映福州港木材输出的实际情况。实际上,出口木材是由常关监管的帆船运输,还是由海关监管的外国船运输是导致上述变化的根源。19 世纪 80 年代中期以前福州杉木出口量曲线的波动如此之大,亦可从中得到解释。19 世纪 80 年代中期以后,由于外国帆船大量从事于木材的运输贸易,故而反映在海关统计中的杉木出口量才逐年上升。② 民国以后,由于各地建筑增多,对杉木的需求也逐年增加,其他外国木材输入尚微,故本区杉木的出口逐年增加,直到 1930 年后,因种种原因使得本区木材出口锐减。

松木的出口贸易兴起较晚。在清末民初时期,先是由英商祥泰洋行(Rathbone Worthington & Co.)向洋口、建瓯沿溪一带采办松木,后又有天祥(Adamson, Bell & Co.)、建兴(Davies, Brooke & Gran Architects)及德商禅臣(Siemssen & Co.)洋行继之而起,均在建溪、富屯溪、沙溪流域砍伐松木。当时运抵福州以供锯板出口的数量,每年不过 20 万筒。民国以后,松木的出口贸易进入兴盛期。1918 年后,年均输出五六十万筒,至抗战前达到年约七八十万筒的规模,直到抗战军兴,海口封锁,木材运输断绝,松木贸易因之停歇。③

总体来说,福州的木材输出,除在个别时期因战争、水灾等原因而出现下降外,在 1930 年前的绝大部分时间内,木材的出口是持续增加的,并逐渐取代茶叶成为本口最大宗的出口商品。如从经由福州海关出口的木材来看,20 世纪前的晚清时期木材出口不足百万元,民国初达到两三百万元,1920—1930 年间则增长至千万元以上。④ 但从 1931 年开始,福州的木材出口急剧衰落,林产减少、木行停闭、景况萧条,期间虽有短暂的复兴,但因日本侵华战争全面爆发,再度衰落,此后直到国民党统治结束都没有太大的起色。

在木材的流向上,经福州出口的大部分木材多流向厦门、宁波、乍浦、上海等地。⑤ 开埠后,除了仍旧沿袭开埠前这一趋向外,其最大的变化是对天津等北方口岸输出量的增加,以及上海之取代乍浦成为福建木材的最大输出地。上海附近一带所需木材,除外国建筑或铁道所用者皆由美国及日本输入外,其他均仰给于

---

① The Parliament of the United Kingdom of Great Britain and Northern Ireland, *British Parliamentary papers: China*. V. 4, *Commercial reports*: embassy and consular commercial reports, Shannon: Irish University Press, 1972, p. 85.
② The Parliament of the United Kingdom of Great Britain and Northern Ireland, *British Parliamentary papers: China*. V. 15, *Commercial reports*: embassy and consular commercial reports, Shannon: Irish University Press, 1972, p. 667.
③ 翁绍耳:《福建省松木产销调查报告》,协和大学农经系,1941 年,第 5—7 页。
④ 刘梅英:《全球视野下的福建对外贸易研究(1895—1937 年)》,厦门大学 2006 年博士学位论文,第 246 页。
⑤ 嘉庆《福建沿海航务档案》,福建师范大学图书馆藏抄本,第 108 页。

福建。① 据清末时日人调查,由闽北贩木商人组成的建汀帮在上海开设的木行和木厂甚多,仅大木材商即有 30 家之多。② 这种状态一直到抗战前都没有太大的变化。据 20 世纪 30 年代的调查显示,在福州出口至各地的木材中,宁波占 15%、上海占 30%强、镇江及其附近占 20%弱、台湾占 20%,北方口岸如青岛、胶州、牛庄、烟台、天津等合计占 20%弱。③

一向繁盛的木材出口贸易缘何在 20 世纪 30 年代后趋于沉寂?除了外国木材的排挤、林区交通不便、税厘加重、林区社会动荡不安等原因外,关键原因在于因急功近利导致木材的乱砍滥伐现象严重。早在 19 世纪 90 年代,人们就注意到闽江流域的木材采伐日多,种植日少所带来的种种恶果:出口木材的直径远较以前为小;闽北各县沿溪地区满目有童山之忧,绝少苍翠茏葱之象;市场上大量出现本来应在几年后才能投入市场的半成熟的木材。④ 如政和县杉木"向多围拱巨木,今则大仅盈把即行砍伐,农民又以收利太迟,鲜谋继种,故产额渐减,底价频高。不独运售为难,即本地建筑均受其影响"⑤。到 20 世纪 30 年代末时,沙县、永安、顺昌、建瓯各县位于沿溪两岸和交通路线之处的松木均已采伐殆尽,其他各处如果只伐不种,数十年后也无可伐之松。⑥ 鉴于闽江上游木材资源砍伐过量、日见减少的现实,福建省政府不得不于 1941 年 5 月发布《福建省闽江上游各县禁伐松采杉暂行办法》。该《办法》规定:闽江上游宁化、清流、明溪、永安、三元、沙县、建宁、泰宁、将乐、顺昌、浦城、建瓯、崇安、邵武、建阳、水吉、南平等 17 县,松、杉木只准采伐供给南平及南平上游各县使用,禁止运销福州。这直接导致木材销量锐减,出口市场因之萧条。⑦

(3) 纸。明、清及近代以来,福建造纸多系以竹为原料。因所造纸的质量悬殊、用途不同、产地各异、销路不一而致名目纷杂,种类繁多。大体而言,以生产过程中是否经过漂白、蒸煮等手续,可分为熟料纸和生料纸;同时,各种纸类因加工精细与否而又有上等、下等之分。按用途的不同,则可分为三大类,即主要用于书写的白料纸、主要供包装所用的甲纸以及专供迷信用品的海纸。而上述三种分类之关系大可表示如下:熟料纸之大部和少数上等生料纸系为白料纸,甲纸全用生料法所制成,海纸则大部分用生料,少数用熟料法制成。另外,海关出口贸易统计中则将纸张分为上等纸、次等纸、纸箔和其他四类,并将白料纸归入上等纸,将甲纸归入次等和下等纸,将海纸称为纸箔。⑧

---

① 北京农工商部署内商务官报局:《商务官报》第 1 册,1906 年,第 224 页。
② 何福麟编译:《中国经济全书》第 2 辑,1910 年,第 55 页。
③ 林荣向:《福建木材之调查》,《福建省建设厅月刊》,1929 年,第 3 卷第 7 期,第 1—5 页。
④ The Parliament of the United Kingdom of Great Britain and Northern Ireland, *British Parliamentary papers: China. V. 21, Commercial reports: embassy and consular commercial reports*, Shannon: Irish University Press, 1972, p.142;福州海关:《近代福州及闽东地区社会概况》,华艺出版社,1992 年,第 274 页。
⑤ 民国《政和县志》卷十七,实业。
⑥ 翁绍耳:《福建省松木产销调查报告》,协和大学农系,1941 年,第 13 页。
⑦ 福建省地方志编纂委员会:《福建省志·工商行政管理志》,方志出版社,2000 年,第 238 页。
⑧ 林存和:《福建之纸》,福建省政府统计处,1941 年,第 13、19 页。

表 1-2-4　1861—1919 年福州口各类纸张出口量

年　份	纸(担)	纸箔(担)	常关上等(张)	常关次等(担)
1862	25 117	—	—	—
1864	32 896	7 159	—	—
1865	45 215	10 377	—	—
1866	56 503	6 916	—	—
1867	49 741	5 697	—	—
1868	56 351	9 041	—	—
1869	74 481	10 636	—	—
1870	40 070	9 349	—	—
1871	24 865	8 747	—	—
1872	27 732	11 134	—	—
1873	26 020	14 877	—	—
1874	25 372	12 230	—	—
1875	27 702	8 520	—	—
1876	34 011	8 769	—	—
1877	32 984	13 220	—	—
1878	48 502	14 591	—	—
1879	32 677	14 313	—	—
1880	27 305	9 261	—	—
1881	19 319	11 120	—	—
1882	34 442	14 820	—	—
1883	22 967	11 224	—	—
1884	32 954	12 254	—	—
1885	35 882	15 672	—	—
1886	16 323	13 846	—	—
1887	19 786	13 104	—	—
1888	23 250	11 404	—	—
1889	21 945	17 821	—	—
1890	35 524	20 021	—	—
1891	62 550	16 922	—	—
1892	38 280	11 529	—	—
1893	25 218	13 064	—	—
1894	13 859	14 175	—	—
1895	23 976	16 094	—	—
1896	59 913	21 952	—	—
1897	52 594	14 027	—	—
1898	45 052	8 688	—	—
1899	45 915	9 448	—	—
1900	19 105	9 138	—	—

续 表

年 份	纸(担)	纸箔(担)	常关上等(张)	常关次等(担)
1901	33 709	16 044	—	—
1902	37 333	18 784	145 569 210	383 996
1903	57 780	15 193	126 297 561	383 584
1904	50 288	13 247	122 138 033	361 912
1905	76 930	13 447	118 449 066	471 680
1906	59 227	14 179	144 749 692	433 479
1907	55 318	14 690	94 976 635	330 293
1908	43 668	17 749	112 498 513	328 360
1909	54 466	15 928	124 905 625	357 185
1910	85 912	9 404	112 887 268	280 894
1911	85 329	9 468	87 690 330	303 460
1912	107 456	13 569	74 102 936	289 499
1913	90 837	13 131	116 224 626	282 692
1914	74 715	11 712	117 744 288	371 735
1915	96 649	12 115	93 572 651	277 497
1916	88 137	10 086	89 556 306	294 549
1917	78 089	5 781	44 243	174 120
1918	70 307	7 427	44 345	163 372
1919	149 473	6 876	36 130	122 826

(资料来源：茅家琦主编：《中国旧海关史料(1859—1948)》，福州口历年贸易统计，京华出版社，2001年。)

据统计数据显示，从福州出口的纸张以上等纸(如白料)最多，次等纸(如甲纸)次之，纸箔最少。大致说来，(上等及次等纸)在经历了19世纪60年代的增长后，在70年代开始下降，到19世纪80年代虽然开始逐渐上升，但多在3—6万担之间波动，且波动幅度相当大。进入20世纪以后，出口总量仍在不断攀升，1910年后多在10万担左右波动，并在1912年达到11万担的峰值。一战结束至抗战前，纸张的出口进入黄金时期，呈现欣欣向荣之势。抗战前、后虽因政府救济而有所复兴，但已难复旧观。这时不但纸的种类不如以往繁多，而且数量也不如从前。例如，永安以前生产的上等白料纸有两种，但抗战前夕均已完全绝迹；生产的毛边纸从以前的3 000篓减至10余篓，贡纸由以前的万余篓减至3 000篓，正中纸由近万篓减至于零。[①]

3. 福州口进出口贸易的市场结构[②]

本口除茶叶出口贸易外，与外洋的直接贸易较少。若就洋货进口贸易的国别和地区来看，在甲午战争前，洋货主要来自香港、英国、新加坡、澳大利亚和日本等

---

① 《闽政月刊》，1938年，第1卷第3期，第38页。
② 本节论述参见刘梅英：《全球视野下的福建对外贸易研究(1895—1937年)》，第五章，第二节，厦门大学2006年博士学位论文。

地。以 1871 年为例,直接从上述地区进口的商品额不过 298 万两,其中香港为 292 万两,英国为 44 538 两。可见,此时的进口贸易市场以香港和英国为主。甲午战争前夕的 1894 年,本口主要洋货进口国家和地区为,香港 404 万海关两、俄国 16 万海关两、美国 7 万海关两、日本 5.9 万海关两、英国 8 383 海关两、新加坡 2 963 海关两。可见,除香港外,俄国、美国和日本也成为本口洋货进口的主要来源地。甲午战争至一战结束,日本和美国成为洋货进口来源增长最迅速的国家,到 1919 年时,香港、日本、美国和新加坡 4 地占全部洋货进口总值的比例分别为 66%、15%、14% 和 5%。此后,虽然本口洋货进口总值的数量在不断变化,进口来源地也不断增加,但主要进口来源地所占的位次几乎没有什么变化,直到 20 世纪 30 年代初基本维持这一态势。20 世纪 30 年代后,本口主要洋货进口国别发生了较显著的变化,主要表现是从香港和日本进口的比重下跌幅度较大,而欧美国家的比重呈上升态势。

本口出口贸易的主要市场是英国、香港、澳大利亚、美国、新加坡等地,而以英国为最大出口市场。以 1875 年为例,当年福州出口至各地土货的比重分别约为:英国 70%、澳大利亚 15%、香港 5%、美国 3%,欧洲大陆和英海峡殖民地各占 2%,新西兰、俄国和南非各占 1%。到 19 世纪 80 年代中期以后,随着福州茶叶出口贸易的衰落,土货出口市场结构也发生了显著的变化,出口至英国的比重下降显著,至澳大利亚和美国的比重上升明显。到 1900 年时,原来位居首位的英国让位于香港而居第三位,美国上升为第二位,俄国和澳大利亚分居第四、第五位。一战后,日本从福州进口土货的比重上升明显。1925 年各地所占比重为:日本 57%、香港 31%、英国 3%、德国和法国各占 2%,美国和澳大利亚等地各占 1%。1931 年"九一八"事变发生后,由于国内抗日运动的影响,日本在本口土货进口中的比重显著下降,而欧美各国的比重转趋上升,并且一直持续到抗战爆发时都没有太大的改变。

4. 三都澳进出口贸易的商品结构和市场结构

三都澳进出口商品范围极窄,商品种类参差不齐。在出口土货商品方面,几乎全以初制农产品为主,其中茶叶占本地区出口总额 90% 以上。除茶叶外,主要还有次等纸、陶瓷器、咸介类、赤糖、小麦、樟脑油、轻木板、柴、竹竿、烟叶和山羊等,其次有蛏蛤、蚵苗、谷和猪等。从中可以想见,本口贸易的隆替,与茶、纸、陶器等 3 种主要农副产品的兴衰直接相关。从进口商品结构分析,绝大部分是生活资料,而属生产资料者只有比重极小的铅块和硫酸铔。如据海关贸易统计可知,开埠后期进口商品主要集中的项目是:洋货为煤油、火柴、棉纱、面粉、洋布、颜料、咸鱼、棉羽绸、铅块、海带、纸烟、硫酸铔(肥料)等,土货有南京布、北方大豆、小麦、糖、牛骨、枣、大麻、土面粉、瓜子、药材、粉丝、盐、橘子、烟丝、土制火柴、米谷等。这样的商品贸易结构自然是极不合理的。① 由于本口出口贸易过分依赖茶叶等少数商品,一旦国际市场变

---

① 梁民愫:《试论近代福建三都澳开埠后的对外贸易及其特征》,《江西师范大学学报(哲学社会科学版)》,2000 年,第 4 期,第 45—51 页。

故,贸易极易受到影响。如1918年贸易的衰落,主要是英国禁运华茶入口所致。

就三都澳的对外贸易市场结构来讲,三都澳1899年开埠后直到1916年才开始对外洋直接贸易,且贸易额极小。本口洋货进口的主要来源地多限于日本、台湾、香港、英国和德国等少数地区,而土货出口的市场不大,主要是向日本和台湾出口。①

第二节 口岸—腹地圈的形成与变迁

一、福州口岸主要进口商品销售地的变化

鸦片可以说是渗入腹地最早和最多的洋货,早在开埠前,腹地大部分地区已经到处可见外国鸦片的影子。据档案史料记载,仅1835—1839年间查获的私贩鸦片案件中,涉案人员即多达数百人,涉案地区包括兴化府、泉州府(同安、惠安、厦防厅)、漳州府(龙溪、诏安)、建宁府(浦城)和福州府(南台和城内)等地。② 开埠后,特别是在鸦片贸易合法化以后,鸦片的侵入更是有恃无恐,蜂拥而至。1850年时,在僻处闽北内地崇安县的村庄旅馆中,鸦片的销售就像在伦敦的旅馆买卖香烟一样司空见惯。③ 就鸦片渗入腹地的区域变化上来讲,虽然最晚到19世纪60年代时,甚至连交通不便、僻处闽东的寿宁县也难逃鸦片渗入之毒害,④但在1870年前后,仅福州及其附近地区是经由福州进口鸦片的主要销售地,而广大的闽江流域地区,尤其是闽、浙、赣边境一带地区则主要消费来自宁波的鸦片。造成这一现象的原因除了上溯闽江航行带来的困难外,主要是由于鸦片在进口和运销过程中的税厘负担。因为鸦片由福州运抵闽北地区时,在延平府、建宁府和崇安县均要交税。当时,鸦片除了要在口岸支付每担近120海关两的进口税及厘金外,如果运到内地的延平府、建宁府、邵武府、崇安县、建阳县、政和县等地,至少还要交纳5.3—15.5海关两的内地厘金;而同期由宁波经江山县清湖镇运往浦城的鸦片则只要在清湖支付每担80两的税厘即可。到19世纪80年代后,由于各口税率一致,闽北腹地的鸦片输入渠道也逐渐转向以福州为主,此时由福州进口的鸦片销售腹地也扩大到了闽北。

除鸦片外,较早渗入内地的另一主要洋货是五金类中的铅。由于它主要用作制作茶箱的衬里,因而,随着茶叶出口贸易的开展和繁荣,铅也较早地在诸如建宁府、崇安、建阳、邵武和沙县等内陆产茶各县大量使用。⑤ 从这一点来讲,茶叶的出口地也即铅的主要销售地。除铅以外的金属类产品,多在福州城郊内外销售,如锡用以制作纸箔和煤油桶,铜用来铸币,铁用于船厂及附近郊区农民打造农具等。

---

① 刘梅英:《全球视野下的福建对外贸易研究(1895—1937年)》,厦门大学2006年博士学位论文,第287、296页。
② 中国第一历史档案馆编:《鸦片战争档案史料》,第一册,上海人民出版社,1983年,第538页。
③ Robrt Fortune, *Visit To The Tea-Districts Of China And India*, London: John Murray, Albemarle Street, 1852, p. 218.
④ [清]桂超万:《续宦游纪略》卷一,沈云龙主编:《近代中国史料丛刊》第81辑第810册,台湾文海出版社,1966年,第459页。
⑤ The Parliament of the United Kingdom of Great Britain and Northern Ireland, *British Parliamentary papers: China*, V. 12, *Commercial reports: embassy and consular commercial reports*, Shannon: Irish University Press, 1972, p. 638.

与鸦片和铅相较,布匹类商品渗入腹地时间较晚,程度和范围也有限。主要由于内地厘金沉重,布匹的消费地在19世纪90年代前的很长一段时间内主要集中在福州及其邻近地区,①消费量也随着与福州距离的递增而递减。具体来讲,福州府和延平府是布匹销售的主要地区,而与浙、赣相邻地区的建宁府和邵武府各县则多由宁波或九江供应布匹。②不过,最迟到19世纪90年代时,由于子口税单贸易的兴盛,布匹进入内地的速度和程度已大大加快和加深。③

　　煤油是较快渗入腹地的另一种重要洋货。在19世纪60年代时,福州及其腹地的居民都是使用自己榨制的植物油作燃油。④但随着煤油的大量进口,最晚到19世纪80年代,福州及其腹地大部分地区都受到了煤油的冲击。⑤到19世纪90年代时,由于茶叶贸易的失利,洋商纷纷涉足煤油进口,并积极从事油池和油库的建造,从而使得煤油进口量大增,其渗入福州及其腹地的程度更深,范围也更广。在当时,福州进口的煤油90%在闽江流域各县消费。⑥当然,这也并非说福州及其腹地的所有地区都在使用煤油照明。不必说在19世纪90年代时"在本省许多地方仍然不用煤油,甚至可能根本就不知道"⑦,甚至直到20世纪二三十年代,"尽管有煤油、电力及其他照明物的蚕食,在产花生油的地区人们还是大量用花生油来照明"⑧,尤其是在煤油价格升高时,腹地人民还会重拾旧业,自己榨制各种植物油以取代煤油用来照明。

二、福州口岸主要出口商品集散地的变化

　　1. 茶叶产地分布的变化。开埠前和开埠初期,本区的茶叶生产已经达到了一定的规模。19世纪50年代时的一则材料中提到,除崇安县早已是产茶最为集中的县份以外,在19世纪50年代以前,建安、建阳、瓯宁、浦城、邵武、沙县等地的茶业生产也有了极大的发展,光泽、建宁、泰宁、松溪、政和、永安等县产茶稍逊。虽然闽

---

① The Parliament of the United Kingdom of Great Britain and Northern Ireland, *British Parliamentary papers: China. V. 8, Commercial reports: embassy and consular commercial reports*, Shannon: Irish University Press, 1972, p. 482.
② The Parliament of the United Kingdom of Great Britain and Northern Ireland, *British Parliamentary papers: China. V. 8, Commercial reports: embassy and consular commercial reports*, Shannon: Irish University Press, 1972, p. 249; The Parliament of the United Kingdom of Great Britain and Northern Ireland, *British Parliamentary papers: China. V. 11, Commercial reports: embassy and consular commercial reports*, Shannon: Irish University Press, 1972, p. 352; The Parliament of the United Kingdom of Great Britain and Northern Ireland, *British Parliamentary papers: China. V. 11, Commercial reports: embassy and consular commercial reports*, Shannon: Irish University Press, 1972, p. 83; The Parliament of the United Kingdom of Great Britain and Northern Ireland, *British Parliamentary papers: China. V. 14, Commercial reports: embassy and consular commercial reports*, Shannon: Irish University Press, 1972, p. 19.
③ The Parliament of the United Kingdom of Great Britain and Northern Ireland, *British Parliamentary papers: China. V. 19, Commercial reports: embassy and consular commercial reports*, Shannon: Irish University Press, 1972, p. 397.
④ Justus Doolittle, *Social Life of the Chinese: With Some Account of their Religions, Government, Educational, and Business Customs and Opinions*, New York: Harper & Brothers Publishers, 1867, p. 58.
⑤ 福州海关:《近代福州及闽东地区社会概况》,华艺出版社,1992年,第133页。
⑥ The Parliament of the United Kingdom of Great Britain and Northern Ireland, *British Parliamentary papers: China. V. 19, Commercial reports: embassy and consular commercial reports*, Shannon: Irish University Press, 1972, p. 125.
⑦ The Parliament of the United Kingdom of Great Britain and Northern Ireland, *British Parliamentary papers: China. V. 20, Commercial reports: embassy and consular commercial reports*, Shannon: Irish University Press, 1972, p. 174.
⑧ Members of the Anti-Cobweb Society Foochou, *Fukien: Arts and Industries*, Foochow: Christian Herald Press 1933, p. 124.

北地区的顺昌、将乐、尤溪、南平及闽东部分地区的情况在该文献中没有提到,但也并不是说这些县份没有茶叶的生产,只是其地茶叶的产量和质量稍逊一筹。在福州茶叶出口贸易开始繁荣以后,这些地区的茶叶产量开始逐渐增加。例如,到19世纪60年代时,建宁府建阳、崇安、建安、瓯宁,延平府顺昌,邵武府邵武、建宁等地,都已是外国洋行派遣内地茶商前往购茶的主要地区。① 1860年后,在闽北茶区产茶数量不断增加的同时,闽东地区的茶区有了很大的扩展。闽侯县北岭地区和古田县在茶叶贸易的刺激下逐渐成长为一个重要产茶区,而来自福安和屏南的茶叶数量也在成倍增长。② 到19世纪70年代时,"统计福宁所属五县,处处皆有茶商运茶"③。随着闽东茶区的扩展,来自该地的茶叶数量也不断增加。据估算,到19世纪80年代初,来自闽东地区的茶叶至少占福州茶叶总出口量的15%左右。这样,最晚到19世纪80年代时,除平潭、长乐、福清、永泰等县外,闽北和闽东各县的茶叶生产和出口都达到一定规模。

19世纪80年代后,茶叶出口价格下降,使得原有茶区的茶叶生产开始衰落,大部分茶区整体上呈现出一片萧条的景象。以本区功夫茶的生产为例,1887年时的价格相较于1864—1866年的平均价格下降了36%—79%不等。④ 相应地,此时本区的茶区范围也渐趋缩小、茶叶产量逐年下降,包括侯官、邵武、建瓯等在内的著名茶叶产区,都普遍出现了茶山荒芜、茶农改业、茶商破产的情况。这时的茶山,"十分荒有八分";这时的茶农,"计算不够采工作作工火食,以致种茶者不采,当为野树者有之,或许送他人采去家用者,亦有之";这时的茶商,"屡年折本,倾家荡产,人多不以茶为正项生理。有田者归耕,无田者以砍柴为活。"⑤根据20世纪初的一份调查,当时本区主要的茶叶产地有:福州府的古田、闽清、屏南,福宁府的福安、宁德,邵武府的拿口、大干,建宁府的建宁、建阳,延平府的沙县、南平、尤溪。⑥ 其他茶叶原产区的产量已大不如前,生产的目的也由主要供给外销转而为家庭自用。

2. 木材产地分布的变化。福州出口的木材大宗是供建筑之用的杉木,松木本来只是作为柴薪所用,后因能制作茶箱、香烟箱或作制纸之原料才大量出口。19世纪60年代时的海关贸易报告曾经谈到,福州港出口的木材"主要来自建宁府、延平府、永春州及福州府。这些府州有水路交通,木材编成木排顺流而下,以木杆的形式大量出口至宁波和上海。较大的木材锯成棺木运往北方,数量可观,颇受欢迎"⑦。19世纪90年代的资料也提到,由福州出口的木材除少量来自福州以下闽

---

① 郝延平著,陈潮等译:《近代中国商业革命》,上海人民出版社,1991年,第157—166、171—179页。
② 福州海关:《近代福州及闽东地区社会概况》,华艺出版社,1992年,第138页;民国《古田县志》卷十七,实业志,第23页a;The Parliament of the United Kingdom of Great Britain and Northern Ireland, *British Parliamentary papers: China. V. 12, Commercial reports: embassy and consular commercial reports*, Shannon: Irish University Press, 1972, p. 279.
③ 中国第一历史档案馆编:《光绪朝朱批奏折》第76辑,中华书局,1996年,第914页。
④ 彭泽益:《中国近代手工业史资料》第2卷,中华书局,1962年,第184页。
⑤ 彭泽益:《中国近代手工业史资料》第2卷,中华书局,1962年,第186、187页。
⑥ 冯养源:《华茶产地及推销之调查》,《钱业月报》,1922年,第2卷第4号,第28页。
⑦ 福州海关:《近代福州及闽东地区社会概况》,华艺出版社,1992年,第11页。

江两岸的山上,大部分来自闽江流域闽西北各县,其中建宁府和延平府各县都是重要的木材产地。① 据 20 世纪 20 年代末的调查,产于旧延平府属和旧建宁府属各县的木材均占闽江流域木材总量的 40%,而邵武府和汀州府各县仅占 20%。② 30 年代时外国人的调查也表明,"福建重要的林区位于延平府 6 县,建宁府 5 县,邵武府 4 县,汀州府 8 县"③,其中延平府产量最多。总体说来,闽江流域绝大部分地区都出产一定量的木材,即"东起闽侯、古田,西迄宁化、建宁,以接赣地,南自德化、大田,北及崇安、浦城,与浙省交壤"。如建溪流域之建瓯、浦城、崇安、建阳、松溪、政和,内中浦城、建瓯最盛,松溪、政和最逊;富屯溪流域之邵武、顺昌、建宁、泰宁、将乐,内中以邵武、顺昌为盛,将乐、泰宁出产有限;沙溪流域的沙县、永安、清流、宁化、明溪;半溪流域之南平、尤溪、大田、古田、屏南、闽清、闽侯,内中以尤溪最盛,闽侯、屏南的木材最不足称道;另外,大樟溪流域之永泰、德化也生产一部分木材。④

闽江流域所产的木材绝大部分都是顺闽江及其支流而下,在建瓯县的南雅口、南平县的王台、西芹、沙溪口及夏道、尤溪县的尤溪口和古田县的水口等处捆扎木排,从福州运输出口。但闽北与江西接壤的部分产木县份,其木材也有极少数先经陆路运入赣南,然后再经鄱阳湖转长江顺流东下者。泰宁的木材出口路向则显示出相对复杂的一面,该县产于北乡的少部分木材多以短小木板的形式经赣南转运后,沿长江东下至苏州;而产于东、西、南乡一丈以上的大材则在梅口扎成木排,经洋口、延平运往福州出口,用以雕刻玩具的黄杨木和可作器具及棺材之用的楠木也锯成厚度不等的木板运往福州出口。⑤

3. 纸张产地分布的变化。本区群山连绵,竹林丛生,原料易得,凡是有竹林丛聚、靠近溪流之处即可相地设槽生产,诚所谓"举凡竹山衍布之区,即为纸槽林立之所"。据 20 世纪 30 年代末的调查,在福建省 60 余县中,产纸区即达 46 县之多,其中仅闽江流域即有 22 县,几近产纸县份的一半。如建溪流域的浦城、崇安、建瓯、松溪、政和;富屯溪流域的邵武、顺昌、将乐、建宁、泰宁;沙溪流域的沙县、永安、清流、明溪、宁化;半溪流域的南平、尤溪、古田、大田、闽清。另外,长乐等县虽亦生产少量纸类,但仍旧多依靠外地纸的输入方才济用。就闽江流域各县产纸地点的数量来讲,建溪流域以浦城为最多,富屯溪流域以邵武、顺昌、将乐 3 县最多,沙溪流域以沙县及宁化最多,半溪流域则以南平、尤溪、古田产地最多。⑥

福州未开埠前,运往省外的纸品,除福州附近各县以福州为集散中心外,闽北各县多循陆路运往江浙。开埠以后,以上产区的纸张大部分经由福州出口。建溪

---

① J. Macgowan, *Pictures of Southern China*, London: The Religions Tract Society, 1897, p. 124.
② 林荣向:《福建木材之调查》,《福建省建设厅月刊》,1929 年,第 3 卷第 7 期,第 1—5 页。
③ Members of the Anti-Cobweb Society Foochou, *Fukien: Arts and Industries*, p. 129;[日]东亚同文会:《支那省别全志》第十四卷,日本东亚同文会,1920 年,第 631 页。
④ 翁礼馨:《福建之木材》,福建省政府秘书处,1940 年,第 13、14 页。
⑤ 民国《泰宁县志》卷二十一,实业。
⑥ 林存和:《福建之纸》,福建省政府统计处,1941 年,第 25 页。

流域5县所产纸张,大多数由水路运输至福州出口,除建瓯以外的其他4县也有少部分从陆路经浙、赣等地出口。富屯溪流域各县中,除邵武全由水路运销福州出口外,其他与江西接壤之区多由陆路运至南昌出口。沙溪流域除宁化大多运至汀州,再经韩江运至汕头出口外,其他地区多顺沙溪经南平至福州出口。大樟溪流域的纸品运输亦以水路运输为主,陆路中仅由德化县输出一部分。①

综上所述,根据福州口岸进口商品销售地和出口商品来源地,可将本口腹地圈简单勾勒如下:包括延平府、邵武府、建宁府、福州府在内的闽江流域的大部和闽东地区的全部,以及兴化府、永春州和汀州部分县份,均可视为福州港的最大腹地圈。在这里,我们之所以称其为"最大"腹地圈,是因为港口的腹地范围不是不变的,它会因种种条件的变化而随之或盈或缩。例如在20世纪20年代后期,闽北地区山匪横行,福州港与闽北地区之间的交通中断,导致其地所需货物只能由浙、赣运入,而当地所产之茶、纸、木材等也因而难以顺流而下由福州出口。此时福州港腹地的主体部分就只能缩小至延平府以下的闽江流域的各县。同样,早期闽北产茶县主要集中在崇安等地,后来才扩展到延平府和邵武府的绝大部分地区。而在其后茶叶出口衰退时期,以上茶叶产地的茶园或者荒芜,或者减产,或者改种他物,从而使得福州港出口货物的腹地也略有缩小。② 1900年时,闽浙总督许应骙曾说:"查闽省洋货一由福州进口,行销福州、福宁、延平、建宁、邵武五府;一由厦门进口,行销兴化、泉州、漳州三府,龙岩、永春二州;唯汀州毗连粤东,系由汕头进口,行销府属各县。"③其对福建进口洋、土各货的销售区域的认识与历史事实相差不远。

另外,就三都澳口岸—腹地圈的形成与变迁来讲,学人的研究表明,三都澳开埠后即成为以福宁府为中心的闽东北地区输出口岸和土洋百货的集散中心。④ 开埠前,罗源、宁德、福安、寿宁、霞浦、福鼎各县之茶叶及海产品等,均从陆路或海路运往福州港输出,自三都澳开港后,均改由三都澳出口。⑤ 但由于福州是与三都澳之间进行主要埠际贸易的唯一口岸,因此,三都澳的腹地也是福州港口的间接腹地。

---

① 林存和:《福建之纸》,福建省政府统计处,1941年,第114、140页。
② 吴松弟:《中国百年经济拼图:港口城市及其腹地与中国现代化》,山东画报出版社,2006年,第132页。
③ 中国第一历史档案馆编:《光绪朝朱批奏折》第78辑,中华书局,1996年,第339页。
④ 梁民愫:《试论近代福建三都澳开埠后的对外贸易及其特征》,《江西师范大学学报(哲学社会科学版)》,2000年,第4期,第51页。
⑤ 陈文涛:《福建近代民生地理志》,远东印书局,1929年,第523页。

第三章 工业化进程

早在鸦片战争前,本区城乡的家庭手工业和工场手工业就十分发达,但生产规模狭小,技术落后。福州开埠后,近代社会的巨变使得本区的城乡传统手工业走上了复杂的发展道路。随着西方现代机器生产和工业技术的传入,在以省城福州为中心的沿海地区开始零星出现一些新式近代工业。内地近代工业的出现相对较晚,分布地域也十分有限,只在某些个别产业中得到发展。到抗战时期,随着沿海工业的内迁,闽北地区的近代工业才真正开始成长。虽然随着战后的回迁,闽北工业迅速衰落,但这也成为后来内地现代工业得以发展的基础。

第一节 机器工业的成长与分布

一、机器工业的产生与曲折发展

鸦片战争后,随着厦门和福州及三都澳的渐次开放,近代机器工业开始零星出现在八闽大地。先是19世纪50年代时,外资在福州和厦门两地相继投资设立了船舶修造厂;1866年福州船政局的创办,标志着福建官办近代工业的开始;受前者刺激,从19世纪70年代起,民族资本家所创办的近代民营工业也纷纷在福建建立。

1. 晚清时期本区近代工业的产生与布局[①]

本区最早出现的近代工业是外资创办的船舶修造厂。1854年,英国商人在福州罗星塔下开办了道比船厂(Dobie & Co.),主要从事船舶修理兼营船料供应。当时该厂尚没有船坞,只有一个小的木作和铁工场,估计没有使用动力机器,因而当属由外资设立的手工工场。十年后的1864年,在罗星塔第一次出现了由英国人开办的专门修理船只的福州船坞。该船坞系石坞,使用蒸汽引擎抽水,并备有一艘专门的拖船以拖运船只进坞修理。此后,这家船坞的规模逐渐扩大,经营业务也在不断扩充。1869年,在船坞附近建立起一个大的机器工厂与堆栈,其中机器工厂中设有旋床和各式各样的钻孔机、螺旋机,并有一个大型铸铁工场。1873年,不但船坞加长加宽,而且修理船只的附属设备也得到改进,机器工厂也建立了一座新的翻

[①] 除特别注明外,本部分主要参考以下论著:黄志中:《近代福建民族资本主义机器工业的发生发展及其特点》,《福建史志》1991年第2期;谷桂秀:《民国时期福建民营近代工业研究》,福建师范大学2001年硕士学位论文;林庆元:《福建近代经济史》,福建教育出版社,2001年;福州海关:《近代福州及闽东地区社会概况》,华艺出版社,1992年;林炳章:《福建矿务志略》,福建省财政厅,民国《建瓯县志》卷二十五,实业志;[日]外务省通商局:《福建事情》,1917年;孙毓棠编:《中国近代工业史资料》,科学出版社,1957年;陈文涛:《福建近代民生地理志》,远东印书局,1929年;翁绍耳:《福建省松木产销调查报告》,协和大学农经系,1941年。

砂铸铁工厂,从而可以铸造修理船只所必需的铜铁铸件。1880年,第一次为福州的英商制冰厂建造了一条小轮船,从而使得这个船坞的经营范围也扩展到了船舶制造方面。不过,后来随着福州茶叶贸易的地位的衰落,这个船厂的营业也日渐萧条。在1884年曾酝酿出卖于福建船政局而未果后,于19世纪90年代初终于停业。

由于本区最大宗的出口土货是茶叶,因此,砖茶制造业就成为外资在本区设立较早、投资较大的另一重要工业。为了将从内地产茶各县运抵福州的茶末加工成砖茶后出口,1872年俄商就在福州南台创办了第一家砖茶厂。此后直到1876年间,外国商人共在福州南台、建宁府城及南雅、太平、三门和延平府西芹等6地先后建立了9个砖茶厂,年产量多达5万余担。虽然,目前无法确定这些砖茶厂是否自建立起即一直在使用机器生产,但可以肯定的是,19世纪80年代后期时,为了将砖茶制造得更小、更美观,俄国商行曾经使用机器制造砖茶。

19世纪末,外国资本在本区的投资方向发生了转变,新设立了一些木材加工和生活日用品加工工业。一方面,随着福州木材输出的增多,外国洋行纷纷在福州及内地设立机器锯木厂,从事木材的加工出口业务。清末,英商天祥洋行和德国禅臣洋行在福州港头设立机器锯木厂,以便将松木加工成木板后装轮外运。到1908年时,至少仍有两家外国锯木厂在福州制造油桶以出口到苏门答腊。另一方面,煤油进口和使用量的增加,也为火柴、油灯和灯罩等玻璃器具的生产提供了市场。1899年,外商投资五千元在福州南台设立了玻璃制造厂,雇佣3名日本人专门制造煤油灯罩。同年,英商德兴洋行投资十余万元在福州南台创办了耀明火柴厂,并在次年秋天将其生产的火柴投入市场。虽然该厂到1902年就因亏损过多而被迫关闭,但其每月3万箩火柴的生产能力还是使得日本火柴的进口大受影响。据统计,1900年和1901年日本火柴的进口量分别较上年减少了23%和78%。1903年,英商天祥洋行与华商合资承顶了原耀明火柴厂,成立福建火柴厂,继续从事火柴的生产。但由于制造原料需要从日本进口,且福建松木易扭曲和断裂而不适宜制造火柴杆,在损失4万元后该厂也于1905年倒闭。

这一时期,外资也曾准备投资于本区的矿业,只是由于福建当时矿产资源未查明,内地交通阻隔,加上原来工业基础薄弱等原因和其他因素的限制,外商觉得在本区投资设厂困难多获利少,因而多放弃了对矿业的经营。

从19世纪70年代起,福建的民族资本主义工、矿企业也已经萌芽。但直到甲午战争前,本区新建的各类工业企业不但数量很少,而且规模很小、资本薄弱、设备简陋,基本上属于浅尝辄止的性质。多数企业以失败告终,即使极少数成功的,存续时间也不长,后来发展成为大工业的几乎没有。福建最早的近代民族资本主义新式工业企业是1874年在福州南台设立的悦兴隆砖茶公司。但该厂在1876年即被俄国砖茶厂兼并,随之倒闭的还有1875年时华商在延平府的西芹和建宁府城创办的两家砖茶制造厂。其他民族资本主义企业的生命力也极其短暂,这包括1885

年开办的福州石竹山铅矿、1887年在福州南台设立的机器制糖厂和机器面粉厂，以及建宁机器焙茶厂、福州机器纺纱厂等议而未成，或开办不久即行倒闭者。

甲午战争之后，本区民族资本经营的近代工、矿企业有了初步的发展，尤其是采矿业、制造业、以电气为主的公用事业和交通通讯业等。先看采矿业。为了降低生产成本，并解决台湾割日后船政局煤炭来源问题，福建地方政府开始发掘本省煤炭资源，不断派遣官员前往闽北、闽东地区办矿。1890年，建瓯举人史式珍等集股兴办建宁梨山煤矿。开办时雇有工人30余人，并备有小型提煤机等机具，但6个月后即因抽水机马力太小，无法将矿中积水抽取干净而中止。1897年，盐商陈遹骏筹款6万元组织邵武煤务局，并购置小型抽水机，雇用工人百余人进行生产。后因经营不善，在亏本数万元后于1911年春间终告停歇。同年秋，当地绅士邓城、李云程等集资一千元组织义记公司，完全采用土法开采，产额年仅700吨，"只敷邑人代柴薪之用"①。此外，1898年成立的光泽米罗湾银铅矿，曾购置抽水机等机器，雇工三四十人从事采掘，后因产量不丰而于两年后停办。

制造业主要是为进、出口加工服务的行业。在机器制茶方面，19世纪80年代后，福州茶商开始准备购买机器，采取新法焙茶。1896年，华、洋商人共同投资18万元，在福州北岭成立了福州新法制茶公司，并从英国购进焙茶、卷叶等机器，聘用外国工匠进行生产。砖茶制造方面，在悦兴隆砖茶公司于1876年卖给俄商后，几经易手，在1910年被一位广东商人以15万元的价格将场地及机械收购，并改名致和砖茶公司，继续从事砖茶生产。该公司拥有2台压榨机，根据市场需求安排生产，最多的时候要雇佣数百人，每天可生产砖茶1 000块，而平常只使用1台压榨机，工人数十人。到抗战前，该厂已经发展成为资本25万元、年产2 000箱茶叶的制茶厂。在制材业方面，有1898年买办冯大年投资建立的建兴锯木厂。该厂收购了英商天祥洋行的锯木厂及其机械设备，主要生产做煤油桶用的木材和包括茶箱在内的各种木箱。到1911年时，华商的锯木厂已发展到建兴、福兴、永隆3家，年产台湾茶箱11万元，上海松板15万元。②

这一时期，民族资本也开始涉足电气等公用事业。先是1906年有福州人林炳章集资10万元创办福州电灯公司而未果，接着在1909年和1910年福州又先后出现了文明电灯公司和耀华电灯公司，发电供南台铺户居民照明，但终因资本缺乏及机械不完备，很快就倒闭了。1911年，刘崇伟、刘崇伦兄弟等筹资20万元，成立福州电气股份有限公司，并发展成为本区和本省最大的一家电力公司。

至于本区最重要的官办军事工业则是1866年创立的福建船政局，而1869年设立的福州机器局则主要从事枪炮、弹药的制造。

---

① 民国《邵武县志》卷十八，实业。
② 福建省商业研究所：《福建商业公报》第16期，1911年，第9页。

表 1-3-1　民国前闽东闽北近代机器工业和新兴产业概况

	企业名称	设厂地点	创立时间	备注
闽东地区	道比船厂	福州马尾	1854年	英商,后来发展为福州船坞
	福州船坞	福州马尾	1860年	英商
	福州船政局	福州马尾	1866年	官办
	福州机器局	福州	1869年	官办
	砖茶制造厂	福州及闽北	1872年	俄商
	悦兴隆砖茶公司	福州南台	1874年	华商,第一家民族资本新式机器工业企业,1876年倒闭
	福州制冰厂	福州	1880年	英商
	福州糖厂	福州	1885年	官督商办,不久失败
	锯木厂	福州	1895年	德、英、日、华商
	福州新法制茶公司	福州北岭	1896年	洋商、华商,1898年倒闭
	叶国瑞牛乳	福州	1898年	华商
	耀明火柴厂	福州	1898年	英商德兴洋行
	福建火柴厂	福州	1903年	中、英合办,承接自耀明
	建兴锯木厂	福州	1898年	华商
	三野玻璃制造所	福州	1899年	日商
	公信玻璃厂	福州南台	1901年	1910年时又接办日商三野玻璃制造所
	胜丰加工厂	福州	1901年	华商,最早采用机器加工粮食
	集成机器制造厂	福州	1904年	华商
	福源机器制造厂	福州	1904年	华商
	谦祥春记玻璃厂	福州	1906年	华商
	文明电灯厂	福州	1909年	华商,不久停
	耀华电灯厂	福州	1910年	华商,不久停
	致和砖茶公司	福州	1910年	华商
	迈罗罐头食品公司	福州	1910年	华商,1925年盘出
	华兴机器制糖	福州	1910年	华商,1915年产糖,1916年注册
	福州电气公司	福州	1911年	华商
	广成机器	福州	1911年	华商
	明远玻璃公司	福州	不详	华商
闽北地区	西芹砖茶厂	南平西芹	1875年	华商,次年倒闭
	建宁砖茶厂	建瓯	1875年	华商,次年迁至三门
	邵武煤务局	邵武	1897年	官督商办,1911年倒闭

说明:本表所列均为资料中明确提及使用机器者及虽未使用机器但属重要新兴产业者。
(资料来源:杨大金:《现代中国实业志》上册,商务印书馆,1938年,第366页;林庆元:《福建近代经济史》,福建教育出版社,2001年,第122—144页;福州海关:《近代福州及闽东地区社会概况》,华艺出版社,1992年,第220、313页;周子雄、郑宗楷、姚大纯:《福州便览》,环球印书局,1933年,第282页;谷桂秀:《民国时期福建民营近代工业研究》,福建师范大学2001年硕士学位论文,第8、11、21页;福建省总工会:《福建工人运动史》,中国工人出版社,1990年,第16页;《福建商业公报》,1910年,第6期,第23页;1910年,第8期,第12页;福建省地方志编纂委员会编:《福建省志·粮食志》,福建人民出版社,1992年,第211页;黄志中:《近代福建民族资本主义机器工业的发生发展及其特点》,《福建史志》,1991年,第2期,第87—92页。)

2. 民国时期近代工业的曲折发展

民国成立后,在国内政治经济局势剧烈演变的形势下,本区的近代工业既有和平时期和风细雨式的持续增长,也有战争岁月暴风骤雨式的急速发展;既有地方政府有计划、有步骤的工业化建设,也有私人资本家为追逐利润而进行的盲目扩张,从而使得本期本区近代工业化进程呈现出五彩缤纷、复杂多变的面相。据学人研究,由于福建一直不是外资投资的重点地区,且19世纪80年代以后,外资开始逐渐退出工业领域,到20世纪20年代后期,除了金融业和进出口贸易业中的部分外资外,在福建的外国资本基本上已经退出工业领域。抗日战争时期,除了厦门和福州的部分日资企业外,福建基本上没有外资工厂。抗战胜利后,外资更是在福建销声匿迹。[①] 外资的退出为民营企业的发展扩充了空间,也为国家资本的介入提供了条件。自20世纪30年代起,福建政府在逐渐强化对民营工业控制的同时,也开始加强在福建的投资,兴办了一批以公用事业为主的近代国有工业企业。抗战时期,政府又以"统制经济"为名加强了对国民经济的控制和对民营资本的掠夺。

(1) 抗日战争前本区工业的初步发展

从民国成立至1937年抗战全面爆发前,是本区近代工业的发展时期,虽然有些时段发展得较快,有些年份趋向衰退甚至停滞不前,但总体上还是曲折向前发展的。

民国成立至第一次世界大战结束后,是中外学界公认的近代工业发展史的黄金时期。本区的工业也较前期有了一定的发展,不但新设企业数量增加,而且资本增多、存在时间也更长。据不完全统计,从1914年到1919年的6年间,福建民族资本新开厂矿约90多个,平均每年新办15个。[②] 其中新设资本1万元以上的民营近代工业企业在1912—1918年间的7年间多达29家,平均每年开办4家多,这远高于1875—1894年间年均不到一家、1895—1911年间年均2家多的水平。[③] 这既有辛亥革命后国内政治、经济形势发生积极变革的有利条件,又拜一战期间帝国主义暂时放松对华经济侵略之赐;既有弱政府统治下市场和经济主体自由发展的自觉,又受到民族主义、实业救国思潮的客观推动。

第一次世界大战结束至抗日战争爆发前,不但民营近代工业获得了较快的发展,而且以公用事业为主要内容的政府公营事业也渐成气候。本期的福建民营工业在汽车运输、轮船航运、电力等工业部门获得了长足进展,在食品加工、日用化学工业、木材加工及机械修造等方面也取得了较大进步,企业的数量、资本和生产技术都较前有很大提高。但不可否认的是,在20世纪30年代之前,本区真正使用动力机器的工业却并不多见,而合乎工厂法规定的现代工厂更是寥若晨星。20世纪30年代初期,在刘大钧的领导下进行了中华民国第一次也是唯一的一次工业普

---

① 林星:《城市发展与社会变迁:福建城市现代化研究》,天津古籍出版社,2009年,第131页。
② 福建省总工会:《福建工人运动史》,中国工人出版社,1990年,第18页。
③ 谷桂秀:《民国时期福建民营近代工业研究》,福建师范大学2001年硕士学位论文,第5页。

查,并于 1937 年出版了被认为相当可靠的《中国工业调查报告》一书。与本区有关的现代工业统计资料如下表所示:

表 1-3-2 抗日战争全面爆发前闽东闽北工业概况

产业类别	厂数	资本总数（元）	工人总数	工人平均数	采用机器和动力情况
锯木	4	360 000	315	79	锯木机,蒸汽引擎
砖瓦	2	60 000	120	60	制砖机,柴油引擎
造纸	1	790 000	201	201	造纸机、打浆机、蒸料锅、蒸汽引擎、电动机
机器制造修理	15	15 000	75	5	铣床、镗床、柴油引擎
碾米	20	100 000	100	5	碾米机
食品制造	4	28 000	38	10	冲床,蒸汽引擎、柴油引擎
造冰	2	50 000	24	12	制冰机、柴油引擎
印刷	28	35 000	170	6	铅印机、石印机
料器	8	3 200	80	10	坩埚、吹杆
肥皂	10	50 000	60	6	化料锅、切胰机
棉纺织	86	40 400	530	6	织机、柴油引擎
针织	22	22 000	220	10	手摇袜机
毛巾	14	5 600	56	4	木机
制茶	45	900 000	1 350	30	手工
纸伞	27	8 100	108	4	手工
漆器	54	82 400	331	6	手工
皮箱	25	62 500	75	3	——

（资料来源:刘大钧:《中国工业调查报告》,经济统计研究所,1937 年,中册第 97、104、106、114、120、125 页,下册第 372、376 页。）

当然,由于该调查是直接从工厂经理收集来的统计资料,也难免有诸多遗漏和不足。例如,据 20 世纪 30 年代末的一项调查,1912—1937 年间仅福州一地就成立了 34 个从事机器碾米业的商号和工厂,各厂工人最多 18 人,最少 3 人,平均 10 人,95%的工厂使用的是电动机力。[1] 此外,1920 年成立的福州实业公司所属制革厂和酒精制造厂也是符合工厂法规定的现代化工厂。[2] 尽管如此,这些均不会从根本上否定抗战前本区工业发展极其落后的结论。

（2）抗战期间内地工业的暂时繁荣及战后工业短暂复苏后的萧条

20 世纪 30 年代后,尤其是战前数年,本区工业得到迅速发展,而抗战的爆发也并未中断本区工业化的历史进程,只是使得工业化的方向发生了根本性转变。战

---

[1] 福建省政府秘书处统计室:《福州粮食运销存储概况》,福建省政府秘书处,1938 年,第 48、49 页。
[2] 《福州实业公司之调查》,《中外经济周刊》,1926 年,第 159 期,第 47、77 页。

争期间,一方面,位于沿海的工业企业主动内迁。据统计,抗战前后全省内迁的工厂达114家,其中由本区的福州内迁闽北、闽西者达60家,并以铁工、织布两业占较多数。由于内迁后复业的较少,于是由省政府筹集资金180万元,在闽北安全性较高的地方建设了铁工、硫黄、酒精、灰炭、面粉、皮鞋、肥料、造纸、制糖、瓷器、工艺等工厂,从事于工业建设所必需的机器燃料、化学品和军用民生所需的各种日用品制造,同时创设和整理了7个县的电气厂。① 另一方面,在战时原料来源缺乏、出口外销困难的情况下,战时本区的民营工业日渐衰退,而政府公营事业则急剧膨胀。据1941年公布的福建省工厂调查结果,在位于本区国统区内的22个现代工厂中,属于民营工业的仅有资本不过10万元的福电铁工厂,其他均为省营企业。其中,仅有1家位于沿海的闽东地区。抗战胜利时对本省现代工厂的统计数据也表明了这一趋势。当时本区(福州除外)民营工厂的数量虽然增加到20家,资本也增加到1 000多万元,但公营工厂的数量却多达30家,资本也膨胀到3 000多万元,占本区工厂资本总量的73%。这时,虽然位于闽东地区的现代工业数量有所增加,但还是远不及闽北地区。同样需要指出的是,本表也并非是对本区现代工厂的全面调查,统计口径和范围也并不一致,因之统计结果也并非完美无缺,但这也大致代表了战争期间和战争胜利时本区的工业发展状况。

表1-3-3 全面抗战期间闽东闽北现代工业简况

类别	厂名	厂址	成立时间	工人数量	资本量(千元)
电气	永安电厂	永安	1939年	96	250
	沙县电厂	沙县	1939年	27	120
	南平电厂	南平	—	51	590
机械	福电铁工厂	南平	1935年	298	100
	企业公司铁工厂	南平	1937年	1 709	850
纺织	企业公司纺织厂	南平	1940年	205	100
	振济会第一工厂	建瓯	1940年	400	219
化学	企业公司肥料厂	南平	1940年	156	—
	振济会第七工厂	南平	1940年1月	17	10
	企业公司皮革厂	南平	1940年8月	13	—
	企业公司造纸厂	南平	1940年9月	86	200
	企业公司酒精厂	建瓯	1940年	40	50
土石	振济会第三工厂	永安	1939年4月	114	29
	企业公司灰炭厂	永安	1940年7月	180	35
	振济会三厂分厂	崇安	1940年	60	8
	企业公司瓷器厂	古田	—	41	—

① 包可永:《抗战四年来之福建建设》,《东南经济》,1941年,第2期,第23页。

续 表

类别	厂名	厂址	成立时间	工人数量	资本量(千元)
饮食	沙县电厂碾米磨粉部	沙县	1940年6月	7	10
	永安电厂碾米厂	永安	1940年8月	30	5
	企业公司面粉厂	南平	1940年9月	80	200
建筑	企业公司营造厂	永安	—	128	—
其他	企业公司工艺厂	沙县	1940年8月	200	200
	振济会第六工厂	建瓯	1940年9月	60	26.2
本区合计	22			3 988	3 002.2
全省总计	25			4 215	3 313

(资料来源：第三战区经济委员会第四调查组：《福建省工厂调查》，《东南经济》，1941年，第4期，第112—114页。)

抗战结束后，本区工业开始从战争废墟中走向复苏，但在经历战后短暂的繁荣之后，随着因内战爆发而引起的一系列问题，以及美货的大批涌入，本区工业又很快步入停滞、萧条甚至崩溃的境地。据相关调查，全省已经登记的合于工厂法规定的工厂在1945年时有82家，1946年12月前为101家，1947年6月和1948年12月的数字均是107家，但使用动力者仅45家。再以本区最大的工业城市福州为例，据福建省建设厅1947年5月福州市工商业调查报告，全市新式工业如电厂、冰厂、锯木厂等不到100家，而民国以来发展较快、较稳定的锯木厂，则由20世纪40年代初的近70家剧减至1947年时的52家。[①] 可见，到40年代末期，本区近代工业生产基本上处于停顿状态。

表1-3-4 抗日战争胜利后闽东闽北现代工业简况

	1945年		1946年
	工厂类别及数量	企业性质及数量	工厂类别及数量
全省	纺织5、电器制造1、机械制造5、化学10、饮食制造9、印刷制版装订13、动力8、造纸3、金属品制造4、医药品制造1、木材制造1、燃料10、文具仪器制造1、土石玻璃制造4、卷烟5、服用品制造1、交通工具制造1，共17类82厂	公营35家资本34 774 134元，私营40家资本19 661 000元，公私合营7家资本3 076 000元，总计82家资本57 511 134元	纺织4、机械制造7、化学17、饮食制造7、印刷制版装订7、农产品加工12、卷烟9、陶瓷制造1、矿冶1、燃料1、以电气为主的公用工业35，共11类101厂

① 朱代杰、季天祐：《福建经济概况》，福建省政府建设厅，1947年，第155—158页。

续 表

	1945年		1946年
	工厂类别及数量	企业性质及数量	工厂类别及数量
本区	纺织3、电器制造1、机械制造5、化学6、饮食制造4、印刷制版装订12、动力3、造纸2、金属品制造1、医药品制造1、木材制造1、燃料7、文具仪器制造1、土石玻璃制造2、卷烟1、交通工具制造1，共16类52厂	公营30家资本34 295 523元，私营20家资本11 595 000元，公私合营2家资本1 116 000元，总计52家资本47 006 523元	纺织2、机械制造6、化学14、饮食制造1、印刷制版装订3、农产品加工4、陶瓷制造1、以电气为主的公用工业17，共7类48厂
福州			纺织1、化学3、印刷制版装订1、电气1
古田	卷烟1	私营1	
屏南	土石玻璃制造业1	公私合营1	电气1
闽清	燃料1、土石玻璃制造业1	公营2	陶瓷制造1
永泰			电气1
罗源			电气1
霞浦	纺织1、印刷制版装订1	公营1私营1	
福安			机械制造1
宁德			电气1
南平	纺织1、电器制造1、机械制造5、化学4、饮食制造3、印刷制版装订2、动力1、造纸1、金属品制造1、医药品制造1	公营12私营8	纺织1、机械制造5、化学6、农产品加工1、电气2
将乐	动力1、燃料1	公营1私营1	
沙县	动力1、文具仪器制造1	公营2	电气2
顺昌			电气1
永安	化学2、饮食制造1、印刷制版装订10、木材制造1、燃料1、交通用具制造1	公营8私营7公私合营1	化学2、印刷制版装订2、电气1
建瓯（含水吉）	纺织1、燃料4（水吉3）	公营3私营2	化学1、电气2
建阳			化学2、农产品加工3
崇安			饮食制造1、电气1
浦城			电气1
政和			电气1
邵武	造纸1	公营1	电气1

（资料来源：福建省政府秘书处统计室：《福建省经济统计手册》，福建省政府秘书处，1946年，第81—90页；朱代杰、季天祐：《福建经济概况》，福建省政府建设厅，1947年，第154、155页。）

(3) 民国时期本区工业曲折发展的原因

与晚清时期相类,民国时期本区近代工业的开展也不是一帆风顺的。首先,军事动荡严重影响了福建近代工业的发展。北洋政府时期以李厚基为代表的北洋军阀与土匪和民军的战争、北伐前后红军及国民政府军与民军的战争,都使福建地方经济受到程度不等的破坏。1929 年后红军转战福建,在闽西和闽北部分地区与福建地方军阀展开了激烈的军事斗争,而随后五次大规模的"围剿"与"反围剿"战争也把福建作为主战场之一,再加上 1934 年国民政府军队对福建人民政府的镇压,这些军事行动无一不使福建备受战争的摧残,工业经济较发达的福州、厦门、漳泉等地都深受影响。① 因此,在 20 世纪 30 年代中期以前,福建地方政局可谓动荡不安,交通不时中断,社会秩序混乱不堪,人民生命财产受损,工业投资骤然减少,经济的发展因之受到阻碍。而各地土匪、民军在其势力范围内的强取豪夺,更使福建经济雪上加霜。

其次,世界经济危机对基础薄弱的福建近代工业也造成了沉重的打击。1929—1933 年间的世界经济危机大约在 1931 年后开始逐渐影响到中国。以对外贸易为例,1919—1931 年间福建进出口贸易总值虽略有波动,但大体上仍呈上涨之势,而 1931—1937 年间则明显地呈逐年递减态势。1937 年的进出口贸易总值约为 1929 年的 52%,而出口总值则为 42%。② 出口的衰减,直接导致本省土特产滞销、工商业凋敝、农村经济破产。由于近代福建工业的主体多是为进出口业务提供服务的行业部门,其发展便因之受挫,而侨汇的锐减,更是严重影响了对工业的投资。

最后,政府公营事业的扩张客观上挤占了民营工业发展的空间。闽变平息后,福建政局渐趋稳定,政府也开始有计划地开展工业建设,而在前一时期"弱政府"统治下自由发展的福建民营工业在本期及以后均因之受到限制、管制甚至兼并。

二、机器工业的地理分布

工业的地理分布是在一定历史时期内,受各种不同的政治文化、社会制度和地理环境等因素的共同影响而形成的一种社会经济现象。

1. 晚清时期的近代工业布局

晚清时期本区近代机器工业和新式产业绝大多数集中于闽东的福州和闽北的建瓯、南平、邵武等极个别地区,而广大内地却寥若晨星。这一看似简单的工业地理分布现象,其形成原因却是复杂的和多方面的。

首先,鸦片战争后作为省城的福州被迫开放,为外资最先渗入该地提供了便

---

① 廖廷建:《福建民军之研究》,福建师范大学 2003 年硕士学位论文,第 4 页。
② 福建省政府秘书处统计室:《福建经济研究》下册,福建省政府秘书处,1940 年,第 113 页。

利。正是在外资的刺激下,近代官办工业和民族资本工业才相继在福州等地萌芽,并进而促进了工业分布的集中。其次,区域地理因素的作用也不可忽视。福州平原气候温暖湿润,是各种蔬菜和果品的天然产区,闽江上游的闽北各县又是纸、木材和茶叶的优良产区,闽东地区更有大量的茶叶经福州转运出口,这些都为本区出口加工工业的兴起提供了条件。民族资本多利用这些优越的自然经济条件开办工业,进行原始资本积累,进而形成了新的工业基点。最后,其他诸如当地民风、风水观念、对机器的恐惧,以及既得利益集团的顽固性等因素也影响了这一时期工业地理分布的形成。以机器制茶为例,在时人看来,新法制茶能否保证华茶天然优美的品质还是未知数,而机器焙茶更会因工人的反对而难以实行,只能在现今所用土法的基础上加以改良,否则就会肇生事端。比如1876年时,原本设立在建宁府城内的一个砖茶厂就在当地传统势力的威胁下而被迫迁址。1896年,位于福州15里外北岭地区的福州新法制茶公司成立后,曾派遣中、外双方的经理到闽东福安县板洋地区视察在其地开设工厂的可能性。虽然他们十分推崇当地的茶叶质量,"但是他们发现其贸易是如此地被垄断了,以至于如果没有中国董事和股东的帮助——其中的一些人与板洋茶利益攸关——根本不可能在该地开展实验"。这个公司最终在1898年底倒闭,主要原因即是"难以将机器运到条约港范围之外的内陆地区"①。因此,到1918年时,福州仅有一家受德商照顾的华商使用机器制造砖茶,且生意也是时作时辍。② 矿产开发方面,南平县的各种铁、石灰等矿,因开掘有碍地脉而遭封禁,直到民国初年始准开采,不但货弃于地,甚至连制造农具的各种铁也要靠外地输入。③

总之,经过晚清时期半个多世纪的发展,本区近代工业开始从无到有地零星出现在八闽大地上,而船舶修造、出口加工、进口替代、食品制造、化学工业也逐渐走进并影响着闽人的日常生活。

2. 民国时期的近代工业格局

民国以后,本区近代机器工业的数量不断增加,分布区域更加广泛。在本区较为重要、分布地域广、存续时间长的近代机器工业主要有电力、机械碾米、锯木、采矿等。下文即主要以上述产业为例,探讨近百年间本区近代工业的布局情况。

(1) 电力工业

早在清末就已出现的电力工业在进入民国后发展得比较顺利。作为全省实力最强、规模最大的商办电力工业企业,1911年在南台泛船埔建成投产的福州电气公司在民国初年得到了较快的发展。公司资本由开办时期的不到12万元,在十多年间的时间里先后经历了1914、1917和1925年的三次增资后达到百万元;电厂机

---

① The Parliament of the United Kingdom of Great Britain and Northern Ireland, *British Parliamentary papers: China. V. 21, Commercial reports: embassy and consular commercial reports*, Shannon: Irish University Press, 1972, p.508.
② 福州海关:《近代福州及闽东地区社会概况》,华艺出版社,1992年,第315页。
③ 民国《南平县志》卷六,物产志。

械设备也不断增加和更新,英国、美国、德国、捷克的先进机器相继投入发电;装机容量也由最初的300千瓦,增加至1927年时的2 500千瓦,不但能够满足省城和南台地区的照明,而且还能够为碾米、制油、制冰、锯木、炼糖等提供动力用电。① 设备的更新、规模的扩大,也给公司带来了可观的经济效益,1912年公司第一次结算时年纯益尚不及万元,到1917—1926年间的年纯益即大体保持在15万元左右。但从20世纪20年代后期开始至抗日战争爆发前的十年间,各项业务渐趋衰退。因国际市场银价下跌及抵制日煤运动,导致企业生产成本增加;窃电现象严重和倒账之风盛行,给公司造成了严重的经济损失;时局动荡、战乱频仍以及国民政府中要求加强国家管理企业思想的盛行,也给公司的发展造成了不利的影响;而私营钱庄的短期重息贷款,更是给福电公司背上了沉重的债务包袱。诸如此类的原因,使得福电公司被迫放缓发展的脚步,年均纯收益也降为20世纪30年代时的6万元左右。抗战爆发后,由于海口被封锁,发电所需煤炭无法进口,只好改装以木炭和薪柴为燃料的炭炉发电,从而使得公司被迫低负荷运转,实行分区轮流供电。战争期间,福电公司也是经常遭到日军的轰炸,损失惨重,而1941年和1944年福州的两次沦陷,更使福电公司直接遭到了日军的洗劫。抗战胜利后,福州电气公司虽曾设法恢复生产,但终乏回天之力,被迫于1948年将其转交国民政府资源委员会整理。②

本区其他各地电力企业的发展也较快。在1930年前,全省除20余处小电气公司在时断时续地供电外,具有一定规模且经营状况良好的电气公司有12处,本区有5处,即闽东地区的福清、福安和福州,闽北地区的建瓯和永安。③ 据下表所示,到抗战前,在全省30家电气公司中,本区有14处,资本量占全省电厂总资本量的52%,发电量占全省总发电量的49%。到1944年时,在全省30家电厂中,本区17家电厂的资本量和发电量已分别占到全省的65%和92%。

表1-3-5　20世纪三四十年代闽东闽北各县电气公司概况

地点	抗战前			1944年底		
	名称	资本(元)	发电容量(千瓦)	名称	资本(元)	发电容量(千瓦)
福　州	福州电气公司	2 114 718	5 500	福州电气公司	1 300 000	5 500
古田焕文镇	古田电灯公司	46 800	29	古田电灯公司	36 000	34
宁　德	民生电灯公司	4 000	12	民生电气厂	40 100	12
沙　县	沙县电灯公司	20 000	33	企业公司沙县电厂	500 000	86
顺　昌	顺昌照明水电公司	15 113	20	照明水电公司	20 000	20

---

① 陈文涛:《福建近代民生地理志》,远东印局,1929年,第397页。
② 林庆元:《福建近代经济史》,福建教育出版社,2001年,第368—372页。
③ 陈文涛:《福建近代民生地理志》,远东印局,1929年,第400—402页。

续 表

地点	抗战前 名称	资本（元）	发电容量（千瓦）	1944年底 名称	资本（元）	发电容量（千瓦）
建瓯	建瓯电灯公司	123 705	90	企业公司建瓯电厂	400 000	110
建瓯上洋	上洋电气公司	27 210	25	上洋电气公司	900 000	25
南平	南平电气公司	61 000	80	企业公司南平电厂	4 500 000	288
南平峡阳				上洋电气公司峡阳分所	—	5
长乐	长乐电灯公司	—	20			
长乐营前	德光电灯厂	10 000	12			
长乐金峰	庆丰盈电灯公司	4 000	9			
连江	合宜电灯厂	5 000	10			
连江琯头	琯头电灯厂	12 000	12			
福清	福清电灯公司	30 000	45			
三元				三元电厂	83 000	12
三元梅列				梅列建元电化厂	35 000	25
永安				企业公司永安电厂	4 000 000	372
将乐				德生电工厂	400 000	12
崇安				极森电气公司	900 000	32
政和				政和电气公司	75 320	29
邵武				樵光电气公司	120 000	12
罗源				罗源电厂	300 000	12
本区合计		2 473 546	5 897		13 609 420	6 586
全省合计		4 783 636	12 127		21 251 920	74 625

（资料来源：任松藩：《本省电气事业概况》，福建省县政人员训练所编辑课编：《闽政三年》，福建省政府秘书处公报室，第197—198页；福建省政府秘书处统计室：《福建省统计提要》，福建省政府秘书处，1945年，第177页。）

从本工业的地理分布上来讲，在福州的电力工业蒸蒸日上之时，诸如连江、福清、古田等与之毗邻地区的电力照明事业也紧随其后发展起来，并且创办时间较早，数量可观，存续时间也较长。古田县的电力事业起步于1920年，当时是用火力发电，以供古田医院照明所用。在1949年前，该县先后建成了存在时间较长的1个火力发电厂和3个水力发电厂。其中水口电灯公司自1920年发电以来一直维持到抗战期间才停业，而1925年组建的龟山水电厂更是维持了近30年，成为福建山区第一个能够长期维持下来的电力工业企业。[①] 至于罗源、长乐、永泰、闽清等县的电力工业则多在1930年后，甚至抗战后才逐渐建立起来，而且各电灯公司或电

---

① 民国《古田县志》卷十七，实业志；陈文涛：《福建近代民生地理志》，远东印书局，1929年，第402页。

厂的存在时间也不太长久。

闽北地区电力的使用当以南平为最早,在19世纪末时即已有传教士主持发电以供教会所用。不过,作为一种产业的产生则以建瓯为最早。除南平、建瓯外,闽北电力工业发展较早,电厂数量较多,维持时间较长的还有沙县、顺昌和永安,其中不少电厂都维持了一二十年之久。虽然诸如邵武、建阳、尤溪、浦城等县早在20世纪20年代也开始尝试建立本县的电力工业,但由于各种原因,或者屡建屡败,或者成立不久即告停业。其余县份的电力工业多产生于抗战期间或战后,其中有不少是沿海电厂内迁后建立的。至于松溪、建宁、泰宁等县则直到中华人民共和国成立后才有了自己的电力工业。

表1-3-6 入民国后闽东闽北各县电力发展简况

所在地区		数量	电灯公司名称及成立和倒闭时间
闽东地区	福州	2	福州电气公司,1911—1948年;不详,1922年
	古田	6	洛口医院,1920年;水口电灯公司,1923年;龟山电厂,1925—1952年;不详,1929—1938年;不详,1936年—1949年后;不详,1948年
	闽清	2	不详,1946—1947年;梅城电力公司,1948—1949年后
	长乐	3	金峰镇新庆丰电厂,1932—1943年;城关电厂,1933—1941年;营前电厂,1933—1935年
	连江	5	琯头电灯公司,1914—1916年;不详,1922—1954年;不详,1930—1954年;不详,1946—1949年;不详,1948—1949年
	罗源	2	大用电灯厂,1924—1926年;明星电光公司,1936—1949年后
	永泰	3	福丰碾米厂(后改为永泰),1946年;福生碾米厂,1946年;嵩口侨光电厂,1948—1950年
	福清	1	福清电灯公司,1919—1939年
	福鼎	1	某碾米厂,1930年
	福安	2	华光电厂,1919年;福安电光公司,1922年
	宁德	1	明生电灯公司,1937—1949年后
闽北地区	南平	7	教会电厂,19世纪末—1935年;夏道电厂,20世纪20年代初—1925年;夏道,1928—1939年;西芹南平电气股份有限公司,1930年—1949年前;夏道溪水电站,1931年;南平电厂,1940年—1949年后;南平电厂,1942—1947年
	将乐	1	德光(后名为德生、镛光),1940年
	沙县	4	沙县电气股份有限公司,1924—1949年;自琯头迁来,1939—1947年;自连江县城迁来,1940—1945年;不详,1948年
	尤溪	3	城厢电光厂,1926年;不详,1929年—1949年后;尤溪电灯股份有限公司,1932年
	顺昌	2	上洋电气股份有限公司,1926—1949年;顺昌照明水电公司,1929—1949年前(1946年改名永丰水电厂)

续 表

所在地区		数量	电灯公司名称及成立和倒闭时间
闽北地区	永安	3	昭明水电,1925—1929 年;永安电厂,1938—1945 年;桂口水力发电所,1940—1949 年
	建瓯	2	南雅口,不详;建瓯电灯厂,1919—1949 年
	建阳	2	不详,1924 年;大丰米厂,1942 年
	崇安	1	极森电气水电股份公司,1939—1945 年
	浦城	2	不详,1924;不详,1945—1948 年
	政和	1	不详,1937—1944 年
	邵武	3	青精房电灯厂,1920—1922 年;合则美电灯厂,1921—1922 年;樵光电气公司,1940—1948 年
	光泽	1	白马庙光泽电厂,1939—1948 年

(资料来源:当代出版的由本区各县地方志编纂委员会主编的各地地方志及表 3.1 所引论著相关各页。)

(2) 采矿业

民国期间福建已发现的矿产近 20 种。金属矿产以铁矿最著名,分布也最广,其次为铅银锌矿、金矿、钼矿,再次为锰矿、铜矿、铝矿等。非金属矿有煤、石墨、石灰石、硫黄、瓷土、明矾、滑石、冻石等,而对于重要的工业用动力燃料煤炭而言,本区的煤层虽然埋藏浅、开采易,但储量贫乏、煤层不厚,而且多系中炭及高炭无烟煤,只能供应家庭用途及烧灰燃料,在工业上的价值极微。①

就各种矿产资源的开发来讲,相对于电力工业的飞速发展,民国时期本区采矿业的发展则显得较为落后,其机械化程度甚至还不如晚清时期。民国成立到一战结束,是本区矿山开发的高峰期。当时本区先后成立了大小 11 个矿务公司,开办资本也多在数万、数十万,开办的矿山数量也较多。② 国民政府成立后,虽也有少数公司集资采矿,并呈请建设厅立案,但多数是沿用土法实行半机械化开采,再加上资金不足、出产量低,因而时断时续,甚至先后闭歇停办。据 1935 年福建省矿业调查,在对金砂、煤、铅、钼、大理石、滑石等矿的开采中,本区宁德、屏南、永泰、建瓯、政和、邵武、泰宁等 7 县的 15 处矿山至少有 7 处已经停闭,在采者仅 7 处,另有一处拟由建设厅自行开采。③ 抗战期间,虽也有新的矿场出现,但作为投资大、见效慢的投资事业,在战争期间注定难以获利。抗战胜利后,由于社会动荡不安,通货膨胀严重,采矿业陷于停顿。1948 年,本区虽有 8 家矿务公司获得矿山开采权,但实际

---

① 福建省政府秘书处统计室:《福建省统计提要》,福建省政府秘书处,1946 年,第 160—163 页。
② 陈文涛:《福建近代民生地理志》,远东印书局,1929 年,第 218 页。
③ 《工商半月刊》,1935 年,第 7 卷第 19 期,第 86、87 页。

上大多数处于停顿状态,以致建设厅不得不屡次行文催促开工。①

近代本区使用机器进行机械化或半机械化开采的矿山并不多见,主要集中在闽东永泰钼矿和闽北建瓯煤矿的开采。闽东地区最早应用机器开采作业的是发现较早、储量较丰的永泰县钼矿。该县钼矿最初发现于县东北30里处的犁(壁)坑,1913年由广东商人组织永宝公司开采。该公司曾从英国伦敦购进利用蒸汽推动的凿岩机一台,另有人力送风机、抽水机等,爆破原料也采用石炮、铜帽和导线,但在使用过程中发现凿岩机搬运不便,并且机器所产生的煤烟妨害作业,后来才改用人力生产。从1913年到1917年,该公司共开采纯钼矿砂26.317 5吨,后因办理不善而于1918年停办。1935年12月,福建省将该矿山收归省营,虽有发动机、抽水机、压风机等机械设备,但采掘工程完全使用人工手掘兼用火药,到1938年初共产纯钼砂10余吨。② 1915年,在县东北45里的旧坑又发现一处钼矿,并由福州三井物产会社买办冯家齐等组织开源公司,集资一万元进行开采,后又由崇实公司和福建省建设厅主持开采至20世纪30年代。1949年前,该县以上各处钼矿场址合计共采得钼砂40多吨。③

在闽北地区,只有建瓯煤矿的开采时间较长,也较有成效。1919年,福州电气公司为缓解燃煤供应,集资24万元成立建瓯县梨山煤矿公司。该公司在建瓯南门外设有办事处,备有洗煤机、抽水机等开斜坑采煤,并铺设了3公里的轻便铁路以运煤。产煤除自用外,还运销福州和内地各县,但因企业办理不善,产煤销路不广而时开时辍。1922年,在驱逐皖系军阀李厚基的战争中,广东军政府许崇智的军队强征梨山矿工充当夫役,致使该矿一度停工。到1928年,在出煤约6万吨后,终因亏折巨大而全部停顿。1938年,福建省建设厅虽谋求恢复,终因运输困难而止。整个抗战期间,该矿仅有工人数名,以土法从事小规模露天开采,将煤运至建瓯南门外制造煤球出售。④ 此外,南平县金砂里枣兜的铜矿也曾使用过机器进行开采。该矿距闽江南岸1.5公里,1914年由华宝公司试探后于次年底正式开采,并先后购买了卷扬机、电力抽水机及发电机等机器设备,后因地方不靖、匪患剧烈、资本不足等原因至1933年彻底停工。⑤

时人已经注意到本区矿业不发达的原因主要有资本不继、交通不便、化验不易、管理不易、销路不广等。⑥ 诚然,矿业的落后固然有资源种类和储量不丰的缘故,也有各公司经营不善或资本缺乏的因素,但主要原因一是官兵需索、土匪蹂躏,

---

① 《福建时报》1948年5月31日。
② 林炳章:《福建矿务志略》,福建省财政厅,1917年,第61—63页;白家驹:《第七次中国矿业纪要》,农矿部直辖地质调查所,1945年,第364—370页。
③ 杨大金:《现代中国实业志》,商务印书馆,1940年,第693页;永泰县地方志编纂委员会:《永泰县志》,新华出版社,1992年,第234页。
④ 白家驹:《第七次中国矿业纪要》,农矿部直辖地质调查所,1945年,第360页。
⑤ 林炳章:《福建矿务志略》,福建省财政厅,1917年,第48页;白家驹:《第七次中国矿业纪要》,农矿部直辖地质调查所,1945年,第368页。
⑥ 《福州各矿务公司失败之经过》,《中外经济周刊》,1927年,第224期,第43页。

二是交通不便、运销困难。一方面,民国初期尤其是20世纪30年代中期以前本区动荡的社会形势,不但使得许多矿山无法正常开采和管理,而且不少在采矿山也因土匪或军队的破坏而被迫停业。建瓯煤矿在1922年的停工就是例证。再以南平县为例,除县城外四乡皆匪,"土匪如石磨,延平如磨心,除磨心外,四围人民均被磨成粉碎,此可见人民痛苦之一斑。离城数里即少行人,虽金矿所在亦无人敢往开采,地方不宁,如何能使人民之各安其业而从事生产乎?"①另一方面,捐税繁重、运销困难更使得矿产开发无利可图,甚至屡遭亏折。如开埠后,古田铁不但不能在福州畅销,而且因出口税繁重,也难以外运,只能在本县各地销售。因为清末古田铁的产地价格为每百斤2.7元左右,若运至省城福州则至少需3.5元左右,但每百斤洋铁在省城的售价只不过2.7元左右。②同样,建瓯的煤炭也因"陆路崎岖,水道艰涩,纵使终年搬运不稍停滞,亦不足供一大埠之燃料,所得价值又不敷运费"③。相反,对永泰县钼矿的开采较为成功,这正是因与福州有便利的交通而受到青睐。④由此可见,社会动乱和交通不便从根本上制约了内地的矿业经济发展,只有在突破上述瓶颈后,才能获得长足进展。

(3) 碾米业

机器碾米业在本区虽然不属于符合民国工厂法规定的现代化工厂,但却是发展速度较快、机械化程度较高的一个工业部门。虽然早在1901年就在福州诞生了全省第一个以蒸汽为动力的粮食加工厂,但晚清时期机器碾米厂的建立尚未形成规模,其飞速发展是在民国以后的事。

本区的机器碾米业主要集中以在闽侯、连江、福安等地县为主的闽东地区,其中以福州发展得最早、最快。早在1917年福州电气公司为推销电力而设立碾米厂之前,福州就已有部分粮食商号使用蒸汽机进行粮食加工。据调查,抗战前仅福州境内即有34家机器碾米厂,且90%以上都使用电力作为动力。其中1927年前后成立的机器碾米厂数分别是11家和23家。换言之,有30%的企业存在了十年以上,说明该行业的发展较为稳定。⑤抗日战争胜利后,由于碾米是与民生息息相关的产业,加上开办机器碾米厂所需资金不多、技术要求不高,因此福州的机器碾米业恢复得也较快。在中华人民共和国成立前福州市内的83家碾米厂中,1936年前创业的有3家,1936—1940年创办的有4家,1941—1945年创办的有15家,1946—1949年创办的则多达61家。⑥此外,福安、福清、罗源、古田等县的机器碾米业起步也较早,而福鼎、宁德、闽清、永泰、屏南等县的机器碾米业,在20世纪三四十年代时才有所发展。

---

① 陈千秋、陈鹤汀:《延平县经济之调查》,《福建建设厅月刊》,1929年,第3卷第12期,第13页。
② 闽省商业研究所致商务总会函》,《福建商业公报》,1910年,第1期,第1页。
③ 民国《建瓯县志》卷二十五,实业志。
④ [日] 外务省通商局:《福建事情》,1917年,第187页。
⑤ 福建省政府秘书处统计室:《福州粮食运销存储概况》,福建省政府秘书处,1938年,第46—49页。
⑥ 福州市地方志编纂委员会:《福州市志》,方志出版社,2000年,第719页。

闽北地区机器碾米业的发展要得益于抗战时期沿海碾米厂的内迁。抗战前，闽北较早采用机器碾米、且碾米厂数量较多的县份主要位于水稻主产区和粮食运销中间市场的南平、建瓯、沙县、建阳等县。抗战后，这种情况发生了变化。随着本省沿海地区及浙、赣等沦陷区的人民向闽北地区迁移，闽北人口激增，粮食供应和加工日趋紧张，闽北其他绝大多数县份的机器碾米业也因之在抗战后期发展起来。例如，原来无一家机器碾米厂的永安，到1945年时全县则有官营和民营合计约11家动力碾米厂。① 只是相较于闽东地区来讲，虽然本区大部分属于米谷输出区，因而米谷加工厂的数量要远多于前者，但由于水力资源十分丰富，因而机器碾米业仍不甚发达，仍以水力加工为主。

表 1-3-7　全面抗战初期闽东闽北米谷加工厂使用动力情况
（1937年8月—1938年6月）

	厂商数	工人数	使用动力情况					机械动力占比(%)	日均碾米量(市担)
			人力	水力	汽力	电力	油渣机		
全省总计	1 023	2 744	33	636	88	141	125	35	18 342
本区合计	757	1 944	1	571	59	67	59	24	11 036
闽　侯	56	441			23	30	3	100	3 841
闽　清	25	—		25				0	248
连　江	29	139			29			100	456
罗　源	5	41					5	100	27
永　泰	5	9		3		2		40	61
福　清	24	98				4	23	113	837
福　鼎	15	70		1	5	5	4	93	463
福　安	25	165				20	5	100	599
宁　德	19	117		3			16	84	496
南　平	4	32		3			1	25	175
沙　县	3	18				3		100	216
尤　溪	3	11		2		1		33	36
顺　昌	82	97		81			1	1	522
永　安	154	143		154				0	467
建　瓯	3	17		1		2		67	143
建　阳	8	37		6	2			25	123
崇　安	106	135	1	105				0	495
浦　城	109	109		108		1		1	1 468
政　和	44	178		44				0	335
松　溪	20	50		20				0	320
邵　武	15	37		15				0	68

（资料来源：《闽政月刊》，1938年，第3卷第4期，第48页。）

---

① 永安市地方志编纂委员会：《永安市志》，中华书局，1994年，第208页。

（4）制材业

晚清时期,在福州仅华商创办的机器锯木厂已有3家。进入民国后,本区木板和木材出口量的增加为制材业的成长提供了有利条件,而本区电力事业的发展更为制材业的繁荣提供了动力。

因缺乏详细的系列统计资料,无法得知本区近代制材业企业的详细情况。不过,作为近代全国三大木材输出港之一的福州港是全省最大的木材输出港,其地制材企业的情况在很大程度上也代表了本区制材业的发展。大致说来,福州的锯木厂最初系外国人创办。在1910年前后,中、外锯木厂商有十多家;1919年时较大的锯木厂有8家,其中半数为华资经营;1926年时由此前的近20家降至7家;1930年开始回升至近20家,并增加到1933年时的30多家和抗战前的96家;抗战期间锯木厂的数量从1939年的50余家,增加到1940年时的69家;战后的1946年和1947年则分别为66家和52家。①

可见,福州锯木业的发展是不稳定的,而造成这种波动的原因主要在于木材出口贸易的盛衰。如1926年时,福州锯木厂即因松木缺乏、价格昂贵、运销困难而从此前的近20家剧降至7家;1937年和1938年的洪水泛滥也令松木无法出口,使得锯木厂歇业者十之八九。抗战期间海口封锁后,因北上至天津、上海等地的船运先后断绝,导致本区松木不能出口,福州的50余家锯木厂和6千余名工人也因之几乎全部歇业。②虽然抗战时期沿海地区机器锯木工厂的内迁带动了闽西北地区机器锯木业的发展,③只是相较于抗战时期电力和碾米等业而言,制材业向内地扩散的现象并不显著。实际上,除少数位于木材集散点的县份外,无论是从沿海迁入的,还是内地自生的机器锯木业,在闽北和闽东地区都不多见。造成这一现象的原因主要有二:一方面,闽北地区的木材采取圆木放溪的方式运抵福州后锯板,运费低廉。若在闽北内地建设锯木厂,锯成的板片会因沾水而变色变质,且以板片装船的方式运抵福州也会增加运输成本。另一方面,闽北内地缺乏建造锯木厂的地理条件。锯木厂址需设于近江两岸开阔之处,而闽江两岸岩石壁立,难以寻觅合适的囤木之所;而且水口以上各县水势涨退无常,水涨则厂房有被淹之忧,水退则木材有搬运之难。④

（5）其他机器工业

在火柴制造方面,民国以来本区的火柴工业有了一定的发展。1916年,福州工商业者刘以琳集股5 000元,利用福建火柴厂原有的设备,在南台开设国光火柴

---

① 林庆元:《福建近代经济史》,福建教育出版社,2001年,第415页;《中外经济周刊》,1926年,第187期,第21页;翁礼馨:《福建之木材》,福建省政府秘书处,1940年,第118、119、131页;《工农报》1933年4月8日;福建省政府秘书处统计室:《福建省统计年鉴》第一回,福建省政府秘书处,1937年,第793页;王恺:《中国近代木材工业的回顾》,《木材工业》,2005年,第2期,第2页。《泉州日报》1939年2月3日;朱仁杰、季天祐:《福建经济概况》,福建省政府建设厅,1947年,第158页。
② 翁绍耳:《福建省松木产销调查报告》,协和大学农经系,1941年,第6、52页。
③ 林庆元:《福建近代经济史》,福建教育出版社,2001年,第421页。
④ 翁绍耳:《福建省松木产销调查报告》,协和大学农经系,1941年,第59页。

厂,第一次世界大战后,因企业亏损而转让他人更名为大中火柴厂。1920年,日本侨商在福州港头开设火柴厂。不久,长乐人林弥钜也在福州港头创办一家康记小型火柴作坊。到1931年,福建全省的3家火柴厂均位于福州,即1916年成立的国光火柴厂、1920年成立的兴业火柴厂和建华火柴厂。[①] 1929年和1933年,大中火柴厂和日本侨商所办火柴厂先后停业,其厂房及机器设备均被林弥钜出资购买,并将康记更名为建华火柴厂,日产火柴20磅。抗战爆发后,建华火柴厂与福建省政府建设厅所辖的贸易公司订立合同,由贸易公司负责供应建华火柴厂生产火柴所用的原料及工人食粮,而建华火柴厂则以全部生产力为贸易公司加工火柴。1938年,因日机空袭,建华火柴厂在贸易公司的协助下内迁南平,在南平西门外设立总厂,在大田、龙岩、光泽以及江西的吉安、临川等地设立分厂,另在福州、将乐、龙岩设立仓库。其时,建华火柴厂总厂职工2 000余名,加上各地分厂、仓库,职工总数逾3 000名,每日可生产火柴50磅以上。1941年,财政部火柴专卖公司在南平设立分公司,综管福建省火柴专卖,该厂生产进入统购统销时期。[②] 抗战胜利后,福州又相继设立了南光、光中、福华火柴梗片公司等中、小火柴厂七八家。建华火柴厂也在抗战胜利后结束各地分厂,并将总厂回迁福州原址,陆续添置了切梗机、旋片机和卸板机等配套设备。到1948年,建华火柴厂拥有24马力和16马力的国产蒸气引擎各1部,德国造24马力柴油引擎1部,机械化程度达50%左右。雇用职工80名,男工250名,女工300余名,童工40名,年产乙级安全火柴7 200大箱。[③]

除上述主要机器工业以外,本区还有一些数量较少且未成规模的产业,如机器造纸、食品加工、皮革制造、机械修造、化学工业等。这些企业抗战前主要分布在福州地区,抗战后部分企业内迁至南平、建瓯、建阳等地,并使后者成为战时机器工业的集中地。[④]

第二节 传统手工业的分布与变迁

长期以来,手工业一直作为传统中国社会商品生产的主要形式而存在,在近代中国社会经济发展过程中仍然占有显著的地位。近代以来,仅在福州、厦门、涵江、龙溪等地存在着为数不多、规模不大的机器工业,其余地区普遍处于手工业生产状态。以全省工业重心福州为例,规模较大的工业仅有福建造纸厂、电气公司、建华火柴厂、迈罗罐头公司等,"其余虽名曰工厂,实则仍为小工艺店之变相"[⑤]。随着国门洞开,中国被迫卷入竞争日趋激烈的世界经济格局,城乡传统手工业也因之呈现出不同的演化轨迹与类型。

[①]《中国火柴工业》,《工商半月刊》,1931年,第3卷第19期,第24页。
[②] 黄毓泌:《福建火柴专卖事业》,政协福建省委员会文史资料研究委员会:《福建省文史资料》第12辑,1986年,第143页。
[③] 林庆元:《福建近代经济史》,福建教育出版社,2001年,第423、424页。
[④] 林庆元:《福建近代经济史》,福建教育出版社,2001年,第446—490页。
[⑤] 朱代杰、季天祐:《福建经济概况》,福建省政府建设厅,1947年,第145页。

一、主要手工业部门的变迁

本区手工业的种类众多,著名的如制纸、榨油、制糖、制瓷器、制纸伞、漆器、砖瓦、织布、各种竹器及其他日用品生产等。① 根据传统手工业部门对外来冲击的反应及发展趋势综合起来分析,大致可将近代以来本区城乡主要手工业部门的变化路径和方向分为四种不同的类型。

1. 趋于衰落的类型。鸦片战争后,有少数手工业部门在外来洋货和机制品的冲击下迅速衰落,另一部分则呈现起伏不定、渐趋衰落的态势。

(1) 急剧衰落型。手工制铁业是在国内外机制工业品的竞争下迅速走向衰落的传统手工行业的典型代表。近代以来,洋钉的进口曾沉重打击了福州的土钉制造业,"一千个以上靠打土钉为生的手工业工人已经不能继续工作了,……现在福州土钉业的生意如此萧条,以致大商号都在裁减职工,其中的一个店铺不得不以抽签的方式决定一些工人的去留"②。榨油业的衰落也十分明显。煤油的进口对内地榨油业的打击较大。在19世纪60年代时,福州及本区内地县份的居民都是使用自己榨制的植物油作燃油。③ 19世纪80年代后,随着煤油"渗透到产茶区的穷乡僻壤"④,闽东闽北大部分地区的手工榨油业便受到了深刻的影响。如到20世纪二三十年代时,永泰和建瓯的桐油生产量尚不到从前的十分之一二,罗源县桐油的生产则几乎完全停止。⑤ 煤油的大量涌入也摧残了福州的蜡烛制造业。以前,福州及闽东闽北人民在冬天都会用柏油脂加上白蜡制作蜡烛使用,后来"因为煤油的进口,用柏油制作蜡烛的生产近来正在迅速下降。……毫无疑问,这一本地工业迟早要被煤油灯完全代替"⑥。除此之外,历史上我们还可以看到国内外洋货和机制品对本区制皂和制靛等手工业部门的排挤。⑦

(2) 逐渐衰落型。近代以来,本区还有一些诸如制茶和造纸等手工业部门,虽然呈现出总体衰落的态势,但其间也有过复苏的现象,呈现出衰落—复苏—衰落的复杂局面。由于这些行业大多属于农产品初级加工工业,因此,其加工制造与经济作物种植生产之间几呈同步运动的态势。下文就主要考察一下该类行业的生产形态和技术变化情况。

制茶业。福建茶业在晚清极盛之后就一蹶不振,民国初期虽能保持原有状态,但抗战后因海口封锁而致茶叶输出骤减;抗战胜利后生产难以迅速恢复,至1948

---

① 铁道部业务司调查科:《京粤线福建段经济调查报告》,铁道部业务司,1933年,第3页。
② 彭泽益:《中国近代手工业史资料》第1卷,中华书局,1962年,第281页。
③ Justus Doolittle, *Social Life of the Chinese: With Some Account of their Religions, Government, Educational, and Business Customs and Opinions*, VOL. Ⅰ, New York: Harper & Brothers Publishers, 1867, p. 58.
④ 福州海关:《近代福州及闽东地区社会概况》,华艺出版社,1992年,第133页。
⑤ 民国《永泰县志》卷七,实业志;民国《建瓯县志》卷二十五,实业志;铁道部业务司调查科:《京粤线福建段经济调查报告》,铁道部业务司,1933年,第14页。
⑥ Members of the Anti-Cobweb Society Foochou, *Fukien: Arts and Industries*, Foochow: 1933, p. 113.
⑦ 民国《建瓯县志》卷二十五,实业志;民国《建阳县志》卷四,物产志。

年时全省茶叶输出仅 4 万担。① 相应地,制茶手工业也因之渐趋衰落。据 1915 年统计,福建全省有茶农 183 695 户,约占全省总户数的 5.9%,到抗战期间则减少了 40%,为 107 553 户。②

表 1-3-8　1941 年闽东闽北各县核准登记茶商茶贩统计

	茶　号	茅茶栈	茶柸栈	合作社	茶　贩
福　鼎	13	1		1	30
福　安	15	1		3	1
霞　浦				2	5
宁　德					43
周　墩	12			1	
寿　宁	10			4	
崇　安	7			1	
建　瓯	8				2
水　吉	18				1
建　阳	1				3
政　和	36				
松　溪	1				8
屏　南					7
古　田					6
福　清					1
罗　源					8
闽　侯	30	11	5		2
全省合计	254	13	5	12	596
本区合计	151	13	5	12	117

(资料来源:《建设统计汇刊》,1942 年,第 1 卷第 1—3 期,第 59、60 页。)

茶叶的制作大致可以分为粗制和再制两个步骤,前者多在山上由茶农在家中或专门临时搭盖的小屋中进行,后者则在各个主要集散地和福州及三都澳的茶号、茶庄、茶栈和茶行里进行。实际上二者难以完全分开,有时也可在同一个地方完成。虽然各种茶叶的具体制造程序和方法不同,但从采摘到出口一般要包括杀青、搓揉、炒青、筛拣、火焙、装潢等步骤。通过前人在 19 世纪 40、50、60、90 年代和 20 世纪 20、30 年代时对福州、建瓯、崇安、沙县及闽北和闽东其他地方茶叶生产的综合描述可以看出,③近代以来本区茶树种植和茶叶加工的方法、过程、工具等方面并

---

① 林庆元:《福建近代经济史》,福建教育出版社,2001 年,第 330 页。
② 唐永基:《闽茶之生产者》,《闽政月刊》,1939 年,第 8 卷第 6 期,第 76 页。
③ Robert Fortune, *Three Years' Wandering In The Northern Province Of China*, Shanghai: The University Press, 1847, pp. 186-201;Robrt Fortune, Visit To The Tea-Districts Of China And India, London: John Murray, Albemarle Street, pp. 221, 233、237-239、253-261;Justus Doolittle, *Social Life of the Chinese*, 1867, p. 49;John Thomson F. R. G. S, *Through China with a Camera*, London and New York: Harper & Brothers, 1899, p. 150;Members of the Anti-Cobweb Society Foochou, *Fukien:Arts and Industries*, p. 43;民国《建瓯县志》卷二十五,实业志;民国《重修崇安县志》卷十七,实业志,福建师范大学图书馆藏抄本。

没有什么根本性的变化。因此,制茶主要是作为家庭手工业而存在,雇工制茶的手工工场为数极少。①

继晚清时期零星出现的机器制茶后,从20世纪30年代起,本区又出现一些以科学方法制茶的新式茶厂。先是1935年成立了福安茶叶改良场,从事闽东红茶改良,提倡机械制造。该场集茶叶生产、制造的改良和研究于一体,开辟茶园近200亩,并建设机械工厂一座,从萎凋至烘焙均采用机械,备有揉捻机、解块机、筛分机、干燥机、国产发动机及新式网帘萎凋架、酚酵器等。②1938年和1939年先后在福州成立福春茶厂(后因战事转移至福安)和福华茶厂制造花茶。1939年,中国茶叶公司与福建省政府在崇安合办福建示范茶厂,并在福鼎、福安、政和设立分厂,1938年内迁崇安的原福安茶叶改良场也于1940年并入该厂。示范茶厂资本初为60万元,后增资至100万元,建有新式工厂2座,开辟2 000余亩(一说万亩)大茶园,并划分区域分别种植福建已有茶叶品种。③要说明的是,以上茶叶厂所用改良机械虽能提高茶叶品质和产量,但仍多凭借人力,完全依靠机器动力者仍极少见。如著名的"九一八"揉茶机即以简单便利、价格便宜著称,虽靠人工操作,但节省人力,产量较前提高一倍。④

造纸业。本区的造纸业在经历了晚清民国时期的发展繁荣后,从1931年起因地方不靖、捐税繁重、销路困难而日趋萧条。抗战时期因海上封锁,洋纸输入减少,需求激增,使得本区手工制纸业呈现暂时的复苏现象;抗战胜利后因通货膨胀,美纸倾销,手工造纸业又陷入崩溃的边缘。⑤

表 1 - 3 - 9 　1934—1941 年闽东闽北纸槽户数概况

	1934年	1935年	1936年	1937年	1938年	1939年	1940年	1941年
全省总计	9 958	13 753	10 730	10 700	10 464	10 815	—	8 334
浦　城	230	320	315	320	318	340	340	320
崇　安	20	120	130	135	50	89	89	—
建　瓯	92	106	136	160	180	210	215	—
松　溪	32	32	62	38	19	40	16	27
政　和	25	30	26	22	35	20	15	10
邵　武	199	110	80	130	270	174	205	—
顺　昌	146	170	160	168	145	213	174	165
将　乐	280	320	312	230	315	340	120	225
建　宁	19	17	28	36	28	42	18	13

---

① 林景亮:《福建茶叶之制造》,《农学月刊》,1937年,第3卷第4期,第82、89页。
② 衣芸:《介绍福安茶叶改良场》,《安农校刊》,1937年,第1卷第2期,第50页。
③ 庄晚芳:《国茶改良之回顾》,《福建农业》,1942年,第2卷第7—9期,第4页。
④ 张天福:《九一八揉茶机之构造与用法》,《协大农报》,1945年,第7卷第1期,第41页。
⑤ 林庆元:《福建近代经济史》,福建教育出版社,2001年,第322—326页。

续　表

	1934年	1935年	1936年	1937年	1938年	1939年	1940年	1941年
泰　宁	18	38	28	22	25	27	14	15
沙　县	174	200	200	200	320	300	245	249
永　安	180	150	100	160	165	168	300	335
南　平	800	600	680	600	650	734	450	—
尤　溪	1 825	1 684	1 565	1 806	1 824	1 542	—	—
古　田	117	200	150	200	100	100	—	100
闽　清	43	40	40	40	32	39	15	18
永　泰	80	14	10	17	80	75	20	—
闽　侯	—	2	2	2	—	—	—	—
福　鼎	250	252	288	206	250	248	—	—
霞　浦	40	30	25	16	30	30	—	38
宁　德	216	215	216	216	158	150	—	1 584
屏　南	85	170	250	230	220	125	—	200
罗　源	610	580	670	700	700	700	—	800
福　安	2	2	2	2	2	2	—	—
寿　宁	20	18	22	19	21	20	—	1

(资料来源：福建省农林处农业经济研究室：《福建省纸业产销情形调查》，《农业统计资料》，1943年，第2卷第11、12期，第38、40、42页。)

近代以来，本区的造纸业普遍处于家庭手工业阶段，生产组织幼稚、规模狭小、工具简单，制纸方法也是墨守旧规，不知利用机械制法。[①] 纸的制造大致可以分为造料和造纸两个阶段，其中造料过程主要针对造纸所需原料毛竹所言。据20世纪40年代的调查，生料法造料程序为：砍伐→剖片→(加灰)醃浸(40天)→洗浸、水漂、水浸(50天)→剥皮、捣烂、漂洗、暴晒→(加灰或加碱)二次蒸煮(5天)→丝坯。熟料法造料程序为：砍伐→剖片→(清水)醃浸(4个月)→涤晒、剥皮、取丝、去污、暴晒(15天)→漂白醃灰、水漂、晒干(3—60天)→捣烂、漂洗、暴晒→(加灰或加碱)二次蒸煮(5天)→丝坯。造纸过程一般要先将丝坯弄成纸浆，然后加入配料如胶汁等物；接着由纸工手持纸帘抄纸，其后再将抄成的纸叠加在一起榨干；接下来则要将叠加在一起的纸分张以便火焙，焙纸时将湿纸刷在炉壁上烘干；最后将焙干后的纸取下整理、修剪并包装。[②] 粗略计算，造生料纸至少需要95天，熟料纸则需时更长，约在143至200天左右，大多时间耗费在了造料醃浸过程中。

就福建造纸的技术来讲，如果将20世纪40年代的造纸程序和方法与明代宋应星《天工开物》、清初杨澜《临汀汇考》及清末郭柏苍《闽产录异》中所描述的造纸

---

① 林存和：《福建之纸》，福建省政府统计处，1941年，第73页。
② 林存和：《福建之纸》，福建省政府统计处，1941年，第114—116页。

过程相比较可以看出,自明历清至20世纪三四十年代,本区纸的制法与工艺鲜有大的变革。20世纪30年代时外国人对福建造纸业的技术也给出了这样的判定:"每个纸厂和家庭的制纸过程和相关细节都是一代一代传下来的,少有什么改变。"①这种制作方法的长期因循多是由纸类产品的生产形态所决定的。据1939年的调查,福建造纸业中的专营槽户仅占槽户总数的31.88%,而副业槽户则占68.12%。因为造纸原料取自自然,成本不高,制造过程繁而不难,工具简单置易,因此,农户一家老幼均可充当工人。②

与作为主体的家庭手工业不同,民国时期本区还出现了一批新式手工制纸厂。其中以1915年崇安县金继美纸厂为最早,在生产规模、资本和科学管理方面均较前有所进步。至于使用科学药品、采取科学管理方法的新式手工制纸厂则是1938年福建省建设厅设立的第二工厂和1939年设于崇安的复兴纸厂等。这些纸厂在生产过程中加入了普通造纸所需原料以外的诸如松香、明矾、洋碱、漂白粉等化学原料作配料,在福州、崇安、将乐、邵武、顺昌5地均生产出一批改良纸。③而全省真正组织公司、采用科学方法和配料,并利用机械制造的只有1932年在福州正式投产的福建机器造纸厂。该厂所用机器除少数自造外,其他全是购自德国和瑞士的最新机械,故每日产量在百担以上,年产可达36 500担,占全省产量的27%以上。抗战后因原料供应和产品销路受阻,工厂停产,虽在1948年恢复生产,但企业经营困难,亏损严重。

可见,近代以来本区手工造纸业,除在技术配料上将从前浸料所用的土碱改用洋碱、漂白所用的米浆代之以漂白粉外,其他改良毕竟不多,仍未脱离手工制纸的窠臼。

制瓷业。近代本区陶瓷器的制造以闽清、宁德、古田为主,其他如尤溪、政和、建瓯、南平、霞浦、光泽等地也多设有窑厂和碗厂,均以生产日用器皿为主,但品质低下,价格低廉。抗战前,闽东闽清县有制瓷户50余家,产值十余万元;宁德县有70余家,产值百余万元;古田县有20余家,产值十余万元。各县产品除宁德县以外销为主外,其他均以本县或本省其他县份为销售地。其生产技术仍停留在人力手工制造的层面上,制造工序包括采土、洗泥、制坯、唐轴、烧窑、彩绘诸方面也并无大的改进。期间,本区手工制瓷业虽有过由粗瓷向细瓷生产转化的改良,但在洋瓷和国内其他瓷器的竞争下,终因产制不良、运输困难、缺乏市场组织而造成运销困难,并在抗战后完全破落。④

---

① Members of the Anti-Cobweb Society Foochou, *Fukien: Arts and Industries*, p.77.
② 林存和:《福建之纸》,福建省政府统计处,1941年,第67页。
③ 林存和:《福建之纸》,福建省政府统计处,1941年,第98页;李圣材:《福建纸业之调查》,《福建文化》,1935年,第3卷第22期,第64页;陈雪笙:《发展福建纸业刍言》,《福建省银行季刊》,1946年,第2卷第4期,第64页;詹英贤:《闽省纸产概观》,《协大农报》,1941年,第3卷第2期,第174页。
④ 黄先修:《福建瓷业之概况》,《矿业周报》,1936年,第408期,第8页;陈文涛:《福建近代民生地理志》,远东印书局,1929年,第236页;杨大金:《现代中国实业志》,商务印书馆,1940年,第400页。

2. 在传统轨道中持续发展的类型。这又有几种情况：

其一，有些手工业是在中国特殊的社会文化和自然环境条件下产生和发展起来的带有特殊手工技艺的性质，并没有受到国内外机制工业品的冲击。福州脱胎漆器自乾隆年间创立以来就以高超的技艺水平和浓厚的民族色彩而深受国内外各地人民的欢迎，近代以来仍旧处于不断发展壮大中。据20世纪二三十年代的调查，在福州从事漆器生产的店铺约有90家，在其中有名可稽、成立年代可考的46家漆器铺坊中，成立于乾隆年间的有2家，光绪年间的有5家，宣统年间的有11家，民国年间则多达28家。[①] 专门制作脱胎漆器的店铺兴盛于19世纪90年代，到民国初增加至20余家，后因产品供过于求，有些资本薄弱的厂家先后倒闭。至抗战前，能够维持生产者有13家，资本自一千元至两万元不等。在该业兴盛时代每年出口约十余万元，30年代后降为数万元；每家产值也从以前的平均两三万元，减为数千至万余元。[②]

其二，有些手工行业原本就有很好的基础，虽也受到了某种程度的冲击和影响，也并未采取机器生产，但在不断改良产品的基础上，随着对外贸易的开展和市场的扩大而刺激了生产的发展。福州的手工纸伞业久负盛名，在闽清、古田、福安等地也有相当的生产规模，其产品除少量就地销售外，还运销苏、浙、赣及华北、香港、越南、南洋各地。在清末洋伞涌入，伞业几致失败之时，福州在1915年后开始仿照洋伞形式生产：改制弯柄、伞顶用铜包裹、图案花纹时时改良，还有用油绸油布制造者。这样，不但产品价格廉宜，而且御雨之效力胜于洋伞，洋伞销路因之锐减，纸伞反盛销于南洋及国内外各地。[③] 在1925—1930年间的鼎盛时期，年产值均达百万元以上，仅福州制伞业即有300余户。1933年后因质量下降、日伞竞争及抗战后海上交通断绝，纸伞销路受阻，出口量也由原来的300万枝降为四五十万枝。

其三，一些与国际市场联系较少的手工业部门较少受到冲击，并仍旧沿袭前近代社会时期的生产方式和技术，如采矿业。在煤的开采方面，闽东地区有1937年华兴、建乐两公司主持开采长乐县的泥炭。[④] 闽北地区除建瓯梨山煤矿公司曾一度使用机器开采外，其他各县如邵武、顺昌、浦城、崇安、政和等地的煤矿均一直使用土法手掘。这些矿场设备简陋，更因交通不便、运销困难而时作时辍，年产量最多的不过数百吨，只有抗战期间由省政府合作供销处在永安县小溪用土法开采的煤田产量稍丰，达到日产十余吨。[⑤]

与煤相较，本区的冶铁业更加盛行。本区的铁矿主要是铁砂矿，系从花岗岩中

---

① 杨大金：《现代中国实业志》，商务印书馆，1940年，第1075—1079页。
② 《福州脱胎漆器业概况》，《产业界》，1937年，第1卷第1期，第65—67页。
③ 《福州之手工业》，《工商半月刊》，1933年，第5卷第9期，第73页。
④ 杨大金：《现代中国实业志》，商务印书馆，1940年，第274页；白家驹：《第七次中国矿业纪要》，农矿部直辖地质调查所，1945年，第360页。
⑤ 杨振翰、唐贵智：《福建永安县地质矿产》，《福建省地质矿产报告》，1944年，第7号，第27页。

分解而出的磁铁矿粒。在古田松洋、建瓯松源、松溪东关里、政和、永安、霞浦西北乡及闽清等地均产有铁砂,居民在农闲时利用人工淘洗的办法采取后供土法炼铁以制农具。一般来讲,铁的生产要经过洗砂、烧炭、烧炉三道程序。淘洗铁砂,各地多在农历 11 月至次年 3 月的闲暇时节进行,入夏以后因采砂有碍农事,例须暂停。洗砂时农民看山上土层中含有铁砂的地方就引泉水为沟,自上而下分三槽依次过滤砂土混合物,直到将铁砂析出;如果溪流中富含铁砂,则直接在河流里淘洗。铁砂产量各地视销路情况而年有增减,如抗战期间松溪县可年产铁砂 200 多万斤,可炼得铣铁 80 余万斤,约合 400 余吨。铁砂淘净后即可运至土炉售予炉商冶炼,此前炉商则要先招募工人在深山中搭盖棚厂,伐木烧制木炭。烧炉时一般需要 6 人,分别从事拉风箱、添炭、加砂、看铁汁等工作,炼成铁汁后还需再入炉冶炼才可切成铁块出售。因土法炼铁砂一斤需木炭一二斤,故铁炉多位于接近山林而盛产木炭的地区,其中又以古田、建瓯、松溪、霞浦等县冶铁业较盛,计 4 县约有土炉 30 余座,占全省土炉总数的三分之一。[①]

  与铁砂相似,本区对金砂的开采也主要是采取人工淘洗的方式。建瓯县金矿采掘最早、分布最广、产量最富,而泰宁、尤溪、邵武、福清等地的溪流中虽也有砂金的存在,但淘采者寥寥,采金业不发达。淘金者多为江西人,人数多则过百,少则数十,普通多在六七十人;每年夏秋时节分赴建瓯、泰宁各地,在溪流内挖取岸下泥沙,年产量平均可达 30 两。金砂的开采全凭人力手工淘洗,所需工具仅有木盆、铁耙和竹筒各一。先用铁耙挖取溪流中的砂石,然后将其置于尖底樟木盆中,用两手紧握上下摇晃,令泥沙随水流去,最后再将留在盆底的金子用清水洗净后放入贮金筒里即可。1913 年时,有广东矿商集资十万元组织建宁金矿公司,因欧战影响,所需机器无从购配而停。1920 年后,惠民矿业和福州电气公司均曾试探本区砂金,但未能正式开采。因此,近代以来本区的采金事业只是个人的行动,未见有团体公司成功组织大规模的开采。这也是时人认为本区淘金业不发达的原因。除此之外,由于淘金时要挖取河岸下含金的泥层,往往水涨岸崩,妨害农业,当地农民为保障溪身之故而严禁淘洗。[②]

  钼矿方面,从民国至抗战胜利,除永泰县的犁壁坑钼矿曾经永宝钼矿公司进行机器开采外,该县其他各处及宁德各地的钼矿虽曾组织了开源、崇实、朋实、德源等公司进行开采,但均系沿用土法人工手掘露头矿脉,且多数因矿藏储量不丰或资本薄弱而止。[③] 此外,闽北各地如沙县、永安、建瓯、松溪、政和、建阳等县的石灰因系农业和造纸所需,也有一定规模的生产。[④]

  山货加工和榨油业也是仍旧沿袭传统的生产方式。以制菇业为例,福建可食

---

① 白家驹:《第七次中国矿业纪要》,农矿部直辖地质调查所,1945 年,第 364 页;默翁:《古田纪行》,《地学杂志》,1919 年,第 10 卷第 7、8 期,第 3 页。
② 白家驹:《第七次中国矿业纪要》,农矿部直辖地质调查所,1945 年,第 367 页。
③ 白家驹:《第七次中国矿业纪要》,农矿部直辖地质调查所,1945 年,第 364—465 页。
④ 民国《泰宁县志》卷二十一,实业;民国《建瓯县志》卷二十五,实业;民国《政和县志》卷十七,实业。

之菇中福州雷公菇和各地红菇均是野生,无需特殊加工制造,只有香菇需人工加以培制,且生产者多是外地移民。就香菇的生产形态来讲,由于受原料及气候的限制,其生产过程只能在深山密林之地进行,并且生产地也极其分散而无法采取大规模的手工工场形式,只能采取一家一户式的个体家庭手工制生产。每年旧历十月左右,浙江省庆元、龙泉和景宁等地的农民结队前往闽北各县,然后向当地人买下一片山林,搭盖菇厂,砍伐树木并将树皮割破,即可坐等腐木上自然生菇。采菇后即可在厂用木炭焙制,每隔五日,赴县城或墟市发卖于菇行或顾客。就香菇生产和制作的技术来讲,自明历清至20世纪30年代末期,菇业生产者不但根本不知道香菇本来有种子,还可以人工播种,而且在树木的砍伐、香菇的采摘和烘制及运销过程中,均表现出产技术的简陋性、封闭性和落后性。①

榨油业是中国传统手工业中一个十分古老的行业。本区榨油业以茶油、菜油和桐油为主,而有关柏油、豆油和花生油的记载也时常见诸笔端,但对麻油、樟油的记载极少,棉油则是百不一见。一般来讲,榨油时先将榨油原料放入石臼中以人力、畜力或水力拉动石(木)碾将其碾碎,但花生、菜籽、桐籽在碾碎前要事先烘焙或炒熟,然后再经一定时间的蒸熟并制成饼状物后,即可通过木制滚筒压榨出油。就榨油过程中的生产动力和工具来讲,近代以来本区榨油业所用的工具仍然是传统时期石制和木制工具的结合,动力也仅是由人力、畜力和水力来驱动,直到20世纪20年代末,福州才出现了以电力为动力的新式豆油机。② 油类中以桐油生产较重要。以1940年的桐油生产为例,本区桐油生产量常年过万担的有霞浦、福鼎、尤溪、建瓯4县,其他如邵武、闽清、寿宁、政和、浦城、建阳、宁德、福安、屏南、将乐、闽侯产量均在千担以上,而沙县、永泰、罗源、松溪、永安、南平、顺昌、长乐、崇安、古田、泰宁、福清、连江、平潭、建宁等县年产不过数百或数十担。相应地,在霞浦、福安、闽清、浦城、建阳、罗源、邵武、政和各县县城和重要市镇均有三四处桐油生产作坊,每年外销量也多达数百至数千担。③ 菜油的生产则以闽北地区为主。由于闽北各地多山高水寒,田地在冬天多用来种植油菜,因此榨油原料相当丰富。如每年三、四月间是泰宁县手工榨制菜油的繁盛时期,其产量足够全县半年之用。豆油和花生油的生产主要集中在闽侯、闽清、福清等地。如20世纪二三十年代,仅福清县即有榨油兼售卖的大小油行70余家。④

3. 更加兴旺的类型。这类手工业虽然也遭到了国内外工业品的竞争,但并未因此而被淘汰,反而获得了更好的发展,如本区各县的手工纺织业。

---

① 谢循贯:《闽北种制香菇之调查研究》,1940年,上海图书馆藏,第9—35页。
② 福州海关:《近代福州及闽东地区社会概况》,华艺出版社,1992年,第55页;翁绍耳、林文澄:《建宁泰宁米谷产销调查报告》,协和大学农学院,1943年,第19页;Members of the Anti-Cobweb Society Foochou, *Fukien: Arts and Industries*, pp. 120 - 121; 林荣向:《福州榨油业之调查》,《福建建设厅月刊》,1929年,第3卷第11期,第5—8页。
③ 《福建省各县(区)桐油生产概况》,《福农业》,1942年,第3卷第5—6期,第16—18页。
④ 民国《泰宁县志》卷二十一,实业;林荣向:《福清县花生之产出及榨取花生油之调查》,《福建建设厅月刊》,1929年,第3卷第11期,第4页。

近代以来,福州及闽东闽北内地各县的纺织业不发达,所需棉布均从江浙、江西等地进口,但自从福建第一个官营织布局建立后,情况发生了彻底的改变。1888年,闽浙总督卞宝第鉴于福建在土布进口中漏卮太多,同时又恰好有当地士绅设局劝织的进呈,于是在官、绅双方的共同努力下成功创立了福州织布局,并要求内地各县也仿照办理。织布局的规模不大,创办资金仅千余两,最初的目的主要在于训练织匠,倡导纺织,实际的织布倒在其次。生产原料几乎全是进口的印度棉纱,生产工具全是木制织布机,手工生产技术也极其简单,生产性质仍是传统的家庭手工业,只是由于采取了"按勋授纱,按尺输布"这一"放纱收布"式的交易形式,因此织工和官府之间也存在着一定的雇佣关系。除这一官营织布局外,两年内福州城、乡各处绅士也纷纷创立了众多的所谓民局,其原料来源、生产工具和技术及生产性质均类同官局。①

这一企业建立后,随即在闽江流域部分县份发生了示范效应,各地纷纷创立织布局,从此开启了福建织布业的新纪元。近者如闽侯尚干乡,大小各局多至二三十机,年产土布90万余匹;江口乡织布者有1100户,男女工5千人,年产土布5万匹,价值100万,盈利20万。② 远者如永泰县、古田县、闽清县、政和县均成功创办起一处或多处织布局,初步改变了从外地或外省输入棉布的状况,甚至开始向外县输出布匹。

这种效应不仅表现在地域上的广泛性,还体现在历史进程上的延续性。以福州为例,自清末历民国至抗战爆发,福州的手工土布业虽然随时势或兴或衰,起伏不定,但一直没有间断,这种情况在开埠前是没有过的。不但如此,这种土布织造业还为其他诸如织毛巾业和织袜业的发展打下了坚实的基础。据1927年统计,当时城内拥有10架以上布机的织布厂就有15个,最大的振中织布局有三四十架,从事织布业的工人千余人;拥有10架以上织袜机的织袜厂有10个,最大的有三四十架;毛巾厂最大的有织机30余架,从业工人有数百人。1933年时,福州有织布厂54家,资本最多者近万元;织袜厂40家,资本多者达三千元;毛巾厂计6家,资本多者达一千元。③ 内地各县纺织业的发展也体现了延续性。光绪末年开办的闽清县广和春织布局虽然停办了,但因各乡妇女均已谙熟纺织,故"几于家家机杼,续开织布局者难以指数";政和县在民国后继续"出资雇请织师,购备棉纱、织布机器等项,不取学费,招生学习"。④ 抗战爆发后,除沿海内迁的企业外,在内地又新建设了一些纺织企业。如1940年秋在南平成立的省企业公司纺织厂,年产各类布匹七千余匹。在建瓯县溪口也有以织布、纺纱为主的福建省赈济会第一工厂,年产布匹近六千匹。抗战时期,本区纺织工业虽因外来布匹进口减少而继续发展,但终因棉纱来

---

① 姜修宪:《晚清福建政府与区域经济发展》,《史学月刊》,2009年,第8期。
② 《尚干乡土志》,物产,福建师范大学图书馆藏抄本;福建省农林处统计室:《福建省各县区农业概况》,福建省政府农林处,1942年,第4页。
③ 《福州纺织工厂之调查》,《中外经济周刊》,1927年,第211期,第44—47页;《福州之手工业》,《工商半月刊》,1933年,第5卷第9期,第73、74页。
④ 民国《闽清县志》卷三,物产;民国《政和县志》卷十七,实业。

源困难,而本省棉花又供不应求,致使本项手工纺织业发展艰难。虽经政府竭力救济,从江西、湖南等地购买棉花,并限量供应以应对棉荒问题,但仍无法突破这一制约本区纺织业发展的瓶颈。①

抗战以前,上述纺织工厂中绝大多数是使用木制手工工具,使用机器从事纺织的工厂极为少见。学人多主张清末福州的织布业已经使用了新式机器,其依据是该新式机器为福州人陈紫绶于 1898 年制成。② 但实际上,虽然是福州人陈紫绶制成了新式纺织机器,却未能在福州应用而是带到了北京、上海等地。其实直到 20 世纪 20 年代时,本区才有个别纺织工厂使用机器。如位于南台的启新袜厂曾使用电机织成袜线,位于水部门兜的利华纱厂曾用蒸汽力纺织棉纱,但均因质量问题不能畅销而停歇。③ 抗战后在南平和建瓯建立的纺织厂也均使用木制布机、纱机、毛巾机、袜机、汗衫机、纺纱机,并未使用动力机器。

4. 新兴手工业类型。近代以来国内外洋货和机制品的输入固然对本区多数手工业部门造成了冲击,但在本区也产生了一些新兴的、采用简单机械人工生产的手工业部门。这些工业主要集中在省城福州,以生产日用品为主的进口替代工业居多。如在罐头制造方面,1910 年商人张秋舫开办的迈罗罐头公司,其产品不但销售至闽北如浦城等地,还出口至长江流域、华北地区及海峡殖民地。在此之前,内地的建瓯县城也于光绪末年由刘浚年创办了建宁府雅乐罐头公司,在当地和福州生产冬笋、冬菇、莲子、荔枝、枇杷及鱼类罐头,并在省城上杭街设有万品栈兜售处。④ 一战结束后,福州的罐头加工业有了较快的发展,在福州涌现出许多罐头公司。见于 20 世纪二三十年代中国罐头食品工业统计资料中规模较大的罐头工厂除迈罗罐头公司外,至少还有 1914 年成立的颐康罐头公司、1920 年成立的宝承罐头公司、1927 年成立的永康罐头公司、1928 年成立的万有胜罐头公司等。⑤ 抗战期间,因制作罐头所用马口铁来源断绝,本地罐头厂或者相率停业,或者改制炼乳勉强维持。抗战胜利后,因美国奶粉廉价倾销,福州炼乳业受到致命打击,但罐头加工业又恢复到十余家。除迈罗、万有胜等个别工厂有一定规模、使用动力生产外,绝大多数系手工生产。⑥

此外,自清末即已出现的玻璃、肥皂的生产也在民国时期得到了发展。以 20 世纪二三十年代的福州为例,当时使用机器 5 架以上、雇佣工人 7 人以上的洋烛制造厂有 11 家;肥皂生产厂有 7 家,工人 53 人;历时较久、营业较大的玻璃生产企业也有 3 家。⑦

---

① 黄桦:《福建棉织业概况》,《贸易月刊》,1942 年,第 1 卷第 2 期,第 14 页;第三战区经济委员会资料室:《建瓯经济调查》,《东南经济》1941 年第 3 期,第 87 页;《拨棉救济手工纺织业》,《新建报》,1943 年,第 2 卷第 5、6 期,第 110 页。
② 林庆元:《福建近代经济史》,福建教育出版社,2001 年,第 96 页。
③ 《福州纺织工厂之调查》,《中外经济周刊》,1927 年,第 211 期,第 44、46 页。
④ 《福建商业公报》,1911 年,第 22 期,第 11 页;1911 年,第 24 期,第 11 页。
⑤ 《中国罐头业调查》,《商业杂志》,1926 年,第 1 卷第 1 期,第 2 页;松安:《福建罐头蔬菜纪要》,《农话》,1930 年,第 2 卷第 33 期,第 17 页;《申报年鉴》,1936 年,第 681 页。
⑥ 林庆元:《福建近代经济史》,福建教育出版社,2001 年,第 448、449 页。
⑦ 《中外经济周刊》1927 年第 217 期,第 45 页。《工商半月刊》,1931 年,第 3 卷第 20 期,第 15 页;1930 年,第 2 卷第 13 期,第 3 页。

二、主要手工业部门变迁的地域差异

从不同区域的手工业发展情况来看,近代以来,本区沿海和内地传统手工业在变迁的时间、程度和方向上都有一定的差异。一般来讲,与最先受到外来冲击和影响的沿海地区相比较,内地传统手工业受到外来冲击及变迁的时间和程度均与前者有很大的差异。

以冶铁业为例,一方面,外国机制品确实曾对本区部分县份土铁的生产造成不利影响。福州手工制铁业的原料主要来自邻近的古田县,但"由于这里的行业缺乏技术工人和机械设备,运输也困难重重",随着价格低廉且比古田铁更易于锻造的洋铁的进口,古田铁逐渐被排挤出福州市场,其结果便使得古田的冶铁业大受影响。据1880年时古田铁和外国铁的价格比较,当时福州市场上的最好的古田铁每担3.9元,一般的3.3元,而进口的洋钉条铁和条铁才3.15元,旧铁不过3元。[①]然而,另一方面我们也要看到,洋铁对内地土铁生产的冲击并不是十分严重。由于向内地运输的不便及因此而增加的高额运输成本,洋铁的输入只不过分割了内地各县在福州的销售市场而已。即使在20世纪洋铁更大规模涌入的时候,古田的铁业生产仍然进行得有声有色,对僻处闽北的建瓯县土铁业的生产也是了无影响。[②]同样,煤油进口对内地榨油业生产的排挤程度也不能估计得过高。一方面,煤油对中国榨油业的排挤主要是在照明用油上,内地食用油的生产几乎没有受到任何影响。另一方面,直到19世纪90年代时,虽然煤油的进口有了成倍增加,"但是在本省许多地方仍然不用煤油,甚至可能根本就不知道"[③]。而且,煤油的这种入侵还不时受到内地榨油业的顽强抵抗,尤其在煤油价格升高时,内地人民会重拾旧业,生产各种土油以代之。如民国时期煤油的涨价即使泰宁县用以食用及燃灯的菜油生产和加工规模扩大,而抗战时期福建省政府更是劝导民众生产、使用植物油灯,以减少煤油漏卮。[④]

---

① 福州海关:《近代福州及闽东地区社会概况》,华艺出版社,1992年,第131页。
② 默翁:《古田纪行》,第3—5页;民国《建瓯县志》卷二十五,实业。
③ The Parliament of the United Kingdom of Great Britain and Northern Ireland, *British Parliamentary papers: China*. V. 20, *Commercial reports: embassy and consular commercial reports*, Shannon: Irish University Press, 1972, p. 174.
④ 民国《泰宁县志》卷二十一,实业志;《闽政月刊》,1938年,第3卷第4期,第41页。

第四章　农业生产与布局

鸦片战争前,本区的农业生产大致上保持着以粮食生产为主的多种经营格局。近代以来本区农业地理变迁的最大特点是,随着开埠后本区逐渐卷入世界资本主义市场,以茶叶、纸张、木材为主的经济作物和林业生产的地域范围经历了先扩展后收缩的过程。这种巨变,不仅深深地影响到本区的粮食供求关系和种植结构的变迁,还间接改变了其他经济作物的地理分布。当然,由于诸多因素的影响,从整体上来讲,本区仍以传统农业生产占优势,现代农业新因素的成长只发生在20世纪30年代后的个别地区,并没有从根本上改变传统农业生产要素的地理分布。

第一节　土地利用与农业生产

一、土地利用

1. 近代闽东闽北农业土地资源概况

土地是农业生产最基本的生产资料。近代以来,福建省向少精确的农业普查,各县耕地情况更是从未进行过普遍调查。虽然本省也发表了许多耕地数量的调查结果,但各种统计数字多寡不一、出入很大。自1914年至1940年,至少有10项来自个人、各级政府机关的统计数字,最高者29 403 000市亩,最低者还不到9 575 000市亩,普通在2 000万市亩左右。1941年,福建省府统计室选择一公认的合理数字公布,其时全省耕地为15 794 766市亩,其中水田占62.3%,旱地占37.7%。[①] 福建省地政局于1936年成立后,即继续开展此前已经在福州一地进行的土地编查工作。经过9年的努力,在实行"以户为经"的土地陈报办法失效后,又依据"以地为经"的原则,将农户自行陈报与政府派人简易测量、按户实地调查相结合,对全省耕地进行了卓有成效的清丈和绘图工作。[②] 因此,我们认为抗战结束后学人对本省土地数据的估计远较1940年前的各项估计为可靠。本区各县详情,见表1-4-1。

表1-4-1　1946年闽东闽北各县耕地情况总览

	耕地面积(市亩)					垦殖指数(%)	农户数	户均耕地面积
	合计	水田	%	旱地	%			
全省	20 219 762	16 581 280	82.01	3 638 482	17.99	11.38	1 838 932	11.0
本区	10 286 117	8 943 487	86.95	1 342 630	13.05	—	767 254	13.41

---

① 郑林宽:《福建省耕地面积数字之商榷》,福建省农业改进处调查室,1946年,第130页。
② 林钦辰:《福建地政概况》,《福建文史资料》第13辑,1986年,第107—111页。

续 表

	耕地面积(市亩)					垦殖指数(%)	农户数	户均耕地面积
	合计	水田	%	旱地	%			
闽侯	604 920	526 280	87.00	78 640	13.00	14.85	68 835	8.79
福清	444 460	240 008	54.00	204 452	46.00	16.75	44 205	10.05
古田	558 680	508 399	91.00	50 281	9.00	15.53	20 696	26.99
永泰	334 280	284 138	85.00	50 142	15.00	7.55	24 519	13.63
长乐	239 511	186 819	78.00	52 692	22.00	22.58	25 317	9.46
连江	249 000	179 280	72.00	69 720	28.00	12.45	41 574	5.99
闽清	313 992	288 873	92.00	25 119	8.00	16.32	23 568	13.32
罗源	207 992	162 234	78.00	45 758	22.00	12.44	21 546	9.65
平潭	45 800	25 190	55.00	20 610	45.00	8.45	14 731	3.11
南平	396 805	384 901	97.00	11 904	3.00	9.57	23 666	16.77
沙县	299 000	263 620	88.17	35 380	11.83	8.46	19 626	15.23
顺昌	131 000	123 140	94.00	7 860	6.00	7.52	8 617	15.20
尤溪	374 623	359 638	96.00	14 985	4.00	7.34	25 751	14.55
永安	266 377	263 713	99.00	2 664	1.00	8.81	16 222	16.42
将乐	277 826	266 713	96.00	11 113	4.00	9.59	13 268	20.94
建宁	285 748	280 033	98.00	5 715	2.00	10.99	7 237	39.48
泰宁	196 699	190 798	97.00	5 901	3.00	9.86	8 768	22.43
建瓯	783 287	720 890	92.03	62 397	7.97	9.40	49 359	15.87
浦城	705 180	641 714	91.00	63 466	9.00	10.06	34 683	20.33
邵武	494 501	474 721	96.00	19 780	4.00	7.7	20 717	23.87
建阳	269 875	253 683	94.00	16 192	6.00	6.16	16 967	15.91
崇安	254 016	233 695	92.00	20 321	8.00	13.79	16 898	15.03
松溪	214 168	177 759	83.00	36 409	17.00	8.44	11 570	18.51
政和	216 000	205 200	95.00	10 800	5.00	12.63	12 567	17.19
福安	389 020	303 436	78.00	85 584	22.00	14.72	31 974	12.17
霞浦	384 059	277 834	72.34	106 225	27.66	10.74	35 637	10.78
福鼎	284 071	218 747	77.00	65 324	23.00	13.72	36 050	7.88
宁德	406 496	268 828	66.13	137 668	33.87	13.69	34 251	11.87
寿宁	173 354	166 420	96.00	6 934	4.00	11.87	27 744	6.25
屏南	219 000	203 070	92.73	15 930	7.27	9.71	14 469	15.14

(资料来源：郑林宽：《福建省耕地面积数字之商榷》，福建省农业改进处调查室，1946年，第141、142页。)

本区耕地数量少，共计一千万余亩，且分布不均，主要分布在山间谷地、沿河两岸、沿海平原等地。其中闽东地区及福州平原地区垦殖指数较高，绝大多数县份的垦殖率高于全省平均数，而位于闽北大山带的山间谷地和沿河两岸的县份，其垦殖率多数在10%以下，普遍较全省平均数约低3个百分点。在全区耕地面积中，水田面积近900万亩，约占本区耕地数量的86%强，尤其是位于闽中大山带的沿河和山间谷地,水田面积约占耕地面积的95%以上,而旱地面积不到14%,从而形成了本区耕地以水田为主,旱地为辅的特点。

农业耕作制度方面,本区水田几乎全部用于栽植水稻,并以一年一熟制为主,仅在福州和连江平原、闽北少数平田及闽东部分沿海县份存在一年两熟制。除稻田外,本区旱地和梯形山地以闽东各县为多,闽北地区较少。这些地方或因灌溉不便而不能种植水稻,或因某些经济作物、杂粮等的收益优于水稻而种植其他诸如甘薯、小麦、豆类、油菜、花生、甘蔗等作物。本区还有面积广大的茶园及少量蔬菜、水果种植园等,前者遍布闽东、闽北各地,后者主要分布在福州平原、本区各县城郊及河谷平田地区。①

表 1-4-2 20世纪40年代闽东闽北各县主要耕作制度

区域	第一种耕作制度	第二种耕作制度
闽侯	早稻—晚稻(间作)—小麦	
古田	春大豆—晚稻或秋大豆	中稻—秋大豆—小麦
屏南	单季晚稻—冬耕	甘薯—休闲
闽清	早稻—晚稻(间作)—小麦	早稻—晚稻(间作)—休闲
长乐	早稻—晚稻(间作)—小麦	
连江	早稻—晚稻(间作)—豆、麦	晚稻—休闲
罗源	早稻—晚稻(间作)—小麦	晚稻—小麦、油菜、豆类
永泰	早稻—晚稻(间作)—小麦或休闲	单季中、晚稻—麦类或休闲
福清	早稻—晚稻(间作)—休闲	甘薯(或花生)—休闲
平潭	甘薯(或花生)—小麦	早稻—晚稻(间作)—小麦
霞浦	甘薯—麦、豆、菜	单季中、晚稻—小麦或休闲
福鼎	单季中、晚稻—麦、豆、油菜	甘薯—麦、豆、菜
福安	单季中、晚稻—小麦或休闲	甘薯—小麦
宁德	单季中、晚稻—冬耕或休闲	甘薯—麦、豆、菜
寿宁	单季中、晚稻—休闲	甘薯或马铃薯—休闲
南平	中稻—大豆、甘薯—小麦或油菜	早稻—晚稻(间作)—小麦或油菜
将乐	单季中、晚稻—休闲	中稻—大豆—小麦或油菜
沙县	中稻—大豆—小麦	晚稻—小麦
尤溪	早稻—晚稻(间作)—小麦或油菜	单季中、晚稻—休闲
顺昌	单季中、晚稻—休闲	中稻—大豆—小麦或油菜
永安	单季早、中稻—甘薯或大豆—麦、菜	单季中、晚稻—菜
建瓯	晚稻—小麦或休闲	中稻—大豆—小麦
建阳	中稻—大豆—小麦	晚稻—休闲
崇安	中稻—麦、豆、菜	晚稻—休闲
浦城	中稻—大豆—麦类或油菜	晚稻—麦类或油菜

---

① 宋达泉:《福建土壤概况》,《土壤季刊》,1947年,第6卷第1期,第7页。

续　表

区域	第一种耕作制度	第二种耕作制度
政和	中稻—大豆—休闲	晚稻—麦类或油菜
松溪	单季中、晚稻—麦、豆或油菜	中稻—大豆—麦类或油菜
邵武	中稻—大豆—油菜	晚稻—小麦或油菜
泰宁	中稻—大豆—麦类或油菜	晚稻—休闲
建宁	单季中、晚稻—休闲	单季中晚稻—小麦

（资料来源：陈明璋、陈心渊、叶阑清：《福建省农业特征初步调查报告》，《福建农业》，1947年，第7卷合订本，第189—192页。）

总体来看，本区耕作制度主要以一年一熟制为主，其次是一年两熟制，而一年三熟制仅限于个别地区。前者遍布闽北及闽东丘陵山地，后者主要分布在闽东沿海各县。但如就各县具体情况来看，又略有不同，并在各县形成了以一种耕作制度为主，其他耕作制度为辅的农耕结构。从表1-4-2可见，闽东区近海各县大都为早稻—晚稻（间作）—小麦，而内地各县多为单季中、晚稻—大、小麦或豌豆、油菜；闽北地区因各地地形不一，耕作制度较难以一致，但大体上是在夏作早、中稻收获后继植甘薯或大豆，而冬季除少数地区种植小麦或油菜外普遍休闲。

2. 土地利用的历史特点及影响因素

福建全省丘陵山地分布广大，平原谷地面积很少，自古即有"八山一水一分田"之说。而本区除福州平原、连江平原及山间平原外，多为丘陵山地。研究表明，稻田耕作必须在海拔200米以下，最好是50米以下，否则种植便不经济，而福建海拔在200米以下的土地仅占总面积的12%强，大部分土地海拔在200—500米之间。①因地形及其他因素所限，本区的土地利用也形成了鲜明的历史特点。

第一，土地零细化现象严重，在利用上不经济。本区境内多山，不但使得各县的可耕地资源很少，而且即使这有限的农地也被分割得支离破碎。如闽东地区的屏南县，"山多田少，耕作常远在一二十里之外，晨往暮归，□岭涉巇，工夫其半"②。民国《沙县志》引康熙年代县志云："田在山者十居其七，在原衍者仅得二焉，其一又在陁阪硗确之间，不可以片段计，有一亩而占十余所者。"③与之相邻的永安县，则是："田尽开于山之麓。陇田则两山夹行，度隙垦亩。……在高冈墟圻鳞列，名塂田。纵洋田不过平坡伏原，绝无延袤数十里者。……一亩之田，间分一处、两处，相距一里、半里。其势斜尖审折，若犬牙之相错，万丘万状，了无定形。"④民国时期的邵武县铁罗乡，一坵3亩以上的土地极少，而一亩土地分为十数坵者则所在皆是，每坵面积有小至仅可植稻数丛者。另外，该地不但田坵面积过小，且耕地与农舍之

---

① 朱代杰：《福建经济发展的途径》，福建省政府建设厅经济研究室：《福建经济问题研究》第1辑，1947年，第2页。
② 乾隆《屏南县志》卷五，风土。
③ 民国《沙县志》卷四，赋税。
④ 雍正《永安县志》卷五，赋役、土田门，福建师范大学图书馆藏抄本。

距离也较远,普通平均相距4里,另有大半田地因处于山岭之中受地形限制,曲折回绕往往达15里以上。① 政和县"其田至大者,十邱、二十邱方成一亩,小者三四十邱、五六十邱不足一亩。缘溪附山,状如鱼鳞,簑笠可盖,耒耜难施"②。据金陵大学农业经济系对全国土地利用情况的调查,闽东林森县和南平县的相关资料如下表所示。

表 1-4-3　闽东林森、南平二县土地利用情况

县份	每户田块数	田坵数	最远田块平均距离(公里)	所有田地与农舍平均距离(公里)	田块平均大小(市亩)	田坵平均大小(市亩)
林森	4.9	7.1	1	0.5	2.85	1.95
南平	4.2	10	1.8	1.1	1.35	0.15

(资料来源:陈明璋、陈心渊、叶阑清:《福建省农业特征初步调查报告》,《福建农业》,1947年,第7卷合订本,第203页。)

由此可知,本区宜于经营农业的农田大多零星分布于山间盆地和河流冲积地,其余辟作水田的山坡梯地面积也狭小,从而造成农业生产极不经济的后果:耕畜使用浪费,机械和新式农具无法合理运用,耕作面积减少,农民劳作困难,效率减低,具有一定规模的农场难以建立。③

第二,土地用地结构中以耕地、林地为主,但荒地比重也较大。从土地利用类型方面说,除农田作物外,还有农舍、道路、水塘、坟墓、牧场、林场、水面、柴山等。如闽东闽侯县的作物种植面积占96%,农舍、森林和道路、水塘、坟墓所占比例分别为2%、0.4%和1.6%。闽北南平县的作物种植面积占1.6%,森林和柴山面积则高达80.1%和18.2%。可见,闽东区一般以作物种植所占面积较大,而闽北山区的林场面积远较全省乃至全区平均水平为高。④

荒地一般指未开垦之土地,包括可以开垦而未开垦以及不可开垦的土地,前者又包括从未开垦的生荒地和垦而复荒的熟荒地。对本省可垦而未垦土地数量的估计有多种,且数据之间高低差别相当大。中央农业实验所曾对1873—1933年间福建耕地变迁趋势作了估计:如以1873年耕地数量为100,则1893年、1913年和1933年的耕地指数分别为96,92和81。据20世纪40年代的调查估计,除从未开垦的荒地外,仅本区垦而复荒的耕地数量即为497 400市亩,其中水田和旱地数量分别为237 200和260 200市亩,大部分位于闽北各县。致荒原因除了受本区地势、地形、土壤、气候等自然因素的影响外,因战争、灾害、疾病引起的人口衰减亦是一大要因。⑤ 如民国以来,闽北顺昌县即因军阀混战、土匪横行以及国共之间的"围

---

① 陈玉成:《闽北土地利用之改进》,《新福建》,1944年,第6卷第2期,第26页。
② 永乐《政和县志》卷一,县境,福建师范大学图书馆藏抄本。
③ 陈明璋、陈心渊、叶阑清:《福建省农业特征初步调查报告》,《福建农业》,1947年,第7卷合订本,第204页。
④ 福建省政府秘书处统计室:《福建统计年鉴》第一回,福建省政府秘书处,1937年,第652页。
⑤ 郑林宽:《福建省耕地面积数字之商榷》,福建省农业改进处调查室,1946年,第137—139页。

剿"与"反围剿"战争而导致人口大量死亡和迁移,农村经济也迅速地从繁荣走向残破。① 闽北各地沼泽湖泊众多,各种蚊类肆虐其间,从而使得疟疾成为非常普遍的地方流行病。如将乐县每年均有因疟疾而死者,1934年时各区因病死亡率平均多在5%—6%,高者可达20%。②

第三,土地利用类型复杂多样、区域差异显著。就经营方式上来讲,大致可以将本区划分为以集约经营为主的闽东沿海区与以粗放经营为主的闽北内地区。据相关文献资料可知,闽东沿海地区的土地垦殖指数远较闽北内地为高。当然,例外的情形也并不少见。如有闽北粮仓之誉的浦城县素有"桑麻被陇,茶笋连山"之称,虽然山多田少,但地无余利,民无余力,人民焚山而樵,"山头地角皆垦为陇亩,百工杂作呈能献技"③。

造成这种区域差异的主要原因在于各地劳力、肥料及耕畜等农业生产资料的配置不同。如在农业用肥上,闽北地区土壤肥力属于中、下等者最多,肥力上等者最少。④ 除浦城等少数县份外,闽北绝大多数地区农作肥料严重缺乏,肥料的施用仅限于产量高、交通便利的稻田和旱地。以邵武县为例,其地人粪尿很少,并多于种菜时用,而少有施于稻田者;因畜牧业不发达,厩肥也缺乏;人造肥料如肥田粉、豆饼等则因价格稍贵而无力负担。当时,普遍使用的肥料是硫黄和与猪牛粪、骨粉或粪水相拌合使用的草灰,普通在栽秧后三周第一次中耕时撒播或点播,每亩一二担,财力充裕者于第二次中耕时再施一次。即使如此,其施用量也与福州一带每亩稻田施用30担左右的人粪尿相差甚远。⑤

另外,本区劳力和役畜极为贫乏。闽北地区每户平均耕种田地有17亩余,但参加农事劳动者平均不过1.11人,在战乱时期甚至连这个数字也达不到。以将乐县为例,实际每户参加农作的平均仅1.2人,畜力的利用仅限于平地,复种田也只限于农舍邻近之地,而大部分梯田因受面积限制无法充分利用。⑥ 役畜方面,本区耕牛极端缺乏,且耕牛的使用也因田块零碎分散而常受限制。抗战前福建全省平均每百户农家所有耕牛数量不过三四十头,抗战后减至二三十头,其中闽东地区每10家中有耕牛2—3头,闽北10家中有牛者仅3家。⑦ 总之,由于劳力在传统农业生产中占主要地位,农业上必需的劳力不足,而畜力又极其缺乏,才被迫减少工作次数而采取粗放经营,农业产量和土地报酬自然也随之减少。

从作物种植结构上也可以看出这一特点。如水稻生产就可以明显地区分为以一熟制为主的闽北及闽东内地和以二熟制为主的闽东沿海区域。就稻田利用情形

---

① 邹庆人:《闽北顺昌农村写真》,《申报月刊》,1935年,第4卷第7期,第117页。
② 《福建将乐疟疾流行之与防治办法之建议》,《卫生半月刊》,1935年,第2卷第4期,第7页。
③ 光绪《浦城县志》卷六,风俗。
④ 宋达泉、沈梓培:《福建建瓯建阳邵武崇安区之土壤》,《土壤报告》,1942年,第2号,第40页。
⑤ 林成耀:《邵武县稻产情形及改进意见》,《协大农报》,1939年,第1卷第1期,第22页。
⑥ 陈玉成:《闽北土地利用之改进》,《新福建》,1944年,第6卷第2期,第27页。
⑦ 福建省农业改进处统计室:《福建各县(区)历年牲畜估计》,《福建农业》,1942年,第2卷第10—12期,第10页。

来讲又可分水稻单作制、水稻杂粮连作制两种。前者是指稻田仅产水稻而不种其他作物,水稻收获后任其空闲或蓄水过冬以待来春,此种制度在闽东的山田及闽北多数水田均有实行。实行水稻杂粮连作制的地方,则因连作方式及杂粮种类之不同而各有差异。常见者如:早稻—甘薯—麦类—豆类或油菜;间作双季稻—豆类或油菜;水稻两造—豆类;早稻—秋豆—小麦或油菜;水稻—蔬类等。

除前述所言区域差别外,即使在同一县境内,各地也会因土壤及稻田地理分布的不同而采用相异的土地利用类型。以闽北大多数县份为例,在平原多实行早稻—豆—麦的耕作制度,而山间梯田则又区分为低梯田(冬作稻田)与高梯田(冬闲稻田)两种,并分别实行晚稻—麦和晚稻—休闲的不同耕作方式。至于山地则因土壤肥力低下,需肥量大且地力恢复缓慢而难于发展旱地农作业,相反却多进行需肥较少、耕作粗放的松、杉、茶、桐之类林业经营。① 崇安县北部和西部因竹林茂盛、荒田过多而只能以手工造纸业为生,东部山、田相半,人民在耕、织之余还取笋焙干以趁市,南部平田较多且肥沃,形成了种稻、植蔗、树茶的农业生产结构。② 闽东宁德县,山地多而平原少,山地土壤多属沙质,平原则多属黏土,故前者宜种单季稻和甘薯、甘蔗,后者则宜种中、晚稻及甘薯。③ 因此,耕地类型不一是导致本区土地利用类型和农业生产多样化的主要原因之一。

二、农业生产的因循和变化

1. 传统农业的因循

何谓传统农业?按照舒尔茨的定义,"完全以农民世代使用的各种生产要素为基础的农业可以称之为传统农业"。它实际上是一种生产方式长期没有发生变动,基本维持简单再生产的、长期停滞的小农经济。这种停滞表现在:① 技术状况长期内大致保持不变;② 人们没有增加传统使用的生产要素的动力;③ 由于以上原因,传统生产要素的供给和需求也处于长期均衡状态。④ 换言之,传统农业社会的基本特征是"许多年来,它们在技术状况方面没有经历过任何重大的变动。简单说来,这就意味着,这种社会的农民年复一年地耕种同样类型的土地,播种同样的谷物,使用同样的生产技术,并把同样的技能用于农业生产"⑤。

就本区来讲,情况亦然。首先看一下农业用肥问题。近代以前,本区农家施用肥料,常为就地取材,且大多数县份均缺乏肥料。各县农家传统肥料的最主要来源是人、畜粪便和草木灰,这在闽北山区谷地最为常见,甚至形成了每年均于冬末春初进行烧山的习惯。其次,榨油的废料如豆饼、花生饼、茶垢、柏粕、桐箍、菜籽箍等

---

① 宋达泉、沈梓培:《福建建瓯建阳邵武崇安区之土壤》,《土壤报告》,1942年,第2号,第9页。
② 康熙《崇安县志》卷一,风俗。
③ 福建省农林统计室:《福建省各县区农业概况》,福建省政府农林处,1942年,第84页。
④ [美]西奥多·W·舒尔茨著,梁小民译:《改造传统农业》,商务印书馆,1987年,第3页。
⑤ [美]西奥多·W·舒尔茨著,梁小民译:《改造传统农业》,商务印书馆,1987年,第29页。

亦是农业用肥的重要来源。再次,动物的骨粉和骨灰也是本区较为重要的肥料。如罗源、连江、长乐、福清等沿海县份多用海洋动物的骨灰,而建瓯、古田等内地则多用猪、牛等家畜动物的骨粉。① 此外,各地还有一些其他地区并不多见的特殊肥料。如闽东北的闽侯、古田、罗源、闽清、屏南、福安及宁德、福鼎、寿宁一带,多习惯于水稻土中施加海盐、食盐以增加产量,沿海各县及内地沿江、沿河地区也用类似江南地区常用的河泥、海泥作肥料,而山高水寒的闽北地区,如邵武、泰宁、建宁、建阳、将乐、南平、永安、沙县等地,还将硫黄、石灰等作为一种重要的肥料以增加水温、提高产量。②

其次,关于农家田地灌溉和谷物加工方面。直到抗战前,本区大部分田地均依靠雨水灌溉,农田水利设施不甚发达,大型的水利设施直到20世纪初才零星出现。在山谷的稻田灌溉水源全靠山上流下之水引入田中,沿河、沿江者则用水力或人力带动水车或桔槔灌溉,但一旦天旱,山水来源缺乏,即无法补救而坐视稻苗枯萎。

图 1-4-1 19 世纪 60 年代福建农民打谷图

在稻谷脱粒方面,右图是 19 世纪 60 年代时福建农民摔稻谷的场面,③而这种画面又与 20 世纪 20 年代时古田县的如下图景是何等的相像:"二哥在附近找了一块硬实的平地,用竹子捆扎了一个脱粒架,每人拿捆好的一束束稻秆往脱粒架上摔打,他们在架前并列地干,一个人摔打下去,紧接着另一个人打毕向上,两个人一上一下轮流摔打,直到稻谷全部脱完,堆满架下的席子上为止。连续不断的摔打声响彻了远处的山谷间。"④由上可见,与开埠前相比,开埠后很长一段时期内本区的农业在生产技术、生产工具等方面也没有发生根本性的变革。

再次,关于作物病、虫害防治方面。本区因气候和地形关系,普遍存在严重的虫害,举

---

① Members of the Anti-Cobweb Society Foochou, *Fukien: Arts and Industries*, Foochow, 1933, p.129;宋达泉:《福建土壤概况》,《土壤季刊》,1947 年,第 6 卷第 1 期,第 9 页;道光《建阳县志》卷四,物产;民国《古田县志》卷十一,物产;民国《泰宁县志》卷二十一,实业;林荣向:《福清县花生之产出及榨取花生油之调查》,《福建建设月刊》,1929 年,第 3 卷第 11 期,第 4 页。
② 俞震豫:《肥料盐》,福建省地质土壤调查所:《福建省地质土壤调查所年报》,1942 年,第 2 号,第 103 页;民国《古田县志》卷十七,实业志;郑伯涛:《长乐乡土教科书》,第十二课,土壤,公理会印书局,1913 年;民国《沙县志》卷三,山川;陈举鸣:《闽北稻田施用硫黄之探讨》,《农林新报》,1942 年,第 25—30 期合刊,第 18 页;林振骧:《施用石灰与土壤改良》,《协大农报》,1942 年,第 4 卷第 4 期,第 285 页。
③ Justus Doolittle, *Social Life of the Chinese: With Some Account of their Religions, Government, Educational, and Business Customs and Opinions*, Vol. I, New York: Harper & Brothers Publishers, 1867, p.51.
④ 林耀华:《金翼:中国家庭制度的社会学研究》,三联书店,1989 年,第 67、68 页。

凡水稻、麦类、甘薯、豆类等食粮作物,甘蔗、茶叶、油菜等经济作物,甚至蔬菜、水果、森林树木等莫不备受虫害的侵蚀,仅食粮作物每年损失于虫害者即占30%—50%。在20世纪40年代以前,本区农民只会使用历代相沿的土法,通过烧土、烧山、灌水、栽种他种作物等方式减少虫害的损失。病害的发生也会严重影响粮食作物的产量,但直到20世纪40年代末时,一般农民对家禽、家畜和作物的病害根本不知防治,"只知道稻以拙毁稻根,芟除杂草,麦则任其自然,尚未知处理麦种也"①。1940年,本区小麦出现了严重的条锈病,全省损失在60%以上。其中闽江流域绝大多数县份和闽东宁德、福安、霞浦一带损失在80%以上,仅泰宁、政和、松溪、宁德部分地区,因在土壤干燥的旱地种植小麦,损失在30%以上。对于这些病害,农家往往因知识缺乏,以为其系天气失常所致,故对其防治显得无能为力,要么任其自生自灭,要么求神拜佛,希冀避免。② 直到1938年后,本省农业机关才开始从事麦类、水稻病虫害的调查、试验和研究,并指导农民用科学的方法进行防治。③

2. 现代农业新因素的诞生和成长

从总体上看,虽然近代以来本区的农业没有什么实质上的变革,但因现代农业新因素的引入而导致农业生产的变迁过程却值得关注。何谓现代因素?舒尔茨本人没有给出我们一个具体的定义,但他指出,如果仅考虑农业中使用的投入品来讲,现代农业中的生产要素则至少包括"良种、优良的牲畜品种、化肥、农药、工具、牲畜牵引的设备、拖拉机,以及相关的机器和有电力的地方的电动机"等。④ 那么,近代开埠以来,传统农业对这些新的现代的生产要素的引入程度如何呢?

首先以农业经营最集约的福州平原地区来看该地化肥、农药的使用。近代以来,闽县的农业用肥仍主要以传统农业时代的人、畜粪尿为主,同时也大量使用豆饼、虾姑干、花生坭、臭烂虾鲜等。民国以前,本区的闽县曾从外国输入了一批雀粪施加在晚稻水田中。⑤ 1909年后,现代化学肥料——肥田粉开始从福州输入本区,供本地农户使用。但因农民惯于保守,对于肥田料的功用极不注意,以为当地土质肥沃,无须肥田料也可丰收,故当时的肥田料输入很少。⑥ 20世纪20年代以后,虽然肥田粉在本区的使用逐渐增多,并在1930年达到15万余担的最高峰,但长期、普遍使用肥田料的地区却仅局限于闽侯、古田、长乐、闽清等少数与福州口岸相邻的个别县份。⑦ 而在内地绝大多数县份,因价格昂贵,肥田料的使用直到抗战时期仍极为罕见。抗战爆发后,因海外化学肥料来源断绝,福建省政府便在建瓯、建阳

---

① 福建省农林处统计室:《福建省各县区农业概况》,福建省政府农林处,1942年,第31页。
② 冯桂一:《闽北十县病虫害调查及防治工作报告》,《福建农业》,1941年,第1卷第11、12期合刊,第843页;包望敏:《福建省立农学院农业考察团工作报告》,《新农季刊》,1941年,第1卷第4期,第264、265页。
③ 宋增榘:《农业建设在福建》,《福建农业》,1941年,第1卷第10期,第6页。
④ [美]西奥多·W·舒尔茨著,梁小民译:《改造传统农业》,商务印书馆,1987年,第94页。
⑤ 《农学报》,1897年,第26期,第3页。
⑥ 《肥田料与兽骨》,《工商半月刊》,1929年,第1卷第15期,第5页。
⑦ 民国《古田县志》卷十七,实业志;陈千秋、陈鹤汀:《古田经济之调查》,《福建建设厅月刊》,1929年,第3卷第12期,第19页。

等地主持制造有机肥,并在闽东罗源等地设厂制造蚬壳磷钾肥推广农民试用,同时在各县大力繁殖推广绿肥作物如紫云英等。而本省的农业改良机关也从1942年开始提倡制造钾化骨粉、蒸骨粉、闽农混合完全肥料、土硝及骨灰等,向农民推广以增加粮食产量。①

表1-4-4 1912—1933年闽东闽北历年经由海关输入肥田料数量

(单位:担)

时间	三都澳		福州		合计
	外洋	外埠	外洋	外埠	
1912年	—	—	12	—	—
1913年	—	—	1 862	—	—
1914年	600	—	5 558	—	—
1915年	708	—	5 004	—	—
1916年	713	—	907	—	—
1917年	151	—	351	—	—
1918年	—	—	—	—	—
1919年	204	—	360	—	—
1920年	904	—	5 540	—	—
1921年	1 034	—	—	—	—
1922年	524	—	2 333	—	—
1923年	750	—	7 317	—	—
1924年	1 028	60	30 295	5 241	36 624
1925年	4 980	517	15 003	5 901	26 401
1926年	9 884	396	31 369	4 138	45 787
1927年	11 053	141	38 241	5 828	55 263
1928年	31 690	88	54 442	1 831	88 051
1929年	7 925	75	65 851	5 408	79 259
1930年	15 273	—	132 835	5 460	153 568
1931年	9 073	—	84 946	7 048	101 067
1932年	27 911	—	23 001	3 489	54 401
1933年	13 136	—	57 489	—	70 625

(资料来源:福建省政府秘书处统计室编:《福建历年对外贸易统计(1899—1933)》,1935年,第171页。)

其次,在现代农业机械的利用方面,我们也看到了灌溉和米谷加工工具的革新。在长乐县近海乡村,"该处绅拟以西人取水机引水灌田,即拟筹款办理,闻已有成议矣"②。至于这个机器灌溉工程是否实施,不得而知。抗战前,本区大规模的水

---

① 林成耀:《邵武县稻产情形及改进意见》,《协大农报》,1939年,第1卷第1期,第22页;宋增榘:《农业建设在福建》,《福建农业》,1941年,第1卷第10期,第9页;林景亮、陈彦:《油菜施用本省农事实验场出品各种肥料肥效比较实验》,《福建农业》,1943年,第4卷第1—3期,第66页。
② 《农学报》,1898年,第39期,第2页。

利工程只有长乐莲柄港电力灌溉工程和闽侯西乡垦地排水工程,其中尤以前者最为重要。1927年3月,福建海军在长乐筹款兴办莲柄港机器溉田局。第一期工程于1929年3月间完成,可灌溉田地6万亩,第二期工程则因经费无着而告停顿。1932年又因征收水费摊款问题而与当地村民发生纠纷,所有土木工程和设备均被村民破坏。1935年春,福建省建设厅和福州电气公司共同兴工修复灌溉工程,改用电力引水灌溉,双方分别负责电费的征收和工程的设计。该工程设有两个抽水厂,水渠长达10余公里,受益田地约4.5万亩,于同年10月正式抽水灌溉田地,为全国使用电力灌溉之嚆矢。1936—1940年间,长乐莲柄港电力灌溉累计工作时间近1 676小时,累计用电量442 850度。1937—1940年间,每年的灌溉面积均可达到3.3万余亩,亩产量增加近一倍,总产量增加5—8万余石。1941年4月长乐沦陷后,两部400匹抽水机均被敌破坏,灌溉工程被迫中止,直到抗战胜利后的1947年才开始准备修复。① 除长乐外,闽侯的电力灌溉事业也进行得有声有色。1926—1933年,福州电气公司先后在福州附近各乡设置可供抽水和排水的抽水机45个,总马力达447.5匹,每匹可灌溉田地100亩。②

抗战全面爆发后,本区包括机器抽水灌溉在内的水利工程建设重心也开始由沿海地区转向内地。1938—1940年间,福建省政府先后在建瓯、永安、南平、沙县等闽北4县,浦城、建阳、泰宁等闽北10县,及闽东部分县份相继分期、分批进行了以筑坝、建闸、开塘、浚湖、蓄水、引流、灌溉农田等为主要内容的各项水利工程,但这些水利工程的成效并不大。③ 以较为著名的建瓯县七里街机器抽水灌溉工程为例,该地"从前因人工缺乏,灌溉困难,致成芜废。最近(按:1939年)建设厅曾在该处设有20匹马力之抽水机一架,约可灌溉二千余亩之水田,唯因水位差率过高,所用木炭发动机之马力又不敷用,以致未有成效,现正在改良之中"④。当然,这时沿海地区的水利工程仍有进展,如福清县天宝陂、宁德县西陂塘及林森县嘉登乡的筑堤养淡和海涂围垦工程。⑤ 此外,在稻米等农产品加工方面,最大的变化是机器碾米业的发展。相关情况已在前文有所论述,兹从略。

复次,在农业改良方面,本区较早成立的农业改良机构是福建农事试验场,堪称清末时期全省农业现代化的推动机关和模范个案。但即使这样的一个样板,我们也难以寻见太多现代化因素的影子。据报道,该机构于1906年在福州农桑局内成立,占地50亩,"专门技师一时未能延聘,所有一切试验事宜,暂时仍照土法考究。……民间能以新法种植者,准其来场试验,如有成效,由农桑局分别奖励⑥。"我

---

① 《修复福建省长乐县莲柄港灌溉工程计划书》,《福建善救月刊》,1947年,第4期,第39页;《刘主席一行等视察长乐莲柄港》,《福建善救月刊》,1947年,第3期,第22页;《长乐莲柄港溉田所给水前后收获量比较》,《闽政月刊》,1941年,第8卷第6期,第81—85页。
② 梁定蜀:《福州电气公司农村电化部事业概况》,《农村复兴委员会会报》,1934年,第9期,第45页。
③ 《国际劳工通讯》,1939年,第6卷第9期,第215页;朱代杰、季天祐:《福建经济概况》,福建省政府建设厅,1947年,第224页。
④ 陈振铎:《闽北农业与土壤调查报告》,《协大农报》,1941年,第3卷第1期,第51页。
⑤ 《福建善救月刊》,1947年,第6期,第5页。
⑥ 李文治:《中国近代农业史资料》第1辑,三联书店,1957年,第884页。

们中不难看出,虽然有了这种机构但其能否运作还是大有问题的,即使最终能运作起来,实际的效果也是不容乐观的。一个"仍照土法考究"六字就提示了所谓"现代"农业的起步,可以说闽江流域农业的近代化最多不过是多了一种官样文章而已。

进入民国,尤其是1933年福建事变以后,政府认识到复兴农村当以改良农业为始,于是各级农政机构相继设立。1934年冬,省政府设立农林总场、福安茶业改良场等,从事水稻、甘蔗、果树、茶叶的试验研究。1938年成立农业改进处,下设农事试验场开展农事试验研究,林业方面也设有林场,从事树木的培育栽种工作。同时,各地也相继开办了各县农场作为农业改良和推广的重要机构。到20世纪40年代初,本区闽侯、长乐、古田、浦城、建瓯、邵武、建宁、将乐、顺昌等县均已设立中心农场,但因各农场人员和设备均不充裕,大都谈不上进行农业试验、改良和推广工作。直到抗战全面爆发后,农业改良和推广工作才在长乐、浦城、建瓯、建阳等开办较久、规模较大的农场普遍进行。①

各级、各地的近代农业改良和推广工作主要包括农业资源的调查,水稻、小麦等杂粮作物和棉花、甘蔗品种的改良与推广,育苗、造林和护林工作,以及农作肥料的改进,其中以水稻品种和栽培方式的改良工作进行得较有成效。水稻品种改良方面,或者从本地种子中筛选良种,或者输入外省和国外已经改良的品种,以培育并推广适合本地农作的水稻品种,其中成绩较突出者当为在闽东地区推广的"南特号"早稻。"南特号"早稻系1936年由省农业当局从江西农业院引进而来,1936年先在长乐中心农场作示范性推广,其后便为长乐农民普遍引种。1940—1941年间,省农业改进处将长乐中心农场所收"南特号"早稻良种分发闽侯、连江、福清、古田、闽清、永泰、罗源及闽南部分县份推广种植约1.2万余亩。其优点除成熟期早、不易倒伏、能抵抗病虫害外,而且产量高、品质优良。该稻平均每亩可比各县当地土种多产30余斤,且每百斤谷可得糙米78斤,精白米73斤,比当地种多3斤左右。经实地试验和调查,其推广范围以闽东双季稻间作区为主,而闽北地区多春寒,闽西多种植中稻,闽南为双季稻连作区,均不适合推广。②

除政府组织的农业改良机构外,一些公司、企业和教学、科研机构也在当地进行过农业改良工作。如福州电气公司农村电化部早在20世纪20年代末即在福州当地从事水稻生产、牲畜饲养、农具及肥料的改良工作。福建省立福州农林中学农事试验场自20世纪20年代末即从事水稻品种比较、施用肥料和栽培方法的实验。抗战时期,在私立协和大学内迁邵武后,也与当地县政府合办农场以进行水稻改良工作。③

---

① 包望敏:《福建省立农学院农业考察团工作报告》,《新农季刊》,1941年,第1卷第4期,第278页。
② 宋增絜:《农业建设在福建》,《福建农业》,1941年,第1卷第10期,第6—9页;缪进三:《闽东推广优良稻种南特号》,《农业推广通讯》,1946年,第8卷第3期,第28页。
③ 梁定蜀:《福州电气公司农村电化部事业概况》,《农村复兴委员会会报》,1934年,第9期,第45页;林汝民:《福建省立福州农林中学农事试验场稻作试验总记》,《农话》,1931年,第3卷第17—20期,第1页;林成耀:《邵武县稻产情形及改进意见》,《协大农报》,1939年,第1卷第1期,第17页。

可见,在晚清和民国初期,本区现代农业"新因素"的成长可谓是寥若晨星。章有义的出色研究已经指出,19世纪以降乃至近代,种种新因素的萌芽如新式农具、改良农具、化学肥料、外来良种等,"都不过是在汪洋大海的传统农业中迸发出的几点火星,远未形成火炬。时至20世纪二三十年代,即使在通商口岸附近地区,农民一般依然沿袭着传统的手工劳动方式、古老的耕作方法,极少改进"①。据20世纪二三十年代的调查,本区绝大部分地区仍然沿袭前近代社会的生产、加工和灌溉工具,农田用肥和病虫害的防治一仍其旧,毫无变更。如延平县"所用农具均系旧式,如风车、犁、锄等类,水碓为唯一利用水力之机器以碾米所用。肥料均系本地之猪骨、猪屎、灰粪";闽清县"病虫害亦常有,但多听其自然消灭,并无方法驱除。农田多用天然粪料,年来亦渐有仿用肥田粉者,其数甚少。查县城之处每年只可销售百余包耳。耕锄只有利用牛力,并未采用机器,所有农具皆属旧式器械"。② 30年代后,虽然现代农业新因素的萌芽在逐渐增加,并在抗战期间更加发展,但也仅局限于个别地区,远谈不上什么燎原之势,各地农业试验和推广工作多停留在"示范点"的建设,而缺乏面的推广。

第二节 农 业

一、粮 食 作 物

水稻是本区也是本省最主要粮食作物,其次是甘薯、小麦、豆类及油菜,其他如玉米、荞麦、马铃薯等杂粮虽各地均有生产但为数不多。抗战前本区各县主要作物种植面积与产量情况,如表1-4-5所示:

表1-4-5 1935年闽东闽北各县主要作物种植面积与产量

（单位：面积为千市亩,产量为市担）

作物种类\县名	籼糯稻		小麦		甘薯		豆类		其他
	面积	产量	面积	产量	面积	产量	面积	产量	面积
闽侯	911	2 914 000	30	42 000	28	120 008	15	1 494	43
古田	340	806 119	176	19 641	6	78 830	102	16 170	15
屏南	140	344 889	21	37 816	20	200 586	—	338	2
闽清	180	504 000	21	22 874	27	219 450	15	13 734	5
长乐	282	679 189	4	6 130	40	437 244	2	1 384	10
连江	226	615 534	1	1 418	61	660 259	4	4 756	3
罗源	185	361 651	10	4 905	42	387 873	—		2
永泰	180	522 000	53	72 000	75	14 564	—	148	2

---

① 章有义:《明清及近代农业史论集》,中国农业出版社,1997年,第39页。
② 《视察员范继尧考察南平邵武一带农蚕林牧情形报告书》,《福建建设厅月刊》,1928年,第2卷第2号,第12页。

续 表

作物种类\县名	籼糯稻 面积	籼糯稻 产量	小麦 面积	小麦 产量	甘薯 面积	甘薯 产量	豆类 面积	豆类 产量	其他 面积
福清	308	871 040	83	125 000	177	2 226 000	—	—	29
平潭	10	28 000	35	61 431	87	976 000	8	12 350	50
霞浦	160	468 925	71	110 000	189	1 701 458	17	18 661	39
福鼎	197	593 445	91	104 000	164	2 132 000	—	—	7
福安	206	553 563	46	62 563	243	2 100 000	34	34 214	140
宁德	295	860 000	177	12 818	100	918 555	—	—	4
寿宁	106	359 512	17	28 309	26	282 700	6	7 702	1
南平	209	606 000	1	1 853	24	248 000	—	293	
将乐	130	266 344	15	2 264	1	2 145	13	1 231	4
沙县	192	538 000	25	20 000	3	24 000	14	21 786	—
尤溪	223	624 000	21	1 495	19	77 330	7	3 450	52
顺昌	58	249 942	19	45 637	2	18 000	5	2 409	1
永安	130	364 000	47	1 456	18	12 249	98	147 928	—
建瓯	580	3 435 852	116	91 000	10	503 514	138	34 801	52
建阳	158	442 000	74	35 965	1	24 492	28	1 319	39
崇安	124	310 000	60	2 345	6	17 311	3	660	1
浦城	579	1 727 305	13	7 119	8	81 180	3	3 060	38
政和	112	268 734	8	14 638	1	15 004	2	25 592	7
松溪	89	346 836	53	12 000	3	30 000	10	15 759	20
邵武	367	736 049	54	70 000	4	15 004	26	38 890	18
泰宁	105	422 504	22	25 000	3	22 000	6	5 730	3
建宁	120	488 877	17	18 000	15	95 000	11	697	—

（资料来源：福建省政府秘书处统计室：《福建省统计年鉴》第一回，福建省政府秘书处，1937年，第653、654页。）

1. 稻米

稻米生产包括水稻和陆稻，但本区陆稻的栽培面积和产量均极微，仅分布在闽侯、南平、尤溪、建阳和顺昌等县。[①] 水稻在本区粮食生产中占有最重要的地位，在沿海的福州平原和闽北山谷盆地及河流经过的地方都有生产，并以籼稻为主，糯稻、粳稻仅有少量种植。因本区缺乏可靠的长时间序列的统计资料，无法得知各县历年水稻种植面积和产量的变化情况，仅将现有较为可靠的1937年数据罗列如表1-4-6。

---

① 福建省政府秘书处调查室：《福建省陆稻栽培概况表》，《福建农业》，1940年，第1卷第5期，第84页。

表 1-4-6　1937 年闽东闽北各县水稻种植面积与产量

	面积(市亩)					产量(市担)		
	籼稻			糯稻	合计	籼稻	糯稻	合计
	早籼	晚籼	合计					
全省总计	—	—	15 397 272	252 223	15 649 495	39 001 251	792 951	39 794 902
闽侯	290 000	403 800	693 800	30 300	724 100	1 491 967	74 400	1 566 367
长乐	567 200	156 200	723 400	—	723 400	725 650	—	725 650
福清	181 878	114 239	296 117	—	296 117	658 675	—	658 675
连江	109 820	115 708	225 528	—	225 528	409 291	—	409 291
罗源	20 430	53 074	73 504	—	73 504	313 449	—	313 449
古田	23 000	183 542	206 542	9 000	215 542	523 202	26 100	549 302
屏南	—	80 290	80 290	4 120	84 410	160 520	8 240	168 760
闽清	85 357	139 195	224 552	8 906	233 458	738 116	35 620	773 736
永泰	56 384	14 000	70 384	1 800	72 184	158 597	4 680	163 277
平潭	2 914	1 110	4 024	—	4 024	9 939	—	9 939
南平	146 028	27 488	173 516	1 400	174 916	458 137	4 200	462 337
顺昌	2 780	65 500	68 280	—	68 280	211 294	—	211 294
将乐	55 250	121 200	176 450	—	176 450	391 740	—	391 740
沙县	6 600	207 400	214 000	—	214 000	608 000	—	608 000
尤溪	115 989	75 631	191 620	6 365	197 985	591 566	25 460	617 026
永安	38 140	58 679	96 819	—	96 819	—	—	—
建瓯	149 547	302 441	451 988	323	452 311	1 308 862	808	1 309 670
建阳	44 644	109 628	154 272	3 611	157 883	427 690	14 445	442 135
崇安	3 707	105 796	109 503	—	109 503	316 298	—	316 298
浦城	120 191	595 726	715 917	—	715 917	1 747 478	—	1 747 478
松溪	126 582	4 628	131 210	—	131 210	290 803	—	290 803
政和	31 164	72 257	103 421	803	104 224	205 699	1 665	207 364
邵武	47 790	206 429	254 219	24 990	279 209	767 309	72 403	839 712
泰宁	10 803	105 906	116 709	3 139	119 848	283 977	7 795	291 772
建宁	75 000	325 900	400 900	—	400 900	549 745	—	549 745
霞浦	36 660	72 100	108 760	1 000	109 760	328 070	3 500	331 570
福鼎	18 172	92 099	110 271	12 428	122 699	397 052	45 267	442 319
福安	6 500	87 660	94 160	—	94 160	263 920	—	263 920
宁德	22 559	110 272	132 831	15 051	147 882	334 053	40 622	374 675
寿宁	94 756	44 756	139 512	—	139 512	878 784	—	878 784

说明：霞浦、福清、建宁县数字是1936年的数据，其他均是当年实地调查后上报的数字。
（资料来源：《福建省农情月报》，1938年，第1期，第1—6页。）

就水稻的生产来讲,因气候、地形等自然条件及技术、劳力、肥料诸要素的影响,本区稻作制度差异较大。单季稻所占的比重最大,广泛分布在闽北各地和闽东少数山区,如浦城、水吉、崇安、建阳、松溪、建宁、将乐等闽北诸县几乎全是单季稻田,闽东北之寿宁及柘洋、周墩等区亦然。在单季稻中,闽北各县以成熟较晚的晚稻居多,成熟较早的早稻很少;而闽东各县则以中、晚稻居多,早稻也不少。就双季稻而言,本区双季稻的种植面积较小,仅占稻田总数的20%弱。双季稻种植以间作制为主,如长乐、霞浦、连江、福安、福鼎、宁德、罗源、三元、顺昌、闽清等10县全部采用间作制;而双季连作稻的比重最小,主要分布在闽东的福清、古田及闽北南平、政和等地。当然,在以单季稻为主的闽北内陆县份的盆地或河谷平原中,也少量种植双季连作或间作稻。同样,在以双季稻为主的沿海县份的丘陵高地,也大面积地种植单季稻。这种状况与清代相比几乎没有什么变化。据马波考证,清代本区各县中,除平潭、福鼎、福安、寿宁4县未知外,闽县、侯官、长乐、闽清、连江、永泰、福清等县的水稻种植以双季连作为主,罗源、霞浦、宁德3县以双季间作为主,其他各县均为单季稻。[1]

表1-4-7　20世纪40年代闽东闽北稻作制度概况

区域	合计 面积(亩)	单季稻 面积(亩)	(%)	双季稻 面积(亩)	(%)	轮作(%)	间作(%)
全省	11 572 236	6 791 859	58.69	4 780 377	41.31		
本区	5 703 660	4 341 244	76.11	1 362 365	23.89		
闽侯	240 365	61 659	25.65	178 706	74.35	14	86
古田	141 354	71 171	50.35	70 183	49.65	50	50
屏南	143 767	114 503	79.64	29 264	20.36	50	50
闽清	96 010	46 003	47.91	50 007	52.09	—	100
长乐	154 008	41 077	26.66	113 001	73.34	—	100
连江	151 362	62 647	41.39	88 715	58.61	—	100
罗源	48 145	5 570	11.57	42 575	88.43	—	100
永泰	90 885	50 889	55.99	39 996	44.01	34	66
福清	191 276	66 996	35.03	124 280	64.97	56	44
平潭	10 221	3 010	29.45	7 211	70.55	100	—
霞浦	117 500	111 364	94.78	6 136	5.22	—	100
福鼎	179 664	143 744	80.01	35 920	19.99	—	100
福安	151 044	112 407	74.42	38 637	25.58	—	100
宁德	158 080	123 150	77.90	34 930	22.10	—	100

[1] 马波:《清代闽台地区稻的分布与生产》,《中国农史》,1995年,第4期,第62、63页。

续　表

区域	合计 面积(亩)	单季稻 面积(亩)	(%)	双季稻 面积(亩)	(%)	轮作(%)	间作(%)
寿宁	172 381	172 381	100.00	—	—	—	—
南平	274 391	231 443	84.35	42 948	15.65	67	33
将乐	207 650	207 650	100.00	—	—	—	—
沙县	293 681	180 223	61.37	113 458	38.63	50	50
尤溪	131 641	95 116	72.25	36 525	27.75	14	86
顺昌	120 755	102 650	85.01	18 105	14.99	—	100
永安	135 558	128 783	95.00	6 775	5.00	30	70
建瓯	790 899	623 739	78.86	167 160	21.14	100	—
建阳	240 891	240 891	100.00	—	—	—	—
崇安	166 726	166 726	100.00	—	—	—	—
浦城	684 025	684 025	100.00	—	—	—	—
政和	118 270	90 610	76.61	—	23.39	75	25
松溪	15 200	15 200	100.00	—	—	—	—
邵武	173 961	113 785	65.41	60 176	34.59	—	100
泰宁	141 689	111 701	78.84	29 988	21.16	100	—
建宁	162 131	162 131	100.00	—	—	—	—

(资料来源:《民国三十一年福建省稻作制度调查》,《农业统计资料》,1942年,第2卷第1期,第25—29页甲表、丙表。原表数值容有矛盾之处。)

主要由于气候和地形的差异,本区早、晚稻的下种、育秧、收获时间差异较大。大致来讲,单季稻早稻下种时间闽东大抵在春分前后,闽北大抵在清明前后。育苗日数闽东最多一月已足,而闽北山地则有达一月以上者。早稻经过70—100天左右的生长期后即可收割,而中稻则需100—120天,晚稻需120天以上。在闽东双季稻间作区域,晚稻播种约比早稻推迟一个月,而闽北地区的单季晚稻播种也较单季早、中稻推迟半月之久。尽管有这些差异,但每县又常有一种利用最为普遍的稻作制度,从而形成如下四大稻作区。

表1-4-8　20世纪40年代闽东闽北稻作区域

区域稻作类型	耕作情况	区域范围
单季中晚熟籼稻区	除平原及村落附近耕种比较集约栽培中稻、后熟大豆、冬作麦类或油菜外,山田大都晚稻一熟	浦城、建阳、建瓯、水吉、邵武、泰宁
单季早中熟籼稻区	多栽培单季早、中稻,后熟秋大豆或甘薯,再行冬耕种麦	永安、三元、沙县、南平、连城、明溪、清流

续 表

区域稻作类型	耕 作 情 况	区 域 范 围
单季晚熟籼糯稻区	普通夏作前熟春大豆、后熟晚稻。土壤肥沃之处糯稻之栽培甚为普遍	屏南、古田、尤溪及南平之一部分
双季早晚熟籼稻间作区	早稻行间嵌植晚稻,在早稻插秧后一月举行第一次中耕时,插植晚稻	罗源、连江、长乐、闽侯、闽清、永泰、福清

(资料来源:陈明璋、陈心渊、叶阑清:《福建省农业特征初步调查报告》,《福建农业》第 7 卷合订本,1947 年,第 183 页。)

从表 1-4-8 所示水稻农作制度来讲,本区大多数县份属于水稻一获区。当然,在本区少数平田也可一年两收。如在福州及其他闽东县份的双季稻间作区,可在早稻行间种植中、晚稻,早稻收割后,中、晚稻继续生长并最后收获。从稻田利用情形来看,本区则以水稻单作制为主,水稻、杂粮连作制极少。前者是指闽东山田及闽北多数水田,仅产水稻而不种其他作物,水稻收获后任其空闲,或蓄水过冬以待来春。其主要原因除纯因农民习惯采用冬闲制外,有的是因肥料缺乏,冬季休闲以恢复地力;或因冬季干旱,土质不适合种植其他作物;也有稻田不能排水,不能播种冬作;或因气候寒湿,生长期间太短;也有春季雨水过迟,必须预行蓄水过冬,以免延误早春整地及种植时间。此外,在交通不便、人口稀少的地区,因从事冬作不经济而放弃。[①]

本区水稻品种庞杂、栽培不合理的状况造成水稻亩产量低下。1934 年成立的福建省政府秘书处统计室曾于 1935—1936 年间派人在各县进行人口农业普查,"稻作每市亩产额在 300 市斤以上者实不多见",全省早、晚稻平均亩产量在 250—300 斤间。[②] 个别县份虽有产量在五六百斤者,但诸如宁德、三都及永安等地仅收 100 斤的县份也十分常见。

2. 薯类

本区薯类作物中,几乎全是甘薯。甘薯作为沿海旱作区的主粮之一,是仅次于水稻的粮食作物,也是本区产量最丰、分布最广、收获可靠的杂粮之一。甘薯在明清时期主要在闽东如长乐、福清及福宁府各县种植。[③] 近代时期,仍以闽东沿海各县栽培面积最广,产量也最多,但种植区域和作物产量有了很大的扩展。福鼎、闽侯等县年产均在 450 万担以上,福安也不下 300 万担,福清县也因水田少、旱田多而广泛种植,其他县份的生产则多限于山地。其主要原因在于,闽东地区的沿海或山区地力贫瘠,不宜于种植水稻,故人民多以甘薯为主食。抗战时期,因闽东沿海盛产甘薯的县份人口多向内地疏散,产量因之减少许多。闽北地区虽然多山,但大

[①] 陈明璋、陈心渊、叶阑清:《福建省农业特征初步调查报告》,《福建农业》,1947 年,第 7 卷合订本,第 258 页。
[②] 《福建省农情月报》第 1 期,1938 年,第 7 页;徐天胎:《福建农产物之生产及帝国主义的劫夺》,《时事半月刊》,1940 年,第 3 卷第 15 期,第 24 页。
[③] 唐文基:《福建古代经济史》,福建教育出版社,1995 年,第 410 页。

多数县份米粮有余,故种植较少,①例外的是尤溪县在20世纪二三十年代时政府曾号召、督促并奖励农家大量种植甘薯以补充民食。② 据20世纪40年代的调查,在本区31县中,以甘薯为主食者有平潭、福清2县,稻米、甘薯兼食者有长乐、连江、罗源、霞浦、福鼎、福安、宁德、闽清、永泰、尤溪、古田11县。③

本区甘薯种植品种众多,品质、味道和亩产量的差异也较大。据1947年时对闽东闽侯、平潭、福清3县的调查,甘薯品种至少有13种之多,对其中的6种试验结果如下:

表1-4-9　闽东六种甘薯品种产量与品质

品　种	生茎叶产量 市斤/市亩	块根产量	干物生产量 市斤/每株	品质	食味
红台湾秋	1 500.00	2 881.25	723.77	上中	上中
白肉种	775.00	1 637.50	452.93	上下	上下
瓜　栽	1 800.00	3 031.25	705.35	上下	中上
白台湾秋	850.00	2 093.75	516.11	中上	中中
黄衣缺	1 225.00	296.25	665.24	中下	中上
六十日黄	900.00	1 968.75	453.01	中上	中上

(资料来源:周祖英、方同光、林安等:《闽东甘薯品种性状与产量之初步研究》,《协大农报》,1948年,第9卷第3、4期合刊,第145页。)

本区马铃薯的种植较少,仅在闽东地区如闽侯等县大量种植,且多作为蔬菜而非粮食食用。在福州开埠不久后马铃薯即传入本区,并最先在外国人聚集地仓前山一带种植,后来逐渐传至闽侯其他地区。抗战时期政府虽曾提倡推广,但若年年种植,对地力损耗太大而使果实变小,再加上肥料支出巨大,故其种植面积未能大量增加。④

3. 麦类

在明清时期的麦类分布中,大麦产区集中于平潭至同安的沿海旱地,小麦则集中于闽北的建宁、邵武2府,但因受气候影响,种植面积均较为有限。⑤ 近代以来,本区麦类栽培以闽东较为普遍,多与甘蔗、甘薯、花生、大豆轮作或连作,而位于闽北内陆盆地各县因需求不多、土壤贫瘠而种植较少,且多与水稻、大豆、蔬菜、杂粮等轮作或连作。⑥ 抗战爆发后,因稻米不足供应,导致麦价高涨,加之政府也努力推动冬耕,提倡种麦,故虽然本区气候并不十分适宜于小麦的生产,但种植面积仍在不断增加。到1941年时,全省小麦栽培面积已达3 268 260市亩,且在各县均有栽

---

① 徐天胎:《福建农产物之生产及帝国主义的劫夺》,《时事半月刊》,1940年,第3卷第15期,第25页。
② 民国《尤溪县志》卷八,物产,第1090页。
③ 陈明章、陈心渊、叶闽清:《福建省农业特征初步调查报告》,《福建农业》,1947年,第7卷合订本,第187页。
④ 何为廉、胡锡光:《福州魁岐马铃薯栽培报告》,《协大农报》,1948年,第10卷第3、4期合刊,第181页。
⑤ 唐文基:《福建古代经济史》,福建教育出版社,1995年,第407页。
⑥ 宋达泉:《福建土壤概况》,《土壤季刊》,1947年,第6卷第1期,第8页。

种,多者20余万亩,少者数千亩。① 小麦播种方式在本区以条播与点播为主,生长期大多自11月至次年3月。其中,闽东区各县多在11月上旬或中旬播种,4月上旬或中旬收获,而闽北区各县则多于11月下旬播种,4月下旬收获。

表1-4-10　20世纪40年代闽东闽北主要杂粮生产概况

区　域	小　麦			甘　薯		
	面积（亩）	总产量（市担）	亩产量（市担/亩）	面积（亩）	总产量（市担）	亩产量（市担/亩）
全　省	4 446 968	5 340 857	1.20	2 039 273	16 944 507	8.31
闽海区	878 632	1 186 340	1.35	384 573	3 848 525	10.01
闽北区	742 509	615 573	0.83	184 581	1 534 409	8.31
闽东区	478 957	645 842	1.35	515 118	3 413 935	6.63

说明：表中闽海区和闽东区相当于本书所言闽东区,闽北区与本书所言区域相同;小麦数据为1946年,甘薯数据为1945年。
（资料来源：陈明璋、陈心渊、叶阑清：《福建省农业特征初步调查报告》,《福建农业》,1947年,第7卷合订本,第7、8页。）

4. 其他杂粮

抗战以前,本区其他杂粮种植面积不多,如豆类各县均有,但不能自给,油菜的栽种虽普遍,但产量也不大。至于明清时期以玉米、高粱为主体的杂粮生产,在近代并不多见。抗战时期,政府为增加粮食生产而提倡冬耕,豆类、麦类和油菜的种植面积和产量才有所增加,但在整个种植业结构中的比例仍然极低。具体情况可见下表：

表1-4-11　20世纪40年代闽东闽北主要冬季作物种植
面积比例和亩产量

区　域	小麦		大麦		豌豆		蚕豆		油菜		其他	休闲地
	面积	亩产	面积	亩产	面积	亩产	面积	亩产	面积	亩产	面积	面积
第一行政区	25.44	131	14	123	5.1	70	5	62	7	54	6.6	36.86
第二行政区	27.51	92	6.6	96	3	78	1.35	69	16.35	58	7	37.69
第三行政区	39	98	12.13	100	3.9	69	4.32	65	12.45	61	6	22.2
永　安	9.20	85	7.00	50	7.00	64	4.00	49	12.30	53	6.70	53.80

说明：第一行政区包括闽东11县,第二、三行政区包括(永安、光泽外的)闽北14县及闽东之闽清、永泰、屏南、古田4县;面积一栏指每百亩田地所占百分比,亩产一栏单位为市斤。
（资料来源：《农业统计资料》,1943年,第2卷第9、10期,第4、5、11页。）

5. 明清以来本区粮食供求关系变迁

明清以来,本区的粮食生产在区域经济中的地位至关重要。但因各种自然地

---

① 王清和：《福建省小麦病害问题》,《协大农报》,1944年,第5卷第2期,第25页。

理和人文地理条件所限,本区各县的粮食供给情况却相差甚大,而且这种差异在不同的历史阶段也各不相同。总体来看,清前期粮食大致从闽北流向闽东,尤其是省城及其附近地区。晚清时期,原来作为主要粮食输出地区的闽北各县开始由余粮县变为自足县或缺粮县,甚至出现了由福州进口洋米接济闽北地区的现象。民国时期,粮食的流通呈现出更加复杂的面相。一方面,由闽北向闽东输出的情形十分普遍,另一方面,晚清时期闽北处于粮食输出的县份开始变为缺粮县。

表 1-4-12 清代至民国时期闽东闽北各县食粮余缺概况

区域	时段				
	清前期	晚清	民国时期		
			抗战前	战时(1)	战时(2)
闽县	−	−	−940 000	−	−1 400 000
侯官	−	−			
闽清	+	+	−11 200	−	−209 600
永泰	+	+	−	0	−25 000
古田	0	+	+9 000	+	+64 000
长乐	0	+	+120 000	−	+230 000
连江	0	+	+22 000	0	+30 000
罗源	0	0	+74 000	+	+72 660
屏南	0	+	0	0	−
福清	0	−	−50 000	0	−
平潭	−	−	−45 000	−	−3 000
南平	+	−	−56 000	−	−86 000
沙县	+	−	−22 000	0	−396 000
顺昌	+	0	+11 300	+	+14 000
将乐	+	0	+2 800	+	+5 000
尤溪	0	−	−84 000	−	−106 982
永安	0	−	−24 500	0	−25 000
建安	+	0	+850	+	+60 000
瓯宁	+	0		+	
建阳	+	−	−31 000	0	−
崇安	+	−	+9 000	0	−20 000

续 表

区域	时段				
	清前期	晚清	民国时期		
			抗战前	战时(1)	战时(2)
浦城	+	+	+112 000	+	+210 000
政和	+	+	-15 000	0	-15 000
松溪	+	+	+25 000	+	+35 000
邵武	+	+	+23 300	+	+130 000
光泽	+	+	—	+	+
建宁	+	0	+110 000	+	+80 000
泰宁	+	+	+13 500	0	+24 000
霞浦	0	-	+105 000	+	+110 500
宁德	0	-	+5 000	0	+7 000
福安	0	-	-165 000	+	+22 000
福鼎	0	-	+38 000	+	+100 000
寿宁	0	-	-19 000	-	-205 119

说明：+代表余，-代表缺，0代表自给，—无数据；符号后面数字为输入或输出担数。
（资料来源：德福等：《闽政领要·岁产米谷》，福建师范大学图书馆藏抄本，第42—46页；林庆元：《福建近代经济史》，福建教育出版社，2001年，第193页；福建省政府秘书处统计室：《福建省统计年鉴》第一回，福建省政府秘书处，1937年，第675页；罗重芬：《福建各地方之粮食情形及其救济之方策》，《闽政月刊》，第17—20页；福建省政府农林处统计室：《福建省各县区农业概况》，福建省政府农林处，1942年；陈明璋：《福建省粮食问题》，福建省研究院，1943年，第6页。）

造成这种现象的原因虽然有许多，但近代以来本区经济作物种植的兴衰在很大程度上决定了本区粮食供需状况的变化。如晚清时期闽北地区的茶叶生产极其繁盛，粮食生产必然受到影响；而民国后闽北茶叶种植的衰落，又使得部分土地改种粮食，进而粮食自足甚至有余的情况逐渐增多。同时，经济作物种植也会导致外地移民的大量涌入，从而导致当地人口机械增长迅速，粮食消耗也随之增大。[①]

二、经济作物

本区经济作物品种繁多，最主要的是茶叶，其次是糖料类的甘蔗，油料类的花生、油菜，纤维类的棉花、麻类等。

1. 茶叶

一般说来，茶树生长有效积温在4千度以上，生长最适温度在20℃—30℃，低

[①] 水海刚：《近代闽江流域经济与社会研究》，厦门大学2006年博士学位论文，第89页。

于 10℃ 即停止萌芽，处于冬眠期。茶树适合湿度在 80% 左右、坡度在 30% 以下的酸性土壤中。① 茶树的种植方法可能因各地自然条件及制茶历史的不同而略有差别，但一般来讲，茶树的种植主要包括前期准备、下种、管理等步骤，只是由于经济及环境关系，在茶树的中耕、施肥、剪枝等管理环节略有差异。至于茶叶的采摘日期和次数，各地因土壤和环境的不同而异。一般说来，本区茶叶采摘自 4 月持续到 8 月或 9 月，一年可采三四次，每次采摘期为 20 天以上，每期采摘次数普通多为 3 次，每次隔三四日。二三十年后，茶树基本已衰老，便需要更新茶树。②

虽然本区大部分县份所处的地理位置和土壤条件多有利于茶树的生长，但近代以来本区植茶区的范围却变化较大。前已述及，鸦片战争前本区的茶叶生产主要分布在闽北少数地区，19 世纪 50 年代后扩展至闽北大部分地区，19 世纪 60 年代后闽东茶区逐渐成为福州茶叶出口的另一重要来源地。抗战爆发后，主要地由于茶叶出口困难，本区茶叶产地和植茶面积更趋缩减。战时的一项调查表明，本区茶叶产地为闽东闽侯、罗源、霞浦（含柘洋）、宁德（含周墩）、寿宁、闽清、古田、屏南 8 县，闽北沙县、永安、将乐、顺昌、浦城、建瓯（含水吉）、建阳、崇安、松溪、政和、邵武、建宁等 12 县，而生产达到一定规模的不过 10 县左右。③ 与茶区缩减、茶田荒芜伴随而生的另一种现象则是茶园纷纷改植他物。新兴的闽东茶区早在 19 世纪 90 年代后就开始将部分种茶之地易而种植地瓜或水稻，而清末以来的南平、建瓯、崇安等闽北各县废茶植木、种烟代茶则成为十分普遍的情况。④ 到 20 世纪三四十年代时，本区产茶地区已下降至 20 个左右，产茶数量也趋于下滑。见表 1-4-13。

表 1-4-13　1934—1941 年闽东闽北各县产茶概况　（单位：担）

	1934 年	1935 年	1936 年	1937 年	1938 年	1939 年	1940 年	1941 年
全省总计	218 930	193 915	344 930	212 950	225 770	209 950	178 184	166 420
本区合计	203 040	178 445	325 410	193 895	202 485	194 070	164 184	152 280
东路小计	15 950	12 380	18 740	15 780	16 010	11 070	8 600	9 600
古　田	8 250	6 600	9 620	8 000	8 600	4 920	3 850	3 800
罗　源	5 100	3 780	5 420	4 880	4 410	3 200	2 750	3 800
连　江	1 700	1 000	1 500	1 000	1 500	1 500	1 000	1 000
闽　侯	900	1 000	2 200	1 900	1 500	1 450	1 000	1 000
北路小计	136 050	123 845	154 236	131 665	133 480	133 860	115 700	105 110
福　安	32 500	31 000	40 000	34 000	30 000	33 000	31 000	28 500
福　鼎	32 010	29 985	38 746	32 795	35 580	36 700	32 750	29 000

---

① 陈宗懋：《中国茶经》，上海文化出版社，1992 年，第 305—308 页。
② Members of the Anti-Cobweb Society Foochou, *Fukien: Arts and Industries*, p. 37.
③ 福建省农林处统计室：《福建省茶叶产销情形调查》，《农业统计资料》1943 年第 11、12 期，第 1 页。
④ 福州海关：《近代福州及闽东地区社会概况》，华艺出版社，1992 年，第 187 页；康瀚：《福建之杉木林及杉木业》，《农业周报》1937 年第 6 卷第 10 期，第 161 页。

续 表

	1934年	1935年	1936年	1937年	1938年	1939年	1940年	1941年
寿 宁	22 300	17 500	20 890	16 600	19 150	18 500	13 100	12 700
霞 浦	11 900	9 960	13 100	10 370	12 400	10 300	9 700	4 010
周 墩	34 500	32 100	38 000	34 300	30 600	30 360	23 500	11 400
屏 南	2 840	3 300	3 500	2 000	5 700	5 000	1 500	1 500
西路小计	51 040	42 220	52 434	46 450	53 045	49 140	39 824	37 570
崇 安	3 580	3 900	5 550	5 700	6 000	6 500	4 260	3 800
邵 武	4 380	3 970	4 880	3 530	4 350	3 300	1 975	1 960
建 阳	6 300	4 300	5 200	3 900	4 500	4 800	2 250	2 400
政 和	3 940	3 650	6 184	5 420	7 450	9 810	6 644	7 600
松 溪	2 100	1 500	1 760	1 280	1 580	641	475	430
浦 城	240	200	200	220	260	240	200	280
水 吉	90 500	24 700	28 510	26 300	28 700	23 650	23 550	20 910
沙 县	—	—	150	100	200	200	170	230

（资料来源：《各县茶叶生产概况》，《新福建》，1942年，第2卷第2期，第109页。原表数值容有矛盾之处。）

总之，闽东闽北各县的茶叶生产地和生产量在19世纪80年代达到极盛，在清末和民国时期开始逐渐缩减，至抗战期间跌至谷底，抗战胜利后虽有恢复仍未达到战前的水平。崇安县的情况大致可以作为整个闽东和闽北茶区的缩影：清朝时产额常年均在400万斤以上；民国以来因捐税繁重，社会动荡不安，产额顿形减少，加之日本、印度、锡兰各国茶叶的竞争，使得本县茶叶销路日渐缩小；20世纪30年代初的年产量不过180万斤左右。[①]

2. 桑麻棉等纤维类作物

在棉、麻、丝三种纺织原料中，本区以麻的生产较为兴盛。麻大体可以分为主要用作制造绳索、蚊帐、布袋用的黄麻和大麻以及主要用作织造夏布用的苎麻。由于夏布是本区人民的主要衣料之一，因而本区的麻类生产以苎麻为最。据20世纪30年代的调查，闽东地区多种大麻和黄麻，而闽北地区因接近著名夏布产地江西而易于得种，故多种植苎麻，尤以永安、建宁、将乐、邵武、建阳、建瓯等县为多。[②] 具体来讲，20世纪40年代时，本区黄麻主产地为闽侯、顺昌、建瓯、连江、福清、罗源、南平等县，苎麻主产地为南平、建宁、建瓯、建阳、福安、将乐等县。[③]

与麻相较，本区棉桑业的生产就显得逊色一些了。本区近代以前的方志资料中"地不产棉"的例子触目皆是，"地不宜蚕"的文字也时时见诸笔端，更多的仅仅是

[①] 《崇安县茶叶产销情形》，《工商半月刊》，1930年，第2卷第20期，第37页。
[②] 林景亮：《福建麻类概况及改进方针》，《福建农业》，1941年，第1卷第10期，第21页。
[③] 《福建省黄麻、苎麻栽培概况表》，《福建农业》，1940年，第1卷第5期，第85、86页。

如例行公事般罗列于"物产"或"食货"门下而不加只字评论,甚至还有不少方志对其就干脆只字不提。但到清末、民国时期,情况发生了一定的变化,本区各县均兴起了一股植桑树棉之风。

根据各县方志资料记载,清末民国时期,闽北如南平、光泽、政和、邵武、建瓯、建阳、崇安等县,闽东如福州、古田、闽清、永泰等县均曾向浙江、广东等地购买桑苗并在县内各地种植。① 民国初年,福建省政府也曾颁发条令,要求各地推广植桑,使得本区各县的植桑业有了一定的发展。就棉花的种植来讲,近代以来本区也有不少县份开始试植棉花。如延平府和古田、政和、屏南县的知府或知县等都曾在本境内大力推广棉花种植,或者向江苏购买棉种劝民种植,或者编写种棉小书刊行流布。显然,本区植桑树棉之风的兴起主要是福建地方政府大力提倡、实力推广的结果。抗战时期,为解决本区衣着问题,福建地方政府继续推广棉花的种植。如福建省农业部门自1943年起,连续三年在永安进行中美棉品种比较试验,次年农业改进处又从浙江江山和常山等地购入美国陆地棉棉种,并配发闽东长乐、闽北崇安等县进行种植。②

然而,虽有政府的倡导,桑、棉的栽培及推广效果却并不尽如人意。时人认为造成这种现象的主要是本区的气候和土壤条件不利。以棉花的种植为例,除气候原因外,闽北土壤多为酸性,绝大多数不适棉花生长,只有位于低地的冲积土及地势低平处的红壤、黄壤、湿润土等才有利于棉花的生长;在闽东沿海,则只有盐基性土壤地区适宜种棉。统计全省适宜植棉的土壤分布于全省15县,面积约十余万亩,在本区仅崇安、建阳、邵武、建瓯、永安、沙县等地的少部分土壤适宜棉花生长。③ 即使这样,也因棉花产量甚低、获利不丰而未能推广。据统计,1941年全省棉花产量4 100余担,而本区仅在浦城、政和、松溪、永安、泰宁等地种植,面积不过3 253亩,产量仅有474担。④ 这样,直到1949年,多年生木棉仅在本区永安等地零星栽培,且产量极低;而普通草棉虽经政府农业机关提倡,但终因风土不适、害虫猖獗而一直都没能发展起来。

如果说棉花的种植是受气候和土壤条件的限制而不能推广的话,那么植桑育蚕事业的停滞则主要是因缺乏育蚕技术所致。以福州蚕桑业的兴废为例,经晚清时期卞宝第、许应骙等官员的提倡,地方政府不但广辟桑园,而且远赴浙江购买蚕种、桑苗、雇募蚕师,并开办蚕丝学校宣传育蚕之法。这样,近代福州蚕桑业初步兴起。1902年左右成立的蚕丝公司有20家之多,1902—1905年间种植桑树120万

---

① 民国《南平县志》卷十,实业志;民国《建瓯县志》卷二十五,实业志;《尚干乡土志》,物产,福建师范大学图书馆藏抄本。
② 《福建省各县(区)植棉改良会组织通则》,《上杭县政府公报》,1943年,第17期,第2—4页;冯奎义:《福建省植棉问题之研究》,《福建农业》,1946年,第6卷,第13,14页。
③ 宋达泉:《福建省植棉土壤概论》,《新福建》,1942年,第2卷第1期,第6页。
④ 黄桦:《福建棉织业概况》,《贸易月刊》,1942年,第1卷第2期,第13页。

株。① 但不久这些蚕丝公司却纷纷倒闭,原因即在于因养蚕技术和育蚕室环境的恶劣,使得育蚕过程中存在着最严重的蚕病问题。福建协和大学进行的试验表明,在随机抽取的样本中有 97.09% 的蚕患有蚕胞子病,而患有这种病的蚕茧的产丝量仅是未受感染蚕茧产丝量的 31.75%。此外蝇蛆病、细菌性软化病、蚕硬病等也严重影响了蚕的正常发育和产丝量。② 结果,本区原有的桑园要么荒废,要么改作他用。如据 20 世纪 20 年代末的调查,南平县的桑园,当时已经改为军队牧马之场,而邵武县的桑园也因乏人管理而致满地蔓草。③

3. 其他经济作物

在糖料作物方面,甘蔗的种植在本区以福州、福安等地为主,连江、福清等地也有生产,其他内地各县虽有植蔗制糖,但纯属自给自足式的小规模经营。如闽北各地甘蔗的种植多以食用为目的,不但种植数量少,且单产量和含糖量均低,不能大量供给制糖,仅在种植数量较多的邵武县每年可用土法生产价值数千元的红糖球。抗战时期,为了发展内地经济作物的生产,省农业改进处在 1940—1944 年间分别在浦城、建瓯、邵武、三元、永安、福安、沙县、顺昌、将乐等地推广改良蔗苗种植,数量自数亩至数十亩不等,并在建瓯和浦城各设一所小规模改良糖厂以用科学方法制蔗。但政府的推广工作,并未改变本区甘蔗种植面积狭小的现状。以邵武龙斗镇为例,该地因种稻不能灌溉而大量种植甘蔗,全镇 95% 以上的农户均种植甘蔗,最多五亩,最少一亩。抗战后外糖来源受阻,闽南糖产因交通困难不能大量输入闽北,糖价高涨,蔗农获利,本应扩充种植面积,但因甘蔗品种不佳、技术落后以及人工、肥料缺乏,致使甘蔗的栽培不能普遍。实际上,在全省 16 个有外销价值的蔗糖产区中,本区只有闽侯和福安 2 县,其他闽东闽北各县大部分不能自给自足,只有如邵武、建瓯等少数县份可以自给自足,或稍有余额接济邻县。据 1935—1936 和 1943—1946 年间的统计,本区除闽侯、福安二县产糖量过万担外,其他各县均在万担以下,而以数千、数百担为多。④

在油料作物方面,花生的栽培较为普遍,其中闽东福清县的产量最高,含油量也高。因花生适应力强、可充分利用沙质旱地以及价格问题,故抗战期间在闽北各县的推广也较为迅速。油菜主要产于闽北各县,是浦城等地的重要特产。其他油料作物如蓖麻、芝麻等也有栽培,但前者在 20 世纪 40 年代时才开始推广,后者在各地并不多见。⑤

染料作物中靛的种植在本区极为普遍,可以说是各县均有,有的还相当发达,

---

① 福州海关:《近代福州及闽东地区社会概况》,华艺出版社,1992 年,第 253 页。
② Members of the Anti-Cobweb Society Foochou, *Fukien: Arts and Industries*, pp. 59 - 60.
③《视察员范继尧考察南平邵武一带农蚕林牧情形报告书》,《福建建设厅月刊》,1928 年,第 2 卷第 2 期,第 10 页。
④ 林成耀:《邵武县稻产情形及改进意见》,《协大农报》,1939 年,第 1 卷第 1 期,第 17 页;陈鸿恩:《邵武龙斗蔗糖产销调查》,《协大农报》,1942 年,第 4 卷第 4 期,第 301 页;陈明璋:《福建省之蔗糖业》,《农业经济研究丛刊》,1947 年第 12 期,第 19 页。
⑤ 包望敏:《福建省立农学院农业考察团工作报告》,《新农季刊》,1941 年,第 1 卷第 4 期,第 256 页。

除本县自用外,还运销他县。在闽北地区,晚清时期光泽县年产 20 余万斤,一半由水路运销福州,一半运销本境。①民国时南平县农民因洋靛盛行纷纷将植烟之地改种洋靛,崇安县也因将植蔗之地改栽蓝靛而一度使得当地的糖产下降。此外,闽东地区的古田、屏南、长乐、闽清、连江等县也都产靛。甲午战后,外国人造靛青大量进口,从而给中国的土靛青业以沉重打击,本区土靛的生产也因之受到影响,如建瓯县即"近以洋靛充斥,逐渐减少",②但大多数地区的靛业生产甚至直到 20 世纪二三十年代时仍然十分旺盛。

第三节　林牧渔业

一、林业生产

近代本区林业经济的发展主要表现在木材、果树和林业副产品的生产和输出等方面。

1. 木材的生产和输出

福建是全国木材的重要输出区之一,而本区又是全省木材最主要的产地。本区所产木材在国内素负盛名,除供给本省使用外,大部分都运销省外各地。木材种类主要有杉、松、樟、柏等,而以松、杉最为重要。20 世纪以前,本区输出的木材主要是闽江流域的杉木,而临近省会福州的几个县份则大量培植松林,砍伐后或为薪,或烧炭,以供给省城福州所需。在现存大量明、清福建契约文书中,闽东地区与福州毗邻各县的卖山契约上多写有听凭买主栽种松林或果树,而闽北各县的卖山契约上则绝大多数是杉木、杂木并提。③民国以来,情形亦然。当时马尾松人工林以闽清为中心,范围自福州沿闽江干流至水口,而杉木人工林以南平为中心,范围自水口以上闽江流域各地,并依距离南平之远近而递减经营面积。④本区部分县份木材生产情况见下表。

表 1-4-14　闽东闽北部分县各种木材生产量　　（单位:株）

	战前常年	1937 年	1938 年	1939 年	1940 年
全省	5 099 806	4 825 000	4 188 380	3 658 250	2 221 970
浦城	181 960	94 150	71 100	67 300	43 500
崇安	19 600	45 000	20 000	22 000	10 000
建瓯	237 800	210 100	177 900	239 500	266 000
建阳	73 209	120 000	119 250	80 080	—

---

① 《光泽县乡土志》,商务,1906 年,福建师范大学图书馆藏抄本。
② 民国《建瓯县志》卷二十五,实业。
③ 福建师范大学历史系:《明清福建经济契约文书选辑》,人民出版社,1997 年。
④ 杨赐福:《闽省森林考察杂记》(续),《协大农报》,1939 年,第 1 卷第 2 期,第 126 页。

续表

	战前常年	1937 年	1938 年	1939 年	1940 年
松溪	62 660	25 420	26 310	15 320	11 700
政和	63 230	47 700	13 350	19 390	9 670
邵武	190 600	162 000	80 150	75 250	69 500
顺昌	178 000	20 080	103 000	110 000	100 000
建宁	116 500	55 000	54 000	29 000	9 000
泰宁	10 430	25 386	16 700	30 100	21 500
将乐	62 080	70 100	53 080	40 360	22 080
永安	39 720	105 140	50 255	83 040	82 440
沙县	175 515	271 615	185 515	167 320	110 030
南平	385 200	327 500	339 450	300 400	185 000
屏南	7 230	18 965	19 800	11 200	—
古田	401 530	421 300	561 050	412 060	
尤溪	696 620	572 400	511 630	428 200	430 120
闽清	112 540	53 500	79 500	53 250	32 460
闽侯	—	35 300	36 000	350 000	24 050
永泰	303 100	83 000	140 000	82 050	54 000
寿宁	30 500	7 200	2 500	6 000	
福安	—	34 450	34 880	25 250	
宁德	39 075	78 000	40 000	65 020	—
罗源	30 780	173 200	30 000	72 040	21 030
连江	27 706	30 000	24 000	25 000	—

（资料来源：《农业统计资料》，1943 年，第 2 卷第 11、12 期，第 15、16 页。）

木材的生产过程主要包括种植、制作和运输。下文即以闽江流域的杉木、松木为例，论述木材的生产形态和过程。①

在自然繁殖、旧林更新和人工种植等杉木繁殖的三种主要方式中，闽江流域的杉木繁殖以人工种植为主。闽北农家旧俗，生儿时栽插一片杉苗，待儿男长大杉木成林后，即将杉林出卖以供儿男婚娶之用。虽然培植经济林的周期较长，但除栽插和防火防盗外，所费工力不多，故闽北农家均多少植有数量不等的杉木。待杉木生长十余年后——普通在 25—30 年之间，即可以出卖给木商了。值得指出的是，近代以来，本区杉木的种植因是农民副业生产的一部分，多以一家一户的个体生产为主。虽然数户共同经营杉木种植的例子也很多，但也仅是生产中的暂时合作而已，基本上仍属于家庭副业生产的性质。至于雇佣工人从事栽种杉木的情况也有所发现，但并不普遍。

木材的制作以砍伐、制筒为要。林户将杉木出卖后，就由木商买家在山上设厂

---

① 除特别注明外，下文均引自翁礼馨：《福建之木材》，福建省政府秘书处，1940 年，相关各页。

招工,砍伐制作。杉木砍下后,隔一段时间等其水分散发,树身干燥后,就开始根据木材长度和不同的需要将木材截筒后待运。

木材由产地运输到福州要经过拖运、放溪和梢排三大步。杉木制筒后就由拖工将木筒拖运至溪边堆放,但此前要因山势、山路状况建造坡度适中的辘路。因这一工作全凭目测,必须具备丰富经验且技术精明,否则所建辘路将难以进行拖运工作,故有人将其比之为"实在不亚办理公路工程的工程师"①。放溪主要是将木材由小溪放运至大的河流中以便装排。放溪工必须根据江水的大小控制放溪速度,只有"老艄夫能熟悉各地水面之位置,而断定全江水道之深浅,以为艄排之航线"②。木材经小溪运至集散地后,则要扎成木排以运往中心市场,此一过程称为艄排,或作梢排。负责梢运木排的是专门雇佣的梢夫,但由于本区各溪溪流滩多水险,故一地排夫并不能熟悉全程溪流的水势。这样,因木材放运距离过长、各地水势不同及传统习惯的执拗而使得梢排时必须在南平下道、水口和洪山桥等地更换梢夫。

通过以上考察可以看出,木材生产的主力军是男劳力,仅植苗时男女老幼均可参与。同时,整个木材的生产、运输中有许多技术性很强的工作要做,处处体现了专门的技术化要求,这就使得从事此项贸易的人必须具备较高的专业知识和技能,而尤以多年经验为要,从而使得一般劳力难以胜任。木材业中的这种技术化、专业化特征就决定了它不是一种可以吸纳更多劳力,尤其是妇女和小孩的产业,剩余劳动力的消化也难以通过这一产业得到解决。而且,由于在山的木材价格极廉,也因此使得本省的木材种植业难以成为贴补家庭收入的主要副业。这与江南织布业所产生的带动效应大异其趣。另外,近代木材在产地时的一切生产全靠人力,制作工序及技术基本上完全沿袭明清两代,运输方法和工具也早在明清时候即普遍运用,③这一切又显示了本区木材生产、运输和初加工过程中的落后性。

2. 果树和经济林

在本区大量种植并具有一定出口规模的果树主要有柑橘、龙眼与荔枝等。柑橘产地主要为闽东的闽侯、霞浦、福安、罗源等县。据调查,抗战期间仅福州的柑橘栽培户即不下五千家,面积约万亩,年产额可达70余万元。④ 至于闽北地区,柑橘的种植较为少见,只在如邵武、建瓯、南平等县才有少量生产。这并非是气候不宜植桔,主要是因为人口稀少,粮食便宜,人民谋生甚易,除种稻产米以自给外,无需再事他业,故而农人很少种植果树。⑤ 龙眼在本区主要产于闽东的福清、闽侯、长乐等县。在闽北,古田县水口为龙眼向西分布之极限,在闽东,宁德县三都澳则为其

---

① 陈德铭:《福建省松木筒作业之一瞥》,《闽政月刊》,1939年,第5卷第1期,第32页。
② 《闽江流域杉木之调查》,福建省图书馆藏排印本,1936年,第8页。
③ 许涤新、吴承明:《中国资本主义发展史》,人民出版社,2003年,第444—456页。
④ 陈肖柏:《福州南屿南港南乡柑橘初步调查》,《协大农报》,1940年,第2卷第1期,第51页。
⑤ 徐绍华:《邵武之柑橘》,《协大农报》,1940年,第2卷第2期,第97页。

向北分布之极限。荔枝分布与龙眼大致相同,只是后者比较耐寒,分布范围略广。①

本区的经济林最重要的是木本油料林,以油桐、油茶、乌桕和樟林等为多。乌桕在闽东和闽北各县均属零星种植,油茶以闽东福安、寿宁和闽北邵武、将乐等地为多,②而最重要的还是油桐的生产。油桐种类以三年桐为主,千年桐为辅,产区遍及闽北、闽东各县。闽北以浦城为主要产区,建瓯(含水吉)、松溪、政和、顺昌、将乐等县次之,建阳、崇安、邵武、南平也有出产。闽东以福安为主要产区,宁德(含周墩)、寿宁次之,福鼎也有出产。抗战后,上述产区植桐面积和桐油产量均有增加,尤以福安县经政府极力提倡、推广种植,成效最显著。③但因农民以植桐为副业,无大规模的经营,且所产桐油只供纸伞涂料、木材防腐及调和油漆之用,外销量较少。1941年7—12月,全国贸易委员会曾组织对闽东、闽北和闽南三地的桐油产销调查。其中,政和、松溪、邵武、南平、永泰、福鼎、寿宁、古田等县或因治安不靖,或因交通不便而未能亲自调查,据一般估计,松溪、政和、永泰年产约千担,其余各县年产二三百担,其他经实地调查各县的桐油产销情况如表1-4-15。

表1-4-15 1941年闽东闽北部分县桐油生产概况

	种植面积(市亩)	种植数量(株)	桐油产量(市担)
浦 城	5 000	500 000	3 350
建瓯(含水吉)	4 500	270 000	920
建 阳	4 000	240 000	600
顺 昌	1 800	108 000	710
将 乐	2 000	120 000	660
福 安	6 000	730 000	4 300
宁 德	750	45 000	280
闽 侯	120	15 000	200

(资料来源:董直:《福建桐油产销概况调查》,《贸易月刊》,1943年,第5卷第1期,第39页。)

3. 林业副产品

本区林副产品主要有香菇和竹笋,主要产于闽北地区和闽东部分县份。香菇生产主要分布于南平、永泰、闽清、尤溪、沙县、永安、将乐、顺昌、浦城、建瓯、水吉、建阳、崇安、松溪、政和、邵武、泰宁、建宁等县,其中建瓯、松溪、建阳、顺昌的洋口、邵武的拿口等地占全省总产量的60%以上;而闽东地区如福清、连江、福安、宁德、寿宁、罗源、平潭等地只有野生红菇或雷公菇,而没有香菇生产。

笋类主要产区有闽侯、福安、南平、沙县、顺昌、将乐、建宁、泰宁、尤溪、永泰、闽

---

① 杨赐福:《闽省森林考察杂记》,《协大农报》,1939年,第1卷第1期,第35页。
② 包望敏:《福建省立农学院农业考察团工作报告》,《新农季刊》,1941年,第1卷第4期,第257页;傅晖:《福建之林业》,《福建农报》,1937年,第3期,第18页;《闽北之笋》,《闽政月刊》,1937年,第2卷第1期,第95页。
③ 董直:《福建桐油产销概况调查》,《贸易月刊》,1943年,第5卷第1期,第39页。

清、建瓯、邵武、崇安、建阳、古田、松溪、政和、永安等地,至于福清、连江、福安、周墩、寿宁、平潭等地则产笋极少。20世纪30年代前每年产值多达200万元以上,行销区域省内遍及福州及闽南各地,国内有上海、广州、汕头、汉口、南昌、杭州、天津、香港等地,在国外有南洋各处。1935年各县产量为7.7万担,价值96.7万元。[①]

二、畜 牧 业

虽然本区具有发展畜牧业的优越自然资源条件,但近代以来畜牧业的发展速度比较慢。当然,由于本区农业人口众多,农户除耕种作物外,或以使用劳力为目的,或以作为副业生产的一种方式而从事家畜饲养。因此,本区畜牧业的规模虽微,但遍及农村。

本区经济价值较高的家畜主要分为役畜和肉畜,前者以黄牛、水牛为主,而马、驴、骡的养殖较少见;后者以猪、鸡、鸭地位较重要,而羊、鹅、兔等的养殖规模较小。从表1-4-16所示20世纪三四十年代全省平均每百户农家所有牲畜数量估计情况来看,牲畜种类以鸡最多,其次是鸭、猪和牛。在1934—1941年间的8年中,各类牲畜多呈逐年减少的趋势,即使抗战期间畜产品价格扶摇直上的刺激,也并未改变这一状况。从表1-4-17所示当时本区部分县份的实地调查结果来看,平均每百户农家所有的牲畜亦以鸡最多,其次是猪和鸭,而作为役畜的牛的数量每百户仅二三十头左右。可见,本区役畜极其缺乏,不利于农业生产的发展,而家畜的稀少也影响了厩肥的生产。

表1-4-16 福建全省平均每百户农家拥有牲畜数量 (单位:头)

时间	牛			马	骡	驴	猪	羊	鸭	鹅	鸡
	合计	水牛	黄牛								
1934年	47.2	19.1	28.1	1.8	0.3	0.8	139.8	35.1	428.0	34.9	728.0
1935年	41.2	16.2	25.0	0.5	0.3	1.4	129.0	27.3	478.5	19.2	667.6
1936年	44.6	18.3	26.3	0.3	0.4	0.4	110.8	28.4	410.5	26.5	599.1
1937年	39.3	17.2	22.1	0.4	0.1	0.2	109.4	18.8	144.7	23.0	374.2
1938年	27.0	13.0	14.0	0.3	0.2	0.1	77.0	10.4	109.0	22.1	286.0
1939年	34.7	12.0	22.7	0.4	0.1	0.2	96.8	10.2	223.3	20.7	430.1
1940年	29.7	—	—	0.3	0.2	0.2	68.3	8.1	150.4	22.2	330.4
1941年	28.2	11.4	16.8	1.0	1.0	0.8	90.2	11.0	157.4	20.3	310.0

(资料来源:福建省农业改进处统计室:《福建省各县(区)历年牲畜估计》,《福建农业》,1942年,第2卷第10—12期,第10页。)

[①]《农业统计资料》,1943年,第2卷第11、12期,第46、53页。

表 1-4-17　闽东闽北部分县主要家畜数量调查(1936—1938 年)

县　别		福清	福鼎	霞浦	福安	永安	全省 13 县
调查农户数(户)		1 187	907	1 147	1 124	401	12 807
役畜(头)	黄牛	211.5	142	209.5	153	88	3 724.5
	每户	0.18	0.16	0.18	0.13	0.22	0.29
	水牛	29	132	238.5	9		
	每户		0.15	0.2			
	马驴骡	—	—	—	—	—	
经济家畜(头)	猪	1 364	1 264	1 599	1 073	587	12 885
	每户	1.1	1.4	1.4	0.9	1.4	1
	山羊	63	71	145	65	26	992
	每户	0.05	0.8	0.1	0.6	0.06	0.08
	鸡	4 157	5 889	7 352	4 767	2 023	53 894
	每户	3.3	6.4	3.3	4.3	5	4.2
	鸭	1 010	715	1 844	1 076	685	15 150
	每户	0.7	0.7	1.8	0.9	1.7	1.2
	鹅		35	48	38		180
	每户		0.08		0.03		0.01
	兔	—	—	—	—	396	407
	每户	—	—	—	—	1	0.03

(资料来源:友农:《福建省农家养畜状况及地力维持情形之观察》,《福建农业》,1941 年,第 1 卷第 10 期,第 16 页。原表数值容有矛盾之处。)

　　本区猪的饲养极其普遍,为农户的主要副业之一,大都就地消费以供肉食。抗战前后,从外地输入一些新品种,如盘克斯种、约克斯种、波中种、婆罗门种、名古屋种、美加诺种、来亨种、狼山种等。本区较大规模的专门养鸡场主要集中在闽侯县,由一些科研、教学机构及公司等负责饲养,其中绝大多数是外国品种,如来克亨、名古屋、乐岛红、美诺加等。至于普通农户饲养的均为本地土鸡,20 世纪 30 年代前后也引进了九斤黄、斗鸡、吐绶鸡、来太、洛岛红、芦花等新品种。[①] 在本区稻田较多,或水道纵横之处,农家多饲养鹅、鸭。专业饲养者多饲养菜鸭,数量常至数百只,普通农户则多饲养生长快、抚育较易的番鸭和半番鸭作为副业,抗战前后也曾从外地输入北平鸭。在闽北如邵武、建宁、泰宁一带,农户多购买从江西输入的雏鹅加以饲养。农户养牛的主要目的是耕种田地,此外还有取乳及食用的考虑。普通农家以黄牛和水牛的饲养为主;而专门畜养乳牛及农家经营的乳牛场,在闽侯有 7 处、屏南 1 处、三都 1 处,每处仅饲养数只而已,并于抗战前后输入了荷兰和瑞士乳牛新品种。羊的品种主要有肉用山羊、毛用绵羊和乳用山羊。本区肉用山羊的饲养

[①] 福建省政府秘书处统计室:《福建省统计年鉴》第一回,福建省政府秘书处,1937 年,第 765 页。

表1-4-18 20世纪三四十年代闽东闽北各县牛猪数量变化情况

(单位：头)

县份	1934年 水牛	1934年 黄牛	1934年 猪	1935年 水牛	1935年 黄牛	1935年 猪	1938年 水牛	1938年 黄牛	1938年 猪	1939年 水牛	1939年 黄牛	1939年 猪	1940年 牛	1940年 猪	1941年 水牛	1941年 黄牛	1941年 猪
全省	310 087	46 671	2 272 501	259 516	40 097	2 069 055	194 531	210 255	1 156 169	180 407	340 246	1 452 971	448 835	1 030 493	171 449	252 435	1 353 503
闽侯	1 776	3 552	44 400	2 720	—	48 840	12 135	8 764	43 146	688	688	13 767	10 289	29 092	3 028	4 777	36 482
古田	6 942	14 418	58 206	3 471	17 355	61 410	2 142	5 455	13 066	505	2 012	15 149	5 024	15 543	2 737	1 951	8 983
屏南							291	582	11 357	366	635	9 469	2 058	5 625	923	975	3 009
闽清	20 520	22 800	22 800	—	—	—	449	1 496	13 014	2 013	3 221	18 516	4 652	13 974	3 543	3 060	11 757
长乐							2 177	6 227	14 173	367	2 538	21 152	6 312	12 834	338	3 215	9 344
连江	—	2 992	11 440	—	—	—	2 613	3 658	13 586	3 605	2 196	17 154	5 584	9 766	1 344	1 476	12 213
罗源							116	116	3 144	3 397	2 378	11 890	2 969	8 735	916	1 560	6 108
永泰	10 302	9 696	67 266	16 847	15 453	52 298	8 616	7 482	7 936	983	1 966	15 725	4 840	12 307	2 299	2 057	12 554
福清	—	18 830	28 245	—	—	—	617	12 608	41 379	450	4 505	90 011	13 379	14 296	1 802	16 941	84 705
平潭								3 264	8 448	155	1 550	3 100	3 087	6 075	620	4 827	29 138
霞浦							5 466	2 045	22 273	6 295	6 795	28 478	7 770	19 366	4 293	5 366	16 252
福鼎							2 505	418	30 478	4 750	5 609	25 617	5 157	14 200	15 214	3 384	42 540
福安							9 039	723	30 009	3 454	3 265	27 032	2 396	11 461	3 820	3 484	14 687
宁德							977	1 760	16 876	2 176	2 903	31 868	3 647	14 288	6 632	4 013	21 780
寿宁							597	590	15 331	506	1 435	16 879	1 752	7 705	1 249	1 181	7 595
南平	2 625	525	47 250	3 150	—	78 750	6 374	3 863	18 736	4 467	753	23 540	1 801	21 286	2 785	302	14 897

续表

县份	1934年			1935年			1938年			1939年			1940年		1941年		
	水牛	黄牛	猪	水牛	黄牛	猪	水牛	黄牛	猪	水牛	黄牛	猪	牛	猪	水牛	黄牛	猪
将乐	1 976	2 964	49 400	1 235	741	38 532	888	190	4 691	2 643	593	11 258	2 194	11 427	474	1 303	7 234
沙县	3 615	—	32 053	4 242	723	30 366	3 176	882	20 465	4 159	1 993	32 226	1 431	15 702	2 268	1 231	23 311
尤溪	—	—	—	880	440	3 520	877	219	14 037	1 247	324	21 430	2 559	14 539	3 368	1 921	8 607
顺昌	3 500	700	24 500	—	—	—	400	500	9 989	688	267	13 353	666	8 747	890	845	7 911
永安	1 503	—	67 635	—	—	—	1 494	1 087	11 410	2 273	5 152	17 277	4 421	11 539	6 016	2 061	38 386
建瓯	—	2 369	—	2 856	—	71 793	4 912	—	56 165	2 183	411	37 048	3 552	37 487	2 058	988	43 536
建阳	—	—	—	—	1 030	25 750	4 557	2 681	29 087	1 606	—	14 458	2 121	15 235	1 542	1 012	18 152
崇安	—	—	—	—	—	—	1 378	815	3 884	1 588	2 778	11 907	3 659	9 360	1 177	1 984	19 712
浦城	2 690	24 210	40 350	4 708	22 193	29 590	1 456	3 786	17 472	8 264	10 128	35 045	2 452	26 891	4 650	4 299	21 656
政和	—	—	—	—	—	—	639	1 405	9 961	880	355	9 753	1 817	12 103	1 215	527	10 167
松溪	425	425	4 250	425	425	6 800	268	760	1 566	1 152	576	8 065	1 565	10 622	633	1 257	13 826
邵武	—	—	—	—	—	—	4 440	3 932	20 169	7 487	4 492	13 477	5 106	15 304	—	5 840	20 101
泰宁	—	—	—	—	—	—	726	1 130	9 928	1 137	450	16 172	2 211	8 114	1 637	2 456	6 485
建宁	—	—	—	—	—	—	204	1 155	9 513	298	447	14 888	3 123	6 969	1 109	2 009	5 925

(资料来源：福建省政府秘书处统计室：《福建省统计年鉴》第一回，福建省政府秘书处，1937年，第763、764页；《福建省各县(区)历年牲畜估计》《福建农业》，1942年，第2卷第10—12期，第11、12、18、19、25、26、33、34页。注：未报告县份从缺。)

较多,如闽北建瓯、建阳一带曾大批专业饲养,毛用绵羊则因气候关系极少饲养,而乳用山羊仅由政府机关饲养,数量极少。① 至于马、驴、骡等仅在闽北邵武、建宁、南平、将乐,以及闽东福清、罗源、长乐、闽侯等地饲养,少则数匹,多则数百匹。② 邵武县是闽北畜牧业的中枢,本县及来自江西的畜牧产品多经由邵武运销闽北各地。例如,当地每年除向闽北其他县份出售大量耕牛和肉用牛外,猪和鸭的年均输出额也多达数万元。③

三、沿海和内河渔业的发展

按水产品的生产方式可将本区的渔业生产分为捕捞业和养殖业两种。福建近海渔场全部位于亚热带海区,很适宜各种鱼类生活,且海岸绵延曲折、岛屿林立、渔港优良,因此,闽东沿海9县(罗源县除外)的捕捞业素称发达。就本区的近海捕捞渔业生产来讲,据20世纪30年代初的调查,本区沙埕港、三都澳、福州湾、福清湾及沿海各处均可全年从事近海捕捞业。在所捕获的渔产品中,食品鱼中最重要的是带鱼、黄花鱼,其次为鲨鱼、马鲛、鳗鱼、鲳鱼、乌贼等。贝介类以牡蛎、蛏子、蛤贝为主,藻类则以紫菜为名产。虽然在捕鱼方式的数量和种类上各县有异,但大体上主要分为用钓和用网两大类,其他特殊渔业则有虾蟹类渔业、贝介类渔业及海藻类渔业等。用网渔业最重要的是流刺网渔业、对船曳网渔业、网䑩渔业及对船大围缯渔业4种;其次是地曳网渔业、对船小围缯渔业、曳网渔业、挂网渔业、小什鱼定置网渔业、淡水掩网渔业;最次者为蛋户对船缘网渔业、浮斗网渔业、爪网渔业、对船曳缯渔业。用钓渔业因渔获物的不同而钓钩构造有别,大致有带鱼钩、鳗鱼钩、黄鱼钩、鲨鱼钩、鳓鱼钩等之分,其中最重要的是钓船渔业,其次者为钓䑩渔业。

在本区沿海10县中,除罗源县渔业不甚发达外,以连江县的渔业最为发达,无论是渔船数量、渔民人数及收获量方面均位居本区首位。其次是平潭县,再次为福鼎、霞浦、长乐、宁德、福清5县。闽侯的水产业除郊外存在一些养殖业外,渔业上没有多少价值,因此和福安县位居本区末次。④ 抗战前、抗战期间及战后本区沿海渔业总体生产情况,详见表1-4-19。

相较于本区丰富的鱼类资源和优良的港湾条件来讲,表1-4-19中所展现的本区渔业生产状况显得极为落后。从渔民方面来看,渔民所用船只均系旧式木帆船,只能依靠人工与风力行驶,并在离岸50里以内的近海一带以张网或钩钓的旧式捕捞方法捕鱼,从未采用轮船拖网和其他新式渔法,在时间和经济上损失巨大。渔民归航后,即将所获之鱼由其他鱼贩贩运至内地出售。虽然也有远行至温州等

---

① 翁国声:《福建家畜之调查及其改进》,《新福建》,1943年,第3卷第6期,第45—48页。
② 福建省农业改进处统计室:《福建省各县(区)历年牲畜估计》,《福建农业》,1942年,第2卷第10—12期,第11页。
③ 林青:《邵武畜牧概况及其改进建议》,《协大农报》,1939年,第1卷第1期,第39页。
④ 陈子英:《福建省渔业调查报告》,《中国建设》,1935年,第11卷第1期,第30—74页。

表1-4-19 20世纪三四十年代闽东闽北各县沿海渔业概况

县名	主要渔业种类	渔船种类	抗战前 渔船数量	抗战前 渔民人数	抗战前 产量（担）	抗战前 产值（元）	抗战期间 渔船数量	抗战期间 渔民人数	抗战后 渔会及会员数	抗战后 渔业合作社及会员数
霞浦	猛挂网定置,大小围缯网,蚊缯网,流网,曳网,钓(10)	猛船,缯船,对划子,钓仔,围缯	893	3 592	72 720	795 000	473	2 006	1/1 213	4/1 137
福安	对船定置(1)	猛船,运鱼船	46	195	840	6 720	268	1 348	1/380	4/255
宁德	网艚定置,蟳,爪网,蛋户船,曳网(5)	猛船,钓鱼船,蛋户船	1 031	4 962	93 200	739 200	345	4 500	1/185	3/119
福鼎	钓仔,网艚,桁蚵,蛏子,岫(1)	猛艚船,舢板	398	3 229	86 900	972 500	538	3 810	1/226	2/140
长乐	网仔网定置,挂缯网定置,流网,曳网,钓仔,蛏子,围网(10)	荡船,猛船,缯船,小艚,舢板	535	3 045	82 270	786 700	700	1 500	3/1 724	11/1 824
连江	网缯艚流刺网,大小围缯网,钓仔,定置,蛏子,柱蚵,蛤贝,蟳,海蛰,围艍,曳网(12)	猛船,钓子,缯船,运鱼船	2 191	15 700	434 918	3 488 511	819	3 885	7/3 893	21/4 392
平潭	缯艚网,对船大围网,蚊缯网,定置挂网,浮桶定置挂网,地曳网,钓仔(7)	缯船,舢板,猛船,钓鱼船,缯鱼船	1 296	7 368	165 660	1 108 960	946	8 210	1/500	10/1 241
福清	定置网,流网,钓仔,浮斗网(5)	缯船,舢板,猛船,钓船	317	1 490	28 650	52 800	109	7 540	2/574	25/1 103
闽侯	钓仔,淡水掩网(2)	舢板,网船,钓船	89	1 158	26 500	226 000	331	7 104	1/1 924	3/325
罗源	定置网,流刺网,钓仔	舢板,网船,钓船	100	450	3 700	—	142	568	1/90	

（资料来源：《中国建设》1934年,第10卷第3期,第74、115、134、139页；1935年,第11卷第1期,第73—74页；朱代杰、李天祐：《福建经济概况》,福建省政府建设厅,1947年,第123—124页；《中国沿海各省渔业调查（二）福建省》,《行总周报》,1946—1947年,第2期,第6—16页；《福建沿海各县市渔业生产合作社名一览表》,《福建善救月刊》,1947年,第6期,第27页。注：主要渔业种类后面数字为本县全部渔业种类。）

地捕鱼者,但因海盗骚扰,船只一旦出海大多无法归航,故渔民多视为畏途。新式渔业方面,本区仅有福州仓山垦殖公司渔业部的渔船曾在东引岛外的大黄鱼渔场采用过新式手缲网渔业,收获量每网可达千斤之多,但该公司早在1933年前即已停止营业,刚刚萌芽的手缲网渔业也夭折了。[①] 另外,渔民因多未受任何教育,故对改良旧式渔业技术、采用新法茫然无知。

从渔政方面来看,政府无力保护备受海盗蹂躏的渔民。本区海盗横行,渔民不但不敢远航捕鱼,即使在近海渔场工作时也有被掠货勒赎之险。凡渔船经过海盗游弋之地,均须按船只大小每年缴纳数元、数十元至百余元的保护费。政府虽曾派军围剿,但军来匪遁,军去匪回,毫无办法。另外,政府的苛捐杂税也导致了渔业的衰落。虽然国家已经取消了渔业捐税,但福建省政府以财政困难仍继续征收海味营业税。20世纪30年代初,渔民负担的杂捐多达30余种。

从渔产品交易形式来看,渔民多受鱼商的盘剥。由于渔民多穷苦不堪,资本微薄,每逢渔汛即向富商高利借贷,受尽后者剥削,而且在将所得鱼货抵还债务时,鱼商又有大秤低价的剥削,因此,渔民生活每多难以维持。

从国际环境来看,20世纪二三十年代,日本加强了对本区渔业的侵略。日本机动渔船不断侵入我国领海,占据渔场任意捕捞,并将鱼货倾销中国,每年中国损失不下数百万元。台湾亚细亚渔业公司除在闽、粤作大规模越界捕鱼外,又在沿海各处设立经理处,以小利小惠诱惑中国渔商,以谋达到垄断中国渔业市场的目的。[②] 在这样的情况下,抗战前本区的渔村多濒于破产之境,而渔业也渐趋衰落、岌岌可危了。

抗战期间,本区渔业发展又遭到沉重打击,损失巨大。据统计,1938年时全省业渔家数为54 567户、业渔人数为241 645人、渔船18 004艘、鱼行2 957个、收获量1 184 849担。到1944年时,相应的数字则变为38 717户、141 009人、渔船10 120艘、收获量1 060 890担。可见,战争损失渔船近8 000艘,导致10余万人失业,收获量也减少10多万担。[③] 据1945年统计,本区战争期间渔业受损情况可见表1-4-20。

表1-4-20　全面抗战时期闽东闽北渔业损失情况

县别	渔民			渔船数目	产量(担)	
	户数	口数	失业数		平常	战时
福鼎	3 074	8 810	566	702	120 740	104 500
霞浦	3 328	11 542	1 491	1 493	104 352	85 391

---

① 黄文沣:《福建沿海形势及渔场区域》,《中国建设》,1934年,第10卷第6期,第13页。
② 《福建渔业概况》,《国际贸易导报》,1933年,第5卷第10期,第227页。
③ 《福建渔民与渔船》,《福建善救月刊》,1947年,第4期,第36页。

续 表

县别	渔民			渔船数目	产量(担)	
	户数	口数	失业数		平常	战时
福安	337	730	—	—	1 593	2 066
宁德	1 751	7 012	608	1 149	11 249	91 045
罗源	927	813	70	119	690	10 010
连江	4 738	6 292	—	1 048	473 650	156 259
闽侯	—	3 684	—	352	169 410	167 000
长乐	2 922	5 270	567	402	209 737	108 279

(资料来源:高哲理:《闽东八县渔业调查报告》,《福建农业》1942年第2卷第8、9期,第30页。)

本区与近海渔业有关的产业还有渔船建造业、冷藏制冰事业和水产制造业。渔帆船建造场均集中于福州,规模甚小,多无机械工具设备,有蓬场等装备的更是寥寥无几。这些造船厂商本身即是熟练的造船技工,一旦有工作即雇佣其他工人随时集合分工合作。渔业的衰落也使得造船厂营业困难。[①] 以连江县渔业中心黄岐村为例,该地原有二三家造船场,每年均新造三五艘,20世纪30年代后即因营业困难而趋于倒闭,只从事修补旧船。[②] 冷藏制冰事业方面,福州有台江、福州、永春3所制冰厂。台江、永春的规模甚小,日产冰10吨左右。福州制冰厂规模较大,有由福州电灯厂电力带动的10吨压缩机2台、20吨压缩机1台,每日产量高达36吨;另有可容水30吨的冷藏库2间,其中一部分在抗战期间遭到破坏。此3厂因选址位置不当,"渔船非至万不得已时,不轻易前往购冰,实因路途遥远,往返费时也"。福州水产制造业以干制、盐庄二种为主,纯系渔民土法制造。战时因渔获物产量减少,渔盐供应困难而陷于停顿状态。虽有3家制罐厂,但设备简陋,机器陈腐,出品不良。[③]

就本区的养殖业来讲,闽东沿海各县的养殖业以牡蛎渔业最为重要,其次为养殖蛏子、蛤贝、蚶、蚵等。而闽东内地及闽北各县则以淡水养殖业为主。闽北淡水鱼的种类主要有草鱼、鲢鱼、鲤鱼等,鱼苗除本地自产外,多由江西贩运而至。养鱼池有稻田和普通池塘两种,而以稻田养鱼最有特色。在闽北如永安、沙县等地,有些稻田因日照不足、土地贫瘠、终年积水而不能进行冬耕,故农民在早稻收割后将田塍加高、加厚用于养鱼。[④] 邵武的稻田养鲤不但经营历史长,而且规模大。一方面是因为邵武接近江西,易于获得鱼苗。另一方面,当地乡规规定养鲤收入为佃农

---

① 行总农委会第一组:《中国沿海各省渔业调查(二)福建省》,《行总周报》,1946—1947年,第2期,第15页。
② 任涛:《闽江下游渔业调查总报告》,《集美周刊》,1936年,第20卷第10、11期,第34页。
③ 行总农委会第一组:《中国沿海各省渔业调查(二)福建省》,《行总周报》,1946—1947年,第2期,第15页。
④ 周昌芸、沈梓培:《福建永安三元两县之土壤》,《土壤报告》,1943年,第4期,第36页。

所得,田主不得分润。抗战时期,省政府农业改进处对永安、沙县、南平、建瓯、邵武、建阳等地的农家养鱼副业多有补助,一次性即在建瓯放养鱼苗20万尾,邵武、建阳、南平、沙县各5万尾。①

---

① 巫忠远:《福建养鱼业》,《福建农业》第2卷第8—9期,第24页。

第五章　交通运输业的演进

交通运输直接影响区域经济活动。它不仅是区域经济活动各环节、各部门、各地区之间有效联系的纽带,也是区域资源开发与经济发展的先行者。[①] 近代以前,本区的水陆交通网络主要以驿传制度为基础,人货运输均依靠传统的帆船、挑工进行。开埠以后,外国和本国轮船先后驶入本区沿海和内河,20 世纪初本区又开始修建公路,并在 20 世纪 30 年代发展成为一个筑路高潮。此外,邮政与电讯事业也先后在晚清和 20 世纪 30 年代后开始逐渐发展起来,但铁路的建设在本区一直是个空白。虽然现代化的交通运输在本区得以兴起和发展,从而对传统的帆船运输和陆路运输产生了局部替代作用,但由于本区特殊的地理环境、历史背景和帆船运输的优势,无论是发展规模还是速度,前者都与后者有较大的差距,并没有取代传统水陆运输。这样,本区内地和沿海分别形成了以传统帆船运输和现代轮船及公路运输为主,新旧并存、互补发展的交通运输格局。

第一节　现代交通运输业的兴起与繁荣

众所周知,以公路、铁路、轮船为标志的新式交通运输工具的革新和改善是现代经济发展的基本前提条件和重要组成部分。在近代的中国,它们也曾被国人视为救国图强的利器,更是促成港口贸易和腹地经济飞速发展,并进而导致中国社会经济结构发生重要变化的媒介和推进器。[②]

一、公路建设的扩展与公路运输的发展

1. 民国以来公路的兴修、分布与历史特点

据学者研究,民国时期福建省公路的兴修可以分为 4 个阶段,即 1914—1933 年的萌芽和发展期、1934—1938 年的发展高潮期、1938—1945 年的由盛转衰期和 1945—1949 年的由缓慢恢复到陷入瘫痪期。[③] 本区公路建设肇兴于 1914 年的福州城区马路。该路段由福建巡按使许世英筹建,由福州水部门经王庄至台江福新街,长达 6 公里,1916 年建成。[④] 此后历年本区主要公路的修建情况如表 1-5-1 所示。

[①] 凌起:《福建交通运输与区域经济发展的关系》,《福建师范大学学报(哲学社会科学版)》,2001 年,第 2 期,第 21 页。
[②] 朱荫贵:《铁路轮船与近代中国的经济变迁》,复旦大学历史地理研究中心编:《港口——腹地和中国现代化进程》,齐鲁书社,2005 年,第 39、40 页。
[③] 李少咏:《民国时期福建公路交通发展概况》,《中国社会经济研究》,1986 年,第 3 期,第 93—99 页。
[④] 福建省公路局编辑组:《福建公路史》,福建科学技术出版社,1987 年,第 55 页。

表 1-5-1　民国时期闽东闽北公路建设概况　　（单位：公里）

起讫经过地点	修建年月	修建里程	破坏或失修里程	破坏时间	修复里程	实有里程
福州水部门—福新街	1915.9—1916.1	6	6	1938	6	6
福州西门—洪山桥	1917	5	5	1938	5	5
福州南门—西门	1927	2	2	1928	2	2
闽清马鞍—金沙	1928—1936	10.5	10.5	1939.11	0	0
闽清溪口—闽清—莲浦	1928—1936	38.5	38.5	1939	0	0
南平—安济	1928.7—1929.4	17	17			0
福州—马尾	1928.1—1934	20	20	1938	20	20
福州下渡—峡北	1929.1—1932	11	11	1938	11	11
福州峡南—（福清）宏路	1929—1931	35	35	1938	35	35
建瓯水西—鲁口	1929	17	17			0
福清—宏路—东张	1929—1934.3	13	13	1938	13	13
福清—海口	1929—1934.3	11	11	1938	0	0
古田—谷口—荻洋	1929—1935.9	36	36	1942	36	36
福州—湾边	1930—1932	7	7	1939.5	7	7
福州东门—鼓岭脚	1931	5	5	1939	5	5
浦城—花桥	1933—1934.11	39				39
浦城—枫岭	1933.12—1934.5	46.6				46.6
浦城—建阳—建瓯—延平	1934.1—1934.8	238				238
建阳—崇安	1934.3—1934.10	61				61
延平—沙县—永安—小陶	1934.3—1935.6	193				193
建阳—邵武—光泽—杉关	1934.4—1935.4	139				139
福州峡兜—营前—长乐	1934.12—1936.1	16.3	16.3	1938	0	0
（永泰）塘前—永泰	1935.2—1937	31	31	1939.1		
马尾—君竹	1935—1936	3	3	1938	3	3
君竹—罗星塔	1935.7—1935.10	2.7	2.7			0
琯头—连江	1935—1937	11.7	11.7	1938	11.7	11.7
长乐—渡桥—樟港	1935.9—1936.3	17.2	17.2	1938	17.2	17.2
渡桥—金峰	1935.9—1936.3	4.6				4.6
永安—西洋	1936.9—1936.12	22				22
古田—建瓯	1936.8—1937	117	117	1942、1944	117	117
闽清鹿角—坂东	1936	2.5	2.5		0	0
武夷支线	1936	2.3	2.3		0	0
天游支线	1936	4.0	4.0		0	0
福州—古田	1937—1938.4	135	135	1939.5	135	135
崇安—汾水关	1937—1938.3	38.7				38.7
浦城枫岭—二度关	1937.8—1938.4	12.4				12.4
浦城仙阳—忠信	1937.8—1938.5	10.5	10.5		0	0

续 表

起讫经过地点	修建年月	修建里程	破坏或失修里程	破坏时间	修复里程	实有里程
永安西洋—大田小湖	1937.9—1938.2	55.5				55.5
福州北门—马鞍—浦口	1938.5—1938.6	7.4	7.4			0
永安—吉山	1938.6	2				2
延平—顺昌—将乐—泰宁	1939.2—1940	164.7	164.7		0	0
建瓯水吉—营头	1939.5—1939.6	1.4				1.4
邵武—泰宁—建宁—甘家隘	1944.11—1946.5	163				163
福州白湖—义序机场	1947—1948	3.3				3.3
福州排下—螺洲	1947	2.4				2.4
福州洪山桥—洪塘	1947	2				2
福州北门—新店	1947	3.5				3.5
福州赤桥—新店—岭下	1947	7.5				7.5
合计		1 794.2	746.3		423.9	1 458.8

说明:本表包含由浙江代修的浦城—花桥段和浦城—枫岭段,以及由江西代修的建宁—甘家隘段和光泽—杉关段。

(资料来源:福建省公路局编辑组:《福建公路史》,福建科学技术出版社,1987年,第155页;福建省公路局公路史编写办公室:《福建省公路史资料汇编》,内部资料,1984年,第135、138—371、338—345页;福建省档案馆、福建省汽车运输公司合编:《福建省公路运输史资料汇编》,内部资料,1984年,第105页。)

从历年本区公路兴建的情况看,从1914—1933年底,本区公路的修建刚刚起步,十年间本区公路兴建里程为234公里。因受当时诸如军阀割据、政令不一、地方不靖、农村破产等政治、经济局势所限,此后直到"闽变"事件发生前,本区公路建设进展不大,而闽南地区却在华侨投资的推动下掀起兴建公路的高潮。1934年后,由于本省政治较统一、社会较安定,尤其是为了配合国民政府的"围剿"军事行动、支援抗战及沟通本省后方交通的需要,本区公路建设进入高潮期。在1934—1938年的5年间,本区新修已成公路1 212.4公里,占历史时期本区修建公路里程的67.6%。同时,在抗战初期还对闽北地区原有的"围剿"公路进行改善,使得旧有公路通行效率有了一定的提高。

1938年厦门沦陷后,本区公路的兴建也转入衰退期。一方面,为阻挡日军进攻,自1938年起,分期、分段对沿海地区的已成公路进行破坏。至抗战结束前的1944年,本省共约破坏公路多达2 529.6公里,占已成公路的51%。[①] 本区尤其是闽北地区因地处内地和抗战后方,公路破坏数量仅为518.2公里,且主要集中在闽东沿海地区,但这对本区公路运输事业的发展也是一大损失。另一方面,为便利本省战时交通,尤其是后方粮食调剂运输,自1939年起至抗战结束时,在闽北又新修

---

① 福建省公路局编辑组:《福建公路史》,福建科学技术出版社,1987年,第134页。

了约 330 公里的公路,但其中 99% 的公路要么通车数月后即告停运,要么是根本不能行驶汽车的土路。① 抗战结束后,因本省财政困难,仅修复了抗战时期被破坏的 423.9 公里的公路,如果算上福州近郊在抗战前或抗战期间已经施工或完成,而在抗战期间趋于荒废的 18.7 公里,则抗战后本区修复工程也不过 440 余公里。另外,因闽北道路状况较差,战后由国家公路总局对该地区公路进行抢修,使得闽北公路各干线的通车状况到 1948 年春时有了一定程度的改善。② 这样,到 1949 年国民党统治崩溃前,本区实有公路约 1 458.8 公里,其中也包括邵武至建宁段的 163 公里无法通行汽车的土路。

从已成公路的区域分布看,本区公路建设滥觞于福州马路的开辟。此后在以福州及其毗邻地区为主的闽东地区先后修筑了多条公路,到"闽变"平定前后,闽东地区的已成公路已经延伸到福州、马尾、福清、闽清等地,总长 164 公里。闽北地区近代公路的修筑始于 1928 年,当年驻守闽北的卢兴邦部兴修南平至安济段 17 公里,并于次年 4 月建成通车。随后,南平至建瓯公路的水西至鲁口段 17 公里也在 1929 年建成通车。1934 年"闽变"事件发生后,本区公路建设的重心由闽东地区转向闽北地区。到 1938 年的五年间,闽北地区新建公路里程多达 981 公里,分布在南平、建瓯、建阳、崇安、浦城、沙县、永安、邵武、光泽等 9 县;而闽东地区新建公路仅为 267.4 公里,主要集中在长乐、永泰和古田等地。1938 年厦门失守,省政府内迁闽北永安县,此后直到抗战结束,闽东地区的公路建设不但完全停顿,而且对已成公路大肆破坏以阻止日军向内地进攻。相反,闽北地区因处于抗战后方,先后新修了沟通南平、顺昌、将乐、泰宁和邵武、建宁至江西的公路 300 多公里,而战后修复的公路和新修公路均集中在闽东地区。

从区际及区间交通路线来看,除闽东原福宁府属各县外,本区初步建成了区内各县之间、本区与省内其他各地和外省之间的道路交通网。以省际交通线来讲,闽北浦城县境内有枫岭—二度关段和浦城—花桥段分别与浙江江山和龙泉县境公路相接,崇安县境内有崇安—汾水关段与江西铅山县境公路相接,光泽县境内有光泽—杉关段与江西黎川县境公路相接,建宁县境内有建宁—甘家隘段与江西南丰县境公路相接。本区与省内闽南的交通主要依靠经由福州、福清等地的闽粤干线,闽西地区的交通则经由延平—沙县—永安—连城一线。至于区内的交通,形成了抗战前闽东以福州为中心、抗战期间和战后闽北以建阳为中心的公路建设格局。前者以福州为中心,沟通连江、长乐、福清和古田、永泰等地,而闽清则独自形成了与境内瓷器和铁器产地相连的便捷交通;后者形成以建阳为中心的道路交通网,分别与浦城、崇安、光泽及建瓯、南平、沙县、永安等地相连接。然而,直到国民党统治

---

① 福建省公路局编辑组:《福建公路史》,福建科学技术出版社,1987 年,第 123 页。
② 罗肇前:《福建近代产业史》,厦门大学出版社,2002 年,第 389 页。

崩溃前,本区闽东的屏南、罗源、平潭、霞浦(含柘荣)、福鼎、福安、宁德(含周宁)、寿宁等8县均未修筑公路,而闽北地区的将乐、顺昌、泰宁、建宁4县虽然兴修了公路,但实际上却或因质量极差,或因本身就是土路而没有或仅短暂通行汽车,至于政和、松溪和尤溪3县的公路建设则始终是空白。

综上所述,本区建成公路在从1915—1933年的234公里,发展到1934—1938年12 124公里的顶峰后,在抗战后期发展势头开始受阻,1939—1947年间的建设量不过440余公里,基本上形成了一个倒U形曲线。从本区公路的区域分布来看,以1934年为界,在闽东和闽北地区先后形成了以福州为中心的点状分布局面和以建阳为中心的网状分布体系。闽东地区的公路建设兴起最早,且主要集中在福州及其周边,此外闽清、长乐、福清、古田、永泰等地也有少量分布。闽北地区公路建设兴起虽晚,但发展速度较快,尤其是1934年后更是获得了突飞猛进式的发展,并在抗战前期初步形成了以建阳为中心的公路交通运输体系,又在抗战期间得以巩固和强化。当然,由于这种迅速发展主要是在行政军事命令的迫使下实现的,从而使得本区尤其是闽北地区的公路建设质量低劣,并进而影响到本区公路运输事业的开展。

2. 民国以来公路运输业务的开展

本区公路运输的兴起始于1917年汽车输入福州以后,当年经由福州进口了价值3 426银元的汽车底盘及发动机。1918年4月,福建督军兼省长李厚基发起组织了"官商合办福建延福泉汽车路股份有限公司",在市区长达6公里的路面上载客行驶,但该公司开办之后不久即因车费昂贵等多种原因而告停业。1920年,又有延福泉汽车公司组织4辆完好客车在福州市区行驶。此后,该公司先后经过多次改组,于1931年改称福州市复兴第一公共汽车股份有限公司,企业性质也由官商合办、官办而至商办。[①] 到1933年前,福州市内较大的汽车公司有复兴汽车公司、福峡汽车公司和闽西长途公共汽车公司这3家,其他汽车租赁公司和汽车行17家;营运汽车29辆,公共汽车39辆,自用汽车34辆,自用运货汽车5辆,另有马车、摩托车、人力车、自行车等7 169辆。[②]

大致来说,抗战前本区公路运输事业大致经历了民营为主和官营为主两个阶段,而抗战后为适应战时军事体制和统制经济的需要,本区公路运输几乎完全转入官营时代。从表1-5-2可以看出,1934年前,闽东沿海地区的客、货运输业务主要由各私营商办汽车公司分段承租路权、各自划界经营。[③] 1934年"闽变"事件后,随着省政府公路运输和管理机构的完善,福建省建设厅开始逐步将闽东沿海地区的商营公路收归官营。到1936年前,福州至泉州公路的客运业务几乎全部收归官营。但在货运方面,省建设厅因官方汽车不敷应用,故与1935年1月由各商营公司合并成立

---

① 《福建公路运输史》编写组:《福建公路运输史》,人民交通出版社,1988年,第4—7页。
② 周子雄、郑宗楷、姚大纯:《福州便览》,环球印书馆,1933年,第60—62页。
③ 《福建公路运输史》编写组:《福建公路运输史》,人民交通出版社,1988年,第63页。

的福兴泉货运汽车公司订立5年期的专营货运合约,委托其经营货运业务。① 这样,闽东沿海地区的公路运输由原来以民营为主,变成官营和民营并存的格局。

与闽东沿海地区不同,闽北地区的客运业务自始至终都是官方经营占主导,而政府对货运业务实行开放政策。当时,由闽北商人分别组织商营延建邵、延沙永连货运汽车公司,向省汽车管理处订约承办闽北汽车货运业务,并于1936年7月开始通车营业。

表1-5-2 20世纪30年代闽东闽北主要路段公路运营概况

路线	通车路段	里程(公里)	经营者及始运营时间	现有车辆	月营业收入(元)
闽浙路	福州—马尾	23	福建省建设厅,1933	8	
			复兴第一公共汽车公司,1933	4	
	福州万寿桥—鼓楼		复兴第一公共汽车公司,1931.9	16	
闽赣路	福州南门—洪山桥	7	闽西长途汽车公司,1929	4	3 000
	福州西门—洪山桥		复兴第一公共汽车公司,1931.9	4	
	福州东门—鼓岭脚	5	福建省建设厅,1935	2	
闽粤路	福州大桥—峡北	13	福峡汽车公司,1932.9		
	福州峡兜—营前—长乐	16.3	长营汽车行,1935.10	13	7 000
	峡南—(福清)宏路	35	峡宏汽车公司,1933		
闽海区支路	长乐—渡桥—樟港	17.2	三新汽车行,1936	7	
	渡桥—金峰	4.6			
	福清—宏路—东张	13	融西汽车公司,1931.8	6	3 000
	福清—海口	11	福海长途汽车公司,1935.4	5	1 717
	福州上渡—湾边	8	福峡汽车公司,1932.9	8	
	塘前—永泰	31	福建省建设厅,不详		
	闽清—鹿角桥	34	闽永汽车公司,1933.1	3	2 000
	闽清马鞍—金沙	10	马鞍汽车公司	1	400
闽浙路	古田—谷口—莪洋	36	古谷长途汽车公司,1935.9	4	2 000
	水西—鲁口	17	延建邵公路分局,1929	1	600
闽赣路	南平—安济	17	延建邵公路分局,1929	3	1 000

---

① 《福建公路运输史》编写组:《福建公路运输史》,人民交通出版社,1988年,第64页。

续表

路线	通车路段	里程(公里)	经营者及始运营时间	现有车辆	月营业收入(元)
延建邵路	浦城—建阳	117	福建省建设厅,1934.7	22	
	南平—建阳	118	福建省建设厅,1934.8		
	建阳—邵武—光泽	113	福建省建设厅,1935.2		
	建阳—崇安	61	福建省建设厅,1936.1		
闽浙路	浦城—枫岭	46.6	浙江省公路局,1935.4	20	
	浦城—花桥	39	浙江省公路局,1935.4		
延沙永路	南平—沙县	62	福建省建设厅,1935.10	5	
	沙县—永安	63	福建省建设厅,1936.6		
永大德路	永安—西洋	22	福建省建设厅,1937.10		

说明：现有车辆包括大客车、小包车和货车；每月营业额中除古谷和福海长途汽车公司为1935年数据外,其他均为1933年数据。

（资料来源：福建省档案馆、福建省汽车运输公司合编：《福建省公路运输史·第1册·资料汇编》,第1集,内部资料,1984年,第6—9页；福建省档案馆、福建省汽车运输公司合编：《福建省公路运输史·第1册·资料汇编》,第2集,内部资料,1984年,第252、253、139、140、155、325页；福建公路运输史编写组：《福建公路运输史》,人民交通出版社,1988年,第69—72页；罗肇前：《福建近代产业史》,厦门大学出版社,2000年。第236页。）

抗战爆发后,本区公路运输事业发生了巨大的变化。[①] 一方面迫于战时形势对运输的需要,在一定程度上得到暂时的、局部的发展；另一方面,由于战争的摧残、破坏,又使它走向衰落。具体说来：

一是战时损失严重,运输业务因之萎缩。抗战期间,本省的公路、车辆及财产均受到严重损失。全省战前公路原有4 200余公里,因抗战先后被破坏近2 600公里,到抗战胜利时全省可通车里程计1 207.8公里,仅及战前的三分之一。战前全省有各类汽车756辆,抗战期间损失过半,虽经补充新车,到抗战胜利时全省汽车总数减至489辆,且大部分都破烂不堪,不能行驶。抗战前占主导地位的各商营汽车公司车辆,在战事发生后或者被迫迁徙、或者被大肆征用、或者到省外另谋生路,留在省内继续营业者寥寥无几。到1939年时,全省尚存的汽车公司只12家,营业车辆也骤减至111辆,不及战前的四分之一。

车辆的锐减和公路的大肆破坏,必然会影响到本区和本省的公路运输。抗战前全省每年货运周转量约84万吨公里,抗战期间平均每年仅约34万吨公里,仅及战前的40%。就本区来讲,以闽东沿海地区受到的损失较大,闽北所受损失较少。

---

① 以下数据及相关情况,除特别注明外,均来自《福建公路运输史》编写组：《福建公路运输史》,人民交通出版社,1988年。

抗战期间,本区除破坏公路518.2公里外,仅福州、连江、长乐、福清沿海4县沦陷时损失的客、货车辆即达173辆。[①]

二是适宜战时统制运输的需要,官营运输业务在抗战前期有了较快发展,但到抗战后期则濒于绝境。抗战前,福建官营运输机构因限于财力、物力,仅经营福泉漳厦路、福马路、延沙永路和延建邵路的客运业务。抗战过程中,官营运输机构依靠政府的优惠政策和取之于民的暗中补贴,使得自身的营业收入和利润持续上升;通过增加营运路线、开办省内和省际客货联运业务、增添车辆、改善经营管理、扩大营业范围等措施,使得自身的业务不断壮大。但1940年以后严峻的抗战局面,使得本省车辆及其配件和油料的供应补给极其紧张,官营运输业务陷入苟延残喘的境地。以客运为例,全省官营运输每天开行的客班车在1939年时平均达55班次,至抗战后期竟缩减为8班次。而福建省运输公司的业务也从1940年6月起因亏损而收缩业务,最终因无法维持营业而于1943年被裁并。[②]

三是战时闽北地区在全省乃至全国交通运输中的地位得到提升。抗战爆发后,沿海公路的破坏、各汽车公司的内迁及闽北公路的修筑,为闽北公路运输的发展创造了有利条件,从而使得闽北地区在全省军事、政治和经济上的地位更加重要。抗战期间"(阳南、阳浦、阳汾、阳光)四线沟通东南各地运输,支持抗战贡献甚巨。胜利以后,公私车辆亦多经此四线行驶,得以迅速完成复员工作,现在闽、浙、赣三省物资进出,亦均赖于此,故此四线在东南交通上占重要地位"[③]。从表1-5-3闽北在本区和本省公路通车里程中所占的比例,也可以看出闽北公路运输网络的重要性。

表1-5-3 全面抗战期间及战后福建全省、闽东闽北及闽北公路通车里程概况

(单位:公里)

时间	公路里程	通车里程			B/A (%)	C/A (%)	C/B (%)
		全省A	闽东闽北B	闽北C			
1941.7		1 805.02	1 484.22	1 449.22	82.22	80.29	98
1942.2	1 898.48	1 847.3	1 283.2	1 189.2	69.47	64.38	93
1943.12	2 081.15	1 210.05	960.15	960.15	79.35	79.35	100
1946	1 676.41	1 547.03	1 189.63	879.03	76.90	56.82	74
1947.5		1 400	1 065	812	76.07	58.00	76
1948	1 222.79	928.71	563.41	527.01	60.67	56.75	94

(资料来源:福建省档案馆、福建省汽车运输公司合编:《福建省公路运输史·第1册·资料汇编》,第1集,内部资料,1984年,第170、172、367、393、455页;福建省公路局公路史编写组编:《福建省公路史资料汇编》,第1集,内部资料,1984年,第344页。)

[①] 福建省档案馆、福建省汽车运输公司合编:《福建省公路运输史·第1册·资料汇编》,第1集,第106、107页。
[②] 罗肇前:《福建近代产业史》,厦门大学出版社,2002年,第311、312页。
[③] 陈孔步:《闽北公路工程概况及改善意见》,《福建公路》,1946年,第1卷第5期,第3页。

抗战胜利后,本区各地的公路运输逐渐恢复,首当其冲的是省城福州城郊汽车客运业务。抗战期间,福州郊区如福马、福峡、西洪、福湾各线因公路破坏而全部停办,只有鼓楼至万寿桥一线尚由复兴公共汽车公司维持营业数年,且业务不断紧缩,并在1941年4月福州第一次沦陷期间完全停业。抗战胜利后,省船舶管理局配备3辆汽车,从1945年10月10日起在市区营业。原承担福州市区及市郊行车业务的福峡、复兴汽车公司也联合南平华侨兴业公司合组"福州市复兴福峡公共汽车联营处",于1946年3月15日正式通车营业。次年,又有福兴泉公司加入市区公共汽车运输业务。后复峡联营处接受福建经济建设公司和福兴泉公司的投资,于1947年8月7日改组成"福州市经建公共汽车股份有限公司"。1946—1947年间,福马、福峡、福湾等市郊各线也相继恢复,其中福马、福峡线由官方经营,福湾线则由商办汽车公司经营。到1947年底,福州公共汽车线路恢复至市内4条、市郊线路3条的规模,超过1937年抗战全面爆发前的景况。①

在长途客、货运输业务方面,1946年闽东地区复兴的公路运输有商营古谷汽车公司经营的古田—谷口—莪洋段公路,以及由福建省船舶运输管理局经营的福州—古田—建瓯段公路。虽然沿海公路干线福州—厦门段从1946年即开始修复,但直到1947年11月时才由福州修通至福清县宏路段,并由交通部公路总局运输第二处和福建省公路局承担客运业务,直到国民党统治结束。虽然抗战胜利后本区的公路交通开始恢复,但复员后的公路运输情况却因车辆和材料补给困难及客源所限而无法取得发展。据1946年9月福瓯车务总段汇报,战后福马线通车后,虽由原2小时一班变为每小时一班,但因车辆缺乏致使不能按时发车;古福线在当年3月通车后因上下行旅不均,由原定隔日一班,先后调整为3日一班、5日一班,并且因车辆缺乏,所开班车也是时开时停;古田—建瓯线客运班次虽与古福线同,但因车辆缺乏、山岭重叠、散匪出没无常,行旅视为畏途,货运业务虽因物产丰富而极显发达,却因货车数量有限而致业务进展深受影响;古谷线货源虽佳,但以车辆、材料补给不易,货运业务也难以拓展。②

闽北方面,主要由于福建省公路局财力有限,无法添置新车、补充耗材而主动压缩闽北运输业务,使得战后运输能力过剩的交通部公路总局直辖运输处趁机开始向本省客、货运输业务渗透。据福建省公路局所作1947年工作报告,"目前各段车辆及轮胎器材均感缺乏,供应困难,业务深受影响,急待补充。……原计划大量购储配件、轮胎、油类,以备行车应用,唯以每月预算材料费与实际应需各项材料数量市价款额差额殊多,且以经济困乏",因此"多拆卸其他停修车辆装配行车,致停修车辆日益增多,运输力量日渐减低"③。从1946年1月交通部公路总局运输二处承揽延建邵光线和阳浦线的客、货运输业务起,交通部公路总局直辖运输处先后在

---

① 罗肇前:《福建近代产业史》,厦门大学出版社,2002年,第383—386页。
② 福建省档案馆、福建省汽车运输公司合编:《福建省公路运输史·第1册·资料汇编》,第1集,内部资料,1984年,第345页。
③ 福建省档案馆、福建省汽车运输公司合编:《福建省公路运输史·第1册·资料汇编》,第1集,内部资料,1984年,第356页。

本区经营了近十条省内、省际客运运输路线,其中以南平为中心的有南平至建阳、南平至永安、南平至江西南昌和赣州、南平至浙江江山,以福州为中心的有福州至浙江江山、福州至南平、福州至杉关。① 到1948年底,一个以福州为中心贯通闽、浙、赣、粤各省的主要干线的客、货运输业务,基本上全归总局直辖运输处经营,并对本区的官营公路运输业务产生了消极的影响。从1946—1948年间客货运输量来看,战后几年间福建官营运输业务一直处于徘徊不前的落后状态,而商营汽车运输的复业也面临着无可抗拒的困难和阻碍,并在国民党统治区经济危机等的影响下,最终陷入无法维持的瘫痪境地。②

就本区公路运输量来讲,因商办汽车运输公司缺乏统计数据,而官营公路运输又缺少成序列的历年统计数据,因此,只能就现有资料对全省或本区官营公路运输情况作一大致的估计。总的来说,战前本区官营公路客运运输主要还是集中在省会福州附近和闽东沿海地区,而闽北的公路客运业务比较清淡。如下表所示,福马路1个月的客运量即与闽北延建邵路1年的客运量大致相当。相应地,闽东沿海地区的营业收入也相较闽北地区为高。以本区官营客运运输为例,每月营业收入最多的是福兴泉路,可达3万元以上。其次是峡宏路和延建邵路,每月在八九千元左右,福马路月收入约七千元左右。最少的是延沙永路,初通车时每月仅有七八十元的收入。③ 但如果考虑到闽北与闽东沿海各路段的车票价格相差较大的因素,④则闽北公路段的运输能力就更少了。

表1-5-4　1935年度福建省营公路各路段乘客人数比较

路 段	公里数	全年乘客人数	每月平均人数	每公里日平均人数
福州—马尾	23	483 850	40 320	58.44
福兴泉	204.575	307 373	25 614	4.2
延建邵	406.66	59 748	4 979	0.41
延沙永	144.59	1 362	908	0.21
合　计	778.825	852 333	71 821	3.07

(资料来源:福建省档案馆、福建省汽车运输公司合编:《福建省公路运输史·第1册·资料汇编》,第2集,内部资料,1984年,第257页。)

抗战期间,因沿海公路被破坏及加强闽北内地交通运输的需要,使得闽北地区的交通运输量有了一定的增加。抗战胜利至国民党统治结束前,闽北地区的客、货运周转量已发展到与闽东相近的水平,但如果考虑到闽北地区公路通车里程占本区70%以上这一因素,那么,相对闽东地区来讲,闽北地区的运输规模仍然较小,与战前相比也没有根本性的改观。

---

① 罗肇前:《福建近代产业史》,厦门大学出版社,2002年,第388—390页。
② 《福建公路运输史》编写组:《福建公路运输史》,人民交通出版社,1988年,第201、213页。
③ 陈体诚:《福建省之公路运输》,《交通杂志》,1936年,第4卷第1—2期合刊,第196页。
④ 福建省档案馆、福建省汽车运输公司合编:《福建省公路运输史·第1册·资料汇编》,第2集,内部资料,1984年,第115页。

表 1-5-5 1946—1948 年闽东闽北营各路段客货运周转情况

路段	1946年 客运	1946年 总货运	1946年 商货	1946年 行李包裹	1947年 客运	1947年 总货运	1947年 商货	1947年 行李包裹	1948年 客运	1948年 总货运	1948年 商货	1948年 行李包裹
永延	1 352 595	23 201 065	4 446 465	14 527 114	1 122 837	15 266 663	2 749 873	8 659 572	1 054 594	3 958	3 958	5 193 668
延阳	1 010 241	23 662 424	1 323 514	9 605 116	966 113	25 717 664	889 464	5 971 312	1 626 491	2 580	2 580	9 685 786
浦阳	567 706	4 089 025	3 356 525	4 062 461	377 842	2 666 846	1 712 746	2 164 846	370 300	24 968	24 968	2 678 262
光阳	220 710	1 722 625	1 250 125	1 428 707	261 802	765 465	765 465	1 476 169	313 461	1 144	1 144	3 099 948
郡阳										286	286	
饶阳	172 438	1 444 125	111 253	755 833	16 393	77 446	77 446	69 568	36 422			707 912
永安	9 259	77 500	0							1 392	1 392	
铅阳		148 800	116 300	528 035					11 104	28	28	361 444
安永	35 766	2 775 458	2 245 458	695 211	398	2 208	2 208					57 994
大永	330 356	2 403 930	1 470 980	3 234 368		1 587 613	1 576 421	1 981 724	239 333	621	621	295 904
朋												
闽北小计	3 699 071	54 345 564	10 604 182	34 836 845	2 745 385	44 496 292	6 197 202	18 341 467	3 651 705	34 977	34 977	21 785 014
古表					86 160	3 028 153	3 028 153	49 406	49 504			
闽古	502 884	8 149 379	7 893 339	1 611 633	84 116	5 279 483	384 483	150 248	250			
闽福					44 874	333 950	333 950	268 904	1 616			
福马					2 400 660	7 920 000	0		1 147 386			
古谷	3 056 045				559 343	177 280	177 280	654 112	302 409			
福白					290 705				225 617			255 447
福宏					482 269				1 309 526	1 814	1 814	
闽东小计	3 558 929	8 149 379	7 893 339	1 611 633	3 948 127	16 738 866	3 923 866	1 122 670	3 036 308	1 814	1 814	255 447
本区合计	7 258 000	62 494 943	18 497 521	36 448 478	6 693 512	61 235 158	10 121 068	19 464 137	6 688 013	36 791	36 791	22 040 461
全省总计	7 878 915	71 797 346	26 175 296	38 202 604	7 765 626	66 381 222	15 243 721	21 951 490	11 215 738	34 967	34 967	24 975 457

说明：客运周转量单位为人/吨公里，其他为吨公里；货运总周转量包括商货、公品、军品及本路公物。

（资料来源：福建省档案馆，福建省汽车运输公司合编：《福建省公路运输史》，第1册，资料汇编，第1集，内部资料，1984年，第368—404页。）

这种现象的形成是多种因素综合作用的结果,而最主要的原因是闽北地区公路质量的低劣和车辆的缺乏。首先,闽北地区公路建设草率,给以后的行车和养护工程带来很大的不便,并严重制约了汽车运输业务的开展。虽然闽北早在1929年就已建成30余里的公路,并在1934年后进入公路修筑的高潮期。但由于各线公路的修筑主要是为了应付当时军事"围剿"的紧急需要,由军队兵工和派用民工赶筑而成,因此,在限定的工款与短促的时间两个条件下,为完成通车任务,各段公路工程因陋就简,质量低劣。普通路面多系厚度仅10—15厘米的泥结碎石铺就,路幅狭窄,宽度仅3—4米,但弯道急迫,有在10米以下者,而最大坡度可达20%,而且临时桥涵占95%,道路通行标志稀少,护栏亦鲜。虽然抗战期间曾因军运频繁和重型车辆过境而改善路面和桥梁,但因财力不济,改良不多。[①]由于大多数公路质量低劣,而且坡陡、弯急、路窄,行车消耗甚大,且车辆经常因路阻而停开,尤其是在暴雨、涨洪季节,一停少则几天,多则数月。这使得闽北各县的客运呈现亏损状态,如下表所示。

表1-5-6 20世纪30年代闽东闽北官营路段客运收支盈亏情况 (单位:元)

	路 段	时 期	收入数	支出数	盈亏数
闽东区	峡南—宏路	1934.7—1934.9	18 543	14 217	+4 326
	福 莆	1934.10—1935.1	79 875	45 084	+24 791
	福兴泉	1935.2—1935.6	107 614	80 193	+27 421
		1935.7—1936.3	416 735	264 895	+151 840
		1938.5—1938.12	612 681	514 389	+98 292
		1939.1—1939.6	292 662	388 588	-95 926
	鼓楼—洪山桥	1934.9—1934.10	4 113	3 857	+256
	福州—马尾	1934.11—1935.6	63 866	59 155	+4 711
		1935.7—1936.6	87 744	75 622	+12 122
闽北区	浦城—建阳	1934.9—1934.10	4 079	15 589	-11 510
	建阳—南平	1934.9—1934.10	3 233	8 489	-5 256
	延建邵	1934.11—1935.6	54 834	80 310	-25 476
		1935.7—1936.6	101 932	143 059	-41 127
	浦建延泽路	1938.5—1938.12	701 782	622 503	+79 279
		1939.1—1939.6	736 292	541 943	+194 349
	南平—沙县—永安	1935.11—1936.6	6 802	19 131	-12 329
	南平—永安—连城	1938.5—1938.12	242 148	242 578	-430
		1939.1—1939.6	314 967	329 254	-14 287

(资料来源:陈体诚:《福建省之公路运输》,《交通杂志》,1936年,第4卷第1、2期合刊,第196页;福建省档案馆、福建省汽车运输公司合编:《福建省公路运输史·第1册·资料汇编》,第2集,内部资料,1984年,第274、531页。)

[①] 福建省公路局公路史编写组编:《福建省公路史资料汇编》,第一集,内部资料,1984年,第393、394页。

其次,车辆、轮胎及其他耗材的缺乏,使得各线车辆安排不足,而车辆中途时常损坏抛锚,也给旅客出行造成极大的不便。抗战前,本区进口车辆数量稀少。1926年至1935年十余年间,由福州进口的各种公、私汽车总共才146辆,除1929年进口93辆、1930年进口19辆外,其他各年均不超过10辆。① 因此,抗战前在本区各线公路上行驶的汽车数量极其有限,闽北地区尤其如此,如浦城至延平段公路可供行驶的汽车仅七八辆。抗战爆发后和战后复员时期,主要在闽北地区开展业务的官营运输机构一直面临着车辆日渐减少的困扰,尤其是在1940年后更是如此。1938年底省运输公司汽车总数为268辆,其中可供行驶者173辆,到1939年、1945年时的相应数字分别为273辆和180辆,182辆和68辆。另外,本区尤其是闽北地区是"围剿"与"反围剿"斗争和抗战期间的军事要地,军运在本区公路交通运输中占有重要地位。因此,一遇到军事稍稍吃紧,或者军队调防,军队封车现象即屡见不鲜,这也间接造成了本区车辆供给不足的困境。② 如抗战前后,古田县的商货交通,多由古谷汽车公司汽车输送。该公司原本有5辆汽车,但在1937年时就被政府征用了2辆,剩下的3辆因机件损坏,每天只能开出客、货车各一辆,以致来往货物均无法疏运。③ 这样,车辆的锐减和公路的大肆破坏,必然会影响到本区和本省的公路运输事业。

表1-5-7 1938—1948年福建省官营机构汽车数量概况 (单位:辆)

时间	总数 A	应征 B	B/A	大修、待修或报废 C	C/A	行驶 D	D/A
1938年	268	30	11.19%	65	24.3%	173	64.6%
1939年	273	28	10.26%	65	23.8%	180	65.9%
1940年	263	28	10.65%	89	33.8%	146	55.5%
1945年	182	—	—	114	62.6%	68	37.4%
1946年	154	—	—	104	67.5%	50	32.5%
1947年	129	—	—	95	73.6%	34	26.4%
1948年	164	—	—	118	72.0%	46	28.0%

说明:车辆数量包括客车、货车、小客车、小包车、救济车及其他车辆,但1947年数据仅指客、货车及客货混合车。

(资料来源:福建省档案馆、福建省汽车运输公司合编:《福建省公路运输史·第1册·资料汇编》,第1集,内部资料,1984年,第342、387、408、413、463页;《福建省公路运输史·第1册·资料汇编》,第2集,内部资料,1984年,第454、468页。)

复次,闽北公路经过地区多为农林区,农村经济的萧条和频繁发生的兵燹匪害使得客货源稀少,而不得不收缩行车班次。据官方1946—1947年间的工作报告,闽北公路建阳至枫岭段,"沿线除浦城、水吉、建阳三处为县城外,余均为村镇,工商业皆无足

---

① 福建省档案馆、福建省汽车运输公司合编:《福建省公路运输史·第1册·资料汇编》,第2集,内部资料,1984年,第324页。
② 《道路月刊》1936年第50卷第2期,第88页。
③ 福建省档案馆、福建省汽车运输公司合编:《福建省公路运输史·第1册·资料汇编》,第1集,内部资料,1984年,第230页。

道。每日北上车为二十余辆,南下仅十余辆,共四十余辆左右。"①据统计,战前延建邵、延沙永、福马和福泉厦各段的每日行车班次分别为 18 次、4 次、56 次和 120 次。②

最后,其他运输方式尤其是水运对汽车运输的排挤也在一定程度上影响了本区公路运输的发展。以水路运输对客运的影响为例,由南平至建瓯水路 120 里,正常水位时逆水行舟普通得三四天;如由建瓯去南平,则是下水,普通只要大半天,水大时只要小半天即可。因此,上水时人们有时会选择乘坐汽车,但下水时的船价只要四五角钱,或不要钱,人们多舍车就船。这便造成汽车上行时拥挤不堪,下行时则旅客稀疏,甚至空车开出。区际客运交通方面,福建省公路管理局曾在 1945 年 12 月开行由南平直达浙江兰溪的客车,初始业务尚可,但在海运畅通后,因各地旅客多乘海轮,导致旅客稀少,回程大都空车。货运方面,抗战前,由浙江运来的货物,皆由浙赣铁道贺村车站改运到浦城,再由浦城登舟。江西的货物,亦以浦城为归宿地。至于福州来货,悉以帆船和轮船装载,公路是望而兴叹的。③ 另外,在陆路运输中,手推车也在跟汽车争夺货源。据 1946 年 3 月时古谷段通车营业及行车状况报告,该段公路"沿途乡镇林立,来往旅客频繁",且沿途村镇"土产尤丰,货运业务自较繁多。唯该段手推车数达百余辆,该车去程装载食米,回程利用放空低价兜揽货物",从而严重影响了汽车运输业务的开展。④

二、近代沿海与内河轮船运输业的兴起与繁荣

本区位于东南海滨,海岸线曲折绵长,并形成许多天然优良港湾,如沙埕港、三都澳、罗源湾和福州港等。内河水系十分发达,域内的闽江是本区乃至全省的内河运输干线,流域面积几占全省的一半。但在近代时期,这些优越的水上运输条件因各种因素的限制并未得到充分的发挥。

1. 近代远洋与沿海轮船航运业的发展⑤

早在福州开埠前,西方国家的飞剪船即在本区沿海各地主要从事鸦片走私贸易。在 19 世纪 50 年代福州茶叶出口贸易开始兴起后,西方国家的船只更是蜂拥而来,抢夺海上航运业务。随着西方轮船使用的日渐广泛,西方洋行和专业轮船公司开始在本区开辟定期或不定期的航线,以从事客货运输。自福州茶叶贸易开始后,英、日、德等国商船出入福州口岸运载茶叶者日渐增多,但总公司均在香港、上海等处,福州没有分公司,全由分洋行代理。第一次世界大战后,因茶叶贸易衰退,到达福州的轮船也顿时减少。到 20 世纪 20 年代中期,直达福州的远洋轮船只有天祥、禅臣、裕昌(Odell & Co.)、太兴(Battegay & Cie)等洋行所代理的轮船,这些

---

① 福建省公路局公路史编写组:《福建省公路史资料汇编》,第 1 集,内部资料,1984 年,第 397 页。
② 福建省档案馆、福建省汽车运输公司合编:《福建省公路运输史·第 1 册·资料汇编》,第 2 集,内部资料,1984 年,第 115 页。
③ 《闽北公路四大干线》,《道路月刊》,1936 年,第 50 卷第 2 期,第 88 页。
④ 福建省公路局公路史编写组:《福建省公路史资料汇编》,第 1 集,内部资料,1984 年,第 420 页。
⑤ 本节除特别注明外,数据采自林开明主编:《福建航运史(古近代部分)》,人民交通出版社,1994 年。

轮船均在茶市兴旺时行驶,无一定期限。至于各洋行代理的其他远洋轮船,均不直达福州,而是经香港中转。①

在本国和本省沿海轮运业方面,因福州口岸与国外远洋航线直接往来的轮船较少,进口洋货和出口土货的周转主要通过香港和上海转运。1850年,英国大英轮船公司(Peninsular & Oriental)的玛丽伍德夫人号(Lady Marywood)轮船开辟了自香港至上海,途经开放各口岸的定期航线,这是到达本区也是本省最早的定期航班,但9个月后该航班因故停驶。1853年,该公司又有不下5艘轮船在包括福州在内的各个通商口岸常川行驶。1857年,有约翰勃得洋行(John Buid & Co)开辟从上海到福州的不定期轮船航线。②从19世纪60年代后,在外国航运势力的侵略下,福州港逐渐形成了北抵上海、南达香港的轮船常川航线。其中,福州与南方香港之间的航线先为英国大英轮船公司和德忌利士轮船公司(Doudas Steamship&Co.)共同控制,后转为德忌利士轮船公司独家经营,而福州与北方上海之间的航线则由英国怡和洋行(Jardine Matheson)和中国轮船招商局共同经营。此后,主要由于福州茶叶出口贸易的衰落,进出福州口岸的轮船数量和班次多少有所变化,但直到1890年末,除日本航运势力开始侵入本区沿海口岸外,这一航运格局总体上没有太大的改变。

表1-5-8　19世纪后期福州与香港和上海之间常川轮船航线简况

时间 \ 航线	福州—香港		福州—上海	
	数量	班次	数量	班次
1865年	4	2次/月	3	2次/月
1866年	5		3	
1867年	8		7	
1870年		3次/月		
1873—1879年	5	2次/周	2	2次/月
1884年		1次/4天	1	1次/周
1893年	2		3	
1898年	3		2	

(资料来源:福州海关:《近代福州及闽东地区社会概况》,华艺出版社,1992年,第13、29、57、70。The Parliament of the United Kingdom of Great Britain and Northern Ireland, *British Parliamentary papers: China. V. 11*, *Commercial reports: embassy and consular commercial reports*, Shannon: Irish University Press, 1972, p. 89; The Parliament of the United Kingdom of Great Britain and Northern Ireland, *British Parliamentary papers: China. V. 15*, *Commercial reports: embassy and consular commercial reports*, Shannon: Irish University Press, 1972, p. 455; The Parliament of the United Kingdom of Great Britain and Northern Ireland, *British Parliamentary papers: China. V. 17*, *Commercial reports: embassy and consular commercial reports*, Shannon: Irish University Press, 1972, p. 195; The Parliament of the United Kingdom of Great Britain and Northern Ireland, *British Parliamentary papers: China. V. 21*, *Commercial reports: embassy and consular commercial reports*, Shannon: Irish University Press, 1972, p. 449;聂宝璋:《中国近代航运史资料》第1辑,上海人民出版社,1983年,第336页。)

---

① 《福州航业之调查》,《中外经济周刊》,1925年,第143期,第9—14页。
② 廖大珂:《福建海外交通史》,福建人民出版社,2002年,第457、458页。

进入20世纪后,本区沿海航运业出现了新的变化。一是沿海民族航运业的兴起。与以上外国航运势力相比,本国沿海轮船运输业的发展要迟缓得多,且几乎均只经营沿海航运业务。轮船招商局在上海成立后,即购买一艘英国轮船由上海装载客货开往福州、汕头试行贸易。此后,招商局的轮船即定期或不定期地驶入福州港。到1894年时,招商局有5艘轮船航行香港至福州之间。除轮船招商局外,1918年时,三北轮船公司也开辟了上海—福州间的轮运航线,并配备宁兴轮定期行驶。此后又有常安、宝亨公司等也各自备轮行驶由福州至上海、烟台、天津、牛庄的非定期航线,每月平均行驶一二次,以装载出口木料为主。在福州至厦门、汕头、香港之间的航线上,也有华商轮船定期常川往来。20世纪初,在福建各港口行驶的轮船已有17艘之多。此外,福建船政局先后制造商轮8艘,部分租给招商局使用,部分用于在福州与上海、台湾之间载运客货,并开辟有福州至基隆和厦门至安平的定期航班。

轮船招商局在本区轮运业的发展也带动了福建沿海各港民营中、小轮船运输业务的兴起。从1884年民营资本开辟福州经沙埕至浙江温州的轮船航线开始,相继又开辟了福州至泉州、三都澳、涵江、上海、台湾及闽浙沿海各港的航线。民国以后,由本省和外省商人创办的民族海上轮运企业继续涌现,各置备数量不等的轮船在福州与本省及本国沿海各港之间常川行驶,从而在本区形成了以福州为中心的沿海轮船运输业。这些华商轮船载重多在400吨左右,以运货为主,每月来往班次视货物多少为据。春夏间茶叶上市,轮船即常川行驶于三都、沙埕、三沙、福州间,每月可航行十余次,而冬秋茶叶衰落时,每月只航行三四次。① 据1930年初调查,福州港本省民营沿海大小轮船共34艘9 135吨位,到抗战前增加至79艘12 736吨位。而仅上海、浙江及其他地区行驶本省沿海航线的外省华商企业(招商局除外)则达到了38家,投入轮船41艘31 579吨位。抗战期间,沿海轮船或因自然损坏,或因被征用以堵塞港口构筑封锁线,或被日军劫掠而日渐减少。据统计,1938—1942年间,外海轮船历年航行次数及吨位分别为1 081次146万余吨、630次88万余吨、278次22万余吨、33次2万余吨和3次555吨,五年间的运输总量还不到260万吨。② 战后大量货物需要海运,又刺激了商人和木帆船船主投资轮船海运业,沿海轮船数量又开始增加。福州港1946年春时仅有轮船13艘1 275吨位,次年即增加至83艘10 020吨位。但随后而来的内战破坏及国民党溃逃台湾前夕的强征豪夺,又使得本港轮船数量迅速减少,以致到建国前夕,仅剩下数艘200吨左右的木壳船。③

二是日本航运势力的崛起。1900年5月,日本政府指令大阪商船会社开辟福

---

① 《福州航业之调查》,《中外经济周刊》,1925年,第143期,第12页。
② 王济贤:《福建省航政之回顾与前瞻》,《交通建设》,1943年,第1卷第12期,第55页。
③ 福建省轮船总公司史志办公室:《福建水运志》,人民交通出版社,1997年,第147页。

州至三都澳航线,每月4次,至1905年3月停航;同年10月,又指定开通香港至福州航线,并于1915年停航。1901年3月又开辟福州至兴化航线,并在1905年4月因津贴被取消而停航。1908年,又将原来常川上海和香港之间的轮船定期停靠福州。① 到20世纪30年代初,日本在本区沿海航路中的势力更加强大。在上海—福州航线上,大阪商船公司共配备了3艘、总登记吨位4704吨的轮船定期行驶,而招商局和三北公司的轮船数量和吨位则分别为3艘3992吨和1艘1088吨。在上海—温州—福州和高雄—福州航线上,则分别由川崎汽船会社612吨的鹿山丸和大阪公司901吨的大球丸定期行驶。②

三是三都澳地区轮船航运业的发展。开埠前,三都澳港口运输系采用帆船运输,没有轮运。开埠初年,轮运也受货源和货主的直接制约而不能发展,未能动摇帆船航运的主导地位。直到20世纪20年代后,定期来往三都的轮船数量才有所增加,并增辟了与上海和香港之间的航线。尽管如此,这也未能改变三都澳地区近代轮运业的落后局面,轮船运输量仍然有限,基本稳定在1928年时10余万吨的水平,而帆船运输在进出口贸易中仍然占支配地位。③

2. 近代闽江内河轮运业的兴起、繁荣与衰落

与沿海轮船运输业相比,本区内河轮运业兴起虽晚,但发展却十分迅速。福建全省河流分布虽广,但由于航道自然条件恶劣,全省内河仅有闽江、九龙江、涵江行驶轮船,而闽江又是轮船出现最早、最多的内河。就闽江流域来讲,1936年闽江全线航道共2286.5公里,其中可通行木帆船的2062.5公里,能通行小轮船的只有498.5公里,仅占通航总数的24%。④

(1) 近代闽江轮运业的地理分布

闽江向有上游、中游和下游之分。从现代地理学的意义出发,根据河谷河床的形态、水文特征及其经济意义,可将闽江分为南平以上的上游、南平到安仁溪口的中游和安仁溪口到闽江入海口的下游。⑤ 但按照历史时期闽江轮船航运业中的营业习惯,多将水口至南平及南平以上的沙溪、富屯溪和建溪三大溪称为上游,将水口以下至福州万寿桥(今解放大桥)称为中游,万寿桥以下直至闽江口为下游。同时,因闽江中游和上游部分河段水流平缓,人们通常又把自福州万寿桥经水口至尤溪口间的轮、汽船航线称为平水航线。⑥ 近代闽江内河轮运业的兴起最早是从闽江下游开始的,然后依次向中游和上游发展。这些航线都是在经历了外国资本主义

---

① 福州海关:《近代福州及闽东地区社会概况》,华艺出版社,1992年,第239、255、272页;聂宝璋:《中国近代航运史资料》第1辑,上海人民出版社,1983年,第497、527页。
② 《我国沿海与内河航路各国船只配置状况及外人经营船公司之现势》,《工商半月刊》,1931年,第3卷第16期,第3页。
③ 梁民愫、贺瑞虎:《试论三都澳的主动开埠和闽东北近代航运的兴衰》,《江西财经大学学报》,2000年,第5期,第44、45页。
④ 《福建航道志》编纂委员会:《福建航道志》,人民交通出版社,1997年,第49页。
⑤ 《福建航道志》编纂委员会:《福建航道志》,人民交通出版社,1997年,第111页。
⑥ 林开明主编:《福建航运史(古近代部分)》,人民交通出版社,1994年,第284页;福建省轮船总公司史志办公室编:《福建省航运史资料汇编》,内部资料,1994年,第548页。

轮船航运势力的入侵后,才最终出现了官营和民营轮运业。

1844年6月,英国政府在福州设立领事馆,特派轮船将首任领事李泰国送至闽江口,是为闽江下游航道通行轮船之始。在当年7月3日福州口岸正式开埠后,英国及它国轮船开始自由出入闽江航道。1866年开工建设的福州船政局,于1869年制造出国产第一艘轮船"万年清"号,并首航成功。从此,在船政局所在地的马尾至川石海口,以及马尾至福州间的闽江下游航线上,就经常有官方轮船或以机器为动力的海军差船往来其间。至于民营轮船的出现则以1875年行驶于福州至连江琯头间的"宝远"号轮船为早,但当时只载客不载货。1900年时,在闽江内河下游航行的汽船约有15艘,而1903年时已至少多达21艘,内河轮运业已经先后蔓延至闽侯、连江、长乐、福清、永泰(福)五县。① 到抗战爆发前,行驶于闽江下游各航线上的轮、汽船有63艘。这些轮、汽船多为载客所用,其额定载客量不过数十人,最多65人;总吨数多为十数吨以下,最多31.40吨;净吨数多在10吨以下,最多17.33吨;机器马力多在20匹以下,最大60匹。②

相对于下游来讲,闽江中游平水航线上的内河轮运业产生时间较晚。与下游轮船业的兴起一样,平水航线上轮船的出现也是西方资本主义势力野蛮入侵的结果。虽然外国对内河小轮行驶权的要求早在19世纪60年代即已提出,但屡次被清政府拒绝。在这种情况下,西方一些人便试图强行突破各种禁令,以染指在中国内河的航行权。1876年,福州的英国商人私造两只小轮船在闽江中游的洪山桥至水口之间行驶,搭客载货。轮船行驶的优越性也早已为国人所觉察,并屡次提出在闽江中游平水航线上行驶轮船的要求。虽然国人最晚在19世纪70年代即提出兴办内河轮运业的要求,但屡被政府搁置不理;即使偶有破例,也将内河轮运业严格限定在官物的运输及官方人员往来上。③ 就本区来讲,早在1887年前,即有华商多次提出在中游行驶轮船的请求。④ 直到1895年,清廷电令各省督抚准许"内河行小轮以杜洋轮攘利",首次正式允许民间开办内河轮船航运业。当年,福州一陈姓绅商出资购办小轮船一只在平水航线上营运,只搭客不载货;次年又增加一艘加入平水客运。⑤ 至此,由华人独立经营的客运小轮才最终出现在闽江中游航线上。到1917年时,至少有5只小轮船定期川行于中游航线上,其中2只为英国籍,3只为华商所有。⑥ 抗战爆发前,在福州经水口至尤溪口的闽江中游平水航线上行驶的轮、汽船已多达近30艘。这些轮、汽船绝大多数是既载客又运货,乘客定额多在百人以下,载货吨数多在30吨以下。⑦

---

① 福州海关:《近代福州及闽东地区社会概况》,华艺出版社,1992年,第243页。
② 福建省轮船总公司史志办公室编:《福建省航运史资料汇编》,内部资料,1994年,第358页。
③ 交通铁道部交通史编纂委员会:《交通史航政编》第1册,1935年,第482页。
④ 《申报》1887年4月19日。
⑤ 罗肇前:《福建近代产业史》,厦门大学出版社,2000年,第88页。
⑥ [日]外务省通商局:《福建事情》,1917年,第107页。
⑦ 福建省轮船总公司史志办公室编:《福建省航运史资料汇编》,内部资料,1994年,第355—357页。

与中、下游一样，上游轮船航运业的产生也是西方资本主义势力入侵所致。闽江上游通行轮船始于1918年。是年，福州的英商祥泰木行以便利木材采购为名，在雀船上安装机器一部，从福州直驶南平。1924年，原本经营木帆船运输的帆船商人因受当时沿江土匪的骚扰、勒索，以及下游和平水轮运业务繁荣的刺激，开始试制机动船，并试航成功，从而奠定了现代化轮船航运业的基础。只是因为水口以上流急滩多，故后来多以汽船取代小火轮。到1929年时，行驶上游的轮、汽船由最初的六七艘，增加到30艘，至1934年更发展至85艘。①

1928—1934年间是闽江内河轮船数量急剧增长的时期，尤以上游轮船数量的增加最为显著。在短短数年间，闽江下游轮船航线虽仅增辟1条，数量却由18艘增加至31艘；中游航线增辟2条，数量由6艘增加至24艘；上游虽无开辟新航线，轮船数量却由9艘猛增至85艘。截至1934年止，闽江水系共有轮船183艘，为1927年的5—6倍，营运航线达到27条。历史时期闽江全线轮、汽船数量情况可见表1-5-9。

表1-5-9　民国间闽江全线轮、汽船数量及主要航线概况

航线 时间	上游					中游					下游	总计
	建瓯	沙县	洋口	南平	小计	尤溪口	谷口	水口	侯官	小计	小计	
1925年					9			10		10	14	33
1928年					25					15		
1929年	13	6	6	5	30		6	18	4	28	31	89
1934年					85					24	74	183
1935年6月	19	14	16	13	62	3	8	10	8	29	63	154
1937年					59					24	22	105
1939年3月	18	11	16	13	58	4	8	6	6	24	123	205
1944年5月					62	4	5	8	4	27	21	110
1945年8月					58					25	14	97
1946年2月					56					26	17	99
1947年4月				37	51	3	3		2	18	25	94
1948年5月	3	3	4	40	50	4	4	3		11	30余	90余

（资料来源：《福州航业之调查》，《中外经济周刊》，1925年，第143期，第1—14页；《闽江上游汽船业近况》，《经济科学》，1928年，第2卷第5期，第3页；铁道部业务司调查科：《京粤线福建段经济调查报告》，铁道部业务司，1933年，第178—184页；福建省轮船总公司史志办公室编：《福建省航运史资料汇编》，内部资料，1994年，第334、358、514、556、561、562、590—594页；朱代杰、季天祐：《福建经济概况》，福建省政府建设厅，1947年，第193页。）

(2) 闽江轮运业的组织与经营

闽江内河开行轮船以后，与帆船相比，轮船在速度、安全性方面的优势立即凸

---

① 福建省轮船总公司史志办公室编：《福建省航运史资料汇编》，内部资料，1994年，第369页。

显出来,以致建瓯、顺昌县洋口、沙县、南平等地原本经营木帆船业的船主纷纷改营轮船。后因商况衰退,经营不振,加上汽船数量急增,供过于求,于是同业之间或相互摔价竞争,或肆意滥载,船商难以获利,从而也无力顾及轮船的修整与保养,以致轮船破败不堪者甚多,航运事故迭现。据不完全统计,仅1924年初至1929年底6年间,失事汽船即多达14艘次,有记录的死亡人数525人,行李30万元。[①] 在这种情况下,福建省政府于1934年决定将闽江轮船运输事业交由福建省建设厅办理。1935年2月,福建省建设厅验船处对闽江上游所有轮船进行登记、检验。当时共有汽船119艘,经验船处检验后,将那些不堪航行,或有碍航行安全的破旧船只尽行淘汰,停止运营。所余机器健全、船身完整坚固的91只轮船,准其正常行驶经营。在官方试图垄断经营闽江轮运业未果后,转而要求闽江上游各线轮船船主组织公司自行经营。1935年,除原行驶于福州附近各乡的轮渡汽船仍旧自由经营外,由建设厅督饬闽江上游各线轮船依法组织成立闽芝、闽沙、福沙、闽延、剑津、龙津、蕫声、春风、尤樟福、福困、四畴等11个汽船公司,分别行驶福州—南平、福州—建瓯、福州—沙县、福州—洋口、福州—水口—谷中—尤溪口航线。在这11个公司的83艘汽船中,行驶中游平水航线者为春风、尤樟福、福困、四畴等4公司的轮船21艘,行驶上游的南平及以上航线者为其他7公司的轮船62艘。虽然闽江上游和平水航线上已经成立了多家公司,但各公司、各轮船仍系各自经营、自负盈亏,而福建省建设厅也自行建造了两艘直航福州—南平间的快速客艇,交官办的中南旅行社经营管理。

抗战全面爆发后的1937年8月,官方借口非常时期统制经济和军公运输所需,规定上游各民营轮船公司所属船只均交"军事委员会福建省船舶总队部"接管经营。后因各航商群起反对,暂准将营业归还各公司自行办理,船只征发则仍由部管制。1938年3月,在省政府的督促下,上游四线七公司各航商在福州成立了延、建、沙、洋四线营业联合办事处,并于1939年由建设厅将其改为闽江轮船股份有限公司,时有轮船56艘。到1940年1月,闽江轮船公司正式成立时,共有轮船57艘3 746吨位,而各航商的原有轮船多被调换机件、拆卸改样、更换名称,致使原船旧观悉变,原船主以后也就无法将其领回。这样,闽江上游的轮运业便由最初的民间各自经营转变为官方垄断经营。1944年2月,闽江轮船公司又接管了原福建省运输公司在1940—1941年间开辟的南平—建瓯—水吉、南平—永安、南平—洋口和南平—邵武等内溪航线,并收购了福建省运输公司所有载货3—8吨或载客30—50人的小型木炭机内溪浅水汽船17艘。到1944年7月和8月,福州平水轮船股份有限公司和闽江下游轮船股份有限公司相继成立,结束了中、下游各民营轮船分线独立经营的状态。至此,闽江水系所有轮船全部分别归入3家公司组织之内,并改革

---

① 福建省建设厅档案:福建省档案馆,全宗号36-1-39。

了过去分散经营时期遗留下的陈规陋习,采取了全新的管理方法,从而促进了闽江水路轮船客货运输量的增加。据统计,除一般军公差运和福州两次沦陷时撤退后方的运输量外,闽江轮船公司在1940—1944年前后五年间的客、货运输量分别为78.5万人次和8 300吨。

三、近代邮政通讯业的发展

1. 近代邮政的发展及其不平衡性

在经历了海关兼办和试办邮递业务后,1896年4月,清政府在全国正式开办国家邮政,而福建邮政也于次年2月正式营业。因福建邮政初创时由海关兼管,且系根据通商口岸划分邮区,全省也就相应地分设福州和厦门两个总局经营各自邮界内的邮政业务。1899年5月,三都澳也开设邮局,并从1902年11月起与福州邮界分开,自成一个邮界。至此,在全省3处邮区中,本区有2个,但三都澳邮区范围较小,业务量微不足道,而福州邮区管辖范围则包括福州府、延平府、建宁府、兴化府和福宁府6府。[①]

表1-5-10　1899—1949年闽东闽北邮政机构增设概况

时　间	增　设　机　构	数量
1899年	福州城内支局、三都澳	2
1900年	水口、南平、福州洪山桥、福州潭尾街	4
1901年	马尾、建瓯、洋口、邵武	4
1902年	连江琯头、霞浦、崇安、福州鼓岭	4
1904年	沙县、福州坞尾、福清、浦城	4
1905年	古田、光泽、建宁、建阳、将乐	5
1906—1911年	连江、福安、福鼎、宁德、永安、福州城内第二支局、福州崎下	7
1912年	长乐	1
1913年	顺昌、高山市	2
1915年	渔溪	1
1916年	尤溪、长乐营前、福州城内第三支局	3
1917年	罗源	1
1920—1921年	平潭、永泰、政和、扈屿、水吉、泰宁、樟湖坂、峡阳、南雅、龙田、松溪、福州中洲	12
1922年	福州湖头	1
1923年	福州渡鸡口	1

---

① 胡中升:《1911—1928年福建邮政的发展》,福建师范大学2006年硕士学位论文,第9页。

续 表

时 间	增 设 机 构	数量
1935—1937年	宏路、海口、东张和瞻阳、屏南、福州尚干和南屿、福鼎沙埕、寿宁、福安赛岐、闽清、闽清六都、亭头、古田平湖街、崇安(复设)、下道、浦城临江街、仙阳	18
1939—1941年	三元、麻沙、贡川、吉山、飞鸾、梅列	6
1942—1945年	福州观井路、永安渔潭、民权路和茅坪、南平中华路、水南、建阳童游、崇安赤石、古田谷口、周墩、小陶、侯官、穆洋、柘洋、长乐金峰、坑田	16
1946—1949年	鼓山、渡鸡口、乐群路、福新街	4

(资料来源：林忠友:《福建邮政五十年》,《福建文史资料》第17辑,1987年,第149、156、166页。)

在邮政开办初期,本区邮政业务发展较为平稳,但增速缓慢。从表1-5-10历年邮政局、所增设情况可见一斑。晚清时期,每年平均增设的分局和支局近3处。到1909年时,福州和三都澳邮界的总、分、支局总数分别为25处和5处,而代办所的数量则分别是77处和16处。[①] 此时,邮政线路已经延伸至除顺昌、尤溪、政和、松溪、永安、泰宁、永泰、屏南、寿宁、平潭、长乐、闽清外的闽北和闽东各县及重要市镇。

民国时期,自1911年12月福州邮务总局从海关分出成为独立机构后,从1912—1916年间,福州邮区内增设了6处分局和2处支局,而在1920—1921年间则增加了10处分局和1处支局。但1922年以后,本区邮政业务开始停滞不前,表现之一就是邮政机构的数量和等级不断减少和降低。[②] 直到1935年后,邮政机构的数量才再度急剧增加。这样,到1936年时,闽东和闽北地区全部31县均已设立了邮政分、支局,并在重要市镇设立了数百处代办所,初步形成了覆盖闽东闽北地区的邮政网络,而其中重要的分局和支局在闽侯县有6处、建瓯县和福清县各4处、南平县3处、古田县和宁德县各2处,其他各县均1处。[③]

抗战爆发后,随着沿海地区的人口和机关、工厂及商店的内迁,以及加强内地经济往来的需要,又在内地大量增设邮政分、支局。在1939—1945年间增设的23处分、支局中,位于闽北内地的即有13处之多,而内地的南平和永安也成为本区乃至全省的邮政中心。但随着抗战结束后回迁沿海,在内地增设的分、支局也大量地裁撤、停办或降低等级,南平和永安也由战时的一等局降低为二等局。到1949年时,全省共有邮政总、支及分局147处,代办所878处。[④]

邮政业务的发展还表现在邮路里程的扩展、邮件和包裹数量的增加等方面。据表1-5-11可知,全省邮路里程的发展趋势与本区邮政局、所的发展情形较为接

[①] 《邮传部交通统计表》第三卷,邮政,1909年,第1页。
[②] 胡中升:《1911—1928年福建邮政的发展》,福建师范大学2006年硕士学位论文,第11页。
[③] 交通部邮政总局编:《中国通邮地方物产志·福建篇》,1936年,第3页。
[④] 林忠友:《福建邮政五十年》,《福建文史资料》第17辑,1987年,第157、166页。

近,也是在战前数年才得以迅速发展。随着邮政局、所的增加和邮路里程的扩展,全省邮件传递数量也在逐年增加,尤其是 20 世纪 30 年代后,发展较为迅速,而国内包裹数量的变化起伏却较大,呈现出一种畸形发展的趋势。①

表 1-5-11　1911—1949 年福建全省邮政发展概况

时间	局所数	邮路里程(公里)	国内邮件数	国内包裹件数
1911 年	341			169 820
1912 年	370			141 921
1913 年	385			229 140
1914 年	393	8 941		349 144
1915 年	394	8 593	6 361 788	53 750
1916 年	397	8 736	6 499 662	68 800
1917 年	408	8 746	7 543 744	79 000
1918 年	409	8 912	7 934 246	92 100
1919 年	412	8 955	8 586 790	148 200
1920 年	420	9 190	9 560 332	198 300
1921 年	427	10 041	10 612 224	203 500
1922 年	429	10 490	9 859 500	178 000
1923 年	448	10 655	11 611 700	210 500
1924 年	469	10 673	12 840 800	273 100
1925 年	478	12 831	14 782 300	288 100
1926 年	480	13 172	15 808 600	239 600
1927 年	471	12 995	15 790 400	199 300
1928 年	461	13 618	17 917 700	214 300
1929 年		13 602		
1930 年	468	15 975	22 494 000	151 100
1931 年	468	16 951	24 838 800	226 400
1932 年	468	16 511	25 467 250	168 720
1933 年	473	16 815	25 849 200	188 000
1934 年	480	16 815	14 358 500	117 800
1935 年	481	17 590	30 275 600	290 900
1936 年	533	21 083	20 762 572	251 041
1937 年	617	20 773	22 946 732	237 167
1945 年	879			
1946 年	909	22 592		
1949 年	1 025			

说明:1934 年数字为当年 1—6 月数据、1935 年数字为 1934 年 7 月—1935 年 6 月数据、1936 年数字为 1937 年 5 月数据、1937 年数字为 1937 年 12 月数据。

(资料来源:胡中升:《1911—1928 年福建邮政的发展》,福建师范大学 2006 年硕士学位论文,第 20、12、15 页;林忠友:《福建邮政五十年》,《福建文史资料》第 17 辑,1987 年,第 141、156、166 页;《福建省历年邮政概况统计》,《闽政月刊》,1938 年,第 3 卷第 4 期,第 41 页。)

---

① 林忠友:《福建邮政五十年》,《福建文史资料》第 17 辑,1987 年,第 100 页。

本区邮政事业的发展表现出较为明显的不平衡性。首先,从各邮政分、支局的分布情况来看,多数分布在沿海和闽东地区。虽然抗战时期的内迁暂时改变了这一局面,但战后很快又恢复到战前的常态。自1897年最初在福州和罗星塔成立邮局后,历年增设邮政分、支局(所)在各区域的数目分配情形如下表1-5-12:

表 1-5-12 晚清民国各历史时期福建省邮政机构数量的区域差异

时间	沿海	内地	闽东	闽北
1899—1911年	16	14	19	11
1912—1923年	12	10	13	9
1935—1937年	9	9	14	4
1939—1945年	7	15	9	13
1946年	4	0	4	0

(资料来源:据表1-5-10改制。)

其次,邮线地域分布的不均衡性也较为明显。沿海地区邮线密布,福州和三都是本区的邮件转运中心,而广大的内地却是邮线稀疏,大多数只有县际邮线,县内邮路稀缺,甚至没有。[①]

总之,历史时期本区的邮政事业虽然取得了一定的发展,但因历史、地理和经济条件所限,区域内邮政事业发展不平衡的现象十分显著。民国后本区的邮政事业虽然已经采用了现代化的运输工具和管理方法,但其影响范围还极其有限。据表1-5-13所示,直到国民党统治结束时,本区的邮政运输业务仍主要依靠跑旱路的方式来进行,水道邮路仅占20%—30%,而现代化汽车邮路也不超过20%,航空邮路则要迟至1947年才出现。

表 1-5-13 民国时期福建省历年邮路概况

时间	总里程	主要邮差邮路	次要邮差邮路	水道邮路	%	汽车邮路	%
1918年	8 856	7 416	—	1 440	—	—	—
1928年	13 516	9 561	—	3 955	—	—	—
1930年	15 975	9 024	2 291	4 660	29.17	—	—
1931年	16 951	9 165	2 317	4 660	27.49	809	4.77
1932年	16 511	8 441	2 426	4 670	28.28	974	5.90
1933年	16 815	8 400	2 495	4 805	28.58	1 115	6.63
1934年	16 815	8 400	2 495	4 805	28.58	1 115	6.63
1935年	17 590	8 227	2 912	4 805	27.32	1 646	9.36
1936年	20 667	8 292	5 308	4 804	23.24	2 263	10.95

---

① 胡中升:《1911—1928年福建邮政的发展》,福建师范大学2006年硕士学位论文,第60页。

续　表

时间	总里程	主要邮差邮路	次要邮差邮路	水道邮路	%	汽车邮路	%
1937年	20 636	7 389	5 852	4 032	19.54	3 363	16.30
1938年	22 647	7 241	7 104	4 038	17.83	4 264	18.83
1939年	22 302	8 265	7 378	4 050	18.16	2 609	11.70
1940年	22 612	8 700	7 471	3 965	17.53	2 476	10.95
1949年	27 172	13 539	4 809	5 037	18.54	3 787	13.94

（资料来源：林忠友：《福建邮政五十年》，《福建文史资料》第17辑，1987年，第93、168页；福建省政府秘书处统计室：《福建省统计年鉴》第一回，福建省政府秘书处，1937年，第1074页；《全省历年邮路里程》，《新福建》，1942年，第1卷第5期，第13页。）

2. 近代电讯事业的兴起和发展

（1）抗日战争前本区电讯事业的发展

本区有线电报始创于1876年，其前身是1874年由大北公司在福州至罗星塔之间私设的陆路电线，这也是全省第一条电报线路。至抗战前，本区有线电报已建成4条干线和多条支线，即浙江江山经浦城、建阳、建瓯、南平、水口至福州的沪福线，自福州经厦门至广东的福广干线，自福州经马尾至川石与台北通报的闽东干线，以及自福州经连江、罗源至三都澳的干线。支线则以南平为中心，一条通往洋口、顺昌、将乐而至建宁、泰宁，一条经沙县、永安而至闽西地区，永安至大田也有电报支线。[①] 历年有线电报设立情况如下表所示。

表1-5-14　抗日战争全面爆发前闽东闽北历年有线电报建设情况

时间	路　　线	里程（公里）
1876年	福州南台泛船浦至马尾罗星塔，后展线至长门	17.131
1879年	福州南台经鼓山至马尾	31.7
1883年	沪粤线福建段福州—南平—建瓯线路	
1885年	长门至川石岛	
1887年	福州川石岛至台湾淡水沪尾	117
1891年	福州总督署经马江电报局至长门	40
1903年	福州总督署经福州闽城电报局至福州电报局	30
1905年	福州马尾经连江、罗源至三都澳	146.25
1929年	福州至福清	84.7
1935年	福州至长乐	

（资料来源：福州市地方志编纂委员会：《福州市志》，方志出版社，1998年，第649页。）

电报设立之初，系专供军用，不对外营业。1884年福州电报局正式开业后，始经营民用电报。晚清时期，福州督署报房和长门报房发报字数每年不超过20万

[①] 茅绍襄：《战后福建电信的展望》，《交通建设》，1944年，第2卷第1期，第71页。

字,其中官报占90%以上,电政收入不过千余两。^① 到1930—1934年间,福州电报局每年发报字数增长到三四百万字,纯收入10万元左右,而且以商电所占比例为多。此时,全省的电报通报处所已在30处左右,电报线路长达2 000余公里,电报机七八十部。[②]

从下述1929年本区各县电报业务调查表中可以看出,此时无论发电还是收电,商电数量都远远超过官电数量,而且除省城福州外,建宁、宁德、南平、浦城等地的商业电报业务也较为发达,这与其所处的经济地位是相适应的。

表1-5-15 1929年闽东闽北有线电报营业统计

名 称	发电件数		收电件数		月收入（元）
	商电	官电	商电	官电	
闽侯各局	3 026	940	2 319	822	9 340
浦 城	129	4	128	42	505
建瓯建宁局	411	21	511	37	771
南平延平局	135	105	268	166	622
宁德三都局	219	9	282	24	536
连江长门局	45	5	38	24	82
古田水口局	40	8	35	26	86
建阳建阳局	63	8	89	29	192
福清福清局	66	4	116	37	126
总 计	4 134	1 104	3 786	1 207	12 260

（资料来源:铁道部业务司调查科:《京粤线福建段经济调查报告》,铁道部业务司,1933年,第177页。）

本区无线电报开始于1916年,当时在福州汤门设立长波电台,专供船舶气象通讯使用。到抗战前,由交通部主管的电台在福州有1部海岸电台和4部国内电台。另外中国银行、中国航空公司、中央党部、盐务管理局、日本领事馆等机构均在福州设有无线电台。[③] 只是由于无线电报在很长时间内不能用于商务,而仅用于军事及行政事务,故发展较缓慢,对经济发展的影响也并不大。

与有线电报相比,电话在本区的出现时间较晚。1904年,福州出现官务电话,3年后成立的福州电话股份有限公司也具有官务电话的性质,不能开展面向社会的服务。1912年,福州刘家开始接办福州电话,并于当年12月正式营业,从而开启了民用市内电话事业的进程。到抗战前,福州市区电话自动交换机的容量已多达1 500门。此外,福清县也在1936年成立了电话公司,备有交换机50门。长途电话主要是行

---

① 福州市地方志编纂委员会:《福州市志》,方志出版社,1998年,第656页。
② 福建省政府秘书处统计室:《福建省统计年鉴》第一回,福建省政府秘书处,1937年,第1083页。
③ 罗肇前:《福建近代产业史》,厦门大学出版社,2002年,第142页;茅绍襄:《战后福建电信的展望》,《交通建设》,1944年,第2卷第1期,第71页。

车电话,并随着建成公路的伸展而日渐发展。由于本区公路干线多为军事用途而建,故长途电话多为官线。到抗战前,本区长途电话建设里程已多达1 000公里以上。①

(2) 抗日战争期间及战后本区电讯事业中心的位移

抗战发生前,省城福州是本区电讯事业的中心,各种电讯事业均以沿海地区发展最早、最快、数量最多,报话收入也以沿海地区为佳而内地各局较差。这种局面一直持续到抗战开始后才逐渐发生转变。抗战开始后,因政治、经济和文化重心内迁,沿海地区各种电讯设施也移设内地,内地电讯事业因之趋于繁荣,并暂时改变了电讯事业集中在以福州为中心的沿海地区的局面。

抗战时期,随着沿海地区有线电报移设内地及闽北地区有线电报线路的增设,南平和永安开始成为战时本区有线电报的转发中心。当时在闽北和闽东地区建成了沙县—永安线、浦城—龙泉线、建阳—邵武—江西黎川线、邵武—泰宁线、崇安—江西铅山线和闽清—永泰线、古田—宁德线、福安—寿宁—浙江泰顺线,线路总长多达1 900余公里。

全省的长途电话线路也增加到2 800余公里。在沿海长途电话线路拆除后,部分用于内地长途电话线路的建设,并在闽北和闽东逐步建成了建瓯—建阳—浦城—浙江江山线、南平—沙县—永安—连城线、浦城—浙江龙泉线、建阳—邵武—泰宁—建宁—江西广昌线、建阳—水吉线、永安—大田线及水吉—政和—周墩—福安线。随着内地电话线路的增加,浦城、永安、建阳、南平、建瓯等地的电话业务也日渐进步,并承揽了大量商务报话业务。市内电话方面则由福建省建设厅在南平成立电话总局,兼办市内及长途电话业务。此时永安的电话用户已达300户,沙县、三元、建阳、古田等县也先后由省营电话局设立了市内电话,而原位于福州、福清等地的民营电话公司,或缩小营业范围,或将设备拆运、租借给内地电话局使用。无线电台方面,中央党部及各大银行等机构专用电台和交通部主管电台大多数均在战争期间由福州移往永安,并在永安建成了大型电台,以作为本省无线电报转发中心,而建瓯、南平、建阳、福安、霞浦等地也都增加了无线电台的数量和功率。②

抗战胜利后,内地的电讯设备纷纷拆往沿海,通讯中心移设于福州,又恢复到战前的常态。到1946年6月止,全省共有长途电话线2 200余公里,省内通话地有永安、南平、建瓯等55处;有线电报线4 150公里,省内通报地点有57处,省外则可经江西、浙江而转达全国各地;设有无线电台者有福州、厦门、晋江、霞浦4地。③ 到1947年8月,已在闽北和闽东地区设立了36处电信局或报话营业、代办处,只有闽东长乐、永泰、平潭和屏南4县未设。

---

① 罗肇前:《福建近代产业史》,厦门大学出版社,2002年,第143、241页;福建省政府秘书处统计室:《福建省统计年鉴》第一回,福建省秘书处,1937年,第1086页。
② 茅绍褆:《战后福建电信的展望》,《交通建设》,1944年,第2卷第1期,第71页;朱代杰、季天祐:《福建经济概况》,福建省省政府建设厅,1947年,第201页。
③ 朱代杰、季天祐:《福建经济概况》,福建省政府建设厅,1947年,第201页。

表1-5-16　1947年闽东闽北电信营业机构分布

	全省	闽东	闽北
一等局	1	福州	
二等局	6	福安、宁德、古田、霞浦、水口、福清	南平、永安、建阳
三等局	31		泰宁、建宁、将乐、洋口、沙县、水吉、浦城、建瓯、崇安、邵武
报话营业处	3	马尾	
报话代办处	32	福鼎、柘荣、赛岐、寿宁、周宁、罗源、飞鸾、连江、溪尾	三元、政和、赤石、尤溪、松溪、顺昌
合　计	73	17	19

（资料来源：朱代杰、季天祐:《福建经济概况》，福建省政府建设厅，1947年，第201、202页。）

第二节　传统水陆运输业的维持与发展

本区境内多山，道路崎岖，货物运输艰难，运输成本极高。而且盗匪横行、挑夫偷窃、地棍勒索等现象屡见不鲜，更使得本区的陆路运输雪上加霜。由于本区河道众多，水上运输远较陆路运输为重要。一般情况下，商人舍水就陆要么出于无奈，要么就是偶尔为之。然而，由于各种自然和社会环境的限制，水路运输也并不十分通畅。尽管如此，在20世纪30年代前，传统水陆运输在本区交通运输体系中一直占有主导地位。有关本区20世纪20年代时交通运输状况的调查估计结果见下表。

表1-5-17　20世纪20年代闽东闽北交通运输概况调查

运输工具	每单位载重	日行速度	运费(元/吨英里)	最大行进距离	承担的运输量
轮船、帆船和快艇	250吨	70	0.04	140英里	20%
靠帆或人力驱动的溪船	20吨	25	0.05	200英里	40%
以人背负	100磅	20	0.80	75英里	40%

（资料来源：Fukien：A Study of A Province In China, Presbyterian Mission Press Shanghai, 1925, p.33。）

一、以驿传制度为基础的传统陆路运输

近代以前，本区的传统陆路交通运输主要依靠邮驿系统进行。清代福建全省共有水、陆驿站59个，铺站832个，腰站9个，由此构成的邮驿线路遍布全省。就闽东闽北地区来讲，本区合计共设有驿站33个、铺站447个、腰站4个。以这些

驿、铺、腰站为中心,大致形成了6条连接区域内外的道路网络。一是由福州府闽县三山驿起经延平府,至建宁府境浦城县小关驿,越仙霞岭至浙江江山县,全程约625公里;二是由福州府闽县三山驿起经延平府,至建宁府境崇安县大安驿,至江西铅山县,全程约121公里;三是由福州府闽县三山驿起经延平府,至邵武府境光泽县杉关驿,至江西南城县,全程约271公里;四是由福州府闽县三山驿起经延平府境将乐县白莲驿,至汀州府境入广东大浦县,全程约628公里;五是由福州府闽县三山驿起经福清县境宏路驿,至本省旧兴化府、泉州、漳州府入广东饶平县,全程约593公里;六是由福州府起经福宁府境,至浙江瑞安县。此外,在本区浦城、松溪、崇安、光泽、泰宁、建宁、寿宁等县境内,还有10条与浙、赣、粤3省互通的次要道路。① 以上交通路线为水陆兼用,而以陆路交通为主,只是陆路的技术标准和道路条件极差。以较主要的陆路交通线为例,据估计其宽度在1—3米之间,而且荒草壅途,行人稀少。②

由于本区山岭重叠,道路崎岖,境内的运输方式多停留在依靠人力步行、肩挑、背驮为主的落后状态,驮兽的使用极为稀少。③ 如古田县因僻处万山之中,山岭崎岖,车不能通,货物运输专赖挑夫肩挑,而商旅往来则恒以肩舆代步。④ 至于陆路运输能力则因地形有别而相差甚大。大致来说,在闽北山区,单人肩挑运载能力正常情况为80斤,最多不超过120斤;在负重60斤的情况下,每日最多可行百里。运费方面,陆路运费中挑运是水路的10倍多,车运是水路的7倍多。⑤

此外,历史时期本区境内陆路运输中的社会环境也十分不利。不但盗匪抢劫之事频发,而且过往商旅和货物更备受挑夫之害。闽省官员曾坦言:"延、建等府所属之各陆路地方,报抢、报劫者亦在所不免。"⑥尤其是在商品经济发达的地方,地痞无赖从事偷盗活动更加猖狂。⑦ 至于挑夫偷窃、地棍勒索之事也屡见不鲜历史文献记载:"查延、建一带,乃通京大路,邵郡接壤江右,均为全闽咽衢道。唯各该处(脚夫)……中途掏摸挖窃,迨经查觉,已潜逃无迹。甚至本省督宪进京,行李亦遭肆窃,实为行旅之害。"⑧另外,货物运输时也常常会遇到地棍的勒索。闽北地区出口的木材在从山上拖运到河边以待放溪的过程中,会有当地村民在运木者必经之路挖坑以阻止运木,只有在木商交付400—1 000元的费用后,才可以安全运出。⑨ 地

---

① 福建省公路局编辑组:《福建公路史》,福建科学技术出版社,1987年,第24—29页;张燕清:《清代福建邮驿制度考略》,《福建论坛》,2001年第6期,第94—98页;李金强:《区域研究:清代福建史论》,香港教育图书公司,1996年,第27—31页。
② 刘世英:《芝城纪略》,福建师范大学图书馆藏抄本,第34页。
③ 福建省政府农林处统计室:《福建省各县区农业概况》,福建省政府农林处,1942年,第131页。
④ 民国《古田县志》卷十八,交通志,福建师范大学图书馆刻本,第1页。
⑤ 周宪文:《福建省例》,《台湾文献史料丛刊》第7辑,台湾大通书局,1984年,第384、751页;佚名:《闽藩政要》,上海图书馆藏抄本,第23、42页。
⑥ 周宪文:《福建省例》,《台湾文献史料丛刊》第7辑,台湾大通书局,1984年,第425页。
⑦ 甘满堂:《清代福建地痞无赖与福建地方社会》,《福州大学学报(社会科学版)》,1999年第3期,第19页。
⑧ 周宪文:《福建省例》,《台湾文献史料丛刊》第7辑,台湾大通书局,1984年,第804页。
⑨ Members of the Anti-Cobweb Society Foochou, *Fukien: Arts and Industries*, Foochow: Christian Herald Press, 1933, p.35.

棍勒索过往客商的例子也发生在闽东地区如屏南等地。①

总之,开埠前至国民党统治结束的大部分历史时期中,除闽东沿海及闽北内地少数县份外,本区货物运输方式仍以肩挑为主,各式车辆及畜驮极为少见,运输能力极低。

表 1-5-18 20 世纪 40 年代初闽东闽北陆路运输统计

区域		运输方式	载重(公斤)	日行公里	每公里每百斤平均运价(元)
闽东地区	闽侯	肩　挑	50	30	0.30
		轻手车	150	35	0.30
		重手车	500	20	0.25
	福清	重手车	400	20	0.25
		轻手车	100	20	0.40
		驴　马	100	30	0.20
		肩　挑	50	25	0.30
	平潭	肩　挑	50	40	0.36
		牛　车	200	50	0.20
	古田	二轮板车	300	35	0.18
		单轮手车	150	35	0.20
		肩　挑	40	30	0.25
	长乐	肩　挑	50	25	0.30
	连江	肩　挑	60	25	0.15
	永泰	肩　挑	50	45	0.14
	闽清	肩　挑	50	30	0.25
	屏南	肩　挑	40	30	0.14
	霞浦	肩　挑	50	40	0.30
	福安	肩　挑	50	20	0.16
	福鼎	肩　挑	50	30	0.14
	宁德	肩　挑	30	30	0.15
	寿宁	肩　挑	40	15	0.30
	罗源	肩　挑	60	25	0.38

① 乾隆《屏南县志》卷八,艺文志。

续表

区　域		运输方式	载重(公斤)	日行公里	每公里每百斤平均运价(元)
闽北地区	顺昌	板　车	50	30	0.18
		肩　挑	40	30	0.17
	建宁	单轮手车	120	30	0.26
		肩　挑	50	30	0.30
	浦城	轻手车	40	25	0.16
		肩　挑	50	30	0.20
	邵武	轻手车	150	20	0.14
		肩　挑	40	20	0.18
	崇安	轻手车	60	30	0.20
		肩　挑	50	28	0.22
	南平	肩　挑	50	20	0.50
	沙县	肩　挑	50	25	0.45
	将乐	肩　挑	30	30	0.20
	泰宁	肩　挑	50	40	0.14
	尤溪	肩　挑	30	20	0.20
	建瓯	肩　挑	40	30	0.25
	建阳	肩　挑	45	25	0.24
	松溪	肩　挑	50	30	0.18
	政和	肩　挑	50	20	0.20
	永安	肩　挑	50	30	0.40

(资料来源:《闽政月刊》,1941年,第8卷第4期,第87—88页。)

二、闽江内河帆船航运业的维持

本区境内山岭阻隔,陆上交通困难,但河流众多,水上交通就因之显得格外重要。本区的水上交通路线以闽江最重要,其他主要河流还有位于闽东地区福州府境内的大樟溪和福宁府境内的长溪等。

闽江水系发源于闽西和闽中两大山带,主要由流经永安、沙县的沙溪(又称西溪),流经邵武、顺昌的富屯溪(又称北溪),流经建阳、建瓯的建溪(又称东溪)三大支流构成。自南平而下,流经古田、闽清、闽侯,最后由福州入海。作为闽江流域上、下游地区之间联系的主要纽带,闽江不但是闽北地区对外经济贸易联系的命脉,也是福州港及其内陆腹地之间商品进出的主要通道。在本区公路未辟之前,上游各县的物产出口、外埠货物的入口转运,十之七八要通过闽江及其支流周转。①

由于地质构造的影响,水口以上的航道,中间礁石磷磷,滩险棋布,帆船航行甚受阻碍,往往发生事故。②据不完全统计,水口以上至南平间89公里,滩险著名者即达24处之多;从水口到建瓯水程不过320里,滩险居然多至104处;而自邵武至福州足以对粮食运输产生阻碍、引起危险的险滩更是多达184处。③这些险滩暗礁在丰水时期伏于水下,隐而不见,航行最为危险;在枯水期时虽现出水面,却颇多阻碍行舟。在这种情况下,有时船货的损失率达到了30%、40%,即使最保守的数字也在10%左右。④

在闽江滩险密布的情况下,只有根据不同的航道条件行驶形制各异的船只才能保证水上运输的相对安全。在闽江中行驶的船只因各地称呼不同,分类也不相统一。大致说来,福州上游的帆船主要有载重数十至百余担的江西船,数十至四五百担的福州船和麻雀船,以及100—300担的鼠船。除载重30—60担小型麻雀船可通行至松溪、崇安、光泽、泰宁、建宁、清流等处,并可深入尤溪、古田溪、梅溪、大樟溪外,其他大、中型船只主要航行于福州至南平、顺昌县洋口、沙县等地,只有在丰水期时才可上行至建瓯、邵武、光泽等地。福州下游的帆船主要有载重50—100吨的洋驳,15—20吨的小驳和以运客往来为主的舢板,并主要往来于福州至马尾之间的航道上。⑤至于帆船在闽江上的航行速度则因水势、船只大小、水手及纤夫的多少及河水流向的变化而异。一般来讲,上行时因闽江滩险最多,故以小船为便,平常日可行七八十里,大船则仅三四十里。下水时,在丰水期速度可达每小时行25里,但却常有触礁之险。⑥如自福州府至浦城水路计780里,上水船每日只行四五十里,而下水四五日即可至福州。⑦

表1-5-19　20世纪30年代闽江流域主要河段通航能力

	河　段	里程(里)	丰水期普通最高载重量	航行时间
建溪	政和溯松溪而上	20	二三十担以下	
	西津至建瓯	130		上行五日,下行二日
	建瓯至浦城	320	二三十担至四五十担	上行九日,下行三日
	建瓯至建阳	120	大号帆船一二万斤	上行八日,下行三日
	建阳至崇安	90	小船	
	建瓯至延平	125	大船	上行二日,下行一日

---

① 《福建省之公路建设》,《闽政丛刊》,1939年,第11页。
② [清]卞宝第:《闽峤輶轩录》卷一,清光绪间排印本。
③ 章锡绶:《福建之水利》,福建省政府秘书处,1944年,第4页;翁绍耳:《邵武米谷产销调查报告》,1942年,第44页;张福安:《闽江之内河交通》,《福建文化》,1935年,第3卷第17期,第20页。
④ 《申报》1882年12月26日。
⑤ 戴一峰:《区域性经济发展与社会变迁》,岳麓书社,2004年,第182—184页。
⑥ 王祖彝:《福建之交通》,《地学杂志》,1918年,第9卷第7,8期,第8页。
⑦ 赖威远辑:《示我周行》,上海图书馆藏抄本,第34页。

续　表

	河　段	里程(里)	丰水期普通最高载重量	航行时间
富屯溪	光泽以上		仅通木筏	
	洋口至光泽	320		上行十日,下行减半
	洋口至将乐			上行三日,下行一日
	洋口至拿口			上行三日,下行二日
	洋口至顺昌	30		上行六时,下行二时
	洋口至邵武	240		上行七日,下行三日
	洋口至福州	570		上行九日,下行四日
	洋口至建宁			上行七日,下行四日
沙溪	永安至沙县	340	30—50担	
	沙县至沙溪口		500担至万余斤	
	沙县至福州	520	500担至万余斤	下行四日,上行九日
尤溪	尤溪至江口	200	帆船	
闽江干流	南平至水口	200	大船	上行三日大船七八日
	水口至福州	200	小轮亦可行	上行三日,下行二日
	福州至闽江口	34	轮船至罗星塔以下可行,其他船只畅通无阻	

(资料来源:张福安:《闽江之内河交通》,《福建文化》,1935年,第3卷第17期,第19—22页;王祖彝:《福建之交通》,《地学杂志》,1918年,第9卷第7、8期,第8页;铁道部业务司调查科:《京粤线福建段经济调查报告》,铁道部业务司,1933年,第154、155页。)

表1-5-20　20世纪40年代初闽江流域各县行驶船只上下水载重统计

区域	河道名称	船只种类	载　重			
			上　水		下　水	
			货运(担)	客运(人)	货运(担)	客运(人)
南平	东　溪	汽船	400	90	400	90
		帆船	60	20	60	20
	西　溪	汽船	400	90	400	90
		帆船	60	20	60	20
	南　溪	汽船	400	90	400	90
		帆船	60	20	60	20
沙县	沙溪南平至县城	帆船	40	20	40	20
	茂溪夏茂至县城	帆船	7	5	8	5
顺昌	富屯溪顺昌至邵武	帆船	30	15	50	20
	双流溪顺昌至洋口	帆船	30	15	40	20
	金溪顺昌至将乐	帆船	30	15	40	20

续 表

区域	河道名称	船只种类	载重			
			上 水		下 水	
			货运(担)	客运(人)	货运(担)	客运(人)
将乐	金 溪	汽船	30	10	50	20
尤溪	尤 溪	帆船	41	12	104	35
	青印溪	帆船	30	12	90	20
	湖头溪	帆船	30	14	95	25
永安	沙溪至燕溪	帆船	30	25	50	40
	龙溪至文川溪	帆船	20	13	40	25
	廖溪至文川溪	帆船	10	10	20	20
建宁	滩 溪	帆船	30	30	40	30
	宁 溪	帆船	15	16	25	24
泰宁	大河县城至青州	帆船	15	10	40	20
邵武	樵 溪	帆船	47	25	47	25
崇安	崇 溪	帆船	56	12	55	12
建瓯	建溪建瓯至南平	汽船	800	150	900	200
		帆船	60	10	80	20
	西溪建瓯至建阳	帆船	60	10	80	20
	东溪建瓯至政和	帆船	30	7	40	12
	南浦溪建瓯至水口	帆船	30	7	40	12
建阳	崇 溪	帆船	20	15	32	20
浦城	南浦溪	帆船	12	—	18	12
松溪	清泉溪	帆船	12	3	15	3
政和	星 溪	帆船	10	12	15	12
永泰	南港塘前至湾边	汽船	320	60	320	60
	大樟溪嵩口至县城	帆船	20	—	60	20
	嵩口至福州	帆船	20	—	60	20
	梧桐至县城	帆船	20	—	60	20
	梧桐至福州	帆船	20	—	60	20
	县城至塘前	帆船	20	20	80	30

续表

区域	河道名称	船只种类	载重			
			上水		下水	
			货运(担)	客运(人)	货运(担)	客运(人)
永泰	县城至福州	帆船	20	20	80	30
	台口至塘前	帆船	20	20	80	30
	台口至福州	帆船	20	20	80	30
	葛岭至塘前	帆船	20	20	80	30
	葛岭至福州	帆船	20	20	80	—
闽清	梅溪	帆船	60	5	80	6
	演溪	帆船	60	5	80	6
	芝溪	帆船	60	5	80	6
	沙溪	帆船	60	5	80	6
古田	闽江段	汽船	400	80	400	90
		帆船	150	—	150	—
	北溪	帆船	70	4	80	5
寿宁		帆船	5	5	7	7

(资料来源:周时曦:《抗战期中之福建水上交通》,《闽政月刊》,1941年,第9卷第2期,第114页。)

  有关闽江内河帆船数量的调查统计并不多见,即使有之,也因统计口径和范围的不同而数字各异。据不完全统计,闽江木帆船在清末时期有1.1万余艘,抗战前有10 640艘,1938年有9千余艘,1940年闽江流域13 881艘。① 据统计,1937—1940年间全省帆船数量分别为22 512、21 258、20 495、23 772艘。② 以闽江流域帆船数量占全省的一半计,则20世纪三四十年代时,闽江流域帆船当在万艘以上。闽江流域的帆船以连江县琯头,闽侯县台江、南港、洪山桥,古田县水口,南平,顺昌县洋口,沙县,建瓯等为集中地点,而尤以下游居多。同时,帆船又有帮的组织,上游分闽清、永泰、洋口、尤溪、建瓯、半溪、平水等7帮,下游则按船只营业性质分洋艚、煤艚、渡船等6帮。虽然目前暂未发现内河帆船运输量的统计数据,但因本区货物的周转绝大多数系由帆船运载,从本区进出口贸易的兴盛可以看出,即使在轮船业最繁盛的20世纪30年代中期,木帆船的运输量仍占有重要地位。③

---

① 林开明主编:《福建航运史(古近代部分)》,人民交通出版社,1994年,第270、340页;戴一峰:《区域性经济发展与社会变迁》,岳麓书社,2004年,第185页;福建省政府秘书处统计室:《福建省统计提要》,福建省政府秘书处,1946年,第266页。
② 周时曦:《抗战期中之福建水上交通》,《闽政月刊》,1941年,第9卷第2期,第112页。
③ 林开明主编:《福建航运史(古近代部分)》,人民交通出版社,1994年,第272、350—357页。

第六章 区域经济差异及其成因

人类的经济活动及其产生的后果都是在一定的时空条件下发生的。经济活动固然存在于一定的地理空间之中,但地理空间也会因人类的经济活动而发生改变。近代以来,本区的经济地理空间也发生了一定程度的变迁。这其中既有人类主体意识的作用,又是历史自然演进的结果。虽然很难说近代以来本区已经形成了严格意义上的经济区,但随着区域经济的发展,本区的经济中心、经济联系、产业结构和经济腹地范围都发生了一定程度的变迁,而这也就为现代经济区的形成奠定了客观的历史基础。

第一节 自然环境与区域经济差异的形成和变迁

作为影响经济活动最重要的因素之一,自然环境是区域经济发展的基础,并制约着人类的经济活动。即使在现代科学技术条件下,自然环境条件虽不是经济发展的决定因素,但也对经济发展起重要作用。如气候条件决定着农业生产的类型与构成;地形、地貌影响人口的分布、城镇和交通运输的空间布局;区域自然资源禀赋状况的差异则制约着区域经济活动的类型与效率,影响经济活动的区际分工。[①]

宋代以来,尤其是明清时期,随着社会分工的初步发展和自然条件的差异,本区经济山、海交错的特点就相当突出。[②] 一方面,在闽东沿海平原和闽北内地山区之间分别形成了典型的海洋经济和山区经济。如闽东福安县,"山峦海港,地多平坦田土肥美,户有盖藏,男务耕织,女勤缉绩"[③]。闽北地区则是"山多田少,厥土维下,无沃野千里之饶"[④]。另一方面,在闽东沿海和闽北内地的平原和丘陵之间经济差异特征也十分鲜明。闽东宁德县,"邑西、南、北,崇峦叠嶂,山多沙瘠,地少平畡。农民终岁作勤,半资樵采,仅免饥寒。东则濒临海峤,山嶂外洋,番舶商艘鲜集于此。泽处之民,力耕而外,借罟鳞介以佐治生"[⑤]。闽北地区的建阳县早在明清时期各地就形成了不同的经济生产方式。县东部多山少平原,土田肥瘠不等,除水稻生产外,竹笋出产日见加增;县南部土地平旷,田少沃壤,水源充足,在秈、秫生产之外,糖蔗出产较多;县西部土地高下不等,肥瘠参半,虽然黍多而秈、秫甚少,但纸、笋、菇产之利颇饶;县北部地虽多山,但道路平坦,田地少有荒芜,既播种黍谷也种

[①] 张辉鑫:《改革开放以来福建区域经济差异及其对策研究》,福建师范大学2002年硕士学位论文,第27页。
[②] 郑学檬、魏洪沼:《论宋代福建山区经济的发展》,《农业考古》,1986年,第1期,第62—71页。
[③] 乾隆《福宁府志》卷十四,风俗。
[④] 乾隆《延平府志》卷十五,田赋。
[⑤] 乾隆《宁德县志》卷一,风俗。

植秞、秫。①

从沿海和平原地区不同的物产种类上也能体现闽东和闽北地区的区域经济差异。乾隆时期的一部文献曾记载了本区各地主要物产的运销情况,"福州府属闽(县)、侯(官)二县之荔枝、龙眼、福橘、橄榄,长乐之夏布,福清之紫菜……延平府顺昌、将乐二县之纸,建宁府属各县之杉木,崇安之茶叶,建安、瓯宁之夏布、香菇、冬笋,松溪之笋干、红菇,浦城、建阳之莲子、生熟烟丝,邵武府属泰宁、建宁之夏布、笋干……福宁府之紫菜,宁德之瓷器……均有客商贩运各省,赖以资用",而"沿海各县更赖渔盐之利"②。可见,在位于闽东地区的福州平原地区,以热带水果的生产为盛,其他沿海各地则有渔盐及海产品之利,而闽北地区的山林经济较为发达,茶叶、木材和笋干已经成为本区最主要的出口货物。不但如此,区域内的专业化生产也有了发展。以位于闽东沿海的宁德县为例,在本县西部山地,代表山区经济的茶、笋、纸、靛等的生产所得,远远超过代表平原经济的植桑树麻收益。③ 总之,自明末以来,本区包括植杉、种靛、植茶、种蔗、造纸、冶炼、制茶、制油等在内的农业和手工业商品化生产已经有了初步的发展,而且区域差异显著。④

具体说来,在闽北山区形成了以粮食种植为主、山林经济为副的农业和手工业生产结构。闽北地区的河谷和平原地带,是以水稻为主的主要粮食产地。由于人口较少,在鸦片战争前,除延平府尤溪、永安2县粮食只够本地食用外,本区其他延平府4县、建宁府7县和邵武府4县均有余粮输出,其中浦城和建宁两县更是粮食输出的主要县份。而在闽北的丘陵山地,无论是松、杉、茶、靛和烟草等经济作物和林业生产,还是冶铁、烧灰、造纸等手工业生产,都是农民家庭副业生产的重要组成部分,在某些地区,甚至成为当地客民的主要产业。如建宁府"木植多在深山通涧之处,秋冬砍伐,俟春水涨发,由溪顺流而下,木客于南台收买,扎簰海运江浙售卖。内地各处多资利用,而福防厅之商税又全借木料以充数也"⑤。崇安县南部地势平坦,人们除种植水稻作物外还植茶种蔗;北部和西部崇山峻岭,富有竹木,居民从事造纸以补农耕经济之不足;而东部山、田相半,人们的经济活动则以制笋和纺织为主。⑥ 再如嘉庆时的南平县,"新兴、梅西、峡阳、梅南之地多产茶,民以茶为业。罗源、云盖、太平、余庆之地多产笋,民以笋为业。演仙、仁洲、金砂、保福之地多产纸,民以纸为业。凡悬崖邃林之处多蕈,蕈非自生也,斫木绝根节蔪如鱼鳞状,经霜雪旭冬,温则硙磹茤茤而生焉。土人畏其僻寂艰险,强半汀州与浙东人业之。沿涧向阳之山多杉木,棚民与山主夥为业。……近城之民灌园畜池,终岁勤动不足衣食。

---

① 民国《建阳县志》卷三,城市志。
② [清]德福等:《闽政领要》,福建师范大学图书馆藏抄本。
③ 乾隆《宁德县志》卷一,物产。
④ 傅衣凌、杨国桢主编:《明清福建社会与乡村经济》,厦门大学出版社,1987年,第201—220页。
⑤ [清]德福等:《闽政领要》,福建师范大学图书馆藏抄本。
⑥ 康熙《崇安县志》卷一,风俗。

年来烟草获利,栽者日多,城堧山陬弥望皆是,且有植于稻田者"①。此外,各地的瓷器、铁器生产,也主要是为满足当地人民生活所需而存在。

与闽北地区以丘陵山地为主的地形不同,闽东地区既有广大的内陆山地,又有狭小的沿海平原。在福州、连江、长乐等地的沿海平原地带,发展出了精耕细作的农业。尽管如此,由于省城福州人口众多,每年还是需要从外地输入大量的粮食,其中主要的来源就是闽北地区的米谷。为了弥补生活的不足,沿海人民只好以海为田,通过渔业生产来补贴家计。至于闽东的山区经济则与闽北地区并无本质上的区别,也是根据本地的自然条件从事相应的林业和手工业生产。

鸦片战争后,本区经济山海交错的特点依旧,但却因福州及三都澳的先后开埠而逐渐卷入世界资本主义市场经济体系,并有了与以往不同的特点。

首先,本区区域商品经济生产规模扩大,并开始深受世界市场所左右。以闽北山区为例,受国内外市场对山区资源与农副产品需求激增的刺激,闽北山区的商品性生产和经营活动更趋活跃,不但生产区域大大扩展,而且各种产品的种类繁多、产量上升。如主要的茶叶生产地从鸦片战争前的崇安,扩展至19世纪50年代的建安、建阳、瓯宁、浦城、邵武、沙县,进而在19世纪60年代后扩展至光泽、政和、松溪等地。另外,无论是雇工租山种茶,还是雇工开设茶叶手工加工工场,抑或是雇工砍伐、运输木材,近代以来山区商品生产的性质也开始突破鸦片战争前纯属家庭副业的局限,从而转化为具有资本主义性质的商品生产,尽管其生产总值不过占山区商品生产总值的16%。②

虽然近代以来本区的资本主义商品生产有了一定程度的发展,但这完全是受外国资本主义世界市场体系所操控的。以福州的茶叶出口为例,在1886—1889年间,福州的中、外茶商无不时常处于亏折的状态,但1890年的茶季却发生了戏剧性的转折,无论是福州本地茶商还是外国茶商都赢利甚多。内中的主要原因并不是因为福州本地的茶叶质量提高,而是由于外界的因素。当年英国和澳大利亚需要大量的普通茶,但汉口的茶叶缺货,而印度则因多雨和水灾而致出口量大减,这"极大地鼓舞了本地华商,不但当年的新茶全部售出,而且为了满足国外市场对普通茶的需求,连大量的隔了许多年的陈茶也从乡下购回并投入市场售尽"③。但当时的英国领事也曾预言:"一旦印度茶叶贸易步入正轨,福州茶叶随即又将会失去其地位。"次年,不但福州本地的茶商严重亏损,而且在福州成立较早的美国旗昌洋行(Russell & Co.)和英国天祥洋行也因茶叶贸易失利而被迫倒闭。④ 不但本区的茶

---

① 嘉庆《南平县志》卷八,风俗。
② 戴一峰:《区域性经济发展与社会变迁》,岳麓书社,2004年,第118—126页。
③ The Parliament of the United Kingdom of Great Britain and Northern Ireland, *British Parliamentary papers: China. V. 17, Commercial reports: embassy and consular commercial reports*, Shannon: Irish University Press, 1972, p. 232.
④ The Parliament of the United Kingdom of Great Britain and Northern Ireland, *British Parliamentary papers: China. V. 17, Commercial reports: embassy and consular commercial reports*, Shannon: Irish University Press, 1972, p. 407.

叶生产深受世界市场的左右,其他如樟脑、纸张、香菇等的生产也是如此。如闽北地区的樟脑出口始于光绪末年,在英、日等资本主义列强的操控下,从福州出口的樟脑由1902年时的222担,激增到1907年的19 514担。但随后由于闽北各地的樟脑几乎被砍伐殆尽,以及因化学樟脑的竞争致使樟脑生产无利可图,福州樟脑的出口量和价格都开始下降,到1927年时的出口量仅13担而已。① 此外,粗碗瓷器、建筑木材也因日本侵占东北而失去了传统的市场,竹笋和香菇的生产和出口更备受香港市场的影响。

其次,区域经济结构开始发生变迁。这不但是指区域经济由原来的小商品经济向资本主义经济和现代经济转变,也是就区域经济的内部构成变化而言。近代以来,虽然本区的资源禀赋几乎没有什么变化,但由于知识的增加、科技的进步以及外国资本主义国家的影响,人们对资源利用的广度和程度都较近代以前发生了前所未有的变化。在这种情况下,在以传统手工业和农业为主的经济母体内,开始生长出近代工业和农业的萌芽,并获得了一定程度的发展,从而为区域经济的现代化奠定了历史基础。近代以来,在传统的矿冶业之外,以煤、钼、石灰等为主的矿产资源都得以开发,以满足世界市场和现代工商业发展的需要。如闽东永泰、宁德等地钼的开采完全是为了出口英国,而闽北建瓯煤矿的开采,最初也是为了满足福州电气公司工业用煤的需要。

就区域经济内部构成变化而言,近代以来,男耕女织的生产结构也开始向多样化和工商业化发展。在以农业种植为主的福州平原地区,外力入侵和城市工商业经济的冲击,使得清末时福州郊区的农村经济结构已经发生了较大的变化。开埠以后本区商品性农业的迅速发展,使得福州郊区许多农村大量的劳动力纷纷从事茶、木、纸、笋等经济作物的种植和加工,而工商业人口不断增长,对粮食、蔬菜等主副食品及日常用品的需求量大大增加,更使得福州郊区出现了许多专事农圃以供应城市日常生活需要的乡村。乡村中绝大多数是士农工商四业兼营,或者是在农耕之余,积极经营各种经济作物的生产,与市场发生了比较密切的联系,那种单纯业农种粮自给自足的乡村已经相当罕见。② 民国以后随着本区现代化进程的开展,现代产业在本区整个经济结构中的比重更是大大增加,尤其是在福州、南平、永安等现代工业较为集中的地区。

最后,受各种自然和社会条件的影响,区域经济结构变迁的时间、顺序和程度不但各不相同,而且这种变迁在闽东和闽北地区也存在着沿海与内地之别。就区域经济结构变迁的顺序和时间来讲,大致说来,本区经济结构的变化最早体现在商业领域,其次在工业和矿业方面也有所体现,而交通运输业的变化在清末才开始显著,并

---

① 福州海关:《近代福州及闽东地区社会概况》,华艺出版社,1992年,第269页。
② 叶显恩主编:《清代区域社会经济研究》,中华书局,1992年,第332—339页。

在20世纪30年代后有了根本性的改变,至于现代农业的发展则要迟至20世纪30年代以后。就变迁的程度来讲,农、矿业的变迁程度显然不如工商业及交通运输业。

当然,更大的差别还是在沿海与内地之间。近代以来,虽然福州郊区的农村经济结构在清末发生了较大的变化,但这种变化仅限于郊区乡村,而广大内地的变化并不明显。无论沿海郊区还是内地农村,这种变化也未能脱离传统生产关系下土地权力的羁绊,工商业发展的基础也是脆弱的。[①] 民国前期,闽东和闽北地区的电力、机器锯木和粮食加工等现代工业都有了一定的发展,但现代产业在闽东沿海和闽北内陆的分布却极不平衡。只是在抗战期间,由于沿海工厂和机关、学校的内迁,才使得闽北地区的现代工业比重有了一定的增加;但抗战胜利后的现代工业的回迁,又使闽北地区重新恢复到战前的状态。与沿海地区相比,主要地因自然条件所限,内陆地区现代产业的产生和发展固然较为缓慢,但受世界市场的冲击程度也较弱。如当晚清时期因外国铁制品的输入而导致闽东古田县铁业逐渐失去福州市场时,僻处闽北内地建瓯县的铁业生产直到20世纪30年代时仍进行得如火如荼。

第二节 现代交通运输网络构建与区域经济联系的加强

前已述及,鸦片战争前闽东闽北地区的陆路交通全赖邮驿制度维持,运输方式以肩挑、步行为主,兼有少量车运和驮畜运输。水路交通则主要通过闽江及其支流、大樟溪、长溪及沿海航线来承担,运输方式主要是传统木帆船。近代以来,闽东和闽北两大区域之间以及本经济区域内部之间的水陆交通都有所发展,从而使得区域经济联系大大加强。

首先,闽北地区的水上和陆上交通运输条件先后得到改善,从而为区域内部经济联系的加强提供了前提。水上交通方面,与鸦片战争前相比,虽然闽江的通航里程并未增加,但随着1922年后闽江上游的轮、汽船数量不断增加,以及南平至顺昌县洋口、建瓯、沙县等汽船航线的开辟,上游地区之间的经济联系无疑得到增强。这种趋势在抗战期间得到了进一步的加强。随着1940—1941年间福建省运输公司先后试制成功浅水汽船,并新开辟南平—建瓯—政和县水吉、南平—永安、南平—洋口和南平—邵武等内溪航线,本区内的客、货运输量和经济联系均达到历史时期的顶峰。

与水上交通相比,本区陆路交通的现代化虽然姗姗来迟,但却发展迅速。区内大规模的公路建设开始于1934年,到1938年时,闽北地区新建公路里程多达981公里,分布在南平、建瓯、建阳、崇安、浦城、沙县、永安、邵武、光泽等9县,并初步形成了以建阳为中心的公路交通网。抗战后期又新修了沟通南平、顺昌、将乐、泰宁和邵武、建宁至江西的300多公里公路,到抗战结束时,本区的公路网已经覆盖全区16县中的13个,仅政和、松溪和尤溪3县没有公路通车。

[①] 叶显恩主编:《清代区域社会经济研究》,中华书局,1992年,第342页。

其次,相较于闽北地区来讲,闽东地区现代交通起步早、发展快,但在抗战时期受到沉重打击,因之对区域经济联系的影响十分明显。本区水路以福州为中心,沿闽江航行可达区域内福州府属各县,出闽江口北上可达本区福宁府属各县。早在开埠初期,现代化的轮船运输就已经在本区产生,而随着轮船数量的不断增加和沿海轮运航线的不断开辟,本区沿海各地之间的交通也日渐发展。这对区域内的经济联系产生了积极的影响。如1899年三都澳开埠后,三都澳与福州之间汽船的直接通航,使得茶叶出口的运费及其他各种费用相应减少,结果使得闽东地区东北部福宁府属各地的制茶业日益兴盛,而位于闽北地区的茶叶产地因与福州相隔甚远、交通不便而产量衰退。[①] 在内河轮运业方面,自清末平水航线开辟以后,福州与中游水口、谷田、闽清等地的水上交通更加发达,不但加强了本区内部的经济联系,而且与闽北地区的经济联系也日渐紧密。但抗战爆发后,尤其是1939年后,因在闽江口上下构筑封锁线,使得沿海和内河的轮运交通日渐衰落,只有帆船贸易差强人意。其后在福州1941和1944年两次沦陷期间,本区的沿海交通几乎完全中断,只得另行在闽东等地开辟新的港口和运输线。

在公路运输方面,本区公路建设起步较早,但分布区域主要集中在福州及其邻县如长乐、连江、闽清、福清、古田、永泰等7县,而僻处本区东北隅的福宁府属5县及福州府其他3县直到国民党统治结束均未见公路的修筑。总之,近代以来闽东地区在水路交通方面的改善大大加强了与东北部地区的联系,而与福州周围地区的经济联系则因公路建设和闽江及沿海轮运业的发展而得以增强。

此外,因闽江轮运业的发展和闽北公路建设的开展,使得闽东和闽北之间的经济联系得以加强也是不言自明的。

第三节　区域经济中心与经济腹地的变迁

区域经济理论认为,需求、运费和规模经济的差异引起区域分化,其结果则形成经济中心和边缘地区,随着经济的进一步发展,经济中心和边缘地区的关系不断强化。但该理论适用的前提是完善的市场体制、发达的商品经济以及便利的交通条件。[②] 显然,在近代以来的闽东和闽北地区,这些条件并未完全形成。因此,有必要从其他因素来解析历史时期本区区域经济的形成和变迁。

在前近代时期,便利的水陆交通线无疑是区域中心与区域腹地之间联系的天然纽带。除闽东地区东北隅的罗源、霞浦、福安、福鼎、宁德、寿宁6县外,其他各县均位于闽江流域,而闽江水系呈格子状的特点便决定了闽江各支流的交汇点成为区域经济联系中心。具体来讲,在闽北地区,延平府南平县作为府治所,又是闽江

---

① [日] 外务省通商局:《福建事情》,1917年,第198页。
② 宋学明:《中国区域经济发展及其收敛性》,《经济研究》,1996年,第9期,第38—40页。

三大支流的交汇点,当是闽北地区天然的经济中心。不但闽江上游各县的货物大多数均运集南平后再转运福州,而且自福州溯江而上的货物,也在南平分销上游各县。在闽东地区,由于福州是省城,且位于闽江入口,不但闽江中下游各县的物资要通过福州进出,而且闽东地区东北隅各县的物资也要从陆路或海路经由福州周转。因此,福州既是闽江流域的经济中心,也是闽东地区的经济中心,从而成为闽东闽北地区共同的经济中心。在两大经济中心之外,其他府、县治所城市或重要市镇则成为联系区域经济中心与经济腹地之间的重要节点。

近代以来,随着水陆交通的发展和现代化进程的开展,区域经济中心也相应发生变化。一方面,福州作为整个闽江流域和闽东地区的经济中心,其中心地位在近代基本上没有发生太大的变化。另一方面,在经济中心与经济腹地之间形成了新的经济中心或节点,并弱化甚至取代了旧有经济中心和节点的地位。例如,近代以前,南平县"地当闽越孔道,宜为一都之会",是闽北经济区的商业中心和交通中心,[1]但20世纪20年代后,随着闽江内河轮运业的发展,南平的中心地位有所弱化。"延平虽为来往于上游之咽喉,但因北有建瓯,西有洋口,该二地均与福州有直接交易,在春、夏二季均有小轮可通,且现厘卡已取消,货物来往均不停留,故延平在商业上遂不能成为重要。"[2]据当时的经济调查,建瓯县已成为闽江上游最大的城市,县城户数由15年前的7千户增加至9千户,全县3500家商店主要集中在县城和洋口,另有钱庄5家。而南平全县商店不过300余家,其中县城仅200余。[3] 其后,由于闽北公路建设的开展及抗战期间南平与战时省会永安之间经济、政治联系的加强,[4]南平的交通中心地位才又逐渐得以恢复和巩固。再加上抗战期间南平工业的兴盛,南平作为闽北地区区域经济中心的地位才真正得以确立。[5]

古田县水口镇的衰落和谷口镇的兴起也与现代水陆交通的变化密切相关。水口位于闽江岸边,既是古田县的大商埠,也是闽江流域的重要商业中心。在近代汽船未兴之前,"水口为闽江流域之要冲,上游帆船至此为一站,(过夜后)改搭水口汽船至省,所以行旅往来络绎不绝,商业颇称发达。今则自上游汽船盛行,船只至此并不停泊,行旅径往省垣,而商业大受影响,市况极形萧条,店铺相继倒闭"。而距离水口40里的谷口,自轮船通行以来,古田县货物往来运输均取道谷口,以致水口日形萧条,商业中心转移于谷口。[6] 到1935年6月,古田—谷口公路建成通车,更强化了谷口的中心节点地位。

现代交通运输网络的变迁不但导致经济中心的位移,而且也是影响区域经济腹

---

[1] 嘉庆《南平县志》卷八,风俗。
[2] 陈千秋、陈鹤汀:《延平县之经济调查》,《福建建设厅月刊》,1929年,第3卷第11期,第11页。
[3] 铁道部业务司调查科:《京粤线福建段经济调查报告》,铁道部业务司,1933年,第52页。
[4] 福建省档案馆、福建省汽车运输公司合编:《福建省公路运输史资料汇编》,内部资料,1984年,第119—121页。
[5] 林观右编:《初中乡土教材福建地理》,1941年,第62页。
[6] 陈千秋、陈鹤汀:《水口经济之调查》,《福建建设厅月刊》,1929年,第3卷第12期,第22—26页;陈千秋、陈鹤汀:《古田经济之调查》,《福建建设厅月刊》,1929年,第3卷第12期,第11页。

地范围变迁的重要因素。以闽北地区的对外经济联系为例,虽然早在明清时期,闽北地区就通过出省商道与浙、赣及江南等地存在频繁的经济往来,但由于本区陆路交通不便,大部分货物还是经由闽江水路通过区域经济中心福州进行周转。① 因此,在鸦片战争前,闽北地区绝大多数县份是福州的直接腹地,而与浙、赣相邻的县份则成为其间接腹地。如建安县"(杉木、茶、米、豆、莲子、泽泻、樟脑、纸、香菇、油)各项皆系建邑所产、所制之物,多由水运至省城转运各省销售。若夫由他境运入建邑之货物,亦系载船沿溪而上,绸缎、布匹由上海转运至省而来者固多,他如京果各货、西洋各货由省转运至建邑销行者亦不少"②。与江西接壤的泰宁县的出口货物流向则显示出较复杂的一面,竹笋和纸类运往江西南昌并转运武汉、江南等地;香菇、粮食和染料则运销福州;产于北部地区的短小木材经江西德胜关运往黎川、南昌、苏州等处,而产于东、西、南乡一丈以上的大材则由溪水放流至福州,并转售天津、宁波等地。③

近代以来,随着水、陆交通条件的改善,尤其是在抗战前闽北公路网络基本建成后,闽北地区与浙、赣地区的经济联系得到加强,而与福州和南平的经济联系有所削弱,从而使得经济腹地内与南平和福州中心之间的货物流减少。如1937年6月和1938年6月,闽浙两省先后联合举办由福建建瓯至浙江江山的客运和光泽—建阳—浦城—江山之间的省际货运,仅福建官营运输公司就从闽南沿海地区抽调30辆客货车,另有一些散商也在闽、浙、赣边界组织车辆从事崇安至江西河口等路线的客货运输。④ 从表1-6-1所示崇安县的情况来看,与浙江杭州、江西铅山、上饶及上海等地的货物流占有不小的比例。

表1-6-1　20世纪40年代崇安县主要输出入商品概况

输出品		输入品	
品　名	输出地	品　名	来源地
米	建瓯、福州	豆、麦、油	河　口
茶	福州厦门香港汕头	盐	福　州
纸	杭州上海	京果、鱼货	福　州
笋	(江西铅山县)河口	绸缎	杭州、上海
杉木	福州	布匹、棉花	江西、上海
松木	福　州	洋货、煤油、胰皂	福　州
香菇	福州上海	药材	河　口
姜黄	建瓯福州	家畜	上饶、铅山

(资料来源:民国《崇安县志》卷十三,政治四,建设下,台湾成文出版社,1986年,第299页。)

---

① 范金民:《明清时期江南与福建广东的经济联系》,《福建师范大学学报(哲学社会科学版)》,2004年,第1期,第14—15页;徐晓望:《晚明福建与江浙的区域贸易》,《福建师范大学学报(哲学社会科学版)》,2004年,第1期,第22—23页。
② 光绪《建安县乡土志》卷四,商务。
③ 民国《泰宁县志》卷二十一,实业志。
④ 《福建公路运输史》编写组:《福建公路运输史》,人民交通出版社,1988年,第119页。

当然,除交通网络的变迁外,其他因素也会引起经济腹地范围的变化。如制度变迁即是其中之一。以福州进口鸦片在闽北地区的销售为例,鸦片作为最主要的进口洋货迅速在福州腹地打开销路,但随着时间的推移,福州鸦片进口量却并非直线上升,鸦片销售腹地范围也盈缩不一。

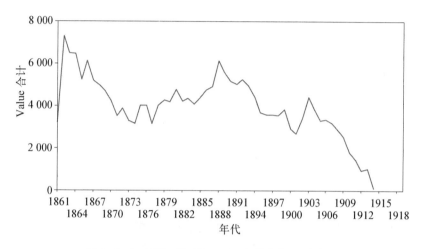

图 1-6-1　福州口岸 1861—1914 年鸦片进口量变化图

从图 1-6-1 可以看出,福州鸦片的进口在 1862 年达到 7 292 箱后即急剧下降,到 1875 年时才开始出现上升的趋势,在 1888 年达到第二个峰值 6 165 担后,又开始下滑,直到本期终了时,除了在 20 世纪最初数年有些反弹外,一直保持着下滑的态势。这种起伏不定的趋势原因何在? 这主要是因不同时期的税收制度所致。

早在 19 世纪 60 年代,英国领事在历年的商务报告中就不断抱怨说,福州鸦片销售量的减少是由于本口以厘金名义征收的各种地方性税收高于其邻近的几个口岸,而这种牢骚在整个 19 世纪 70 年代一直都未曾止息。[①] 当时福州对进口鸦片征收的税厘在要比全国其他口岸高出许多。据推算,即使售价最高的鸦片,其进口税也为售价的 25%,如再加上运销内地的内地税,则高达 30% 以上。[②] 因福州的鸦片税厘较其他口岸,尤其是比邻近的口岸为重,鸦片取道其他口岸进入福州腹地也就不足为怪了,从而使得福州的直接或间接经济腹地缩小。比如,19 世纪 60 年代前江西商人曾从福州市场购买鸦片运抵江西销售,但随着福州鸦片税率的增加,他们可以从杭州和九江以每箱少 40 两的价格买到鸦片。福州随即失去了它的间接腹

---

① The Parliament of the United Kingdom of Great Britain and Northern Ireland, *British Parliamentary papers: China. V. 7*, *Commercial reports: embassy and consular commercial reports*, Shannon: Irish University Press, 1972, p. 306;The Parliament of the United Kingdom of Great Britain and Northern Ireland, *British Parliamentary papers: China. V. 12*, *Commercial reports: embassy and consular commercial reports*, Shannon: Irish University Press, 1972, p. 637.
② The Parliament of the United Kingdom of Great Britain and Northern Ireland, *British Parliamentary papers: China. V. 11*, *Commercial reports: embassy and consular commercial reports*, Shannon: Irish University Press, 1972, p. 83.

地。① 不但如此,邻近口岸的税率还影响到福州的直接腹地。在 19 世纪 70 年代时,由于宁波的鸦片税厘比芜湖、九江和福州都少得多,以致皖南、赣东北和福建北部地区的鸦片消费都由宁波供应;而 1884 年时,同样因为福州的厘金高于温州,温州的鸦片商就将鸦片运到闽东的福宁、福鼎一带销售。② 福州的直接腹地也因之开始缩小。1876 年以后,由于其他口岸的鸦片税厘相继开始增加,福州的鸦片进口又有逐渐上升之势。但由于福州口的鸦片税厘此时仍然较其他各地为重,因此鸦片进口恢复增长的速度很慢,此时仍然有大量鸦片通过宁波等口岸输入福州腹地。③ 到 1885 年时,由于新的征收洋药税厘办法的改进,尤其是 1887 年全国各口岸开始实行洋药税厘并征措施后,各港口的税率已经划一,福州口鸦片进口的增长速度才迅速提高,并重新获得闽北地区被宁波分割的直接腹地。

综上所述,主要地因地理环境和自然资源禀赋的不同,各地形成了经济特色较为鲜明的经济区域。经济区域形成后并非固定不变,而是受社会生产力的发展、交通条件的变化及其他相关因素的影响而不断变迁,其中的经济中心和经济腹地也会随之发生位移和改变。早在鸦片战争前闽东和闽北地区就形成了山、海交错的区域经济体系,近代以来随着各种自然和社会因素的变化,这种区域经济特点依旧存在,但区域经济结构、类型、性质以及经济中心和经济腹地都有了一定的改变。这既是历史自然演进的结果,又与人们的主体意识密切相关。

---

① 福州海关:《近代福州及闽东地区社会概况》,华艺出版社,1992 年,第 34 页。
② 陈梅龙等译:《近代浙江通商口岸经济社会概况》,浙江人民出版社,2002 年,第 177、522 页。
③ The Parliament of the United Kingdom of Great Britain and Northern Ireland, *British Parliamentary papers: China. V. 14, Commercial reports: embassy and consular commercial reports*, Shannon: Irish University Press, 1972, p. 449.

第二篇
近代闽南闽西经济地理

第一章　绪　论*

第一节　福建南部区域的界定

本文所谓的"福建南部",约包括清代的泉州府(晋江、南安、惠安、同安、安溪 5 县)、漳州府(龙溪、漳浦、海澄、南靖、长泰、平和、诏安 7 县)、兴化府(莆田、仙游 2 县)、永春州(永春州、德化、大田 3 州县)、汀州府(长汀、宁化、清流、归化、连城、上杭、武平、永定 8 县)、龙岩州(龙岩、漳平、宁洋 3 州县),大致可划分成闽西与闽南两大经济区域。闽南包括厦门、泉州、漳州、兴化府(今莆田市)四个地区,约相当于民国时期的第四和第五行政督察区,亦为福建省三大平原地区的所在地(兴化平原、泉州平原、漳州平原)。除兴化地区外,居民以闽南话作为通用语言。闽西则是指福建省西南地区,包括龙岩州及汀州府八县,约相当于民国时期的第六和第七行政督察区。当地地势多处于海拔 100 至 500 米之间,居民以客家话为主要方言。本区除西部边缘山区外,大部分地区属南亚热带海洋性季风气候,年均温度在 19℃ 以上,[①]年均雨量约在 1 400 至 1 800 毫米间。九龙江下游平原是福建省内最大平原,农产品相当丰富,农产品集约化经营水平甚高,是福建主要粮食产区,亚热带经济作物如甘蔗、香蕉、柚、芦柑名闻中外;[②]九龙江上游地区龙岩、漳平等地矿藏丰富,煤和铁的藏量和质量均在福建占有重要地位,然因无法提供水运将上游地区矿藏运至闽南,直至 1957 年鹰厦铁路全线营业前,两地物资交流主要倚靠陆路运输。[③]

兹将 20 世纪 30 年代本区域各地主要物产及产销地点列表说明如下。

表 2－1－1　20 世纪 30 年代闽南闽西物产运销概况

城市	物产名称	运　销　情　况
莆田	荔枝	输出地为上海、杭州、宁波、兰溪、温州各地
	龙眼	龙眼干输出以江、浙、芜湖、湖南各地为主
	糖	输出地以福州、温州为多
仙游	糖	输出地包括上海、福州、宁波、温州、泉州等地
	烟	多营销于福州、福清、莆田、永泰、晋江、南安、惠安等地

---

* 第二篇由周子峰撰稿。
① 据 1961 年至 1981 年的资料显示,泉州年均气温为 20.7℃,闽西上杭则为 19.9℃,见福建省地方志编纂委员会编:《福建省志·地理志》,方志出版社,2001 年,第 6 页。
② 厦门市地理学会:《厦门经济特区地理》,厦门大学出版社,1995 年,第 1 页。赵昭炳主编:《福建省地理》,福建人民出版社,1993 年,第 74、75、261 页。陈及霖:《福建经济地理》,福建科学技术出版社,1985 年,第 21 页。
③ 赵昭炳主编:《福建省地理》,福建人民出版社,1993 年,第 233、262 页。

续表

城市	物产名称	运销情况
仙游	枣	多由客贩制成蜜枣,转销福州、莆田各地
	龙眼	输出地以江浙及北京各地为主
同安	龙眼	输出地以天津及长江流域各地为主
惠安	花生	输出地为泉州、南安、仙游、莆田、永春、德化、龙溪、厦门、福州等地
晋江	龙眼	主要输出地为上海、温州、天津、福州及东南亚
安溪	茶	多经漳州,再转销省外各地
	纸	多运往泉州,再转销各地
南安	龙眼	多先运往漳州,再转销厦门、上海、宁波、天津各地
	茶	多运往泉州,再转销各地
金门	糖	本县土糖多运销安溪、永春、厦门、大田、德化等地
	磁土	多运销台湾
永春	茶	多运往泉州,再转销各地
德化	瓷器	输出地以晋江、仙游、厦门、汕头等地为主
漳浦	花生油	输往汕头、漳州、平和等地
	荔枝	多输往温州、台州各地
诏安	糖	多输往汕头及厦门,再转销外地
	花生油	输出地以汕头、厦门为主
云霄	金枣	盐金枣多输往平和、汕头、厦门各地;鲜金枣输往诏安
	木炭	输出地以汕头、东山为主
	花生油	运销汕头、厦门各地
龙溪	糖	输出地为上海、温州、龙岩、天津及邻近各县
	水仙花	输出地为天津、广州、上海及本省之福州、泉州、漳浦、平和各地,此外亦有运往日本、香港、浙江
	柑	输出地为上海、福州、泉州及东南亚等地
	芭蕉	输出地为福州、泉州、安海、厦门、龙岩
南靖	木	多运至龙溪,再转销各地
平和	烟	输出地主要为潮州、厦门、漳州
	木	多输往潮州,转运各地
	茶	多运往潮州,转销各地

续 表

城市	物产名称	运 销 情 况
长泰	柑、柚、糖	多先运石码,转销各地
龙岩	煤	除供本地销用外,间有销往龙溪、长汀各地
	兰花	多由花贩挑售邻近各县
	纸	多运集龙溪,转销各地
漳平	木	多运集龙溪,转销各地
大田	木	多运集福州,转销各地
永定	纸	多运集潮州,转销各地
	烟	输出地为两广,及长江流域各地
上杭	纸	先运集潮州,转销各地
	烟	输出地主要为江西、湖南及福州等地
长汀	纸	多运集福州,转销各地
连城	木	多运集潮州,转销各地
武平	木	多运集潮州,转销各地
宁化	纸	多运往江西
	菇	输出地为广州、潮汕、汉口、上海及香港、东南亚各地
清流	菇	多运集福州,转销各地

（资料来源：福建省政府秘书处统计室：《福建省统计年鉴》第一回,福建省政府秘书处,1937年,第949—959页。）

第二节 学术源流

一、1949年10月以前学界对福建南部经济之研究概况

1949年以前中西学界对福建南部经济之初步探索,实渊源自清末以来国人与外国来华工作者(如商人、职业外交家)对当地经济的研究与论述。① 这些著作较重要者,大致可分成四类：

第一类是地方志。方志是我国传统的史书体裁,具有历史学与地理学结合体的特点,载有不少有关经济的宝贵史料。自明清以降,方志的发展日趋兴盛,福建南部地区的方志编纂蔚然成风。不少民国时期纂修的地方志,更增设"实业志"、

---

① 有关本区研究之文献目录,就笔者所见,计有陈志明:《福建暨闽南研究文献选辑》,香港中文大学香港亚太研究所,1999年；厦门图书馆编:《厦门图书馆藏福建地方文献目录汇编》,厦门市图书馆,2003年；李秉乾编:《福建文献书目(增订本)》,编者自印,2003年。

"交通志"等篇目,为后人提供有关当地经济及交通之重要材料。① 兹将近代本区修纂的地方志表列如下。

表 2-1-2　近代修纂的闽南闽西方志

厦门地区	林学增：民国《同安县志》(1929 年) 李禧：《厦门市志》(1948 年)
莆田地区	王绍沂等纂：民国《永泰县志》(1922 年) 张琴：民国《莆田县志》(1945 年)
泉州地区	左树燮修：民国《金门县志》(1921 年) 侯鸿鉴编：《晋江乡土志》(1922 年) 白云居士编：《泉州乡土地理志》 杜唐编：《惠安县乡土志》(1927 年) 郑翘松等纂：民国《永春县志》(1927 年) 王光张纂：民国《德化县志》(1927 年) 苏镜潭纂：民国《南安县志》(当为 1931 年以后撰成) 庄为玑纂：《晋江新志》(1948 年)
漳州地区	利瓦伊钰原本、沈定均续修：光绪《漳州府志》(1877 年) 陈汝咸原本、施锡卫续纂：光绪《漳浦县志》(1885 年) 郑丰稔纂：民国《云霄县志》(1947 年) 吴名世纂：民国《诏安县志》(1942 年) 郑丰稔纂：民国《长泰县新志》(1947 年)
龙岩地区	杜翰生等纂：民国《龙岩县志》(1920 年) 王垒原本,谢昌霖等续修：光绪《长汀县志》(1879 年) 邓光瀛、丘复等纂：民国《长汀县志》(1939 年) 邓光瀛等纂：民国《连城县志》(1939 年) 丘复等纂：民国《上杭县志》(1939 年) 丘复：民国《武平县志》(1941 年) 郑丰稔纂：民国《龙岩县志》(1945 年) 张超南、林上楠纂：民国《永定县志》(1949 年)

第二类是近代海关报告。海关由于征纳关税的需要,必须掌握当地的对外贸易情况,因此在海关档案中形成了大量有关对外贸易情况的文字和数据。由于海关报告的撰写者绝大多数都是西方人,报告内容亦难免带有"西方文化优越论"的观点,以西方价值来评估中国现代化的发展趋向。② 对本区近代地理经济地理研究者而言,尤以厦门海关的"十年报告"及"年度贸易报告"最为重要,前者对厦门及其邻近地区的物产、人口流动、区域经济的发展,以及近代化建设均有详细记述。唯由于报告内容以厦门港口的腹地为重心,故对闽西地区的记载相当有限。③

---

① 有关近代本区方志之纂修概况,可参邓天沅主编：《闽志谈概》,吉林省地方志编纂委员会等,1987年。
② 詹庆华：《中国近代海关贸易报告述论》,《中国社会经济史研究》,2003年,第2期,第68页。
③ 有关福建海关报告的编写及其史料价值,可参李金强：《从福建海关十年报告(Decennial Reports)观察清季福建社会之变迁》,李金强：《区域研究：清代福建史论》,香港教育图书公司,1996年。

第三类为近代日本人对本区经济的调查和报告。自《马关条约》签订后,日本推行"对岸政策",意图将日本势力由台湾渗透到闽省,逐渐扶殖日本在华南的势力。[①]为达到此目标,日人投入相当力量对本区经济进行研究。与美国及英国的外交文书相比,日人对本区经济的调查更为仔细和深入,此实与日人锐意拓展在华经济势力的意图有关。第二次世界大战结束前日人对本区经济的调查,较常为国人所熟知者包括日本外务省通商局所编《通商汇纂》(东京不二出版株式会社,1996年重印版);日本东亚同文会所编《支那省别全志》第十四卷(日本东亚同文会,1920年)。前者收有大量晚清时期福建经济与商务的调查报告,后者则反映了本区各地商业习惯、物价、交通等概况,深具史料价值。此外,厦门为本区最重要的贸易城市,加上大量日人及台湾籍民聚居于此,日人亦对此地作出深入调查,部分调查成果包括台湾银行总务部调查课的《厦门ノ通货并金融事情》(1912年)、厦门日本居留民会的《厦门事情》(1917年)、宫川次郎的《厦门》(1923年)、张茂吉的《厦门现况》(1936年)等。

第四类为政府与国人对本区经济的调查与统计。民国时期随着西方社会科学理论的传入,以及"学术救国"理念的勃兴,中国知识分子为建设经济,相继对本区经济进行调查。1934年闽变结束后,南京政府为加强对福建省的控制,派遣陈仪出任福建省政府主席兼驻闽绥靖公署主任,整理福建军政。陈仪笃信计划经济,认为"后进国能使其生产力为飞跃的发展的方法,唯有施行计划经济统制经济,而此计划经济或统制经济之能编成,唯有赖明确的统计数字"[②],故陈仪掌管闽政时期,为利便地方建设和宣扬政绩,福建省政府特别重视地方事业的统计与调查工作,并出版大量相关的调查报告与统计资料。兹将其中有关本区经济的出版品表列如下。

表2-1-3　闽南闽西重要经济调查与统计文献

统计资料	● 《福建省统计年鉴》第一回(1937年) ● 《福建要览》(1940年)
调查研究	● 《福建省之公路建设》(1939年) ● 《福建省之合作事业》(1939年) ● 《福建省之特产产销》(1939年) ● 《福建经济研究》(1940年) ● 《福建省之交通》(1940年) ● 《福建省之农林》(1940年) ● 《福建省之地政概况》(1940年) ● 《福建省初步整理土地概况》(1940年) ● 《福建之茶》(唐永基、魏德端著,1941年) ● 《福建省各县区农业概况》(1942年)

---

① 梁华璜:《台湾总督府的福建政策》,梁华璜:《台湾总督府的"对岸"政策研究》,台湾稻乡出版社,2001年,第35页。
② 福建省政府秘书处统计室编:《福建省统计年鉴》第一回,福建省政府秘书处,1937年,序一。

此外,民国时期国人亦对本区经济作出大量的调查报告,其中尤以华侨研究成果最为丰硕,如陈达《南洋华侨与闽粤社会》(1938年)、郑林宽《福建华侨汇款》(1940年),两书亦可视为近代华侨调查之先驱。① 巫宝三、张之毅《福建省食粮之运销》(1938)一书则论及闽南与闽西两地粮食的运销问题。

二、1949年10月以后学界对福建南部经济之研究概况

中华人民共和国成立后,为推动社会主义建设,以及满足统战华侨的需要,政府多次动员人员对本区经济进行调查。20世纪50年代至60年代,厦门大学庄为玑、林金枝、章振干等师生多次利用"分区调查"方法,先后对闽南等地侨乡进行调查及搜集与华侨相关之材料。步入20世纪80年代以后,本区近代经济研究得到飞跃的发展,原因有二:

第一是区域经济研究的崛兴。改革开放以来,中国史学界打破过去封闭的状况,西方史学理论通过翻译和归国学人的引介,得以在学界广泛流传。美国学者柯文(Paul A. Cohen)的"以中国为中心"的史观,以及施坚雅(William G. Skinner)的区域研究理论,对中国史学界影响尤其深远,促使学者正视到中国区域经济发展的差异性问题,把研究范畴从全国性问题下移至省级,甚至市级的区域研究。另一方面,"现代化"问题向为中国近代史研究者所关心之问题。"比较各地区域经济发展的特殊性及异同"和"探索中国各地域近代化的过程"两种不同的研究取向,遂成为近代中国区域经济研究的主要内容。

第二是政府的资助与各史政机构的推动。自20世纪90年代以降,政府意识到历史的借鉴作用,拨出大量资源扶助历史研究,再加上政府努力拓展高等教育,扩展研究生名额(尤以福建师范大学和厦门大学为然),不少研究生以近代福建经济作为学位论文的课题,为本区经济史的研究力量带来新血。福建各县市档案馆、图书馆、方志办公室、博物馆等机构亦出版了不少与本区经济有关的史料汇编,并重印民国时期的方志史籍,大大提高了学界对本区经济的研究兴趣。

此外,由于本区各市相继倡议发展旅游业作为发展产业的支柱,加上民间古迹保护意识的提高,官方机构及民间学者陆续出版大批本区的掌故汇编和本区历史的综合性著述,对推动本区经济史史料搜集与推动相关课题的学术研究,起了积极的作用。此时期亦涌现了不少有关近代福建区域经济史的研究著述,如曾玲《福建手工业发展史》,厦门大学出版社,1995年;罗肇前《福建近代产业史》,厦门大学出版社,2002年;林庆元主编《福建近代经济史》,福建教育出版社,2001年,三书对开拓近代福建经济史研究起了重要的作用,然碍于篇幅与研究框架的问题,对闽南与

---

① 有关福建华侨研究之综合论述,可参戴一峰:《福建侨乡研究的回顾与前瞻》,戴一峰:《区域性经济发展与社会变迁》,岳麓书社,2004年。

闽西两地经济的特殊性与地理分布之论述,仍然有待深化。

至于台湾方面,20世纪80年代台湾中研院近史所开展"中国现代化的区域研究计划",李国祁《中国现代化的区域研究:闽浙台地区,1860—1916》,"中研院"近史所,1982)即为该计划有关本区之研究成果。唯其后由于近年台湾史成为当地显学,中国史研究相对薄弱。当地学者主要集中于闽台关系史的研究,某种程度可说是台湾史研究的伸延,有关近代本区经济的专题研究为数极少。

综合而言,近20年以来,本区经济史研究成果,以内地学界为中心,有四方面最值得注意:

1. 研究方法的推陈出新

厦门大学向为福建社会经济史与华侨史的研究重镇。近年在杨国桢、陈支平、戴一峰、郑振满等学者努力下,致力搜集地方文献,从事本区域的商业史和社会经济史研究。这批学者的治学方法与前人的不同之处,除秉承前辈学者重视史料与实证考察的学风外,更注意利用西方社会科学理论拓宽视野(尤以人类学的影响最为显著),放弃过去仅从生产关系、阶级斗争等狭小的研究框架,重视非经济因素(如宗族制度)对经济发展的影响,从民间文书分析商业经济、市场经济、借贷经济、农村经济、乡村共有经济等各个不同领域的经济关系,取得可观的成就。如陈支平的"族商"研究,利用大量族谱进行考察,强调了晋江商人乡族间的互助合作关系,是建立在传统乡族、家族制度的理念之上,并由此建立商业信用机制,成为晋江商人成功的重要因素。[①] 戴一峰的研究成果除海关史外,并从贸易网络的角度,分别以长崎泰昌号与泰益号为个案考察,讨论闽南商人的跨地域活动。[②] 郑振满的宗族研究则分析了福建各地宗族经济的发展,提出当地族产的迅速发展及其权益分配的股份化,导致了当地经济生活的全面家族化。[③]

2. 城市研究

城市史研究:城市为人类经济活动的中心。近年来城市化问题逐渐受到学界关注,刺激了本区城市研究的崛兴。厦门为本区首位城市,也是本区城市研究的重心所在。戴一峰考察近代厦门移民与城市经济,论述华侨与城市经济之密切关系;[④]周子峰的厦门城市研究认为西力入侵改变了厦门的传统经济结构,使当地经济与世界市场接轨,构成以"人、财、物"为资源交换内容的经济网络,由于当地过于倚重东南亚的殖民经济,某程度上与中国本土经济脱轨,变为中国本土经济的"飞

---

① 陈支平:《民间文书与明清东南族商研究》,中华书局,2009年,第63页。
② 戴一峰:《区域性经济发展与社会变迁》,岳麓书社,2004年,第387—425页。
③ 郑振满:《明清福建家族组织与社会变迁》,湖南教育出版社,1992年,第273页。
④ 戴一峰的相关著述包括《厦门开埠初期华工出国人数》,《福建论坛(文史哲版)》,1984年,第3期;《闽南华侨与近代厦门城市经济的发展》,《华侨华人历史研究》,1994年,第2期;《近代厦门城市工业发展述论》,《厦门大学学报(哲学与社会科学版)》,1995年,第1期;《闽南海外移民与近代厦门兴衰》,《二十一世纪》,1996年,第31期;《厦门与中国近代化》,张仲礼主编:《东南沿海城市与中国近代化》,上海人民出版社,1996年。

地",未能对内陆地区的产业发展带来革命性的变革。① 林星则从比较研究的角度,探讨厦门与福州城市发展的异同。②

3. 闽西客家研究

客家人是闽西地区居民的重要组成部分。随着近年来客家研究的兴盛,吸引不少学者以闽西作为区域研究的重心,讨论闽西客家人的经济活动,较突出者包括周雪香:《明清闽粤边客家地区的社会经济变迁》,福建人民出版社,2007年,认为当地客家地区商品经济的发展建立在商业活动的基础之上,并以山区特有的自然资源为基础,经济发展相当脆弱,近代以后,由于洋货的输入,使当地各项生产逐渐陷于衰败。③ 俞如先考察近代闽西金融问题,认为当地农民贫困化是民间借贷发生的第一位原因,无抵押借贷是当地最流行的借贷模式,但在一定程度上亦有利于民间手工业(如造纸业)的发展。④ 张侃考察客家地区的经济发展与基层组织变迁的关系;⑤蓝汉民与胡大新则分别研究汀江上杭的航运概况及永定县烟草业的发展。⑥

4. 华侨研究

华侨对本区经济贡献重大,此点已为本区经济史研究者所肯定。有关华侨对本区投资的研究,成就最大者当推林金枝。林金枝于20世纪50至60年代随庄为玑等学者到福建各地侨乡进行实地调查,得到大量有关华侨经济的材料,改革开放时期开始进行研究,并将研究成果刊行。⑦ 陈衍德则考察华侨与厦门经济生活的关系。⑧

第三节　福建南部自然地理环境

一、闽　南　地　区

闽南地区处于南亚热带,靠近北回归线,背山面海,地势由东南向西北逐步抬升。西北戴云山、博平岭山脉挡住寒潮的南侵,东南是漳州、泉州、兴化三大冲积平原,年平均温度为20℃,适合种植热带及亚热带作物。⑨ 本区海岸线长且曲折,港湾和岛屿众多,从莆田县的忠门半岛,南至闽粤交界的铁炉岗包括湄州湾、泉州湾、安海湾、同安湾、厦门港、佛昙湾、旧镇湾、东山湾、诏安湾和宫口湾共10个海湾,岸

---

① 周子峰:《近代厦门城市发展史研究(1900—1937)》,厦门大学出版社,2005年,第294、295页。
② 林星:《城市发展与社会变迁:福建城市现代化研究(1843—1949):以福州、厦门为中心》,天津古籍出版社,2009年。
③ 周雪香:《明清闽粤边客家地区的社会经济变迁》,福建人民出版社,2007年,第380、381页。
④ 俞如先:《清至民国闽西乡村民间借贷研究》,天津古籍出版社,2010年,第380—382页。
⑤ 张侃:《客家地区的经济发展和基层组织的变迁:以闽西为考察物件》,徐正光主编:《历史与社会经济:第四届国际客家学研讨会论文集》,台湾中研院民族所,2000年。
⑥ 蓝汉民:《汀江上杭河段航运与商俗》,胡大新:《永定县烟草业的历史考察》,两文均收于劳格文(John Lagerwey)主编:《客家传统社会》,上编"民俗与经济",中华书局,2005年。
⑦ 林氏相关之研究成果,包括《近代华侨投资国内企业史研究》,福建人民出版社,1983年;《近代华侨投资国内企业史资料选辑·福建卷》(与庄为玑合编),福建人民出版社,1985年;《近代华侨投资国内企业概论》,厦门大学出版社,1988年。
⑧ 陈衍德:《论民国时期华侨在厦门经济生活中的作用》,《中国社会经济史研究》,2000年第2期。
⑨ 陈佳源主编:《福建省经济地理》,新华出版社,1991年,第227页。

线总长度达726.81千米,拥有丰富的海产资源,又有泉州、安海、刘五店、厦门港等天然良港。① 闽南地区的主要河流有三,分别为九龙江、晋江及木兰溪:

九龙江为福建省第二大河流,全长712公里,发源于闽中大山带南段,有南北两源:南源汇石溪,发源于龙岩;北源九鹏溪,发源于宁洋,流经龙岩、大田、永安、漳平、华安、平和、南靖、长泰、漳浦、漳州、龙海等地,主流与支流合计长达1 900多公里,流域面积约13 000平方公里。其西溪和北溪下游地域为漳州平原所在地。因九龙江上游地形崎岖,水势湍急,不便通航,加上年久沙泥淤积,航海木帆船和汽船只能从厦门溯江驶至石码(今龙海市),对闽西与闽南之经济交流造成阻碍。九龙江主要港埠有二:漳州为九龙江西溪水域各县通厦门商旅往来和货物集散的重要港埠城埠;石码则是九龙江下游的交通枢纽,漳属各县出产的粮米、蔗糖等土产以及外地进口物资,大多集中石码后分转各地。②

晋江为福建省第四大河流,全长302公里,其沿岸平原,为汉族迁闽后之根据地,"晋江"之名为纪念晋朝永嘉南渡而来。其上游有二源,发源于永春者称东溪,发源于安溪者称为西溪,两溪在南安县双溪口会合,经泉州南门注入泉州湾。③ 晋江下游两岸为戴云山余脉,为丘陵性的冲积平原(泉州平原)。泉州南门的富美、盐馆、土地后、五堡、纸沟头、新宫口6处渡头,常有百余艘船舶停靠,泉州内港为河海船舶交错的城镇港埠。④

木兰溪又称兴化江,流长93公里,源出于仙游境内,中下游河道较阔,水流较平缓。木兰溪经莆田县后,至三江口入兴化湾,是为海轮终点,三江口以西十余公里亦可通航。木兰溪中下游附近一带为兴化平原。木兰溪洪水时期,水位有3至4米,枯水时仅有0.3至0.5米。莆田南北洋至仙游县城之间河道险滩众多,故两地的商品运输,仍需依靠用人力划动的"溪船"进行。⑤ 国民党统治崩溃前夕,当地溪船约有297艘。船主多为莆田人,仙游人的船只只及前者的三分之一左右。溪船之载重量,枯水时仅有3 000公斤,盛水时则可及吨。⑥

闽南地区经济发展主要受到两个因素所制约:其一是能源短缺,烟煤、石油需从外地输入,民用燃料也相当短缺。其二是因当地人地比例失衡,粮食供应严重不足,每年必须从外地大量输入。由于靠近海岸,刺激了当地居民的航海传统与重商思想,粮食不足造就大量华侨移居海外,构成了近代闽南人商业网络形成的基础。

---

① 中国海湾志编纂委员会:《中国海湾志》,第8分册·编者说明,海洋出版社,1993年。
② 林开明:《福建航运史(古近代部分)》,人民交通出版社,1994年,第365页。
③ 朱代杰、季天祐:《福建经济概况》,福建省政府建设厅,1947年,第3、4页。
④ 林开明:《福建航运史(古近代部分)》,人民交通出版社,1994年,第365页。
⑤ 朱代杰、季天祐:《福建经济概况》,福建省政府建设厅,1947年,第3、4页;陈明辉:《解放前木兰溪船运输》,《莆田文史资料》第11辑,1987年,第171,172页。
⑥ 余启锵:《木兰溪的航运与会仙、南门码头的兴废》,《莆田市文史资料》第8辑,1993年,第80页。

二、闽西地区

闽西处于闽西北大山带南段的武夷山南麓,闽中大山带南段的博平岭、戴云山北麓之间,地势陡峻,武夷山脉南段横卧闽西的西北边缘,成为闽西与赣南的天然分隔。汀江干流以西的山岭,大部分由武夷山脉伸展而来。当地海拔介乎 600 至 1 200 米以上,地势崎岖复杂,以中山、低山、盆谷相间的地貌为主,故有"八山一水一分田"之谚。① 闽西地区森林资源相当丰富,近代龙岩、漳平、尤溪、明溪、连城等县均覆盖密林,有大量木材可供出口。矿产资源相对丰富,矿产种类众多,主要有煤、铁、锰、钨、铜、铅、锌、石灰石等几十种。其中煤炭藏量约占福建省总储量的 85%。②

汀江为福建省第三大河流,是福建省唯一流经外省的省际河流,发源于宁化县武夷山脉木马山北坡,自北向南流经闽西地区的长汀、武平、上杭、永定及广东省大埔 5 县,全长 328 公里,在福建省境内长 285.5 公里,流至广东三河坝与梅江汇合后称韩江,为闽西地区对外交通的主要动脉。③ 该河虽常年可以通航,长汀、上杭间河道较宽,但上杭以下河道险滩较多,对航运带来极大的不便。④ 峰市镇是闽粤两省水路的分界线,峰市以下至广东大埔县境一段相距 5.5 公里地带,江面狭迫,暗礁密布,大小舟船不能通过。自汀州运粤之货物,或自粤运汀之货品,必须在峰市或大埔起卸,肩挑 10 里再行登舟运往目的地。⑤

闽西的经济发展主要受到两个因素所制约:其一是当地地势崎岖复杂,交通运输不便,阻碍跨区域的物资交流。其二是地多人少,劳动力相对不足。由于与沿海地区相距较远,当地居民出洋谋生者相对较闽南为少;在明清时期商品经济发展的大趋势下,传统经济作物的发展相对兴盛(如烟草业与木材业)。

表 2-1-4　民国时期福建省各河流可通航之里程与船只种类

水　系	水道名称	通航船只	起讫地点	约计里程(公里)	备　考
晋江水系	东　溪	民船	永春至双溪口	50	
	西　溪	民船	晋江至湖头镇	60	
九龙江水系	西　溪	汽船	海澄至龙溪	35	
	西　溪	民船	南靖至船场	55	包括管溪
	北　溪	民船	石码至宁洋/龙岩	280	包括龙津、感化、九鹤、雁石等溪

---

① 陈佳源主编:《福建省经济地理》,新华出版社,1991 年,第 246、247 页。
② 陈佳源主编:《福建省经济地理》,新华出版社,1991 年,第 248 页。
③ 蓝汉民:《汀江上杭河段航运与商俗》,[法]劳格文主编:《客家传统社会》,中华书局,2005 年,第 56 页。
④ 盛叙功编:《福建省一瞥》,商务印书馆,1928 年,第 14 页。
⑤ 林开明:《福建航运史(古近代部分)》,人民交通出版社,1994 年,第 366 页。

续 表

水 系	水道名称	通航船只	起讫地点	约计里程（公里）	备 考
汀江水系	汀江	民船	长汀至峰市	260	包括水阑溪、黄潭溪
	旧县河	民船	上杭至朋口	60	汀江支流
	永定溪	民船	坎市至石下坝	50	汀江支流

（资料来源：朱代杰、季天祐：《福建经济概况》，福建省政府建设厅，1947年，第197、198页。）

本区的自然灾害主要以台风、洪涝与旱灾为主，较少发生地震。暴雨多发生在5至6月的雨季和7至9月的台风季。1884年8月台风横扫厦门，鼓浪屿岛上的房屋差不多全部受到损坏；1893年9月，风灾造成厦门港严重的财物损失，并摧毁泉州和漳州大量房屋。[①] 1908年10月大风暴雨两天，南靖县山洪暴发，水位急速上涨，船场溪浮尸，龙津溪漂木，堤岸相继决口，漳州城死者200余人。[②]

洪灾方面，据《漳州府志》记载，自宋咸平至清乾隆七百多年间，当地发生大洪灾44次，平均约20年1次。1908年9月洪水淹没漳州县城，冲垮镇台衙门，上千民房倒塌，死者200多人。[③] 1935年7月至8月间，晋江、惠安、南安、安溪等县先后4次大水，泉州城区约80％地区沦为泽国，全区死者1 919人，倒塌房屋11 970间。[④] 旱灾方面，漳州自唐贞元六年（790年）至1990年的1 200年间，漳州出现较大的旱灾有78次，平均约16年1次。[⑤]

[①] 厦门市志编纂委员会、厦门海关志编委会：《近代厦门社会经济概况》，鹭江出版社，1990年，第278、322页。
[②] 漳州市地方志编纂委员会：《漳州市志》，中国社会科学出版社，1999年，第223页。
[③] 漳州市地方志编纂委员会：《漳州市志》，中国社会科学出版社，1999年，第216、282页。
[④] 泉州市地方志编纂委员会：《泉州市志》，中国社会科学出版社，2000年，第336页。
[⑤] 泉州市地方志编纂委员会：《泉州市志》，中国社会科学出版社，2000年，第217页。

第二章 近代经济变迁的动力与原因

第一节 传统经济网络的形成

由于本区东部拥有长且曲折的海岸线,港湾和岛屿众多,又有理想的天然良港,故本区经济与海洋息息相关,深具"海洋中国"之传统,商业活动及航海事业亦成为本区居民传统的经济活动,其中尤以泉州和漳州居民最为活跃。1754年福建巡抚陈弘谋说:"闽南沿海民人,多仗海贸易,每届回棹之时,不独米粮随处粜济,银钱货物充盈店面。……漳、泉二郡地窄人稠,地土新产,不敷食用。而地方不至落寞,稍觉有富庶之象,正赖有此。"①自宋代以降,本区即以对外贸易繁盛见诸史册,泉州更成为中古时期东亚之第一大贸易港,带动当地手工业的发展。

一、清代"厦门网络"之形成背景

清代经济的蓬勃发展,逐步发展出一个以厦门为中心之贸易网络,此即学者吴振强所谓之"厦门网络"②。其兴起背景约可从三方面理解:一为泉漳居民之拓殖精神,二为东南亚及台湾与中国大陆地区经济关系之日渐加强,三为清政府的海防与贸易政策。

先言本区居民之拓殖精神。本区居民致力商业活动与航海事业之原因,可从"推力与拉力"(push-pull)两种因素予以解释。"推力"因素方面,本区农村人地比例失调及地主阶级对农民之压迫,驱使农村人口大量外移与增强人民从事乡村以外经济活动的意欲;"拉力"因素方面,非传统的经济活动带来之丰厚利润则往往吸引企图追求更美好生活的人从事商业活动,③是以"闽中巨室皆擅海舶之利","嗜利走死习以为常"④。闽南商品经济的发展和农业生产的专业化也是强化泉漳居民拓殖精神另一要素。自南宋以来,闽南地区农民为追求最大经济效益,多改种经济效益较高的农产品,泉漳之甘蔗、漳州之烟草远销东南沿海地区,造成闽

---

① 台湾"故宫"博物院编:《宫中档乾隆朝奏折》第8辑,台湾"故宫"博物院,1982年,第104—141页。
② 参 Ng Chin-keong, *Trade and Society: The Amoy Network on the China Coast, 1683 - 1735*(Singapore: University Press, 1983)。
③ 参 Ng Chin-keong, *Trade and Society: The Amoy Network on the China Coast, 1683 - 1735*(Singapore: University Press, 1983), pp. 4 - 5;据梁方仲统计,清嘉庆二十五年(1820年)泉漳两府分别共有人口 2 381 429 及 3 336 729 人,为闽省各府之冠,嘉庆十七年(1812年)闽省全省(台湾不计算在内)共有人口 14 777 410 人,田地 13 653 662 亩,每人平均所得亩数约 0.924 亩,见梁方仲:《中国历代户口、田地、田赋统计》,上海人民出版社,1980年,第277、400页。传统中国官方的田亩数据向为一纳税单位,故福建田地的实际数字应比以上数字略高,有关明清代田地数字之研究,参何炳棣:《中国历代土地数字考实》,台湾联经出版事业公司,1995年,第77—122页。
④ [清]王沄:《闽游纪略》,王锡祺辑:《小方壶斋舆地丛钞》第9帙,第11册,杭州古籍出版社,1985年。

南地区商品经济之发展,出现稻作面积相对缩小及食米不足问题,米粮消耗必须倚赖省内调剂(如汀州等地)及他省接济(如江苏、浙江、广东等省)两大途径补充,产生闽南与东南地区米粮贸易网络,①刺激闽南居民从事商业活动与航海事业之意图。

泉漳居民之拓殖精神为本区海上贸易带来原动力,明末以来东南亚及台湾与中国大陆地区经济关系之日渐加强,则为泉漳商人带来机遇。中国与东南亚之交往见诸史籍者,最早可追溯至汉代。②东晋至宋代八百多年间佛教僧侣、商人与使节穿梭中国和东南亚间,促成中国与东南亚交通网络之形成。明代永乐、宣德年间郑和七下西洋,中国国威远播东南亚,华人在东南亚地位日渐提升。明代前期推行海禁政策禁止人民出洋贸易,本区居民依然冒险犯禁,前往东南亚进行各种贸易活动,部分华人在当地落地生根,促成东南亚各地华侨社群之出现。明代中叶以后闽省人口压力日趋严重,部分人口迫于生计或为追求财富,相率前往东南亚从事贸易活动。据庄国土估计,明末东南亚华侨约10万人,约60%以上从事商贩活动,其次是各类工匠,籍贯以闽人为主,占总人数70%至80%,粤籍占20%左右,③华商从东南亚输入当地土产与白银,易以中国手工业制成品,构成中国与东南亚海上贸易之桥梁,清代"厦门网络"即在此基础上发展与延续。

厦门网络另一发展因素为汉人对台湾之开发。从台湾岛内及海峡两岸间贸易情况看,台湾商业之出现并非岛内生产力发展和土著部落间分工的产物,而是大陆汉族商人活动的结果。④荷兰人统治台湾,招徕闽粤移民来台垦殖,至崇祯十一年(1638年)间,台南一带汉人已达万余。⑤郑氏领台时期,汉人数量增长迅速,清廷降服郑氏,尽将郑氏宗室与文武官员遣回内地,下令限制内地人民渡台,然闽粤两省居民偷渡台湾风气依然如故。康熙雍正年间,汉人数量已在60万以上,乾隆中叶增至100万左右。⑥清廷统一台湾初期,施琅禁止广东移民渡台,造成康熙之世漳泉移民在台湾一枝独秀局面。⑦据尹章义估计,清代到台湾从事开发的移民,98%以上来自闽粤两省,其中45%来自泉州、35%来自漳州,⑧在当日弱肉强食的"边疆社会"形势下,华南地区移民为求保有及发展拓垦成果,出现"泉海、漳中、粤山"聚居分布现象。⑨泉漳移民既聚居沿海地区,闽台贸易活动自然掌握在泉漳商手上。

---

① 林丽月:《晚明福建的食米不足问题》,《台湾师范大学历史学报》,1987年,第15期,第161—190页。
② 冯承钧:《中国南洋交通史》,商务印书馆,1937年,第9页。
③ 庄国土:《明末南洋华侨的数量推算和职业、籍贯构成》,《南洋问题研究》,1990年,第2期,第20页。
④ 黄福才:《1683年前台湾商业的变化与特点》,厦门大学台湾研究所历史研究室编:《郑成功研究国际学术会议论文集》,江西人民出版社,1989年,第289页。
⑤ 黄秀政:《清代鹿港的移民与社会发展》,古鸿廷、黄书林编:《台湾历史与文化(二)》,台湾稻乡出版社,2000年,第96、97页。
⑥ 郭廷以:《台湾史事概说》,台湾正中书局,1954年,第106页。
⑦ 黄秀政:《清代治台政策的再检讨:以渡台禁令为例》,黄秀政:《台湾史研究》,台湾学生书局,1992年,第154、155页。
⑧ 尹章义:《台湾开发研究》,台湾联经出版事业公司,1989年,第7页。
⑨ 施添福:《清代在台汉人的祖籍分布和原乡生活方式》,台湾师范大学地理学系,1987年,第179—181页;潘英:《台湾拓殖史及其族姓分布研究》,自立晚报,1992年,第9—11页。

继承着闽粤地区原有重商趋利传统,加上闽粤移民多为谋取经济利益而来,故早期台湾移垦社会具有高度市场取向性格,生产活动呈现区域分工专业生产方式,以台湾地区的农产品及农产加工品出口,从岛外输入纺织品与手工艺品应付日常生活所需,①本区与台湾的经济关系即在此背景下日趋巩固。

二、"厦门网络"之特点

吴振强认为"厦门网络"是一个建基于海洋贸易扩张而发展出来的沿海贸易网络,具有三个经济特点:一是网络的形成源自闽南居民以航海为业的倾向;二是台湾之开发及其高度商品化经济刺激了网络的成长;三是闽南商人成功因素在于其对不同地区经商环境之适应性,由是使该网络能够满足18世纪中国沿海各地物资交换需要。②清代以厦门为中心的泉漳商人的活动领域,约可分国内与国外两方面言之:

国内方面,从事国内沿海贸易的漳泉海商活动范围广泛,足迹遍及上海、天津,甚至远及锦州。漳泉商人从厦门运出土产品如糖等至北方沿海口岸,从北方运回豆饼与土产回闽发卖。台湾更是泉漳商人的活跃区域。据乾隆年间《重修台湾府志》所载,当时往来于台湾与中国大陆间的商船多为漳泉商贾所有,漳泉商人从福建漳州、泉州、兴化、福州、建宁等地运出丝线、瓷器、纸张、雨伞等手工业制品及柑柚、青果、烟草与茶叶等农产品至台湾发卖,回程时运回米、麦、黑白糖饧、番薯、鹿肉等货品至厦门诸海口。③台厦经济联系亦可从台湾地区专门从事对大陆贸易的"行郊"组织兴盛得到证明,嘉庆年间鹿港有所谓"八郊",其中"泉郊"从事与泉州地区贸易,"厦郊"专门从事与厦门、金门、漳州地区贸易,泉郊所属商号二百余家,厦郊所属商号共百余家,亦有兼营布郊、糖郊、染郊者。④泉漳商人更在当地负责主持祭祀、协助官府平定民变、处理地方商务纠纷及办理社会公益慈善事业等活动。⑤艋舺、北港、澎湖、大稻埕也设有"泉郊"、"厦郊"等组织,供奉妈祖等福建地方神祇。⑥

国外方面,漳泉商人活动区域以日本与东南亚地区为主。日本自德川幕府规定锁国政策,限定长崎为对外唯一开放口岸,1688年限定每年来日"清舶"名额为70艘,厦门一口配有5艘。⑦东南亚地区方面,与厦门通商之地区包括暹罗、吕宋、

---

① 蔡渊絜:《清代台湾的移垦社会》,台湾师范大学中等教育辅道委员会主编:《认识台湾历史论文集》,编者自印,1996年,第87—89页。
② Ng Chin-keong, *Trade and Society: The Amoy Network on the China Coast, 1683-1735*, pp. 213-218.
③ [清]范咸等修:《重修台湾府志》卷十七,台湾省文献委员会,第2257、2258页。
④ 黄秀政:《清代鹿港的移垦与社会发展》,古鸿廷、黄书林编:《台湾历史与文化(二)》,台湾稻乡出版社,2000年,第135、136页。
⑤ 黄秀政:《清代鹿港的移垦与社会发展》,古鸿廷、黄书林编:《台湾历史与文化(二)》,台湾稻乡出版社,2000年,第147页。
⑥ 卓克华:《清代台湾行郊的发展与地方权力结构之变迁》,台湾师范大学中等教育辅导委员会主编:《认识台湾历史论文集》,第163—165页。
⑦ [日]木宫泰彦著,陈捷译:《中日交通史》,商务印书馆,1931年,第336—344页。

苏禄、越南、噶喇吧(即巴达维亚,Batavia)、新加坡(1819年后)等地,①输出货品有漳州出产之丝绸、纱、绢,永春之瓷器及其他各处出产之雨伞、木屐、布匹、纸札等,②易以白银、燕窝、苏木、海参、槟榔等东南亚物产,因白银大量流入,故"厦门率用番钱"③。在名义上西班牙人虽被准许到厦门贸易,但实际上厦门与菲律宾之间的贸易牢牢地掌握在漳泉商人手上,大约自1800年开始,西班牙人放弃从事厦门贸易。④

清代厦门对外贸易,至嘉庆、道光年间出现衰落现象,嘉庆元年(1796年)厦门尚有洋行8家,大小商行30余家,洋船、商船1000余号,后因蚶江、五虎门三口并开,商贩改用商船私自出海逃避关税,引致洋行消乏,关课渐绌,⑤嘉庆二十二年(1817年)清廷禁止茶叶出口,更是厦门洋行业的致命伤,且道光以后吕宋、暹罗夷船不至,洋米贸易大为减退,⑥至道光元年(1821年)洋行全部倒闭,道光十二年至十三年(1832—1833年)间厦门仅存商行5至6家。⑦正如陈国栋指出,对厦门而言,清代中叶国内沿海贸易远比东南亚贸易重要。另一方面,东南亚贸易的衰落在时间上也比沿海贸易来得早,程度上也来得更彻底。⑧

第二节　华侨与近代本区域的经济变迁

清代闽南商人足迹遍及东亚各地,通过侨居海外的华侨社群,建立一个庞大的贸易网络,为本区与台湾及东南亚地区的经济关系,奠定深厚基础;西力冲击打破中国闭关自守的局面,则为本区经济提供了发展机遇。18世纪欧人拓展东南亚的殖民统治,将东南亚地区经济卷入资本主义世界经济体系内。19世纪中叶以后此经济体系出现一个"世界性分工合作"(The World Division of Labor)新趋向,体系中心的工业国家向体系边陲的落后地区输出工业制成品,诱使后者专门发展集中于数种货品的出口经济。这种趋向在列强的殖民地表现尤其明显,盖因宗主国鼓励殖民地与本国间贸易,限制殖民地向其他价格较廉的地区输入其他产品,同时控制殖民地出口贸易。⑨1830年荷兰人在荷属东印度推行种植制度(the Culture System),迫令土民放弃自给自足的耕种模式,改种咖啡等出口经济作物。19世纪70年代以后出口贸易在东南亚普及化,⑩增加东南亚劳动力市场的需求,从而吸引

---

① 李金明:《厦门海外交通》,鹭江出版社,1996年,第50—65页。
② [清] 周凯:《厦门志》卷五,鹭江出版社,1996年,第138页。
③ [清] 周凯:《厦门志》卷十五,鹭江出版社,1996年,第520页。
④ Michael Greenberg, *British Trade and the Opening of China 1800 - 1842* (Cambridge: Cambridge University Press, 1951), p. 47.
⑤ [清] 周凯:《厦门志》卷五,鹭江出版社,1996年,第141页。
⑥ 傅衣凌:《清代前期厦门洋行》,傅衣凌:《明清时代商人及商业资本》,人民出版社,1956年,第209、210页。
⑦ [清] 周凯:《厦门志》卷五,鹭江出版社,1996年,第141页。
⑧ 陈国栋:《清代中叶厦门的海上贸易(1727—1833)》,吴剑雄主编:《中国海洋发展史论文集》第4辑,台湾中研院中山人文社科所,1991年,第97页。
⑨ Thomas R. Shannon, *An Introduction to the World-System Perspective* (Boulder: Westview Press, 1989), pp. 66 - 67.
⑩ D. R. SarDesai, *Southeast Asia: Past & Present* (Boulder: Westview Press, 1997), 4th ed., pp. 95 - 96; David Joel Steinberg ed., *In Search of Southeast Asia: A Modern History* (Honolulu: University of Hawaii Press, 1987), revised ed., p. 225.

了本区大量人口移居海外。

自1847年3月第一艘外国商船阿盖尔公爵号(Duke of Argyle)从厦门运出400至450名中国苦力至古巴夏湾拿后,厦门成为中国苦力贸易的一个重要输出港口。① 据英国驻厦领事馆职员Charles Wichester估计,自1845年至1852年为8个月间与西方商人订立契约离开中国的苦力共6 255人,其中以前往澳大利亚(2 666人)和古巴(990人)的最多;② 1855年香港总督宝宁(Sir J. Bowring)向英国政府报告指出,仅厦门一地即输出2 500个契约劳工前往南美③。部分外国商人贪图厚利,对中国苦力掮客诱拐乡民出洋之事视若无睹,酿成排外事件。1852年1月一名中国苦力掮客被中国官府拘禁,21日英商Francis D. Syme带同随从至衙门要求释放该名苦力掮客,遭中国当局拒绝爆发冲突。其后外国商行附近出现大量以厦门商绅名义发出的反对贩卖苦力之揭帖,23日大批居民聚集在外国商行,向洋人掷石和侮辱,次日聚集群众数目达1 500人,英商请求英军舰派兵登岸保护商行,英军登岸后被群众掷石,竟向人群开枪还击,④ 造成10至12人伤亡,事件经英领事馆调查,仅向Syme及其职员判处罚款共220元了事⑤。从此厦门的苦力贩卖稍有收敛,苦力掮客改往汕头活动,然因闽南地区民生困苦,加上传统移民风气驱使,不少闽南壮丁为求改善生活,相率出洋谋生。据戴一峰的估计,从1890年至1930年的40年间,累计约136万人迁移海外,每年净迁移人数高达34 000人。⑥

表2-2-1　20世纪50年代末闽南闽西华侨在国内的分布概况

		县(市)总人口	海外华侨人口数	海外华侨占县(市)人口比例	侨眷、归侨人口数	侨眷、归侨占县(市)人口比例
闽南地区	厦门市	296 940	70 000	23.57%	40 000	13.47%
	泉州市	117 917	20 000	16.96%	12 000	10.17%
	晋　江	690 169	220 000	31.87%	200 000	28.97%

① H. B. Morse, *The International Relations of the Chinese Empire*, vol. 1 (London: Longmans, Green, and Co., 1910), p. 363.
② "Note by Dr. Winchester," in Great Britain. Parliament. House of Commons, *British Parliamentary Papers: China* (Shannon: Irish University Press, 1971), vol. 3, pp. 9-10.
③ P. D. Coates, *The China consuls: British consular officers, 1843-1943* (Hong Kong: Oxford University Press, 1988), p. 63. 另据戴一峰初步估计,1845年至1853年间从厦门出国之华工共有11 095人,见戴一峰:《厦门开埠初期华工出国人数》,《福建论坛(文史哲版)》,1984年,第3期,第73-74页。
④ "Minutes of Evidence taken at a Court of Inquiry held at Amoy to investigate the Causes of the Late Riots, and into the manner in which Coolie Emigration has been lately carried on at that Port," in Great Britain. Parliament. House of Commons, *British Parliamentary Papers: China*, vol. 3, pp. 59-84.
⑤ "Acting-Consul Backhouse to Dr. Bowring," in Great Britain. Parliament. House of Commons, *British Parliamentary Papers: China*, vol. 3, p. 47; "Mr. Harvey to Dr. Bowring," in Great Britain. Parliament. House of Commons, *British Parliamentary Papers: China*, vol. 3, p. 43.
⑥ 戴一峰:《闽南海外移民与近代厦门兴衰》,《二十一世纪》,1984年,第3期,第49页。

续 表

		县(市)总人口	海外华侨人口数	海外华侨占县(市)人口比例	侨眷、归侨人口数	侨眷、归侨占县(市)人口比例
闽南地区	南 安	656 900	141 034	21.46%	132 792	20.21%
	永 春	230 357	68 560	29.76%	38 694	16.79%
	安 溪	389 610	80 000	20.35%	40 000	10.26%
	惠 安	524 887	50 000	9.52%	60 000	11.43%
	莆 田	878 927	100 000	11.37%	80 000	9.10%
	仙 游	434 639	30 000	6.9%	20 000	4.6%
	同 安	232 202	70 000	30.14%	41 281	17.77%
	德 化	122 665	7 098	5.78%	3 170	2.58%
	漳州市	91 792	3 073	3.34%	3 063	3.33%
	龙 溪	339 541	20 000	5.89%	12 000	3.53%
	海 澄	181 945	31 000	17.03%	20 000	10.99%
	东 山	90 899	17 792	19.57%	14 000	15.40%
	华 安	70 223	2 700	3.84%	1 800	2.56%
	云 霄	170 340	2 700	1.58%	2 500	1.46%
	诏 安	248 433	70 000	28.17%	20 000	8.05%
	漳 浦	312 921	5 076	1.62%	5 000	1.59%
	南 靖	175 923	7 400	4.21%	4 600	2.61%
闽西地区	长 泰	81 369	3 100	3.81%	479	0.58%
	龙 岩	186 995	25 000	13.36%	20 000	10.69%
	永 定	204 392	30 000	14.67%	25 000	12.23%
	上 杭	228 094	2 000	0.88%	1 500	0.66%
	连 城	150 962	500	0.33%	400	0.26%
	长 汀	245 023	200	0.08%	200	0.08%
	漳 平	106 936	250	0.23%	100	0.09%
	宁 化	164 122	100	0.06%	150	0.09%
	武 平	180 289	300	0.16%	200	0.11%
	清 流	68 108	100	0.14%	150	0.22%
	永 安	114 608	300	0.26%	200	0.17%
	南 平	146 493	201	0.14%	32	0.02%

(资料来源：林金枝、庄为玑编：《近代华侨投资国内企业史资料选辑》，福建人民出版社，1985年，第26、27页。)

就上表数字显示，估计本区约有海外华侨超过100万人，拥有雄厚的经济实力。大多数闽侨有定期汇款回乡的需要，致富闽侨亦有"落叶归根"之传统思想，将财富汇回故乡，购买产业或投资以保安享晚年，为本区经济建设提供丰富资金。

表 2-2-2　1905—1938 年流入厦门侨汇数额

年　份	汇 款 数 额	年　份	汇 款 数 额
1905 年	18 900 000	1922	27 900 000
1906 年	18 300 000	1923	25 700 000
1907 年	17 600 000	1924	45 900 000
1908 年	17 800 000	1925	45 000 000
1909 年	20 000 000	1926	66 000 000
1910 年	21 600 000	1927	51 800 000
1911 年	17 800 000	1928	44 800 000
1912 年	19 100 000	1929	54 200 000
1913 年	17 600 000	1930	60 000 000
1914 年	17 200 000	1931	72 000 000
1915 年	18 500 000	1932	47 800 000
1916 年	15 000 000	1933	47 900 000
1917 年	12 800 000	1934	43 300 000
1918 年	11 800 000	1935	51 230 760
1919 年	18 900 000	1936	58 355 000
1920 年	19 200 000	1937	57 116 510
1921 年	44 000 000	1938	52 929 211

1905 年至 1926 年数据出自吴承禧:《厦门的华侨汇款与金融组织》,《社会科学杂志》,1936 年,第 8 卷第 2 期,第 202 页;1927 年至 1931 年数据出自 C. F. Remer, *Foreign Investments in China* (New York: Macmillan, 1933), p.184;1931 年至 1934 年数据出自吴承禧:《最近五年华侨汇款的一个新估计》,《中山文化教育馆季刊》,1936 年,秋季号,第 842 页;1935 年至 1938 年数据出自郑林宽:《福建华侨汇款》,福建省政府秘书处统计室,1940 年,第 32 页。

另一方面,华侨商人旅居海外,目睹机器生产与西方经营模式的优点,回国创业时予以仿效,在本区工业投资扮演了先驱者的角色,成为推动本区经济近代化的重要力量。

第三节　通商口岸对区域近代化的作用

一、厦门开港始末

福建南部的通商口岸只有厦门,但厦门对本区的经济近代化历程却有相当大的影响力。早在鸦片战争前夕,英国已派遣人员至中国沿海考察贸易概况,其中以胡夏米(Hugh Hamilton Lindsay)之调查活动影响最为深远。道光十二年(1832 年),东印度公司遣胡夏米与郭士立(Charles Gutzlaff)乘商船调查中国沿岸情况。胡夏米等人航经厦门、福州、宁波及上海等港口,再北航朝鲜,向国王呈交请求通商的奏章后折返澳门。[①]

[①] 张德昌:《胡夏米货船来华经过及其影响》,李定一、吴相湘、包遵彭编:《中国近代史论丛》第 2 辑第 1 册,台湾正中书局,1958 年,第 1—15 页。

胡夏米在呈交英国下议院的报告中,盛称厦门商业繁荣及当地商民渴望与外国通商之心态,[①]郭士立则在1834年出版游记,认为厦门是"其中一个适合欧洲商业经营的优良港口"[②]。胡夏米等人的探险活动除令英人一窥中国虚实外,更引起英人对厦门、福州、宁波及上海四地之注意,当可视为《南京条约》英人要求五口通商的张本。[③]

鸦片战争期间,英军进窥厦门。1841年3月闽督颜伯焘亲至厦门修筑防御工事迎击英军,8月英舰队大举进攻厦门,经2日战斗后英军占领厦门城,随后英军主动撤出厦门岛,仅留下少量军队及军舰驻守鼓浪屿,至1845年3月英军方撤离鼓浪屿。[④]

与其他省会城市如广州及福州等通商口岸相比,厦门开港过程相当顺利,原因有三:首先是官府对开港的态度问题,厦门原为闽省海关税收重要来源,自厦门之役后,当地"行商多已歇业,地方凋敝",恢复关税征收变为当务之急;[⑤]福州开港则受到当地官吏的阻挠,闽督刘韵珂探悉道光皇帝不愿开放省城互市之意,在福州附近设立重重关卡,阻挠茶商运茶至省城发卖,又遣员游说福州绅商关于外人在当地通商之害处,借此使外商无法开市,驱逐英人离开福州。[⑥] 其二是厦门与福州地方精英结构的差异,福州为闽省行政中心,士绅力量较为强大,排外态度激烈;厦门主要为一商业城市,商绅为当地主导力量,对来华外人态度较为开放,如道光三十年(1850年)英领事在福州城内神光寺租赁房屋,惹起地方士绅不满,在民间制造谣言引起恐慌;[⑦]相反厦门则中外相安,商人乘英人来厦开市之际,更开设私行,置造船只,希图勾串走私。[⑧] 其三为地理因素,厦门港阔水深,可供外国大型商船停泊,相反福州为一内河港口,闽江水位变化甚大,大船易于搁浅,[⑨]故厦门开港远较福州顺利,据刘韵珂在道光三十年(1850年)八月奏报指出,厦门每日入港洋商船只不下十余艘,福州则仅得英人十余人居住。[⑩]

厦门开埠初期,当地官员采取"制夷而足以服夷,息事而不致生事为要"之态度,应付英人要求。[⑪]清廷派福建布政使徐继畬至厦门负责开港事务,[⑫]英国首任驻厦领事记里布(Henry Gribble)认为厦门城民居稠密,时有火患,隙地复多坟冢,通过兴泉永道要求准许英人居住鼓浪屿,刘韵珂恐英人乘机占据鼓浪屿,请耆英向英方拒绝。最后徐继畬与英领事阿利国(Rutherford Alcock)择定兴泉永道府署旧址

---

① Hugh H. Lindsay, *Report of Proceedings on a Voyage to the Northern Ports of China* (London: B. Fellowes, 1833), pp. 12-36.
② Charles Gutzlaff, *Journal of Three Voyages Along the Coast of China* (London: Westley and Davis, 1834), pp. 193-194.
③ 张德昌:《胡夏米货船来华经过及其影响》,李定一、吴相湘、包遵彭编:《中国近代史论丛》第2辑第1册,台湾正中书局,第16页。
④ 茅海建:《鸦片战争时期厦门之战研究》,《近代史研究》,1993年,第4期,第24—31页。
⑤ 中国第一历史档案馆编:《鸦片战争档案史料》第7册,天津古籍出版社,1992年,第112页。
⑥ 中国第一历史档案馆编:《鸦片战争档案史料》第7册,天津古籍出版社,1992年,第565页。
⑦ 中国第一历史档案馆编:《鸦片战争档案史料》第7册,天津古籍出版社,1992年,第1020页。
⑧ 彭泽益:《中英五口通商沿革考》,包遵彭、李定一、吴相湘编:《中国近代史论丛》第2辑第1册,台湾正中书局,1958年,第60页。
⑨ 中国第一历史档案馆编:《鸦片战争档案史料》第7册,天津古籍出版社,1992年,第990页;李金强:《清代福州交通述论》,李金强著:《区域研究:清代福建史论》,香港教育图书公司,1996年,第47—51页。
⑩ 中国第一历史档案馆编:《鸦片战争档案史料》第7册,天津古籍出版社,1992年,第1029页。
⑪ 中国第一历史档案馆编:《鸦片战争档案史料》第7册,天津古籍出版社,1992年,第988页。
⑫ 中国第一历史档案馆编:《鸦片战争档案史料》第7册,天津古籍出版社,1992年,第359页。

建屋租住。①

二、厦门英租界及鼓浪屿公共租界的出现

租界的设立是近代通商口岸城市规划的特点。20世纪初厦门共有两个租界，分别为厦门英租界及鼓浪屿公共租界。② 厦门最早出现的租界是厦门英租界。1862年英国与厦门地方政府达成协议，划定鸟空园等官地为英租界界址（位置相当于今东海大厦至大同路一带沿海地段）。1887年英国在当地设立警察维持治安。厦门英租界面积仅20余亩，是全国租界中面积最小的一个，却是厦门外商洋行的集中地。③

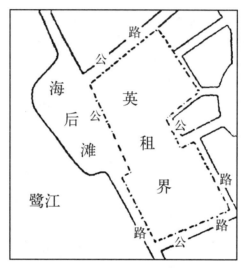

图2-2-1 厦门英租界示意图

（资料来源：费成康：《中国租界史》，上海社会科学出版社，1991年，第28页。）

鸦片战争厦门之役后英军占领鼓浪屿，岛上英军受热病侵袭，故早期西人对鼓浪屿未感兴趣。④ 至1861年位于厦门的英国领事馆建筑物出现结构问题，英人在鼓浪屿另外购地重建。⑤ 厦市卫生环境恶劣，相反鼓浪屿环境优美，吸引外侨迁入，开始在岛上兴建教堂及各种休闲设施，⑥鼓浪屿逐渐变为外侨与外国领事馆的集中

---

① 中国第一历史档案馆编：《鸦片战争档案史料》第7册，天津古籍出版社，1992年，第395、396、563页。
② 甲午战争后，日人亟欲在厦门设立日本租界。1897年日本驻华公使向清政府递送照会，强索厦门及鼓浪屿沿海地段作为日本租界，引起英、美、德三国领事抗议，日本遂改为要求定虎头山及草仔垵为租界范围。1899年8月，日本领事上野专一，会同厦防同知方祖荫到龙泉宫划定界址，被当地民众袭击，上野专一落荒而逃，10月清廷虽与日本签订《厦门日本专管租界条款》，但日本驻厦领事馆始终未敢公开划界，也从未在该地行使租界权力，故所谓厦门日本租界实质上并不存在，见洪卜仁：《厦门租界概述》，列强在中国的租界编辑委员会编：《列强在中国的租界》，中国文史出版社，1992年，第314—318页。
③ 厦门市志编纂委员会、厦门海关志编委会：《近代厦门社会经济概况》，鹭江出版社，1990年，第274页；费成康：《中国租界史》，上海社会科学出版社，1991年，第29、292、293页。
④ Coates, *The China Consuls*, pp. 18–19.
⑤ Philip Wilson Pitcher, *In and About Amoy*, 2nd ed., (Shanghai: The Methodist Publishing House in China, 1912), p. 256.
⑥ Philip Wilson Pitcher, *In and About Amoy*, 2nd ed., (Shanghai: The Methodist Publishing House in China, 1912), p. 93.

地。1886年外侨擅自成立"道路委员会"(The Kulangsu Road Committee),负责修筑道路、洋人坟墓及架设电灯,组成警察队伍负责巡逻,[1]鼓浪屿管理权实质上已落入外人手上。甲午战后日本对厦野心日炽,1900年庚子拳变期间,日本领事上野专一嗾使本愿寺教徒纵火焚烧山仔顶教堂,制造借口派兵登陆厦门市区,在英、美、德等列强干涉下方才退兵。美国领事巴詹声(A. Burlingame Johnson)建议将鼓浪屿辟为公地,借此保护厦门,得闽浙总督许应骙赞同,命洋务局按自开通商口岸成例制订章程。后巴詹声离任,各国领事自拟条款,擅将鼓浪屿认作各国公共租界,清廷被迫承认。[2] 1902年1月10日,兴泉永道延年与在厦各国领事签订《厦门鼓浪屿公共地界章程》,划鼓浪屿为公共租界。次年由外人控制的工部局正式运作,掌管当地事务。[3] 鼓浪屿在外人管理下市政井井有条,吸引不少华人富商迁入,变为近代市政改革的"示范单位"。20世纪20年代厦门市政改革运动,亦明显富有鼓浪屿市政管理制度的影子。

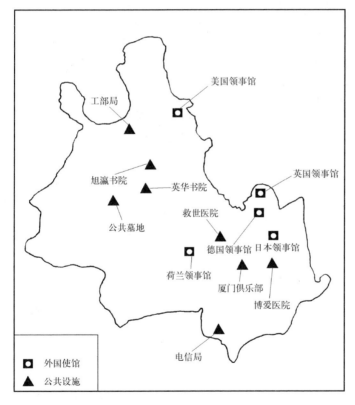

图 2-2-2 厦门鼓浪屿公共租界示意图

---

[1] 李金强:《从福建海关十年报告(Decennial Reports)观察清季福建社会之变迁》,李金强:《区域研究:清代福建史论》,香港教育图书公司,1996年,第152页。
[2] 中国第一历史档案馆编:《光绪朝朱批奏折》第120辑,中华书局,1996年,第112、113页。
[3] 张镇世、叶更新、杨纪波、洪卜仁:《"公共租界"鼓浪屿》,《厦门文史资料》第16辑,1990年,第16—19页。

三、近代厦门在区域经济上的重要性

近代厦门在福建南部区域经济上，占有四个重要地位。

一是华侨出国与归国的集散地。厦门为本区对外交通中心，也是本区的航运中心，华侨出洋与归国，多以此为进出口岸，再转乘其他交通工具抵达目的地。20世纪初厦门和闽南以外城市间之旅客流量达到16万人次以上，也为厦门的客运事业与消费事业带来庞大的经济效益。

二是福建南部最大的区域经济中心，亦为本区域的洋货进口及土货出口的最大集散地。厦门为本区食米输入中心，外洋食米输入本区，多经厦门转运内地，土货出口及洋货进口亦多以厦门为枢纽，故当地进出口商行业务特别兴盛。厦门输入巨量外国货品的其中一个原因是当地住有大量归国华侨，他们生活方式西化，拥有较大消费力，造成大量外国商品输入厦门。

三是华南地区其中一个最大的侨汇资金集散地。东南亚华侨汇款大多先以新加坡和香港为中继站，再经厦门转到内地侨眷手上，故厦门的金融业特别兴盛。20世纪20年代厦门市政改革运动进入高潮，因本区治安不靖，华侨资金缺乏出路，遂转移到厦门房地产事业上，形成当地房地产业的黄金时期。

四是福建南部发展近代化事业的示范单位与人才培训中心。厦门是近代洋商在本区的集中地。他们在当地兴办的近代化事业，为本区华商的经营模式起了示范的作用。厦门的近代教育事业起步较早，当地的教育机构如英华书院与厦门大学，均为本区的经济发展培训了不少人才。

第三章 产业部门的变迁与地理分布

第一节 交通与通讯的发展

一、西方入侵前本区之主要交通网络

本区由于驮畜匮乏,故陆路运输以人力为主,河船是本区内陆交通的主要运输工具。明人王世懋尝言:"闽地陆行恶,无若漳之汀。"①早期由于汀州和漳州之间山路崎岖,两地的经济交流相当有限。明嘉靖十九年(1540年),在巡按御史王瑛主持下,修筑了一条由上杭经永定、龙岩,直抵漳州的新驿道,路程比旧道减少三分之一。陆路之外,永定亦有小舟可通漳州。交通的改善,使汀、漳两地的经济联系得以增强。清初厦门开港后,闽西及粤东部分地区又被纳入以厦门为中心的贸易圈,纸张、条丝烟、木材等土产转运到潮州以后,有一部分由潮汕海运到厦门,由厦门进口的商品亦由此线逆流而上,因此厦门港的兴起对闽西、粤东边境地区的经济发展,起了一定的促进作用②。

清代途经本区的省际驿道,主要共有2条:

1. 自闽县三山驿经福清县宏路驿、莆田县莆阳驿、仙游县枫亭驿、惠安县锦田驿、晋江县晋安驿、南平县康店驿、龙溪县江东驿、漳浦县临漳驿、诏安县南诏驿,至广东饶平县交界,全程约593公里。

2. 自三山驿起至延平府南平县剑浦驿216公里,由剑浦驿分路,经顺昌县双峰驿、清流县玉华驿、宁化县石牛驿、长汀县馆前驿、上杭县兰屋驿,经永定县至广东大埔县,全程约628公里。

至于本区县际驿道,共有4条:

1. 兴化地区:

兴化府莆田县县前铺南20里至濑溪铺,20里至仙游县长岭铺;濑溪铺西40里至仙游县石马铺;县前铺东20里至塘头铺,80里至平海铺抵海;塘头铺南20里至东村铺,60里至莆田禧铺抵海;县前铺北60里至福清县蒜头铺。

2. 泉州地区:

泉州府惠安县县前铺西南20里至上田铺,10里至晋江县洛阳铺;上田铺南50里至黄崎崇武汛;县前铺北50里至仙游县枫亭铺,县前铺东南30里至盐场。

---

① [明]王世懋:《闽部疏》,《丛书集成初编》本,第13页。
② 周雪香:《明清闽粤边客家地区的社会经济变迁》,福建人民出版社,2007年,第377、378页。

3. 漳州地区：

漳州府龙溪县府前铺东 80 里至同安县仙店表,店前铺西 40 里至南靖县县前铺;府前铺南 40 里至漳浦县甘棠铺。

4. 闽西地区：

龙岩州州前铺东 40 里至东山铺,70 里至溪口铺,抵州同衙门;东山铺东 50 里至漳平县舅姑岭铺,州前铺南 60 里至前林铺,16 里至南靖县林田铺;前林铺西 70 里至上杭县抚溪铺。①

清儒顾祖禹尝言："闽之西南境与广东潮州府相唇齿,水陆二途,皆为快捷方式。"②闽西与江西、广东两省接壤,加上闽西与闽南缺乏水路交通联系,故闽西的对外经济与赣、粤两省关系密切。赣闽省际交通运输,主要经 4 条陆路进行:

从宁化县安远司至江西石城县高水圩的山路。

由长汀经瑞金篁竹岭至石城或宁都下三乡,为清代闽西与江西的商贸要通。

由长汀县城经隘岭、古城(长汀属)至瑞金县城。这条大路是赣县通闽西最早的交通运输线。

由筠门岭越武夷山,经东留(武平属)直达武平县城,再经十方(武平属)通上杭县城。③

至于闽粤省际交通运输路线,主要有 4 条:

由长汀顺汀江,经上杭、永定等县,入广东大埔,以至潮汕的水陆线,为闽西和粤东最主要的交通动脉。民国时期闽西的木材、烟草输出,主要经此路进行。

由梅县或松口至蕉岭,入武平岩前、十方至上杭县城,再达长汀或连城的陆路,是闽西与粤东北陆路的干道。

由武平县城经武所(现中山镇)到下坝,再顺石窟河至蕉岭县城、新铺的水陆联运线。

由兴宁、梅县经大埔入永定达龙岩、南靖或入平和达漳州一带的陆运路线。④

二、近代轮船运输交通网络的形成

西方在华列强为满足通商和推销本国工业产品需要,必须加强各东亚商业中心与欧、美各国的联系。首要工作是引入西方近代交通和通讯科技,建立一个由西方主导的交通网络。五口通商后西方新式轮船航行于中国东南沿海,蒸汽船的普遍使用使中国旧式帆船逐渐丧失长距离埠际航运市场。⑤ 西方商人在中国沿海陆续开办定期轮船航线,刺激华商仿效,令从前不少经营帆船贸易的东南亚漳泉商人改而从事轮船航运。1854 年薛佛记之子荣樾及其兄弟合办锦兴船务行,开辟新加

---

① 福建省地方志编纂委员会编:《福建省志·交通志》,方志出版社,1998 年,第 9、10 页。
② [清] 顾祖禹:《读史方舆纪要》,中华书局,2005 年,第 4369 页。
③ 游海华:《清末至民国时期赣闽粤边区市场网络的传承与嬗变》,《中国社会经济史研究》,2006 年,第 4 期,第 62、63 页。
④ 游海华:《清末至民国时期赣闽粤边区市场网络的传承与嬗变》,《中国社会经济史研究》,2006 年,第 4 期,第 63、64 页。
⑤ 聂宝璋编:《中国近代航运史资料》第 1 辑,上海人民出版社,1983 年,第 165、166 页。

坡与厦门间航线,由薛荣樾负责厦门分行业务,1875 年邱忠波则创设万兴船务行,购买和租用轮船经营新加坡、槟榔屿、香港、汕头、厦门等地的航运业务。① 19 世纪 60 年代大英轮船公司(Steamers of Peninsular and Oriental Company)及德忌利士(Mr. D. Lapraik)开办往返香港、汕头、厦门和福州间的定期航班。② 1866 年中日轮船和纳闽煤炭公司(China and Japan Steamship and Labuan Coal Company Ltd.)开辟来往新加坡、纳闽岛、马尼拉和厦门间的航线,使相当数量华侨改乘轮船前往马尼拉。③ 1871 年英商太古洋行开办航行于香港、汕头、厦门、淡水、安平等地之轮船服务,两年后招商局在厦门设立分局,开辟厦门至上海等沿海港口航线,又于1878 年开设汕头至厦门线④。至此近代本区轮船运输交通网络渐见雏形。19 世纪70 年代招商局与外国轮船公司进行激烈竞争,使运费大幅下降,鼓励厦门商人利用轮船从事各种买卖事业。海关贸易年报指出厦门商人已学会不必依靠外国商人作媒介,独自经营具有相当规模的贸易,意识到租用外国船只的便利,摆脱外商控制⑤。19 世纪 70 年代厦门土货出口贸易经营几乎完全落入漳泉商人手中。他们更在新加坡、爪哇、暹罗、马尼拉和西贡等地收集废铁,用轮船运回,转卖给本地铁匠制成各种农具和家用工具。⑥ 1899 年台湾总督府为驱逐太古洋行在台湾与华南间之势力起见,命大阪商船会社开办淡水至香港的轮船服务,每年由总督府拨款补助,降价与太古轮船公司竞争。⑦ 轮船公司的割价竞争,使轮船的货运价格较帆船为低,再加上轮船所载货物,可向保险公司投保,至 20 世纪初期,帆船的沿海埠际客运业务已大部分被轮船取代。近代厦门轮船运输网络亦告完成。兹将 20 世纪初厦门轮船交通航线表列如下。

表 2-3-1　20 世纪初厦门轮船交通航线

航线名称	航 行 路 线	轮船公司或代理公司名称	航行船只数目
厦新线	厦门、汕头、香港、新加坡	北德"路易德"汽船公司	1
		太古洋行	19
新厦线	新加坡、香港、汕头、厦门	福昌洋行	3
厦槟线	厦门、汕头、香港、新加坡、槟城	和源公司	4
厦仰线	厦门、汕头、香港、槟城、仰光	仰和公司	3

---

① 厦门华侨志编委会编:《厦门华侨志》,鹭江出版社,1991 年,第 55、56 页。
② 厦门市志编纂委员会、厦门海关志编委会:《近代厦门社会经济概况》,鹭江出版社,1990 年,第 2 页。
③ 厦门市志编委员会、厦门海关志编委会:《近代厦门社会经济概况》,鹭江出版社,1990 年,第 7 页。
④ 台湾银行经济研究室:《台湾交通史》,台湾银行,1955 年,第 17 页;厦门交通志编纂委员会:《厦门交通志》,人民交通出版社,1989 年,第 3 页;张后铨主编:《招商局史(近代部分)》,人民交通出版社,1988 年,第 60 页。
⑤ 厦门市志编委员会、厦门海关志编委会:《近代厦门社会经济概况》,鹭江出版社,1990 年,第 5 页。
⑥ 厦门市志编委员会、厦门海关志编委会:《近代厦门社会经济概况》,鹭江出版社,1990 年,第 92、196 页。
⑦ 台湾银行经济研究室:《台湾交通史》,台湾银行,1955 年,第 20 页。

续　表

航线名称	航 行 路 线	轮船公司或代理公司名称	航行船只数目
中国日本爪哇线	日本、厦门、新加坡、香港、爪哇	渣华轮船公司	5
厦马线	厦门、香港、马尼拉	英商义和洋行	1
厦马线	厦门、香港、马尼拉	太古洋行	3
淡水香港线	淡水、厦门、汕头、香港	大阪商船会社	2
打狗广东线	打狗、安平、厦门、汕头、香港	大阪商船会社	1
福州香港线	福州、厦门、汕头、香港	大阪商船会社	1

（资料来源：大阪商船会社资料出自台湾银行经济研究室：《台湾交通史》，台湾银行，1955年，第21页；其他资料出自台湾银行调查课编，赵顺文译：《侨汇流通之研究》，中华学术院南洋研究所，1984年，第25—31页。）

步入20世纪初，华资亦开始进军轮船航运业。此时在厦门已出现了中等企业规模的泰和轮船公司，拥有4艘数十吨至一二百吨的轮船，总吨位达695吨，价值约10余万元；另一家嘉祥轮船公司，拥有数十吨的小轮船5艘，往来于厦门、泉州、兴化、福清及各小港之间。第一次世界大战发生后，海外华侨在厦门经营的远洋航运增长迅速。其中如1915年华侨黄仲涵、周炳喜等设立的建源号，拥有二三千吨的轮船5艘，航行于厦门、汕头、香港和新加坡、泗水、三宝垄之间，成为华商在东南亚航线上拥有轮航最多的企业[①]。

表2-3-2　1921年华商在厦门经营的航运业及主要航线

企业名称	创立时间	经营者	资本或船本额（元）	轮船数	轮船吨数	主要航线
建源号	1915年	黄仲涵（印度尼西亚华侨）	1 500 000	6	15 000	厦门至爪哇等处
宗记公司（仰和洋行）	1912年	林振宗（仰光华侨）	1 000 000	3	8 431	厦门仰光线
和济（丰）公司（和源号）	1912年	林秉祥（新加坡华侨）	1 000 000	4	8 809	厦门槟城线
泰和轮船公司	1910年	苏华兴	100 000	4	695	厦门泉州间
陈德元	1914年		20 000	1	148	
黄传甲	1920年		50 000	1	240	
吴瑞祥	1920年		50 000	1	112	
嘉祥轮船公司	1910年		74 000	5	181	

① 李金明：《厦门海外交通》，鹭江出版社，1996年，第106—108页。

续 表

企业名称	创立时间	经营者	资本或船本额(元)	轮船数	轮船吨数	主要航线
鼎美号	1914年		30 000	2	100	
不满百吨者22家			144 900	27	637	

(资料出自李金明:《厦门海外交通》,鹭江出版社,1996年,第108—109页。)

至1936年,航行厦门和东南亚各埠间的轮船达80余艘,最大者达10 000吨,小者亦有4 000吨[①]。

内河航运方面,1898年中国实施内港行轮章程,容许外商参与内河航运业务,航行于闽南的小汽轮从1898年的9艘增至1901年的24艘,使来往于周围乡镇的客运数达到2 155 695人。[②] 1907年共有25艘汽轮来往于闽南河道,20世纪30年代厦门内陆汽船航行路线增至22条。[③] 兹将1907年闽南各地汽轮数目及航行地区表列如下。

表2-3-3　1907年闽南各地汽轮数量　　　　（单位:艘）

航行地区	汽轮数量	中国籍汽轮	外籍汽轮
泉　州	6	5	1
石　码	5	0	5
安　海	5	1	4
同　安	2	0	2
石　美	2	0	2
内　埯	1	0	1
金门及刘五店	1	0	1
新　埯	1	0	1
浮　宫	1	1	0
漳州至石码	1	1	0
总　计	25	8	17

(资料来源:日本厦门领事馆:《厦门及内河间往来小蒸汽船状况》,日本外务省通商局编:《通商汇纂》102册,东京不二出版株式会社,1996年重印本,第31、32页。)

---

① 《申报》1936年3月2日。
② China, The Maritime Customs, *Decennial Report*, *1892-1901*, p.144.
③ 铁道部业务司调查科:《京粤线福建段经济调查报告书》,铁道部业务司,1933年,第145、146页。

表 2-3-4　九龙江下游及厦门内海交通概况

航行路线	汽船艘数	总吨数	航行路线	汽船艘数	总吨数
厦门—漳州	14	356.60	厦门—同安	2	73.06
厦门—石码	5	123.63	厦门—白水营	2	56.82
厦门—塘厝巷	1	27.10	厦门—海沧	1	28.02
厦门—金门	2	61.92	石码—安海	2	56.84
厦门—石美	1	18.08	漳州—石码	4	47.84
厦门—安海	12	788.27	漳州—石码—白水营	1	19.25
厦门—角尾	2	30.29	合　计	50	1,717.05
厦门—洪厝巷	1	28.43			

（资料来源：朱代杰、季天祐：《福建经济概况》，福建省政府建设厅，1947年，第195—196页。）

三、民船航运的持续生存

必须注意的是，19世纪末本区帆船的外洋航运虽然处于衰落状态，但这个衰落期相当缓慢。随着轮船航运的发展，从事于厦门、泰国、新加坡和马来西亚间航运贸易的民船逐步被淘汰[①]，但帆船仍然在沿海地区的航运业担当着重要的角色，具有辅助区域港口集散进出口货物的功能。正如1875年的厦门海关报告指出：尽管从事沿海航运的轮船数量颇多，它们的运费低廉，但中国商人却宁愿租用那些中型或小型的帆船，使他们有足够时间在港口装货和在目的地出售货物。为从本口岸和台湾运载糖到北方口岸和日本，商人雇用了大量的帆船，从北方归来时带来大量北方产品。那些运载糖到日本的船只，一般是从日本带着压舱物到烟台和牛庄，在那儿装载豆饼运回厦门或汕头。帆船也从事相当数量的与爪哇、暹罗和交趾支那间的航运贸易。从本地运去茶、陶器及其他一般货物，运回油饼、沙藤和椒等。台湾口岸也雇用了许多帆船，但仅仅是那些吃水浅的帆船[②]。另据1880年的海关报告估计，由民船承担的厦门与沿海各口岸贸易的总额每年不会超过3 000 000海关两[③]。当时航行的厦门沿海的民船，主要有祥芝北、大北、小山和驳仔四种，大约有77%被用于厦门和台南间的航运，5%用于厦门和澎湖列岛间的航运，5%用于厦门和泉州间的航运，5%用于厦门、南澳岛和汕头间的航运[④]。

战争对民船航运的衰落，起了加速的作用。1884年至1885年中法战争期间，法军封锁台湾海峡，不少民船被击沉[⑤]；1895年日本割占台湾后，日人扣留大量小

---

① 厦门市志编纂委员会、厦门海关志编委会：《近代厦门社会经济概况》，鹭江出版社，1990年，第285页。
② 厦门市志编纂委员会、厦门海关志编委会：《近代厦门社会经济概况》，鹭江出版社，1990年，第168页。
③ 厦门市志编纂委员会、厦门海关志编委会：《近代厦门社会经济概况》，鹭江出版社，1990年，第224页。
④ 《近代厦门社会经济概况》，鹭江出版社，1990年，第284、330页。据1892年至1901年的海关十年报告指出，"祥芝北"从事与台湾的航运贸易；"大北"从事与烟台、牛庄和天津的航运贸易；"小北"从事与温州、宁波和上海的航运贸易；"驳仔"则从事与南澳岛、汕头和香港的航运贸易。
⑤ 厦门市志编纂委员会、厦门海关志编委会：《近代厦门社会经济概况》，鹭江出版社，1990年，第285页。

型民船,被留在台湾海岸以满足新开辟的轮船航线之用,使厦门从事沿海贸易的民船总数,从1892年的206艘,载重量为149 010担,下降到1901年的108艘,载重量为85 321担。另一方面,日人修筑基隆、打狗成为通商大港,取代了厦门的转口港地位,加上日人实施补助航运政策,闽台间民船航运彻底衰落①。

20世纪初以后,帆船并非完全绝迹于本区水域内,九龙江部分支流河道浅窄,小汽轮靠岸起卸货物不易,且本区沿海小岛人口稀疏,与其他地区贸易量较小,商人觉得经营轮船运输无利可图,故岛民仍以帆船为交通工具。1937年同安、厦门和金门尚有民船2 400艘,以往来于海港内之"双桨"数量最多,共1 100艘,占总数的45.83%,其余亦多是小型货船及渡船②。

四、开港初期区内的商贸路线

据海关报告描述,19世纪80年代本区共有5条重要的贸易路线,这些路线所连接的城市是作为与厦门贸易的次一级货物集散地,包括泉州、同安、浦南、漳州和白水营;泉州、同安两地与厦门东北面和北部的乡村交通相接;浦南、漳州和白水营与厦门的西北面、西面和西南面的乡村交通相接。③当地的陆路运输相当落后,同安至安溪间的交通主要依靠驮畜,其他路线依靠人力搬运。④

厦门与泉州的货物运输,一般依靠水运,航程约需1到2天,从安海或水头再经陆路运到泉州城。从厦门到泉州的大路靠近海岸,依东北方向行进,经惠安、莆田可抵达福州。另一条大路从泉州城沿西南方向进入永春,经德化后可到达永福和福州,从德化到永福要经过3至4个渡口,全程约需4天。从厦门运到同安的货物,一般先运抵石浔镇,再由小船沿小溪或经由陆路运往同安,全程约费1天。从厦门到浦南约需1天行程,浦南至龙岩部分地区不能通航,货物运输必须从陆路转到茶烘,再由水运经漳平而抵达宁洋县或龙岩县城。从厦门到漳州则需1天时间,经南靖县城可乘小船抵达汀州或漳浦县。从厦门亦可经南溪镇,穿越漳浦和平和抵达广东汕头。⑤

闽西方面,1934年以前,上杭境内公路尚未开通,汀江航运是闽粤货物运输的大动脉。大量的木材、粮食、土纸、毛猪、水果及其他土特产品从闽西顺流运至广东潮汕地区,而又从广东运回食盐、海产品、布匹、工业用品。⑥汀江之船由峰市溯江而上,因境内多险滩,只能用河船及专业船工负责运输。每船载重约3 000到4 000

---

① 林仁川:《晚清闽台的商业贸易往来(1860—1894)》,范希周主编:《台湾研究论文集》,厦门大学出版社,2000年,第341页。日人吉开右志太言:"接收台湾当时,我国处于整体远洋轮船数目仍然稀少之际,本岛、中国间的贸易全部由戎克船独占。补助航线逐渐发达与另方面由于政府采取海运保护奖励等措施,轮船的容积增加,以往的戎克船贸易随然渐次遭到轮船贸易侵蚀。"见[日]吉开右志太著,黄耀峰译:《台湾海运史(1895—1937)》,台湾文献馆,2009年,第17页。
② 福建省政府秘书处统计室:《福建省统计年鉴》第一回,福建省政府秘书处,1937年,第1058、1060页。
③ 厦门市志编纂委员会、厦门海关志编委会:《近代厦门社会经济概况》,鹭江出版社,1990年,第209页。
④ 厦门市志编纂委员会、厦门海关志编委会:《近代厦门社会经济概况》,鹭江出版社,1990年,第211页。
⑤ 厦门市志编纂委员会、厦门海关志编委会:《近代厦门社会经济概况》,鹭江出版社,1990年,第209—211页。
⑥ 蓝汉民:《汀江上杭河段航运与商俗》,劳格文主编:《客家传统社会》,中华书局,2005年,第57页。

斤,从峰市逆流航向上杭约需2日,由上杭驶向峰市因滩流湍急,只需半日可达。汀江航运最鼎盛时期是20世纪20年代末至40年代初,当时形容汀江船舶之多有"上河三千,下河八百"之说。抗日战争时期,沿江约有木船4 700艘,船工万余人。福建省驿运管理处龙汀总段曾组织木船700余艘专运食盐,开办过长汀至峰市往返客货船班。至1949年底统计,尚有木船505艘,船工1 345人,年客运4 000人,年货运量有4.8万吨。①

五、漳厦铁路的兴废

甲午战争后,日本人对华侵略野心日炽,计划在福建修筑铁路,扩大日人在福建的影响力,引发当地绅民的极大愤慨。1903年清政府颁布《铁路简明章程》,改变铁路修筑政策,向华商开放铁路修筑权,掀起各省民间回收路权、自办铁路的热潮。1905年闽省官绅成立"福建铁路公司",推陈宝琛为总理,借用正太铁路洋员协助勘路,修筑漳厦铁路,招股本240万银元,华侨的投资占170多万银元,其中以印度尼西亚华侨占多数,并于各县摊派路捐。铁路公司除总理陈宝琛外,其他管理人员如协理叶崇禄、胡国廉、林云龙等大都是华侨。②

铁路在"不用洋员"及"不借外款"的原则下,于1908年动工兴建,起点设于厦门岛对岸的嵩屿,迄于九龙江下游的江东桥,全长28公里,车轨单线敷设,工程费共220万元,至1910年通车,成为福建省首条铁路③。该公司本计划继续修筑江东桥至漳州的路线,因缺乏资金而未能动工。由于路线不能直抵厦门与漳州,旅客和货运极为不便,嵩屿到厦门之间,均因使用汽船,徒增若干员工而多添费用;加上管理不善,管理人员用人唯亲,贪污舞弊情况相当严重;车站没有屋盖及椅子,客车只有2至3列,座席浮尘积累,路轨损坏亦不修理,经常发生事故;1920年漳浮公路建成通车,从厦门乘汽车至漳州只需4小时,但乘坐该铁路所费时间达8小时,超出公路1倍,难怪漳厦铁路业务日趋衰败。

辛亥革命后,地方粮盐税款为军政府悉数提走,无力向铁路营运提供补贴。1912年至1914年三年间,铁路营运总亏损达11万元以上。④ 股东认为商办难以维持,请政府收归国有。⑤ 1914年4月,北京政府把铁路收归国有,把商办福建省铁路有限公司更名为交通部漳厦铁路管理处,委丁志闿为管理处处长。1919年12月,交通部批准拨款扩充嵩屿码头,及漳江路线,可是由于拨款中辍,未能完成漳江路线。1926年东南亚华侨组织"救乡会",在鼓浪屿召开会议,建议以漳厦铁路为起点,修筑福建全省铁路,借此开发闽西矿藏,预计招股2 000万元。可惜受北伐战

---

① 蓝汉民:《汀江上杭河段航运与商俗》,劳格文主编:《客家传统社会》,中华书局,2005年,第57、58页。
② 许东涛:《清末福建商办铁路研究》,苏州大学2007年硕士学位论文,第41、42页。
③ 林金枝、庄为玑编:《近代华侨投资国内企业史资料选辑》,福建人民出版社,1985年,第229—235页。
④ 许东涛:《清末福建商办铁路研究》,苏州大学2007年硕士学位论文,第47页。
⑤ 凌鸿勋:《中华铁路史》,商务印书馆,1981年,第306页。

争影响而告吹。① 至1930年11月,铁路宣布全面停止客货运行。1938年5月,日军占领厦门,嵩屿火车站遭日军炸毁,国民党军队撤退时为防止日军追击,拆毁所有铁轨,漳厦铁路正式成为历史名词。②

六、民国时期公路交通之发展

晚清时期本区陆路交通落后,1880年的海关报告对厦门邻近地区的交通有这样的描述:"在同安线路上可以见到来往于同安和安溪间的驮畜。但其他各处可以确信运输是靠搬运工。当地没有装配轮子的运输工具,旅行者靠步行或坐轿子。"③民国时期本区公路交通之发展,主要由地方政府及海外归侨所推动。据陈达在20世纪30年代的调查,从事交通事业方面的人可分成两类:一是倡办或经营者;前者大致是比较有眼光、有经验的商人,后者以富户居多。不少东南亚的华侨,认为把积蓄存到他们的居住地的银行利息太低,于是积极回家乡寻求投资机会,交通事业即为其一。④ 此外,当时不少华侨认为修路是社会公益事业。在华侨陈清机和陈嘉庚等人倡导下,不少华侨把投资的盈利和股息充作社会公益事业,如陈嘉庚集资兴办的同美汽车路股份有限公司,规定把盈利的20%划作集美学校的经费。⑤

本区之公路发展,以闽南最先起步。1918年8月,粤军陈炯明入漳后,成立"汀漳龙工务总局",起用周醒南为局长,开始征收路捐,修筑漳州附近公路。至次年3月,动工修筑漳州至浮宫公路33公里,为近代福建省第一条公路。6月,开始修筑漳州至靖城(原南靖县城)17公里公路,次年年底竣工。⑥ 1919年7月,旅日华侨陈清机创办"闽南泉安民办汽车路股份有限公司",修筑泉州至安海27公里公路。1922年5月,陈嘉庚等创建同(安)(集)美汽车路,成立华侨商办同美汽车路股份有限公司。⑦ 1927年至1937年间,闽南公路事业的华侨投资获得进一步的发展。此时期继续投资的汽车公司有10多个,其中较大者有安溪公司(修筑安溪至同安公路)、石永蚶公司(修筑石狮至永宁、石狮至蚶江两线)、石东公司(修筑石狮至东石)、泉秀公司(修筑泉州至秀涂)、泉永德公司(修筑泉州至德化),以及泛漳嵩公司(修筑漳州至嵩屿)等。当时的汽车公司主要分为两类:一类是根据政府公布的《福建省民办汽车路章程》组成的汽车路公司,如泉安、安溪、同美等10余家,在自建的公路上专利行驶汽车,经营客货业务,由政府给予30年的行车专利权,发给立案执照,专利届满时,路权无条件归公;另一类是根据政府公布的《福建省公路承租办法》,租赁政府修建的路线,以承担若干借款和每月认缴若干租金为条件,取得公

---

① 林金枝、庄为玑编:《近代华侨投资国内企业史资料选辑》,福建人民出版社,1985年,第235页。
② 许东涛:《清末福建商办铁路研究》,苏州大学2007年硕士论文,第61页。
③ 厦门市志编纂委员会、厦门海关志编委会:《近代厦门社会经济概况》,鹭江出版社,1990年,第211页。
④ 陈达:《南洋华侨与闽粤社会》,商务印书馆,1939年,第179页。
⑤ 福建省公路局编辑组编:《福建公路史》,福建科学技术出版社,1987年,第70页。
⑥ 福建省公路局编:《福建公路志》,华艺出版社,1992年,第5页。
⑦ 福建省公路局编:《福建公路志》,华艺出版社,1992年,第6页。

路承租权,一般专利限定为15年。① 据20世纪30年代闽南汽车联合会的估计,泉州汽车路的资本,侨资占70%;漳州汽车路的资本,侨资占70%。②

闽西的公路发展相对较迟。1920年粤军在漳州修筑公路,龙岩官绅受此启发,成立官商合办的公路筹备处,在林乔青主持下,着手测量开辟龙岩溪南坊至猗獭一段的路基。后来粤军回粤,龙岩修路之事亦无人过问。1927年民军陈国辉部进驻龙岩,将原来的公路局改为"岩平宁工务局",每天征用三四千个民工,以一年多时间,开辟溪南至莒州、西门至坎市、东门至厦老、月山至白土四条公路。1929年夏,红军占领龙岩,陈国辉部退回闽南,修路之事亦告暂停。③ 20世纪30年代,地方政府因应军事需要,大力修建公路,成为推动闽西公路发展的主要动力。1932年秋,十九路军进驻闽南,为满足"剿共"的军事需要,在漳州成立"漳龙军路工程处",派旅长翁照垣为总指挥,动用军工6 000人抢筑漳龙公路。至1933年5月漳龙全线通车。闽变失败后,蒋鼎文负责"剿共"工作,派军工结合民工赶修龙连汀公路,至1935年通至长汀,至此闽西南的主要公路干线方告接通④。

抗战爆发后,国民政府为防日军进犯而破坏公路。1938年5月厦门沦陷后,福建省政府即破坏福厦公路的泉州至角尾段及马巷至沃头、同安至集美、漳州至嵩屿等通向厦门的公路。其后开始分期破坏沿海的闽粤干线及沿海通往内地的公路。

表2-3-5 抗日战争全面爆发后闽南闽西被破坏的公路

年 份	路线名称	路线起讫地点	里程(公里)
1938	闽粤干线	福州至漳浦	381.7
	闽粤干线	云霄至汾水关	71.7
	支线	涵江至三江口	3
	支线	涵江至崇圣	17
	支线	涵江至黄石	11
	支线	莆田至枫叶塘	8
	支线	莆田至黄石	11
	支线	黄石至笏石	8
	支线	枫亭至慈孝	17
	支线	泉州至后渚	10
	支线	石狮至东石	21
	支线	石狮至埔内	4
	支线	石狮至蚶江	9
	支线	石狮至永宁	8
	支线	金井至深沪	10

① 谢友仁:《旧福建的公路是怎样修建起来的》,《福建文史资料》第4辑,第36页。
② 林金枝:《近代华侨投资国内企业史研究》,福建人民出版社,1983年,第85、86页。
③ 龙岩地区交通史编委会:《龙岩地区的公路交通概况(1920—1949年)》,《龙岩文史资料》第8期,1983年,第73页。
④ 龙岩地区交通史编委会:《龙岩地区的公路交通概况(1920—1949年)》,《龙岩文史资料》第8期,1983年,第74页。

续 表

年 份	路线名称	路线起讫地点	里程(公里)
1938	支线	沙仑至秀涂	9
	支线	水头至莲河	20
	支线	莲河至新店	12
	支线	白土仔至马巷	8
	支线	马巷至澳头	15
	支线	同安至莲花山	13
	支线	灌上至马銮	8
	支线	杏田至鸭山	10
	支线	惠安至崇武	22
	支线	江头至五通	8
	支线	厦门至高崎	8
	支线	海澄至倒港	6
	支线	东山至西埔	13
	支线	旧镇至佛县	35
	支线	佛县至湖西	10
	支线	新店至刘五店	6
	支线	罗溪至下店	5
1939	闽湘干线	嵩屿至水潮	81.2
	寿宁平和线	牛崎头至柏松关	92
	寿宁平和线	南埕至德化	27
	寿宁平和线	闽清至莲埔	23
	德化同安线	永春至集美	109.5
	仙游宁化线	郊尾至德化	100
	晋江德化线	东石至德化	109.2
	晋江峰市线	晋江至安溪	52
	永安海澄线	普南至海澄	40.5
	漳浦管溪线	漳浦至管溪	17
	支线	仙游至蜚鸟	12
	支线	仙游至何岭	16
	支线	仙游至磨头	8
	支线	文殊至后埔	11
	支线	文殊至松板桥	6
	支线	南安至英都	6
	支线	南安至陶溪	14
	支线	诗山至陶溪	17
	支线	南安至安海	30
	支线	魁斗至湖头	25
	支线	永春至东关	8

续 表

年 份	路线名称	路线起讫地点	里程（公里）
1939	支线	漳州至岩溪	32
	支线	漳州至乌石亭	9
	支线	乌石亭至蕉溪	8
	支线	天宝至乌石亭	9
	支线	隘头至五峰	5
	支线	漳州至程溪	18
1940	晋江峰市线	永定至省界	26.8
	上杭峰市线	上杭至峰市	62.7
1942	寿宁平和线	古田至谷口	36
	闽湘干线	水潮至龙岩	75.5
	晋江峰市线	龙岩至雁石	12.4
	晋江峰市线	龙门至永定	60.6
	仙游宁化线	大田至德化	86
	德化同安线	德化至永春	35.9

（资料来源：福建省公路局编辑组：《福建公路史》，福建科学技术出版社，1987年，第135—138页。）

抗战胜利后，福建省政府积极筹划复修各地公路，并于1947年1月颁布《鼓励商民投资修筑及复修公路租营办法》，鼓励商民投资复修公路，给以承租专营权。对于原有专营公司则允予优先复修，路基土方准予利用民工义务劳役进行修筑。先后复修福厦公路、闽粤干线的漳州至诏安汾水关、闽湘干线的漳嵩、漳龙路段、永安晋江线及仙游德化线、漳泉二属支线等路段。

七、邮 政 发 展

五口通商以前，本区一般民间书信往来，主要依靠民信局进行。民信局亦称"批郊"、"批局"及"银信局"，"批郊"是厦门方言"信商"的意思，[1]其起源约始于清中叶。闽侨按时汇款回国赡养父母妻儿，委托回国的亲族同乡将家书与汇款带返家乡。有人认为有利可图，便以替侨胞带汇款为职业，向汇款人收取手续费，归国时夹带东南亚土产品回国销售。出国时把家属回信带回，把国内物产带返东南亚发卖。此辈专业送信人被称为"水客"或"南洋客"。[2] 后来华侨汇款日多，民信局乘时而兴。早期民信局多是大商号的副业，抗战前闽南各地民信局多半由商店附设代

---

[1] 楼祖诒编：《中国邮驿史料》，人民邮电出版社，1958年，第58页。
[2] 郑林宽：《福建华侨汇款》，福建省政府秘书处统计室，1940年，第67页。最早见于史载的第一位水客是永春华侨陈臣留，他于乾隆年间经营商号陈丰兴，其孙即著名华侨陈金声，见中国银行泉州分行行史编委会编：《闽南侨批史纪述》，厦门大学出版社，1996年，第89页。

理,甚至没有专门牌号,"水客"因金融周转及信用不及民信局而被淘汰,部分则转业改营民信局。

东南亚民信局倚靠乡谊、送款快捷和降低汇水等手段招徕客户。① 民信局对新客热情款待,把他们本人及家属资料登记,将每人编列一个号码,照抄副本送交厦门联号民信局备查。新客汇款回国时,批信上只写上登记号码及家属姓名,寄到厦门联号,翻查登记副本,填妥家属住址,派信差连同汇款送交收款人,当面索取回信,称为"回批"。② 1896年清廷规定民信局须把邮件封成总包,经邮局转交轮船运送,通商口岸的民信局应向邮局登记,领取执据。③ 1934年邮政局鉴于民信局走私风气甚炽,原拟全部取缔,因各方激烈反对未果,遂准原有民信局继续营业,每年换领执照,停止发放新执照。④ 但民信局由深受本地华侨信赖而得以生存,至1949年后始告式微。

本区早期邮政的发展,主要由西方列强所推动。鸦片战争后,西方列强先后在厦门设立领事馆和设置"客邮"邮局、工部局邮局。1844年英人在厦门鼓浪屿设立"领事邮政代办所",后又在厦门市区海后路德记洋行楼下设立分支机构。1866年厦门海关设立邮政办事处,负责传递各领事馆往来中国各地的邮件。1890年2月,上海工部局书信馆又在厦门设立代办处,至1894年11月,厦门脱离上海工部局书信馆的代理关系,成立了"厦门工部邮政局"。1897年2月,清政府在厦门海后路建立官办"厦门邮政局",由英国势力所控制的海关署税务司兼邮政司负责管理。⑤ 1900年厦门邮界只有1条邮线通往内地,即厦门经水路至石码,再由陆路抵达漳州府,开始时每星期派递两次,随后加密,往来内地未通邮路的信件,仍靠民信局派送。据厦门海关报告指出,厦门邮界传送的信件从1898年的222 236件增加至1901年的275 846件;开出和承兑的汇票价值从1898年的7 801元增至1901年的35 891元;经手的邮件则从1898年的278 986件增至1901年的349 926件。⑥

随着内地邮政局所的增设,邮线逐步向内地推展。1905年,泉州、永春、安海、同安、龙岩、汀州等地均设有邮政邮务,至辛亥革命前夕,邮政服务更扩展至安溪、漳浦、云霄、诏安、小溪、漳平、上杭、峰市、连城等处。1915年本区漳州、兴化、漳浦等邮局首先实行村镇投递,其后逐步推展至其他地区。⑦ 在邮政网络建立初期,往来内地信件须靠民信局递送,但随后政府立例限制民信局活动,加上邮政网络日趋完善,民信局的信件邮递服务渐被淘汰。⑧ 1914年9月,中国邮政加入万国邮会,

---

① 郑林宽:《福建华侨汇款》,福建省政府秘书处统计室,1940年,第67页。
② 楼祖诒编:《中国邮驿史料》,人民邮电出版社,1958年,第58页。
③ 张翎:《中华邮政史》,台湾东大图书公司,1996年,第251页。
④ 中国银行厦门市分行行史资料汇编写编组:《中国银行厦门市分行行史资料汇编(1915—1949年)》,厦门大学出版社,1999年,第160页。
⑤ 翁如泉:《清代厦门邮政局简介》,福建省集邮协会编:《八闽邮文精选》,人民邮电出版社,1985年,第205页。
⑥ 厦门市志编纂委员会、厦门海关志编委会:《近代厦门社会经济概况》,鹭江出版社,1990年,第334页。
⑦ 林忠友:《福建邮政五十年》,《福建文史资料》第17辑,1987年,第90—92页。
⑧ 林忠友:《福建邮政五十年》,《福建文史资料》第17辑,1987年,第99页。

自 1918 年 5 月起，厦门辟为国际邮件互换局，从此投递到香港、菲律宾、西贡、新加坡、槟榔屿和仰光的邮件可以直封，不需再交客邮转递。1922 年厦门邮局列为与日本互换邮件的互换局。同年年底撤销客邮。1923 年至 1924 年间，挪威、马来西亚、荷属东印度、泰国、法国、德国、爱尔兰等地开始可与中国互开汇票，使本区邮政业务的发展进入一个新阶段。①

本区的邮政发展，因内陆地区交通不便，以及商品经济发展水平稍逊于沿海地区的关系，呈现出明显的不平衡性。就邮政机构而言，沿海地区县份邮局数量一般较内地县份为多，如莆田有涵江邮局、兴化邮局、笏石邮局和江口邮局；仙游县有仙游邮局和枫亭邮局；南安县有洪濑邮局、莲河邮局和山头城邮局。内陆地区的邮政机构相对较少，如德化、大田在 1914 年只有 1 间邮局和 1 个代办所，长汀有 1 间邮局和古城、四都和德田 3 个代办所，永春、归化、长泰等县亦属如此，清流和漳平等偏僻县份，更只有代办所的设立。内地邮政路线的分布亦不平衡，如德化县邮路只有从县城通往永春、赤水通往大田的两条邮路，邮件全赖人力挑运，沿海城市邮递则可享有水运或陆运的便利，漳州至厦门在漳厦铁路通车后，两地部分邮件更改由铁路运送。② 直到 20 世纪 30 年代闽西地区修筑公路，当地邮件运送始改由汽车运送。1935 年长汀邮局把运往龙岩邮件委商办汽车运输公司代运③；龙岩邮局于 1937 年开始委托商车代运邮件，但仅限于漳州至龙岩线。④

八、电讯服务

电报服务方面，1871 年丹麦大北电报公司（The Great Northern Telegraph）在敷设香港至上海电报水线时，未经中国政府允许，把水线引入厦门鼓浪屿洋楼收发电报，为本区首先建立之电报设施。1874 年牡丹社事件后，沈葆桢奏准架设福州至厦门的陆路电报线。福厦电线工程由大北电报公司承包，由于沿线居民以有碍风水为由，不断阻挠工程，且不时有人割断线路，闽浙总督李鹤年又不肯大力支持，令架线工程陷于停顿。1877 年福建巡抚丁日昌向大北公司买下该电线，拆运至台湾铺设。⑤

1884 年清政府成立厦门电报局。该局初为官督商办，隶属于设在天津的津沪电报总局管辖，其后于 1903 年收归国有。1907 年改由福建省电报总局管辖，改归民办。⑥

辛亥革命后，电报服务逐步拓展至闽西等地。1914 年上杭县于城西下中街开

---

① 林忠友：《福建邮政五十年》，《福建文史资料》第 17 辑，1987 年，第 101、102 页。
② 胡中升：《1911—1928 年福建邮政的发展》，福建师范大学 2006 年硕士学位论文，第 59—61 页。
③ 长汀县地方志编纂委员会：《长汀县志》，三联书店，1993 年，第 299 页。
④ 龙岩市地方志编纂委员会：《龙岩市志》，中国科学技术出版社，1993 年，第 231 页。
⑤ 林庆元主编：《福建近代经济史》，福建教育出版社，2001 年，第 182、183 页。
⑥ 厦门市地方志编纂委员会：《厦门市志》，方志出版社，2004 年，第 617 页。

办电报局,至1929年停办,1936年复办。① 同年龙岩亦于城北设立电报局,线路有龙岩至漳州、龙岩经上杭至长汀单铁线,以收发军政电报为主,只有少量商业和民用电报,1942年开办新闻电报。② 长汀县电报局则于1915年成立,至1931年随国民党撤走。③ 20世纪30年代国民党为加强对闽西地区的控制,不断在当地修建通信设施,使当地的通讯事业有了较大的进步。以连城县为例,1918年粤军进驻汀漳,始在当地设立军用电话;1933年国民党为满足"剿共"需要,开辟连城辖内公路,更成立县城电报局。④ 永定县则在1934年始设立电报局,开辟直达上杭、龙岩、大埔、峰市的电报业务。⑤ 1934年长汀复办电报局,线路开至江西瑞金县,凡发往江西、湖南、两广等电报均由此路发出,并开通直达福州的线路。⑥

第二节 农业发展

一、本区农业发展之背景

自明清以降,本区即出现人地失调的现象。据梁方仲统计,1820年泉漳两府分别共有人口 2 381 429 及 3 336 729 人,为闽省各府州之冠,1817年闽省全省(台湾不计算在内)共有人口 14 777 410 人,田地 13 653 662 亩,每人平均所得亩地约 0.924 亩,⑦形成庞大的人口压力,造就本区居民拓殖海外的风气。不少本区居民冒险犯禁,偷渡到台湾及东南亚等地。鸦片战争后,厦门成为移民主要的出口港,据戴一峰的估计,从1890年至1930年的40年间,累计约136万人经厦门迁移海外,每年净迁移人数高达 34 000 人。⑧ 本区人口大量移居海外,固然有助纾缓人口压力,但及至民国时期,本区的人地比例仍属偏高。

表 2-3-6 抗日战争全面爆发前闽南闽西各县区按耕地计算之人口密度

县 区 别	耕地面积		人口数	按耕地计算之人口密度(每平方公里耕地人口数)
	市 亩	平方公里		
第四行政区(泉州及兴化地区)	3 755 217	2 503.49	3 527 927	1 409
晋 江	617 951	411.97	676 839	1 643
莆 田	716 336	477.56	680 422	1 425

---

① 民国《上杭县志》卷十二,邮政。
② 龙岩市地方志编纂委员会:《龙岩市志》,中国科学技术出版社,1993年,第237页。
③ 长汀县地方志编纂委员会:《长汀县志》,三联书店,1993年,第303页。
④ 王集吾、邓光瀛修纂,福建省地方志编纂委员会整理:《民国连城县志》,厦门大学出版社,2008年,第624页。
⑤ 永定县地方志编纂委员会:《永定县志》,中国科学技术出版社,1994年,第390页。
⑥ 长汀县地方志编纂委员会:《长汀县志》,三联书店,1993年,第303页。
⑦ 梁方仲:《中国历代户口、田地、田赋统计》,上海人民出版社,1980年,第277、400页。
⑧ 戴一峰:《闽南海外移民与近代厦门兴衰》,《二十一世纪》,1996年,第31期,第49页。

续 表

县区别	耕地面积		人口数	按耕地计算之人口密度（每平方公里耕地人口数）
	市亩	平方公里		
仙 游	446 064	297.38	328 496	1 105
南 安	650 999	434.00	542 725	1 251
同 安	264 093	176.06	238 438	1 354
永 春	286 645	191.10	204 220	1 069
惠 安	228 600	152.40	394 751	2 590
安 溪	237 190	158.13	308 439	1 951
金 门	40 339	26.89	50 368	1 873
德 化	267 000	178.00	103 229	580
第五行政区（漳州地区）	1 828 291	1 218.86	1 469 258	1 205
龙 溪	273 916	182.61	298 734	1 636
漳 浦	237 570	158.38	221 278	1 397
诏 安	166 000	110.67	214 939	1 942
海 澄	146 428	97.62	129 751	1 329
南 靖	320 000	213.33	119 797	562
长 泰	105 980	70.65	53 518	757
平 和	320 000	246.62	205 313	832
云 霄	167 993	111.89	133 525	1 192
东 山	40 404	26.94	92 403	3 430
第六行政区（属闽西地区）	1 053 477	702.32	655 066	933
永 安	134 309	89.54	87 945	982
龙 岩	269 000	179.33	133 018	742
永 定	106 140	70.26	176 935	2 500
漳 平	117 000	78.00	75 157	964
华 安	49 028	32.69	57 947	1 773
宁 洋	90 000	60.00	21 300	355
大 田	288 000	192.00	102 764	535
第七行政区（属闽西地区）	1 398 182	932.12	864 190	927
长 汀	411 000	274.00	199 601	728
连 城	171 733	114.49	105 053	918
宁 化	215 200	143.47	122 241	852
武 平	137 180	91.45	156 204	1 708
上 杭	188 069	125.38	189 007	1 507
清 流	171 000	114.00	57 270	502
明 溪	104 000	69.33	34 814	502
厦门市	45 395	30.26	178 656	5 904

（资料来源：郑林宽、吴桢：《福建之人与地》，福建省农业改进处调查室，1946年，第33、34页。原表数值容有矛盾之处。）

抗日战争全面爆发前夕泉州及兴化地区平均每人可分得的耕地为 1.064 亩，漳州为 1.244 亩，闽西地区（即上表第六第七行政区之合计）为 1.614 亩，人地比例较闽南为佳，可是由于当地土地相对贫瘠，加上交通不便，有碍农产品的输出，纵有较佳的人地比例，对民生的改善，亦未必有较大帮助。

表 2-3-7　20 世纪 40 年代中期闽南闽西地主及各类农户分配之百分比

地　区		地　主	自耕农	半自耕农	佃农	雇农	佃农与雇农合计
福建省平均数		12.77	26.26	26.00	27.90	7.07	34.97
闽南	莆仙	7.95	59.40	11.90	18.00	2.75	20.75
	泉厦	12.25	41.00	25.67	16.57	4.51	21.08
	漳属	11.68	30.00	23.25	20.58	11.54	32.12
闽　西		9.72	16.72	35.66	31.63	6.27	37.90

（资料来源：朱代杰、季天祐：《福建经济概况》，福建省政府建设厅，1947 年，第 21—23 页。）

从上表我们可以发现本区自耕农的比例以莆仙区最高，次为泉厦、漳属，以闽西为最低，而自耕农比例的高低与地权集中程度恰成反比，本区土地愈往闽西内地，集中程度愈高，愈往闽东南沿海，集中程度愈低，原因有三：一是沿海各县地势较平坦，土地改良较易，耕作亦便；闽西各县则因地势关系梯田甚多，耕作亦感不便。二是由于闽南气候温暖，严冬时期较短，作物一年可以二熟或三熟，故单位面积之产量较内地为多；闽西气候则除少数田地外年仅一熟。三是沿海人口稠密所需农产物较多，而交通便利，农产物易于流通，卖价可以高于内地。因此沿海各县之农户能以较少土地维持一家生活，故自耕农数目较多；闽西则因人口较少，农产物之需求量不及沿海，而且交通不便，难以接近广大市场，故闽西农民非耕作较多之土地，难以维持一家生活，佃农与半自耕农的数量亦因此增加。此外，闽南各地工商业较为发达，无地农民可从事工商业，或远赴海外谋生，这些优越条件，均非闽西无耕地农民所可企及，唯有被束缚于土地上，忍受高地租高利贷的榨取。①

本区居民解决人地失调的办法，除越洋谋生外，另一办法即为栽种经济作物。明清时代本区生齿浩繁，人地比例失调，衍生出粮食不足的问题。王业键指出清代本区沿海的泉州、漳州和内陆的汀州的粮食均长期短缺，泉州和漳州府中只有 3 个县（安溪、长泰和南靖）产量足供本地所需，汀州府 8 个县中，长汀、上杭和永定需要输入粮食，连城可以自足，其余各县很容易筹粮。② 漳、泉两府每年需从外地运进 150 万至 200 万石粮食以补充当地的粮食缺口，汀州府则需运入 10 万石的米粮。③

---

① 朱代杰、季天祐：《福建经济概况》，福建省政府建设厅，1947 年，第 21—23 页。
② 王业键：《十八世纪福建的粮食供需与粮价分析》，王业键：《清代经济史论文集（二）》，台湾稻乡出版社，2003 年，第 119、120 页。
③ 唐文基主编：《福建古代经济史》，福建教育出版社，1995 年，第 511 页。

在明清时代商品经济发展蓬勃及跨区域贸易发展的大趋势下,加速了本区农民大规模种植经济作物的趋向。茶叶、甘蔗、烟草、蓝靛、水果栽种都是在本区较为普遍的经济作物,生产亦逐步迈向专业化和社会化,造成"租地农"和"经营地主"的大量出现。汉人拓殖台湾,更为本区的糖、干果、烟草等经济作物开拓了一个偌大的市场,进一步刺激了本区农业的商品化发展。乾隆《龙溪县志》记载:"出郭南五里有乡曰塘北,居人不种五谷,种花为业,花之利视谷胜之,盖地瘠,种谷不蕃,宜花故也。"① 正是当时闽南农民追求收益最大化的表现。

闽西是福建省较迟开发的区域,境内山多地少,经济发展水平相对落后。明代中叶以后,当地居民陆续改种烟草、蓝靛、茶叶、杉木、油茶树等经济作物增加收入。明清时代当地通过输出木材、蓝靛、烟叶、纸张及书籍等土特产,换取粮食与食盐,促成地方性商人集团的崛兴与地方经济的繁荣。② 如永定县于"乾隆四十年(按:1775年)以后,生齿日繁,产烟亦渐多,少壮贸易他省,或间一岁,或三五岁一回里,或旅寄成室如家。永民之财,多积于贸易,捐监、贡及职衔者,人以千数。外地置产者,所在多有,千金之资,固不乏人"③。

清代统治者虽然认为烟草种植有碍粮食生产,多次下令禁种,可是始终未能贯彻执行,正如《民国上杭县志》所载:"杭邑山多田少,人情射利,弃本逐末,向皆以良田种烟,害农之大者,近亦奉文切禁矣。是乾隆初年前已然。又闻父老言,总督李鹤年出巡,尚令兵拔去,是同治末年事也"④,"人情射利,弃本逐末"正是闽西烟草种植业屡禁不衰的根本原因。

二、近代主要农产品生产概况

1. 粮食生产

本区的粮食作物以水稻为主,旱稻较少,其次为甘薯、小麦、大豆、大麦、蚕豆、豌豆、马铃薯和其他杂粮。晋江与九龙江流域稻田以冬种大小麦或蚕豌豆与连作双季稻组成复种多熟制。本区大部分稻田仍然以一年两熟制为主,闽南一带多双季稻二熟,闽西以稻杂(甘薯或大豆)二熟,约80%的稻田冬季休耕。⑤ 及至近代,本区粮食不能自给的现象仍然持续,"晋江溪谷一带之所产,(泉州府在此)不足以养殖其住民四十万口,如此,故谷类之输入,不得不仰于台湾、长江沿岸及安南"⑥。闽西为缺粮地区,食米主要由江西广昌、赣州等地输入。漳州等地亦属缺粮地区。清代兴化地区(莆田、仙游)原属粮食出口地区,至民国时期亦需要从外地输入米粮。

---

① 戴鞍钢、黄苇主编:《中国地方志经济资料汇编》,汉语大词典出版社,1999年,第190页。
② 周雪香:《明清时期闽西客家地区的经济变迁与科举事业》,《中国历史地理论丛》,2004年,第4期,第70页。
③ 道光《永定县志》卷十六,风俗志。
④ 戴鞍钢、黄苇主编:《中国地方志经济资料汇编》,汉语大词典出版社,1999年,第145页。
⑤ 福建省地方志编纂委员会编:《福建省志·农业志》,中国社会科学出版社,1999年,第80、81页。
⑥ 李文治编:《中国近代农业史资料》第1辑,三联书店,1957年,第472页。

表 2-3-8　1935 年闽南闽西各县米谷输出入数量

地区	县	输出数（市担）	输入数（市担）
闽南地区	同 安	/	176 000
	莆 田	/	360 000
	仙 游	/	35 000
	惠 安	/	161 500
	晋 江	/	740 000
	南 安	/	246 000
	安 溪	/	85 600
	金 门	/	20 000
	永 春	/	30 000
	德 化	3 700	/
	漳 浦	79 000	/
	诏 安	/	20 000
	云 霄	45 000	/
	东 山	/	81 900
	龙 溪	61 600	/
	南 靖	190 000	/
	海 澄	49 000	/
	平 和	140 000	/
	长 泰	130 000	/
	厦门市	/	817 000
闽西地区	龙 岩	/	60 000
	漳 平	61 800	/
	宁 洋	80 000	/
	大 田	/	/
	永 定	/	15 000
	上 杭	/	30 000
	长 汀	/	110 000
	连 城	/	15 000
	宁 化	14 700	/
	明 溪	18 000	/
	清 流	14 500	/
	武 平	/	76 000

（资料来源：福建省政府秘书处统计室：《福建省统计年鉴》第一回，福建省政府秘书处，1937 年，第 675 页。）

从上表可发现步入民国时期，本区粮食生产仍然未能满足人口需求，闽南 20 个县市中，只有 8 个食米生产能够自给。闽西 12 个县市中有 5 个能够自给。上述缺粮县市，除厦门为商业都会及东山为海岛外，绝大多数都是经济作物的著名产地。

由于食米生产不足，晚明时期传入的番薯成为本区居民的主要补充食粮。如《民国同安县志》所言："番薯非谷类也，但同邑遍地皆种，比户皆食，且以此物之盛衰卜年岁之丰歉，利溥而用宏，几与五谷并重。"①惠安县平民则每逢佳节始食米饭。②

本区的耕作技术发展迟缓，农田排灌长期使用人力水车和水轮水车，至20世纪20年代，厦门、泉州沿海一带才有少量生产和使用1至5吋的离心水泵。③施肥方面，民国时期除沿海部分地区施用少量化肥外，农村中大多数农民使用"农家肥"（即人畜粪尿、灰肥、饼肥等）或"绿肥"（即使用蚕豆等作肥料使用）。④就整体而言，民国时期本区的稻米生产，延续了清代的发展趋势，出现了萎缩现象。漳州、泉州、兴化等地占用稻田种植甘蔗的现象相当普遍，安溪、长汀、上杭等地的烟草也占用大量稻田，导致本区的粮食更需仰赖外洋、外埠输入补足。⑤

2. 烟草种植

本区西部及兴化地区土壤以中亚热带红壤为主，土层相对较厚，肥力中等，适合烟草生产。本区烟草之种植，约始于万历年间，从菲律宾传入福建沿海地区，其后逐渐扩散到闽西等内陆地区。如《光绪宁洋县志》所载："烟，俗名芬，崇祯初年始种之，今颇大盛。"⑥至清代前期，逐渐形成闽南和闽西两个烟草种植的专业区域。前者是以石码为中心的乌厚烟产区；后者是以永定、上杭、连城为中心的条丝烟产区。⑦尤以后者最为兴盛。清代道光年间，永定县烟草栽种遍布各乡，种植面积达2至2.5万亩，产烟150至180万公斤，价值400余万银元。⑧

闽西的烟草种植以"条丝烟"为主。"条丝烟"主要用水烟筒吸食。相传"条丝烟"之生产始于永定，太平天国起义后传到漳州地区种植。⑨1910年和1914年，永定条丝烟分别在南洋劝业会和在旧金山举办的博览会上获得奖项，因而享誉中外。⑩1912年前后，日本三井洋行曾在龙岩设立烟叶收买所，在烟叶收成季节，派员到各农家订约预买，先付部分现金，待交付烟叶时悉数清付。运费全由买主负担，其数额依里程多少而有不同，大致一担烟叶每一日的挑夫费约为0.8元。⑪

自清初本区烟农已有轮作耕种的习惯，一般为1年轮作1次。漳州的轮作方式有：烟叶—水稻；烟叶—甘薯；烟叶—糖蔗等。莆仙、平和普遍盛行烟蔗套种，但平和也间有和豆类套种。为了减少晒烟发病，后发展成烟叶—水稻—番薯—大

---

① 戴鞍钢、黄苇主编：《中国地方志经济资料汇编》，汉语大词典出版社，1999年，第86页。
② 铁道部业务司调查科：《京粤线福建段经济调查报告》，铁道部业务司，1933年，第85页。
③ 福建省地方志编纂委员会：《福建省志·农业志》，中国社会科学出版社，1999年，第25页。
④ 福建省地方志编纂委员会：《福建省志·农业志》，中国社会科学出版社，1999年，第93、94页。
⑤ 林庆元主编：《福建近代经济史》，福建教育出版社，2001年，第269页。
⑥ 戴鞍钢、黄苇主编：《中国地方志经济资料汇编》，汉语大词典出版社，1999年，第145页。
⑦ 福建省地方志编纂委员会：《福建省志·烟草志》，方志出版社，1995年，第1，2页。
⑧ 胡大新：《永定县烟草业的历史考察》，[法]劳格文主编：《客家传统社会》，中华书局，2005年，第87页。
⑨ 台湾总督府热带产业调查会：《南支那的资源と经济》第1卷，福建省，1938年，第297页。
⑩ 福建省地方志编纂委员会：《福建省志·烟草志》，方志出版社，1995年，第77页。
⑪ [日]东亚同文会：《支那省别全志》第十四卷，日本东亚同文会，1920年，第527页。

豆—水稻—烟叶的轮作方式。① 虫病防治主要采用土农药或人工捕杀的方法,多用苦树皮、烟梗或烟末熬成水,以防治蚯蚓、蚜虫、青虫等虫害。②

表 2-3-9　1905—1930 年厦门、汕头烟草输出量与输出值

年别	厦门		汕头	
	担	国币千元	担	国币千元
1905 年	17 008	494	31 620	1 392
1910 年	49 149	1 223	33 593	1 308
1915 年	38 798	1 148	32 209	1 062
1920 年	14 169	389	29 250	1 479
1925 年	14 707	1 264	30 081	1 309
1930 年	8 898	947	23 257	1 621

(资料来源:福建省政府秘书处统计室编:《福建历年对外贸易统计(1899—1933)》,1935 年,第 88 页。)

20 世纪 10 年代为本区烟草生产的全盛期,其后出口量逐步下降,上杭地区的烟草生产出现衰落现象。1916 年上杭县生产烟草约 3 000 担,不及永定十分之一。③ 纸烟的盛行,令条丝烟市场日渐萎缩。1912 年至 1921 年潮海关十年报告曾批评闽西经汕头出口的烟草"烟味太淡,不适合高质香烟"④。闽西地区的烟农亦未能及时引进卷烟生产技术,仍然使用晒烟方法加工烟草,致使当地烟草生产陷于衰退局面。

3. 木材业

本区的林木产地,主要集中于汀江流域和九龙江流域。前者包括长汀、连城、永定、上杭、武平 5 县,后者包括南靖、宁洋、龙岩、漳平 4 县。此外,仙游、安溪、永春、平和 4 县亦有木材生产。⑤ 早在明末时期,木材已作为商品沿汀江经汕头营销粤东、上海等地。

木材货源主要由山主自行雇人砍伐,直接出售给木商;亦有山主因急需用款以低价售幼林给木材商,由后者雇人护林,待日后再雇人砍伐。⑥ 永定木材商贩运竹木,雇工上山采伐后,先以人力运至山谷溪涧,再利用水流漂运至永定河或金丰溪集中。永定河河面较为宽阔,可以分散流放,也可以结扎成排筏流运,大约每排可束木材 20 至 25 立方米。排筏至芦下坝后,因险滩阻隔,则又分散漂运。金丰溪河道较永定河狭窄而弯曲,故木材多用护漂或"赶羊"方式分散流放。永定的木船运输工人,大多是沿河的农家子弟,有父子船、兄弟船、师徒船,均为个体经营。船家

---

① 福建省地方志编纂委员会编:《福建省志·烟草志》,方志出版社,1995 年,第 23 页。
② 福建省地方志编纂委员会编:《福建省志·烟草志》,方志出版社,1995 年,第 25 页。
③ 戴鞍钢、黄苇主编:《中国地方志经济资料汇编》,汉语大词典出版社,1999 年,第 145 页。
④ 中国海关学会汕头海关小组、汕头市地方志编纂委员会办公室:《潮海关史料》,编者自印,1988 年,第 95 页。
⑤ 翁礼馨:《福建主要物产之产销概况》,福建省政府秘书处统计室:《福建经济研究》,1940 年,福建省政府秘书处,第 251 页。
⑥ 蓝汉民:《汀江上杭河段航运与商俗》,[法] 劳格文主编:《客家传统社会》,中华书局,2005 年,第 68、69 页。

按地方习惯组织船帮,选出帮首,负责领配货运和处理帮与帮之间的纠纷。①

汀江流域的木材主要经汕头出口,九龙江西、北两溪流域的木产则主要由龙溪转至厦门出口。内地市场包括牛庄、天津、青岛、烟台、上海、宁波、广州等埠,外地市场包括香港、菲律宾、日本、台湾、马来西亚、印度尼西亚等地。台湾原为产木地区,但因当地居民深受闽南传统文化影响,崇尚使用闽南土产建材,故本区的木材在当地仍然拥有一定的市场。②1919年龙溪有木材商行23家,其中规模较大的有宝兴、珍记、同发、环盛、振发五家;同时还有宏山、浦头、华林、环盛、振发等五家创办电气锯木厂。③1934年汀江经上杭出口外运木材的产值约占全省木材产值的14.4%。④本区木材出口以杉木为多,松木次之。兹将20世纪30年代本区各县的木材产值表列如下。

表2-3-10　20世纪30年代闽南闽西各县木材产值　（单位：元）

产区	杉木	松木	樟木	其他	合计
长汀	17 000	3 000	500	500	21 000
连城	220 000	3 100	/	3 000	226 100
武平	472 000	12 000	2 000	2 000	488 000
上杭	30 000	9 000	300	1 200	40 500
永定	60 000	182 000	/	400	242 400
宁洋	14 000	5 800	/	1 800	21 600
龙岩	20 000	4 500	1 000	800	26 300
漳平	97 000	95 000	1 600	1 900	195 500
南靖	121 000	4 000	/	2 000	127 000
平和	8 500	36 000	/	500	45 000
安溪	56 000	2 900	2 800	1 400	63 100
永春	20 000	4 000	400	500	24 900
仙游	72 000	2 000	/	400	74 400

（资料来源：翁礼馨:《福建主要物产之产销概况》,福建省政府秘书处统计室:《福建经济研究》,1940年,福建省政府秘书处,第252、253页。）

抗战时期厦门与汕头两地相继沦陷,汀江及九龙江流域之木材外运陷于停顿。⑤抗战胜利后,木材之出口贸易逐渐恢复。上杭每年运出的木材3至3.5万立方米。⑥

4. 甘蔗种植

本区的甘蔗种植区主要集中在闽南地区,尤以漳州、泉州、莆田为主要产糖中心。漳州产蔗主要分为大蔗（白蔗）和竹蔗两种,竹蔗主要用作制糖。宋代本区已

---

① 永定县地方志编纂委员会编:《永定县志》,中国科学技术出版社,1994年,第374页。
② 翁礼馨:《福建之木材》,《民国史料丛刊》第558册,大象出版社,2009年,第144页。
③ 福建省龙海县地方志编纂委员会编:《龙海县志》,东方出版社,1993年,第365页。
④ 蓝汉民:《汀江上杭河段航运与商俗》,[法]劳格文主编:《客家传统社会》,中华书局,2005年,第68页。
⑤ 翁礼馨:《福建之木材》,《民国史料丛刊》第558册,大象出版社,2009年,第8页。
⑥ 蓝汉民:《汀江上杭河段航运与商俗》,[法]劳格文主编:《客家传统社会》,中华书局,2005年,第68页。

成为中国蔗糖的生产区,至明中叶后,本区糖类产品大量外销,成为本区其中一种重要经济作物。明人陈懋仁指出:"甘蔗干小而长,居民磨以煮糖,泛海售焉。其地为稻利薄,蔗利厚,往往有改稻田种蔗者。故稻米益乏,皆仰给于浙直海贩。"①清初兴化府、泉州、漳州、永春州、汀州府均有种植甘蔗。②

表2-3-11 1947年闽南闽西甘蔗栽培面积与产糖量统计

区 别	蔗田亩数	产蔗担数	产糖担数	备 注
兴化区	61 800	3 700 000	340 000	每亩产蔗6市担每11市担制糖1市担
漳州区	38 500	2 300 000	210 000	同上
泉州区	14 700	870 000	80 000	同上
闽西区	10 000	300 000	20 000	每亩产蔗3市担每15市担制糖1市担
总 计	125 000	7 170 000	650 000	

(资料来源:朱代杰、季天祐:《福建经济概况》,福建省政府建设厅,1947年,第99页。)

民国时期,据1947年的数据,本区甘蔗栽培面积与产糖数量均以兴化区居首,占全区蔗田面积的49.44%及产糖量的52.31%。闽西地区因甘蔗亩产量不及前者的关系,加上交通不便,故甘蔗产量远逊于闽南。仙游是当时产糖重镇,当地的土糖作坊多系蔗农集资合办,每年按户轮流作庄,作庄者称为"坊头",承制全村蔗糖,坊工由"坊头"雇用,一般由12人组成,坊外工6人,专司田间挑蔗进坊;坊内工6人,分压榨3人,烘晒蔗渣1人,烧火1人,煮炼1人。③糖商采用贷款贷肥的形式收购蔗糖,在春节期间以豆饼、肥田粉计价折糖或以现款折糖,价格为糖价的三分之一。④

表2-3-12 民国时期闽南所产蔗糖集散地及运销区域

集散地	糖之来源	运 销 区 域
龙溪	漳州区各产糖县份	闽西 上海、温州、宁波、青岛、天津与广东一部
晋江	泉州区各产糖县份	闽西 上海、温州、宁波、青岛、天津
涵江	兴化区各产糖县份	闽北 上海、温州、宁波、青岛、天津及江西、浙江内地。

(资料来源:朱代杰、季天祐:《福建经济概况》,福建省政府建设厅,1947年,第103、104页。)

---

① 陈懋仁:《泉南杂志》卷上,《丛书集成初编》本,第7页。
② 季羡林:《季羡林文集》卷九,糖史(一),江西教育出版社,1998年,第392页。
③ 王元炎主编:《仙游蔗糖志》,福建科学技术出版社,1994年,第60页。
④ 王元炎主编:《仙游蔗糖志》,福建科学技术出版社,1994年,第88、89页。

抗战以前,本区糖产品主要经由厦门出口,约占福建省总出口的95%。战时除一部分由福州转运各地外,大部分莆仙食糖,多由兴化湾一带转运到上海、温州各地。战后凡运销国内者,大多由福州输出,运销国外者,则多集中厦门出口。[1]

清末时期由于洋糖大量输入,民国时期军阀混战,对土糖加征重税,1915年福建省土糖厘金税率达10%,远较广东省沿岸地区的1.6%为高,打击了本区的蔗糖出口。[2] 生产技术的落后,也是本区蔗糖生产衰落的重要原因,如同安县的糖厂,"法用两大圆石相附,俗名车粒,于硇心立一曲木作车弯,缚轭驾牛三头使周围旋转以引动车粒,令一人取山蔗投车粒中间,榨出汁浆,煮以成糖"[3];云霄县则"制法以牛力运转石轮,压榨取汁"[4],制糖方法与清代大致相同,完全无法与印度尼西亚与台湾糖在外地市场上竞争。此外,20世纪30年代台湾籍民在日本政府包庇下,从台湾走私大量糖类产品到厦门贩卖,致民间称"厦门白糖无税"[5],也给本地糖业带来打击。

1936年福建省建设厅农业改进处从台湾引进东爪哇的甘蔗品种15万株,在云霄县中心农场、沙溪农业推广所和部分蔗区试种,取得良好成效。这些蔗种(包括2878号、2565号、2883号、2952号及新编9号),具有抵抗水旱及病害之优点,产量超过旧蔗种5倍以上,每株重量以当地栽培记录,重20磅以上。[6] 可惜随后抗战全面爆发,新蔗种始终未能全面推广。

5. 茶叶种植

本区产茶的县份,包括安溪、南安、平和、龙岩、晋江、漳平、长泰、诏安、永春、宁洋10县。[7] 开港前清廷并不鼓励茶叶种植,原因有三:一为担心茶山可能沦为藏奸聚盗之地,不利清廷管治;二为茶山之开辟,不单不利粮食增产,茶厂招揽大量工人,更会虚耗食米;三为农民开辟茶山,使寸草不留,导致损害田土。[8] 开港后由于国际市场对中国茶叶需求殷切,带动了闽南地区的茶叶种植。1874年厦门的美国领事指出,茶叶是当地最重要的产品,每年产量约7.5万磅,占90%茶叶输往美国。[9] 可是到了19世纪70年代以后,本区茶叶生产逐渐衰落。1876年以后,厦门功夫茶的出口从1876年的24 645担下跌至1880年的9 010担。其中只有三分之一是由外国商人预购往欧洲和美国市场。[10] 海关十年报告对茶叶生产衰败的原因

---

[1] 朱代杰、季天祐:《福建经济概况》,福建省政府建设厅,1947年,第102、103页。
[2] 台湾总督府殖产局特产课:《糖业ニ关スル调查书》,1935年,台湾大学图书馆藏本,第534页。
[3] 戴鞍钢、黄苇主编:《中国地方志经济资料汇编》,汉语大词典出版社,1999年,第346页。
[4] 戴鞍钢、黄苇主编:《中国地方志经济资料汇编》,汉语大词典出版社,1999年,第347页。
[5] 《申报》1935年9月24日。
[6] 戴鞍钢、黄苇主编:《中国地方志经济资料汇编》,汉语大词典出版社,1999年,第178页。
[7] 翁礼馨:《福建主要物产之产销概况》,福建省政府秘书处统计室:《福建经济研究》,1940年,福建省政府秘书处,第246页。
[8] 彭泽益编:《中国近代手工业史资料》第1卷,三联书店,1957年,第431页。
[9] Gardella, *Harvesting Mountains: Fujian and the China Tea Trade*, 1757-1937. Berkeley University of California Press, 1941, p. 193.
[10] 厦门市志编纂委员会、厦门海关志编委会:《近代厦门社会经济概况》,鹭江出版社,1990年,第228页。

作出如下的评述:"一方面,厦门茶农的贫困妨碍他们为茶树和土壤的必要改良而增加额外劳动,从而生产出更值钱的茶叶来;另一方面,茶农们年复一年减少的收益更迫使他们进一步减少自己的付出。这样一来,自然进一步降低了茶叶的价值。"① 台湾学者陈慈玉则指出,茶叶生产在中国一向被视为副业,农民在不妨碍主谷的生产原则下种植茶叶,因此对生产茶叶的小农而言,19世纪50至60年代闽省茶叶输出的兴盛,是出乎意料的收获,并不因此研究新的制造方法和增进对新市场的理解,拼命地在已衰竭了的土地上种植,也未有正视国际市场的变化。至19世纪70年代晚期以后,锡兰、印度、日本等茶成为国际竞争对手后茶价下滑,颇多茶庄因此衰败。② 自此以后,再无复过去之盛况。民国《上杭县志》:"茶叶一项,往时古田、下隔、湖梓里等处,出产甚巨,而汉口镇有悬下隔名茶牌者,询之,则乾、嘉年间物,其产品之盛可知。古田里,产茶之乡,……年可产茶数万斤,近年产额只一万数千斤而已,下隔出产亦微"③。大田县原以茶业为最大宗出口农产品,每年出口可达万余金。唯自清季以来,茶价大幅下滑,茶商多有亏损,加以时局动荡,以致商家不敢采办,各处茶山因之荒废。④ 民国时期,安溪县所产的铁观音享誉中外,在东南亚市场大受欢迎,成为本区茶叶种植业的重镇。安溪出口土茶约有80%集中厦门运往国外。⑤

表2-3-13　1934年闽南闽西各产茶县茶地面积

县 份	面积(市亩)	县 份	面积(市亩)
安 溪	73 650	晋 江	135
南 安	620	漳 平	570
平 和	3 000	长 泰	670
龙 岩	250	诏 安	450
永 春	1 100	宁 洋	540

(资料出自翁礼馨:《福建主要物产之产销概况》,福建省政府秘书处统计室:《福建经济研究》,福建省政府秘书处,1940年,第247页。)

从上表可以发现到本区茶叶种植主要集中于闽南各县,尤以安溪亩数最多,盖因当时茶商倾向于采购质量较佳之茶叶,对安溪茶叶需求较大。⑥ 闽西地区只有龙岩、漳平、宁洋3县为产茶县份。至于各县的茶叶产量,详见下表。

---

① 厦门市志编纂委员会、厦门海关志编委会:《近代厦门社会经济概况》,鹭江出版社,1990年,第260页。
② 陈慈玉:《近代黎明期福建茶之生产与贸易构造(上)》,《食货》,1976年,复刊第6卷第9期,第29—31页。1892年的英国的商务报告指出:"在美国的茶叶市场上,厦门的最大竞争对手是日本。日本鼓励用聪明的方法种植茶树,没有厘金,出口税大约只等于中国的一半。因此,我们发现在过去十二年中,从厦门和台湾出口到美国的乌龙茶,已经平均降落了大约一百万磅,可是茶叶的竞争虽然日益激烈,在同一期间,日本茶的出口却从3 500万磅增长到4 600万磅。"见姚贤镐编:《中国近代对外贸易史资料(1840—1895)》,中华书局,1962年,第1200页。
③ 吴觉农编:《中国地方志茶叶历史资料选辑》,农业出版社,1990年,第354,355页。
④ 陈朝宗修纂,福建省地方志编纂委员会整理:《民国大田县志》,厦门大学出版社,2009年,第303页。
⑤ 唐永基、魏德端编:《福建之茶》下册,福建省政府统计处,1941年,第253页。
⑥ 铁道部业务司调查科:《京粤线福建段经济调查报告》,铁道部业务司,1933年,第117页。

表 2-3-14 1940年闽南闽西茶叶产量统计　　　　（单位：担）

县	份	红茶	绿茶	青茶	乌龙	合计
闽南	安溪	/	/	6 730	2 050	8 780
	南安	/	250	400	/	650
	平和	/	/	160	1 400	1 560
	晋江	/	/	580	/	580
	长泰	/	575	/	/	575
	诏安	/	1 000	/	/	1 000
	永春	/	/	500	/	500
闽西	龙岩	/	185	/	150	335
	漳平	/	/	/	850	850
	宁洋	720	330	/	/	1 050
总计		720	2 340	8 370	4 450	

（资料来源：翁礼馨：《福建主要物产之产销概况》，福建省政府秘书处统计室：《福建经济研究》，福建省政府秘书处，1940年，第248页。）

表 2-3-15 1905—1930年厦门茶叶输出量与价值

年 份	输出量（千担）	价值（千元）
1905年	7	212
1910年	7	262
1915年	9	316
1920年	7	263
1925年	8	516
1930年	12	626

（资料来源：福建省政府秘书处统计室编：《福建历年对外贸易统计(1899—1933)》，1935年，第87页。）

从上列两表我们可以发现本区茶叶出口有逐渐复苏的趋势。民国时期亦有不少华侨投资于闽南茶业生产。1917年，华侨李辉秀、李辉芳等集资创办华兴公司，在永春虎巷垦植茶园；卿园华侨也集资在醒狮山创办发兴茶叶公司，设云苑茶庄。① 民国时期本区茶叶生产以青茶和乌龙茶为主，尤以安溪产量最多。据1937年福建省政府的调查，福建南路（包括安溪、宁洋、大田、永春、南安、晋江、诏安、长泰、平和、漳平、龙岩、华安）茶户共259人，其中安溪占105人。② 漳州龙溪县城是闽南茶叶的主要集散地，再经厦门出口。③ 抗战前该地计有茶庄45家，资本额最多达30万元。晚清时期全年贸易额达2 000余担，民国以来续有增加，尤以1915年至1925

---

① 永春县志编纂委员会编：《永春县志》，语文出版社，1990年，第275页。
② 唐永基、魏德端编：《福建之茶》下册，福建省政府统计处，1941年，第201页。
③ 铁道部业务司调查科：《京粤线福建段经济调查报告》，铁道部业务司，第116页。

年间最为兴盛,年均达6 000担以上,值100余万元。嗣后逐渐减少,估计战前年贸易额仍有4 000担。当地销售茶叶约70%来自安溪,来自武夷地区者约占20%,其余来自长泰、漳平等地者约10%。其销路除本地外,均运销于邻近云霄、漳浦、东山等县,以及广州、香港、东南亚等地。①

6. 果产种植

本区果产业的分布,主要集中于闽南,可分为两大种植区域:

一是荔枝、龙眼区:包括莆田、仙游、晋江、南安、同安、永春等地,所产以龙眼、荔枝为主,番石榴、柿、桃等次之;

二是蜜柑、香蕉区:包括龙溪、漳浦、长泰、南靖、诏安、海澄等县,所产以红橘、芦柑、荔枝、橙、柚、香蕉为主,菠萝、枇杷、柿、杨梅等次之。②

本区果品出口,多半集中于漳州、晋江、莆田、厦门,转向新加坡、东南亚、温州、宁波等地出口。③

表2-3-16 1935年闽南闽西各县主要果树产量产值

	桃			柿			橄榄		
	面积(市亩)	产量(市担)	产值(元)	面积(市亩)	产量(市担)	产值(元)	面积(市亩)	产量(市担)	产值(元)
第四行政督察区	1 665	23 880	82 110	1 194	31 880	140 440	380	15 030	62 904
第五行政督察区	3 367	126 529	138 437	2 331	61 928	128 650	50	1 620	1 350
第六行政督察区	233	1 349	2 441	8	200	405	3	105	268
第七行政督察区	3 138	24 557	50 085	605	3 548	4 083	/	/	/

	柚			柑			橘		
	面积(市亩)	产量(市担)	产值(元)	面积(市亩)	产量(市担)	产值(元)	面积(市亩)	产量(市担)	产值(元)
第四行政督察区	1 789	24 072	120 370	205	1 420	19 900	210	1 640	13 600
第五行政督察区	3 835	210 348	372 917	14 490	367 560	1 192 470	300	6 400	21 400
第六行政督察区	11	355	340	2	27	405	0	25	0
第七行政督察区	1 144	43 456	130 231	557	16 168	16 866	544	6 542	13 970

	黄皮			香蕉			李子		
	面积(市亩)	产量(市担)	产值(元)	面积(市亩)	产量(市担)	产值(元)	面积(市亩)	产量(市担)	产值(元)
第四行政督察区	800	10 000	47 200	1 620	10 815	47 560	1 387	24 148	83 466
第五行政督察区	100	1 200	12 000	1 260	37 730	90 660	987	8 155	14 913
第六行政督察区	0	0	0	4	38	320	20	612	3 971
第七行政督察区	/	/	/	/	/	/	328	2 016	7 868

① 唐永基、魏德端编:《福建之茶》下册,福建省政府统计处,1941年,第243页。
② 陈启发、陈祖模:《福建菓产业概论》,福建省政府建设厅经济研究室编:《福建经济问题研究》第1辑,1947年,第116页。
③ 朱代杰、季天祐:《福建经济概况》,福建省政府建设厅,1947年,第106、107页。

续 表

	荔 枝			龙 眼			枣		
	面积(市亩)	产量(市担)	产值(元)	面积(市亩)	产量(市担)	产值(元)	面积(市亩)	产量(市担)	产值(元)
第四行政督察区	3 593	70 557	710 134	31 957	471 559	4 094 720	134	12 060	36 000
第五行政督察区	8 408	193 504	708 320	4 590	87 178	375 868	/	/	/
第六行政督察区	0	9	80	2	39	184	0	9	48
第七行政督察区	/	/	/	/	/	/	0	41	347

	枇 杷			葡 萄		
	面积(市亩)	产量(市担)	产值(元)	面积(市亩)	产量(市担)	产值(元)
第四行政督察区	2 080	18 488	123 744	210	840	3 520
第五行政督察区	102	1 495	24 432	8	94	488
第六行政督察区	55	889	7 043	0	5	12
第七行政督察区	/	20	22	356	3 570	3 668

本区出口产品主要分干果与鲜果两类,输出情况见下表。

表2-3-17 1905—1930年厦门果类输出值

年份	干果输出值(元)	鲜果输出值(元)	总输出值(元)
1905年	283 712	30 000	313 712
1910年	307 449	41 000	348 449
1915年	307 778	45 000	352 778
1920年	714 793	71 000	785 793
1925年	375 785	118 000	493 785
1930年	775 373	326 000	1 101 373

(资料来源:福建省政府秘书处统计室编:《福建历年对外贸易统计(1899—1933)》,1935年,第66—67页。)

本区果农因缺乏贮存设备,加上收获季节水果产量众多,唯有将果产制成干果运销外地,故本区干果出口远较鲜果为多。本区果类出口,长期处于增长形态。

附带一提的是,晚清时期鸦片亦是本区的重要农产品。据厦门海关报告指出,厦门地区罂粟的种子由海峡殖民地引入,主要种植地是同安[①]。其后种植区扩展至闽南各地,清廷并派员征收捐税。据厦门商政局的报告,本区鸦片生产数量如下:

---

① 厦门市志编纂委员会、厦门海关志编委会:《近代厦门社会经济概况》,鹭江出版社,1990年,第266页。

表 2-3-18　晚清闽南闽西鸦片产量

地　区	1902 年产量	1903 年产量
同　安	2 130 担	4 800 担
安　溪	318 担	540 担
晋　江	300 担	620 担
南　溪	294 担	520 担
惠　安	186 担	430 担
永　春	462 担	810 担
长　泰	780 担	1 520 担
漳　浦	300 担	730 担
总　计	4 771 担	7 178 担

(资料来源：章有义编：《中国近代农业史资料》第 1 辑，三联书店，1957 年，第 461、462 页。)

从上表可见此时期本区鸦片之种植增加之趋势。闽南农民改种鸦片的原因，主要因它的利润较种植水稻和其他谷物可获利 3 至 4 倍。[①] 及至 1908 年，闽督松寿厉行禁种政策，下令拔去烟苗，改种五谷，本区之鸦片种植方逐渐衰落。[②] 传教士毕腓力在 1910 年指出："据来源可靠的报告说，在该地区(闽南)过去出产鸦片最多的同安和长泰这两个县，现在没有看到过一棵罂粟。"[③] 唯直到 20 世纪 20 年代，同安、兴化和仙游等地在民军与地方军阀包庇下，仍有部分农民种植鸦片。

三、近代本区农业发展之困境

自近代以降，中国经济逐步被卷入世界经济体系，与世界市场接轨。对本区农业发展而言，可说是利害参半：对外开放固然扩大了本区农产品的市场，使 19 世纪下半叶本区的茶、糖蔗、烟草等种植业出现繁荣景气，可是由于其后各地纷纷学习种植同类型的农产品，并迎合买家的喜好，改进农产品的质量，使本区的农产品在国际市场，甚至在本土市场上面对激烈的竞争。本区茶与糖出口的衰落即为明显的例子。

自 19 世纪末，闽南糖产品在国际市场上遇到来自台湾和爪哇糖的竞争而处于劣势。正如 1902 年《厦门口华洋贸易情形论略》所言："昔年糖之运往北方各口者甚盛，近日已成强弩之末，未足与爪洼(哇)所产相提并论矣。"1908 年的报告则说："曩昔糖为厦门出口货之一大宗，近年受台湾日本糖厂之影响颇大。"[④] 由于本区制糖技术落后，加上闽南地区工资较高、厘金增加生产成本的负面因素等影响，只能在本地消费市场与外地糖产品竞争，局限了本区蔗糖业的发展。不重视产品质量，

[①] 毕腓力著、何丙仲译：《厦门纵横》，厦门大学出版社，2009 年，第 92 页。
[②] 章有义编：《中国近代农业史资料》第 1 辑，三联书店，1957 年，第 902 页。
[③] 毕腓力著、何丙仲译：《厦门纵横》，厦门大学出版社，2009 年，第 94 页。
[④] 彭泽益编：《中国近代手工业史资料》第 2 卷，三联书店，1957 年，第 471 页。

则是本区茶叶出口衰落的另一个重要原因。1890年《厦门口华洋贸易情形论略》指出:"如厦门乌龙茶者,因此一时之乍兴,遂致艺此者利令智昏,不求精进之实效,只图贱货之虚名,仍种此下等茶,以滞将来之销场,深为可虑。"① 1903年《厦门口华洋贸易情形论略》指出:"洋人此十年来常言厦茶不洁,且茶末过多,树老味薄等等粗下,致美国不准进口。况厘税太重,价值太昂,未能与锡兰等处争衡。"②

种植技术的落后,也是导致本区农产品在市场竞争中失利的原因。本区农户种植柑橘时,最大问题在于忽略中耕与施肥,未能有效提升产量与柑橘的质量。③ 同样问题亦出现在茶叶种植上。本区茶农施肥方法仅为锄去茶树根头乱草,烧成灰烬充作肥料,或将所锄之草堆放于树根即当下肥。民国时期茶叶销路日差,部分茶农即拔去茶树,改种其他经济作物。④

改良农耕技术与降低生产成本,当为加强本区农产品竞争力的根本方法,可是由于本区的政局动荡及赋税苛重,使生产者无意或无力加强对农业的投资。据日本学者滨下武志的估计,晚清时期从龙岩州运送1担茶叶到厦门,各种税费和运费大体相当于茶叶生产者后所得金额2倍以上,其中运费约8%,厘金、关税及其他课税占34%,生产者仅得31%左右。⑤ 自辛亥革命后,本区政局未见平静,各大小军阀和民军割据称雄,地方治安不靖。民初时期,从漳州运输果品至厦门,须缴纳内地关税达29次之多。⑥ 其后北洋军阀张毅统治漳州,创设果树捐,不论果树有否收获,均须按株征税,导致不少果农忍痛砍伐自家果树,据估计,砍伐数量达当时漳州果树总量的40%左右。⑦ 由于上述原因,果农产生了苟且心理,视增产为畏途,不愿投入更多资本或引入新技术增加产量。⑧ 1920年粤军在漳州征集民工修筑公路,每名平民被征20日以上,各自备粮食铺盖。1923年臧致平部驻扎漳州,一星期内向农民摊派挑夫数千名,历八九十日始放回。1930年国民党为防范红军,在漳州各区设立保安队,所有经费,俱出自农民身上,当时农民捐税除省地税外,共有18种之多。⑨ 本区的政治不安与赋税沉重,不少年轻农民离乡出走东南亚谋生,导致农村劳动力不足,耕地面积和各种农作物减少。⑩

此外,运输方法的落后、产销制度与农民生活的困苦则是本区农产品无法降低成本的主要原因。

---

① 彭泽益编:《中国近代手工业史资料》第2卷,三联书店,1957年,第183页。
② 彭泽益编:《中国近代手工业史资料》第2卷,三联书店,1957年,第474页。
③ 胡昌炽:《福建之柑橘》,福建省图书馆1936年藏本,第17、18页。
④ 章有义编:《中国近代农业史资料》第2辑,三联书店,1957年,第670、671页。
⑤ 滨下武志著、高淑娟等译:《中国近代经济史研究:清末海关财政与通商口岸市场圈》,江苏人民出版社,2006年,第308、309页。
⑥ 陈启发、陈祖模:《福建果产业概论》,福建省政府建设厅研究室编:《福建经济问题研究》第1辑,1947年,第127页。
⑦ 陈启发、陈祖模:《福建果产业概论》,福建省政府建设厅研究室编:《福建经济问题研究》第1辑,1947年,第127页。
⑧ 陈启发、陈祖模:《福建果产业概论》,福建省政府建设厅研究室编:《福建经济问题研究》第1辑,1947年,第127页。
⑨ 傅家麟主编:《福建省农村经济参考资料汇编》,福建省银行经济研究室,1941年,第382页。
⑩ 海关总税务司署统计科:《海关十年报告》,1912—1921。

表 2-3-19　20 世纪 30 年代闽南闽西农产品运输方式及运销地区分配百分比

县区别	运输方式(%)					运销地区(%)		
	汽车	船	人力车	挑运	其他	本县	外县	外省及其地
晋江	/	25	/	50	25	75	/	25
莆田	/	45.4	/	54.6	/	66.7	33.3	/
仙游	/	33.3	16.7	50	/	60	40	
南安	/	25	/	75	/	66.2	33.8	
同安	/	50	/		50	50	50	
永春	/	11.1	/	88.9	/	55.5	44.5	
惠安	/	25	/	50	25	75	25	
安溪	/	20	/	80	/	50	50	
德化	33.3	/	/	66.7	/	75	25	
尤溪	/	37.5	/	25	37.5	66.7	33.3	
漳浦	/	18.1	/	72.7	?	57.1	35.7	7.2
诏安	/	33.3	/	?	39.2	20	40	40
海澄	/	25	/	75	/	67.5	32.5	
南靖	/	/				/	100	
长泰	/	50	/	50	/	66.7	33.3	
平和	/	/	/	100	/	25	50	25
云霄	/	25	/	50	25	50	50	
东山	/	50	/	50	/	100		
永安	/	33.3	/	66.7	/	40	50	10
龙岩	14.4	28.5	/	57.1	/	50	33.3	16.7
永定	/	/	/	100	/		66.7	33.3
漳平	/	50	/	50	/	100		
华安	/	16.7	/	83.3	/	/	100	
大田	/	/	/	100	/	50	50	
长汀	/	50	/	50	/	44.5	55.5	
连城	/	/	33.3	66.7	/	66.7	33.3	
宁化	/	28.6	14.3	57.1	/	66.7	33.3	
武平	/	10	/	75	15	?	?	?
上杭	8.3	41.7	/	50	/	50	40	10
清流	/	/	/	/	/		100	
明溪	/	/	/	100	/	42.8	57.2	

(资料来源：郑林宽:《福建省农产贸易之研究》,福建省农业改进处调查室,1937 年,第 46、47 页。)

　　近代本区交通运输发展迟缓,直至 20 世纪 20 年代闽南地区才陆续修筑公路网络,闽西到 20 世纪 30 年代才修建公路系统,加上本区牲畜价格高昂,大部分农产品的运输倚赖人力挑运或木船运输,增加成本及影响产品质量。1888 年厦门关税务司柏卓安指出厦门"产茶之处,山路崎岖,艰于挑运,厘税脚费,皆比日本为重,难以振作"①。运销制度方面,在当时商业竞争日益激烈化之情形下,产品标准化已成为不可或缺之要素,然而本区蔗糖之炼制向无一定标准,分级概凭牙人凭目力判断,因而商人经常从中混淆优劣,或掺杂他物以获取高利,对于生产者与消费者双方均蒙不利;优等质量既得不到高价,蔗农自不思改良质量,反之消费者以高价购不到优等质量,亦不愿购买本地的糖产品。至于储藏,不论生产者或中间商人,储藏方法极为简陋,大都皆用瓷缸。本区蔗农因资金缺乏,往往于蔗苗尚青时,即以预卖之方式向地主或商人取得"糖银",故当甘蔗制糖时,该产品早为地主或商人所占有,因而储藏之利益,大多亦属于地主与商人。至于包装,本为便利运输与保护质量,而本省包装所用之竹篓,不但容易散失,而且沿途搬运,每多变质,无法降低运销成本。至于运输过程中,自生产者至消费者,至少须经过三四重中间商人,如生产者售予糖商后,再加以分级、包装转运至各地糖行,由各地糖行再批售零售商,转配予消费者,增加产品的交易成本。这些佣金与手续费,唯有转嫁于消费者身上,形成生产地与消费地价格之巨大差距,削弱本区农产品的竞争能力。②

福建省农户以小农为主,估计占地不足10亩的农户,占农户总数70%以上,经营方式以集约式农业为主。③ 个别小地主财力有限,无力投入大量资本改进生产技术,自耕农和佃农则饱受高利贷剥削。莆田各乡贫农,每当作物下种或经济困难时,多向商人或富户借贷,借款4元须还谷1担,犹如饮鸩止渴。④ 佃农也须缴付50%至60%以上的收获作为田租,南京政府推行"二五减租",可是始终未能减轻佃农的负担。以闽西武平县为例,"二五减租"的其中15%,被扣作区保安、教育等经费。此外,减租亦未能对地主构成约束,不少地主提高田租,以弥补减租所带来的损失,更有地主带枪到各村武装收租,佃农生计最终未能得到改善。⑤ 农民生活已朝不保夕,更遑论改进生产。

第三节 传统手工业的演化

本部分所谓的手工业,是指依靠手工劳动进行生产工业和生活用品生产的活动。中国传统的私营手工业,基本上属于家庭生产的副业。本区的陆上交通落后,对本区(尤其是内陆地区)手工业产品之运销带来负面影响,如1845年福州将军上奏指出:"闽省虽与粤浙江西等省毗连,然除海道可以四通八达外,其余各处,非系崎岖之峻岭,即属湍急之险滩,与江浙等省之境处水乡,波平地坦,随处可通舟楫者,迥不相同。故江浙海口收买之货物,商人可转运于他省售销;若闽省厦门之货

---

① 姚贤镐编:《中国近代对外贸易史资料(1840—1895)》,中华书局,1962年,第1209页。
② 朱代杰、季天祐:《福建经济概况》,福建省政府建设厅,1947年,第102、103页。
③ 傅家麟主编:《福建省农村经济参考资料汇编》,福建省银行经济研究室,1941年,第173页。
④ 傅家麟主编:《福建省农村经济参考资料汇编》,福建省银行经济研究室,1941年,第230页。
⑤ 傅家麟主编:《福建省农村经济参考资料汇编》,福建省银行经济研究室,1941年,第388页。

物,则止能售于本省,不能旁及他方,盖由地势使然。"①本区较为重要的传统手工业,包括纺织、造纸、陶瓷业、烟叶加工、以闽西四堡为中心的刻书业、制糖和制茶业。本区纺织手工业遍布各地,以泉州和漳州地区最为兴盛;造纸业则遍布汀江、九龙江、晋江及木兰溪流域,其中以汀江流域产量最丰,抗战初期占福建省总产量三分之一以上,上杭、龙岩、长汀三县居首。②陶瓷业亦以德化县最为闻名。烟叶加工、制糖和制茶业因为农产品加工业,故基本上与烟叶、甘蔗及茶叶产区重叠。烟叶加工业集中于闽南石码为中心的乌厚烟产区和闽西的条丝烟产区,以永定、上杭、连城等县最为兴盛。制糖业主要集中于闽南地区,尤以漳州、泉州、莆田为主要产地。制茶业则主要集中在于安溪、南安、平和、龙岩、晋江、漳平、长泰、诏安、永春、宁洋10县。

一、鸦片战争前手工业的发展

唐末五代时期随着中原移民的拓殖,本区手工业的发展渐次兴盛。蝉纱为泉州的著名特产,为当时地方上贡的贡物。③宋元时代已发展至相当水平。泉州海外贸易的繁荣推动了沿海周边地区手工业的发展,缔造了本区手工业"外向型"的生产特点。瓷器和纺织品成为当时主要的出口商品。宋元时期泉州生产的绸缎闻名于世,深得摩洛哥旅行家伊本·白图泰的称誉,他甚至宣称当地所产的天鹅绒锦缎,比杭州和北京的织物还要好。当地所产丝织品,主要以出口为主。清人王胜时《闽游纪略》记载:"泉人自织丝,玄光若镜,先朝士大夫恒贵尚之,商贾贸丝者,大都为海航互市。"④纺织业的兴盛带动了染布业的发展。据漳浦赤湖陈姓族谱所载,陈道明于南宋景定年间迁居赤湖,以染布为业,后发展成为较具规模的染布作坊,号称"陈染",该染布世家直到明朝仍然存在。⑤陶瓷生产方面,由于对外贸易的兴盛,刺激了宋元时期泉州及其邻近地区陶瓷业的兴盛。同安汀溪和德化都是当时的陶瓷生产重镇,其产品更经泉州外销到日本及东南亚等地。⑥

明清时期本区手工业持续发展。泉州成为全国丝绸中心,大量丝绸继续运销海外。随着商品经济的拓展,本区沿海地区出现土织、土染手工作坊,大量棉布运到台湾发售,刺激了本区手工业的生产。由于本区产棉极少,因此开港前本区织布业所用棉花,主要由江南地区输入。厦门商人将本区漳州府属和同安县土产之棉

---

① 彭泽益编:《中国近代手工业史资料》第1卷,三联书店,1957年,第494页。
② 林存和:《福建之纸》,福建省政府统计处,1941年,第43页。
③ 吴修安:《福建早期发展之研究:沿海与内陆的地域差异》,台湾稻乡出版社,2009年,第167—170页。
④ 李金明:《Zaitun与泉州的丝绸生产》,中国航海学会、泉州市人民政府编:《泉州港与海上丝绸之路(二)》,中国社会科学出版社,2003年,第284、285页。
⑤ 李林昌:《漳浦织染业的兴衰起落》,《漳浦文史资料:1—25辑合订本》上册,2007年,第224页。
⑥ 叶文程:《古泉州地区陶瓷生产与海上陶瓷之路的形成》,中国航海学会、泉州市人民政府编:《泉州港与海上丝绸之路(二)》,中国社会科学出版社,2003年,第289—292页。苏基朗尝就宋代闽南与广东外贸瓷业作一比较,认为闽南的外贸瓷业规模较大,产业户口在全地区范围更为普遍,全地区从此业所获利益更大。南宋时期闽南地区的外贸瓷产业与地区整体经济间,已有相当高程度的部门整合现象,见苏基朗著:《两宋闽南广东外贸瓷产业的空间模式:一个比较分析》,张炎宪主编:《中国海洋发展史论文集》第6辑,台湾中研院中山人文社科所,1997年,第125—154页。

布等物,由海道运到宁波、乍浦、上海、天津、锦州及台湾鹿港一带销售,在宁波等处贩卖江浙之棉布,以及各种货物,运回厦门销售。① 清乾隆、嘉庆年间,晋江东石海商蔡源利创建源昌织布局和染坊,为泉州最早的私人染织企业。② 但必须注意的是,明清时代闽南地区纺织业虽然出现"纺"与"织"分离现象,但织布业仍然是当地农村经济的一个重要构成部分。五口通商前本区农村家庭的经济收入,基本上仍然是以"男商女织"或"男耕女织"为主,农家以织布为主要副业,甚至在厦门也不例外。道光《厦门志》载有若干寡妇靠织布养活全家的例子,如"杨氏,同安后溪下庄人,……二十三岁夫殁,坚心苦志,以纺织为业。嫁女娶妇,皆从十指出";叶氏,莲板人,夫翁渊往台湾营生,不知所终,"叶日织布自给,抚子女成立"③。

陶瓷业方面,明代以后,汀溪瓷业因未能迎合市场需要引进新技术而衰落④,形成德化窑一枝独秀的局面。

表 2-3-20 泉州地区古瓷窑的分布

县 市	泉州	晋江	南安	惠安	德化	永春	安溪	同安	总计
五代以前		9	3	6				1	19
宋 元	2	12	47	1	33	6	23	3	127
明 清	1	7	3		152	15	105		283
合 计	3	28	53	7	185	21	128	4	429

(资料来源:曾玲:《福建手工业发展史》,厦门大学出版社,1995 年,第 166 页。)

清代德化县以青花瓷名闻中外。据估计,清代乾隆以后的最盛时期,全县瓷器工人有 25 000 人,大小瓷窑有 60 余座,多以家庭作坊或多家合伙经营,生产依各窑场业主能力与市场需求自行组织管理⑤。为适应欧洲人的生活习惯,德化窑模仿英国、荷兰、德国的陶器和金属器皿的造型,大量生产酒壶、水罐、啤酒杯和碗,产品营销欧洲市场⑥。1999 年 5 月,澳大利亚水下打捞公司在南中国海的贝尔威得暗礁,发现道光年间从厦门出发至爪哇的沉船"泰兴号",其中载有大量的德化青花瓷⑦。清代德化的陶瓷交易主要是以以货易货形式进行,即民间以一件瓷器换取若干大米、番薯干或其他货品。因当地交通不便,一般瓷器运输多赖人力外运至尤溪、永春、仙游、漳平等地,再转运至福州、泉州、厦门等地出口⑧。德化县所制瓷器,多属较高档的产品,一般平民生活所用瓷器,则本区多县均有生产。同安县嘉庆年间由

---

① 彭泽益编:《中国近代手工业史资料》第 1 卷,三联书店,1957 年,第 494 页。
② 泉州市地方志编纂委员会编:《泉州市志》,中国社会科学出版社,2000 年,第 600 页。
③ [清]周凯:《厦门志》,《台湾文献丛刊》第 85 种,台湾银行研究室,1961 年,第 603 页。
④ 传宋良、林元平:《中国古陶瓷标本·福建汀溪窑》,岭南美术出版社,2002 年,第 18 页。
⑤ 徐本章、叶文程:《德化陶史与德化窑》,华星出版社,1993 年,第 6 页。
⑥ 王文强:《德化窑兴起与发展的原因探析》,德化陶瓷研究论文集编委会编:《德化陶瓷研究论文集》,德化县税务咨询服务有限公司,2002 年,第 40 页。
⑦ 德化县地方志编纂委员会编:《德化陶瓷志》,方志出版社,2004 年,第 207 页。
⑧ 德化县地方志编纂委员会编:《德化陶瓷志》,方志出版社,2004 年,第 95、97、98 页。

洪天香创立的烧磁窑,制造大砺、碇碎、烘炉、磁锅等产品,运销漳州、台湾、厦门、菲律宾等地,"器虽粗而价极廉,且盛水可耐久而不反质,是以销售畅旺","惜乎粗而不精,不力求进步,犹为憾事耳"①。大田县瓷器生产品种齐备,但"粗而不雅","每年运省售卖销额有数千金"②。

宋元时期本区手工业发展以闽南为核心,闽西地区相对落后。至明清时代,当地手工业亦有长足发展。明清时代闽西造纸业与四堡刻书业的崛兴,显示出在商品经济发展的大潮流下,闽西区域经济结构所出现的改变。闽西地区因林业资源丰富,促成造纸业的兴盛。汀州货物,"唯纸远行四方"③;龙岩县因"山野多竹,故纸业颇盛。雁石、福村、万安等社出品,则运售于北溪;湖邦、龙门、大小池、适中等社出品则运售于西溪。西溪多粗料(即用于包裹对象和其他杂用纸张),北溪则兼运白料(书写用纸)。白料纸质极良,销路运及于南洋,虽年计售价不及百万,而贫民资以为生,其乡出纸者,虽妇孺皆有生计"④。造纸业的兴盛,带动了四堡雕版刻书业的崛兴。四堡位于长汀、连城、清流、宁化等县交界。当地的印书业,主要操控于雾阁邹氏和马屋两大家族手上,以印刷有关传统经史及应考科举书籍为主。每年农历正月十五后,四堡书市涌现来自江西、湖南、广东、广西等省的书商采购书籍,四堡书商足迹遍布广东、广西、江西、浙江、湖南等省。⑤直到近代西式石印和铅印技术的出现,以及科举制度的废除,四堡地处内陆,书商未能掌握读者口味,出版新学书籍响应市场需要,四堡印书业亦一蹶不振。⑥

在经营模式方面,随着明清时期跨地域贸易的拓展,以及全国性市场的形成,促成本区手工业生产规模的扩大。以家族为中心的生产作坊模式是此时期手工业生产的主要模式。清代德化青花瓷窑的生产,通常是一户单独经营,或二至几户联合经营,而以联合经营为多。联合经营时,先由各户分开制造瓷坯,烧窑时合起来共同烧制,从而形成了一种"各自制坯,合作烧窑"的生产模式。⑦制品从德化运到各地,均由挑夫负责,凡在挑运过程中遇有破损,挑夫须赔偿货值之半数。⑧闽西的条丝烟作坊多以家庭为生产单位,雇用兄弟、亲戚帮工,因配方、技术、设备等原因,作坊通常由祖辈沿袭下来。作坊的雇工多为本姓族人,人手不够才雇用外姓人,不少作坊雇工30至50人,生意好时更会雇上100人。由于产品往往供不应求,不少闽西商人甚至在武汉、长沙、柳州等地开设作坊。⑨四堡书坊亦采用家族手工业的

---

① 戴鞍钢、黄苇主编:《中国地方志经济资料汇编》,汉语大词典出版社,1999年,第370页。
② 戴鞍钢、黄苇主编:《中国地方志经济资料汇编》,汉语大词典出版社,1999年,第370页。
③ 彭泽益编:《中国近代手工业史资料》第1卷,三联书店,1957年,第26页。
④ 戴鞍钢、黄苇主编:《中国地方志经济资料汇编》,汉语大词典出版社,1999年,第311页。
⑤ 吴世灯:《清代四堡刻书业调查报告》,《出版史研究》第2辑,中国书籍出版社,1994年,第139—141页。
⑥ 吴世灯:《清代四堡刻书业调查报告》,《出版史研究》第2辑,中国书籍出版社,1994年,第144、145页。
⑦ 郑炯鑫:《从"泰兴号"沉船看清代德化青花瓷器的生产与外销》,德化陶瓷研究论文集编委会:《德化陶瓷研究论文集》,编者自印,2004年,第254页。
⑧ 王连茂、庄景辉编译:《一九〇八年泉州社会调查资料辑录》,《泉州工商史料》第2辑,1983年,第188页。
⑨ 周雪香:《明清闽粤边客家地区的社会经济变迁》,福建人民出版社,2007年,第215—216页。

经营方式,生产及销售均以家族为纽带。族长充当生产的组织和管理者,维持整个家族生产经营活动的顺利进行,并实行"藏板所有"制度,不许开刻已有书板。家族内各房也是一个小印书作坊,家中的男女老幼,分别承担各种工作。若家中成员无力处理所有工序,将优先雇用同族家族成员承担。①

二、五口通商后的手工业

对近代中国传统手工业而言,西方工业产品倾销中国市场,犹如一把双刃剑。鸦片战争后,西方工业产品一方面冲击传统内地手工业产品市场,使原先存在于农民家庭内部的乡村手工业逐步衰落,部分品种甚至销声匿迹。据1870年的海关报告指出,在厦门开港以前,大量土布从厦门运往台湾发售,开港后由于外国棉布的竞争,加上上海和宁波的土布也加入销售行列,使厦门土布对台的出口量仅及过去的20%。② 漳州所产的漳绒由于价格昂贵,无法与外来丝织品竞争,加上1865年太平军攻陷漳州,清军派兵收复,造成"漳城内外,仍系一片焦土,巨商大贾,多已歇业"③,织工流散四方,漳绒织造技术由是失传。另一方面,五口通商后交通运输的改进,扩充了本区手工业产品的出口市场,刺激了本区手工业生产的改进,使生产更趋"市场化"。厦门开港后,洋商从新加坡和印度孟买运入大量棉纱,美国南北战争结束后,印度棉花滞销,割价倾销到中国市场,使本省棉花与纱布销路大受打击,促成本区纺纱业的衰落。④ 如永春县"纱,近来多自外洋贩至,土产几绝"⑤。大量廉价棉纱的输入,刺激了纺织业生产更为商品化。正如1866年的厦门海关报告指出:"进入本地区市场的厦棉数量的明显增加,表明了农村的繁荣。"⑥不少同安马巷的农村家庭利用自购的传统纺纱机和大木机,生产柳条布、白布等衣料,交与棉布商户换回棉纱,后者将棉布直接从莲河、安海、泉州等处转运到远至台湾等地。⑦ 据1869年的厦门海关报告所载,泉州城为本区土布最大的贸易中心,当地商人在郊区建立不少大型染坊,其中一些拥有18至20座炉子,雇有大量的帮手。⑧ 光绪年间,旅日华侨周起谦在泉州南岳家中创办纺织手工场,设置木织机10多台,织造土布等产品。前清进士黄谋烈亦在泉州象峰巷开设晋记织布局,置旧式织布机40多台,专织土布,兼设晋源布店和染坊,将织造、漂染、销售集于一身,⑨使当地的纺织业从家庭手工业演化成手工业作坊。

---

① Cynthia, J. Brokaw, "Commercial Publishing in Late Imperial China: The Zou and Ma family business of Sibao, Fujian", *Late Imperial China*, Vol. 17 no. 1(June 1996) pp. 51 - 59;曾玲:《福建手工业发展史》,厦门大学出版社,1995年,第208、209页。
② 厦门市志编纂委员会、厦门海关志编委会:《近代厦门社会经济概况》,鹭江出版社,1990年,第75页。
③ 彭泽益编:《中国近代手工业史资料》第1卷,三联书店,1957年,第597页。
④ 厦门市志编纂委员会、厦门海关志编委会:《近代厦门社会经济概况》,鹭江出版社,1990年,第17页。
⑤ 郑翘松等纂:民国《永春县志》卷十一,《中国方志丛书》,台湾成文出版社,1975年,第359页。
⑥ 厦门市志编纂委员会、厦门海关志编委会:《近代厦门社会经济概况》,鹭江出版社,1990年,第8页。
⑦ 陈杰:《马巷纺织工业简史》,《同安文史资料精选本》,1996年,第81页。
⑧ 厦门市志编纂委员会、厦门海关志编委会:《近代厦门社会经济概况》,鹭江出版社,1990年,第34页。
⑨ 泉州市地方志编纂委员会:《泉州市志》,中国社会科学出版社,2005年,第600页。

此时期本区其他与农产品结合的传统手工产业,也因出口市场的扩张而兴盛起来。如制糖业与烟草加工业即为显例。五口通商后,因交通条件改善,市场扩大,糖业生产得到发展,早期厦门的出口货品主要以糖为最大宗。① 泉、漳两府每年各生产50万担以上的糖。1869年厦门糖的出口量是124 549担,至1874年增至181 200担。② 产糖技术的落后,导致生产效率的低下。据英国商务报告指出厦门糖业生产:由于粗糙的制糖方法造成的浪费很大(压榨时损失蔗汁30%,运输中约损失18%),再加上出口税很高,因此在正常季节就无法与爪哇和马尼拉糖竞争。③ 1895年以后,输入福建南部的洋糖递增,土糖输出每况愈下。华糖除了受制于因近代交通发展滞后而导致的高昂运费外,尚需负担关税及厘金的重压,以致当其运到销售地时,其运输费用可能与其本身价格相差不远,加上日据时期台湾水客大量偷运白糖到闽省沿海各地,使本区糖业发展未见起色。

另一方面,对外贸易的兴盛也带来了新手工业的出现。据1907年的海关报告指出:厦门花边行会的花边产量在稳步增长。厦门的花边业创始于1885年,当时只有5名工人,至1907年该行会已雇用150人,用爱尔兰麻纱用手工制成粗花边。④ 缫丝业和丝织业亦逐步兴盛。据海关的调查,20世纪10年代漳州府有249个捻丝的土作坊,约有织绸机250台,主要集中于府城、近郊及邻近的乡村,产量约105.45担。⑤ 鸦片战争后,大量闽人移居海外,在东南亚各地形成华侨社群,对若干闽省土产制品需求方殷。不少海外华侨保留着从内地带去的宗教信仰,造就厦门纸箔制造业的兴盛。晚清时期,厦门市区的大街小巷,遍布制造纸箔的家庭手工业作坊。20世纪后厦门有4家较具规模的纸箔厂(阮顺记、庄太芳、张联成号、合兴沅),各雇用工人数百人,各号并拥有自家的品牌。1935年厦门出口到新加坡、马来西亚、印度尼西亚等地的纸箔合计139 348件,其中新加坡达96 159件,槟城32 640件。⑥

与洋货倾销相较,1895年台湾被割让给日本,对本区手工业带来的打击更为严重。日本割占台湾后,对本区出口到台湾的商品征税,令本区手工业产品失去台湾市场,1899年5月3日的《台湾日日新闻》有如下报道:"同安县地方,乡村妇女,专以纺织为业,每人纺织,着月可得工资二三金,使可借资家计,唯所织布帛,销售台地为最多。刻下因台湾各进日货,加税所有井布、澳布,俱见短销,于是各市商,停止采买,该地妇女,因之失业。"⑦ 日据时代前,台湾居民祭神拜祖时所用的金、银纸主要由漳州石码进口,日据时期台湾总督府禁止这种商品进口,台湾南部才开始

---

① Morse, *The International Relations of the Chinese Empire*, vol. 1, p. 363.
② 厦门市志编纂委员会、厦门海关志编委会:《近代厦门社会经济概况》,鹭江出版社,1990年,第189页。
③ 姚贤镐编:《中国近代对外贸易史资料(1840—1895)》,中华书局,1962年,第1234页。
④ 彭泽益编:《中国近代手工业史资料》第2卷,三联书局,1957年,第61页。
⑤ 彭泽益编:《中国近代手工业史资料》第2卷,三联书局,1957年,第94页。
⑥ 陈云鹤:《厦门纸箔出口话沧桑》,《厦门工商史事》,厦门大学出版社,1997年,第67、68页。
⑦ [日]松浦章著,卞凤奎译:《清代台湾海运发展史》,台湾博扬文化事业公司,2002年,第53页。

制造。著名的台南帮创始人之一的吴修齐夫妇,年轻时便以售卖金、银纸为业。①

三、民国时期的手工业

晚清时期大量闽人移居海外,移民对故乡手工业产品的偏爱,为本区手工业产品缔造市场;本区侨乡的华侨家庭因拥有较高的消费能力,形成对本区日用手工业产品的庞大需求。民国时期,闽南的纺织业持续发展,生产规模逐渐增大,机械的使用亦开始普遍起来。第一次世界大战期间,由于进口棉花时间不定,数量相对减少,同安马巷镇的商人采取放机的方式,分给固定织户换取成品。其时当地出现了多家染坊,出产大青、半染等品种。②侨资的流入为当地纺织业的发展带来动力。1918年龙溪籍华侨林秉祥在其家乡浒茂创办织布厂两处,1921年两处合并,定名为建祥电机织造厂。该厂从香港聘请技师指导生产,织造女工最多时有200人。③1918年泉州有归国华侨数人在承天巷创办华侨女子职业学校,附设织布机20多台,又有南安归侨吴记藿出资,在泉州开办嘉福职业学校,附有织布机20多台,教授学生织布技术,可惜不及一年因学生不足而结业。④晋江东石的织布业也迅速崛兴,当地经营者引入动力织机,配合旧式织机混合生产。1921年泉州云锦布厂初办时只有布机15台,至1930年扩建厂房,易名为民星电机染织厂,拥有动力织机60台、木织机500台,工人350人,生产女格布和柳条布,日产棉布约百匹。⑤

闽西地区方面,据邓子恢的调查,龙岩各地所需的棉线,20世纪初以前主要依靠漳州、厦门等地供应。20世纪初当地开始自造棉线,其中尤以白土溪兜一带最为兴盛。20世纪20年代初该村开厂者共有3家,其中玉成厂拥有女工30人,每年营业额有7 000至8 000元。此外还有各家各户自纺棉线的手工业者,估计女工不下百余人,制成品除在龙岩本地销售外,还远销到邻近的漳平、永定、上杭等地。⑥大田县"农家多种苎麻,出产夏布,推为上品。家家妇女皆能纺织,每年售运省内外甚多"。⑦长汀为闽粤赣交通孔道,当地印染业相当兴盛。江西各地运销长汀的棉布、夏布,大部分经长汀染成色布或花布后,返销赣南和汀属各县。1920年长汀的公益机构长邑公局投资成立"长汀工艺传习所",从广东延聘技师传授染织技术,有织布机40架及工人和学徒60至70人。后来该所因军阀混战加剧,驻军和过汀部队恣意勒派军饷,地方公款被提空而停办。与此同时,地方绅商亦相继设立织布厂。20世纪20年代长汀存在过的织布厂达10余家,其中较著名的有新桥乡绅彭寿卿创办的"汀州国货工厂",汀城富商李惕生创办的"尚工织布厂",以及合股经营

---

① 陈国栋:《东亚海域一千年:历史上的海洋中国与对外贸易》,山东画报出版社,2006年,第21页。
② 陈杰:《马巷纺织工业简史》,《同安文史资料精选》,1996年,第81页。
③ 漳州市地方志编纂委员会:《漳州市志》,中国社会科学出版社,1999年,第828页。
④ 泉州市地方志编纂委员会:《泉州市志》,中国社会科学出版社,2000年,第600页。
⑤ 泉州市地方志编纂委员会:《泉州市志》,中国社会科学出版社,2000年,第600页。
⑥ 陈仙海:《20年代初东肖工、商业的兴起》,《龙岩文史资料》第22辑,1994年,第104页。
⑦ 戴鞍钢、黄苇主编:《中国地方志经济资料汇编》,汉语大词典出版社,1999年,第264页。

的"鄞江织布厂"等,各有木机 40 至 50 架,后期亦有一些布店附设作坊织布。随着织布业的开展,针织业亦随之建立。当时织袜户共有 10 余家,都是家庭作坊,有手摇织袜机近百架。① 早期长汀的织布厂都是租用祠堂集中生产,厂房不敷应用时,发给工人在家工作。染织技术普及后,又有多家作坊和个体织户出现,高峰时期织机达 300 多架,从业人员有 400 至 500 人。当地所用棉纱、染料均购自潮汕。大布厂自办自用,小作坊或个体户,则委托纸商或百货商代办,后来也有部分商号兼营棉纱生意。竹箝、梭子则购自广东佛山。由于土布织后再染,颜色单调,不如上海洋布、广东色布等先染纱、后织布而花样繁多,未能迎合当地日趋西化的市场需求。20 世纪 20 年代中后期,洋布倾销内地,土布无力竞争。1929 年红四军入汀后,部分绅商所办布厂关闭停工,长汀的纺织业走向下坡。②

至于制瓷业方面,民国初年,德化瓷器以广东、江浙等地为主要出口市场;同时亦出现了私人创办的瓷厂。为重新开拓德化瓷器的外销市场,民国初年不少有识之士提倡改良瓷器的装饰及造型。1915 年德化巧匠苏学金手制瓷梅花,在巴拿马万国博览会获得奖项。随后许友义精研人物造型,郑少陶改良彩画,产品翻新,外销大增。1933 年地方民军首领陈国辉在德化强行禁止私售瓷器,印刷"信用票"统一收购和运销,使当地生产者大受其害。③ 直到 1935 年秋,福建省教育厅及建设厅拨款在德化合办省立陶瓷职业学校和德化陶瓷改良厂,派员赴景德镇学艺,其后因经营不善与拨款不继而停办。④

日本侵华战争的全面展开令本区手工业的出口蒙受很大的打击。战争爆发初期,德化瓷器外销受阻,销售市场限于仙游、涵江、永春、晋江、永安、南平等地。1938 年德化县失业工人达 3 000 余人,瓷产品销额降至 6 万余元,每篓单价降至不足 30 元,工人生活费平均年约 87.65 元,基本上不能维生。1940 年及 1941 年瓷器售价上升,但却不能追上通货膨胀,无法改善制瓷工人的生活。⑤ 1938 年国民政府为挽回瓷业的危机,在德化初级中学附设三年制实用陶瓷职业班,但 1 年后因缺乏经费而停办。1939 年又设立德化陶业指导所,研制电话机外壳、电用瓷夹板等,又兼营瓷业贷款及代售制品等业务,同年又将该所改组为德化实验瓷场,负责实验工作,兼办福建省瓷业调查、窑区指导、技工训练等工作,把贷款业务划归合作事务管理局办理。⑥

由于抗战时期沿海对外交通断绝,原料匮乏,导致沿海不少纺织厂结业。部分企业或转为手工业生产,或利用旧棉絮纺土纱织土布。抗战后期,部分商人从浙江贩运棉纱及染料到泉州发卖,使当地的纺织业出现复苏。1943 年,顺益纱布批发

---

① 毛星:《长汀染织业史话》,《长汀文史资料》第 19 辑,1991 年,第 66—69 页。
② 毛星:《长汀染织业史话》,《长汀文史资料》第 19 辑,1991 年,第 66—69 页。
③ 德化县地方志编纂委员会:《德化陶瓷志》,方志出版社,2004 年,第 5 页。
④ 徐本章、叶文程:《德化瓷史与德化窑》,香港华星出版社,1993 年,第 70 页。
⑤ 彭泽益编:《中国近代手工业史资料》第 4 卷,中华书局,1962 年,第 336 页。
⑥ 徐本章、叶文程:《德化瓷史与德化窑》,香港华星出版社,1993 年,第 72 页。

商丁文塔开设维生布厂,采用洋纱为经条,土纱为纬条,生产各种条格布,年产2 500匹,不少抗战前期停业的纺织厂亦重新开业。至抗战胜利前夕,泉州地区有20余家织布厂,拥有织布机300余台,工人500余人。①抗战胜利后,泉州纺织业出现短暂的复兴,泉州东石镇东安、群芳、锦芳、七谊、福星、仁记6家织布厂,拥有布机132台,日产棉布500至600匹。郭岭、凉下、东埕的自染、自织家庭手工业发展上千户;至国民党统治崩溃前夕,泉州织布业受外来布匹倾销的冲击,厂家有的倒闭或转业,生产大幅萎缩。②

四、从造纸业的兴衰看本区手工业发展的困境

纸是本区重要的出口商品。汀江流域产纸者共有长汀、连城、上杭、武平、永定等县。抗战前长汀纸类运输以水路为主,循汀江运至峰市,再转到广东,少量纸品沿陆路运往江西瑞金;连城纸品出口则经龙岩、漳平沿九龙江转到厦门;③上杭则主要由汀江运至广东汕头出口。1892年至1901年潮海关的十年报告指出当地"一、二等纸的输出量翻了四番,但纸的制造业不在广东省内,而在福建省的边界那边,主要在汀州府的上杭县。该县生产白纸和普通纸"④。九龙江北溪流域的产纸县份包括宁洋、白沙、龙岩3县,除龙岩在战前有汽车运输外,其余都是以民船为运输工具。西溪流域包括平和等县,亦是依靠水道运往漳州、石码、厦门等地。晋江流域因产纸量较少,大抵以运销邻近各县为主。木兰溪所产纸品亦甚少外销,以涵江、南安、福清等地为销售地。⑤

1930年以前,本区造纸业相当兴盛。大田县"纸厂在三十一都横坑、蚤卿、柯坑等乡、四十八都朴溪、四十四都西坑乡等处,野多竹林,计有大小纸池数百"⑥。上杭县"出产以纸为大宗,每年运售潮、梅各属及漳州者旧时价值不下百余万,然皆粗纸,制造原料专用竹、麻,配以树叶、谷皮或稻草等物"⑦。唯至20世纪20年代末期,因国共斗争和土匪横行等问题,大大打击了当地的造纸业。龙岩县在1928年以前,每年可产纸30余万担,1929年后,因"祸变频仍,竹山荒芜,纸槽倒闭,产量因而锐减"⑧。直至1934年闽变结束后始见复苏,唯因受到世界经济大萧条,以及外纸倾销的影响,令本区造纸业难复旧观。林存和认为本区造纸业能得以苟延残存的原因,在于造纸业工具简单、人工可自由减省、不需雄厚的资本即可生产所致。⑨

生产模式的落后及槽户资金匮乏,是阻碍本区造纸业发展的重要因素。自明

---

① 泉州市地方志编纂委员会编:《泉州市志》,中国社会科学出版社,2000年,第600页。
② 泉州市地方志编纂委员会编:《泉州市志》,中国社会科学出版社,2000年,第601页。
③ 林存和:《福建之纸》,福建省政府统计处,1941年,第143—145页。
④ 中国海关学会汕头海关小组、汕头市地方志编纂委员会办公室编:《潮海关史料》,编者自印,1988年,第43页。
⑤ 林存和:《福建之纸》,福建省政府统计处,1941年,第143—145页。
⑥ 戴鞍钢、黄苇主编:《中国地方志经济资料汇编》,汉语大词典出版社,1999年,第311页。
⑦ 戴鞍钢、黄苇主编:《中国地方志经济资料汇编》,汉语大词典出版社,1999年,第311页。
⑧ 戴鞍钢、黄苇主编:《中国地方志经济资料汇编》,汉语大词典出版社,1999年,第311页。
⑨ 林存和:《福建之纸》,福建省政府统计处,1941年,第64页。

清以降,本区造纸业的生产技术始终未有太大的改进,槽民先取嫩竹,经水浸 100 多天,加工捶洗,除掉粗壳和青皮,上述工序称为"杀青";再把所得的竹穰用石灰蒸煮、清水漂洗,再用草木灰淋浆,反复加热和淋浆 10 余天,再后舂捣入槽,抄取成纸。民国时期本区造纸业基本上仍停留于家庭手工业阶段,一般槽户拥有的资本极少,上杭县的 400 个槽户中,有 301 户的固定资本在 100 元以下,其余槽户未有超过 800 元者;长汀 618 个槽户中,227 户的固定资本在 100 元以下,仅有 1 户的资本超过 801 元。槽户解决流动资金不足的方法有二:其一为依靠纸贩或纸栈的放款,槽户向纸贩贷款利率月利可达 30%,槽户通常以产品偿还债务;纸栈借款利率多为 20%。槽户向某纸栈贷款,必须把制成品按指定价格售予该纸栈。贷款的纸栈为防槽户将纸品另售他人,往往于造纸期间派人到槽户的作坊巡察,并在纸上盖下牌号。其二是赊购原料和配料,并迟付工资。① 槽户向纸贩纸栈借贷,大大削减了槽户所得利润,也迫使槽户屈从于纸栈所提出的不利条款,削弱了槽户在交易过程中的议价能力,客观上导致槽户不易积聚资本扩充生产的困境。

抗日战争全面爆发后,日军占领汕头和厦门,洋纸供应中断,本区土纸生产出现短暂复兴。1938 年福建省政府建设厅成立纸业管理局,在长汀试验生产改良纸,次年在宁化、连城、邵武、长汀、顺昌等 5 县推广。1942 年秋,省政府在连城县创办连城高级工业职业学校,设三年制及六年制造纸科各一班。1941 年,长汀手工业纸槽户发起筹组的造纸工业同业公会,被经济部定名为"第二区造纸工业同业公会"。抗战结束后,由于通货膨胀、纸乡税收繁多、贷款利率激增,使本区造纸业再度陷于低潮。②

第四节　新式产业的兴起

与福建其他地区的产业发展相较,本区的工业发展动力主要以外商、本地民间和华侨资本为主。其发展历程概可分成四个阶段:

一、外商投资主导时期(1858—1894 年)

鸦片战争后,清政府被迫开放厦门作为通商口岸,中外贸易日渐开展。1858 年,英人在厦门开设"英商厦门船坞"(Amoy Dock Co.),负责应付一般船只的维修需要,成为本区最早的外资工业设施。③ 后来由于航运业的发展,英商于 1892 年在厦禾路附近建立新船坞,易名为"英商厦门新船坞"(New Amoy Dock Co. Ltd),在香港注册,由原英商联合 5 个外商轮船公司(太古洋行、怡和洋行、德记洋行、和记洋行及荷兰轮船公司)集资经营,资本额有 65 000 元。及至 20 世纪初,由于航运业

---

① 林存和:《福建之纸》,福建省政府统计处,1941 年,第 73—75、169 页。
② 福建省地方志编纂委员会:《福建省志·轻工业志》,方志出版社,1996 年,第 128 页。
③ 罗肇前:《福建近代产业史》,厦门大学出版社,2002 年。

的进步,远洋轮船普遍达至万吨以上。船坞设备陈旧,无法修理巨型船只,经营状况每况愈下。1919年福建省政府向汇丰银行贷款50万元收购该船坞。1924年海军系入据厦门,杨树庄兼任厦门警备司令,把船坞划归海军管辖。至1931年易名为海军厦门造船所。①为满足外国煤油进口需求,1894年英商拉蒲拿加斯洋行(Lapraik, Cass & Co.)在厦门兴建火油池,储油量达30万加仑,为便于零售和贩运,火油池设有制造油箱的小工厂。②

与此同时,由于寄寓厦门的外侨社群日渐增加,为满足他们的生活需要,西商开始从外地输入机器,在当地设立相关的小型工厂。如19世纪80年代,英商屈臣氏大药房在鼓浪屿设立分店,附设冰厂生产冰块及汽水。③1881年德商葛拉洋行(Gerard & Co.)在厦门创办了一家铁锅制造厂,新加坡华侨亦托庇英国在鼓浪屿创建另一家铁锅制造厂,因侵犯本地商人的专利权,福建省地方政府向英、德两国领事交涉未果。1882年1月,厦门厘捐局扣留了设在非租界地区的德商铁锅厂制造的一批铁锅,又迫使该厂停工。次月德国派出军舰夺回铁锅,后经交涉后,该家铁锅厂被允许继续营业。④

值得注意的是,早在甲午战争前,本区华商已开始尝试引入外国技术。1886年华人黄良聪等商人从日本神户聘请6名日本职工,在厦门开设火柴厂,生产原料与机器等均从日本购入。后来因火柴价格下跌,加上日本职工与华人职工相处并不融洽,次年该厂所聘日本工人解约归国。⑤1893年华商出资3万元,在鼓浪屿创办厦门机器公司(Amoy Engineering Co.),在香港注册为有限公司,雇用英国人主持。该公司还设有一座110英尺长的小船坞,从事船舶维修,成为英商厦门船坞的竞争对手。同年厦门的华商还创办了瑞记栈罐头厂。⑥

二、华商资本的崛兴(1895—1918年)

甲午战争后,中国民族资本产业渐次萌芽。晚清新政时期清廷推行重商政策,更刺激了归国侨商与本地绅商创办新式产业的意欲。1904年清廷颁布"公司法",从法律上重新界定国家与商业的关系,承认"公司法人"和"有限责任"两种企业运作概念,进一步刺激民间大型合股公司的涌现。⑦1905年厦门商绅陈日翔、林辂存在厦门创立华宝制瓷公司,设窑制造瓷器,专仿西洋款式,拓展海外市场。⑧1907年华侨杨格非与本地商人陈天恩等收购英人在鼓浪屿所办的慈化酱油厂,创办淘

---

① 韩玉衡:《海军厦门造船所概述》,文闻编:《旧中国海军秘档》,中国文史出版社,2005年,第240—244页。
② 罗肇前、廖大珂、王日根等著:《闽商发展史·总论卷》,厦门大学出版社,2013年,第4页。
③ 孙毓棠编:《中国近代工业史资料》,科学出版社,1957年,第105页。
④ 罗肇前、廖大珂、王日根等著:《闽商发展史·总论卷》,厦门大学出版社,2013年,第4页。
⑤ 《清国厦门港折附木制造业景况》,日本外务省通商局编:《通商汇纂》第十册,东京不二出版株式会社,1996年重印本,第108、109页。
⑥ 罗肇前、廖大珂、王日根等著:《闽商发展史·总论卷》,近代部分,厦门大学出版社,2013年,第25页。
⑦ 科大卫:《公司法与近代商号的出现》,《中国经济史研究》,2002年,第3期,第61—71页。
⑧ 林金枝、庄为玑编:《近代华侨投资国内企业史资料选辑》,福建人民出版社,1985年,第175页。

化公司,经营酱料罐头。后来因杨氏与陈氏意见不合,杨氏在得到陈嘉庚的支持下,于1911年另创大同公司。及至1928年,两公司因遇到兆和酱油厂的竞争,合并成为淘化大同股份有限公司。① 据海关数据显示,厦门罐头菜蔬出口资值从1924年的213 276元跃升至1927年的457 427元,其后由于东南亚华侨社会经济出现不景气,出口开始从1928年的434 515元下滑至1933年的106 844元。② 1909年印度尼西亚华侨郭祯祥在漳州创办华祥制糖公司,从台湾移植甘蔗250万株,并从日本输入榨糖机,成为本区首间华资制糖厂。③

除制造业外,公用事业亦是此阶段华商工业投资的主要内容,盖因此项事业是一种具有垄断性及可带来稳定收益的投资项目,市场风险亦相对较低。1908年12月,林尔嘉独资创办厦门德律风公司,通话范围为厦门市区,用户稀少。民国初年,日本商人德广另在鼓浪屿创立川北电话公司,服务范围只限于鼓浪屿。1922年黄奕住收购林尔嘉的公司,次年并购川北电话公司的设备,开通连接厦门岛与鼓浪屿的电话服务。1931年兼办漳厦长途电话中转站,使厦门能与石码、浮宫、海沧、漳州、南靖等闽南地区城镇直接通话。④

电力产业方面,1909年厦门绅商陈祖琛的儿子陈耀煌毕业于北京高等实业学校电气专科,邀集黄世金、陈少梧、黄复初、黄书传、曾厚坤、吴荣南、吴蕴甫、叶鸿翔、邱世乔等绅商,集资15万银元,创办厦门电灯电力股份有限公司,由陈耀煌、黄世金分任正、副董事长,呈请清政府实业部注册,取得20年的专营权,期满可申请续办。⑤ 电灯公司成立初期,因资金不敷应用,只能安装300千瓦的火力发电机一部,造成发电成本高昂、电压不足等问题,无法扩充业务。后陈耀煌病逝,黄世金取得公司的控制权,再度增发股本集资,从外国购入新式发电机。20世纪20年代以后,厦门进行市政建设,公司的业务始得到较大的发展。

三、侨资流入的蓬勃发展时期(1918—1937年)

第一次世界大战结束后,欧洲亟待重建,对东南亚生产原料需求方殷,不少侨商因工业原料价格飞涨顿成巨富。此外,战后荷属东印度等地施行排斥华资政策,东南亚华商对前途未敢乐观,部分侨商挟巨资回国定居,投资于本区工业,促成了侨资企业的蓬勃发展。当时由于不少华侨与本地商人目睹侨乡拥有庞大的消费力,亦开始投资纺织等民生消费工业。1918年本地商人郑振兴在厦门竹树脚开设第一家针织厂,随后又有"活源"、"金和香"等针织厂相继开业。当时由于受到国货

---

① 林金枝、庄为玑编:《近代华侨投资国内企业史资料选辑》,福建人民出版社,1985年,第95—101页。
② 福建省政府秘书处统计室:《福建历年对外贸易统计(1899—1933)》,1935年,第111页。
③ 林金枝、庄为玑编:《近代华侨投资国内企业史资料选辑》,福建人民出版社,1985年,第114、115页。
④ 陈淑熙:《商办厦门电话公司》,《鹭江春秋》,中央文献出版社,2004年,第232—234页。
⑤ 叶近智:《厦门电灯公司概述》,《鹭江春秋》,中央文献出版社,2004年,第206—212页。

运动的影响,国货产品异常畅销。① 1929年陈英南与杨兆昆分别于厦门设立民生与民光两间布厂。初期两厂颇有利润,后来均因经济不景气的关系先后停业。② 仅在20世纪30年代,邻近厦门的东石已先后有5间侨资棉纺织厂先后建立。③ 据晋江县1935年调查的资料指出,当时晋江县有机器织布厂5家,资金计有46万元,平均每年布匹产量有918 000匹,雇有男工270人,女工638人,每人每天工资最高5角,最低2角。④ 此外,面向本国市场小型新式华资工业亦开始萌芽成长。1925年厦门出现首家名为月星电池厂的工厂,到了1928年另一家名为亚洲电池厂的工厂亦告投产。这两家电池厂都是小作坊,工人只有固定男工十多人,临时工十多人。生产方式相当落后,制造电池全部手工操作,采用福建土产毛边纸卷三层衬入锌筒内壁,作为隔离层,再填入电芯粉,用木棒敲打使电芯成型,然后灌入电液,装入炭精棒,戴上铜帽,封口并包装。产品质量很差。及至20世纪30年代初,改为生产浆糊式电池,在产品质量上开始有了改进。1931年亚洲电池厂与光化唐山电池厂合并,易名为光化电池厂,主要生产"雨伞牌"、"久用牌"等电池,月星电池厂也改名为先明电池厂,生产"狮球牌"、"月星牌"等电池。两厂生产电池虽然面对美国、上海、香港等地产品的激烈竞争,但因售价低廉,在20世纪30年代生产规模仍有相当的发展。1933年至1937年间,光化厂的临时工由10多人增加至300多人,电池的日产量为2 000打至3 000打;先明厂的临时工也增加到150人左右,电池日产量为120打至130打。⑤

　　厦门、泉州、漳州城市经济的发展,亦刺激了邻近地区消费工业的勃兴。最典型例子是石码。漳州米谷输出大部分经石码转运厦门,后者是洋米进口大埠,洋米色泽光洁,客商为加强漳米竞争力,在20世纪20年代引入蒸气和电力米机,采用批发商加工方式,大规模米绞应运兴起,资本少者数万元,多者数十万元,使石码成为闽南稻谷加工中心,碾米作坊约有50至60家,较大者有7至8家,雇用工人四五百人。⑥ 自1920年王汉宗在石码创建同庆号蒸汽机碾米厂后,邻近米粮集散地的城镇商人相率仿效。1923年商人吴纯波、吴汉波兄弟在海澄县白水营创办陆丰号机器碾米厂,投资额达40万银元,厂房占地6 000平方米,按照德国工程师设计的图纸营造。全盛时期有职工200多人,日产大米五百多包(每包115公斤)。⑦ 1932年张贞估计厦门商人在石码投资额达5百万至1千万。⑧

---

① 厦门市政协文史资料委员会、厦门总商会编:《厦门工商史电》,厦门大学出版社,1997年,第161页。
② 林金枝、庄为玑编:《近代华侨投资国内企业史资料选辑》,福建人民出版社,1985年,第173、174页。
③ 林金枝、庄为玑编:《近代华侨投资国内企业史资料选辑》,福建人民出版社,1985年,第170—172页。
④ 庄为玑:《晋江新志》,泉州志编纂委员会办公室,1985年,第54页。
⑤ 叶秉基:《厦门电池工业的发展和变化》,《厦门工商集萃》第1辑,1984年,第53、54页。
⑥ 巫宝三、张之毅:《福建省食粮之运销》,商务印书馆,1938年,第41页;柯渊深编:《石码史事(辑要)》,龙海市文史资料委员会,第31页。
⑦ 福建省龙海县地方志编纂委员会编:《龙海县志》,东方出版社,1993年,第396页。
⑧ "Political Report, Amoy, June 9, 1932," in *Confidential U. S. State Department Central Files: China Internal Affairs, 1930-1939*, reel 19, no. 973.

四、全面抗战时期及内战时期的艰苦经营(1937—1949年)

抗战初期上海及厦门先后沦陷,本区不少工业因生产原料仰赖外地输入,结果被迫停工。日军占领厦门后,强占自来水、电灯、电话、冰厂等公司,宣布充公所有不向日方登记的私人财产,又实行经济掠夺,将民生必需品及各种企业,交由台湾籍民开设的公司包办;加上滥发伪币,导致物价飞涨。① 据战后厦门市政府估计,沦陷期间厦门市直接损失达221 635 400 214元,其中公用事业损失达285 000 000元。②

抗战时期福建省政府迁至永安,日常生活用品异常缺乏,刺激了闽西地区的工业发展。1939年新西兰人路易·艾黎来长汀县考察,正式成立中国工业合作协会东南区长汀事务所,艾黎兼任主任,随后前往南平,收购了1间机器厂和1间印刷厂,把两厂全套机器搬到长汀。同年6月,中国工业合作社长汀城区机器社成立,为长汀县最早的机器制造厂,机器社设备包括发电机、鼓风机、车床、钻床等,生产碾米机、榨油机、纺织机、纽扣压制机、切面机、切石机、火锅、熨斗等产品。8月中国工业合作社长汀县城区印刷社成立,提供铅印服务。因沿海城市沦陷,各地人士云集长汀,印刷社业务繁忙,承印了抗战时期长汀县80%的印刷量。③ 1944年陈铁民于龙岩白土镇创办"振华生铁有限公司",利用水力鼓风,为该县首间同类型的生产事业。郭涌潮亦在当地成立"力行电化厂",生产气酸钾(火柴的主要生产原料)及漂白粉、苛性钠、电石、金刚砂等工业原料。④

民国初年闽西龙岩的烟丝加工业的发展极为缓慢,烟草原料主要来自广东南雄、江西赣州和驿前,加工成品包括水烟丝、卷烟丝两种,运销省内和粤、赣、湘等省份。抗战期间华南各主要港口被日军封锁,外地香烟无法进口,造就龙岩卷烟工业兴起的契机。1942年陈乃庵等人在龙岩县城开设"三友"工业社,经营卷烟制造业,其他人相继仿效。当时龙岩烟纸厂和加工作坊约有10余家,雇用数万工人。但此种情况仅属昙花一现。抗战胜利后,英、美等国香烟恢复进口,上海的香烟也恢复生产,龙岩的卷烟工业因缺乏竞争力而式微。至1949年末,龙岩仅剩下两家卷烟厂,年产香烟400多箱。⑤

抗战胜利后,本区曾一度出现兴办工业的热潮。抗战胜利初期,龙溪、海澄两县的机械碾米厂竞相复业,一度回复到战前水平,此后因恶性通货膨胀的影响,米价一日数涨,碾米厂内外交困,至1949年两县的碾米厂有50%以上濒于倒闭或半

---

① 中共厦门市委党史研究室,厦门市档案局编:《抗日战争时期厦门人口伤亡和财产损失调查》,中共党史出版社,2009年,第14—15页。
② 中共厦门市委党史研究室,厦门市档案局编:《抗日战争时期厦门人口伤亡和财产损失调查》,中共党史出版社,2009年,第326、323页。
③ 李阳民:《抗战时期长汀的工业与手工业》,《长汀文史资料》第26辑,1995年,第62、63页。
④ 戴鞍钢、黄苇主编:《中国地方志经济资料汇编》,汉语大词典出版社,1999年,第487页。
⑤ 连子丹:《龙岩卷烟厂发展综述》,《龙岩文史资料》第25辑,1997年,第15、16页。

倒闭状态。据统计,1950年两县只有私营碾米厂93家,其中石码41家,角美16家,海澄16家,白水11家,浮宫5家,海沧4家。①

战后由于不少东南亚国家相继采取各种排斥华人的政策,导致不少侨商打算回国发展。1946年缅甸侨商胡文虎邀请新马各地侨领组织"福建经济建设股份有限公司",于厦门设立总办事处,计划开采闽西矿产。②可是由于国民党政府的腐败统治,以及国共内战所带来的恶性通货膨胀,使本区的新式产业发展再度遭到挫败。抗战时期日人在厦门创立"厦门纺织公司",战后该公司被厦门市政府所接收,但始终未能复工。至1948年4月,方由华侨与市政府讨论投资复工细节。其后因法币贬值,以及国民党政府限制原料进口,工厂终于再次停业。③

马来西亚华侨黄重吉于1946年在厦门设立办事处,筹划将吉隆坡的13家企业的设备迁到厦门。次年他从海外运载工厂设备和两部重型汽车到厦门,因国民政府官员贪污腐化,结果汽车被海关扣留,机器设备堆放码头。经疏通后只有7家工厂能投产,其后有5家工厂因外汇、原料等问题而停产,重吉烟厂、重吉电池厂也先后于1948年和1949年停产,黄氏损失达港币100万元,被扣留的汽车至中华人民共和国成立后才得发还。④

表2-3-21 1947年厦门工业分类统计

工业种类	厂数	员工人数	工业种类	厂数	员工人数
总计	71	1350	饮食品工业	12	348
动力工业	2	122	化学制造工业	4	111
公用事业	2	218	电器工业	2	24
土石制造业	1	21	农产品加工业	24	116
机械及金属制品工业	10	150	造船工业	8	112
锯木工业	5	39	纺织工业	1	89

(资料来源:朱代杰、季天祐:《福建经济概况》,福建省政府建设厅,1947年,第158、159页。)

上表中所列工厂71家(包括部分未合符《工厂法》的工厂),骤眼观之,似较战前更为繁荣,但都规模细小,其中稍有规模者不到十分之一,加上饱受外货及通货膨胀的冲击,已处于风雨飘摇的境地。

五、近代本区工业发展的特点

本区之近代工业发展,以民间资本为主,尤以华侨的贡献最为重要,政府对工业的扶持极为不足。

---

① 福建省龙海县地方志编纂委员会编:《龙海县志》,东方出版社,1993年,第396页。
② 吴尔芬、张侃:《商业钜子胡文虎》,当代中国出版社,2005年,第96—98页。
③ 林金枝:《近代华侨投资国内企业史》,厦门大学出版社,1988年,第174、175页。
④ 泉州市华侨志编纂委员会编:《泉州市华侨志》,中国社会出版社,1996年,第190页。

表 2‑3‑22　1935 年闽南闽西发电厂与发电量统计

	公司名称	资本额(元)	发电机种类	发电度数	用电户数
连江	管头电厂	12 000	油　机	34 560	181
莆田	莆田电灯公司	137 911	油　机	238 847	653
仙游	仙游电灯公司	60 000	油　机	75 683	399
晋江	泉州电灯公司	99 350	煤气机	400 000	1 302
	安海电灯公司	50 000	油　机	?	?
同安	同安电灯公司	18 000	油　机		
金门	金门电灯新股东公司	10 600	油　机		
永春	永春电灯公司	40 000	油　机	2 880	495
龙溪	龙溪电灯公司	106 059	煤气机	469 623	581
	石码锯木电气公司	60 000	油　机		
海澄	海澄真光电气厂	1 513	煤气机	84 070	204
龙岩	龙岩电气公司	15 000	油　机		
厦门	厦门电灯公司	1 825 360	汽　轮	10 747 946	5 667
	厦门鼓浪屿中华电气公司	388 867	油　机	691 321	1 497

（资料来源：福建省政府秘书处统计室：《福建省统计年鉴》第一回，福建省政府秘书处，1937 年，第 797 页。）

电力供应为工业发展的主要前提。从上表我们可见 1935 年本区大部分发电厂均位于闽南，闽西一地只有龙岩建有发电厂。从上文所提及的产业设施来看，本区大部分工业设施均集中于闽南，直至抗战时期，闽西的工业发展才出现生机，唯只属昙花一现。其原因有二：一是闽西地势险要，与闽南地区缺乏交通联系，无法将产品运销本区以外的市场。其二是闽西的海外华侨较少，加上当地政局不安，富有的本籍侨商（如胡文虎）亦缺乏投资制造业的意愿，宁愿将资金投资到厦门等地。可见本区的工业发展，亦出现了巨大的区域差异。

厦门是近代本区的工业中心，当地机器工业虽稍有发展，理论上其对工业原料需求亦可间接刺激腹地工业原料生产，事实并不如此。厦门机器工业以罐头业规模较大。20 世纪 30 年代陶化大同公司资本约 80 余万元，厂地值 30 万元，机器值 10 余万元，每天生产 3 万罐罐头，该厂所用原料多产自外地：如铁罐原料来自美国，占食品原料最大比例的菜瓜则来自温州，仅盐采自厦门。[①] 1935 年华侨吴水插等集资 15 万元于厦港设厂制造椰油及花生油，椰干从外洋入口，花生少量来自安海，大部分来自烟台。[②] 可知厦门机器工业基本上与本区原料生产市场关系极小，实无法刺激其腹地原料生产工业的起飞。

[①] 铁道部业务司调查科：《京粤线福建段经济调查报告》，铁道部业务司，1933 年，第 22、23 页。
[②]《江声报》1935 年 6 月 7 日。

表 2-3-23　1935年厦门工业结构

	厂数	资本额(元)	工人人数	产品总值(元)
铁制家具	1	10 000	31	77 976
自来水厂	1	2 000 000	54	339 996
肥　皂	6	125 000	70	200 000
棉纺织	2	180 000	220	192 000
食品制造	3	2 400 000	210	620 000
制　糖	4	20 000	100	200 000
冰及汽水	4	600 000	45	190 000
总　计	21	5 335 000	730	1 819 972

表 2-3-24　1935年晋江工业结构

	家数	资本额(元)	工人人数	产品总值(元)
织　布	4	185 500	537	430 000
电　气	5	220 000	82	121 105
印　刷	13	33 500	98	53 700
机　器	6	53 000	38	34 500
肥　皂	12	30 100	?	90 900
洋　烛	10	119 100	?	174 000
制　冰	1	40 000	10	10 400
建　筑	22	37 000	276	67 000
总　计	73	718 200	多于1 041	981 605

表 2-3-25　1935年龙溪工业结构

	厂数	资本额(元)	工人人数	产品总值(元)
肥　皂	6	9 000	48	28 800
棉纺织	14	13 400	170	47 500
毛　巾	3	5 250	66	18 000
碾　米	4	30 000	24	120 000
食品制造	1	4 000	15	10 000
总　计	28	61 650	323	224 300

（上列三表资料来源均为：福建省政府秘书处统计室：《福建省统计年鉴》第一回，福建省政府秘书处，1937年，第796页。）

上列三表分别为1935年福建省政府对厦门、晋江、龙溪三地工业结构的调查。可知本区之工业产品以食品及生活用品为主。单就本区最大的城市厦门而言，20世纪30年代该市符合国民政府《工厂法》规定条件的工厂共有21家，资本额为533.5万元，工人总数730人，产值总计180万元，华侨资本占有极大比重，产品市场亦以华侨消费者为主。^① 以籍贯划分,工人多数来自漳州及泉州等地。外省工人则以广东及广西为主,但为数极少,如以性别划分:男性约占 80%,女性约占 20%。^② 可见本区的工厂规模相当有限,未能与上海、广东等地同日而语。

本区工业发展落后,政局动荡与地方治安不靖,实为其中一个重要原因。自辛亥革命后,本区政局未见平静,各大小军阀和民军割据称雄,地方治安不靖,连本区第一大城市厦门也不例外。1934 年厦门电厂每月发电量达 80 万度,抄电度却不及 20 万度,每月收入只有 3 万余元,亏损甚大。^③ 地方党政军机关免费用电,台湾籍民与本地流氓偷电情况异常严重,公司唯有聘请日本职员解决问题。至抗战前夕,厦门电灯公司每月平均发电约 40 万度以上,扣除厦电自用和线路变压器等损耗外,收入的电度仅 12 至 15 万度左右,导致电厂经营困难,只得向银行贷款购买燃料及发放工资。^④ 此外,侨资企业被勒索之事亦屡见不鲜。如 1930 年华侨林志贤在泉州津头埔乡开设碾米厂,遭地方土豪翁直多番勒索,翁氏更唆使民军陈国辉部下掳去林氏,除勒索 1 000 余元外,并强迫林氏具结,不得在该处设置碾米机。^⑤ 凡此种种,皆对商人投资工业的信心,构成负面影响,阻碍了本区工业的发展。

第五节 经贸关系的发展

一、甲午战争前厦门的对外贸易

厦门为本区唯一的通商口岸,本区(尤其是闽南地区)的对外贸易,主要通过厦门进行,故考察其近代对外贸易的发展,当可窥见本区对外经贸关系发展的主要趋向。开港为厦门对外贸易带来新转机。然而近代厦门对外贸易的真正兴盛,则必须待到 19 世纪 60 年代以后方告实现。据闽浙总督刘韵珂的奏报,厦门自道光二十三年(1843 年)九月十一日开市至道光二十四年(1844 年)二月半年内,厦门当局夷税和船钞收入仅得约 12 000 两,商务未算兴旺,刘氏指出原因有二:一为开港时日尚短,外商贩运货品尚未流通;二为沿海同时开放四个商埠,外省洋货商贩因闽省路途崎岖未肯前来。^⑥ 另据英国政府的商务报告亦指出,1844 年 10 月至 12 月间,英国仅有 12 艘商船驶入厦门,其他西方国家则有 7 艘,运载货物多为棉布、米谷等货物,远较同时期进入香港与上海的船只为少。^⑦ 咸丰三年(1853 年)四月小

---

① 戴一峰:《近代厦门城市工业发展述论》,《厦门大学学报(哲学与社会科学版)》,1995 年,第 1 期,第 35—39 页。
② 刘大钧:《中国工业调查报告》,经济统计研究所,1937 年,上册第 38 页。
③ 福建省档案馆编:《福建华侨档案史料》上册,档案出版社,1990 年。
④ 叶近智:《厦门电灯公司概述》,《鹭江春秋》,中央文献出版社,2004 年,第 208—212 页。
⑤ 林金枝,庄为玑编:《近代华侨投资国内企业史资料选辑》,福建人民出版社,1985 年,第 170 页。
⑥ 中国第一历史档案馆编:《鸦片战争档案史料》第 7 册,天津古籍出版社,1992 年,第 411 页。
⑦ *Returns of Trade at the Ports of Canton, Amoy and Shanghai for the year 1844 received from Her Majesty's Plenipotentiary in London* (London: T. R. Harrison, 1845), p. 30.

刀会占领厦门,清军数次反攻,始于十月夺回厦门。① 1864 年太平军李世贤、汪海洋等余部转战赣、粤、闽三省,与清军左宗棠部于漳州等地激战,②战事令厦门的经济腹地大受破坏。③ 至 1870 年以后,厦门出口贸易方得到发展。兹将 1873 年至 1900 年厦门之出入口货品总值数据列表如下。

表 2-3-26　1873—1900 年厦门出入口货品总值

年　份	出口货品总值（海关）	进口货品总值（海关）	贸易入超或出超数额（海关）（入超以－表示,出超以＋表示）
1873	2 650 534	4 960 041	－2 309 507
1874	3 296 822	3 935 938	－639 116
1875	3 472 437	4 611 312	－1 138 875
1876	3 438 666	4 755 429	－1 316 763
1877	4 765 033	5 521 217	－756 184
1878	3 516 739	4 912 048	－1 395 309
1879	4 038 123	4 630 934	－592 811
1880	3 638 288	5 411 745	－1 773 457
1881	3 829 238	6 618 708	－2 789 470
1882	3 631 729	6 552 933	－2 921 204
1883	3 879 195	6 692 146	－2 812 951
1884	3 927 756	7 213 390	－3 285 634
1885	4 530 529	7 247 224	－2 716 695
1886	4 405 697	5 984 760	－1 579 063
1887	4 466 348	6 072 983	－1 606 635
1888	4 355 012	6 501 811	－2 146 799
1889	4 077 115	6 129 688	－2 052 573
1890	3 515 619	6 121 468	－2 605 849
1891	4 509 200	5 430 439	－921 239
1892	4 856 802	6 075 612	－1 218 810
1893	5 349 940	6 712 090	－1 362 150
1894	6 637 484	6 372 311	＋265 173
1895	3 874 765	9 688 300	－5 813 535
1896	2 329 748	12 392 952	－10 063 204
1897	1 711 555	11 336 255	－9 624 700
1898	1 601 981	11 569 442	－9 967 461
1899	1 376 676	13 602 129	－12 225 453
1900	1 422 844	11 076 200	－9 653 356

（资料来源：厦门市志编纂委员会、厦门海关志编委会：《近代厦门社会经济概况》,鹭江出版社,1990 年,第 430—431 页。）

---

① 有关厦门小刀会事件研究,可参黄嘉谟：《英人与厦门小刀会事件》,台湾《中研院近代史所集刊》,1978 年,第 199—265 页；陈钥：《咸丰初年闽南会党之乱》,中华文化复兴运动推行委员会主编：《中国近代现代史论集》第 2 编,台湾商务印书馆,1985 年,第 355—388 页。
② 茅家琦主编：《太平天国通史》下册,南京大学出版社,1991 年,第 113—134 页。
③ 厦门市志编纂委员会、厦门海关志编委会：《近代厦门社会经济概况》,鹭江出版社,1990 年,第 23 页。

从上表可发现厦门对外贸易长期处于入超状态,且入超数额越趋严重。1873年至1900年厦门对外贸易的发展,以甲午战争为分水岭,大概可分为两个时期。第一时期是1873年至1894年。此时厦门凭着台湾货品转口港的地位,及台湾对中国大陆货品需求的增长,逐步扭转入超倾向,至1894年完全达至贸易平衡。第二个时期是1895年至1900年。此时厦门开始失去台湾市场与台湾出口货品转口港的地位,入超情况转趋严重。此种情况至20世纪上半叶始终无法改变。

影响着19世纪下半叶厦门贸易额之变量,约有如下各项:

1. 来自其他口岸之竞争

自《北京条约》签订后,清政府陆续开放沿海口岸,汕头的经济腹地因部分与厦门重叠,因此成为厦门贸易之竞争对手。晚清时期福建省推行洋务建设,需财方殷,故厘金税额异常繁重,超过汕头6倍以上。① 其差额足以弥补陆路运输费用,使厦门邻近地区商人改从汕头输入进口货品。② 进口棉布方面,据1872年厦门海关估计,厦门供应区域可涵盖兴化府及整个闽南地区,但因厦门厘金税率平均每匹17分至25分,汕头棉布输入数量为厦门的3倍多,明显表示汕头取代厦门供应闽南地区部分棉布需求。③

2. 台湾对外贸易之增长

近年海峡两岸学者多认为台湾与大陆的经贸联系在甲午战争爆发前仍然保持兴盛。兹以基隆及本区沿海港口之帆船贸易,说明19世纪70年代本区与台湾地区的经贸概况:

表2-3-27　1873年基隆与福建南部港口的帆船贸易

来港地	来港	
	帆船数(艘)	输入品
兴化	43	烟、皮蛋、猪
泉州	95	酒、纸、猪、落花生、陶器
金门	70	盐、咸鱼、烟、瓦、鞋
同安	6	棉布、陶器
厦门	32	瓦、砖、盐、土布、纸
漳州	35	木材、麻布、陶器、鱼

① 厦门市志编纂委员会、厦门海关志编委会:《近代厦门社会经济概况》,鹭江出版社,1990年,第12页。
② 厦门市志编纂委员会、厦门海关志编委会:《近代厦门社会经济概况》,鹭江出版社,1990年,第39页。
③ 厦门市志编纂委员会、厦门海关志编委会:《近代厦门社会经济概况》,鹭江出版社,1990年,第80页。

续 表

出港地	出港 帆船数（艘）	输 出 品
兴化	18	煤、米、麻袋
鞍头	3	米
泉州	190	粉炭、米、麻袋、染料
金门	10	煤、麻袋、油
同安	1	煤、麻袋、油
厦门	4	靛蓝、煤、麻袋
漳州	22	煤、麻袋、油

（资料来源：［日］滨下武志著，高淑娟等译：《中国近代经济史研究：清末海关财政与通商口岸市场圈》，江苏人民出版社，第249、250页。）

林仁川认为此时期闽台两岸的商业贸易并没有迅速衰败，反而"继续保持旺盛的势头"，除维持过去直接贸易外，还出现以厦门为主的转口贸易，大批洋货如棉布、鸦片经过厦门输入台湾，台湾茶叶运到厦门，经加工包装后运销欧美各国。[①] 19世纪70年代台湾的通商口岸基本上处于厦门的附属地位，台湾的所有商行都是厦门商行的分行，厦门贸易总值和净值的差额大多代表着台湾的淡水和打狗经由厦门转运的进出口贸易额。[②] 台湾运往美国的茶，主要由厦门转口。1872年至1891年间，厦门进口台湾乌龙茶比例是98%。[③] 另外，1860年至1893年厦门樟脑转口数量亦占台湾出口总量的7%。[④] 正如日本学者村上卫指出："19世纪后半叶由闽南腹地和台湾所构成的区域经济圈，是以厦门为主，泉州为辅的形式成立的。"[⑤] 台湾对外贸易的兴盛，即代表厦门贸易数字的上升。

3. 世界市场商品价格之波动

开港令闽南土货扩大了出口市场，但也令厦门出口土货数量受世界市场商品价格所左右，茶价决定于伦敦市场存货之多寡与欧洲的需求量。[⑥] 1874年茶叶价格的波动令茶商损失巨大，不少茶商倾家荡产，厦门茶行数量减少20%至40%，次年茶叶出口总值较往年减少570 437海关两。[⑦] 19世纪70年代由于英国、美国的甜菜歉收，加上以前供应英美两国甘蔗的减少，中国糖产品增加了向欧洲的出口量。[⑧] 1869年厦门糖的出口量是124 549担，至1874年增至181 200担。[⑨]

---

① 林仁川：《晚清闽台的商业贸易往来(1860—1894)》，范希周主编：《台湾研究论文集》，厦门大学出版社，2000年，第341页。
② 厦门市志编纂委员会、厦门海关志编委会：《近代厦门社会经济概况》，鹭江出版社，1990年，第88、154页。
③ 林满红：《茶、糖、樟脑业与晚清台湾》，台湾银行经济研究室，1978年，第4页。
④ 林满红：《茶、糖、樟脑业与晚清台湾》，台湾银行经济研究室，1978年，第13页。
⑤ 村上卫：《清末厦门贸易结构的变动与华商网络》，廖赤阳、刘宏主编：《错综于市场、社会与国家之间——东亚口岸城市的华商与亚洲区域网络》，南洋理工大学中华语言文化中心，2008年，第113页。
⑥ 陈慈玉：《近代黎明期福建茶之生产与贸易构造(下)》，《食货》，1977年，复刊第6卷第10期，第27页。
⑦ 厦门市志编纂委员会、厦门海关志编委会：《近代厦门社会经济概况》，鹭江出版社，1990年，第138、160页。
⑧ 厦门市志编纂委员会、厦门海关志编委会：《近代厦门社会经济概况》，鹭江出版社，1990年，第189页。
⑨ 厦门市志编纂委员会、厦门海关志编委会：《近代厦门社会经济概况》，鹭江出版社，1990年，第140页。

4. 厦门本土市场对进口货品的需求

如1870年台湾经海关进口厦门大米数字为25 811担,较1869年的97 956担减少72 145担,海关当局认为原因有二:一为厦门邻近地区大米产量丰盛,满足部分市场需要,另一方面民船从台湾、暹罗和西贡输入大量白米,其数字不被列入海关统计数字内,故该年台湾大米输入额较去年出现巨额升降。① 1870年厦门的外地棉纱进口额较往年增加5 489担,海关报告指出本地人多数自己纺纱,但大量用进口原棉纺成的土纱在织布时必须使用相应数量的洋纱,是故厦门对外国洋纱仍有一定的需求。②

开港令厦门出口贸易与世界市场接轨,同时也令闽南土货必须面对世界其他同类产品的竞争。早期厦门的出口货品主要以糖为最大宗,③但输出额始终未有重大突破。自19世纪70年代开始,茶叶成为另一项重要输出土货项目。19世纪70年代中期以后,厦门土产茶叶面临日本和台湾茶叶强烈竞争,茶商不但没有改进茶叶质量,反而以低价向市场推出大量劣质茶叶;此外,茶商缺乏资金改善茶树质素,使厦门茶叶渐次丧失美国市场。④ 1877年厦门出口茶叶有91 404.11担,⑤至1885年仅得49 641.4担。⑥ 是故1880年以后对台贸易变为厦门经济的重要支柱。

二、《马关条约》的签订对本区对外贸易的影响

甲午战争后,清廷与日本签订了《马关条约》,该约的签订是近代厦门对外贸易发展的转折点。甲午战争前,厦门是台湾对外贸易的主要转口港。19世纪60年代以后,台湾茶叶外运,主要经厦门转口,台湾学者林满红认为原因有三:其一是当时台湾缺乏设备完善的出口港,电报及其他出口设备不足。基隆虽为良港,但与茶叶产地之间有山区阻隔,交通不便;淡水至1887年始有电报,在此以前,无法直接与世界市场联络。其二是厦门为一良港,位于上海经香港至欧洲的航线上,地理位置优越,电报及一般出口设备亦较充足。其三是台湾茶叶发展,可谓厦门之分支。厦门茶叶减产,是台茶兴起的原因;台湾的茶行、茶农各来自厦门,资金、技术多赖厦门供应,故与厦门关系密切。在本身缺少良港、电报和设备不太充足的情况下,遂借助厦门出口。台茶从厦门转口到欧美时,路线有二:一为直运美国西岸,一为经东南亚、印度经苏伊士运河运至欧洲或美国东岸。⑦ 1870年的海关年报指出,运入厦门口岸的各种货品,约有30%至40%运往台湾,其余货品则转运至漳

---

① 厦门市志编纂委员会、厦门海关志编委会:《近代厦门社会经济概况》,鹭江出版社,1990年,第55页。
② 厦门市志编纂委员会、厦门海关志编委会:《近代厦门社会经济概况》,鹭江出版社,1990年,第43页。
③ Morse, *The International Relations of the Chinese Empire* (London: Longmas, Green, and Co.) 1910, vol. 1, p. 363.
④ 厦门市志编纂委员会、厦门海关志编委会:《近代厦门社会经济概况》,鹭江出版社,1990年,第193页。
⑤ "Amoy Annual Returns, 1877," in China Maritime Customs, *China Maritime Customs Publications* (Shanghai: Statistical Department of the Inspector of Customs, 1861-1948), p. 281.
⑥ "Amoy Trade Report, 1885," in China Maritime Customs, *China Maritime Customs Publications* (Shanghai: Statistical Department of the Inspector of Customs, 1861-1948), p. 310.
⑦ 林满红:《茶、糖、樟脑业与台湾之社会经济变迁(1860—1895)》,台湾联经出版事业公司,1997年,第142、143页。

州、石码、泉州、安海和同安。① 1880 年的海关年报更加指出厦门口岸与台湾的密切商业联系。厦门的 3 家洋行有 2 家在台湾的打狗和淡水设有分行,另有 1 家仅在打狗开设分行;厦门约有 40 家商行从事对台贸易,他们运去鸦片、洋布、南京布、烟线等,运回茶、糖、米、花生饼、花生油等农产品。② 另据 1872 年的海关年报指出,打狗和淡水口岸每年都从厦门运去大量的外国毛制品、棉纱、金属、鸦片和其他杂货。去年的价值超过 1 000 000 元。同时还运去麻布袋、铁器、南京布、纸、丝线、烟线、茶垫和其他杂货,价值达 55 000 元。而厦门也从打狗和淡水运来茶、糖、大米、樟脑、花生饼、煤、硬木材、木板和其他杂货,价值达 676 000 元。这些货物主要是为了从厦门转口到外地。③

甲午战争后,台湾被日本占据,闽台贸易由大清国内部的区域分工变为国与"国"之间的贸易竞争,关税变为阻碍双方贸易的一个重要因素,厦门也开始失去台湾市场和该地对外贸易转口港的地位。1897 年台湾有 132 293 担茶叶经厦门出口外地,其中有 55% 是由外国商人在淡水购入,较 1896 年减少 48 123 担。④ 另一方面,日本于 1895 年占领台湾时,将相当数量的民船留在台湾沿岸,满足新开辟轮船航线的需要。1892 年在厦门从事沿海贸易的民船有 206 艘,载重量为 149 010 担,至 1901 年减到 108 艘,载重量跌至 85 321 担,加速了台厦民船贸易的消亡。⑤ 日本占领台湾后,修筑基隆港及台北至基隆的铁路,从此台茶多经基隆运到美国,台厦间的茶叶转口贸易变得微不足道。⑥ 除此以外,日本自占据台湾后,锐意发展制糖业,其后并减免糖税,使台湾砂糖成为闽南制糖业的重要竞争对手。第一次世界大战期间,日糖输入中国的数量年均达 100 万担以上,约占输入外糖总额的四分之一。⑦《民国厦门市志》指出:"在清季及民国初元以茶、糖、纸为大宗。糖则以漳所产之白糖、红糖,在光绪年畅销于天津、牛庄,间亦有运销新加坡等处。迨后,洋糖起而角逐,遂日萎缩,今则本市反有洋糖进口矣。"⑧

三、侨汇与本区经贸关系的发展

据戴一峰估计,从 1890 年至 1930 年的 40 年间,累计约 136 万人迁移海外,每

---

① 厦门市志编纂委员会、厦门海关志编委会:《近代厦门社会经济概况》,鹭江出版社,1990 年,第 74 页。
② 厦门市志编纂委员会、厦门海关志编委会:《近代厦门社会经济概况》,鹭江出版社,1990 年,第 220 页。
③ 厦门市志编纂委员会、厦门海关志编委会:《近代厦门社会经济概况》,鹭江出版社,1990 年,第 84、85 页。
④ "Amoy Trade Report, 1897," in China Maritime Customs, *China Maritime Customs Publications* (Shanghai: Statistical Department of the Inspector of Customs, 1861 - 1948), p. 394.
⑤ 厦门市志编纂委员会、厦门海关志编委会:《近代厦门社会经济概况》,鹭江出版社,1990 年,第 330 页。
⑥ "Amoy Trade Report, 1905," in China Maritime Customs, *China Maritime Customs Publications* (Shanghai: Statistical Department of the Inspector of Customs, 1861 - 1948), p. 371. 据日人的统计,1898 淡水至厦门口占台湾乌龙茶输出的 99%,至 1902 年以后,基隆港逐步取代厦门,成为乌龙茶的主要出口港,至 1905 年,基隆出口至外地已占台湾乌龙茶输出的 42%,淡水至厦门下跌到 58%,见[日]吉井右志太著,黄得峰译:《台湾海运史(1895—1937)》,台湾文献馆,2009 年,第 256 页。
⑦ 赵国壮:《清末民初中国砂糖业——以〈中国省别全志〉及〈领事报告资料〉为中心》,[日] 松浦章编:《近代东亚海域交流史》,台湾博扬文化事业公司,2011 年,第 395 页。
⑧ 厦门市地方志编纂委员会办公室整理:《民国厦门市志》卷十七,方志出版社,1999 年,第 424 页。

年净迁移人数高达 34 000 人①。大多数闽侨有定期汇款回乡的需要,致富闽侨亦有"落叶归根"之传统思想,将财富汇回故乡,购买产业或投资以保安享晚年,兹将 1905 年至 1938 年流入厦门侨汇数额表列如下。

表 2-3-28　1905—1938 年厦门流入的侨汇数额

年　份	汇款数额(元)	年　份	汇款数额(元)
1905	18 900 000	1922	27 900 000
1906	18 300 000	1923	25 700 000
1907	17 600 000	1924	45 900 000
1908	17 800 000	1925	45 000 000
1909	20 000 000	1926	66 000 000
1910	21 600 000	1927	51 800 000
1911	17 800 000	1928	44 800 000
1912	19 100 000	1929	54 200 000
1913	17 600 000	1930	60 000 000
1914	17 200 000	1931	72 000 000
1915	18 500 000	1932	47 800 000
1916	15 000 000	1933	47 900 000
1917	12 800 000	1934	43 300 000
1918	11 800 000	1935	51 230 760
1919	18 900 000	1936	58 355 000
1920	19 200 000	1937	57 116 510
1921	44 000 000	1938	52 929 211

(资料来源:1905 年至 1926 年数据出自吴承禧:《厦门的华侨汇款与金融组织》,《社会科学杂志》第 8 卷第 2 期,1937 年 6 月,第 202 页;1927 年至 1931 年数据出自 C. F. Remer, *Foreign Investments in China*, New York: Macmillan, 1933, p.184;1931 年至 1934 年数据出自吴承禧:《最近五年华侨汇款的一个新估计》,《中山文化教育馆季刊》1936 年秋季号,第 842 页;1935 年至 1938 年数据出自郑林宽:《福建华侨汇款》,《社会科学杂志》第 8 卷第 2 期,1937 年 6 月,第 32 页。

就汇款地别而论,1936 年中国银行经手之侨汇共 23 415 428 元,英属马来亚数量最多,共 15 358 902 元,占总数 65.59%,荷属东印度次之,共 4 956 837 元,占 21.12%,菲律宾共 2 467 827 元,占 10.54%,西贡最少,共 631 862 元,占 2.7%。②

大量侨汇流入本区,为本区的经济发展注入动力,促成闽南地区以处理侨汇为主的金融业的蓬勃发展。厦门的金融机关可分成银行、钱庄及民信局三类。抗战前马来西亚每年汇往福建汇款约 15 000 000 元,通过银行汇款额有 8 400 000 元(占总数 56%),通过钱庄数额有 4 000 000 元(占总数 26.67%),通过民信局数额有 2 600 000 元(占总数 17.33%)。大额侨汇多由银行及钱庄负责,小额汇款由民信局垄断。③ 兹将三

---

① 戴一峰:《闽南海外移民与近代厦门兴衰》,《二十一世纪》,1996 年,第 31 期,第 49 页。
② 福建省政府秘书处统计室编:《福建省统计年鉴》第一回,福建省政府秘书处,1937 年,第 1033 页。另吴承禧推断 30 年代英美东南亚属地各占汇款总额 40%,荷属次之,约占 20%,见吴承禧:《厦门的华侨汇款与金融组织》,《社会科学杂志》,1937 年,第 8 卷第 2 期,第 205 页。
③ "H. S. Kierkegaard to S. K. Shen, 5th January, 1937," 福建省档案馆档案,全宗 56,案卷 1054, p.1.

类金融机关分述如下:

1. 银行

20世纪初在厦门的外资银行中,以汇丰银行及台湾银行业务最为兴盛。1865年汇丰银行在厦开设代办处,以德记洋行(Tait and Co.)为代理人,至1873年派有职员2人处理业务,[①]发行少量钞票,至1889年发行额为113 124元,[②]聘有买办协助业务发展,首任买办是叶鹤秋,后由其子鸿翔继任。叶鹤秋曾接受西式教育,说得一口流利英语,拥有两间钱庄。[③] 汇丰银行垄断东南亚汇兑,获利丰厚,亦有吸纳定期存款及选择殷实商号放款。台湾银行于1901年在厦设立分行,东南亚汇兑业务并不发达,1914年厦门地区民族主义高昂,反对台湾银行发行纸币,保障国家利权之呼声日高,[④]20世纪20年代台湾银行业务一落千丈,1927年濒临破产。此时外资银行并未对钱庄及民信局构成威胁。外国银行于中国及东南亚一带与华商进行商业往来,普遍使用西方商业惯例,一切支票皆用英文书写,契约手续也采取欧美方式。闽南商人普遍不谙英语,需通过华人买办与外国银行交往,且这些银行往往有轻视华人的恶习,[⑤]故一般华商宁愿委托钱庄或民信局汇兑款项。

20世纪30年代厦门金融业发展特点是银行日渐增加,1936年厦门共有银行16家,率以吸纳华侨汇款为扩张业务手段,吸收本地资金供上海之用。[⑥] 20世纪20年代初华资银行开始在东南亚地区直接设立分行经营侨汇业务,为与厦门钱庄、民信局维持业务关系,向两者存款及购买票据。如1924年中国银行向黄日兴、黄建源、捷顺、捷记、美源等户增加存款4万元,购票5万元,又向天一信局增存3万元,购票5万元。[⑦] 20世纪20年代中期则改与钱庄和民信局合作。中国银行扩张侨汇业务过程,正好说明银行业的侨汇流通地位日渐加强。1926年中行设立新加坡分行,以吸收侨汇为首要任务。1932年12月中行总经理张嘉璈订立与厦门批局与商号联络的营业方针,指示凡侨眷提取汇款,尽力给予方便,如收款人不愿携带现款回乡,可代委批局转解。[⑧] 后中行与漳州城内的天元钱庄和厦门的瑞记信局订立协议,由两号负责代办侨汇,解款费用按汇款额1.25%计算。1937年4月中行在福建通汇地点增至32个。与此同时,泉州三美及天兴信局因股东亏空倒闭,

---

① Frank H. H. King, *The History of the Hongkong and Shanghai Banking Corporation* (Cambridge: Cambridge University Press, 1987), vol. 1, pp. 95, 501.
② Frank H. H. King, *The History of the Hongkong and Shanghai Banking Corporation* (Cambridge: Cambridge University Press, 1987), vol. 1, p. 392.
③ Frank H. H. King, *The History of the Hongkong and Shanghai Banking Corporation* (Cambridge: Cambridge University Press, 1987), vol. 1, pp. 516-517.
④ 中国银行厦门市分行行史资料汇编委员会编:《中国银行厦门市分行行史资料汇编》,厦门大学出版社,1999年,第14、59页。
⑤ 台湾银行调查课编,赵顺文译:《侨汇流通之研究》,中华学术院南洋研究所,1984年,第135页。
⑥ 厦门市志编纂委员会、厦门海关志编委会:《近代厦门社会经济概况》,鹭江出版社,1990年,第411页。1915年中国银行厦门分号致函福建分行,请向新加坡及香港两交付订立通汇契约,指出吸纳汇汇之优点:"盖侨商汇回款项,淘系作赡家置产之用,揣其心理,数目过巨,亦不愿立时支取全数,我行中可以往来存款,必表欢迎,我朱非我行吸收存款之一法也",见中国银行厦门市分行行史资料汇编委员会编:《中国银行厦门市分行行史资料汇编》,厦门大学出版社,1999年,第67页。
⑦ 中国银行厦门市分行行史资料汇编委员会编:《中国银行厦门市分行行史资料汇编》,厦门大学出版社,1999年,第77页。
⑧ 中国银行行史编辑委员会:《中国银行行史(1912—1949)》,中国金融出版社,1995年,第217、218页。

且泉州治安大有改善,中行直接经营泉州内地侨汇业务,招聘三美及天兴信局经验信差,直接将侨汇送到收款人手中[①]。

2. 钱庄

厦门钱庄之起源可追溯至清中叶,当时钱庄仅从事兑换业务。19世纪中叶厦门商业繁盛,钱庄逐渐发展起来,民国初年票号一蹶不振,钱庄步入黄金时期,全市金融命脉尽握于其手,部分钱庄更兼营民信局业务[②]。

表 2-3-29　1908年厦门26家钱庄的经营情况

店号	国籍	资本主	资本额	经理名字	汇兑交易地
信用银行	中国	股份组织,林本源家族是最大股东	40万元	林崇南	上海、香港、台北、福州
建祥	日本	林本源家族	20万元	陈茶、陈有耻	上海、香港、台北、福州
建兴	中国	陈子挺、阮宋	10万元	吴贻钦	上海、香港、台北、福州
鸿记	英国	邱平如、江宗亮	10万元	邱平如	南洋、香港、上海、汕头、福州
源盛公司	中国	股份组织(本店在香港),总办为吴理卿	10万元	吴玉书	香港、上海、菲律宾
汇源	英国	林本源、邱韫珊	8万元	邱韫珊	上海、香港、台北、福州
集记	中国	杨招顾	8万元	周永和	上海、香港、兰贡、福州
万记	英国	林本源、邱有本	6万元	邱岸	上海、香港、福州、台北
捷顺	中国	叶清池、欧阳鼎隆	6万元	欧阳鼎隆	香港、上海
德万昌	英国	曾希齐、曾汉初、曾李圆	6万元	曾希齐	香港、上海、汕头、广东
谦吉	日本	施来、杨幼庭、曾浴沂	6万元	曾浴沂	香港、上海、福州、汕头、台北
启瑞	日本	洪晓青、洪汝辉	5万元	洪汝辉	香港、上海、台北
藏兴	中国	洪韫玉、洪慎远、洪晓青	4万5千元	洪慎远	上海、香港、福州
心记	中国	叶心镜	4万元	陈水	香港、上海
阜源	日本	郑香谷	4万元	郑鹏云	香港、上海
建寅福记	中国	陈汉	4万元	陈显	香港、上海
泰兴	英国	陈子挺、庄文泽、黄廷秋、李长波	4万元	黄廷秋	香港、上海、宁波、汕头、福州
建源	日本	黄世金、黄清标、黄传	4万元	黄世金	香港、上海、福州
振昌	英国	林本源、邱平如、周天基	4万元	周天基	南洋、香港、上海、福州

---

① 中国银行厦门市分行行史资料汇编编委会编:《中国银行厦门市分行行史资料汇编》,厦门大学出版社,1999年,第154—156页。
② 蔡纨生:《厦门钱庄业之鸟瞰》,《商学期刊》1937年2月第1卷第1期,第124—125页;郑林宽:《福建华侨汇款》,福建省政府秘书处统计室,1940年,第67页;吴承禧:《厦门的华侨汇款与金融组织》,《社会科学杂志》,1937年,第8卷第2期,第224页。

续　表

店号	国籍	资本主	资本额	经理名字	汇兑交易地
志祥	日本	凌德培	4万元	凌雨亭	上海、香港、福州
吉祥	中国	陈玉露、谢马延、林崇南	4万元	林崇南	上海、香港、福州
万利源	英国	陈星耀	4万元	陈显	上海、香港、安南、福州
豫丰	中国	陈子汀、廖申发	2万元	吴汉	香港、上海
汇泉	西班牙	吴志贤、周火	2万元	周火	香港、上海、福州
公昌	中国	叶岳青、洪万武、吴荣标	2万元	叶岳青	香港、上海、福州
协裕	中国	郭本日	1万元	陈昆派	上海、香港、台南

（资料来源：日本外务省通商局编：《通商汇纂》第129册，东京不二出版株式会社，1996年重印本，第66、67页。）

厦门钱庄多是合伙经营，大权操于经理，下设跑街、管柜、会计、伙计、学徒等职位[①]。1912年厦门有钱庄24家，其中7家拥有资本10万元以上，其余各有资产2至5万元，[②]1914年数目大致相若，其中20家兼营汇兑，也是钱庄主要利源。钱庄与厦门商界关系密切，疋头业与钱庄往来每在100万元以上，茶商每年1月至2月间常向钱庄借20至30万元，纸箔业亦常有200至300万元之往来。[③] 钱庄经常参与投机活动，故起落迅速，兹将1926年至1936年间厦门钱庄家数列表如下。

表2-3-30　1926—1936年厦门钱庄数

年　份	年初上市家数	当年收歇家数	当年新设家数
1926	52	1	8
1927	59	3	13
1928	69	5	5
1929	69	8	6
1930	67	3	9
1931	73	14	22
1932	81	0	6
1933	87	20	3
1934	70	23	2
1935	49	9	1
1936	41	6	0

（资料来源：吴承禧：《厦门的华侨汇款与金融组织》，《社会科学杂志》，1937年，第8卷第2期，第225页。）

---

① 吴承禧：《厦门的华侨汇款与金融组织》，《社会科学杂志》，1937年，第8卷第2期，第231页。
② 厦门海关档案室编：《厦门海关历史档案选编（1911—1949年）》第1辑，厦门大学出版社，1997年，第3、4页。
③ 吴承禧：《厦门的华侨汇款与金融组织》，《社会科学杂志》，1937年，第8卷第2期，第226页；中国银行厦门市分行行史资料汇编编写组编：《中国银行厦门市分行行史资料汇编》，厦门大学出版社，1999年，第85页。

1931年以后钱庄日渐衰微,原因有二:一为钱庄把大部分资金投到房地产事业上,全厦钱业在繁荣时期对于地产投资最少有4 000万之巨,地价暴跌令不少钱庄为之破产。① 二是银行的竞争使钱庄失去大量存款,存款总额从1931年的5 600万元跌至1936年的1 200万元,汇兑业务亦一落千丈,不少钱庄经营者收盘结业,或停止放款,钱庄被时代所淘汰亦为时不远了。②

3. 民信局

民信局亦称"批郊"、"批局"及"银信局","批郊"是厦门方言"信商"的意思,③其起源约始于清中叶。闽侨按时汇款回国赡养父母妻儿,委托回国的亲族同乡将汇款带返家乡。有人认为有利可图,便以替侨胞带汇款为职业,向汇款人收取手续费,归国时夹带东南亚土产品回国销售。出国时把家属回信带回,把国内物产带返东南亚发卖。此辈专业送信人被称为"水客"或"南洋客"。④ 后来华侨汇款日多,民信局乘时而兴。早期民信局多是大商号的副业,抗战前闽南各地民信局多半由商店附设代理,甚至没有专门牌号,"水客"因金融周转及信用不及民信局而被淘汰,部分则转业改营民信局。

东南亚民信局倚靠乡谊、送款快捷和降低汇水等手段招徕客户。⑤ 民信局对新客热情款待,把他们本人及家属资料登记,将每人编列一个号码,照抄副本送交厦门联号民信局备查。新客汇款回国时,批信上只写上登记号码及家属姓名,寄到厦门联号,翻查登记副本,填妥家属住址,派信差连同汇款送交收款人,当面索取回信,称为"回批"。⑥ 信差多有当地乡长或店铺作保,收款人收到汇款或请求信差代书回信,多给他们一二角作打赏,月入有数十元,乡人亦多供应酒食款待,信差侵吞信款情况绝少。⑦ 30年代闽南内地治安不靖,若收款人住在距离分行30里以外地区,信差仅向收款人发出"批信",由收款人径向民信局分行或代理领取现金,部分厦门民信局亦有发行纸币使用。⑧ 厦门民信局结构精简,执事人员计有4种:

经理1人,总揽局务并与银钱业交往。

管柜1人,专司出纳及会计。

---

① 吴承禧:《厦门的华侨汇款与金融组织》,《社会科学杂志》,1937年,第8卷第2期,第229页。
② 吴承禧:《厦门的华侨汇款与金融组织》,《社会科学杂志》,1937年,第8卷第2期,第228、231页。时颇多钱庄经营者对前景缺乏信心,如黄奕住1920年在厦开设日兴银庄,1935年8月因商业萧条结束营业,存户多将存款改放黄氏之中南银行,见《申报》1935年8月1日;赵德馨:《黄奕住传》,湖南人民出版社,1998年,第230—235页。
③ 楼祖诒编:《中国邮驿史料》,人民邮电出版社,1958年,第58页。
④ 郑林宽:《福建华侨汇款》,福建省政府秘书处统计室,1940年,第67页。最早见于史载的第一位水客是永春华侨陈臣留,他于乾隆年间经营商号陈丰兴,其孙即著名华侨陈金声,见中国银行泉州分行行史编委会编:《闽南侨批史纪述》,厦门大学出版社,1996年,第89页。
⑤ 郑林宽:《福建华侨汇款》,福建省政府秘书处统计室,1940年,第67页。
⑥ 楼祖诒编:《中国邮驿史料》,人民邮电出版社,1958年,第58页。
⑦ 中国银行厦门市分行行史资料汇编写组:《中国银行厦门市分行行史资料汇编》,厦门大学出版社,1999年,第154、155页。有关30年代信差派款的款额,从下面两宗信差被劫新闻可得到一个参考:1934年9月厦门捷兴信局安海分局信差苏作携信18封,现洋269元前往深沪一带分发,途中被劫匪所杀,见《江声报》1934年10月2日;又10月间锦昌信局信差吴氏携南洋信120余件、现款180元,该局信用票1 950元前往洪濑等地分发,途中遇劫,吴氏幸得安然逃脱,见《江声报》1934年10月7日。
⑧ "H. S. Kierkegaard to S. K. Shen, 5th January, 1937," p. 2;福建省钱币学会:《福建货币史略》,中华书局,2001年,第205页。

跑街1人,专司带送信件或信款事务。

伙友及学徒数人,分掌登记信件数目及其他事宜。①

抗战前民信局获利途径主要有二:一是赚取汇率差价,批款收入外币时折算成中国货币,折算率往往有利于民信局,后者因兑换差价所得收益远较手续费为大,故客户汇款时所附寄信件,邮资由民信局支付,部分民信局为争取客户,甚至不收取汇款人手续费。②二是利用汇款进行投资,信局汇款并非逐笔汇寄,多等候汇集大宗数目方交由银行整汇,或者用汇款购买商品运回厦门销售,将所得款项交给收款人,赚取货价差额。③

1896年清廷规定民信局须把邮件封成总包,经邮局转交轮船运送,通商口岸的民信局应向邮局登记,领取执照。④1934年邮政局鉴于民信局走私风气甚炽,原拟全部取缔,因各方激烈反对未果,遂准原有民信局继续营业,每年换领执照,停止发放新执照。此后凡厦门新经营民信局者,非承顶执照无法开业。⑤民信局能够保持历久不衰,原因有四:其一是借同乡关系吸纳客户。民信局每月一次或数次派人到华侨聚集处收揽汇款,替客户代缮家书,倘移民欠缺现款,民信局收取利息代其垫汇。⑥其二是服务网络深入福建内陆偏远地区。如新加坡闽侨汇款目的地多是晋江、南安、安溪、惠安、金门、龙溪、福清、莆田8县。信局在8县中寄递地点达199个,其中仅有21个地点可经邮局寄达。其三是提供小额汇款服务。民信局每宗业务汇款额从2元至数百元不等,通常以20元至30元数量最多,⑦满足华侨小额汇款需要。其四是营业手法继承清代漳泉海商小本经营及灵活多变的特点,保持市场竞争力。民信局资本有限,像天一信局般的大规模民信局为数极少。"联号"合营成为民信局生存的手段。⑧20世纪30年代东南亚约有民信局300余家,委托厦门约60余家民信局转交解付,由厦门民信局再委内地民信局送到收款人手上。⑨联号运作模式令民信局能灵活调配资源,免除在外地开设分局的庞大营运成本。又民信局经营者多兼营出入口贸易,利用汇款进行商品投机,赚取最大利润。⑩兹将历年厦门民信局数量列表如下:

---

① 吴承禧:《厦门的华侨汇款与金融组织》,《社会科学杂志》,1937年,第8卷第2期,第219页。
② 郑林宽:《福建华侨汇款》,福建省政府秘书处统计室,1940年,第67页。
③ 楼祖诒编:《中国邮驿史料》,人民邮电出版社,1958年,第58页。
④ 张翊:《中华邮政史》,台湾东大图书公司,1996年,第251页。
⑤ 中国银行厦门市分行行史资料汇编编写组:《中国银行厦门市分行行史资料汇编》,厦门大学出版社,1999年,第160页。
⑥ 楼祖诒编:《中国邮驿史料》,人民邮电出版社,1958年,第58页。
⑦ "H. S. Kierkegaard to S. K. Shen, 5th January, 1937,"福建省档案馆档案,全宗56,案卷1054,pp.1-2。
⑧ 天一信局全盛时期计有总分局33个,其中国内9个,国外24个,雇用职员556人,国内163人,国外393人,每年收汇1千万到1千5百万银元;又1951年厦门有民信局机构64家,国内联号83家,境外联号250家,见中国银行泉州分行行史编委会编:《闽南侨批史纪述》,厦门大学出版社,1996年,第36,176页。
⑨ 中国银行厦门市分行行史资料汇编编写组:《中国银行厦门市分行行史资料汇编》,厦门大学出版社,1999年,第158页。
⑩ 如1936年厦门约有10至20家民信局兼营纸箔、粉丝、布疋及其他杂货出口生意,见吴承禧:《厦门的华侨汇款与金融组织》,《社会科学杂志》,1937年,第8卷第2期,第224页。

表 2-3-31　晚清民国间厦门民信局数量

时间	数量	资料出处
1891 年	8	China, The Maritime Customs, *Decennial Report*, 1882-1891, p. 519.
1894 年	1	福建省档案馆编：《福建华侨档案史料》，上册，档案出版社，1990 年，第 360 页。
1898 年	2	福建省档案馆编：《福建华侨档案史料》，上册，档案出版社，1990 年，第 360 页。
1901 年	30（包括其他寄递文书之信局）	China, The Maritime Customs, *Decennial Report*, 1892-1901, p. 142.
1911 年	20	China, The Maritime Customs, *Decennial Report*, 1902-11, p. 104.
1917 年	8	福建省档案馆编：《福建华侨档案史料》，上册，档案出版社，1990 年，第 360 页。
1918 年	7	福建省档案馆编：《福建华侨档案史料》，上册，档案出版社，1990 年，第 360 页。
1919 年	9	福建省档案馆编：《福建华侨档案史料》，上册，档案出版社，1990 年，第 360 页。
1920 年	14	福建省档案馆编：《福建华侨档案史料》，上册，档案出版社，1990 年，第 360 页。
1921 年	64	China, The Maritime Customs, *Decennial Report*, 1912-1921, p. 154.
1922 年	29	福建省档案馆编：《福建华侨档案史料》，上册，档案出版社，1990 年，第 360 页。
1923 年	14	福建省档案馆编：《福建华侨档案史料》，上册，档案出版社，1990 年，第 360 页。
1924 年	18	福建省档案馆编：《福建华侨档案史料》，上册，档案出版社，1990 年，第 361 页。
1931 年	196	福建省档案馆编：《福建华侨档案史料》，上册，档案出版社，1990 年，第 361 页。
1932 年	105	中国银行泉州分行行史编委会编：《闽南侨批史纪述》，厦门大学出版社，1996 年，第 43—47 页。
1933 年	174	福建省档案馆编：《福建华侨档案史料》，上册，档案出版社，1990 年，第 361 页。
1934 年	135	福建省档案馆编：《福建华侨档案史料》，上册，档案出版社，1990 年，第 361 页。
1935 年	140	福建省档案馆编：《福建华侨档案史料》，上册，档案出版社，1990 年，第 361 页。
1936 年	116	福建省档案馆编：《福建华侨档案史料》，上册，档案出版社，1990 年，第 361 页。
1937 年	112	《为呈报本辖各批信局情形由》，福建省档案馆档案，全宗 56，案卷 1061。
1938 年	68	同上。

上表数字显示出民信局数量不断增加。海关报告与《福建华侨档案史料》两者数字颇有出入,极可能是因为彼此统计标准不同所致。1924年后民信局数量上升,当然与当时侨汇上升,不少东南亚侨商转而兼营民信局之事实有所关联。①

表 2-3-32　1903—1936 年厦门海关贸易总额　（单位：千元）

时间	贸易总值	进口			出口			入超
		外国	本国	进口总额	外国	本国	出口总额	
1903年	26 547	13 818	8 703	22 521	3 172	854	4 026	18 495
1904年	26 925	15 527	7 198	22 725	3 402	798	4 200	18 525
1905年	29 200	14 600	9 836	24 436	3 688	1 076	4 764	19 672
1906年	27 087	14 617	8 505	23 122	3 208	757	3 965	19 157
1907年	27 652	17 507	5 737	23 244	3 419	989	4 408	18 836
1908年	29 537	15 789	9 485	25 274	3 090	1 173	4 263	21 011
1909年	31 370	15 485	11 760	27 245	4 062	63	4 125	23 120
1910年	35 215	20 264	9 902	30 166	4 377	672	5 049	25 117
1911年	31 883	18 765	7 277	26 042	4 448	1 393	5 841	20 201
1912年	32 608	18 363	8 991	27 354	3 942	1 312	5 254	22 100
1913年	31 287	16 514	9 488	26 002	3 947	1 338	5 285	20 717
1914年	28 975	14 755	9 789	24 544	3 383	1 048	4 431	20 113
1915年	31 542	13 835	12 675	26 510	3 875	1 157	5 032	21 478
1916年	27 195	12 693	9 588	22 281	3 846	1 068	4 914	17 367
1917年	22 862	12 339	6 584	18 923	2 872	1 067	3 939	14 984
1918年	21 945	11 765	6 277	18 042	3 001	902	3 903	14 139
1919年	31 880	14 927	12 390	27 317	2 849	1 714	4 563	22 754
1920年	35 978	15 522	13 782	29 304	3 858	2 816	6 674	22 630
1921年	50 965	23 215	18 581	41 796	4 924	4 345	9 169	32 627
1922年	50 236	23 474	17 957	41 431	5 011	3 794	8 805	32 626
1923年	47 883	21 253	18 012	39 265	5 567	3 051	8 618	30 647
1924年	55 595	23 741	16 748	40 489	6 336	8 770	15 106	25 383
1925年	55 984	25 003	15 815	40 818	7 259	7 907	15 166	25 652
1926年	64 641	28 575	23 209	51 784	8 072	4 785	12 857	38 927
1927年	70 441	31 680	25 794	57 474	7 411	5 556	12 967	44 507
1928年	62 230	28 079	23 947	52 026	5 760	4 444	10 204	41 822
1929年	59 622	29 288	20 151	49 439	6 091	4 092	10 183	39 256
1930年	72 437	35 948	25 067	61 015	5 596	5 826	11 422	49 593
1931年	84 505	41 860	34 021	75 881	4 759	3 865	8 624	67 257
1932年	73 536	37 847	29 543	67 390	3 419	2 727	6 146	61 244
1933年	66 504	32 984	27 675	60 659	3 372	2 473	5 845	54 814
1934年	44 307	16 346	21 070	37 416	3 536	3 355	6 891	30 525
1935年	42 322	14 837	20 905	35 742	3 677	2 903	6 580	29 162
1936年	40 197	13 299	19 113	32 412	4 002	3 783	7 785	24 627

（资料来源：福建省政府秘书处统计室：《福建省统计年鉴》第一回,福建省政府秘书处,1937年,第815页。）

---

① 如1924年新加坡成源信局刊登广告,称"本号经营土产生意多年,……兹为利便海外同胞汇寄银信起见,特添设汇兑一局,专僱经验干员接收顾客信银,代寄闽南各处",见《叻报》1924年1月2日。

从上表中我们可以发现厦门对外贸易依然沿袭19世纪末的趋向,长期处于入超状态。厦门地区输入巨量外国货品的其中一个原因是当地住有大量归国华侨,他们生活方式西化,拥有较大消费力,造成大量外国商品输入厦门①。且厦门内陆腹地狭小,更与福州、九江、汕头等通商口岸腹地重叠,如汀州一带进出货品可由汕头往来运输,闽西一带出入货品亦由福州、九江贩运②。20世纪初闽南的土货出口和台湾的转口贸易日渐衰退,糖茶出口输出在20世纪初叶大幅衰落,1879年厦门有64 000担茶叶运出境外,1907年仅得5 190担。糖类输出亦然,1880年糖类输出额是300 063担,1907年仅得79 379担③。厦门之台湾茶叶转口港地位亦被基隆取代。1906年台湾乌龙茶出口约有52%经基隆外运,厦门之比例仅得48%,次年台湾茶叶经厦门出口的比例更下跌至8.3%④。厦门可供出口货品有限,无法抵消庞大进口货值,贸易入超赖华侨汇款弥补,此点已屡为史家谈及。然出入口货额与侨汇升降之关系却被忽略,试看下图。

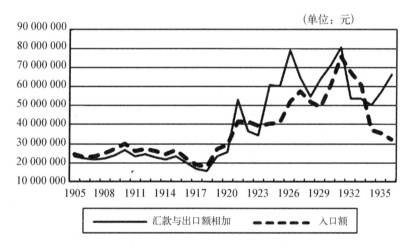

图2-3-1 晚清民国间厦门汇款、出口额总和与入口额比较图

1905年至1932年间汇款数字与进口额同样呈现上升趋向,汇款上升进口额按相近比例增加,汇款下跌则进口额下跌速度较前者为小。原因有二:一是汇款上升增加闽南市场购买进口货品能力;二是部分汇款并非以货币形式直接输入厦门,而是以进口货替代,兼营出入口业的民信局及钱庄利用汇款或汇票购入进口货到厦发

---

① "Amoy Trade Report for the Year 1904,", in China Maritime Customs, *China Maritime Customs Publications* (Shanghai: Statiscal Department of the Inspector of Customs, 1861 - 1948), p. 648.
② 《中华民国十一年厦门口华洋贸易情形论略》,1922年,第15页。
③ 厦门市志编纂委员会、厦门海关志编委会:《近代厦门社会经济概况》,鹭江出版社,1990年,第228页;"Amoy Trade Report for the Year 1907," in China Maritime Customs, *China Maritime Customs Publications* (Shanghai: Statiscal Department of the Inspector of Customs, 1861 - 1948), p. 453.
④ "Amoy Trade Report for the Year 1906," in China Maritime Customs, *China Maritime Customs Publications* (Shanghai: Statiscal Department of the Inspector of Customs, 1861 - 1948), p. 368; "Amoy Trade Report for the Year 1907," in China Maritime Customs, *China Maritime Customs Publications* (Shanghai: Statiscal Department of the Inspector of Customs, 1861 - 1948), p. 441.

卖,收得货款后解付收款人,[①]是故汇款增加,进口额同样上升。1933年以后厦门金融体系出现改变,大量侨汇被抽离厦门经济体系外,商家无法利用侨汇购买进口货品,加上1935年起泉州与上海间有轮船通航,上海货品可直接运抵泉州,[②]故汇款额虽在1935年至1936年间有所回升,进口额依然持续下跌。侨汇上升与出口额增加亦有关系,侨汇上升往往标志着银价下跌,有利闽南土货出口,商人亦可利用侨汇周转,承办更多土货出口,然因闽南缺乏出口工业国家之大宗商品,仅限于东南亚华侨消费市场,未能打破对外贸易长期入超的困境。

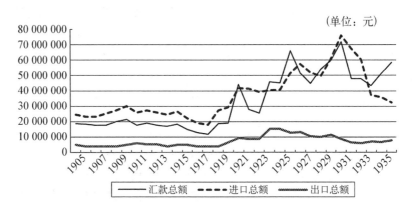

图2-3-2　晚清民国间厦门历年汇款、进口额与入口额比较图

从上图我们可发现汇款与出口额相加数字大致能弥补厦门之入超货额。1905年至1920年间入口额轻微超过汇款与出口相加数额,但若再加上厦门出入境旅客所带来之无形收益,则绝对可抵消入超数。以1920年为例,该年汇款19 200 000元,出口额6 674 000元,入口额29 304 000元,入超额3 430 000元,是年约有30万名旅客从内地各处抵达厦门,保守估计每人在厦消费额为5元,厦门可得150万收入。该年从台湾、沿海通商口岸、香港、新加坡及小吕宋等地到厦门的出入境旅客约16万人,假设每人在厦消费20元,则厦门可得320万收入,两数相加共470万元,远足以抵消入超有余。1924年至1931年间汇款与出口额相加数字远高于入口数字,期间厦门市况异常繁荣,地产业务蓬勃,市政建设急速进行,故1905年至1931年汇款与出口额相加数字与入口数差额多寡,实可视为厦门经济繁荣程度的指标。1932年后情况出现改变,大量侨汇流向上海,商界无法运用侨汇进行商业活动,加上台厦走私贸易猖獗,入超额肯定远较海关数字为高,未能完全反映厦门市况。

就贸易地区来看,兹将1935年及1936年之数据列表如下。

[①] 如永春信局多兼营棉布杂货店,常从上海、厦门、泉州等地批发货物来永春转销内地各县,周转后解付收款人,见中国银行泉州分行行史编委会编:《闽南侨批史纪述》,厦门大学出版社,1996年,第96页。
[②] 《厦门经济萧条的原因(1936年5月)》,厦门市档案局、厦门市档案馆编:《近代厦门经济档案资料》,厦门大学出版社,1997年,第652页。

表 2-3-33　1935、1936 年与厦门有贸易关系国家与地区的进出口数据

地　区	1935			1936		
	进口(元)	出口(元)	出超或入超(元)	进口(元)	出口(元)	出超或入超(元)
日　本	2 159 163	6 006	-2 153 157	2 196 111	29 284	-2 166 827
香　港	1 438 673	210 921	-1 227 752	1 724 688	354 406	-1 370 282
美　国	947 525	125	-947 400	655 283	462	-654 821
英　国	1 102 405	812	-1 101 593	551 366	1 477	-549 889
德　国	1 020 868	0	-1 020 868	2 704 738	0	-2 704 738
荷属东印度	1 155 476	466 882	-688 594	2 090 060	477 331	-1 612 729
台　湾	1 276 813	80 424	-1 196 389	1 011 347	191 403	-819 944
菲律宾	174 203	716 123	541 920	126 309	439 812	313 503
新加坡	263 458	2 004 969	1 741 511	233 563	2 296 712	2 063 149
暹　罗	1 695 007	8	-1 694 999	457 990	53	-457 937
缅　甸	1 856 588	185 986	-1 670 602	116 611	207 355	90 744
关东租借地	820 545	0	-820 545	393 577	492	-393 085
荷　兰	238 975	294	-238 681	118 660	211	-118 449
加拿大	31 715	0	-31 715	103 963	382	-103 581
其他地区	655 153	3 966	-651 187	814 969	2 435	-812 534
总　计	14 836 567	3 676 516	-11 160 051	13 299 235	4 001 815	-9 297 420

（资料来源：福建省政府秘书处统计室：《福建省统计年鉴》第一回，福建省政府秘书处，1937 年，第 831、832 页。）

上述数字并不能完全反映台厦间之贸易总值，盖因 20 世纪 30 年代台厦走私活动猖獗，吴承禧估计 1935 年走私贸易额为 15 270 000 元，故台湾实际上是厦门第一大贸易伙伴。[①] 民国时期输入厦门之货品以食粮和棉布为最大宗，出口商品多是供应华侨需求的产品，[②] 输出货品以茶、纸、木材和糖类为最大宗。厦门与东南亚以外国家之贸易俱呈入超状态。如新加坡系中国对东南亚土货输出的集散地，大量厦门的出口土货经新加坡转运至东南亚其他地区，故厦门对新加坡贸易呈现出超状态。20 世纪初厦门民间多次推行抵制外货运动，然效果非常短暂。1905 年厦门爆发抵制美货运动，唯美货输入未有受到太大影响，西洋参、煤油、面粉输入额与 1904 年相近，只有香烟等少量货品销量下跌，但海关认为这是日货竞争所致，并非抵制运动之结果。[③] 欧战时期是日货及上海货品代替西方货品大量输入厦门的重要时期，斯时西方货品因运费高昂减少入口，由日货输入取代，与中国本土产品争夺厦门市场，日货因日币贬值取得优势，1917 年火柴输入量增加 40%，中国商人亦

[①] 吴承禧：《厦门的华侨汇款与金融组织》，《社会科学杂志》，1937 年，第 8 卷第 2 期，第 199—200 页。
[②] 厦门市志编纂委员会、厦门海关志编委会：《近代厦门社会经济概况》，《社会科学杂志》，1937 年，第 8 卷第 2 期，第 387 页。
[③] "Amoy Trade Report for the Year 1905," in China Maritime Customs, *China Maritime Customs Publications*（Shanghai: Statiscal Department of the Inspector of Customs, 1861-1948), p. 373.

因贩卖日本面粉较能谋利而大量输入。① 1919 年厦门抵制日货运动如火如荼,日货输入量下降,然次年事过境迁,日制火柴入口复增,盖因其为生活之必需品,暂无其他同类产品可以替代。此外 1920 年上海制造之棉纱输入较去年增加一倍,② 1922 年银价下跌,中国机制各式布疋相应便宜,国产布疋与棉纱输入大增,形成与日货争夺厦门市场之局面。③

四、厦门对其内陆腹地之经济影响

近代厦门既与华中、华南及东南亚地区有密切的经济联系,这不禁令人产生一个问题:即厦门对其内陆腹地经济有何影响?

首先,人口流动有助提高出国侨民家属的生活水平,纾缓闽南人口压力问题,却未能使闽南农业得到复兴。1935 年晋江约有三分之一达到生产年龄的人口出洋,每人平均每年汇返家乡款项约百余元,显然有助提高当地华侨家属的生活质素。④ 大量农村人口移入厦门或经厦门移民东南亚,某种程度纾缓农村土地兼并问题,据 1936 年福建省政府统计,全省自耕农占农民总户数 35.6%,半自耕农 29%,佃农 35.4%,闽南地区自耕农比例普遍高于全省比例(如同安 47.3%、禾山特种区 54%、晋江 71.1%、南安 70%、金门 93.7%),仅永春(13.7%)及德化(12.5%)两县较全省比例为低。⑤ 唯因自耕农拥有土地相对狭小,加上运销制度不良,对闽南农业复兴帮助不大。⑥ 就食米生产事业而言,自耕农手上资金多仅足糊口,稻米收割时期大量谷米流入市场,农户割稻后须用低价售出大部分食粮维持出售,⑦ 粮商可以贱价收购米谷赚取高额利润,如 1924 年 4 月间闽南戎马倥偬,德化殷户把米粟闭藏不粜,囤积居奇,虽经知事劝戒,各殷户唯利是视,置若罔闻。⑧ 且福建产地市场对于米谷分级非常简陋,粮商不问稻谷质量,概付同一价格收购,打消富农改良食米品种念头,影响农户所得,粮价由粮商操纵,农户并无议价能力,阻碍农业发展。⑨

其次是促进地区经济结构商业化的趋向。闽南侨区居民谋生方式已有脱离农业,逐渐走向商业的趋势,农业退至次要位置,原因有二:一是侨民多在东南亚经

---

① 《中华民国六年厦门口华洋贸易情形论略》,1917 年,第 1086 页。
② 《中华民国九年厦门口华洋贸易情形论略》,1920 年,第 20、21 页。
③ 《中华民国十一年厦门口华洋贸易情形论略》,1922 年,第 18 页。
④ 蔡芳祥:《晋江社会经济之考察》,福建省政府秘书处统计室:《福建经济研究》,福建省政府秘书处,1940 年,第 57、58 页。郑林宽指出抗战初期漳属农民食物支出占生活费 63.76%,泉覆区 60.29%,闽南区 71.78%;闽东区杂费支出占生活费 7.51%,泉覆区 12.77%,漳属区 13.98%,显示漳泉厦一带农民生活水平较闽东为高,闽南农民出洋比例远较闽东为高,当地农民生活水平之高,极可能是侨汇补助所致,见蔡芳祥:《福建农民家庭生活费之初步比较研究》,福建省政府秘书处统计室:《福建经济研究》,福建省政府秘书处,1940 年,第 237 页。
⑤ 福建省政府秘书处统计室:《福建省统计年鉴》第一回,福建省政府秘书处,1937 年,第 644、645 页。
⑥ 闽南各属自耕农耕地面积一向较少,如 1936 年同安拥有 4.9 市亩农地之自耕农占 67.1%,拥有 5 至 9.9 市亩者占 24.9%;禾山区拥有 4.9 市亩农地之自耕农占 50.9%,拥有 5 至 9.9 市亩者占 28.7%,充分显示闽南地区小农经济的特点,见福建省政府秘书处统计室:《福建省统计年鉴》第一回,福建省政府秘书处,1937 年,第 649 页。
⑦ 巫宝三、张之毅:《福建省食粮之运销》,商务印书馆,1938 年,第 33 页。
⑧ 《南锋日报》1924 年 4 月 15 日。
⑨ 巫宝三、张之毅:《福建省食粮之运销》,商务印书馆,1938 年,第 38、39 页。

商,回国后继续从商亦为当然之事,华侨经商成功范例也刺激乡人从商意愿;二是侨乡消费力高,大量银币经侨汇形式流入内地,刺激货币流通,商业自然繁荣。① 民国时期大抵越靠近厦门的县区(尤其是泉州地区),商业人口比例越高,如同安、金门、禾山三县区皆与厦门相邻。据1937年省政府统计,三地男性商业人口比例分别是31.8%、39.7%及31.8%。距离厦门较远的石码、晋江、惠安的比例分别是38%、20.2%和21%,位于闽南经济腹地边缘的莆田县比例是13%。至于闽南以外县份的男性商业人口比例,除永定县达21.2%外,普遍较闽南各地为低。如闽东的长乐、连江、罗源、闽清四县分别是0%、0%、3.1%、9.1%,闽北的尤溪、建阳分别是3.6%和9.1%。②

第三是刺激闽南手工业城镇的兴起。最典型例子是石码。漳州米谷输出大部分经石码转运厦门,后者是洋米进口大埠,洋米色泽光洁,客商为加强漳米竞争力,在20年代引入蒸汽和电力米机,采用批发商加工方式,大规模米绞应运兴起,资本少者数万元,多者数十万元,使石码成为闽南稻谷加工中心,碾米作坊约有五六十家,较大者有七至八家,雇用工人有四五百人,③1932年张贞估计厦门商人在石码投资额达5百万至1千万。④

第四是未能刺激闽南地区工业起飞。厦门地区经济发达,巨额财富积聚到商人手中,按照近代西方工业国家发展经验,商人资本积累将演化成工业资本,刺激腹地工业演进,同时侨资充斥厦门,显然为本区工业化带来契机。然民国时期本区商业资本转化成工业资本的现象并不显著,此实可归咎于四个原因:

其一是战乱对闽南经济的破坏。闽南地区自1917年护法战争后,饱经战乱蹂躏。20年代民军蜂起,大小军阀割据地方,率以搜括民财为能事。1923年海关报告对军阀混战的经济破坏有下列之生动描写:

> 论兵燹情形,则军队之截留帆船汽轮,以供军事运送者有之,船户水手之被胁为工役者有之,……因此船只闻风逃匿,内地生涯顿形跌落。当交通未全断绝之先,来往已觉困难,运费既昂,货物亦贵,且中途多险,加以厚敛横征,摊派军需,杂捐百出,商务益觉凋敝。⑤

国民政府统治时期民军继续肆虐地方,勒索归侨及滥发钞票,扰乱地方经济。1932年红军占领漳州,次年十九路军发动闽变,仅于1932年至1934年内,华侨投资闽

---

① 郑林宽:《福建华侨汇款》,福建省政府秘书处统计室,1940年,第20页;"Amoy Trade Report for the Year 1913," in China Maritime Customs, *China Maritime Customs Publications* (Shanghai: Statiscal Department of the Inspector of Customs, 1861-1948), p. 1092.
② 福建省政府秘书处统计室:《福建省统计年鉴》第一回,福建省政府秘书处,1937年,第115页。
③ 巫宝三、张之毅:《福建省食粮之运销》,第41页;柯渊深编:《石码史事(辑要)》,龙海市文史资料委员会,1993年,第31页。
④ "Political Report, Amoy, June 9, 1932," in *Confidential U. S. State Department Central Files: China Internal Affairs, 1930-1939*, reel 19, no. 973.
⑤ 《中华民国十二年厦门口华洋贸易情形论略》,1923年,第13页。

南运输事业损失已达 1 328 318 元。①兵祸连绵打击了华侨投资实业信心。1923年《中国银行报告》指出:"商家因时局纠纷,多抱收缩主义,故商务不见发展。"②地方战乱造成的金融恐慌更把侨资赶离厦门,1933年福建人民政府成立,厦门及鼓浪屿汇出银元将近国币 7 百万元,③闽南各地驻军敛财如故,九龙江沿岸苛税林立,沿河 300 余里,竟有捐卡 30 多处。④闽西本有丰富矿藏,若能修建铁路连接闽南,把矿产输到海外市场,势必能刺激当地工业化发展。民国时期华侨黄奕住及李清泉曾三次提倡整理漳厦铁路路政,均告无疾而终。⑤ 1920年至1930年间是侨资流入厦门的黄金时期,闽南错失发展良机。1934年至1937年间虽有陈仪刷新闽政,然随着日军的全面侵华,本区经济现代化的希望顿成泡影。

其二是闽南商人普遍重视投机性事业。厦门工人薪金水平较高,不利劳动力密集生产事业发展。⑥ 1949年以前厦门同英布店的经营史,反映出厦门商人欠缺投资新式生产企业的动机。同英布店创办人卓长福原籍南安,迁居漳州摆摊贩卖苏广杂货,1903年集资 1 000元在厦门创办同英布店。1913年卓长福之子卓全成接掌店务。1914年第一次世界大战爆发,西欧输入的呢绒、哔叽等货品价格暴涨,外汇汇水跌价,仅在1914年期间同英布店靠货价差额,已赚取万余元利润。民国初年闽省军阀政权兴替频繁,对军服产生极大需求,同英布店以货色齐全,交货迅捷争取订单,业务稳步发展。⑦ 同英布店全盛时期染指保险业,联合同业组织"永泉厦水途保险公司"和"漳码厦棉布途保险公司",向客户赊销保险,同英布店获利匪浅。可是同英布店并无将营业利润转移到棉布生产事业上,卓全成将营业纯利除留下部分作为再生产的投资外,其余都转移至房地产投资上,可见厦门商人对投资实业兴趣极不浓厚。⑧

其三是厦门金融事业的不健康发展。自20世纪30年代厦门地价暴跌后,厦门各银行皆抱宁缺毋滥营业宗旨,其信条为不放款、不受产业抵押。⑨ 1935年中国通商、实业、交通、农民等银行先后在厦设立分行,用较高利率吸纳存款,加速了钱庄衰落。⑩银行与当地工商业金融联系极小,钱庄借贷仅讲求信用,银行则要求抵押品,造成商业萧条之连锁反应:海味业、北郊、烟业银根周转一向以钱庄为靠山,

---

① 郑林宽:《福建华侨汇款》,福建省政府秘书处统计室,1940年,第21页。
② 中国银行厦门市分行行史资料汇编委员会:《中国银行厦门市分行行史资料汇编》,厦门大学出版社,1999年,第116页。
③ 陈达:《南洋华侨与闽粤社会》,商务印书馆,1939年,第86页。
④ 《江声报》1933年1月17日。
⑤ 有关黄奕住续办漳厦铁路之努力,参赵德馨:《黄奕住传》,湖南人民出版社,1998年,第168—176页。
⑥ 1930年厦门工厂工人平均每个劳工家庭职业收入是438.84元,较上海高出101.64元,广州高出75.96元,福州高出174.96元,见王子建:《中国劳工生活程度——十四年来各个研究的一个总述》,《社会科学杂志》,1931年,第2卷第2期,第237、238页。
⑦ 卓全成口述、陈纹藻整理:《同英布店经营史》,厦门市政协文史资料委员会、厦门总商会编:《厦门工商史事》,厦门大学出版社,1997年,第201、202页。
⑧ 卓全成口述、陈纹藻整理:《同英布店经营史》,厦门市政协文史资料委员会、厦门总商会编:《厦门工商史事》,厦门大学出版社,1997年,第203、207、208页。
⑨ 《江声报》1937年6月14日。
⑩ 《江声报》1935年6月7日。

钱庄陆续停业后,海味商便借贷无门了。1936年海味业营业额较去年减少一半,经营豆饼之北郊生意亦有减缩,烟业因惯以现款交易而资本短绌。[①] 内陆亦出现相同情况:20世纪30年代泉州共有中国、中央、中南、实业、通商五家银行,除中国银行外,其余四家仅收存款。[②] 当铺是中国传统社会平民金融机构,泉州地区当铺多兼营糖业。[③] 晋江自20世纪20年代起迭遭兵燹,1923年起该地当铺全部停业,商民若急需现款,唯有向小钱店借贷。钱店利率极重,月息达90%,形成内地资金匮乏,农业及手工业日见衰败。[④] 1937年银行始改变成规,中国与国华两银行举办茋货押借,国华银行亦在4月开始接受不动产透支抵押,于纾缓地方金融稍有裨益,[⑤] 但次年侵华日军占领厦门,一切努力又告烟灭。

其四是20世纪30年代上海对厦门侨汇的吸收。近代上海是全国最大的金融工业中心,先天条件较厦门优厚,更能吸引侨资流入。民国时期闽南政局动荡不安,无力留住侨资,上海投资环境远较厦门优厚,故在20世纪30年代对侨汇流向产生极大吸引力。如闽侨巨商黄仲涵病逝后,建源公司在上海开设分公司,1933年斥资250万元于浦东创办中国酒精厂,投资额较厦门任何侨资企业为大。[⑥] 此外银行业之发展亦有助厦门侨资流入上海。厦门银行吸纳大量侨汇存款,其资金运用有两大途径:一为购买国民政府的公债;二是移存上海总行,将侨汇抽出厦门金融体系外,故20世纪30年代银行业之勃兴对厦门金融帮助有限,反之更带来本区的长期经济萧条。[⑦]

---

① 《厦市一年间工商业动态》,厦门市档案局、厦门市档案馆编:《近代厦门经济档案资料》,厦门大学出版社,1997年,第109、110页;吴承禧:《厦门的华侨汇款与金融组织》,《社会科学杂志》,1937年,第8卷第2期,第230页。
② 《江声报》1935年6月13日。
③ 罗炳绵:《清代以来典当业的管制及其衰落(上)》,《食货》,1977年,复刊第7卷第5期,第10页;养吾:《泉州典当业略述》,《近代中国典当业》编委会编:《近代中国典当业》,中国文史出版社,1995年,第330、331页。
④ 《江声报》1935年6月13日。
⑤ 《江声报》1935年6月14日。
⑥ 上海社会科学院经济研究所、上海市国际贸易学会学术委员会编:《上海对外贸易:1840—1949》,上海社会科学院出版社,1989年,第403页。
⑦ 吴承禧:《厦门的华侨汇款与金融组织》,《社会科学杂志》,1937年,第8卷第2期,第235页。又据吴承禧估计,1932年末中国银行业保有债票总值418 000 000元,占当年内国公债负债余额48.62%,见吴承禧:《中国的银行》,商务印书馆,1935年,第71、72页。

第四章 城镇体系的发展

第一节 开港前本区的城市发展

明清时期本区的城镇发展得到了长足的进步,城镇规模不断增大,其中尤以厦门城市之发展最为突出。明中叶以后东南沿海私人海上贸易勃兴,经济力量推动厦门城市发展。康熙年间厦门成为闽台和南洋贸易枢纽,人口日渐增加。乾隆三十四年(1769年)全岛居民有16 100余户,①按每户4.97人推算②,人口总数约有80 017人以上。道光十二年(1832年)人口总数上升至144 893人,男性有83 229人,女性有61 664人,③性别比例约为134.97∶100,若再加上水师驻军及外地商贾,男性比例当远高于此,此63年间人口平均增长率是0.92%。④性别比例失衡显示出部分男性只身寄寓厦门谋生,表现出盛清时期中国都市化特点。厦门民居日趋密集,新街道不断涌现。乾隆年间厦门街道约有25条,光绪三十四年(1908年)发展至220多条。⑤清政府以保甲制为维持治安及加强对地方控制手段,乾隆年间将厦门市区设4社14保,使保长与甲头互相稽查奸宄,登记户籍缴查。⑥随着人口增长,道光初年厦门市区保的数量增至18个。⑦

本区其他城市亦出现了长足的进步。元、明两代晋江县城城内分东、西、南三隅,清代增设北隅,后另附设西南隅,合共5隅,另城内共有30铺。⑧明嘉靖年间,漳州城内设有3隅,共21街,附郭4厢共有12街4巷1社;清乾隆年间城内街道增至27条。⑨随着商品经济的发展,商品交易的激增,不少墟市逐渐演化成为固定市场。明代以前,永春集市有县前市、官田市、石豉市、卓埔市等,另有一都墟、马跳圩、六尺坪圩、坑尾圩、白沙口圩、锦凤圩等处,每隔10日为一圩,各圩圩期不一,以逢一、二、三、五、七、八等日相接替。明成化、嘉靖年间,位于马跳圩、六尺坪圩中间的双溪口对岸建董前街,一都、湖洋也陆续盖起店铺,定点交易。⑩

---

① [清]薛起凤:《鹭江志》卷二,鹭江出版社,1998年,第47页。
② 此数据出自梁方仲就宣统年间福建全省每户平均口数之推算,梁方仲:《中国历代户口、田地、田赋统计》,上海人民出版社,1980年,第269页。
③ [清]周凯:《厦门志》卷七,鹭江出版社,1996年,第176、177页。
④ 按1769年至1832年间中国人口年增长率为0.96%,数据出自 Ping-ti Ho, Studies on the Population of China (Cambridge, Mass.: Harvard University Press, 1959), pp. 281-282.
⑤ 厦门城市建设志编纂委员会:《厦门城市建设志》,中国统计出版社,2000年,第133页。
⑥ 此4社14保即福山社(下辖双溪、外清两保)、和凤社(下辖张厝前、张厝后、黄厝三保)、怀德社(岐西上、岐西下、溪岸、岐吴厝四保)和附寨社(辖新和、连西大丰、大中、厦港、鼓浪屿五保),见[清]薛起凤:《鹭江志》卷一,鹭江出版社,1998年,第47—48页。
⑦ 道光初年厦门市区仍旧分成4社,名称稍有不同,即福山社(下辖张厝前、外清、南联溪、南双溪四保)、和凤前后社(下辖张厝前、张厝后、黄厝、厦门港、鼓浪屿五保)、怀德社(岐西上、岐西下、溪岸、岐吴厝四保)和附寨社(辖新和、连真、永丰、西江、大中五保),见[清]周凯:《厦门志》卷二,1996年,第29页。
⑧ 晋江市地方志编纂委员会:《晋江市志》,上海三联书店,1994年,第8页。
⑨ 漳州市地方志编纂委员会:《漳州市志》,中国社会科学出版社,1999年,第276页。
⑩ 永春县志编纂委员会:《永春县志》,语文出版社,1990年,第471页。

安海于康熙年间复界后,安平墟市本在城北门外,后设上、下两墟,双日在上、单日在下;康熙四十六年(1707年)建新街市,又移至新街,设上、下二墟。① 明正德七年(1512年)筑云霄城时,云霄驿按元代旧制仍设于城北,驿站附近设有店铺。明末清初,随着水路运输的发展,市场逐渐向漳江的港口码头南移,逐步形成20多条以行业命名的街市;至嘉庆年间,云霄县城已有街35条,其中只有大路街在城内,其余均在城外。② 乾隆年间龙溪县城乡有市墟51个,坐商600余家;海澄县市墟21个,坐商300余家。③

第二节　开港后本区城市发展的动力

闽南地区交通的发展,带动了当地城市化的发展。厦门开港后,与晋江、安海之间内港航兴盛。光绪年间已有小火轮航行安、厦之间。民国时期云霄县部分商户更购置汽轮,从天津、上海、广东等地采购日用百货。④ 泉安公路开通后,专营安厦线的轮船公司就有5家,轮船近20艘。公路方面,1919年旅日华侨陈清机成立闽南民办汽车路股份有限公司,1922年筑成安海至泉州公路,其后华侨相继集资修筑以石狮为中心的公路网。其他地方商绅亦争相仿效。据《晋江市志》的统计,1919年至1933年间,晋江地区共修筑了25条公路,总长度达423公里。⑤ 民国时期公路网逐渐伸延到漳州石码、浮宫、海澄、白水等港埠,与厦门结成水陆联运网。后公路网络的修筑,造就泉州、安海、石狮、东石等城镇的繁荣。相对而言,交通网络的改变,也导致部分城镇的衰落,最明显的例子如同安县,从前安溪、南安、德化、大田等县货物,多经同安转运,"因厦门开设商埠,舶来品充满街衢,内地若安溪、南安、德化、大田向由同安街市贸易,商业颇有起色。清光绪年间,厦商创设小火轮船,交通较为便利,南、永各商户遂向晋江之安海交易。安海商业繁盛,而同城之商务日就凋零,今仅存十之一而已"⑥。

与此同时,市政改造也是推动本区城市发展的另一大动力。外国归侨长期旅居海外,目睹西方殖民地城市市容整洁,市政井然有序,商业繁荣,在建设家乡与投资两种因素驱使下,热心于市政建设。不少地方统治者亦希望通过市政建设树立本身威望及彰显政绩,从事城市近代化建设的运动。1918年援闽粤军陈炯明部驻扎漳州,建立闽南护法区,成立工务局,拆除漳州古城墙,用城墙石料铺砌街道路面,沿街建骑楼式铺面。按路面宽度,20尺宽的称为街,30尺的称为道,共改建拓宽街道35条,并由工务局局长周醒南主持兴建中山公园,又组织收容的乞丐清理

---

① 安海乡土史料编辑委员会校注:《安平志校注本》,中国文联出版社,2000年,第62页。
② 云霄县地方志编纂委员会:《云霄县志》,方志出版社,1999年,第411、657页。
③ 福建省龙海县地方志编纂委员会:《龙海县志》,东方出版社,1993年,第351页。
④ 云霄县地方志编纂委员会:《云霄县志》,方志出版社,1999年,第413页。
⑤ 晋江市地方志编纂委员会:《晋江市志》,上海三联书店,1994年,第392页。
⑥ 民国《同安县志》,《中国地方志集成》本,上海书店出版社,2000年,第41页。

街道,城市景貌焕然一新,其他城市相继仿效。① 1919年安海地方政府成立路政局,委陈清机为局长,着手改建仁福宫至石埕街市政,并改建鳌尾塔至玄坛宫街道,其后拆卸白塔脚至火船渡头店屋,改建马路。② 1920年民军领袖王荣光执掌永春县政,倡令拆城墙,开公路,建街道,街道两旁一律建骑楼式店屋。③ 1928年冬,云霄县内发生族姓械斗,经国民党第四十九师派员平息,与县政府联合成立市政建设委员会,从械斗者方、张、吴三大姓的10万元罚款中,调拨8万元作市政建设费,由该师团长周汝康负责规划设计,将旧街拓宽裁直,建混凝土路面大街道7条,至1936年大部分路面筑成,并在和平路与中山路口中心建报时钟台。④

由于本区各城市进行市政改革运动,地价升值,加上华人向有置业安居的思想,诱使华侨大量投资于本区房地产业,带动本区的城市化发展。据林金枝的估计,近代华侨投入房地产业的资金,约占投资总额的60%,其中主要集中于厦门。当地华侨的房地产投资达3000万元,厦门和鼓浪屿街区和住宅区数十条街道的房地产,估计华侨投资占70%。其中以印度尼西亚华侨投资最多,菲律宾、新加坡及马来亚次之。当时共有20多家资本雄厚的房地产公司,以李岷兴公司和黄聚德堂为首,投资额达200万银元以上。⑤

至于闽西地区,城市化进程因缺乏侨资推动,故发展相对缓慢,主要由地方政府推动。以龙岩市为例,1927年地方军阀陈国辉占据龙岩,成立岩平宁工务总局,规划改造城区街道,拆城墙修辟中山路,街道两旁建成模式统一的廊柱骑楼,楼高两至三层,并修筑五权路、北平路、平等路等环城道路,建造中山公园。1932年漳州至龙岩的公路通车后,城西成为交通要冲,闹市逐步由南西移。⑥ 1935年,中山路开始安装电灯。⑦ 据20世纪50年代初的估计,龙岩城区内有缝纫、染布、木器、竹器、皮革、食品等个体手工业573户,产值131.79万元。⑧

第三节 从米粮市场运销结构看本区城镇体系

福建省素为缺粮之省份,大多数地区的粮食供应必须仰赖邻省或外洋输入补足,本区部分粮食生产剩余县份,通过区域运销转运到缺粮县份。本区若干余粮县份乡间所产稻谷,一般会运到地方小城镇集中,再转运到区域运销中心转发至其他缺粮县份。外地粮食运到区域运销中心集中,经加工后通过区内交通网络转运至次级区域中心销售,区域运销中心一般都是地区性大城市(如厦门之于闽南、长汀

---

① 漳州市地方志编纂委员会:《漳州市志》,社会科学出版社,1999年,第293页。
② 安海陈诸益书局:《安海大事记》,陈诸益书局,1936年。
③ 永春县志编纂委员会:《永春县志》,语文出版社,1990年,第159页。
④ 福建省云霄县地方志编纂委员会:《云霄县志》,方志出版社,1999年,第657页。
⑤ 林金枝:《近代华侨投资国内企业史研究》,福建人民出版社,1983年,第84、85页。
⑥ 龙岩市地方志编纂委员会:《龙岩市志》,中国科学技术出版社,1993年,第108页。
⑦ 龙岩市地方志编纂委员会:《龙岩市志》,中国科学技术出版社,1993年,第112页。
⑧ 龙岩市地方志编纂委员会:《龙岩市志》,中国科学技术出版社,1993年,第141页。

之于闽西)或区域交通枢纽(如涵江之于泉州及莆田地区、石码之于漳州地区),再通过商贩运到各县级和乡镇市场发卖,由是形成一个具有层次的城镇市场体系。本区粮食市场的运销区域约可分为闽南和闽西两大运销区域。闽南区域主要包括涵江、泉州、漳州、海澄、厦门五个子区;闽西则以长汀为主。兹将各子区域的供给地和消费地列表说明如下。

表 2-4-1 闽南闽西的运销中心、供给地和消费地

	名称	运销中心	供 给 地	消 费 地
闽南地区	涵江区	涵江	涵江附近、上海	泉州、石码、盖尾、榜头、渔溪、高山、南日、江阴、小岛
	泉州区	泉州	厦门、漳州、石码、涵江、上海	泉州、南安、安溪、永春
	漳州区	石码	龙溪、平和、长泰、南靖	泉州、南安、安溪、永春
	海澄区	白水营、浮宫、海沧等地	漳浦、海澄	厦门、泉州、汕头
	厦门区	厦门	漳州、石码、上海、外洋	厦门、泉州、汕头
闽西地区	长汀区	长汀	清流、宁化、瑞金、会昌	上杭、广东东部

(资料来源:巫宝三、张之毅:《福建省食粮之运销》,商务印书馆,1938年,第4页。)

各子区域粮食的具体供销概况,兹分论如下。

一、涵 江 区

涵江邻近地区米产丰富,属粮食自给地区,当地输入的食米,主要供应仙游、福清两个缺米县份所需。1933年涵江的外米输入共有 36 170 担,其中 20 450 担来自上海,5 720 担来自厦门。涵江进口食米转运至仙游的石马、盖尾、榜头和福清的渔溪,高山、江阴、南口、小岛者各占半数。制造线面的米碎则从厦门输入,又从上海、厦门、营口等城市输入面粉及豆类,分销到仙游和福清。

二、泉 州 区

泉州向为缺粮地区,外地食米主要经秀涂输入,当地食米以来自厦门为多,其余来自上海和涵江。秀涂食米进口季节在1月至9月,显然与本地稻作收获季节有关。秀涂进口食米,大部分运到泉州,再分散至南安、安溪及永春,小部分直接从秀涂运往东园、鸭山、洛阳、崇武、獭窟、祥芝、浦内、蚶江等地。输入泉州的食米,亦

有部分转运至双溪流域的溪尾、彭墟、湖头、龙门,以及罗溪流域的洪濑、码头、诗山、永春县城、五里街等地。1933年及1934年间,泉州转运至双溪流域者每年约20万担,至罗溪流域者每年约15万担。

三、漳州区

石码为本区最大米粮的运销及加工中心,每年约有60万担的稻谷输入当地。其中来自长泰者约有20万担,来自龙溪北乡者约有8万市担,来自石码附近乡区者约有7万担。稻谷在石码加工后再运至汕头、泉州、厦门等地。漳州则为本区相对次要的运销中心。南靖所产稻谷,先在金山、龙山等地集中再运到漳州;平和产谷先集中于小溪,再运往漳州。总计漳州输入稻谷为56万市担,除部分供本市消费外,约有25万担转运石码,20万担经加工后运往厦门。面粉豆类则全部来自厦门,由石码、漳州两地输入,除部分留供本地消费外,再转运至南靖、龙岩、平和、长泰、漳平、华安等地。

四、海澄区

本区有四个米谷集中地点,即白水营、浮宫、海沧和海澄县城,其中以白水营规模最大。白水营集中漳浦北部和海澄南部的稻谷,每年约为18万担,经加工后运往厦门,每年约计食米12万担。浮宫、海沧、海澄县城输入的稻谷,大都来自邻近乡区,加工后运往厦门,浮宫输出量约5万担,海沧输出量约45 000担,海澄县城输出量为6万担。若加上嵩屿、港尾、青浦等地的零星输出,海澄全区每年对厦门的输出,白米合计为12万担,糙米约18万担。面粉豆类来自厦门,以海澄县城为运销中心,每年输入面粉计有15 000包,豆类计为6 000担。

五、厦门区

本区以厦门为消费兼转运中心。厦门食米主要来自漳属地区(包括石码、漳州、海澄、海沧、白水营、浮宫等地)、上海和外洋。漳属地区平常对于厦门食米的输出,约为46万担,以1、7、8、12月运厦数量为多,4、5、6、10等月最少,此与漳属早晚稻收获之季节有密切关系。输入的漳米虽然可以满足厦门本市大部分的需求,不过厦门是闽南的吞吐口岸,泉州所属地区的食米主要依赖外米接济,故厦门每年都有可观数量的外米进口。1934年从外埠经厦门海关入口的米谷计有211 135担,从外洋进口者有1 769 444担。外埠米主要来自上海,洋米主要来自泰国、越南和缅甸。泰国米和越南米从香港采办,缅甸米则直接向当地采办。缅甸米因价钱较廉及质素较佳,故进口数量最多。1934年缅甸米约占洋米进口额的53%。厦门每年食米的输入约220万担,其中销于厦门市者计为70万担,30万担销于鼓浪屿、禾山和漳属各地,其余120万担分销于兴化、汕头、秀涂、同安、安海、东石、金井、金门等地。面粉和豆类方面,常年面粉进口约34万担,豆类约25万担。进口面粉几乎全部来自上海,豆类来自上海者约 30%,其余 70% 来自大连和营口。进口厦门的面粉和豆类,约有 80% 转口至漳州、石码、同安、海澄、东山、安海等地。

六、长汀区

长汀为本区之运销中心,食米主要来自江西之瑞金、会昌和闽西之清流、宁化。1929 年瑞金、会昌经古城镇及清流、宁化经馆前镇运到长汀的米谷共 10 万余担,除部分留供本地消费外,大部分转运到上杭及广东。1935 年后由瑞金、会昌、清流、宁化输入长汀的米谷约 5 万担,其中约有 3 万担转运上杭[①]。

第四节 近代厦门的城市发展

一、近代厦门城市建设概况

福建南部城市,以厦门最为重要。20 世纪 20 至 30 年代,厦门地方人士在市政改革思潮的影响下,致力推动市政建设运动。抗战前厦门城市建设运动可分成两个阶段:第一是市政会时期(1920—1924);第二是海军治厦时期(1925—1932)。两阶段以市政督办公署之成立为分界线,当中以后一阶段成就较大。1919 年秋,厦门官员与商绅筹办市政,模仿福州市政会与市政局组织,以市政会为议决机关,市政局为执行机关。市政会原定会董 21 人,由厦门总商会等团体投票选出,会董选出正副会长各一人。市政局以厦门道尹为督办,警察厅长为会办,思明县长为委员长。市政会下设总务、工程及会计三课,后以措施不当,工作停顿[②]。次年 4 月举黄庆元(即黄世金)等六人为市政会筹备会主任,会董名额增至 31 人,人选由厦门总商会、厦门教育会、玉屏、紫阳两书院等公共机构推举,经各保董事选出,再由会董互选正、副会长,会所设于厦门总商会。6 月选出林尔嘉、黄庆元分别担任第一届市政会会长、副会长,会董黄竹友任市政会工程课长兼工程师,担任工程设计事宜。市政局督办为陈培锟,会办易兆云,委员长为厦门道尹来玉林,翌年林尔嘉聘任周醒南为委员长。1922 年市政会改选,洪鸿儒、黄奕住分别出任正、副会长。[③] 由于

[①] 巫宝三、张之毅:《福建省食粮之运销》,商务印书馆,1938 年,第 4—26 页。
[②] 厦门工商广告社编纂部:《厦门工商业大观》,厦门工商广告社,1932 年,第 3 章,第 2 页。1914 年至 1916 年间许世英任闽省民政长,设福建省会市政整理市政,另设省会市政局修筑水部门外至南台马路。福州和厦门市政会和市政局组织相近,两地市政会设有正、副会长及会董若干人,市政局则设有委员长。两地市政会并有每周召开常会的制度。福州市政会章程规定闽海道尹为市政会会长,曾于 1914 年至 1915 年间任职闽海道尹的陈培锟后来亦为厦门市政局督办。然两地市政会和市政局相异处有二:一是福州市政会决策者以政府官员为主,闽海道尹任会长,副会长由省会警察厅长或闽侯县知事充任,市政局委员长由士绅林炳章担任,富有"官督绅办"意味,厦门市政会则由绅商组成,与由政府官员组成的市政局合力整顿市政,"官绅共济"意识较浓,见许世英:《呈大总统整理市政建筑马路并筹设经费由》,载许世英:《治闽公牍》卷上,哈佛大学燕京图书馆藏本,第 43 页下、44 页上;关于福州市政会章程,参同上书,第 41 页下、42 页上。
[③] 《振南报》1920 年 4 月 20 日;张镇世、郭景村:《厦门早期的市政建设(1920—1938)》,《厦门文史资料》第 1 辑,1963 年,第 110 页;厦门工商广告社编纂部:《厦门工商业大观》,厦门工商广告社,1932 年,第 2 页;郭景村:《厦门开辟新区见闻(1926—1933 年)》,《厦门文史资料》第 19 辑,1992 年,第 71 页。市政会会董名单:林尔嘉、黄庆元、黄廷元、黄献炳、黄竹友、黄庆庸、黄奕住、黄必成、黄孟圭、黄仲训、黄书传、黄瀚、林文庆、林木土、叶崇禄、叶崇华、叶呼光、卢心启、卢文启、孙印川、李禧、杨景文、周殿薰、王人骥、洪鸿儒、曾厚坤、阮顺永、曾宗礼、欧阳轸、郑煦、郑俊卿,凡 31 人,见《厦门开辟新区见闻(1926—1933 年)》,第 71 页。

受到缺乏官方支持、籍民和地方势力反对,以及市政会之腐化及成员间争权夺利等因素影响,故建设速度缓慢。

城市改造运动至1925年进入第二阶段。此阶段地方政府扮演较前一阶段更重要角色。1924年海军入据厦门,林国赓出任漳厦警备司令兼要港司令,任内切实整顿厦门治安,致力市政建设,次年将市政局改组为市政督办公署,隶属漳厦警备司令部,专责交通事业、造路与修筑海堤各项工程。此阶段厦门市政建设最重要策划者首推担任市政督办公署会办兼堤工处顾问的周醒南。周氏对厦门市政建设之最大贡献,集中于财政方面。其一是引入市场经济方法筹集资金,发行"兴业地价券"筹集修筑海堤资金,用彩票形式进行,计分十万号,分甲乙种为首彩,以新辟地段土地及现金为奖品,筹得资金100万元,并将工程用投标形式判与

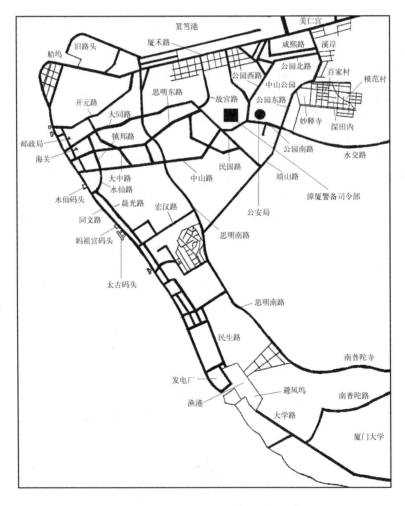

图 2-4-1　近代市政改革后厦门城市主要干道规划示意图
（资料来源：厦门市商会编：《厦门市商会复员纪念特刊》。）

建筑公司承包撙节经费。① 又与南兴公司签订合约,由后者出资修筑鹭江道第一段海堤,除滩权外所有空地概归其承买,减轻堤工处财政负担。② 其二是施行有效措施,吸引侨资投入市政建设。华侨投资现代化事业动机除基于爱国心外,投资回报也是另一重要诱引。③ 海军禾山办事处与侨资组成的全禾汽车公司签订合约,以专营权为交换条件,由后者负责修筑江头至高崎、江头至五通、厦门大学至云梯岭、安兜至钟宅、浦园至何厝线等道路。④ 周醒南派熟悉地方情况者数十人任地价调查员,掌握各段土地市值,预售新区地皮筹集市政经费。他先以开辟瓮菜河新区为试办点,拆除厦门城城墙填筑瓮菜河,连同城墙地基出售,筹得资金 30 万元,远较过去历年筹款总和为多。⑤ 新区建成后地价暴涨,投资者获利丰厚,加强房地产业对侨资的吸引力。据林金枝调查,1927 年至 1931 年间华侨在厦投资房地产业公司较大者有 26 家,投资额达 3 000 万元。⑥ 各房产公司为取回投资回报,赶快在新区盖建新式楼房,加快市区重建速度,开辟新区 35 处,仅于 1928 年 8 月至 1930 年间,厦市新建房屋达 3 585 间。⑦ 周醒南与林国赓注意公关工作,将工程预算与进度对外发布以昭公信,并向民众宣传城市改造重要性,增强投资者信心。⑧ 值得一提的是,1921 年周醒南提出填筑筼筜港计划,因经费支绌未能成事,⑨ 至 1970 年福建省政府填筑筼筜港,某程度上亦可说是受周醒南当年建议所启发。此外,禾山道路之修筑加强厦门市区与厦门岛郊区交通联系,奠定厦门与禾山政区合并基础。

近代厦门市政建设资金主要来自侨资,20 世纪 30 年代世界经济不景气,流入厦门侨资大幅减少,新建房屋供过于求,地价一落千丈。1934 年大同路一带地

---

① 《南洋时报》1928 年 6 月 30 日;厦门工商广告社编纂部:《厦门工商业大观》,厦门工商广告社,1932 年,第 3 章,第 5 页。据美国领事报告,当时厦门海堤修筑由 3 家广东公司承包,本地承包商负责海堤修路工程,见 'Foreshore Reclamation and Building, 16th October, 1928', in United States Department of State, Records of the Department of State relating to the Internal Affairs of China, 1910 - 1929 (Washington D. C. : National Archives, 1947), reel 117, pp. 2 - 3.
② 林国赓:《厦市工程概况》,漳厦海军警备司令部,1928 年,第 8—9 页。
③ 事实上大部分华侨对捐款从事一些并无物质回报的公益事业绝不慷慨,如陈嘉庚创立厦门大学之初,曾请求黄奕住与黄仲涵帮忙遭到拒绝,见陈嘉庚文集编辑委员会:《陈嘉庚文集(征求意见稿)》第 1 册,华侨博物馆,1994 年,第 109、110 页。陈嘉庚对此甚为失望,写信向叶渊慨叹说:"弟以为华侨资本家多一毛不拔,无大力互助厦大之希望",见上书第 115 页。关于陈嘉庚募捐失败经过,参厦门大学校史编委会:《厦门大学校史》第 1 卷,厦门大学出版社,1990 年,第 37—39 页。相反黄奕住对一些炫耀性事业却绝不吝啬。如 1919 年 6 月黄氏为其母举行祝寿庆典,演戏寿戏剧几近匝月,堂外讨赏的乞丐均得银洋 1 元,见黄笃奕、张镇世、叶更新:《黄奕住先生生平事迹》,《厦门文史资料》第 8 辑,1985 年,第 38 页。
④ 厦门政协编纂委员会编:《厦门市政志》,厦门市政协,1991 年,第 85、86 页。
⑤ 林传沧:《福州厦门地价之研究》,萧铮主编:《中国地政研究所丛刊》第 82 册,台湾成文出版社,1978 年,第 43547 页;郭景村:《厦门开辟新区见闻(1926—1933 年)》,《厦门文史资料》第 19 辑,1992 年,第 75 页。
⑥ 林金枝:《近代华侨投资国内企业概论》,厦门大学出版社,1988 年,第 80 页。
⑦ 苏警存等:《厦门指南》,新民书社,1931 年,第 107 页;厦门市地方志编纂委员会办公室整理:《民国厦门市志》卷四,方志出版社,1999 年,第 95 页。
⑧ 厦门工商广告社编纂部:《厦门工商业大观》,厦门工商广告社,1932 年,第 3 章,第 7 页。周醒南极为重视与厦门报界关系,时常接受记者访问,宣传改革主张及争取民众支持,如 1934 年 3 月 2 日《江声报》登载记者与周氏谈话内容,其中周氏畅谈工务局兴建公厕计划,以反驳民间弹劾工部局垄断厕业的指控。另林国赓等人亦经常印发宣传刊物公布厦市建设工程进度与收支状况,就笔者所见可包括林国赓:《厦市工程概况》、周赁育编:《厦市工程概况》(1929 年 5 月)和漳厦海军警备司令部:《漳厦海军警备司令部临时政办事处征信录》三种。但不代表厦门与周醒南绝无贪污嫌疑,正如郭景村指出,虽然厦门建设工程起初采取价低者得的招商承包制度,后期改为"令饬"或"发交"的包工制度,承包商多为周氏的亲戚友人,林国赓充耳不闻,其中假公济私情况亦可想见,见郭景村:《厦门开辟新区见闻(1926—1933 年)》,《厦门文史资料》第 19 辑,1992 年,第 89、90 页。
⑨ 厦门工商广告社编纂部:《厦门工商业大观》,厦门工商广告社,1932 年,第 3 章,第 3 页。

段从每方丈最高价 3 000 元跌至 500 至 600 元,鹭江道帆礁一带新填海地地价从 2 000 元跌至 1 200 元仍乏人问津。①地产业泡沫经济破裂,使督办公署无法依靠预售土地筹集资金继续施工。周醒南去职亦令城市改造工程受到挫折。周氏在厦门军政要员林国赓的支持下,用铁腕手段清拆民房与祖坟,惹起地方势力人士公愤,碍于林氏颜面未敢发难。同时路政、堤工两处处事不公,复有私相授受之嫌。闽变失败后陈仪接管闽政,反对周醒南的国民党人乃有机可乘。1934 年 5 月 20 日,厦门国民党别动队趁周氏巡视中山公园时予以逮捕,借口周氏参与闽变、非法擅卖土地予英商太古洋行及日本籍民、勾结土豪侵夺民产,上书蒋介石请求治罪,经林国赓斡旋始得释放。②随后省政府下令思明工务局改称工务处,归厦门特种公安局管理,周醒南离厦。③ 1935 年夏工务处改组为厦门市工务局,机关人事屡有变更,加以经费缺乏,修路工程全面停顿。1937 年工务局改为市政府建设科,从事军事国防建设,抗战前之厦门城市建设运动遂告终结。④

二、近代厦门城市人口

关于近代厦门人口统计,因地方行政区划关系,概可分为厦门市区、禾山和鼓浪屿三部分。⑤先言厦门市区,兹将民国时期历年厦门市区人口增长概况列表如下。

表 2-4-2 民国间厦门市区人口增长数据

时间	户数	人口数			人口增长指数
		总计	男	女	
宣统年间		89 516			0.702
1913 年		110 460			0.867
1914 年		104 442	63 455	40 987	0.820
1916 年	18 158	113 298			0.889
1926 年		128 000			1.004
1927 年	24 478	127 441	70 833	56 608	1
1928 年	25 132	149 916	84 368	65 548	1.176
1929 年	25 898	154 367	85 159	69 208	1.211

① 《江声报》1934 年 5 月 14 日。
② 《江声报》1934 年 5 月 21 日。
③ 《江声报》1934 年 5 月 31 日。
④ 张镇世、郭景村:《厦门早期的市政建设(1920—1938)》,《厦门文史资料》第 1 辑,1963 年,第 121 页。
⑤ 抗日战争前厦门海关官员对厦门人口数字有粗略估计,唯其数字极不可信,如 China. The maritime customs, Decennial Reports, 1892-1901, p.130 称 1891 年厦门 18 保及鼓浪屿人口有 60 万人,然此数字实远较抗战前任何一年厦门市区、禾山及鼓浪屿合计之官方人口数字为高,极可能是将厦门出洋及归国的人口计算在内,并非厦门本地居民之实际数字。

续 表

时 间	户 数	人 口 数			人口增长指数
		总计	男	女	
1930年	28 189	164 984	91 828	73 156	1.295
1931年	28 407	166 380	93 111	73 269	1.306
1932年	30 528	176 128	99 491	76 637	1.382
1933年	32 110	176 471	100 103	76 368	1.385
1934年	32 168	179 070	102 452	76 618	1.405
1935年	31 955	181 453	104 952	76 501	1.424
1936年	32 578	181 097	102 682	78 415	1.421
1937年	33 118	183 266	104 657	78 609	1.432

(资料来源：宣统年间资料出自厦门市政府统计室编：《厦门要览》，1946年，第9页；1913年及1926年资料出自厦门市地方志编纂委员会办公室编：《厦门市志（征求意见稿）》，卷3，第5页；1914年资料出自厦门市地方志编纂委员会办公室整理：《民国厦门市志》卷八，方志出版社，1999年，第170页；1916年资料出自张遵旭：《福州及厦门》，福建省图书馆藏本，1916年，第1页；1927年至1937年数据出自福建省档案馆编：《民国福建各县市（区）户口统计资料》，编者自印，1988年，第3、6、43页。)

20世纪初至抗战前夕厦市人口增长缓慢。1913年至1937年之24年间平均人口增长率为2.066%，与其他通商口岸城市人口之快速增长，堪称相形见绌[1]。但与民国初年福建全省人口负增长比较，农村人口流入厦门趋势仍是相当明显[2]。厦市人口增长受到两个因素制约：其一是民国时期厦市工业发达水平有限，无法利用工业发展创造更多就业机会。厦门工厂规模狭小，与上海、天津等城市相去极远。厦市工业（包括手工业）人口仅占在职人口之16.31%[3]。新移民多从事商业、运输及服务性行业，此等职业需拥有专业技能或特定人际网络关系方可胜任，对非技术劳工吸纳有限。其二是东南亚较厦门对闽南移居具有更大吸引力。20世纪初东南亚各地殖民经济发展蓬勃，需要大量劳动力，吸引闽南移民前往，变为解决闽省人口压力问题的活塞，戴一峰估计从1890年至1930年的40年间，累计约136万人迁移海外，每年净迁移人数高达34 000人[4]，厦门就业机会远不及东南亚，移民多不愿定居厦门，使民国时期厦门市区人口增长与其他口岸城市相差甚远。

---

[1] 1910年至1937年上海人口平均增长率为3.69%，数据出自邹依仁：《旧上海人口变迁的研究》，上海人民出版社，1980年，第90页；同时期天津人口增长则为2.63%，数据出自李竞能主编：《天津人口史》，南开大学出版社，1990年，第288、289页。
[2] 据李国祁考察，1912年至1921年间，闽省人口增长率为－15.05%，1921年至1931年为－19.93%，但1931年至1938年间方呈正数成长，年增长率达8.26%，见李国祁：《民元～27年福建人口问题》，李国祁：《民国史论集》，台湾南天书局，1990年，第89页。
[3] 1930年上海华界工业人口占在职人口比例是23.36%，商业人口比例是12.63%，1936年工业人口比例是25.64%，商业人口下降至10.56%，数据出自邹依仁：《旧上海人口变迁的研究》，上海人民出版社，1980年，第106页。可见30年代上海华界人口增长主要是由于工业发展所致。又1936年天津工业人口占在职人口之39.36%，商业人口27.20%，见李竞能主编：《天津人口史》，南开大学出版社，1990年，第251页。
[4] 戴一峰：《闽南海外移民与近代厦门兴衰》，《二十一世纪》，1996，第31期，第49页。

次言鼓浪屿。1911 年鼓浪屿人口有 12 300 人（300 人为外国人），1916 年为 7 923 人，1934 年为 35 000 人，1937 年为 30 854 人（男性 15 640 人，女性 15 214 人）。① 1911 年至 1937 年 26 年间平均增长率是 3.31%。1916 年的人口数字较 1911 年的数字为少，极可能是因为辛亥革命时期大量人口逃到该地避乱所致。20 世纪初鼓浪屿人口增长是大量华人迁入的结果。晚清时期大量东南亚及台湾发迹华侨返回国内定居，在鼓浪屿盖建新式楼房，②吸引其他归侨及闽南富商迁入，造成华人人口快速增长。据鼓浪屿工部局统计，1934 年华人在当地拥有物业达 6 138 330 元，占所有征税物业额 96.44%。③ 龙头街和日兴街等居住区之出现即为二三十年代人口增长之结果。

最后是禾山。随着厦门市区不断拓展，禾山面积相应减少。民国时期禾山尚属农村地区。1914 年禾山人口有 51 853 人（男性 27 565 人，女性 24 288 人），1937 年有 53 680 人（男性 27 377 人，女性 26 303 人）④，此时期人口增长率是 0.15%。禾山人口增长率偏低，原因有二：其一是 20 世纪初禾山居民大量移居海外，张遵旭指该地"男子皆出洋谋生，家中仅留妇女坐享饱暖"⑤。1917 年厦门"禾山帮"客栈共有 9 间，专门招待该地出洋旅客，可见该地移民风气之盛。⑥ 其二是随着厦门市区扩张，禾山与厦门接壤的人烟稠密地区，逐渐被划入厦门市区，故禾山人口增长率与厦门相去甚远。

至于外侨人口增长，试看下表。

表 2-4-3 民国间厦门外侨人口增长数据

地区 时间	美国	法国	德国	英国	日本	葡萄牙	台湾	其他	总计
1914 年	80	64	50	123	262	0	0	106	685
1930 年	38	62	0	79	105	94	3 248	0	3 626
1935 年	90	160	/	127	9 662（包括日籍台人）	/	/	242	10 281
1936 年	250	151	1	131	837	238	8 874	168	10 650

（资料来源：1914 年及 1936 年资料出自厦门市地方志编纂委员会办公室整理：《民国厦门市志》卷八，方志出版社，1999 年，第 182—183 页；1930 年资料出自茅乐楠：《新兴的厦门》，厦门大学图书馆藏本，1934 年，第 9 页；1935 年资料出自《申报》1935 年 11 月 10 日。）

---

① 厦门市志编纂委员会、厦门海关志编委会：《近代厦门社会经济概况》，鹭江出版社，1990 年，第 356 页；1916 年资料出自张遵旭：《福州及厦门》，福建省图书馆藏本，1916 年，第 45 页；1934 年资料出自林传沧：《福州厦门地价之研究》，萧铮主编：《中国地政研究所丛刊》，台湾成文出版社，1978 年，第 43531 页；1937 年资料出自厦门市政府统计室编：《厦门要览》，1946 年，第 10 页。
② China. The maritime customs, *Decennial Reports*, 1902 - 1911, p. 115.
③ The Kulangsu Municipal Council, *Report for the Year Ending 31ˢᵗ December 1934*.
④ 1914 年资料出自厦门市地方志编纂委员会办公室整理：《民国厦门市志》，方志出版社，1999 年，第 170 页；1937 年资料出自厦门市政府统计室编：《厦门要览》，1946 年，第 10 页。
⑤ 张遵旭：《福州及厦门》，福建省图书馆藏本，1916 年，第 42 页。
⑥ 南满洲铁道株式会社调查部上海事务所调查室编：《华侨调查汇报》第 2、3 合辑，第 93，94 页。

1914年至1936年间厦市外侨人口增长率为7.99%,日本及台湾籍民数量最多。旅厦外国人绝大部分居于鼓浪屿,籍民则多与本地居民杂居。① 据1936年统计,在厦籍民从事职业依次为商业(占外侨在职人口81.18%)、娼妓(7.85%,以台湾女性为主)、医生(4.90%)、工业(1.63%)和教育(1.24%)。② 外侨人数多寡与所属地区与对厦贸易盛衰挂钩,如1935年及1936年台湾和日本均为厦门对外贸易最大伙伴,故外侨数目最多。

近代都市人口增长可分为自然增长和外地移民两种因素。先言自然增长。兹将1932年至1936年间厦门市出生与死亡人数情况列表如下。

表2-4-4　1932—1936年厦门出生与死亡人数统计

时间	出生总数	性别		净出生率	死亡总数	性别		死亡率	出生与死亡人数相差额
		男	女			男	女		
1932年	2 515	1 334	1 181	14.28	4 837	2 769	2 068	27.46	-2 322
1933年	2 787	1 451	1 336	15.97	4 023	2 650	1 373	22.80	-1 236
1934年	2 797	1 589	1 208	15.62	4 205	2 395	1 810	22.48	-1 408
1935年	3 003	1 512	1 491	17.02	4 057	2 419	1 638	22.36	-1 054
1936年	3 165	1 791	1 374	17.48	2 252	1 218	1 034	12.44	+913

(资料来源:福建省政府秘书处统计室:《福建省统计年鉴》第一回,福建省政府秘书处,1937年,第125页。)

厦门居民死亡率较出生率为高,原因可能有二:第一是厦门物价高昂,部分低收入家庭往往将产妇送回祖籍待产,待小孩长大至某一年龄后才送回厦门接受教育或谋生。第二是厦门城市卫生状况不佳增加人口死亡率,1936年厦市因卫生问题产生疾病而死亡者(肺痨、痨病、肠泻和肠胃病)有673人,占死亡总数32.4%,远较福州之比例(24.57%)为高。③

次言外地移民。厦门自1932年至1936年间,户数增加2 050户,人口增加4 969人,唯厦门此五年间,死亡人数较出生人多5 107人,可知厦门人口增加实为迁徙之结果。近代人口学家多以"推力与拉力理论"(push-pull theory)解释农村人口移入城市之现象。"推力因素"(push factor)是指驱使移民从农村移往城市之因素(如农村地区的人地比例失调及天灾人祸)。"拉力因素"(pull factor)指城市对农村人口的吸引力。二三十年代闽省治安不靖,造成内地农民迁入厦门之"推力因素"。厦门与内地工资水平差距与经济机会远较农村为优,形成"拉力因素",吸引追求较佳生活的农民移入厦门。其中"拉力因素"实较"推力因素"影响较大。厦门

---

① 厦门市区海后滩虽设有英国租界,但据1922年英国领事报告指出,租界内仅有用作办公室的楼房十座和货栈,约有1 000名外国公司的华人雇员及其亲属居住,没有外国人定居于此,见 "Memorandum respecting Amoy Boycott and Foreshore Questions," in Kenneth Bourne and D. Cameron Watt ed., *British Documents on Foreign Affairs: Reports and Papers From the Foreign Affairs: Reports and Papers From the Foreign Office Confidential Print*, part 2, Series E, vol. 26, p. 455.
② 福建省政府秘书处统计室:《福建省统计年鉴》第一回,福建省政府秘书处,1937年,第121页。
③ 福建省政府秘书处统计室:《福建省统计年鉴》第一回,福建省政府秘书处,1937年,第128、129页。

工资水平普遍较内地为高,20世纪20年代初期在厦门船坞工作的苦力每天工资约0.75元,福清县木匠工资为0.3元,惠安县大工(即熟练工人)工资为0.24元,石码镇大工工资则为0.3元。① 相对而言,"推力因素"中的人地比例失调,似乎并非构成驱使移民离开农村的重要因素,民国时期闽南自耕农比例冠于全省(参第三章),故民国时期闽南地区的人口流动,"经济移民"的特性相当明显。20世纪初东南亚各地殖民式经济蓬勃,可容纳大量闽省农民迁入,选择厦门之移民数量较少。20年代末期东南亚各地吸纳劳工移民能力渐趋饱和,定居厦门的移民数量增加,构成30年代厦门人口增长之主要动力。

厦门市区人口特质,可从性别比例及年龄分布、职业构成、籍贯构成、人口分布四方面探讨:

1. 性别比例及年龄分布

表2-4-5 民国间厦门男女人口比例

时 间	男性与女性比例	年 份	男性与女性比例
1914年	154.8∶100	1932年	129.8∶100
1926年	122.8∶100	1933年	131.1∶100
1927年	125.1∶100	1934年	133.7∶100
1928年	128.7∶100	1935年	137.2∶100
1929年	123.3∶100	1936年	130.9∶100
1930年	125.5∶100	1937年	133.1∶100
1931年	127.1∶100		

20世纪初厦市人口性别比例维持清中叶以来发展趋向,男女比例极不平衡。1914年至1926年间厦市性别失衡现象稍有纾缓,可能是当地大量男性出洋谋生,归侨将女性家眷安置在厦门所致。1926年至1935年间男性比例续有上升,显然是东南亚劳动力市场渐趋饱和,部分出洋华侨无法在东南亚觅得工作折返厦门,加上农村壮年男性流入厦门谋生所致。鼓浪屿男女比例远较厦门市区平均,其原因为该地侨眷数目较厦市及禾山为多。据厦门市政府统计,1945年11月厦门共有侨眷20 676人,其中9 936人住在鼓浪屿(占总数48.06%),禾山区1 485人(占总数7.18%),厦门市区7 770人(占总数37.58%)。②

表2-4-6 1937年厦门与禾山人口年龄分布状况

年龄组别	厦 门	禾 山	福建省平均人口年龄分布
0—4岁	5.0%	11.2%	9.1%
5—9岁	6.4%	11.8%	10.7%

① [日]东亚同文会:《支那省别全志》第十四卷,日本东亚同文会,1917年,第117、125、203页。
② 厦门市政府统计室编:《厦门要览》,1946年,第12页。

续表

年龄组别	厦门	禾山	福建省平均人口年龄分布
10—14 岁	8.3%	11.2%	10.7%
15—19 岁	9.0%	9.8%	9.5%
20—24 岁	13.1%	9.4%	10.0%
25—29 岁	12.4%	9.5%	8.9%
30—34 岁	11.8%	7.4%	8.2%
35—39 岁	9.1%	6.3%	7.0%
40—44 岁	9.0%	5.2%	6.6%
45—49 岁	6.8%	4.5%	6.0%
50—54 岁	5.1%	4.5%	4.9%
55—59 岁	2.9%	3.4%	3.4%
60—64 岁	0.7%	2.6%	2.3%
65—69 岁	0.3%	1.5%	1.3%
70—74 岁	0.1%	1.0%	0.8%
75—79 岁	0%	0.5%	0.4%
80 岁以上	0%	0.2%	0.2%

(资料来源：福建省政府秘书处统计室：《福建省统计年鉴》第一回，福建省政府秘书处，1937年，第105页。)

厦市人口年龄分布有三个特点：其一是儿童人口比例较低。厦市14岁或以下之人口比例仅占19.7%，同时期的省平均数字是30.5%，禾山则为34.2%。其二是壮年人口比例极高。厦市20至44岁人口占全部人口总数之55.4%，省平均数是40.7%，禾山则为37.8%，说明有大量壮年人口涌入厦市找寻生计。其三是老年人口比例偏低。厦市60岁以上之人仅占1.1%，与省平均数(4.7%)及禾山之数字(5.8%)相差甚远，除可能因于厦市卫生不佳缩短居民寿命外，亦可能是因为部分非土生的老年人口离开厦市，返回本籍终老所致。

2. 职业构成

1930年及1936年7月厦市公安局和市政府曾分别就厦市居民之职业进行调查，兹将其结果表列如下。

表2-4-7　1930、1936年厦门居民职业情况调查

职业类别	1930年统计结果	所占劳动人口百分比约数	1936年7月统计结果	所占劳动人口百分比约数
农 业	25	0.05%	772	1.56%
工业(包括手工业)	7 630	16.31%	10 012	20.17%
商 业	8 634	18.45%	14 959	30.14%
交通运输	181	0.39%	316	0.64%
党 务	330	0.71%	108	0.22%

续 表

职业类别	1930年统计结果	所占劳动人口百分比约数	1936年7月统计结果	所占劳动人口百分比约数
政　界	558	1.19%	331	0.67%
军　界	731	1.56%	1 395	2.81%
警　界	1 350	2.89%	2 042	4.11%
家庭管理	247	0.53%	1 521	3.06%
佣　役	1 265	2.7%	1 241	2.50%
教育事业	814	1.74%	1 043	2.10%
医　药	432(新旧医与补齿科合计)	0.92%	1 019	2.05%
律　师	140(律师与法律从业员合计)	0.30%	76	0.15%
会计师	并无显示		15	0.03%
工程师	5	0.01%	11	0.02%
宗教事业	并无显示		41	0.08%
社团事业	并无显示		219	0.44%
车　夫	708	1.51%	1 214	2.45%
苦　力	257	0.55%	826	1.66%
稳　婆	14	0.03%	35	0.07%
伶　界	34	0.07%	93	0.19%
巫　道	并无显示		16	0.03%
娼　妓	845	1.81%	1 638	3.30%
小　贩	1 172	2.50%	1 859	3.75%
讲　书	并无显示		9	0.02%
地　保	18	0.04%	并无显示	
渔　业	138	0.29%	并无显示	
报　界	46	0.10%	并无显示	
店　伙	16 571	35.42%	并无显示	
牧　畜	35	0.07%	并无显示	
轿　夫	82	0.18%	并无显示	
走　唱	368	0.79%	并无显示	
美　术	27	0.06%	并无显示	
其　他	4 398	9.4%	8 667	17.46%

（资料来源：1930年资料出自厦门市公安局秘书处编：《警政年刊：1930年6月至1931年6月》，1931年；1936年资料出自福建省政府秘书处统计室：《福建省统计年鉴》第一回，福建省政府秘书处，1937年，第116页。）

上述两个调查结果，因统计方法与分类不同出现差异。30年代厦门市区农业并无突出增长，1936年调查的农业人口数字为772人，较1930年数字增加747人，原因显然是由于新区开发，将禾山部分农民纳入厦门人口所致。上述两项数据说明厦门居民职业结构之三大特点：首先，商业是厦门的经济命脉，1930年商人及店伙占在职人口之53.87%，其次是工业和手工业，占16.31%，渔、农和牧畜业从业员所占比例极低，仅占0.41%。最后是服务性行业占有一定比重。1930年服务业（家庭管理、佣役、车夫、伶界、娼妓、轿夫、走唱）在职人口占就业人口比例的7.59%，显示厦门职业结构与消费经济挂钩之特点。

若将两个调查数字作出比较，20世纪30年代厦门有三个职业组成发展趋向：其一是从商在职人口增长迅速，人口比例从1930年之18.45%跃升至1936年7月之30.14%，此与30年代大量华侨归国经营商业，及农村人口流入城市经营小本买卖有关。其次是工业和手工业工人比重从1930年之16.31%跃升至1936年7月之20.17%，反映30年代厦门工业之持续发展。其三厦门职业人口以男性为主，据1936年调查，职业女性仅占在职人口之7.14%，比例远较1935年福州数据为低（12.66%）。最多妇女从事的职业是家庭管理（占职业女性人口32.02%）、佣役（占职业女性人口8.15%）、娼妓（占职业女性人口46.21%）。厦市现代化事业对女性之吸纳极低，女性仅占在职工业人口之0.49%（福州比例是11.25%），从事教育总人口之2.78%（福州比例是14.98%），[①]显示出近代厦门具有一个男性为主的职业结构。近代化事业的不完全发展，未能为妇女带来经济解放，"男主外，女主内"的传统观念仍为厦门社会普遍风气。

3. 籍贯构成

厦门是一个移民城市，不同籍贯居民因各种原因迁入厦门，兹将1930年居住厦门的外省籍人数列表如下。

表2-4-8　1930年居住厦门的外省人数量统计

省　别	男　性	女　性	总　数	所占厦门人口比例
奉　天	25	15	40	0.02%
河　北	351	79	430	0.27%
山　东	312	52	364	0.23%
山　西	12	6	18	0.01%
陕　西	3	2	5	0.00%
甘　肃	3	1	4	0.00%
四　川	14	9	23	0.01%
河　南	193	51	244	0.15%
湖　北	49	27	76	0.05%
江　苏	693	403	1 096	0.68%
福　建	83 198	68 610	151 808	94.55%
广　东	2 379	1 041	3 420	2.13%

---

① 福建省政府秘书处统计室：《福建省统计年鉴》第一回，福建省政府秘书处，1937年，第116页。

续表

省别	男性	女性	总数	所占厦门人口比例
广 西	3	9	12	0.00%
云 南	3	4	7	0.00%
安 徽	257	93	350	0.22%
浙 江	1 239	379	1 618	1.01%
江 西	257	503	760	0.47%
湖 南	201	73	274	0.17%
贵 州	2	1	3	0.00%
总 计	89 194	71 358	160 552	约100%

（资料来源：厦门市公安局秘书处编：《警政年刊：1930年6月至1931年6月》，1931年。）

厦门人口构成以福建人为主，外省居民以广东（2.13%）及浙江（1.01%）最多，江苏人次之（0.68%），江西人又次之（0.47%），其他省籍居民不及0.3%。近代厦门苏广郊业务兴盛，广东、浙江、江苏人来厦营商者众。广东人除经商外，亦有相当数量专业人士与技术工人，如周醒南为广东惠阳人，抗战时担任伪厦门市长之李思贤则本业律师，广东新会人，20年代末亦有不少广东人在厦任打石工人。① 福建省各县住厦门男女分布情况可参下表。

表2-4-9　20世纪30年代初福建省各县住厦门人数统计

县 名	男性	女性	总 数	所占闽籍住厦人数比例	所占厦门人口比例
思 明	27 693	29 448	57 141	37.64%	34.63%
同 安	10 301	10 361	20 662	13.61%	12.52%
晋 江	8 996	6 498	15 494	10.21%	9.39%
安 溪	7 996	5 416	13 412	8.83%	8.13%
南 安	6 413	3 961	10 374	6.83%	6.29%
闽 侯	6 401	3 912	10 313	6.79%	6.25%
惠 安	5 942	3 071	9 013	5.94%	5.46%
海 澄	1 597	1 561	3 158	2.08%	1.91%
龙 溪	1 536	949	2 485	1.64%	1.51%
永 春	1 431	538	1 969	1.30%	1.19%
莆 田	1 061	501	1 562	1.03%	0.95%
龙 岩	985	537	1 522	1.00%	0.92%
永 定	779	391	1 170	0.77%	0.71%
福 清	350	171	521	0.34%	0.32%
金 门	239	192	431	0.28%	0.26%

---

① 第三战区金厦汉奸案件处理委员会：《闽台汉奸罪行纪实》，江声文化出版社，1947年，第1页；苏警予等编：《厦门指南》，新民书社，1931年，第100页。

续 表

县 名	男 性	女 性	总 数	所占闽籍住厦人数比例	所占厦门人口比例
漳 浦	238	153	391	0.26%	0.24%
东 山	193	75	268	0.18%	0.16%
仙 游	143	103	246	0.16%	0.15%
诏 安	96	74	170	0.11%	0.10%
连 江	85	51	136	0.09%	0.08%
长 乐	74	56	130	0.09%	0.08%
长 汀	51	74	125	0.08%	0.08%
平 和	49	63	112	0.07%	0.08%
霞 浦	63	49	112	0.07%	0.07%
上 杭	59	46	105	0.07%	0.06%
长 泰	43	39	82	0.05%	0.05%
平 潭	39	32	71	0.05%	0.04%
南 靖	36	34	70	0.05%	0.04%
连 城	41	29	70	0.05%	0.04%
清 流	40	29	69	0.05%	0.04%
福 鼎	31	23	54	0.04%	0.03%
宁 德	33	20	53	0.03%	0.03%
永 泰	28	11	39	0.03%	0.02%
云 霄	21	12	33	0.02%	0.02%
古 田	19	11	30	0.02%	0.02%
德 化	17	10	27	0.02%	0.02%
大 田	9	15	24	0.02%	0.01%
福 安	11	13	24	0.02%	0.01%
闽 清	9	11	20	0.01%	0.01%
建 瓯	9	10	19	0.01%	0.01%
归 化	7	11	18	0.01%	0.01%
罗 源	6	9	15	0.01%	0.01%
漳 平	5	9	14	0.01%	0.01%
尤 溪	3	8	11	0.01%	0.01%
武 平	3	7	10	0.01%	0.01%
建 阳	2	6	8	0.01%	0.00%
寿 宁	2	5	7	0.00%	0.00%
浦 城	2	5	7	0.00%	0.00%
宁 化	1	4	5	0.00%	0.00%
永 安	2	3	5	0.00%	0.00%
将 乐	1	2	3	0.00%	0.00%
邵 武	2	1	3	0.00%	0.00%

续 表

县 名	男 性	女 性	总 数	所占闽籍住厦人数比例	所占厦门人口比例
南 平	3	0	3	0.00%	0.00%
宁 阳	2	2	4	0.00%	0.00%
政 和	2	0	2	0.00%	0.00%
松 溪	1	1	2	0.00%	0.00%
泰 宁	1	1	2	0.00%	0.00%
总 计	83 202	68 624	151 826	约100%	约100%

(资料来源：厦门市公安局秘书处编：《警政年刊：1930年6月至1931年6月》，1931年。)

厦市闽籍居民以闽南人最多，祖籍厦门者仅占34.63%，可见厦门移民城市之本质。籍贯往往影响着个人就业选择，相同籍贯的人大多会从事某几种职业，产生以地缘和业缘结合的"帮"。就厦门情况而言，"帮"之形成大致可从三个方面去理解：一为中国人向来讲求同乡关系，外地移民到厦门谋生，对当地风土民俗与营商环境并不了解，更可能不谙闽南语，与本地居民不易沟通，①必须依赖同乡照顾并代为找寻工作。同一籍贯移民多会在同乡介绍下从事同一职业，借此互相照应，及抵抗工作时遇到的不平等对待，此种趋向尤以低下阶层职业为然。如1937年厦市人力车夫约有千余人，兴化籍车夫数目最多，温州籍400余人，北方及本地各县籍仅100至200人②。码头运输业由祖籍泉州的"厦门三大姓"垄断。旅厦福州人有所谓"三把刀"称号（即裁缝的剪刀、理发匠的剃刀和厨师的菜刀），龙岩人则手执百货业牛耳③。其二是中国传统手工业向以师徒制传授业艺，工匠招收学徒，多由乡亲引介，学徒学得之专业技能亦富地方特色，各地工匠依靠本身技能配合市场需要，招徕客户。如厦市成衣匠分上海、福州和本地三种：上海成衣匠人数最少，所制衣服较能迎合时装潮流，收费最昂；福州成衣匠数量最多，工费最廉；本地衣匠皆为女性，多在家中承接工作④。其三是外地商人经营本籍土货来厦发卖，他们在采购土货时因熟悉本籍市况，因此能降低成本，排除非本籍商人之竞争。战前家具业分上海、广东、福州、本地四帮。广东帮专制柚木，自运原料雇工制造；上海、福州帮则由其原籍采购制成品来厦发卖。各帮商品针对之消费市场亦有档次区分，福州帮经销之家具不讲究手工，适合普通家庭使用，广东、上海帮经销之家具手工较佳，价钱亦贵，深受富户欢迎⑤。各帮客路、货源不同，彼此间绝少恶性竞争。但在部分行业中

---

① 民国时期厦门本地居民以操闽南方言为主，本籍居民懂得国语的人数奇少，1936年一位名为张良佑的外地旅客，在《江声报》发表题为《第一次认识厦门》的短论，认为"颇以厦门不能国语为憾"，见《江声报》1936年3月8日。
② 《江声报》1937年12月6日。
③ 黄家伟：《漫话厦门的烹饪饮食业》，《厦门工商集萃》第2辑，1985年，第100页；林萍：《百货行业与"龙岩帮"》，《厦门工商集萃》第1辑，1984年，第17、18页。
④ 苏警予等编：《厦门指南》，新民书社，1931年，第72、73页。
⑤ 《江声报》1948年10月14日。

"帮"之分类,并非绝对与籍贯扯上关系。如糖油业按经营货品产地来源和种类,分成洋帮、香港帮、北帮、出水帮、油帮、在地帮。① 民国时期厦门居民籍贯意识的另一发展趋向是同乡组织数量之增长。20 世纪最初的 10 年厦门仅得 4 家会馆,1930 年已有 14 个同乡会组织,部分如广东同乡会、台湾公会及福州同乡会等更设有学校教育同乡子弟。② 同乡组织数量增长反映两个现象:其一是来厦谋生的外地人数量越来越多;其二是说明厦市不同籍贯居民竞争日趋激烈,同一籍贯人士意识到必须依靠正规组织团结同乡,方能有效地保障同乡利益。③

第五节 近代本区中小型城镇的发展

除区域性大城市外,近代本区的中小型城市(尤以侨乡地区为然)亦得到相当程度的发展。较显著的例子有泉州的安海和石狮、漳州的石码及永定的峰市。其中安海与石狮是著名的侨乡,也是泉州地区的交通枢纽;石码是闽西、漳州等区进出口货品的集散地;峰市的兴盛则是抗战时期因沿海被日军封锁的特殊现象。

一、安 海

安海位于晋江县西南濒海地方,是晋江县辖下最大的市镇,也是泉州与厦门之间的天然良港。安海因地处"九十九曲"的石井江之滨,汉代被称为"湾海"。宋初唐代名臣安金藏之后安连济定居于此,因而易"湾"为"安"。其后地方政府在此设卡征税,号"石井津",并于南宋建炎四年(1130 年)创"石井镇"。明代易名为安平镇,嘉靖后逐渐成为中国东南沿海私人海上贸易的重要港口。④ 嘉靖三十六年(1557 年)因倭寇入侵,晋江知县卢仲田倡议筑城,乡绅柯实卿拆东洋桥石筑成。⑤ 明人何乔远尝言:"安平一镇在郡东南陬,濒于海上,人户且十余万,诗书冠绅等一大邑。其民啬,力耕织,多服贾两京都、齐、汴、吴、越岭以外,航海贸诸夷,致其财力,相生泉一郡人。"⑥其时安平商人足迹遍及海内外。⑦ 明末郑芝龙父子以安海为基地,开展海内外贸易活动,江浙

---

① 厦门工商广告社编纂部:《厦门工商业大观》,厦门工商广告社,1932 年,第 35—38 页。
② 20 世纪 10 年代的同乡组织包括广东、永春、兴化和湖南四间会馆,见[日]东亚同文会编:《支那省别全志》第十四卷,日本东亚同文会,1920 年,第 973 页;30 年代则包括广东同乡会、广东公会、台湾公会、福州同乡会、江苏同乡会、兴safe会馆、安溪公会、惠安公会、晋江公会、永定公会、南安公会、温州同乡会、南安公会和海澄公会,见苏警予等编:《厦门指南》,新民书社,1931 年,第 22 页。晚清时期湖南人在厦为数不少,近代民间素有"无湘不成军"之俗谚,厦门军警亦多湘人,李厚基治闽时期解散湘籍驻军,另用北军替代,湘人数目大为减少。1925 年海军人据厦门,近代海军官僚多为福州人,故颇多福州人在厦门担当政府要职,时人戏称"锭标有势,光饼起价,粪扫不爬,剪发双倍",意谓福州人势力膨胀,虽卖光饼及剪发者,均得利市三倍也,见《厦阳周报》1931 年 12 月 14 日。此时福州菜开始普及化,20 世纪 30 年代共有 16 家高级食肆专营闽菜,数量与经营粤菜的餐馆相若,见苏警予等:《厦门指南》,新民书社,1931 年,第 7—9 页。
③ 如 1936 年 9 月 13 日永春旅厦同乡会刊登启事,说明"厦门华洋什处,客栈林立,实际营业者固多,而徒挂虚名,专事敲诈者,亦属不少,以是出国日久之华侨,或未经出门之同乡,不知吾永同乡所设客栈之住址,间有投宿其他客栈者,常受其愚,致蒙损失或其他纠纷事项",特列出 9 间同乡所开之客栈供同乡参考,反映出厦门同乡组织传递讯息,保障同乡利益的社会功能,见《江声报》1936 年 9 月 13 日。
④ 晋江市地方志编纂委员会:《晋江市志》,上海三联书店,1994 年,第 25 页。
⑤ 晋江市乡土史料编辑委员会校注:《安平志校注本》,中国文联出版社,2000 年,第 43 页。
⑥ 傅衣凌:《明代泉州安平商人论略》,安海港史研究编辑组编:《安海港史研究》,福建教育出版社,1989 年,第 83 页。
⑦ 林仁川认为清中叶以后,安海港衰落的原因有四:一是战乱迁界使安海受到毁灭性的打击;二是安海商人自身的弱点使他们不能充分发展成为近代的自由商人;三是西方殖民者的侵扰与屠杀,使安平海商受到重大挫折;四是安海港道水浅,大船无法进港,见庄为玑:《晋江新志》,泉州志编纂委员会办公室,1985 年,第 287 页。

以至华北等港口的航运往来频繁。顺治十二年(1655年),郑成功为防清军进犯,拆安海城造白沙城。① 清廷实施迁界令后,安海被废弃。康熙十九年(1680年)复界后,安海逐渐复兴。雍正七年(1729年),闽督高其倬移泉州城守营都司与把总驻防当地,以西仓同知带管安海,为清廷设专官治理安海之始。② 乾隆三十五年(1770年),晋江贴堂县丞移驻安海,设分县。1912年再设分县。1915年8月,分县改为县佐。1919年10月,晋江民军(靖国军许卓然部)以安海为政治中心,划出部分晋南地区成立安海县,次年民军改编后取消安海县,1940年易名为安平镇,1944年改为安海镇。③ 厦门开港后,安海市况日趋兴旺,外洋货品从厦门输入泉州地区,多先经安海转运;泉州土产出口与旅客出洋,也多由安海转往厦门。④ 随着舶来品的不断增多,海运频繁,码头工人数不断增加,温州、平阳一带到安海做挑运工人的人数近1 000人。⑤

1911年辛亥革命爆发,安海革命党人打响福建革命的第一枪,宣布安海光复。20世纪初该镇约有2 000户,人口有1万人。⑥ 1919年晋南同政务处委陈清机为路政局局长,负责改建市街,把路面拓宽,两旁另辟人行道6尺。⑦ 1936年安海共有商户367家,资本额为449 200元,营业额为3 355 100元。兹将其分类情况表列如下。

表2-4-10 1936年安海商家数量、资本、营业额统计

类　别	家　数	资本额(元)	营业额(元)
服饰类	24	63 600	329 000
饮食类	179	212 500	2 290 000
住用类	51	69 300	258 700
燃料类	7	22 000	76 700
医药卫生类	16	16 000	57 600
文化娱乐类	5	3 800	6 300
婚丧祀用类	36	17 400	101 300
日用杂物类	43	42 200	226 500
居间类	6	2 400	9 000

(资料来源:福建省政府秘书处统计室:《福建省统计年鉴》第一回,福建省政府秘书处,1937年,第803页。)

另据1957年不完全的统计资料,安海华侨近百年来在故乡建筑机屋达137座,投资67万元。⑧

---

① 安海乡土史料编辑委员会校注:《安平志校注本》,中国文联出版社,2000年,第15页。
② 安海乡土史料编辑委员会校注:《安平志校注本》,中国文联出版社,2000年,第12页。
③ 晋江市地方志编纂委员会:《晋江市志》,上海三联书店,1994年,第7页。
④ 庄为玑:《晋江新志》,泉州志编纂委员会办公室,1985年,第49、50页。
⑤ 郑士美:《辛亥革命前后安海社会见闻杂记》,《晋江文史资料选辑》修订本1至5辑,1995年,第74页。
⑥ 王连茂、庄景辉编译:《一九〇八年泉州社会调查资料摘录》,《泉州工商史料》第2辑,1983年,第171页。
⑦ 洪少禄:《军阀统治时期之安海》,《晋江文史资料选辑》修订本1至5辑,1995年,第226页。
⑧ 林金枝:《安海港的兴衰与华侨的关系》,安海港史研究编辑组:《安海港史研究》,福建教育出版社,1989年,第151页。

二、石　狮

石狮位于晋江县的中部,是本区著名侨乡。石狮之得名,相传该地在隋代时有一"凤里庵",庵前石亭下有两只石雕狮子,故称石狮亭,往来商旅都以石狮作为当地路标。① 宋代石狮作为一个泉州区内的交通要道而逐渐发展起来。明代嘉靖年间,邻乡沿海居民为避免倭寇侵扰,迁到石狮居住。至清初迁海令实施期间,不少居民举族迁往该镇,使该镇人口不断增加,除商业街外,还发展出布、牛、羊、菜、五谷等5个墟,再进一步发展成为拥有"九街"、"五围"、"七社"和11条巷的集镇。② 1784年清政府批准蚶江与台湾鹿港对渡,带动了石狮的经济发展。清光绪年间,当地商户达500户,经营行业有棉布、百货、粮食、酱料、烟丝、酿酒、印刷、金银首饰、香楮、成衣、饮食、客栈、医药等,其中香楮迷信业达30余家。③

厦门开港后,大量石狮人出洋谋生。第一次世界大战后,不少归侨投资当地商业与房地产,加上大量的华侨汇款强化了当地侨眷的购买力,为城市的繁荣创造了有利的条件。④ 据庄为玑的考察,中华人民共和国成立前侨汇约占石狮收入的70%。⑤ 闽南公路运输的开展,也成为促进当地城市繁荣的一大助力。清末民初时期,石狮与泉州及安海等城市的货物运输,只依靠人力或畜力搬运。自1923年后,泉州地区的公路网络逐步竣工,石狮成为泉州地区公路网络的枢纽,扮演着晋南沿海农、渔、土特产集散地,以及晋南侨乡消费的中心市场的角色。1924年华侨投资的电灯公司开始提供服务。1930年后,镇内旧街陆续改建,并新增7条街道。镇内的民生消费工业,除酱料业、烟丝业及蜡烛加工业继续扩展外,酿酒、印刷和粮食加工等小型工业亦陆续出现。商业方面,扩展最快的当推粮食行业,至1934年间发展至40多家;其次是香楮迷信品,计有30多家,再次是棉布和百货业;专营华侨汇款的民信局则增至6家。⑥ 据1936年的统计,当地有饮食商店167家,资本额8.66万元,年营业额243.55元;住用商店29家,资本额1.34万元,年营业额8.79万元;燃料商店9家,资本额2.75万元,年营业额15.9万元;婚丧礼用商店36家,资本额1.49万元,年营业额10.23万元;日用杂物商店26家,资本额2.56万元,年营业额23.22万元;医药卫生商店41家,资本额1.75万元,年营业额10.5万元;文化娱乐商店6家,资本额0.32万元,年营业额0.86万元;鱼行业5家,资本额0.35万元,年营业额3万元。⑦

抗战中期以后,因国外华侨汇款断绝,侨眷生活大受打击,令当地经济萧条。

---

① 晋江县人民政府编:《福建省晋江县地名录》,编者自印,1983年,第11页。
② 郑炳山:《石狮史话》,《晋江文史资料选辑》修订本1至5辑,1995年,第420—423页。
③ 石狮市地方志编纂委员会:《石狮市志》,方志出版社,1998年,第130页。
④ 据《石狮市志》的估计,镇区的10多条街道,80%以上的店铺楼房,均为华侨投资兴建,见该书第903页。
⑤ 庄为玑:《晋江新志》上册,泉州志编纂委员会办公室,1985年,第50页。
⑥ 郑炳山:《石狮史话》,《晋江文史资料选辑》修订本1至5辑,1995年,第424—426页。
⑦ 石狮市地方志编纂委员会:《石狮市志》,方志出版社,1998年,第130页。

抗战胜利后,石狮因侨汇复通,经济出现短暂繁荣。据统计,至1949年,全镇工业(含手工业)、商业(含饮食和服务业)及金融业共800多家,比1942年前的抗日战争初期600多家增加30%。如棉布业在1945年前只有6户,从业人员33人;1949年增至32户,从业人员149人。百货行业发展到33家,其中资本在1万元以上的共有8家。大小粮商激增至80多家,碾米加工业也增加4家。华侨投资石狮的资金约有12万元。①

三、石　码

石码原名石溪,位于九龙江北溪、西溪汇流处下端的锦江南岸,为漳州及闽西一带进出口货物的集散地。明代为十一都锦江社。弘治元年(1488年)置锦江埠。嘉靖初年因沿江叠石筑坝,故名石码。嘉靖五年(1526年)建石码镇,划分上码、下码进行街市建设。万历二年(1574年)将海澄县卢沈市划归石码,扩大石码镇区。漳州月港衰落后,石码和厦门取代月港,成为内地粮米和土产品出口的中转站。《厦门志》尝言:"厦门未设口之先,各船驶进大担口,直抵海澄石码,行保在焉。进口由海澄查验。自伪郑荡平后,始设立厦门正口。"②清顺治元年(1644年)填江滩地建外市街,并设立文武官署和水陆关卡。迁界时期石码成为废镇。康熙元年(1662年)筑石码城,城周150余丈,辟城门3个,各建门楼,筑水门临江为濠。康熙二十四年(1685年)厦门海关在石码设置分关。康熙四十八年(1709)于下码筑堤砌石,建新行街。康熙五十九年,江东柳营司移驻石码。乾隆八年(1743年)置石码厅,五十四年(1715)起兼辖龙溪、海澄、南靖、长泰四县的海防。1865年设立石码海关,凡货船出入港口均须赴关检验纳税领单放行。1936年8月设石码特种区,与龙溪县分治,直属福建省第五行政督察专员公署,1938年8月改为普通区。1945年撤区改为石码镇。③

九龙江上游由于年久沙泥淤积,南靖、长泰、平和、漳平、龙岩各地米谷、蔗糖、竹木、纸张、水果等土杂货,只能以平底民船运抵石码销售,然后由石码私商换深水船转驳厦门、泉州等地;洋杂诸货和食盐亦由各地运至石码,再转入内陆。明清时期九龙江西、北两溪沿江木材出口,亦主要以石码为中转站。石码自明至清,从新州大路头至龙海桥,先后建有15个码头,其中宫前码头建于康熙四十八年(1709年)。

厦门开港后,石码商业逐步发展。民国初年,原石码合记钱柜仔店集股金2万元,改为信记钱庄。④ 1915年华侨林秉祥在石码炮仔街创办华泰电灯公司,安装木炭动力机2台,向商户提供照明用电,兼营皮线、灯头、灯泡等电器配件,货源主要来自日本。同时石码镇的城市面貌也出现重大转变。1919年粤军陈炯明部洪兆

---

① 郑炳山:《石狮史话》,《晋江文史资料选辑》修订本1至5辑,1995年,第428页。
② [清]周凯:《厦门志》卷五,《台湾文献丛刊》第85种,台湾银行研究室,1961年,第178页。
③ 福建省龙海县地方志编纂委员会:《龙海县志》,东方出版社,1993年,第18页。
④ 福建省龙海县地方志编纂委员会:《龙海县志》,东方出版社,1993年,第482页。

麟旅驻石码,开始拆除海澄、福河、石码三城石垒筑锦江道,用城石铺砌街道路面,洪兆麟离闽后,路政工程继续进行。1930年扩建炮仔街、顶新行、下新行、外市街、打石街等12条街道,两侧房屋改建为砖木结构的骑楼式楼房。① 1922年筑成占地10亩的中山公园,为市民休闲与政治集会提供空间。

1904年石码镇三甲约有人口21 165人;②至1937年6月,石码户数共有7 152户,人口共50 385人,其中男性27 033人,女性23 352人。③ 民国时期石码中小型工厂及手工业作坊林立,石码生产的纸箔远销台湾和东南亚。据统计,1930年石码有米业40余家、电机碾米10余家、木材业40余家、鲜果业16家、糖业7家、土烟10余家、竹器业18家、柴炭业20家、砖瓦灰业40家、纸类业60余家、金银首饰业10家、绸布业20家、禽畜业8家、锡箔业17家、杂货业30余家、屠宰业25家、洋土油业19家、五谷业18家、干果业20家、酱料业10家、茶叶业14家、中药业40家、卷烟业26家、糕饼业23家、西药业21家、麻织品20家、楮烛业7家、印刷业7家、照相6家、旅社6家、菜馆13家、机器业4家、海味业25家、棉纱业3家、蔬菜16家。全年经营货值均有1 000万元。④ 在石码沿江20多座码头上,从事装卸搬运的工人达300多人。据1937年福建省政府的调查,当地男性人口约有39.2%务农,19.3%从事工业生产,38%从商,0.2%从事渔业,其他者占3.3%;女性约有35.3%务农,47.1%从事工业生产,17.6%从商。⑤

抗战时期,因石码与沦陷区的厦门之间有走私通商,闽南一带物资和从厦门进口的工业产品,均于石码集散,造成石码的畸形繁荣。当时龙溪县每年的商税收入,石码占半数以上。国共内战时期,该地因恶性通货膨胀,不少商户倒闭,商业趋于凋零。⑥

四、峰 市

峰市(即今永定县峰市镇)位于永定西南部,汀江下游河畔。唐宋时代峰市地区出现折滩街和河头街,折滩街据说有大行店不下30间,商贾多来自上杭、汀州和赣南,主要经营从汀州、赣南一带运来的大米、油、豆转销到永定各地。河头街是当时农副产品交易市场。其后因南宋时期开辟了韩江上游汀江的盐运路线,峰市市况逐渐繁盛,更成为当地木材、纸、米、豆、烟等商品贸易中心。清代乾隆年间,当地"盐馆"林立。汀江河船因为棉花滩险所阻,货物必起岸肩挑过山至广东,然后再经韩江运到汕头,韩江船上驶亦然,由是成为汀州水运枢纽。第二次国内革命战争时

---

① 福建省龙海县地方志编纂委员会:《龙海县志》,东方出版社,1993年,第323页。
② 林风声:《石码镇志》,《中国地方志集成·乡镇志专辑》第26册,上海书店出版社,1992年,第763页。
③ 福建省档案馆编:《民国福建各县市(区)户口统计资料》,第97页。
④ 福建省龙海县地方志编纂委员会:《龙海县志》,东方出版社,1993年,第347、348页。
⑤ 福建省政府秘书处统计室:《福建统计年鉴》第一回,福建省政府秘书处,1937年,第115页。
⑥ 福建省龙海县地方志编纂委员会:《龙海县志》,东方出版社,1993年,第348页。

期,闽赣边区不少地主、资本家携带资金逃到峰市,使当地市况更趋繁荣。当时中央、中国、农民、交通、汇丰等银行均在此设有分行,商店约 100 间。1936 年峰市被福建省政府定为特种区。据省政府统计,1937 年 6 月当地有户数 1 799 户,人口有 10 583 人(男性:5 735 人,女性:4 848 人),抗战时期峰市成为闽、粤、赣边区内河运输集散地,市场空前繁荣。据省政府的数字显示,1939 年 12 月,当地户口增至 3 098 户,人口增至 16 722 人(男性:9 104 人,女性:7 618 人),①当地商店增至 300 余间,云南、贵州、江西、四川等外地客商均到峰市采购烟丝、包纸、竹木、粮豆等运销内陆,时人称峰市为"小香港"。②当地码头从事装卸搬运人员除当地农民外,还有广东、湖南以及闽省其他县份的搬运工人 1 000 余人,每年负担 1 万多吨的码头搬运作业。③

第六节　近代本区墟市的发展

墟市是农村的基层市场,为该区下属区域内生产的商品提供了交易场所,也为农产品和手工业品向上流动进入市场体系中提供起点。④本区墟市多分布在村落集中、交通方便的地点,以农历时间约定俗成,定期赶墟,或每旬逢一、四、七日或二、五、八日赶墟;或以三、六、九日为期。基本上达到毗邻地区天天有墟。参与交易者有自产自销的居民,有商户、摊点和从事土副产品生意的流动小商贩。交易商品多为米谷、杂粮、粉干、豆类、花生、水产、猪肉、禽蛋、水果、蔬菜、木材、竹器、蔗糖、薪炭等农副产品和棉布、百货、食杂、五金、药物、肥料、牲畜、瓜菜、种苗等生产及日用品。⑤

民国时期闽南地区的部分墟市出现了专业化的趋向。沿海墟市如石美、海沧等墟以海产品为主;山区墟市如程溪、莲花等墟以竹木柴炭著称;位处平原的墟市如天宝、倒港等墟以粮米、水果、蔬菜突出;位处交通要道的墟市则多以出售工业品著称;亦有以商品种类形成的专业墟市,如北庙糖市、市尾牛墟、大宫前米市、白水营果市等。龙溪县在市尾、北庙,海澄县在东林、港尾等处设有牛墟,每旬逢二、五、八或三、六、九日交易,由牙商主持业务。市尾、东林的牛墟较大,每墟进牛在 100 头以上。⑥

墟市规模和成交量,直接取决于墟场大小和地理位置,如龙海县浦南墟交通便利、方圆村庄稠密,墟场广阔,每逢墟期参与交易的人数达 2 000 人以上,交易额达

---

① 福建省档案馆编:《民国福建各县市(区)户口统计资料》,1988 年,第 104 页。
② 张汉等修:《上杭县志》卷五,1939 年,第 646 页;永定县地方志编纂委员会:《永定县志》,中国科学技术出版社,1994 年,第 402 页。
③ 张汉等修:《上杭县志》卷五,1939 年,第 646 页;永定县地方志编纂委员会:《永定县志》,中国科学技术出版社,1994 年,第 402 页。
④ 施坚雅著,史建云等译:《中国农村的市场和社会结构》,中国社会科学出版社,1998 年,第 6 页。
⑤ 福建省龙海县地方志编纂委员会:《龙海县志》,东方出版社,1993 年,第 353 页。
⑥ 福建省龙海县地方志编纂委员会:《龙海县志》,东方出版社,1993 年,第 365 页。

数千元。黄坑、许坂墟地处偏远,每次墟期参与人数不过100人,成交额仅数百元。① 闽西上杭县"大率相距十里至二十里即有集场,以便居民之交易。其赴墟者皆有定日,沿用夏历,以五日为期,届期人家需用物品以及土产皆毕集于此,互相买卖"②。龙岩龙门圩为县西南农产主要市场,商店70余家,公路可通县城、永定、朋口等地,市况为县内各墟之冠,赴墟农民除附近30余里内各村落外,有远自永定、上杭、连城、漳平、宁洋、南靖来者。当地另一集市白土圩场为白土镇镇公所所在地,有电力厂及私立中学各一所,旧岩永公路通过于此,单街道就有店铺近60间,设有布店、杂货店、糕饼店、木器店、豆腐店、饭店及药店数十家,还有星布各村人口聚居处或交通要道旁小本经营的夫妻小店,经营各种日常生活用品。白土圩每隔五天为一圩期,吸引永定县各乡村民来赶集,交易各种农副产品和手工业产品,如大米、粉干、蔬菜、猪、牛、鸡、鸭、竹器、木器和陶瓷器等,在街道的东南角圩场上设有上百家小摊贩。每年农历正月十二圩日,龙岩城乡各地,以至永定、上杭、永福等地居民都前来赶集,人流量达数万人。③

---

① 福建省龙海县地方志编纂委员会编:《龙海县志》,东方出版社,1993年,第353、354页。
② 戴鞍钢、黄苇主编:《中国地方志经济资料汇编》,汉语大词典出版社,1999年,第646页。
③ 陈仙海:《20年代初东肖工、商业的兴起》,《龙岩文史资料》第22辑,1994年,第102、104页。

第五章　两大区域经济的变迁与区域特点

总括而言,自西力东渐以降,本区经济出现相当的变迁。由于地理、交通、人文和资源因素的影响,本区的两大经济区域,经济发展出现明显的差异。

第一节　闽南地区

近代闽南具有"沿海型"经济的特点,经济近代化的发展步伐相对迅速。闽南地区河流密布,各地土产可沿九龙江、晋江、木兰溪以水运形式集中于沿海港口,运至外地市场销售。又有泉州、安海、刘五店、厦门港等天然良港。闽南地区靠近海岸,拥有丰富的海洋资源,造就了当地居民的航海传统与重商思想。道光《厦门志》尝言:"闽南濒海诸郡,田多斥卤;地瘠民稠,不敷所食。……富者挟资贩海,或得稛载而归;贫者为佣,亦博升斗自给。"①台湾的开发,为明清时代的闽南经济带来动力,漳泉商人从福建漳州、泉州、兴化、福州、建宁等地运出丝线、瓷器、纸张、雨伞等手工业制品及柑柚、青果、烟草与茶叶等农产品至台湾发卖,回程时运回米、麦、黑白糖饧、番薯、鹿肉等货品至厦门诸海口,带动了闽南地区的经济发展。闽南移民拓殖台湾,形成一个以厦门为核心、由闽南人主导的"厦门网络"。泉漳商人的活动领域亦遍及中国沿海及东南亚等地,奠定了闽南商人在东亚海域的领导地位。

鸦片战争后,中国沿海地区对外开放,闽南地区凭借靠近海洋的优势,经济得到进一步的发展。西方在华列强为满足通商和推销本国工业产品的需要,必须加强各东亚商业中心与欧、美各国的联系。首要工作是引入西方近代交通和通讯科技,建立一个由西方主导的交通网络,在中国沿海陆续开办定期轮船航线,推动了闽南海上交通的近代化。西方列强在厦门的投资与建设,更为中国商人提供示范作用,其教育建设也为闽南地区提供了不少经济人才。西方市场对中国农产品的庞大需求,也带动了闽南茶叶、蔗糖业的兴盛。唯由于种植技术的落后、农民贪图一时之短暂利润、缺乏政府支持等因素影响,渐次在国际市场的激烈竞争下落败。西方列强开发东南亚殖民地,对廉价劳动力需求方殷,闽南地狭人稠,民性刻苦耐劳,遂成为输出劳动力的极佳来源。侨民在东南亚落地生根,形成与家乡保持密切联系的华侨社群。华侨汇款既改善了侨眷的生活,更成为发展当地经济的主要动力。第一次世界大战结束后,欧洲亟待重建,对东南亚生产原料需求方殷,不少侨商因工业原料价格飞涨顿成巨富。此外,战后荷属东印度等地施行排斥华资政策,东南亚华商对前途未敢乐观,部分侨商挟巨资回国定居,投资于本区工业,促成了

---

① [清] 周凯:《厦门志》卷八,《台湾文献丛刊》第85种,台湾银行研究室,1961年,第231页。

侨资企业的蓬勃发展,公路建设亦属如是。侨资更成为闽南城镇如厦门、泉州、石狮、安海等城市发展的主要动力。

表 2-5-1　1871—1949 年福建华侨在本省各地区的投资统计

	投资户数	投资额(折合人民币)	该地区占全省投资的百分比
福州市	30	6 828 925	4.9%
厦门市	2 668	87 486 598	62.85%
泉州市	529	7 993 511	5.74%
晋江县	632	6 726 137	4.83%
南安县	61	3 078 570	2.21%
安溪县	13	1 333 534	0.96%
永春县	9	2 988 672	2.15%
莆田县	10	577 291	0.41%
漳州市	18	9 442 059	6.78%
龙溪县	20	2 981 750	2.14%
其　他	65	9 752 760	7.01%
合　计	4 055	139 189 807	100%

(资料来源:林金枝、庄为玑编:《近代华侨投资国内企业史资料选辑》,福建人民出版社,1985 年,第 54 页。)

从上表可以发现闽省的华侨投资主要集中于厦门,投资于闽西者只占极少数量。主要原因有二:其一为厦门治安相对于内地为佳,邻近地区民众消费力较强,投资机会亦较其他各地为多。其二是海外闽侨回闽投资的侨民以闽南人为主,投资所在地区当然以闽南为主。闽南凭此先天之利,故经济近代化的步伐较闽西为优。

第二节　闽西地区

闽西地区则具有"内陆型"经济的特点,经济近代化的发展步伐相对迟缓。闽西是福建省较迟开发的区域,境内山多地少,地势崎岖复杂,有"八山一水一分田"之谚。耕地相对贫瘠,经济发展水平相对落后,陆路交通主要依靠人力或畜力,运输成本较重,不利土产货品出口。区内主要河流汀江虽常年可以通航,长汀、上杭间河道较宽,但上杭以下河道险滩较多,对航运带来极大的不便。明代中叶以后,当地居民陆续改种烟草、蓝靛、茶叶、杉木、油茶树等经济作物增加收入。明清时代当地通过输出木材、蓝靛、烟叶、纸张及书籍等土特产,换取粮食与食盐,促成地方性商人集团的崛兴与地方经济的繁荣。当地进出口商品主要经闽北、粤东等地进出,除人口流动经厦门外,与闽南地区的经济联系较为薄弱。闽西地区虽然拥有相当丰富的森林和矿产资源,但因缺乏大规模投资开采,复缺乏现代运输设施将土产输出省外,始终未能成为发展当地经济的动力。

对外交通未能得到改善,是近代闽西经济未能得到发展的主要原因。有关闽

西交通落后对当地经济的负面影响,民国《大田县志》对此有如下的评论:

> 若我田邑,僻处山陬,道路崎岖,未堪容轨;溪河浅湍,仅可扁舟;他如邮政,只有代办之处,公路尚无开辟之期,无怪乎风气闭塞,凡百事业皆不能发达也。①

交通不便带来信息与技术的落后。当地邮政与电讯等设施体系直到20世纪30年代始告大致完成,远较闽南地区落后,新技术与新思想不易在当地广泛传播。明清时期四堡为全国性之印刷中心,近代西式石印和铅印技术的出现,以及科举制度的废除,四堡地处内陆,书商未能掌握读者口味,出版新学书籍响应市场需要,四堡印书业亦一蹶不振。烟草种植业本为当地另一重要经济支柱。闽西地区的烟农亦未能及时引进卷烟生产技术,仍然使用晒烟方法加工烟草,无法及时改良产品迎合市场需要,致使当地烟草生产陷于衰退局面。闽西旅外华侨虽有心建设家乡,唯因地区政局不稳而裹足不前。抗战时期福建省政府迁至永安,日常生活用品异常缺乏,刺激了闽西地区的工业发展。唯抗战胜利后当地产品无法在市场上与外地货品竞争,因此国共内战时期当地新生的工业难逃式微的厄运。

---

① 陈朝宗修纂,福建省地方志编纂委员会整理:《民国大田县志》,厦门大学出版社,2009年,第304页。

第三篇
近代台湾经济地理(清统治时期)

第一章 绪 论[*]

第一节 问题意识

康熙二十三年(1684年),台湾正式纳入清朝版图之后,成为福建和广东两省人民向外移垦的新天地。一波波的移民在原乡地瘠人贫的推力和台湾作为新垦地的吸力之下,蜂拥而来,陆续建立垦殖据点。在开发过程中,移民以港口为入台门户,或溯溪流而上,向内陆开垦;或以港口为根据地,建立市街,成为对外输出农产品和对内输入日常用品的集散中心。台湾各地也由开发中或未开发地区逐渐变成已开发地区,开发顺序先后有别。

台湾是一个南北狭长的海岛,大致以今日嘉义为界限,分处于亚热带与热带气候区,南北地理环境差距颇大,物产也略有不同,地域差异显著。[①] 又由于河流阻隔,岛内陆路交通相当不便,货物之互通有无,端赖水运。[②] 加以各地均处于移民拓垦时期,主要对外出口农产品,输入日常用品,全台因此逐渐以几个中、大型港口市镇为据点,发展出独立的市场圈,各自与对岸各地区贸易往来。[③]

清廷对台政策,初期采取"为防台而治台"的态度,长期规范两岸对渡口岸,而由特定港口负责兵眷米谷的运输、官兵配渡以及文报传递等任务,也形塑了台湾对外的贸易交通模式。1860年,台湾被迫对外开埠之后,南北四个条约港(treaty port)顿时成为外国商业资本与现代文化传播之首冲,也是西方与本地势力角力的主要场域。另一方面,此时台湾正面临一个所谓"交通革命"和"商业革命"的新变局,[④]经济发展和经济地理的格局也产生巨大变化。

进言之,从人文和自然条件来看,清代台湾经济并非一个同质区域,而有显著的地域差异存在,各地域空间范围更不断地扩张和变动。随着各地开发的先后完成,各自依其地域特性,以港口为中心形成规模不一的地域经济区,对外的贸易形态也有所不同。因此,从传统到近代台湾经济地理的演变,无疑地必须着重于以港

---

[*] 第三篇由林玉茹撰稿。
[①] 曾品沧按照台湾南北物产和耕作形态的差异,将全台分成三种农业生产体系。见曾品沧:《从田畦到餐桌:清代台湾汉人的农业生产与食物消费》,台湾大学2000年博士学位论文。
[②] 李瑞麟:《台湾都市之形成与发展》,《台湾银行季刊》,1973年,第24卷第3期,第15页;James O. Wheeler and Clifton W. Pannell, "A Teaching Model of Network Diffusion: The Taiwan Example," *The Journal of Geography*, 72(5), 1973, pp. 27-29.
[③] 涂照彦著,李明俊译:《日本帝国主义下的台湾》,台湾人间出版社,1992年,第20页;Chang Han—Yu and R. H. Myers, "Japanese Colonial Development Policy in Taiwan, 1895-1906: A Case of Bureaucratic Entrepreneurship," *Journal of Asian Studies*, 22(433), 1963.
[④] [日]宫田道昭:《中国の开港场と沿海市场》,东京东方书店,2003年,第23、24页;Yen-ping Hao(郝延平), *The Commercial Revolution in Nineteenth-century China: the Rise of Sino-Western Mercantile Capitalism*, Berkeley: University of California Press, 1986.

口城市为中心所形构的各地经济区之组成和变化。

过去有关清代台湾经济形态的讨论,较少顾及开港前的样貌及其经济区的形成和演变,而大多着重于19世纪中叶西力冲击之下,台湾被迫开港后之发展。口岸贸易相关课题的研究成果因而最多。① 然而,这些研究大多利用南北四个条约港的海关数据,强调世界市场或是中国内地的影响,而较少从台湾本身的经济发展来观察19世纪台湾港口城市及其贸易形态的多重性问题。究竟除了条约港之外,其他传统的港口城市面临何种冲击? 港口与其腹地所构成的经济区是否被迫重组? 传统与现代经济元素又如何糅合和互补?

从东嘉生以来,一些研究者特别强调清末洋行垄断台湾的对外航运和贸易,甚至造成台湾传统进出口贸易商人组织郊的没落。② 黄富三、林满红及叶振辉已以实证例子说明洋行在台湾的发展事实上不如想象般顺利,也经常遭遇困境,19世纪80年代之后华商势力甚至常能与洋行相抗衡。③ 不过,除了竞争关系之外,洋行与华商之间,特别是与郊商之间的合作关系却罕被细致地讨论,而无法确实掌握清末国际贸易的展开对于传统的商人组织、商业经营,以及各地域经济的影响。

更多的状况是,仅以四个条约港的海关资料来观看清末台湾的对外贸易和经济形态,条约港及海关研究至今仍是清代港口史、市场史及贸易史研究的重心。这种以条约港为中心的地域市场圈或是帆船贸易圈的讨论,往往无法解释其他以传统港市为中心的次级地域市场圈之实态。举例而言,滨下武志的《中国近代经济史研究》一书,可以说是开创亚洲贸易圈论的经典名著,然而其仅注意到厦门与台湾的贸易,并认为厦门是与台湾帆船贸易最多的地区。台湾在亚洲贸易圈的位置也被划入北自日本、南至厦门之间。④ 事实上,这个论点既未考虑时间动态的变化,又忽略了台湾各类型港口对外贸易圈的差异,⑤更低估了晚清台湾帆船贸易圈的范围。不同范围的贸易圈又如何形塑各地域的经济形态及其地域社会,则仍需进一步检证。

整体而言,本书认为,清朝统治台湾的212年(1684—1895年),台湾逐渐从移垦社会转型为各具其地域社会特色的在地社会。⑥ 各地以出口为导向的趋向,促使从港口腹地内的物产到进出口贸易网络的差异,建构了不同性质的地域性经济区,

---

① 有关这方面的讨论,参见林满红:《口岸贸易与腹地变迁:近代中国的经验》,复旦大学中国历史地理研究中心主编:《港口:腹地和中国现代化进程》,齐鲁书社,2005年,第14—26页。
② 从日据时期东嘉生等人的研究到战后,大致如此主张。林满红和林玉茹对于19世纪郊并未没落,已有详细论证。详见林满红:《清末大陆来台郊商的兴衰:台湾史、世界史、中国史之一结合思考》,《"国家科学委员会"研究汇刊》,1994年,第4卷第2期,第175—180页;林玉茹:《清代竹堑地区的在地商人及其活动网络》,台湾联经出版事业公司,2000年,第177—227页。
③ 黄富三:《清季台湾外商的经营问题:以美利士洋行为例》,《中国海洋发展史论文集》第1辑,中研院中山人文社科所,1984年,第249—270页;叶振辉:《天利行史事考》,《台湾文献》,1989年,第38卷第3期,第41—45页;林满红:《清末大陆来台郊商的兴衰:台湾史、世界史、中国史之一结合思考》,《"国家科学委员会"研究汇刊》,1994年,第4卷第2期,第173—193页。
④ [日]滨下武志:《中国近代经济史研究:清末海关财政与开埠场市场圈》,东京大学东洋文化研究所,1989年,第243—245、249页。
⑤ 台湾各地港口的核心贸易圈差异不小,详见林玉茹:《从属与分立:十九世纪台湾港口城市的双重贸易机制》,《台湾史研究》,2010年,第17卷第2期,第11—13页。
⑥ 台湾各地如何由移垦社会变成在地社会的过程,参见林玉茹:《清代竹堑地区的在地商人及其活动网络》,台湾联经出版事业公司,2000年。

且各自基于多重因素不断演变,也是直至今日台湾南北差异存在的理由之一。本书遂以清代台湾各地港口城市所带动的空间重组、地域经济发展及其内、外网络为讨论中心,呈现清代台湾经济地理之演变。

第二节 研究回顾

过去全面综论清代台湾经济发展的研究成果并不多。1928 年,伊能嘉矩的《台湾文化志》最早从经政、农工、交通、商贩以及拓殖等沿革,①草绘清代台湾经济图像之梗概。1944 年,东嘉生的《台湾经济史研究》有两篇论文讨论清代台湾商业的特质、郊的组织以及清末外国资本侵入之后对于台湾经济的破坏。② 东嘉生基本上是采取帝国主义论的观点,分析清代台湾商业贸易的发展轨迹。他认为台湾商业资本的蓄积,大部分并非台湾内部生产力发展的必然结果,而是由中国匆促带来,再在台湾发展。③ 东嘉生对于清代台湾拓垦组织的理解有些误差,又太过强调台湾商业资本的外来性,而忽略地域差异及本地地主资本转化为商业资本的可能。战后,周宪文的《清代台湾经济史》,则从土地与农业、仓储与粮运、产业、交通、商业、赋税、通货以及变乱等面向来观察,提供了一本百科全书式的数据汇集。④ 2001 年,林仁川、黄福才著的《台湾社会经济史》则有几节分述清代台湾的土地开发、农业生产部门经济及两岸贸易的发展。⑤

尽管通论性研究不多,但是一般刻板印象,往往直接指称清代台湾的经济特质是自给自足的传统农业社会。1978 年,何宝山(Samuel P. S. Ho)的《台湾的经济发展》(*Economic Development of Taiwan,1860-1970*)一书即为代表。其指出清代台湾处于传统农业经济形态,农产品商品化程度不高,直至 19 世纪中叶台湾被迫开放外国贸易,才有限度地通过条约港与外界联系。他也认为直至 19 世纪末,台湾仍停留在封闭而自给自足的经济体系中。⑥ 何宝山显然是将传统中国大陆型的农业经济体系,直接套用到台湾海岛型的农商连体经济中,⑦而忽略了台湾与大陆沿海外向型经济地区,基于比较利益法则的高度区域分工关系。

由于清末台湾开港及刘铭传自强新政带来新面貌,晚清台湾经济特质也有较多讨论。李国祁最早从近代化的角度来论述清末的变化,他认为清末闽浙台地区传统经济发展主要局限在资金无法累积、产销关系不佳以及政府的重税盘剥。⑧ 何

---

① [日]伊能嘉矩:《台湾文化志》,东京刀江书院,1928 年。
② 东嘉生著,周宪文译:《台湾经济史概说》,台湾帕米尔书店,1985。
③ 东嘉生著,周宪文译:《台湾经济史概说》,台湾帕米尔书店,1985,第 50、51,161—163 页。
④ 周宪文:《清代台湾经济史》,《台湾研究丛刊》第 45 种,台湾银行经济研究室,1957 年。
⑤ 林仁川、黄福才:《台湾社会经济史研究》,厦门大学出版社,2001 年。
⑥ Samuel P. S. Ho, *Economic Development of Taiwan,1860-1970*, New Haven and London: Yale University Press, 1978, p. 3.
⑦ 农商连体经济的概念,参见黄富三:《台湾农商连体经济的兴起与蜕变(1630—1895)》,林玉茹主编:《比较视野下的台湾商业传统》,中研院台湾史所,2012 年,第 3—36 页。
⑧ 李国祁:《闽浙台地区清季民初经济近代化初探:传统农商手工业的改进与产销关系的改变》,《台湾师范大学历史学报》,1976 年,第 4 卷,第 407—450 页。

宝山则认为晚清台湾对于来自岛外贸易的刺激没有能力适切地反应。① Ramon Myers 却与李国祁和何宝山意见不同,主张 1858 年以前,人口成长、新土地开发以及商业的缓慢扩张决定台湾经济之成长。1858 年之后,新的贸易机会进一步促进专业化,农产品更为了外销而大量生产。② Gardella 也认为 Ramon Myers 对清末台湾经济特征的描述比何宝山更适当。他指出,晚清台湾的经济发展相当可以刺激土地和劳力的流动,以支持实际的商品贸易。③ 此外,刘进庆指出清末台湾已出现出口贸易取向的经济快速成长现象,而且岛外贸易产生对岸贸易与对外贸易双重结构相互消长之特色。④

更细致地讨论清代台湾或各地经济样态,大多是从港口或市镇变迁史、土地拓垦或区域开发史、商业贸易史以及产业史的角度切入。港口史研究可以追溯至 1931 年来台北帝国大学(台湾大学)理学部地质科任教的富田芳郎。他深入台湾各地从事田野调查,专注于地形与聚落研究。⑤ 富田指出港口是台湾市镇的起源,而且河港衰落之后大都以乡村都市形态继续存在。⑥

20 世纪 40 年代至 20 世纪 50 年代,因时代气氛使然,港口研究大抵停留在古迹调查、地名考证和耆老的忆往记述。自 1956 年至 1965 年之间,卢嘉兴通过古籍、古地图的考证及实地勘查,还原明清时期嘉义以南到打狗地区的海岸线变迁与港口所在位置,⑦ 遂特别引人注目。另外,卢氏对于清代台湾盐业的相关讨论,⑧ 则是清代台湾产业史研究之嚆矢。

20 世纪 60 年代,港口研究逐渐突破地名考证之囿限,研究课题开始扩及港口的商业贸易与宗教机能,而且首度出现具备学术规范的论著。其中,尤以张炳楠(王世庆)的《鹿港开港史》一文,⑨ 分述鹿港的地文、开港沿革、贸易状况以及行郊组织,提供了较有系统的个别港口研究范型。此外,姜道章论证淡水的历史发展与贸易;李献璋着重于笨港聚落与妈祖信仰之关联;而李鹿苹则从地理学观点,分析淡

---

① Samuel P. S. Ho, *Economic Development of Taiwan, 1860 – 1970*, New Haven and London: Yale University Press, p. 16.
② Ramon H. Myers, "Taiwan under Ching Imperial Rule, 1684 – 1895: The Traditional Economy," *Journal of The Institute of Chinese Studies of the University of Hong Kong*, 5(2), 1973, pp. 373 – 409.
③ Robert Gardella, "From Treaty Ports to Provincial Status, 1860 – 1894," in Murray A. Rubinstein, *Taiwan: A New History*, 2006, pp. 170 – 171.
④ 刘进庆:《清末台湾对外贸易的发展与其特点》,《台湾学术研究会志》第 1 卷,1986 年,第 5—24 页。
⑤ 施添福:《清代竹堑地区的聚落发展和分布形态》,《台湾历史上的土地问题国际研讨会》,台湾史田野研究室,1991 年,第 2 页。
⑥ 日人富田芳郎对于台湾港口市镇的研究,曾以大溪、中港、盐水、朴子、北港、麻豆诸港,作为范例。参见[日]富田芳郎:《台湾乡镇之地理学研究》,《台湾风物》,1954 年 第 4 卷第 10 期,第 1—16 页;1955 年第 1 期,第 23—45 页;1955 年,第 5 卷第 6 期,第 19—43 页;《台湾乡镇之研究》,《台湾银行季刊》,1955 年,第 7 卷第 3 期,第 85—109 页。
⑦ 卢嘉兴有关港口的考证文章如下:《嘉义县属海岸线演变考》,《台湾文献》,1959 年,第 10 卷第 3 期,第 27—34 页;《蚊港与青峰阙考》,《台南文化》,1961 年,第 7 卷 2 期,第 110—122 页;《曾文溪与国赛港》,《南瀛文献》,1962 年,第 8 卷合刊,第 1—28 页;《八掌溪与青峰阙》,《南瀛文献》,1964 年,第 9 卷合刊,第 11—40 页;《台南县地志考第三篇:二层行溪与蛲港》,《南瀛文献》,1965 年,第 10 卷,第 113—173 页;《鹿耳门地理演变考》,台湾商务印书馆,1965 年。
⑧ 卢嘉兴:《台湾古盐场考》,《台南文化》,1953 年,第 3 卷第 3 期,第 36—38 页;《台南县盐场史略》,《南瀛文献》,1954 年,第 2 卷第 1、2 期,第 327—338 页;《台南市盐场沿革志要》,《台南文化》,1955 年,第 4 卷第 3 期,第 22—28 页;《台湾清季盐制与盐专卖》,《台南文化》,1956 年,第 5 卷 1 期,第 24—30 页;《清季台湾北部之盐务》,《台北文物》,1958 年,第 7 卷第 3 期,第 56—65 页。
⑨ 本文事实上由王世庆所写。张炳楠:《鹿港开港史》,《台湾文献》,1964 年,第 19 卷第 1 期,第 1—44 页。

水港开港之后由盛而衰的因素。① 另一方面,戴炎辉通过《淡新档案》的整理,也开始延续日据时期对于台湾土地拓垦形态的观察,着重于一田二主和大小租制的讨论,②为战后台湾大小租业研究之先驱。

20世纪70年代以后,因台湾政治社会局势的变动,世界学术分工体制的影响以及研究者对理论和方法的关怀,台湾史研究趋于热络。③ 首先,港口史的研究仍续有进展。除了早期传统文献学、方志学和历史学的研究取径之外,社会学、地理学和人类学等各科学者亦投入,并间接刺激历史学者尝试应用其他学科的方法和理论,而提出新的问题取向或诠释。1972年洪敏麟即从历史地理学观点分析笨港的地理变迁,并还原历史上的笨港原貌。④ 1977年James O. Wheeler和Clifton W. Pannell则着重于台湾沿海港口与内部市镇的连结关系,指出19世纪末台湾已产生三带南北纵列的乡街市镇群。⑤ 人类学者Donald R. DeGlopper也通过实地的访问调查和古文献的整理,探讨19世纪鹿港的社会结构。⑥ 与此同时,林满红运用大量的海关、领事报告,并采用经济学的方法和理论,分析开港之后茶、糖、樟脑的出口、生产与产销组织,进而探讨晚清台湾的社会变迁。⑦ 林满红更比附G. W. Skinner对传统中国市镇的研究,提出开港之前中央市镇平均分布于台湾沿海各港;开港之后则形成淡水、打狗两港为中央市镇,其他诸港为中介市镇的南北两极化市镇结构论点。⑧ Harry J. Lamley则以台北、宜兰及新竹三个政治城市为研究对象,探讨城市营建过程中政府赞助和地方支持之间复杂的关系。⑨ 此外,林会承从都市设计学角度,以对抗与平衡的力学观念,试图解释与重现清末鹿港的街镇结构,⑩开辟港口市镇研究的新方向。

另一方面,1860年开港之后台湾的政治、经济及社会变迁等问题,也渐受重视。其中,海关设置经过和对外贸易的影响,有赖永祥的《淡水开港与设关始末》及

---

① 姜道章:《淡水之历史发展(中)》,《大陆杂志》,1961年,第23卷第10期,第24—27页;《台湾淡水之历史与贸易》,《台湾银行季刊》,1963年,第14卷第3期,第254—278页。李献璋:《笨港聚落的成立,及其妈祖祠祀的发展与信仰实态(上)、(中)、(下)》,《大陆杂志》,1967年,第35卷第7期,第7—11页;《大陆杂志》,1967年,第35卷第8期,第22—26页;《大陆杂志》,1967年,第35卷第9期,第22—29页。李鹿苹:《淡水港衰退的地理因素》,《地学汇刊》,1969年,第1卷,第94—124页。
② 戴炎辉:《清代台湾之大小租业》,《台北文献》,1963年,第4卷,第1—48页;《从一田二主谈台湾的租权》,《中原文化与台湾》,台北市文献会,1971年,第485—502页。
③ 翁佳音:《清代台湾汉人社会史研究的若干问题》,台湾大学编:《民国以来国史研究的回顾与展望研讨会论文集》,台湾大学历史系,2002年,第1507页。
④ 洪敏麟:《从潟湖、曲流地形之发展看笨港之地理变迁》,《台湾文献》,1972年,第23卷第2期,第1—42页。
⑤ 李瑞麟:《台湾都市之形成与发展》,《台湾银行季刊》,1973年,第24卷第3期,第15页;James O. Wheeler and Clifton W. Pannell, "A Teaching Model of Network Diffusion: The Taiwan Example." *Journal of Geography* Volume 72, Issue 5, 1973/5, p. 21-31.
⑥ Donald R. DeGlopper, "Social Structure in a Nineteenth Century Taiwanese Port City," in G. William Skinner ed., *The City in Late Imperial China*, Stanford, California: Stanford University Press, 1977, p. 633-650.
⑦ 林满红:《茶、糖、樟脑业与晚清台湾》,《台湾研究丛刊》第115种,台湾银行经济研究室,1978年。
⑧ 林满红:《茶、糖、樟脑业与晚清台湾》,《台湾研究丛刊》第115种,台湾银行经济研究室,1978年,第64页。
⑨ Harry J. Lamley, "The Formation of Cities in Taiwan," in G. William Skinner ed., *The City in Late Imperial China*, Stanford, California: Stanford University Press, 1977, pp. 155-209.
⑩ 林会承:《清末鹿港街镇结构》,台湾境与象出版社,1985年。

林子候的《台湾开港后对外贸易的发展》二文。① 温振华的《淡水开港与大稻埕中心的形成》,则以因西力冲击而逐渐成为新商业中心的大稻埕为研究对象,探讨开港之后北部市镇体系的重组过程。② 林满红除了前述的《茶、糖、樟脑与晚清台湾社会变迁》一书之外,也比较清末台湾与大陆贸易形态的差异,及通商港口的进出口货品和贸易地区,③并有多篇文章讨论晚清台湾贸易。④ 之后,相关研究,大多站在他的研究基础上作进一步论述。⑤

从20世纪70年代起迄今,商业组织一直是清代台湾史重要的研究课题,研究成果相当丰硕。1972年起,方豪运用大量的古碑、方志、档案数据,探究全岛各地行郊的起源、组织、功能和没落,为战后台湾行郊的学院研究之滥觞。⑥ 之后,卓克华利用行郊规约,并借重社会科学的分析角度,综合归纳行郊的本质、功能、结构与营运。⑦ 1990年又出版其硕士论文《清代台湾的商战集团》,2005年再度汇整所有相关研究,重刊《清代台湾行郊研究》一书。⑧ 卓克华首先将郊的功能分成经济、宗教、文化、政治以及社会等五项,不过他常将郊商的个别行动与郊的活动混为一谈,有些论述可以再修正和补充。蔡渊絜着重于分析郊参与地方公务的理由和过程,以及其如何改变地方权力的分配形态,并利用"非正式结构"和"非正式治理"概念说明郊参与地方政治运作的意义。⑨ 栗原纯则以鹿港八郊为中心,分析郊商与土地之关系。他发现这些负责米谷输出的郊商人,不仅掌握米谷的流通过程,而且也直接经营水利事业,是农村再生产结构中不可欠缺的存在。⑩ 林满红则讨论郊商资本的属性,并反驳方豪和卓克华的论点,认为清末郊的力量并未衰退,两岸的政经关系也是更加强而非式微。⑪ 林玉茹则以清代竹堑(新竹)地区为例,着重于阐明地区性市场圈内商人团体的形成和运作。⑫

---

① 赖永祥:《淡水开港与设关始末》,《台湾风物》,1976年,第26卷第2期,第3—17页;林子侯:《台湾开港后对外贸易的发展》,《台湾文献》,1976年,第27卷第4期,第53—63页。
② 温振华:《淡水开港与大稻埕中心的形成》,《台湾师范大学历史学报》,1978年,第6卷,第245—270页。
③ 林满红:《清末台湾与我国大陆之贸易形态比较》,《台湾师范大学历史学报》,1978年,第6期,第209—243页。
④ 如林满红:《贸易与清末台湾的经济社会变迁》,曹永和、黄富三主编:《台湾史论丛》第1辑,台湾众文书局,1980年,第239—278页;《光复以前台湾对外贸易之演变》,《台湾文献》,1985年,第36卷第3,4期,第53—66页。
⑤ 如张家铭:《农产品外贸与城镇繁兴:以清末台湾北部地区的发展为例》,《东海大学历史学报》,1985年,第7卷,第169—188页;薛化元:《开港贸易与清末台湾经济社会变迁的探讨(1860—1895)》,《台湾风物》,1983年,第33卷第4期,第1—24页。
⑥ 方豪陆续发表的行郊论文如下:《台湾行郊研究导言与台北之郊》、《台南之郊》、《鹿港之郊》、《新竹之郊》、《澎湖、北港、新港、宜兰之郊》,均收录于方豪:《六十至六十四自选待定稿》,作者印行,1974年,第258—325页。
⑦ 卓克华:《行郊考》,《台北文献》,1978年,直字第45,46期合刊,第427—444页;《清代台湾的商战集团》,台湾台原出版社,1990年。
⑧ 卓克华有关郊的研究成果,参见卓克华:《清代台湾行郊研究》,福建人民出版社,2005年。
⑨ 蔡渊絜:《清代台湾基层政治体系中非正式结构之发展》,《台湾师范大学历史学报》,1983年,第11卷,第97—111页;《清代台湾行郊的发展与地方权力结构之变迁》,《东海大学历史学报》,1985年,第7卷,第189—207页。
⑩ [日]栗原纯:《清代台湾における米谷移出と郊商人》,《台湾近现代史研究》,1984年,第5号,第5—45页。
⑪ 林满红:《台湾资本与两岸经贸关系(1895—1945):台商拓展外贸经验之一重要篇章》,宋光宇主编:《台湾经验(一)》,历史经济篇,台湾东海大学,1993年,第67—139页;《清末大陆来台郊商的兴衰:台湾史、中国史、世界史之一结合思考》,"国家科学委员会"研究汇刊:人文及社会科学,1994年,第4卷第2期,第173—193页。
⑫ 林玉茹:《清代竹堑地区的在地商人及其活动网络》,台湾联经出版事业公司,2000年,第177—227页;《商业网络与委托贸易制度的形成:十九世纪末鹿港泉郊商人与中国内地的帆船贸易》,《新史学》,2007年,第18卷第2期,第61—102页。

土地开发史研究从20世纪70年代起开始萌芽,之后始终是清代台湾史的重点。①陈秋坤有一系列论文,讨论18世纪台湾土地的开发状态。他一方面是从雍正、乾隆时期台湾米价变动趋势,探讨米价高昂的因素、官方平抑米价的政策及其影响。另一方面,通过方志中台湾各厅县田园的增加情形,指出清初台湾土地开垦由南向北的发展方向,以及农业技术与质量的改进象征台湾内部组织的复杂化。②张秋宝则利用中地理论,微观地观察宜兰兰阳平原的开发过程。③

20世纪80年代,台湾戒严体制崩解,民间社会力量勃兴,学术界开始反省长期以来依附外来学术典范的边际性格,遂展开以"本土学术研究"为起点的研究取向,并朝向学科化、制度化和国际化发展。④清末台湾开港现象,也更受到瞩目。戴宝村的《清季淡水开港之研究》,是第一本专研台湾条约港埠贸易的专书。其论述淡水开港经过与港务发展、进出口贸易以及马偕的传教活动,并检视台湾的涉外关系、西方文化在条约港的传播以及官方和人民的嗣应。叶振辉的《清季台湾开埠之研究》,详细探讨清末台湾开埠的原因、与外国合约的谈判、领事的派遣、海关成立以及台人对开埠的看法等课题。⑤黄富三则以美利士洋行(Milsch & CO.)在台湾北部通商港口的经商活动为研究焦点,企图解释外商与华商之间的多角竞争关系,外商并非具有绝对优势的竞争条件;而且外国资本之入侵,对台湾经济发展仍有正面贡献。⑥此外,李祖基的《近代台湾地方对外贸易》一书,讨论清初至开港前的贸易状况、开港后进出口贸易、贸易结构与特点以及外贸对台湾社会经济的影响。其大体上将西方资本视为阻碍台湾经济发展、使台湾沦为半殖民地的祸源。⑦

另一方面,港口市镇的研究续有进展。Steven Sangren 的大作"Social Space and the Periodization of Economic History: A Case from Taiwan",乃以北部的大溪镇及其市场圈为研究对象,探讨经济的空间组织与地方团体之关联,并尝试在时空脉络下,验证有关经济和社会之间的理论。⑧戴宝村的《近代台湾港口市镇之发展:

---

① 详见林玉茹、李毓中:《战后台湾的历史学研究:1945—2000》,第七册·台湾史,"行政院国家科学委员会",2004年,第145—151页。
② 陈秋坤:《十八世纪上半叶台湾地区的开发》,台湾大学1975硕士学位论文;《清初台湾土地的开发》,《台北文献》,1976年,直字第38期,第23—32页;《清初台湾地区的开发 1700—1756:由米价的变动趋势作若干观察》,《食货》,1978年,第8卷第5期,第25—37页;《台湾土地的开发 1700—1756》,黄富三、曹永和主编:《台湾史论丛》第1辑,台湾众文书局,1980年,第163—192页。
③ 张秋宝:《兰阳平原的开发与中地体系之发展过程》,《台银季刊》,1975年,第26卷第4期,第226—257页。
④ 张隆志:《族群关系与乡村台湾——一个清代台湾平埔族群史的重建和理解》,台湾大学出版委员会,1991年,第11—14页。
⑤ 有关开港的专文,有戴宝村:《清季淡水开港之研究》,《台湾师范大学历史所专刊》,1984年,第11号;叶振辉:《清季台湾开埠之研究》,台湾标准局,1985年。有关海关设立之专文,有叶振辉:《台湾海关的成立》,《台湾风物》,1984年,第34卷第4期,第13—25页。有关领事馆经过,叶振辉也陆续发表多篇论文,如:《前清打狗英国领事馆的设置》,《高雄文献》,1987年,第30、31期合刊,第1—22页;《淡水英国副领事馆的设置》,《台湾文献》,1987年,第38卷第4期,第109—122页;《前清府城英国领事馆的设置》,《台湾文献》,1989年,第40卷第2期,第99—106页。
⑥ 黄富三有关美利士洋行的论文如下:《清代外商之研究——美利士洋行》(上)(下)(续补),《台湾风物》,1982年,第32卷第4期,第104—136页;1983年,第33卷第1期,第92—126页;1985年,第34卷第1期,第123—140页;《清季台湾外商的经营问题——以美利士洋行为例》,《中国海洋发展史论文集》,中研院三民主义所,1986年,第249—270页。
⑦ 李祖基:《近代台湾地方对外贸易》,江西人民出版社,1986年。该书书评,详见林玉茹:《评介李著〈近代台湾地方对外贸易〉》,《台湾史研究》,1995年,第2卷第1期,第218—226页。
⑧ Steven Sangren, "Social Space and the Periodization of Economic History: A Case from Taiwan," *Comparative Studies in Society and History*, 27: 3, July, 1985, pp. 530-561.

清末至日据时期》,主要以1860—1925年间,台湾西部海岸重要港口市镇体系的发展和南北两港市之都市化为研究重点。① 该文一方面回溯清季开港之前港口市镇的形成和发展;另一方面,阐述条约港开放之后,港口市镇体系由扩散而集中于南北两港的形态,而且非条约港与条约港之间的转运机能,亦随之加强。该文的最大贡献,是从多元角度论述港口与内陆行政市镇或腹地的关连、港口与岛外和沿岸港口的互动、进出口商品、帆船贸易以及旧港口的没落等问题。不过,该文对于清末港口之间联结关系的处理,只有概括性述及,无法完整勾划清末港口之间的互动关系以及区域经济空间的构成,仍有补充的空间。都市体系与聚落结构变迁之探究,则有章英华的《清末以来台湾都市体系之变迁》一文,指出清末台湾并无大都市存在,但相对于中国其他省份都市化程度较高。② 此外,侯怡泓讨论府城、鹿港及台北三大都市的聚落发展、社会组织与都市性质。③ 陈国栋的《淡水聚落的历史发展》探讨淡水市街的形成过程;江灿腾的《日据前期基隆港市崛起与变迁之背景考察》也有大半篇幅从地理因素和移民背景讨论基隆港的兴起;戴宝村的《台中港开发史》则叙述台中港由清代至今的开发历程。④

土地拓垦史研究则在20世纪80年代蔚为风潮,且因古文书的大量发现和运用,有突破性的进展。尹章义最先通过土地契约文书分析17、18世纪北台湾大小垦号的组成与拓垦情形,指出拓垦形态以合伙为主,而且拓垦者不少是缙绅阶级,对于台北拓垦史有不少新发现。⑤ 吴学明的《金广福垦隘与东南山区的发展:1834—1895》一书,主要利用北埔姜家文书来重建道光中叶金广福大隘的形成过程,对于闽粤两籍移民如何协力组成拓垦组织,进行竹东丘陵的开发、土地拓垦的过程以及粤籍总垦户北埔姜家的发展,均有相当深入的探讨。⑥ 此外,廖风德的《清代之噶玛兰》,分别探讨噶玛兰地区的环境、开发过程、官治组织的建立与运作、农垦社会的发展及民变与分类械斗。⑦ 这些课题可说是台湾区域开发史研究的基本架构。

20世纪80年代,在产业史研究上也有几篇力作。蔡渊絜的《清代台湾移垦社会的商业》一文,讨论商业活动与土地开拓、农工生产以及社会风气之间的关系。⑧

---

① 戴宝村:《近代台湾港口市镇之及发展—清末至日据时期》,台湾师范大学1988年博士学位论文。
② 章英华:《清末以来台湾都市体系之变迁》,瞿海源等编:《台湾社会与文化变迁》,《"中央研究院"民族学研究所专刊》第16辑,1986年,第233—273页。
③ 侯怡泓:《早期台湾都市发展性质的研究》,台湾省文献会,1989年。
④ 陈国栋:《淡水聚落的历史发展》,《台湾大学建筑与城乡研究学报》,1983年,第2卷第1期,第5—20页;江灿腾:《日据前期基隆港市崛起与变迁之背景考察》,《台北文献》,1983年,直字第82期,第145—188页;戴宝村:《台中港发展史》,台中县立文化中心,1987年。
⑤ 尹章义:《台北平原拓垦史研究:1697—1772》,《台北文献》,1981年,直字第53、54期合刊,第1—190页;《台湾开发史》,台湾联经出版事业公司,1989年。
⑥ 吴学明:《金广福垦隘与东南山区的发展:1843—1895》,台湾师范大学1984年硕士学位论文。吴学明又持续发表相关的单篇论文与专书,可参考:《金广福的组成及其资金》,《史联》,1984年第4期,第21—52页;《北部台湾的隘垦组织:以金广福为例》,《台北文献》,1984年,直字第70期,第161—230页。后吴学明又集相关论文编为:《金广福垦隘研究》(上、下),新竹县立文化中心,2000年。
⑦ 廖风德:《清代之噶玛兰》,台湾里仁书局,1982年。
⑧ 蔡渊絜:《清代台湾移垦社会的商业》,《史联》,1985年,第7号,第55—65页。

澳大利亚学者唐立以清代台湾南部制糖业为中心,指出清末开港之前,台湾的贸易市场与中国沿海市场圈相结合,形成"台湾南部—中国内地"的贸易结构,且由中国内地商人,亦即郊商所主导。这些郊商通过预贷金(前贷金)制度,形成"郊商—本地中介商人—蔗农"的输出贸易结构,而垄断台湾南部砂糖贸易。直至开港之后,外国银行与中国高利贷资本结合,形成新的金融关系,并与旧有的预贷金制度相结合,直接渗透入原来的生产、运销结构,生产者与糖价也受到国外市场的影响。① 唐立的研究,因所使用的资料大多是日据初期的调查报告,因此论点大致上未脱日据时期各种调查报告书的说法。此外,黄克武讨论荷据至清代稻作形态与技术的变迁及其对社会经济发展之影响。庄英章与陈运栋以头份陈家为例,讨论清末中港溪流域的糖与社会发展之关系,而指出蔗糖业虽然盛行于南部地区,但其经营也促进北部山区的开拓,提供就业机会,并形成商绅阶级。②

20世纪90年代,随着台湾政治民主化、本土化的展开,台湾史研究成为所谓的"显学",研究成果大量产生,清代台湾经济相关课题的讨论也更为细致,或有原创性发现。首先,施添福自1989年陆续以竹堑地区的土地拓垦、番汉关系以及区域发展为中心,发表一系列论文,取得丰硕成果。③ 他指出清代台湾以乾隆中叶的土牛沟与乾隆末年的新番界区划出三个人文地理空间,而有汉垦区、保留区以及隘垦区等三种不同类型的拓垦制度与地方社会的存在。这些论文不仅提出突破性的创见,而且对清代台湾拓垦史开启了一个新的思考方向。此外,温振华则有一系列的土地拓垦史或开发史的研究成果。④

20世纪90年代中叶以降,以河系流域为研究范围是新趋向。特别是集中于淡水河流域,如王世庆的《淡水河流域河港水运史》,探讨17世纪末至20世纪中叶,淡水河流域主支流系河道变迁、移民的拓垦、产业与河港市街的发展以及水运贸易之兴衰。温振华和戴宝村的《淡水河流域变迁史》一书,讨论淡水河的自然环境、原住民、清朝的垦耕活动与经济变迁、日据的统治以及现代淡水河的污染与整治。⑤

港口史的研究也有综论性新作。林玉茹的《清代台湾港口的空间结构》,⑥ 主要

---

① 唐立(Christen Daniels):《清代台湾南部制糖业と商人资本:1870—1895》,《东洋学报》,1983年,第64卷第3、4号,第289—326页;《清代台湾南部における制糖业の构造——とくに一八六〇年以前を中心として》,《台湾近现代史研究》,1984年,第5号,第47—113页。
② 黄克武:《清代台湾稻作之发展》,《台湾文献》,1981年,第32卷第2期,第151—163页;庄英章、陈运栋:《清末台湾北部中港溪流域的糖廍经营与社会发展:头份陈家的个案研究》,《"中央研究院"民族学研究所集刊》,1983年,第56期,第59—110页。
③ 施添福所发表的有关竹堑地区的论文如下:《台湾历史地理札记(二):竹堑、竹堑埔和"鹿场半线流民开"》,《台湾风物》,1989年,第39卷第3期,第73—82页;《清代竹堑地区的"垦区庄",萃丰庄的设立和演变》,《台湾风物》,1989年,第39卷第4期,第33—70页;《清代台湾"番黎不谙耕作"的缘由:以竹堑地区为例》,《"中央研究院"民族学研究所集刊》,1990年,第69期,第67—92页;《清代竹堑地区的土牛沟和区域发展》,《台湾风物》,1990年,第40卷第4期,第1—68页;《台湾竹堑地区传统稻作农村的民宅:一个人文生态学的诠释》,《台湾师范大学地理研究报告》,1991年,第17期,第39—62页;《清代竹堑地区的聚落发展和分布形态》,陈秋坤、许雪姬主编:《台湾历史上的土地问题》,台湾史田野研究室出版品编辑委员会,1992年,第57—104页。后集结成册,施添福:《清代台湾的地域社会:竹堑地区的历史地理研究》,新竹县立文化中心,2001年。
④ 温振华:《清代台湾中部的开发与社会变迁》,《台湾师范大学历史学报》,1983年,第13期,第253—274页;温振华:《清代东势地区的土地开垦》,台湾日知堂,1992年,第1—177页。
⑤ 王世庆:《淡水河流域河港水运史》,中研院近代史所,1996年;温振华、戴宝村:《淡水河流域变迁史》,台北县立文化中心,1998年。
⑥ 林玉茹:《清代竹堑地区的在地商人及其活动网络》,台湾联经出版事业公司,2000年。

从整体与变迁的观点,指出清代台湾港口的发展一方面有由官方主导、开为正口的港口主系统形态;另一方面随着各地域市场圈的形成,亟须与大陆直接往来贸易,官方不得不开放为小口,而导致这些小口独自发展成次系统,原来以正口为中心的主系统港口形态也渐趋松散。林氏又有《清末新竹县文口的经营:一个港口管理活动中人际脉络的探讨》,利用《淡新档案》数据,厘清清代台湾北部文口的性质、经营及其成员组成;《清代台湾中港与后龙港港口市镇之发展与比较》比较后龙与中港两港的区位、港口发展之差异。① 蔡采秀则从鹿港的海运功能、清廷的戍守政策以及中部的社经环境,论述鹿港作为港口市镇的发展过程。②

另一方面,海路与陆路交通史研究,直至 20 世纪 90 年代才受到注意。在航海交通方面,仅有廖风德的《海盗与海难:清代闽台交通问题初探》,指出海盗与海难的频繁,不但影响闽台两地经济,对渡台移民也产生心理上的影响,而导致划水仙和妈祖信仰的普及。③ 陆路交通方面,清末刘铭传在台兴建了中国第一条铁路,因此铁路的研究成果也较多,但大部分研究着重于刘铭传与铁路建设的关系。④ 至于陆路交通路线分布和演变的成果并不多,仅有石万寿和黄智伟着重于官道之探讨。⑤ 不过,古道考证却特别受到重视,如卓克华考证同治十三年(1874 年)沈葆桢开山抚番政策时期,由张其光福靖左营所开辟的屏东射寮通卑南古道或考证清代淡水通宜兰古道的变迁;⑥邱敏勇则注意到集集到东部花莲水尾之古道。⑦ 后山有施添福的《开山与筑路:晚清台湾东西部越岭道路的历史地理考察》,详细考证清末东部开路状况及其屡修屡废的原因,而且修正过去开山只有四条道路的传统看法。⑧

林业史也首度出现专论。陈国栋的《清代台湾的林野与伐木问题》和《"军工匠首"与清领时期台湾的伐木问题》二文,从清代山林管理政策、军工匠首独占伐木、伐木的规模与地点等面向,指出清代台湾人民对于山林资源的认识和利用均极有限。⑨ 林欣宜则特别注意到樟脑产业发展所反映的国家与地方社会的关系,并指出南庄地区原住民并非如一般印象只是弱势族群,事实上他们也与汉人合作,进行制

---

① 林玉茹:《清末新竹县文口的经营:一个港口管理活动中人际脉络的探讨》,《台湾风物》,1995 年,第 45 卷第 1 期,第 113—148 页;《清代台湾中港与后龙港港口市镇之发展与比较》,《台北文献》,1995 年,直字第 111 期,第 59—107 页。
② 蔡采秀:《海运发展与台湾传统港都的形成:以清代的鹿港为例》,汤熙勇编:《中国海洋发展史论文集》(七),中研院社会科学所,1999 年,第 505—543 页。
③ 廖凤德:《海盗与海难:清代闽台交通问题初探》,《中国海洋发展史论文集》(三),中研院社会科学所,1990 年,第 191—213 页;廖凤德:《台湾史探索》,台湾学生书局,1996 年。
④ 详见林玉茹、李毓中:《战后台湾的历史学研究:1945—2000》,第七册·台湾史,"行政院国家科学委员会",2004 年,第 82—85 页。
⑤ 石万寿:《明清台湾中路交通的变迁》,《东海大学历史学报》,1988 年,第 9 期,第 41—54 页;黄智伟:《统治之道:清代台湾的纵贯线》,台湾大学 1999 年硕士学位论文。
⑥ 卓克华:《石头营圣迹亭与南部古道之历史研究》,《高市文献》,1995 年,第 7 卷第 3 期,第 1—54 页;《淡兰古道与金字碑研究》,《台北文献》,1994 年,直字第 109 期,第 69—128 页。
⑦ 邱敏勇:《清代集集水尾古道小考》,《台湾风物》,1995 年,第 45 卷第 2 期,第 17—28 页。
⑧ 施添福:《开山与筑路:晚清台湾东西部越岭道路的历史地理考察》,《台湾师范大学地理研究报告》,1999 年,第 30 期,第 65—100 页。
⑨ 陈国栋:《清代台湾的林野与伐木问题》,中研院经济所研讨论文 8304 号,1994 年;陈国栋:《"军工匠首"与清领时期台湾的伐木问题》,《人文及社会科学集刊》,1995 年,第 7 卷第 1 期,第 123—158 页。

脑事业,而成为台湾少数富裕的原住民。① 此外,黄福才的《台湾商业史》中,有一章讨论清代台湾的开发、商品流通、郊行组织与兴衰、市场与商人、商品经济的萌芽与资本主义、商业惯例、商业管理与专卖业以及台湾社会经济结构对商业的影响等主题。② 这种书写,包罗万象,但是缺乏焦点,又流于琐碎,结论则是扣紧资本主义萌芽与清末开港之后的半殖民地化两个议题。

2000 年之后,清代台湾史研究急遽萎缩,经济面向的讨论更少。课题也更集中于各地的土地开发史或是熟番地权问题,尤以硕博士论文居多。③ 郊、产业史以及商人史则有部分成果。林玉茹的《清代竹堑地区的在地商人及其活动网络》,重建清代竹堑地区在地商人的系谱、商业经营、资本来源、商业组织的建立以及在地域社会的活动。该文指出事实上清中叶以后原来从大陆来的商人不但有在地化倾向,而且逐渐出现在地产生的商业资本。这些在地商人挟其在地域社会内的政治、经济以及社会网络,而能与自大陆或台湾艋舺、鹿港等地的大商人分庭抗衡。④

产业史研究,如黄俊铭、刘彦良及黄玉雨等的《清代苗栗出矿坑石油开矿史》,⑤ 从民间与洋商争夺开采权、清廷对于矿坑资源的态度以及官办采矿等面向切入,指出因矿务向由承办官员负担成败损失,导致其对开矿持保守态度,又因利益和主权问题排拒洋商,终因缺乏开采技术和经营能力而告失败。曾品沧的《炎起爨下薪:清代台湾的燃料利用与燃料产业发展》,尝试先从燃料的消费市场着手,重建清代台湾燃料的需求,再从生产供给面讨论燃料产业的兴起及资本主义化。该文指出 1860 年台湾开港之前,砍柴是穷人的生业,烧炭则是冒险家致富的事业。开港之后,由于烘焙茶业、煎煮鸦片以及非农业人口增加,加以封山禁令废除,促使资本家投资燃料产业,大量造林,或是采取预贷金方式包买烧炭人生产的木炭,企图掌控燃料商品的流通。⑥ 陈慧先《半斤八两?清代台湾度量衡之探讨》一文,则大概介绍汉人和原住民使用度量衡的习惯,并探讨清末开港后西式度量衡制度对台湾的影响。⑦

郊的讨论则因私人文书发掘,有可喜的成果。林玉茹的《商业网络与委托贸易制度的形成:19 世纪末鹿港泉郊商人与中国内地的帆船贸易》,⑧ 以鹿港泉郊许家为例,指出郊商通过购买土地来取得出口商品米谷,并控制进口的日用商品,而同

---

① 林欣宜:《樟脑产业下的地方社会与国家:以南庄地区为例》,台湾大学 1999 年硕士学位论文;《十九世纪的台湾北部山区与樟脑》,吴密察主编:《台湾重层近代化论文集》,台湾播种者出版社,2000 年,第 83—104 页。
② 黄福才:《台湾商业史》,江西人民出版社,1990 年,第 85—204 页。
③ 林玉茹:《2007 年台湾经济史的回顾与展望》,《汉学研究通讯》,2009 年,第 28 卷第 4 期,第 10—22 页。
④ 林玉茹:《清代竹堑地区的在地商人及其活动网络》,台湾联经出版事业公司,2000 年,第 339、340 页。
⑤ 黄俊铭,刘彦良、黄玉雨:《清代苗栗出矿坑石油开矿史》,《苗栗文献》,2007 年 第 42 期,第 12—32 页。
⑥ 曾品沧:《炎起爨下薪:清代台湾的燃料利用与燃料产业发展》,《台湾史研究》,2008 年,第 15 卷第 2 期,第 37—78 页。
⑦ 陈慧先:《半斤八两?—清代台湾度量衡之探讨》,《台湾文献》,2007 年,第 58 卷第 4 期,第 203—236 页。
⑧ 林玉茹:《商业网络与委托贸易制度的形成:十九世纪末鹿港泉郊商人与中国内地的帆船贸易》,《新史学》,2002 年,第 18 卷第 2 期,第 61—102 页。

时经营米谷和杂货买卖。他们也深谙多元投资之道,甚至跨海投资泉州地区的商号。泉州、鹿港两地郊行之间也形成彼此互相买卖商品的委托贸易机制,使两地郊商形成可以互相信赖的共利结构,进而组成横跨泉、鹿两地的商业贸易集团。沈昱廷的《清代郊行研究:以北港资生号为例》,①阐明笨港郊行的集货和销售模式、与洋行的合作形态、放贷、土地经营以及多重投资的现象。由于该文得以利用吴家的账册和地契文书,所以更清楚地展现了笨港本地郊行的盈亏、在集货和销售体系中的角色,且指出19世纪末鸦片是资生行主要出口商品之一。与鹿港郊商不同的是,其商业投资和合伙的对象仅限于北港至府城地区,而未及中国内地。

此外,港口或市镇研究方面,则有 Donald R. DeGlopper 汇集其长期在鹿港的观察,出版《鹿港:中国城市中的商业和社群》(*Lukang: Commerce and Community in a China City*)一书。该书从 Max Weber 的立论出发,讨论中国城市是否有城市社会这个课题,并详述鹿港的兴衰历程。② 唐次妹的《清代台湾城镇研究》,则说明台湾的自然人文环境和城镇发展的关系、开港前和开港后台湾城镇及其网络、城镇的管理以及城镇的功能。该书指出清代台湾并未形成一体化的城镇网络,而是多个网络并行,相对独立发展。开港后台湾城镇网络的双核心特点则与19世纪末中国大陆的长江上游和东南沿海的城镇网络类似。③ 不过,该书仍未注意到以小口为中心所形成的独立经济区和城镇网络之存在。

总之,过去至今,从清代台湾的经济特质到港口史、城镇聚落史、土地拓垦和区域开发史、商业贸易史及产业史已经累积了不少研究成果。不但突破了帝国主义论的框架,而且修正了台湾是自给自足封闭农业社会的刻板印象,强调其出口导向、农商经济连体的特质。不过,至今仍缺乏专论来整合这些既有成果,完整地说明在政策、土地拓垦、港口内外网络演变及国际局势的作用之下,清代台湾经济空间的布局如何以港口为中心逐渐形成地域性经济区及互相整合和重组的过程。

第三节　研究方法

本篇主要讨论台湾各地纳入清帝国经济体系的过程及其经济地理之变迁。研究时间,以清康熙二十三年(1684年)领台后至光绪二十一年(1895年)中日甲午战争割让台湾予日本为止,前后共212年。这样的时间断限,是因明郑政权与清朝政权实属对立关系,其统治时期开发亦相当有限,局限于南部一隅;而日据时期,则台湾成为日本殖民地,纳入日本帝国圈之一环,政策、经济发展及社会形态大变,因此仅谈到1895年。

---

① 沈昱廷:《清代郊行研究:以北港资生号为例》,逢甲大学历史与文物管理研究所、台湾古文书学会编:《台湾古文书与历史研究学术研讨会论文集》,台湾逢甲出版社,2007年,第95—136页。
② DeGlopper, Donald R., Lukang: Commerce and Community in a China City, Albany: the State University of New York Press, 1995.
③ 唐次妹:《清代台湾城镇研究》,九州出版社,2008年。

其次,本篇的研究区域,限定在台湾本岛,不包括附属岛屿,因为附属岛屿与本岛的自然环境和历史背景,不尽相类,很难成为同系络的研究单位,故舍弃不论。本篇所谓经济区或是经济地理的构成,是基于清代特有的移垦社会特质,指以港口为中心进出口商品的营销空间,及其所组织的地域性的经济活动和网络。港口的内部网络,意指港口与腹地的关系,包括通过陆运和水运构成的交通网络、市场圈的扩张过程、商品、城市与乡街节点的出现以及商贸组织的运作;港口的外部网络,则是指岛外贸易圈的扩张和演变。经济区的类型依其规模之不同,依序分成全岛型、区域型及地区型等三类,至于"地域"一词则属于中性用词,无关规模大小。

本篇所采取的研究方法以文献分析为主,田野调查为辅。首先,在文献方面,包括清代至日据初期的各种方志、档案、舆图、契约文书、西人游记、领事报告、海关报告、报纸、期刊及调查资料。中文材料虽然大多是定性描述数据,且零星分散,但是仍能某种程度地反映清代台湾各地物产、城市和乡街交通网络的构成以及主要进口商品、贸易地点。舆图部分,从康熙到光绪年间,有不少丰富而详细的大型山水画地图,[①]是本篇重建港口城市及其腹地市场网络的重要根据。近来新出土的乾隆四十九年(1784年)的"台湾田园分别垦禁图说"、道光台湾舆图及同治十三年(1874年)的"台湾全图",特别值得注意。档案部分,除了台湾故宫刊行的各种档案之外,北京故宫发行的《明清宫藏台湾档案汇编》,共230册,则有不少新史料,特别是清廷中央经济政策的变化,可以修正过去清代台湾经济史仅有开港前后两个时段的说法。19世纪之后,包括西人游记、海关报告、领事报告则可以提供较为详细的商品描述和定量资料。其中,中国第二历史档案馆出版的《中国旧海关资料》,有170册,除了台湾四个海关资料之外,更重要的是过去台湾史研究较少注意的中国沿海各关之资料。虽然,海关资料仍仅限于条约港的报告,无法反映台湾与中国沿海各小港的贸易状况,但是对于条约港腹地内物产、进口商品的销售、商人活动均有不少记录,可以参考。

日本占领台湾后,1895年至1900年之间,在全台重要港口市街进行了相当深入的调查,这些资料或是刊载于各种杂志、报纸中,或是存留于官方档案报册中。其中,最重要的是"台湾总督府公文类纂",不但有详细的调查记录,例如东石港、东港、打狗港、大安、梧栖等调查,而且记载嘉庆年间到清末在港口经商的商人和商人团体、主要贸易商品、对外贸易网络、对内的腹地范围和营销。这些资料则是过去相关研究几乎未使用的,可以配合前述领事和海关报告,重建19世纪中晚期各港市对内的市场圈和对外的贸易圈。

除了爬梳清代至日据初期的中文、日文以及西文数据之外,为了理解这些文献记载以及发掘新史料,我们也至清代重要的港口城市和乡街进行田野调查。

---

① 详见夏黎明:《清代台湾地图演变史》,台湾知书房,1996年。

最后，基于清廷政策、台湾各地地域经济的发展、岛外贸易网络的变化以及国际局势的影响，清代台湾经济地理的演变大概可以分成三期，亦即：第一期是1684—1783年，大抵以鹿耳门和台湾府城为核心港口、福建厦门为岛外贸易圈所形成的鹿耳门全岛型经济区；第二期是1784—1850年，三大区域经济区鼎足而立；第三期是1851—1895年，开港前后南北双核心区域经济区的形成。

本篇对于数据的处理、概念的运用以及问题的解析，大致上采取如下的论证过程：

第二章，讨论康熙到乾隆朝末年，在鹿耳门与厦门单一正口对渡体系下，对内而言，台湾如何形成一个全岛型的经济区？对外而言，如何以福建为核心贸易圈？此期的主要进出口商品为何？这些商品通过何种陆运和海运系统在岛内销售和集散？其所形构的经济区范围和特质为何？作为节点的港口城市及乡街的发展为何？乾隆中叶台湾商人团体郊如何出现？在哪些港口陆续扩展？

第三章，讨论乾隆末年至19世纪40年代，台湾如何形成北、中、南三个区域型经济区？1840年至19世纪50年代鸦片战争之后的一段时间，清廷又如何因应财政需要，并在西力自由贸易的影响之下，逐渐修正港口政策，不但大幅放宽贸易网络，同时开放台湾与华中直接贸易的；以及正口贸易体制是如何崩解的？另一方面，对竹堑、大安、北港等小口是如何因应各地域拓垦成果和经济发展，逐渐开展对外贸易的；经济区的范围如何向丘陵延伸，以及重要乡街有何变动；特别是过去未注意的沿山地区乡街新节点是如何出现并与港口城市连结的；此际进、出口商品又有何变化，商人团体如何由中南部扩张到北部；以泉州商人为主的"水郊"如何在地化，在哪些港口经营生意，又如何参与进出口商品的集散等问题也一一予以说明。

第四章，重点在19世纪50年代开港前后至1895年，台湾南北双核心区域型经济区的形成及近代化的萌芽。亦即台湾如何进入被迫的自由贸易时代，进出口商品有何演变？洋行和新式的金融制度如何在台湾重要港口展开？南北四个条约港如何以鹿港为界线重组其市场圈或经济区？随着政治近代化的展开，特别是清末开了一些新道路、又积极进行开山抚番事业，如何重构港口城市与其腹地的关系？进口商品贸易又如何由外国人手中逐渐转到华商或本地台商手中？因应开港新契机，台湾传统商人组织如芙蓉郊、茶郊、脑郊如何出现？郊商买办化的过程为何？

第二章　鹿耳门正口下的全岛型经济区（1684—1783年）

　　康熙二十三年（1684年），台湾正式纳入清朝版图之后，为了统治方便，实施台湾府城（今台南）的鹿耳门港（1830年后称安平港）与福建厦门的单一正口对渡政策。这个政策持续到乾隆四十九年（1784年）才有变动，使得鹿耳门成为清初台湾对外贸易往来唯一合法的窗口，岛内沿岸各港按规定必须通过该港进出口商品。鹿耳门内的府城，不但延续荷兰、郑氏王朝的创制，成为台湾的政治、经济及文化中心，而且更奠立全台第一大城的地位，不仅商业最繁盛，也最早组成商人团体。

　　另一方面，从康熙年间到乾隆中末叶，台湾西部平原地区陆续进入拓垦状态，从沿海到内陆逐渐错落着乡街和村落，地域经济区的雏形渐出。首先，重要番社所在处因作为汉番贸易的地点，或是位于南北交通要道，而最先出现市街。① 其次，随着土地拓垦活动的进行，港口与其腹地之间，往往沿着河系发展出树枝状的中地体系。② 在东西向道路尚未开通之下，河流常是重要的交通动线，所谓"路即溪，溪即路"，③沿着溪流可至的河谷平原遂最先开发，聚落也大多出现于河谷低地。开垦之初，垦户、业户或佃首招徕商人在公馆前兴建店屋，提供垦民日常物资之所需，其后随着拓垦活动的开展，邻近乡庄消费需求增加，市场规模扩大，而渐具乡街的雏形。换言之，由沿海港口通过溪流和道路联结腹地的村庄、乡街，而逐渐形成一个个分立的地域经济区。

　　本章即阐明乾隆四十九年（1784年）以前鹿耳门单一正口体制下，随着各地土地的拓垦，以鹿耳门——府城为中心所建构的经济区之形成和演变、各地域经济区的萌芽、府城的发展，以及商人团体之出现。

第一节　鹿耳门与厦门正口对渡机制的形成

　　清领台之初，承续郑氏王朝时期的一府二县规模，又于北路新增一县，而设台湾府、台湾县、凤山县以及诸罗县等一府三县。④ 当时"地旷人稀，萧条满眼"，邮传、防汛及汉人村庄最远北达半线（今彰化）南至下淡水溪（屏东）。至于南北二路则

---

① 举例而言，麻豆社即由番社变为汉庄，康熙末年已经于麻豆港所在处出现麻豆街。详见林玉茹：《番汉势力交替下港口市街的变迁：以麻豆港为例（1624—1895）》，《汉学研究》，2005年，第23卷第1期，第1—34页。
② Steven Sangren, "Social Space and the Periodization of Ecnomic History: A Case from Taiwan", Comparative Studies in Society and History, Vol. 27 No. 3, July, 1985, pp. 533—534；戴宝村：《近代台湾港口市镇之发展—清末至日据时期》，台湾师范大学1988年博士学位论文，第45页。
③ 《台湾总督府公文类纂》，乙种永久，卷二十四，门十二·殖产，新竹地方观察报文，1896年。
④ ［清］蒋毓英：《台湾府志》，《台湾史料文献丛刊》第65种，台湾省文献委员会，1993年，第2页。

"一望尽绿草黄沙,绵渺无际",①草莱初辟,民少番多,诸罗、凤山二县文武职官均侨居府城,并未归治。②

府治(今台南市)的开发,自荷兰、郑氏王朝以来素有基础;加以,从来大陆移民即以厦门经由澎湖至鹿耳门为渡台正路,③台湾西部诸港之中,也以府城外的台江泊船条件最佳。④康熙二十三年(1684年),清廷遂以府城的出入门户鹿耳门,作为全台唯一正口,与厦门对渡;⑤南北两路小船和内地来台湾大学商船,依例俱需由此出入。⑥鹿耳门设置文武税馆,由台湾海防同知及安平镇副将管理。⑦沿岸港口俱由台防厅管辖,南北各港贸易的船只则由船总行保具结状填明往来港口,再由各县照送台防厅登记,给予印单,订定往返期限。⑧

鹿耳门实际上是台江潟湖的主要出入口,故该港虽"港道狭窄,只容一舟",⑨但一进入门内,即为"水势宽阔,可泊千艘"的台江湾。⑩潟湖的范围广大,并分列众多小港口。⑪这些港口,在道光三年(1823年)台江陆化之前,与府城互为表里,有所谓"北线尾、鹿耳门为台湾门户,大线头、海翁窟为台城外障"⑫。各港不但与府城互动频繁,并负担部分泊船机能。例如,海翁窟"甚深,洋船多泊此候潮"⑬;秋后北风凛冽之际,船只出鹿耳门之后,则必须由隙仔港开洋。⑭安平镇港西边的潟湖口大港,荷据时期夹板船犹可出入,是台江的另一出口。⑮但至清初港口已淤浅,唯往南路凤山县贸易的小船仍由该港出入,并由新港巡检和大港把总稽查挂验;往北路船只由鹿耳门挂验,再由青鲲鯓北行。⑯内地来台船只则可以直抵府城大

---

① [清]蒋毓英:《台湾府志》,《台湾史料文献丛刊》第65种,台湾省文献委员会,1993年,第59页。
② 施添福:《清代在台汉人的祖籍分布和原乡生活方式》,台湾师范大学地理系,1987年,第39页。
③ [清]蒋毓英:《台湾府志》,《台湾史料文献丛刊》第65种,台湾省文献委员会,1993年,第21页。
④ 文献记载:"港之可以出入巨艘,惟鹿耳门与鸡笼、淡水港,其余港汊虽多,大船不能出入。"见[清]陈伦炯:《海国闻见录》,《台湾文献丛刊》第26种,台湾银行经济研究室,1958年,第4页。
⑤ [清]朱景英:《海东札记》,《台湾文献丛刊》第19种,台湾银行经济研究室,1958年,第8—12页。日据初期的文献记载,康熙三十五年(1696年),以厦门为中心的中国沿海帆船贸易有11条贸易线,其中台湾占5条,且包括漳州、泉州各港帆船与鹿港、五条港以及淡水港贸易在内。见临时台湾旧惯调查第二部编:《调查经济资料报告》上卷,东京三秀舍,1905年,第71—72页。但是,一来至今未发现史料可以佐证,且当时中北部刚进入开垦状态,土产应无多,是否有足够的贸易规模维来持贸易航线,值得怀疑;二来康熙末年逐渐严管沿海中国帆船贸易,这类贸易即使存在,恐也不能持久。
⑥ [清]范咸:《重修台湾府志》,《台湾文献丛刊》第105种,台湾银行经济研究室,1961年,第1457页。
⑦ [清]朱仕玠:《小琉球漫志》,《台湾文献丛刊》第3种,台湾银行经济研究室,1957年,第13页。
⑧ [清]王必昌:《重修台湾县志》,《台湾文献丛刊》第113种,台湾银行经济研究室,1961年,第68页。
⑨ [清]陈文达:《台湾县志》,《台湾文献丛刊》第103种,台湾银行经济研究室,1961年,第334页。
⑩ 洪兆吉:《台湾府图志》,台湾银行经济研究室编:《台湾舆地汇钞》,《台湾文献丛刊》第216种,台湾银行经济研究室,1965年,第42—43页。
⑪ 台江潟湖北自洹汪溪口,南伸至卓加港,复东湾至含西港、西港、竿寮港、直加弄港、目加溜湾港、洲仔尾、柴头港,历郡城西边至七鲲鯓。西边沿海的岸外沙洲,由南而北,也形成大港、北线尾港、鹿耳门、隙仔港、海翁窟以及加老湾港等港。见卢嘉兴:《鹿耳门地理演变考》,台湾商务印书馆,1965年,第76,77页;[清]刘良璧:《重修福建台湾府志》,台湾省文献会,1977年,第59页。
⑫ 林谦光:《台湾纪略》,《澎湖台湾纪略》,《台湾文献丛刊》104种,台湾银行经济研究室,1961年,第53页。
⑬ [清]金鋐等:《康熙福建通志台湾府》,《中国方志丛书》第41种,台湾成文出版社,1983年,第71页;[清]刘良璧:《重修福建台湾府志》,台湾省文献会,1977年,第59页。
⑭ 《清初海疆图说》,《台湾文献丛刊》第155种,台湾银行经济研究室,1963年,第102页。
⑮ Mailla著,吴明远译:《台湾访问记(1715年)》,《台湾经济史五集》,《台湾研究丛刊》第44种,台湾银行经济研究室,第126页。
⑯ [清]范咸:《重修台湾府志》,《台湾文献丛刊》第105种,台湾银行经济研究室,1961年,第1458—1460页;[清]王必昌:《重修台湾县志》,《台湾文献丛刊》第113种,台湾银行经济研究室,1961年,第249页。

井头(今民权路),而用牛车将货物牵挽上岸,①或是碇泊于安平镇港,再以渡船往来于府城。②

"鹿耳门——厦门单一正口对渡"政策,打破了荷兰、郑氏时代台湾作为亚洲转运站的地位,③而重新建构出台湾与中国大陆沿海地区基于比较利益原则的贸易分工机制。亦即,出口台湾的农产品,再进口大陆沿海外向型经济区的手工制品和日常用品,形成所谓开发中地区与已开发地区的区域分工模式。④

然而,清康熙、雍正年间,除了府城附近地区之外,台湾各地大半处于未开发或开发中状态。出口商品遂以台湾县(台南地区)旱园盛产的糖、油为大宗。⑤康熙三十六年(1697年),郁永河即指出,台湾"植蔗为糖,岁产五六十万,商舶购之,以贸日本、吕宋诸国。又米、谷、麻、豆、鹿皮、鹿脯,运之四方者十余万"⑥。康熙末年黄叔璥的《台海使槎录》也提到,台湾、凤山及诸罗三县,每年出蔗糖六十余万篓,为"全台仰望资生,四方奔趋图息"⑦,主要输出至江苏。

清初以糖为主要出口商品,基本上符合宫田道昭所指出,明末以来中国沿海地域市场圈逐渐形成福建与江南地区互相交换砂糖与棉花的贸易结构。⑧初编入福建省一府的台湾府,配合府城周边盛产糖的地域经济特性,也被纳入福建与华中的贸易分工体系中。然而,与福建不同的是,处于移垦状态下的台湾并非由江南地区进口棉花再加工,而是直接输入丝绸布料、纸等手工和日常用品。

除了与中国沿海地区的贸易分工体制之外,清领台之初,台湾尚延续郑氏王朝时期的习惯,每年采办白糖一万石、鹿皮九万张,"转解厦门,听候兴贩"⑨,主要销往日本。⑩台湾糖每年输运日本的配额一度达到2万石,由施琅掌控其配销权。⑪直至雍正年间,台湾与日本长崎犹有贸易往来,大多输出糖、鹿皮,而输入银、铜以及海产。⑫

---

① [清]吴桭臣:《闽游偶记》,《台湾舆地汇钞》,《台湾文献丛刊》第216种,台湾银行经济研究室,1965年,第15页。
② [清]蒋毓英:《台湾府志》,《台湾史料文献丛刊》第65种,台湾省文献委员会,1993年,第51页;[清]郁永河:《裨海纪游》,《台湾史料文献丛刊》第44种,台湾银行经济研究室,1959年,第14页。
③ [日]岸本美绪:《台湾史对近世东亚史研究的启发》,林玉茹主编:《比较视野下的台湾商业传统》,中研院台湾史所,2011年,第37—50页。荷兰占据台湾时期的贸易情况,参见杨彦杰:《荷据时代台湾史》,台湾联经出版事业公司,2000年;林伟盛:《荷据时期东印度公司在台湾的贸易》,台湾大学1998年博士学位论文;郑成功父子统治台湾时期的贸易情况,参见朱德兰:《清康熙年间台湾长崎贸易与国内商品流通关系》,《历史学报》,1988年,第28卷,第55—72页。
④ 王业键:《清代经济刍论》,《清代经济史论文集》(一),台湾稻乡出版社,2003年,第11—16页。
⑤ 清代台湾方志,均指出当地出产"糖为最,油次之"。直至1897年日本人的调查也显示,台湾糖的产地主要集中于下淡水溪至浊水溪之间,即枋寮至彰化北斗之间。产量最大的是台南县和嘉义县境内。[清]李元春:《台湾志略》,《台湾文献丛刊》第18种,台湾银行经济研究室,1958年,第36页;[清]谢金銮:《续修台湾县志》,《台湾文献丛刊》第140种,台湾银行经济研究室,1962年,第52页;《本岛糖业调查书》,《台湾总督府公文类纂》第181册,第1号,第12门,第5类,1897年。
⑥ [清]郁永河:《裨海纪游》,《台湾史料文献丛刊》第44种,台湾银行经济研究室,1959年,第31页。
⑦ [清]黄叔璥:《台海使槎录》,《台湾文献丛刊》第4种,台湾银行经济研究室,1957年,第21页。
⑧ [日]宫田道昭:《中国の开港场と沿海市场》,东京东方书店,2003年,第19—22页。
⑨ 季麒光:《东宁政事集》,林树海等编:《台湾文献汇刊》第四辑,第二册,九州出版社,2004年,第360页。
⑩ 历史文献记载:"鹿茸、獐、鹿皮,凤诸二县出,兴贩东洋用。"见[清]蒋毓英:《台湾府志》,《台湾史料文献丛刊》第65种,台湾省文献委员会,1993年,第80页。
⑪ 黄富三:《台湾水田化运动先驱:施世榜家族史》,台湾文献馆,2006年,第12、13页。
⑫ 朱德兰:《清康熙雍正年间台湾船航日贸易之研究》,《台湾史料研究暨史料发掘研讨会论文集》,编者印行,1988年,第423—434页;朱德兰:《清康熙年间台湾长崎贸易与国内商品流通关系》,《东海大学学报》,1988年,第29期,第129—148页;郑瑞明:《清领初期的台日贸易关系》,《台湾师范大学历史学报》,2004年,第32期,第43—87页。

不过,乾隆朝之后,随着三江商人逐渐掌控中国与日本的贸易,①台湾与日本直接贸易的记载也不再复见。

在厦门和鹿耳门单一正口对渡政策运作下,尽管台糖的出口市场不在福建,而是华中和日本,但船只仍由两港进出,即使往华中的船只也须先回到厦门盘验,再往北航行。② 另一方面,雍正年间确立的台运制度,又进一步强化了正口对渡政策。

台湾纳入清帝国版图之初,因恐米谷生产不足导致社会治安问题,官方遂实行粮米管制政策,凡出港船只只许带食米60石。③ 不过,由于闽省漳泉各府时有米谷欠收、米价腾贵之虞,而台湾则经康熙一朝的聚养生息,加以中北部土地开发,稻米生产益多,雍正年间各县年征供粟已大有剩余。④ 早自康熙三十二年(1693年)之后,每遇青黄不接、内地米价高昂时,往往有船只公然挟带米谷出港。⑤ 雍正元年(1723年),浙江地区适逢荒年,福建巡抚黄国材即奏准运台米五千石至浙省平粜,⑥是为台米粜运内地之滥觞。雍正二年(1724年),清廷鉴于福州、兴化、漳、泉四府皆仰给于台米,遂定例台湾仓谷每年碾米五万石,于一月至五月之间运赴漳泉平粜。⑦ 此后,雍正二、三年(1724、1725年),又陆续议定台湾每年额配内地"眷米"、"眷谷"及"兵米"、"兵谷"数万石,⑧统由往来于鹿耳门的大商船,按梁头尺寸配运内地。⑨ 至此,确立了台湾正供米谷供输福建各府的兵米、眷米以及平粜米的台运制度。在此制度规范下,台湾南北各厅县的正供米谷"必从城乡车运至沿海港口,再用澎仔、杉板等小船,由沿边海面运送至郡治鹿耳门内,方能配装横洋大船,转运至厦"。⑩ 直到乾隆三十年至乾隆四十年(1736—1745年),仍是:

> (鹿耳门)又司四县额运内地府厅县仓兵眷米粟,……。其凤山县粟石,自茄藤港运至府澳。诸罗县粟石,自笨港运至府澳。彰化县粟石,自鹿子港运至府澳。⑪

---

① 三江商人的兴起及福建商人在日本贸易的式微,详见刘序枫:《清代的乍浦港与中日贸易》,张彬村、刘石吉编:《中国海洋发展史论文集》第5辑,中研院中山人文社科所,1993年,第187—244页。
② 黄叔璥指出,蔗糖主要输出至江苏,但是必须先回厦门盘验。[清]黄叔璥:《台海使槎录》,《台湾文献丛刊》第4种,台湾银行经济研究室,1957年,第21页。周玺纂《彰化县志》也有类似记载:"鹿港泉、厦郊舖户欲上北者,虽由鹿港聚儎,必仍回内地各本澳,然后沿海而上。"亦即往天津、锦州的船,必须先回到福建正口,才又沿海北行。[清]周玺:《彰化县志》,《台湾文献丛刊》第156种,台湾银行经济研究室,1962年,第23、24页。
③ [清]范咸:《重修台湾府志》,《台湾文献丛刊》第105种,台湾银行经济研究室,1961年,第1460页。
④ 雍正三年(1725年)以前,台属各县年征供粟14四万余石,每岁支给台澎兵米7万余石,余并未拨用,至雍正三年、四年,岁积粟30余万石。《户部为闽督喀尔吉善等奏移会》,台湾银行经济研究室编:《台案汇录丙集》,《台湾文献丛刊》第176种,台湾银行经济研究室,1963年,第173页。
⑤ 王世庆:《清代台湾的米产与外销》,《台湾文献》,1958年,第9卷第1期,第18页。
⑥ 台湾银行经济研究室编:《雍正朱批奏折选辑》,《台湾文献丛刊》第300种,台湾银行经济研究室,1972年,第18—19页。
⑦ 台湾银行经济研究室编:《清世宗实录选辑》,《台湾文献丛刊》第167种,台湾银行经济研究室,1963年,第15页;台湾银行经济研究室编:《雍正朱批奏折选辑》,《台湾文献丛刊》第300种,台湾银行经济研究室,1972年,第7页。
⑧ 有关台运制度之研究,参考王世庆:《清代台湾的米产与外销》,《清代台湾社会经济》,台湾联经出版事业公司,1994年,第103—106页;洪美龄:《清代台湾对福建供输米谷关系之研究》,台湾大学1978年硕士学位论文,第49—62页;高铭铃:《清代中期における台运体制の実態についての一考察》,《九州大学东洋论集》第29辑,2001年,第88—115页;吴玲青:《清代中叶における米と银:台运と台饷を中心として》,东京大学2009年博士学位论文。
⑨ [清]王必昌:《重修台湾县志》,《台湾文献丛刊》第113种,台湾银行经济研究室,1961年,第68页。
⑩ 《为闽督喀尔吉善等奏》,台湾银行经济研究室编:《台案汇录丙集》,《台湾文献丛刊》第176种,台湾银行经济研究室,1963年,第5页。
⑪ [清]朱景英:《海东札记》,《台湾文献丛刊》第19种,台湾银行经济研究室,1958年,第18页。

台运制度显然确立了台湾沿岸小港和鹿耳门正口之间的米谷配运机制。

另一方面，清廷对台湾岛内港口之间的沿岸贸易，管制则较不严格。雍正九年（1731年），即以西部沿岸已开发地域的港口作为岛内沿岸贸易点。① 当时清廷于各厅县设置县丞和巡检等佐贰官"稽查地方兼查船只"，这些沿岸港口是：东港、大港、盐水港、笨港、鹿港、竹堑港以及八里坌等7港。② 亦即西部沿海各地域港口条件较好，也是较早开发的地点，官方才开作沿岸贸易港口，并派驻文员负责稽查管理。③ 至此，清初台湾的港口贸易和管理，遂分成岛外与中国福建的贸易、岛内沿岸港口贸易等两种类型。

直至雍正末年，由于各地初开，贸易规模不大，上述各港大多循正口制度，将土产运至鹿耳门出口。连远在北部的淡水地区，"该处业户每遇收成之后，频用澎仔等船运载来府，源源接济内地"。④ 而随着台湾各地域的开发，岛内贸易港也逐渐增加，沿岸网络大幅扩张。⑤ 乾隆十二年（1747年），范咸的《重修台湾府志》，详细地记录乾隆初年台湾各厅县岛外和岛内贸易的船只和港口如下：

> 台湾县：鹿耳门港（自厦至台商船及台属小商船往诸、彰、淡水贸易，俱由此出入）、大港（台属小商船往凤山贸易由此出入）。凤山县：打鼓港、东港、茄藤港（以上俱无大商船停泊。唯台属小商船往来贸易）。诸罗县：笨港、蚊港、盐水港、猴树港（以上唯台属小商船往来贸易）。彰化县：鹿子港（唯台属小商船往来贸易）。淡水厅：海丰港、三林港（以上二港，地属彰邑。至小商船往来贸易，归淡防厅查验）、劳施港、蓬山港、后垄港、中港、竹堑港、南嵌港（以上俱无大商船停泊。唯台属小商船往来贸易）、淡水港（自厦至港大商船十只，名为社船，于此出入。台属小商船自三月东南风发，往来贸易；至八月止）。⑥

由此可见，乾隆初年，在台湾港口进行贸易的船只，明显区分成两种：一种是从厦门来到鹿耳门或季节性地到淡水的大商船；另一种是"台属小商船"，仅在台湾沿岸各港贸易。岛内沿岸贸易港口由南而北分别是加藤港等16港。⑦ 与雍正九年

---

① 过去往往根据日据初期临时台湾旧惯调查会所的资料，认为清雍正九年（1731年）的沿岸港口是鹿港、海丰港、三林港、劳施港、蓬山港、后龙港、中港、竹堑港及南嵌港。见临时台湾旧惯调查会：《调查经济资料报告》，下册，东京三秀舍，1905年，第73页。然而，比对雍正至乾隆年间的文献数据，《调查经济资料报告》的说法显然有误。
② 历史文献记载，诸罗县的笨港、彰化县的鹿仔港、淡防厅的竹堑港、淡水港，"舟楫常通"。见［清］张嗣昌：《巡台录》，香港人民出版社，2005年，第25页。相关记载也见于［清］尹士俍：《台湾志略》，九州出版社，2003年，第14、15页；［清］刘良璧：《重修福建台湾府志》，台湾省文献会，1977年，第348页。另外，尹士俍还提到大昆笼（枋寮乡大庄）一地也"兼查船只"，但是康熙六十一年（1722年）枋寮以南已经封山划界，且乾隆初年的方志都不记载，是否是沿岸贸易地，仍存疑。
③ 除了文官管辖之外，清廷也根据港口的重要性，而有不同等级的军事部署。详见林玉茹：《清代台湾港口的空间结构》，台湾知书房，1996年，第81、82页。
④ ［清］张嗣昌：《巡台录》，香港人民出版社，2005年，第43页。
⑤ Ng Chin-Keong, *Trade and Society: The Amoy Network on the China Coast, 1683-1735*, Singapore: Singapore University press, 1983, p.105.
⑥ ［清］范咸：《重修台湾府志》，《台湾文献丛刊》第105种，台湾银行经济研究室，1961年，第89页。
⑦ 这些港口是加藤港、东港、打狗、大港、蚊港、盐水港、猴树港、笨港、海丰港、三林港、劳施港、蓬山港、后垄港、中港、竹堑港、南崁港。

(1731年)相较,大概增加一倍多的沿岸贸易港。

此外,由于北部淡水地区离台湾府城很远,往来不方便,因此特别设置社船制度。社船制度是鹿耳门正口时期的一个特例。早在康熙年间淡水地区始垦时,清廷便基于地方需要、与正口距离遥远,以及东北季风时期岛内沿岸船只难以航行等事实,允许冬季淡水社船直接至厦门进行日常用品与米的互补交易,但其余季节仍必须至鹿耳门贸易。①

直至18世纪中后期,鹿耳门单一正口对渡制度,大抵上仍被严格执行。乾隆三十四年至三十九年(1769—1774年),担任台湾海防同知的朱景英,即详细描述在一个正口下台湾岛内外的贸易形态如下:

> 盖鹿耳门为全郡门户,而南北各港口亦其统辖者。凡商船自厦来台者,有糖船、横洋船之分;……郡境有澎子、杉板头、一封书、舢子各小船,领给台湾、凤山、诸罗三县船照,设有船总管理,均有行保,赴南北各港贩运。②

显然,直至18世纪后叶,鹿耳门仍是全台唯一门户。至于商业贸易船只,有往来于鹿耳门和厦门之间,从事岛外贸易的船只,称作糖船或横洋船;另一方面,则有往来台湾南北沿岸贸易港口的船只。这些船只种类相当复杂,主要有澎仔、杉板头、一封书以及舢仔等船,③领台湾、凤山以及诸罗县三县的船照,属于台湾本地船只,与岛外贸易船只大小、类型不同。

总之,康熙二十三年(1684年)实施的台湾鹿耳门与福建厦门的单一正口对渡体制,虽然有淡水社船制度及雍正末年以前往日本贸易的特例存在,但仍逐渐建构出台湾与中国沿海外向型经济区,特别是以福建为中心的贸易分工体制。台湾的出口商品最初以糖、油为中心,出口市场在华中;之后,随着中北部平原逐步推行水田化运动,稻米不仅供应福建四府所需,更出现台运制度,而且逐渐偷漏出口,出口市场则在福建。在单一正口制度之下,台湾也以鹿耳门——府城为中心,形成一个以西部平原地区为主的全岛型经济区。

第二节 地域经济区的萌芽与鹿耳门正口体制的松弛

康熙末年至雍正年间,台湾西部历经积极而有组织的全面拓垦之后,原来水土毒恶、瘴疠盛行的南北二路,日益成为丰美肥沃、瘴毒渐涤之移垦乐土。雍正九年

---

① [清]范咸:《重修台湾府志》,《台湾文献丛刊》第105种,台湾银行经济研究室,1961年,第90页。
② [清]朱景英:《海东札记》,《台湾文献丛刊》第19种,台湾银行经济研究室,1958年,第18、19页。
③ 丁绍仪的《东瀛识略》也有类似记载:"船有尖艚、杉板、舢舨、渡船、采捕船之分……俗称则有澎仔、龙艚、大舨、小艍、按边、宅仔、一封书等名,皆往来南北各港贸易采捕,不能横渡大洋者。"见[清]丁绍仪:《东瀛识略》,《台湾文献丛刊》第2种,台湾银行经济研究室,1957年第19页。尹士俍的《台湾志略》曾详细说明各种船只大小、种类也较朱景英提出的多。见[清]尹士俍:《台湾志略》,九州出版社,2003年,第90、91页。

(1731年),清廷又大幅降低新垦地田赋,[①]次年并允许移民搬眷入台,其后虽然数度变易,[②]却仍吸引大量移民来台耕垦,从而促使各地开发进展迅速,连北部地区也初现拓垦成果。雍正末年,分巡台湾道张嗣昌巡视北路时,即指出后垄以北"兼有平洋旷埔,如中港、竹堑、南崁、八里坌等处,久经业户开垦成田,升科完课"[③]。进入乾隆朝,为汉人移垦台湾的高峰期,[④]移民更进一步向浅山丘陵地侵垦。清廷虽然改采护番禁垦政策,但基于番害、治安以及福建米谷供需之需要,常摇摆于封禁和开发之间,番界也不断向东移动。[⑤]另一方面,移民大力构筑水利设施,改变农业生产技术,乃使得原占优势的蔗田粗放农作转化为以水田为主的深耕细作;[⑥]乾隆二十年(1755年)复普遍种植早熟稻,稻作一年二熟,[⑦]遂大幅提高台湾米谷生产量,进而成为中国谷仓,每年拨运闽省兵米、平粜米,不下四五十万石。[⑧]

米谷的大量生产,也促使台湾西部各地区的主要港口逐渐具备与大陆直接贸易之条件。早在乾隆七年(1742年)高宗上谕可见,中国内地小船已常假借遭风,到台湾各地载米而回。[⑨]乾隆十一年(1746年),管理闽海关的福州将军新柱更进一步指出,原来在台湾南北各港贩运的小船,由于载重500石至900石,可以横越台湾海峡,所以"私由小港偷运米谷等物至漳、泉、粤东等处"[⑩]。18世纪50年代,笨港、鹿港即屡有船艘,乘南风径渡厦门、泉州,[⑪]即使鹿港以北地方亦时有私贩偷运米谷至对岸。[⑫]因此,官方查禁偷渡、偷运事例,层出不穷。[⑬]

以远在中北部的竹堑、淡水地区为例,雍正末年至乾隆初年,该地的米谷价格不但是全台最低,而且"一切布帛器皿、应用杂物,价昂数倍"。原因是直至18世纪中叶,除了前述每年东北季风时期特别恩准的社船一年一至之外,其只能从府城进出口商品;加以府城和其他县的商船对该地港道不熟,仅在夏季南风时才往中北部贸易,导致该地"谷贱物贵"[⑭]。在这种因交通不便而影响进出口商品价格的状况之下,直接偷漏土产至福建内地贸易,不但更符合地方经济利益,也吸引福建船只径自至台湾沿岸港口贩运。因此,尽管从康熙至乾隆朝国势鼎盛,在清廷国家机器的

[①] 黄富三:《清代台湾之移民的耕地取得问题及其对土著的影响》(上),《食货》,1981年,第11卷第1期,第20页。
[②] 请参见许瑞浩:《清初限制渡台政策下的闽南人移民活动》,台湾大学1988年硕士学位论文,第96—106页。
[③] [清]张嗣昌:《巡台录》,香港人民出版社,2005年,第39页。
[④] 黄富三:《雾峰林家的兴起》,自立晚报,1987年,第39页。
[⑤] 柯志明:《番头家:清代台湾族群政治与熟番地权》,中研院社会学所,2001年,第150—153页。
[⑥] 洪美龄:《清代台湾对福建供输米谷关系之研究》,台湾大学1978年硕士学位论文,第26页。
[⑦] 陈秋坤:《清初台湾地区的开发》,《食货》,1978年,第8卷第5期,第227页。
[⑧] 台湾银行经济研究室编:《清高宗实录选辑》,《台湾文献丛刊》第186种,台湾银行经济研究室,1964年,第28页。
[⑨] 中国第一历史档案馆编:《乾隆朝上谕档》,档案出版社,1991年,第828页。
[⑩] 中国第一历史档案馆、海峡两岸出版交流中心编:《明清宫藏台湾档案汇编》,第24册,九州出版社,2009年,第398页。
[⑪] [清]王必昌:《重修台湾县志》,《台湾文献丛刊》第113种,台湾银行经济研究室,1961年,第61页。
[⑫] [清]朱景英:《海东札记》,《台湾文献丛刊》第19种,台湾银行经济研究室,1958年,第8页。
[⑬] 台湾银行经济研究室编:《清高宗实录选辑》,《台湾文献丛刊》第186种,台湾银行经济研究室,1964年,第31页。
[⑭] 台湾银行经济研究室编:《清高宗实录选辑》,《台湾文献丛刊》第186种,台湾银行经济研究室,1964年,第31页。淡水地区船只的往来,除了前述的社船之外,历史文献又载:"台属小商船自三月东南风发,往来贸易;至八月止。"见[清]范咸:《重修台湾府志》,《台湾文献丛刊》第105种,台湾银行经济研究室,1961年,第89页。

强力运作之下,①鹿耳门单一正口对渡政策大致被遵循,但随着地方经济的发展,偷漏走私渐频繁;另外,台运米谷主要由民间商船承运,而且按照船只种类或是梁头大小来决定运载数量,是以官方虽给予商船运米脚价银,却因台运所产生的众多弊端,②使得商船逐渐规避正口,转往中、北部小港走私贸易。正口制度也逐渐松弛。

另一方面,康熙到乾隆年间是汉人大举入台之际,台湾西部地区逐渐进入全面拓垦时期,东边的番界不断随着汉人和熟番的东进而变动。番界的产生,肇始于康熙六十年(1721年)的朱一贵事件。由于清廷在平乱过程中的最大困扰,是无法掌握沿山地区及生番情势,③因此翌年事件后,闽浙总督觉罗满保即施行封山划界政策,自南而北立石54处,确立番界。从雍正初年至乾隆年间,清廷又多次划定"生番界址",有时并立石开沟,形成所谓的"土牛沟"④。乾隆十五年(1750年),局部调整康熙六十一年(1722年)的界址,确定彰化县以南的红线番界,⑤淡水厅则仅增加6处界址,并未更动。⑥ 此际全台各厅县边区均出现汉人和熟番同时越过番界大幅拓垦之情形,甚至远及康熙六十一年已遭封山划界的枋寮以南地区。乾隆二十五年(1760年),遂清厘彰化县和淡水厅边区,于彰化县以北新划蓝线。换言之,康熙末年到乾隆中叶,番界不断向东移动,不但促使边区大幅纳入清帝国版图,也象征此际各地经济区范围之变化和扩张。

总之,中北部地区因开垦有成,米谷得以对外输出,与大陆直接贸易的经济效益也较高,而加速各地之发展。又随着腹地开发程度的差异,港口规模渐趋不一,⑦且依据其距离台湾府城之远近,与府城的贸易依存度也不同,各种层级的地方经济区雏形逐渐出现,并成为从属于府城——鹿耳门经济区的次级地域经济区。以下说明次级地域经济区的发展。

一、东港次地域经济区之出现

雍正年间以降,下淡水溪南至率芒溪之间的地域,逐渐形成以东港为主要吞吐口的次级地域经济区。由于下淡水溪河幅广阔,"秋冬水涸,往来可通;春夏涨满,非舟莫济"⑧,而成为天然之地域阻隔,清初凤山县设防最远即仅达于溪北。此后历

---

① 举例而言,乾隆十一年(1746年),巡视台湾给事中六十七等报告乾隆皇帝,台湾米谷并没有偷漏他处的现象,乾隆皇帝则表示高度怀疑。六十七等只好再三申朋将要求台湾和厦门同知严加稽查。足见此时由于乾隆皇帝的高度关心,闽省和台湾港口管理仍有一定效力。中国第一历史档案馆、海峡两岸出版交流中心编:《明清宫藏台湾档案汇编》,第23册,九州出版社,2009年,第384、385页。
② 例如,米谷遭风失水,由商船赔补;配谷手续繁杂,难免被书役勒索。见《户部为内阁抄出闽浙总督程祖洛奏移会》,台湾银行经济研究室编:《清高宗实录选辑》《台湾文献丛刊》第186种,台湾银行经济研究室,1964年,第202页。
③ 王慧芬:《清代台湾的番界政策》,台湾大学历史学研究所,2000年,第38页。
④ 施添福:《清代台湾的地域社会:竹堑地区的历史地理研究》,新竹县立文化中心,2001年,第68、69页。
⑤ 红线涵盖范围包括凤山、台湾、诸罗以及彰化四县,即南自下苦溪北至大肚溪校栗林附近,大肚溪以北则仍沿用康熙六十一年(1722年)的界址,仅新增几次界址。《乾隆二十六年台湾番界图》,原藏中研院史语所。
⑥ 施添福:《清代台湾的地域社会:竹堑地区的历史地理研究》,新竹县立文化中心,2001年,第69页。由该文中紫线图来看,例如康熙六十一年(1722)的东岸庄界和巴阳庄界碑,乾隆十五年(1750年)已经距离红线甚远,划入红线界内。
⑦ 清代台湾港口的规模,依据其泊船条件、岛外连结、腹地的发展与贸易、商业设施以及行政与军事配置等为指针,可以区分成五个等级。详见林玉茹:《清代台湾港口的空间结构》,台湾知书房,1996年,第63—129页。
⑧ [清]陈文达:《凤山县志》,《台湾文献丛刊》第124种,台湾银行经济研究室,1961年,第28页。

经康熙末年之开垦,下淡水溪南侧平原于康熙五十八年(1719年)左右形成新园街和万丹街,①东港则是本地域之吞吐港,有道路通往内陆的两街。至于力力溪(东港溪)以南,仍以番社居多,汉人村庄并不多见。②东港因腹地开发未臻成熟,因此为沿岸贸易港,与打狗港及府城互动较频繁,主要作为屏东平原入垦之门户,再通过水系或是南北官道和腹地连结,港口并置水师汛。不过,由于凤邑日用货物由府城供给居多,加以下淡水溪之阻隔,促使东港大多直接与鹿耳门往来。

  进入乾隆朝,下淡水地区的开发进展甚速。早在乾隆十五年(1750年)以前,自今日屏东县枋寮乡力里溪南岸的玉泉村,经新埤乡、万峦乡、内埔乡到高树乡沿山地区,已经开垦到山脚近山地带,边界自此定制。③乾隆中叶,下淡水溪以南已是"水泉甘美,居民辐辏"之地,④汉人街庄更扩展至率芒溪枋寮口。更甚者,下苦溪南侧已出现加洛堂庄(屏东县枋山乡加禄),显然汉人仍偷越南部番界底限,持续向南进垦。⑤18世纪40年代初,东港南边的港东里首度出现崁顶街;而往东更为内陆的阿猴街(屏东市)业已成街。⑥18世纪50年代,内山地区村庄错落,如从丘陵地的五沟水(万峦乡)、四沟水直至盐树脚(高树乡)、龙肚(美浓区)等聚落已经出现,因此南北官道从大昆麓以北分成内山和沿海两条道路。⑦通过这些路网连接港口和内陆乡街,地域性经济区已经逐渐形塑中。

  随着腹地逐渐开发,下淡水溪的河港及支流河口港与东港有密切的互动关系。但是,东港因距离府治、县治稍远,又因下淡水溪之阻隔,开发较迟,直至乾隆中叶尚未成街,唯"采捕不下千户",并有台属小商船来港装载米、豆,⑧由下淡水巡检及驻扎万丹的下淡水县丞稽查船只。⑨下淡水溪航路终点的阿里港,⑩雍正十一年,新置陆路小汛,1762年已形成市街,为"商民往来辐辏交关贸易之所"。⑪乾隆二十六年至五十三年(1761—1788年)之间,下淡水县丞一度由万丹移驻阿里港。⑫18世纪80年代,港街至少已分化出妈祖宫前、市仔头、营盘口、仁和街、国王庙前、永安街、北势街等"栅内各街"。⑬阿里港街的繁荣,象征凤山县内陆边区的发展和贸易之兴盛。

  东港南边也以几个港口形成一些小地域。关帝港、茄藤港及鳖兴港(放索港)

---

① [清]陈文达:《凤山县志》,《台湾文献丛刊》第124种,台湾银行经济研究室,1961年,第26、29页。
② [清]陈文达:《凤山县志》,《台湾文献丛刊》第124种,台湾银行经济研究室,1961年,第25、26页。
③ 《台湾田园分别垦禁图说》。
④ [清]朱仕玠:《小琉球漫志》,《台湾文献丛刊》第3种,台湾银行经济研究室,1957年,第78页。
⑤ 《乾隆二十五年台湾番界图》。
⑥ [清]刘良璧:《重修福建台湾府志》,台湾省文献会,1977年,第84页。
⑦ 《乾隆台湾舆图》。
⑧ [清]王瑛曾:《重修凤山县志》,《台湾文献丛刊》第146种,台湾银行经济研究室,1962年,第10、22页。
⑨ [清]刘良璧:《重修福建台湾府志》,台湾省文献会,1977年,第372页;[清]范咸:《重修台湾府志》,《台湾文献丛刊》第105种,台湾银行经济研究室,1961年,第246页。
⑩ 林衡道:《里港乡的古迹》,《台湾文献》1980年,第34卷第4期,第22页。
⑪ 黄典权主编:《台湾南部碑文集成》,《台湾文献丛刊》第218种,台湾银行经济研究室,1966年,第417页。
⑫ [清]陈文达:《凤山县志》,《台湾文献丛刊》第124种,台湾银行经济研究室,1961年,第129—130页。
⑬ 《严禁开赌强乞蕞绺碑记》,何培夫:《台湾地区现存碑碣图志:屏东县、台东县篇》,"国立中央图书馆"台湾分馆,1995年,第64页。

等几个溪流相源之河港、河口港及其腹地即组成一个小地域。其中,茄藤港泊船条件最佳,①而且因凤山八社地方已成为凤邑主要产米中心,②乾隆年间米谷乃大多由茄藤港直接运至府澳。③此外,可能亦私越米谷至内地贸易。

枋寮地域,由率芒溪口南北两侧的枋寮与大军麓二港腹地组成。雍正九年(1731年)下淡水巡检一度驻扎大军麓,乾隆二十九年(1764年)才改移至崁顶,④港口并有水汛驻防。然而,由于琅峤盛产木材,枋寮则"南近琅峤,东近傀儡山",以致"商民聚伙、军匠辐辏"。⑤乾隆二十七年(1762年),该港已成街市,并由南路营外委领兵驻防。⑥枋寮遂取代大军麓而兴,成为南部界外的商业中心。

此外,后山的台湾东部地区则为化外之地。康熙三十四年(1895年),大鸡笼通事赖科、潘冬等始招揽后山崇爻九社(今花莲县境)归化,并附阿里山诸社输饷于诸罗县。⑦康熙末年,清廷实施划界封山政策之后,禁止汉人私越,自此后山被封禁达150余年。清廷虽然严禁汉人到后山,但是仍允许后山番社归化输饷。雍正二年(1725年),后山南路的卑南觅七十二社(今台东境内)即派遣土官,造具户口名册归化,输饷于凤山县。⑧当时清廷对于后山归化各番社的态度是:赏给盐、布等物,并准许一年一度的膜社贸易。⑨乾隆十三年(1748年),官方一度开禁准其输纳番饷。⑩然而,清廷对于后山归化生番,仅要求其输纳番饷,而不要求其薙发、供劳役以及改衣冠,⑪并无积极统治后山的意图。乾隆二十年(1755年),进一步禁止商渔船到后山地区"贩卖番货",原来社丁缴纳之番饷,改由通事自陆路输纳,⑫水运遂绝。唯仍偶有偷越之事发生,乾隆二十八年(1763年)朱仕玠《小琉球漫志》即载:

> ……近有人挐船由琅峤山下放洋,转折而东,载棉布、苎线、器用之物,向山后番易鹿脯、筋角。⑬

由此可见,西部鹿场尽辟良田之后,无法再提供大量鹿脯筋皮对外输出或供本地消

---

① 茄藤港为南北贸易港,有台小商船往来贸易。见[清]范咸:《重修台湾府志》,《台湾文献丛刊》第105种,台湾银行经济研究室,1961年。第1458页。such处"水道深,小舟往來"。见[清]王瑛曾:《重修凤山县志》,《台湾文献丛刊》第146种,台湾银行经济研究室,1962年,第24页。
② 雍正十一年(1733年)凤山县八社,每年可收贮仓谷24万4千余石。台湾银行经济研究室编:《雍正朱批奏折选辑》,《台湾文献丛刊》第300种,台湾银行经济研究室,1972年,第246页。
③ [清]朱景英:《海东札记》,《台湾文献丛刊》第19种,台湾银行经济研究室,1958年,第18页。
④ [清]陈文达:《凤山县志》,《台湾文献丛刊》第124种,台湾银行经济研究室,1961年,第129—130页。
⑤ [清]王瑛曾:《重修凤山县志》,《台湾文献丛刊》第146种,台湾银行经济研究室,1962年,第32、65页。
⑥ [清]王瑛曾:《重修凤山县志》,《台湾文献丛刊》第146种,台湾银行经济研究室,1962年,第196页。
⑦ [清]周钟瑄:《诸罗县志》,《台湾文献丛刊》第141种,台湾银行经济研究室,1962年,第31页;[清]范咸:《重修台湾府志》,《台湾文献丛刊》第105种,台湾银行经济研究室,1961年,第197页。
⑧ 台湾银行经济研究室编:《雍正朱批奏折选辑》,《台湾文献丛刊》第300种,台湾银行经济研究室,1972年,第23页。后山归化番社最初称六十五社,至雍正三年(1726年)三月十九日闽浙总督觉罗满保则称山后有七十四社生番输诚归化。张本政:《清实录台湾史资料专辑》,福建人民出版社,1993年,第99页。
⑨ [清]蓝鼎元:《东征集》,《台湾文献丛刊》第12种,台湾银行经济研究室,1958年,第90页。
⑩ [清]王瑛曾:《重修凤山县志》,《台湾文献丛刊》第146种,台湾银行经济研究室,1962年,第11页。
⑪ 张永桢:《清代台湾后山开发之研究》,东海大学1986年硕士学位论文,第61、62页。
⑫ [清]余文仪:《续修台湾府志》,《台湾文献丛刊》第121种,台湾银行经济研究室,1962年,第456页。
⑬ [清]朱仕玠:《小琉球漫志》,《台湾文献丛刊》第3种,台湾银行经济研究室,1957年,第84页。

费,①少数汉人乃不顾禁令,铤而走险往山后交易。乾隆中叶以降,或许因陆路交通不便,后山各社输饷与归化似乎不了了之,形同具文。② 此后,清朝官方记录对于后山的了解也更加生疏,有所谓"人迹罕至,难计里程"。③

二、打狗港次地域经济区

本地域北至浊水溪(今阿公店溪),南至下淡水溪,属于凤山县境内较早开发的地域。康熙三十九年(1700年)以前,靠近府城、位于南北官道的半路竹和兴隆庄最先成街。④ 18世纪20年代,凤山县下淡水溪以北地区平原地带虽然仍多荒埔,⑤但因"开疆已久,人居稠密",已错落不少村庄,而且有大湖街、半路竹街、阿公店街、中冲崎街、楠仔坑街以及下陴头街等6个市街。⑥ 这些市街大概位于凤山县往府城的南北官道上。其中,下陴头街是凤邑最大市镇,"店屋数百间,商贾辏集"⑦。18世纪40年代,县城西边出现小店仔街;而下陴头街仍最繁荣,"商贾辐集"。⑧ 18世纪60年代,除了新增竿蓁林街(冈山)、二滥街以及角宿街(燕巢)三街之外,凤山县内大市镇更加繁荣,街道分化趋于明显。大湖街"市廛民居稠密",与阿公店均是大村落;县治兴隆庄不但已筑城,且市街分化出县前街、下街仔、大街、南门口街、总爷口街、北门内街等六条街道;下陴头则是"五方凑集,市极喧哗,有草店头、草店尾、中街、武洛塘街等,大路之冲"⑨。大致上,下淡水溪以北地区市街大多因位于县治往府城的大路而兴起。

乾隆中叶,凤山县的开发可谓是突飞猛进,开垦方向持续向东进垦。从下苦溪、枋寮庄以北一直至台、凤交界的二层行溪(二仁溪)界外,大概今日屏东县枋寮乡到高雄市美浓区近山地区,已经形成不少聚落。今日高雄市的旗山区、内门区、甲仙区均进入开垦状态,甚至沿旗山溪深入杉林区的月眉地域。⑩ 早在18世纪50年代至60年代,由港口到平原、丘陵地带,连结市街和村庄的路网已初露雏形,甚至直达沿山的番薯寮(旗山)、内木栅(内门区)等庄。⑪ 18世纪60年代,新垦田园已经超出清初一倍有余,⑫并形成"粟米余资闽粤,菁糖直达苏杭"之盛况。⑬ 糖、米

---

① 例如,董天工的《台海见闻录》,即称鹿脯已是"街市求一脔不得也"。见[清]董天工:《台海见闻录》,《台湾文献丛刊》第129种,台湾银行经济研究室,1961年,第63页。
② 牡丹社事件之后,清廷派候补同知袁闻柝搭乘轮船到后山卑南地区召抚卑南、吕家望等社,并带"番目"陈安生回台南,表明归化之意。由此可见,当时后山各社的归化与输饷,显然早已形同具文。直至清末才重新招抚。见[清]胡传:《台东州采访册》,《台湾文献丛刊》第81种,台湾银行经济研究室,1960年,第65页。
③ [清]余文仪:《续修台湾府志》,《台湾文献丛刊》第121种,台湾银行经济研究室,1962年,第307页。
④ [清]高拱乾:《台湾府志》,中华书局,1985年,第48页。
⑤ 《康熙台湾舆图》。
⑥ [清]陈文达:《凤山县志》,《台湾文献丛刊》第124种,台湾银行经济研究室,1961年,第29、26页。
⑦ [清]陈文达:《凤山县志》,《台湾文献丛刊》第124种,台湾银行经济研究室,1961年,第26页。
⑧ [清]刘良璧:《重修福建台湾府志》,台湾省文献会,1977年,第84页。
⑨ [清]朱仕玠:《小琉球漫志》,《台湾文献丛刊》第3种,台湾银行经济研究室,1957年,第25页;[清]王瑛曾:《重修凤山县志》,《台湾文献丛刊》第146种,台湾银行经济研究室,1962年,第32页。
⑩ 《台湾田园分别垦禁图说》。
⑪ 《乾隆中叶台湾番界图》、《乾隆台湾舆图》。
⑫ 刘淑芬:《清代凤山城的营建与迁移》,《高雄文献》,1985年,第20、21期合刊,第52页。
⑬ [清]王瑛曾:《重修凤山县志》,《台湾文献丛刊》第146种,台湾银行经济研究室,1962年,图第11页。

显然为此地域主要的出口商品。

凤山县的进一步拓展,促使其成为府城米食供应地,南路米主要由打狗港贩运至府城。① 加以,打狗港因距离鹿耳门最近,北风盛发之际,鹿耳门港道狭隘,船只往往改由打狗上岸。② 因此,打狗港经济区与府城之互动相当密切。

然而,打狗港其实只是前镇港、凤山港及硫黄港的总海口。一般而言,船只进入打狗港后,往南入为前镇港,小船可以直趋到此;前镇港再往南入则是凤山港,港口较小,两支港滨临凤山县最大市镇下陴头街。③ 另一方面,由打狗港往北入为硫黄港,通县治兴隆庄。因此,作为两个市街吞吐港的打狗港,虽未成街,却是凤邑最大港。港口由安平水师右营把总驻防,其下兼辖新增的歧后、西溪与东港诸水汛。④ 万丹港则是县城西边出入口,"南北小舟在此停泊贸易"⑤;从府治渡海及滨海村庄往来,大都经由本港。⑥ 该港因是县治以北的主要港口,与府城互动频繁;乾隆五十三年(1788年),县治移至下陴头街以后,其港口地位才降低。⑦

三、盐水港次地域经济区

八掌溪与湾里溪之间,由八掌溪和急水溪的分支港以及岸外沙屿构成倒风潟湖港口群,并以蚊港为总出入口而连结其腹地,逐渐形成一个次级地域经济区。18世纪10年代,倒风潟湖"港面甚阔,大小船俱可停泊",⑧加上腹地开发已趋成熟,又盛产米谷、蔗糖,而发展出不少港口市街,且可能有内地商船偶尔非法来港贸易。乾隆三年(1738年),尹士俍的《台湾志略》即盛赞诸罗县境内所生产的米谷、糖蔗、二麦、麻、豆、番檨(芒果)以及槟榔各物产,比其他地区优良,故"民多盖藏。沿海各港,为水陆通衢,人民辐辏"。⑨

由于盐水港位于急水溪与八掌溪所形成之三角洲中心,⑩又是府城由海道赴诸罗县治之门户,⑪以及府城往笨港之大路,于是乃发展成茅港尾至笨港之间的最大市镇,商贾辐辏。⑫ 海道自青峰阙东入至此,可达于四里九庄;诸罗县令周钟瑄也一度议移府仓于此,以输纳县南供粟。⑬ 雍正元年(1723年),清廷更添设水师中营千

---

① [清]黄叔璥:《台海使槎录》,《台湾文献丛刊》第4种,台湾银行经济研究室,1957年,第5、33页。
② [清]黄叔璥:《台海使槎录》,《台湾文献丛刊》第4种,台湾银行经济研究室,1957年,第31页;[清]陈文达:《凤山县志》,《台湾文献丛刊》第124种,台湾银行经济研究室,1961年,第33页。
③ [清]陈文达:《凤山县志》,《台湾文献丛刊》第124种,台湾银行经济研究室,1961年,第8页。
④ [清]陈文达:《凤山县志》,《台湾文献丛刊》第124种,台湾银行经济研究室,1961年,第33—34、62页;[清]刘良璧:《重修福建台湾府志》,台湾省文献会,1977年,第348页。
⑤ [清]王瑛曾:《重修凤山县志》,《台湾文献丛刊》第146种,台湾银行经济研究室,1962年,第201—222页。
⑥ [清]王瑛曾:《重修凤山县志》,《台湾文献丛刊》第146种,台湾银行经济研究室,1962年,第42页。
⑦ [日]伊能嘉矩著,江庆林译:《台湾文化志》(下),台湾省文献会,1991年,第1、2页。
⑧ [清]周钟瑄:《诸罗县志》,《台湾文献丛刊》第141种,台湾银行经济研究室,1962年,第15页;《清初海疆图说》,《台湾文献丛刊》第155种,台湾银行经济研究室,1963年,第106页。
⑨ [清]尹士俍:《台湾志略》,九州岛出版社,2003年,第46页。
⑩ 富田芳郎:《台湾乡镇之地理学研究》,《台湾风物》,1954年第4卷10期,第11页。
⑪ 台湾银行经济研究室编:《台案汇录庚集》,《台湾文献丛刊》第200种,台湾银行经济研究室,1964年,第499页。
⑫ [清]周钟瑄:《诸罗县志》,《台湾文献丛刊》第141种,台湾银行经济研究室,1962年,第15、32页。
⑬ [清]周钟瑄:《诸罗县志》,《台湾文献丛刊》第141种,台湾银行经济研究室,1962年,第95页。

总一员驻扎于此。①盐水港遂成为倒风潟湖各港之商业、军事中心,而取代原本军事机能较高的蚊港,变成本地域最主要港口市街。随着腹地开发和经济发展,18世纪盐水港港口规模大为扩张。雍正九年(1731年),清廷移佳里兴巡检驻扎盐水港,以稽查港口船只兼督本地域沿海港口,是诸罗县仅次于笨港之港口市镇。乾隆四十年(1775年)该港兴建奎壁书院,②乾隆四十四年(1779年)已出现糖郊赵相泉。③由此可见,该港相当繁荣,始终是府城和笨港之间最大的市街。

盐水港之下,除了原来原住民大社所在、滨海民番贸易点的萧垄(佳里)、麻豆以及湾里(善化)均已成街之外,井水港、茅港尾港(下营)位于南北要道、溪边的急水溪街和湾里溪街于17世纪末俱已成街;④八掌溪与急水溪的各分支港,也有台属商船来港载运五谷、糖菁等农产品。其中,茅港尾港位于南北大道上,是郑氏王朝时期北路军队屯垦地的第一个地点,⑤"民居辏集,船只往来,为沿海各庄要路"⑥,或"廛间鳞次,商旅辐辏"⑦,商况繁盛,仅次于盐水港。茅港尾港与铁线桥港因邻近府治,除了水路交通之外,陆路交通也渐趋发达。设治之初,两港俱已筑桥,唯"冬春编竹为桥","夏秋水涨,漂荡无存,设渡济人",直至18世纪60年代始建造广大坚固桥梁。⑧河川阻隔性的减低,促使本地域范围渐成为单一的经济区,各港口市街的陆路连结也日益密切。此外,康熙三十年(1691年)后,或许受到沈光文教化的影响,目加溜湾(善化)最先成为诸罗县和此地域的文教重镇。社学、学署、典司署、街市,均仅设在该地。⑨

18世纪10年代,平原和丘陵地带也开始出现市街,如位于府治通往诸罗县治要冲的新港街、内木栅街、莲池潭街以及下加冬街。又随土地拓垦的东进,18世纪50年代由府城到诸罗县城已有二三条南北向大道,18世纪60年代,除了作为"滨海民番贸易"点的西港街新成立之外,沿山番社所在的焦吧哖街(玉井)、多啰国街(白河),或位于要道的番仔渡头街(官田)、大排竹街(白河)也成为往内山的节点。⑩由港口到内陆街庄的路网几已构成,也反映此地域经济区之发展趋于成熟。

总之,直至18世纪末,北自八掌溪南至湾里溪,以三级港盐水港为中心,连结蚊港、铁线桥港、茅港尾港、麻豆港等四个四级港为首的腹地,又因通过倒风内海和台江内海网络之连结,船只航行便利而安全,使其成为与鹿耳门——府城连结最紧密的次级地域经济区。

---

① 台湾银行经济研究室编:《清世宗实录选辑》,《台湾文献丛刊》第167种,台湾银行经济研究室,1963年,第3页。
② 卢嘉兴:《台南县古地名考》,《台南县地名研究辑要》,台南县政府民政局,1982年,第46页。
③ 方豪:《台南之郊》,《六十至六十四自述待定稿》,作者印行,第278页。
④ [清]周锺瑄:《诸罗县志》,《台湾文献丛刊》第141种,台湾银行经济研究室,1962年,第32页。
⑤ 江树生译注:《梅氏日记:荷兰土地测量师看郑成功》,台湾汉声杂志社,2003年,第49—51,64页。
⑥ [清]周锺瑄:《诸罗县志》,《台湾文献丛刊》第141种,台湾银行经济研究室,1962年,第120页。
⑦ 黄典权主编:《台湾南部碑文集成》,《台湾文献丛刊》第218种,台湾银行经济研究室,1966年,第16页。
⑧ [清]余文仪:《续修台湾府志》,《台湾文献丛刊》第121种,台湾银行经济研究室,1962年,第96页。
⑨ [清]高拱乾:《台湾府志》,中华书局,1985年,第30页。
⑩ [清]余文仪:《续修台湾府志》,《台湾文献丛刊》第121种,台湾银行经济研究室,1962年,第86、87页。

四、笨港次地域经济区

  清初,笨港地域经济区范围,北至虎尾溪南至八掌溪,由笨港、猴树港及其腹地所组成。康熙四十九年(1718年)以后,移民开垦已越过斗六门以北,[①]笨港以南地方则大致垦熟。笨港由于与澎湖遥对,[②]又是三迭溪外的深水河口港,可供泉、厦、福州大船停泊,[③]与府城距离又适中,乃成为八掌溪至大甲溪之间成长最快的港口。1717年笨港已是"商贾辏集,台属近海市镇,此为最大",腹地广而富庶,连其周边位于南北官路上的土狮仔(北港镇涂师)也成为诸罗县境内少数的乡街。[④]诸罗县米谷概由笨港贩运至府城,[⑤]同时因倒风内海与台江内海连成一气,笨港可经由马沙沟小港直接通往鹿耳门,[⑥]与鹿耳门互动遂相当频繁。其次,由于笨港是诸罗县北扼要之地,康熙五十六年(1717年),清廷复移佳里兴巡检驻扎于此,稽察奸宄,[⑦]八掌溪以北沿岸海口统归该巡检管辖。雍正元年新置水师左营千总一员,并由安平协水师左营游击、守备轮防。[⑧]军事部署的加强,不但突显笨港市街地位之重要,同时也促使市街因安全提升,人口聚居更多,商业更为繁荣,规模更加扩张。此外,笨港虽然与鹿耳门连结密切,唯该港腹地大半垦熟,18世纪初已有内地小船来港偷运米谷。[⑨]因此,遂形成半独立的次级经济区。

  18世纪30年代,笨港已经被三迭溪分隔成笨港南街、笨港北街。[⑩]雍正九年,因居民聚居众多,改设县丞一员,以挂验船只缉查匪类,[⑪]并管辖虎尾溪以南至八掌溪地区海口。乾隆中叶以前,港口的泊船条件较佳,"巨港大舟可入"。[⑫]18世纪中叶,该港既是南北沿岸贸易港,又由于腹地开发已趋成熟,米谷生产量大增,配运内地米谷也最多,[⑬]且为"油糖所出",是以间或有内地大船来港。[⑭]诸罗县粟石和民间货物,亦主要由本港运至府城交卸。[⑮]因此,港口市镇急遽扩大,"舟车辐辏,百货骈阗,俗称小台湾"。[⑯]18世纪60年代,有笨港前街、笨港后街、笨港北街之分,并设

[①] [清]周锺瑄:《诸罗县志》,《台湾文献丛刊》第141种,台湾银行经济研究室,1962年,第110页。
[②] [清]周锺瑄:《诸罗县志》,《台湾文献丛刊》第141种,台湾银行经济研究室,1962年,第19页。
[③] 洪敏麟:《从潟湖、曲流地形之发展看笨港之地理变迁》,《台湾文献》,1972年,第23卷第2期,第26页。
[④] [清]周锺瑄:《诸罗县志》,《台湾文献丛刊》第141种,台湾银行经济研究室,1962年,第32页。
[⑤] [清]黄叔璥:《台海使槎录》,《台湾文献丛刊》第4种,台湾银行经济研究室,1957年,第23页。
[⑥] [清]黄叔璥:《台海使槎录》,《台湾文献丛刊》第4种,台湾银行经济研究室,1957年,第6页。
[⑦] [清]黄叔璥:《台海使槎录》,《台湾文献丛刊》第4种,台湾银行经济研究室,1957年,第41页。
[⑧] [清]黄叔璥:《台海使槎录》,《台湾文献丛刊》第4种,台湾银行经济研究室,1957年,第122—123页;台湾银行经济研究室编:《清世宗实录选辑》,《台湾文献丛刊》第167种,台湾银行经济研究室,1963年,第3页。
[⑨] [清]范咸:《重修台湾府志》,《台湾文献丛刊》第105种,台湾银行经济研究室,1961年,第61页。
[⑩] 《雍正台湾舆图》,原藏台湾"故宫博物院"。
[⑪] 《闽浙总督那揚帖》,[清]余文仪:《续修台湾府志》,《台湾文献丛刊》第121种,台湾银行经济研究室,1962年,第305页;台湾银行经济研究室编:《清世宗实录选辑》,《台湾文献丛刊》第167种,台湾银行经济研究室,1963年,第36页。
[⑫] [清]刘良璧:《重修福建台湾府志》,台湾省文献会,1977年,第53页。
[⑬] [清]范咸:《重修台湾府志》,《台湾文献丛刊》第105种,台湾银行经济研究室,1961年,第7664页。
[⑭] [清]朱景英:《海东札记》,《台湾文献丛刊》第19种,台湾银行经济研究室,1958年,第8页。
[⑮] [清]朱景英:《海东札记》,《台湾文献丛刊》第19种,台湾银行经济研究室,1958年,第18页;台湾银行经济研究室编:《台案汇录丙集》,《台湾文献丛刊》第176种,台湾银行经济研究室,1963年,第172页。
[⑯] [清]余文仪:《续修台湾府志》,《台湾文献丛刊》第121种,台湾银行经济研究室,1962年,第87页。

有县仓,①为全台第二大城市。18世纪80年代,其腹地诸罗县北边,即由今嘉义县中埔乡、经番路乡、竹崎乡、梅山乡、云林县古坑乡至斗六镇,沿着台三线两边的聚落,大多已经出现。②换言之,笨港地域经济区的边界已经抵达东边的浅山丘陵地,自成一个半独立的地区型经济区。

另一方面,位于内陆的诸罗县治(嘉义市),于18世纪10年代末出现十字街、太平街以及镇安街等三街,初具规模。由县城北门外往北大路也出现打猫街(民雄)、他里雾街(斗南)以及斗六门街(斗六)等乡街,③显然内陆平原与丘陵交界的第二条南北市镇带正在形构中。18世纪60年代,诸罗县城分化更为明显,有中和街、布街、总爷街、内外城厢街、四城厢外街以及新店街,规模更加扩大。由诸罗县城往他里雾街南北官路上又出现卢麻产、大埔林、石头溪、新埤等乡街。④

笨港以外,猴树港是本地域内康熙末年唯一形成市街、商贾辐辏的港口。⑤该港位于牛稠溪口,东入支分为龟仔港,可通往诸罗县治;西南则有专供捕鱼的土地公港。⑥其也是南北沿岸贸易港,乾隆二十七年(1762年)市街更名为朴仔脚街。⑦猴树港主要从事沿岸贸易,与鹿耳门、笨港互动较密切,市场圈亦互有重叠。由盐水港到朴仔脚街沿海南北大道上的白须公潭、鹿仔草、竹仔脚、大坵田、榕树王、大仑脚也于此时成街。⑧

总之,乾隆末年以前,八掌溪至虎尾溪之间,形成以笨港、猴树港为主要吞吐港的半独立地区型经济区。笨港为全台第二大市镇,腹地则以诸罗县城为商业中心,境内有两条南北大道,一是诸罗县城往外路线,一是盐水港往笨港,从18世纪10年代至60年代沿着两条官道新成立不少乡街,通过路网和乡街的连接,逐渐构成一个半独立的地域经济区。

五、鹿港次地域经济区

虎尾溪以北的彰化平原,直至康熙中叶才有巨宗豪族入垦。⑨康熙四十八年(1709年),施世榜兴筑八堡圳,费时十年竣工,奠定了彰化平原的开垦基础。⑩不过,直至18世纪20年代,虎尾溪以北仍多荒埔,且以番社居多,罕有民庄,乡街也仅有驻扎营盘的半线街。⑪雍正元年(1723年),官方新设彰化县,听民开垦,县治

---

① 《乾隆台湾舆图》。
② 如中埔乡的坛水(沄水)、崁脚、石头厝;番路乡的番仔路(番路);竹崎乡的阿拔泉、金狮寮;梅山乡的南势坑、大草埔、九芎坑;云林县古坑乡的大湖、古坑;斗六的湖山岩、枋树湖(枫树湖)。《台湾田园分别垦禁图说》。
③ [清]周锺瑄:《诸罗县志》,《台湾文献丛刊》第141种,台湾银行经济研究室,1962年,第32页。
④ [清]余文仪:《续修台湾府志》,《台湾文献丛刊》第121种,台湾银行经济研究室,1962年,第88页。
⑤ [清]黄叔璥:《台海使槎录》,《台湾文献丛刊》第4种,台湾银行经济研究室,1957年,第32,101页。
⑥ [清]黄叔璥:《台海使槎录》,《台湾文献丛刊》第4种,台湾银行经济研究室,1957年,第12页。
⑦ [清]余文仪:《续修台湾府志》,《台湾文献丛刊》第121种,台湾银行经济研究室,1962年,第87页。
⑧ [清]余文仪:《续修台湾府志》,《台湾文献丛刊》第121种,台湾银行经济研究室,1962年,第87页。
⑨ 许嘉明:《彰化平原福佬客的地域组织》,《"中央研究院"民族学研究所集刊》1973年,第36期,第167页。
⑩ 林仁川:《大陆与台湾的历史渊源》,文汇出版社,1991年,第70页。
⑪ [清]周锺瑄:《诸罗县志》,《台湾文献丛刊》第141种,台湾银行经济研究室,1962年,第32页;《康熙台湾舆图》。

设于半线街。然因县系新设,距离府治稍远,至雍正五年(1727年),仍是"闲原宽旷,多未辟之土"①。因此,本地域米谷生产相当有限,尚不足以大量对外输出。境内的海丰港、三林港、鹿港及水里港等港皆未成街,只有台属商船来港载脂麻、粟豆。② 各港主要从事沿岸贸易,与笨港、鹿耳门连结也较密切。

18世纪初,鹿港地域逐渐由笨港次级经济区中析出。其范围北达大甲溪南至虎尾溪,亦即大概包含整个彰化县境,自成一个半独立次经济区。乾隆时期,彰化平原大部分的水利工程已完成,乃促使平原普遍开发,③村庄街市也大幅增加。④ 早在18世纪30年代,尹士俍《台湾志略》即指出:

> (彰)邑治虽新设未久,而愿耕于野,愿藏于市者,四方纷至。故街衢港陌,渐有可观,山珍海错之物,亦无不集,但价值稍昂。⑤

鹿港、三林港、海丰港以及水里港的港口规模不断扩大。其中,鹿港最早开发,是彰化县城的出入门户,又与漳州、泉州地区海运便捷,经常有船只私越;此外,彰化县米谷、民间货物也大都由鹿港运抵府澳,⑥港口发展遂最迅速。雍正九年新设巡检一员,稽查虎尾溪至大甲溪往来海艘。⑦ 18世纪30年代,该港"亦水陆四达之区,谷行、糖铺其盛侔于笨港";乾隆六年(1741年)该港已经成街。此外,平原地带南北官道上也出现东螺街、西螺街、员林街等乡街。⑧ 东螺街和西螺街原来均是番社所在,大垦户的公馆也设立于此。⑨ 18世纪60年代,沿山地区开发迅速,蓝线番界已经越过浊水溪进入今日的南投县竹山镇、名间、南投市、草屯、雾峰、大里等地,内山由斗六门越过虎尾溪往北也出现南北大路。沿山丘陵地带进一步形成枋桥头街、林杞埔(竹山)、南投社街等内陆乡街。特别是林杞埔因"为斗六门等处入山总路",而成为新兴市镇。另外,县治所在的半线街并已出现四个市场。⑩

鹿港仍是彰化平原最大市镇,18世纪60年代为"水陆辐辏,米谷聚处";乾隆三十八年(1773年),则是"烟火数千家,帆樯麇集,牙侩居奇,竟成通津"⑪,市镇规模

---

① 《巡台御史索琳尹秦访陈台郡田粮利弊折》,台湾银行经济研究室编:《雍正朱批奏折选辑》,《台湾文献丛刊》第300种,台湾银行经济研究室,1972年,第44页。
② [清]周钟瑄:《诸罗县志》,《台湾文献丛刊》第141种,台湾银行经济研究室,1962年,第32页;[清]黄叔璥:《台海使槎录》,《台湾文献丛刊》第4种,台湾银行经济研究室,1957年,第12页。
③ 许嘉明:《彰化平原福佬客的地域组织》,《"中央研究院"民族学研究所集刊》,1973年,第36卷第165期,第167页。
④ 乾隆六年(1741年)有9街10保110庄,见[清]刘良璧:《重修福建台湾府志》,台湾省文献会,1977年,第95页;乾隆二十七年(1762年)则已有12街16保132庄。见[清]余文仪:《续修台湾府志》,《台湾文献丛刊》第121种,台湾银行经济研究室,1962年,第73页。
⑤ [清]尹士俍:《台湾志略》,九州出版社,2003年,第140页。
⑥ [清]朱景英:《海东札记》,《台湾文献丛刊》第19种,台湾银行经济研究室,1958年,第18页;台湾银行经济研究室:《台案汇录丙集》,《台湾文献丛刊》第176种,台湾银行经济研究室,1963年,第172页。
⑦ 台湾银行经济研究室:《台案汇录丙集》,《台湾文献丛刊》第176种,台湾银行经济研究室,1963年,第305页。
⑧ [清]尹士俍:《台湾志略》,九州出版社,2003年,第140页;[清]刘良璧:《重修福建台湾府志》,台湾省文献会,1977年,第83页。
⑨ 杨朝杰,硕士学位论文。
⑩ 《乾隆台湾番界图》、《乾隆台湾舆图》;[清]余文仪:《续修台湾府志》,《台湾文献丛刊》第121种,台湾银行经济研究室,1962年,第89页。
⑪ [清]余文仪:《续修台湾府志》,《台湾文献丛刊》第121种,台湾银行经济研究室,1962年,第89页;[清]朱景英:《海东札记》,《台湾文献丛刊》第19种,台湾银行经济研究室,1958年,第8页。

仅次于府城,甚至已经超越笨港。因此,彰化县境内小港,主要来鹿港进行贸易。此外,鹿港时有船只径至内地贩卖米谷,乾隆四十九年(1784年)正式开口之前,厦门白底艍船已时常往来该港采买米谷,[①]并已出现主要与泉州贸易的商人团体泉郊。[②]港口显然具有半功能自主的商业贸易功能。

鹿港之外,三林港是彰化县第二大港,并有台属小商船往来收集油、糖。[③]乾隆六年(1741年),该港已形成市街,乾隆中叶并由南投县丞司汛,[④]港口又置把总一员,兼辖海丰港水汛。海丰港的商业功能则与三林港类似,亦由南投县丞司汛,由于仅置小汛,港口规模稍小。两港因腹地渐垦成,可能偶与内地贸易。

鹿港北边的大肚溪与大甲溪之间,康熙末年仍是番多民少状态,境内最先出现水里港,有"商船到此载脂麻"[⑤]。雍正九年(1731年),大甲西社事件之后,[⑥]此地番社大为衰落,汉人则获得大量入垦该地域的契机,并开始进行水田化运动。[⑦]乾隆初年,移民开垦已推进至大肚台地,[⑧]18世纪40年代先出现大肚山后的犁头店街及溪边的大肚街。[⑨]之后形成猫雾捒保,下辖水里庄、沙辘庄和牛骂庄等汉人村庄,18世纪60年代,又进一步出现沙辘街和牛骂街,[⑩]近海地区则形成大肚保,有村庄154个。[⑪]18世纪80年代,沿山地区的拓垦,已经进入今日雾峰区、大里区的边区、太平区西边平原及石冈区东边,深入到北沟溪、草湖溪、头汴溪、大里溪及大甲溪上游等流域之谷地。[⑫]内陆乡街和港口遂逐渐形成水里港地域,以水里港为出入口,有南北小船往来停泊,并由驻扎今台中东大墩的猫雾捒巡检专防,[⑬]港口亦置水汛。乾隆中期本地域的港口,虽已常私贩米粟出口而遭官方查禁,[⑭]但因该港规模尚小,主要与鹿港往来贸易,本地域也从属于鹿港经济区。

六、大甲溪以北至南崁一带及竹堑港次地域经济区

大甲溪至南崁地带,是台湾西部开发最晚的地区。本地域原为熟番埔地或鹿场,康熙三十五年(1696年),台湾北路仍因山深土燥,"烟障愈厉,人民鲜至"[⑮],竹

---

① 《户部为内阁抄出闽浙总督觉罗伍拉纳奏移会》,台湾银行经济研究室编:《台案汇录丙集》,《台湾文献丛刊》第176种,台湾银行经济研究室,1963年,第257页。
② 郭永坤:《鹿港"郊"之史料集零》,《史联》,1985年,第6号,第24、33—35页。方豪认为鹿港郊之出现大概于乾隆三十八年(1772年)左右。方豪:《鹿港之"郊"》,作者印行,1974年,第298页。
③ [清] 朱景英:《海东札记》,《台湾文献丛刊》第19种,台湾银行经济研究室,1958年,第8页。
④ [清] 朱景英:《海东札记》,《台湾文献丛刊》第19种,台湾银行经济研究室,1958年,第21页。
⑤ [清] 周锺瑄:《诸罗县志》,《台湾文献丛刊》第141种,台湾银行经济研究室,1962年,第11、12页。
⑥ 有关大甲西社事件,参见洪丽完:《台湾中部平埔族:沙辘社与岸里大社之研究》,台湾稻乡出版社,1997年,第65页。
⑦ 杨惠玬:《清代至日治时期梧栖港街的发展与贸易变迁》,台湾暨南大学2011年硕士学位论文,第33、34页。
⑧ 洪丽完:《清代台中开发之研究(1683—1874)》,东海大学1985年硕士学位论文,第71页。
⑨ [清] 刘良璧:《重修福建台湾府志》,台湾省文献会,1977年,第79、82页。
⑩ [清] 余文仪:《续修台湾府志》,《台湾文献丛刊》第121种,台湾银行经济研究室,1962年,第81、89页。
⑪ 《乾隆台湾军备图》。
⑫ 《台湾田园分别垦禁图说》。
⑬ [清] 朱景英:《海东札记》,《台湾文献丛刊》第19种,台湾银行经济研究室,1958年,第21页。
⑭ [清] 朱景英:《海东札记》,《台湾文献丛刊》第19种,台湾银行经济研究室,1958年,第8页。
⑮ [清] 高拱乾:《台湾府志》,中华书局,1985年,第869页。

堑地区也是"不见一人一屋,求一树就荫不得"①。康熙中叶以降,彰化、嘉南平原及北部的台北盆地,业已陆续开垦,并渐及于大甲溪以北。②康熙四十九年(1710年),官方并于沿海增设大甲、猫盂、吞霄、后龙、竹堑等北路营七塘,统归八里坌千总兼辖。自设塘增兵之后,本地域呈点状的开垦形态,③尤其是最南边大安溪之南北海岸平原已全面开拓,④然仍"时有野番出没,沿途无村落,行者亦鲜"⑤。康熙六十一年(1722年)左右,崩山八社自大甲西社至南崁社,番民选择沃土种植芝麻、黍、芋,其余或仍为鹿场,或放任抛荒,不容汉人耕种;唯有竹堑、后龙附近有汉业户请垦,其余地方则犹为草莱未辟。⑥然而,连较先发展的竹堑埔仍是"宽长百余里,行竟日无人烟"⑦。即使进入雍正朝以后,整个拓垦条件有了明显改变,⑧但是开垦程度仍相当有限。因而雍正元年(1723年),虽然划大甲溪以北设立淡水分防厅,置同知一员,却因"竹堑未垦,无村落民居",而寄寓于彰化。⑨直至雍正五年至雍正十二年(1727—1734年)绘制的《雍正台湾舆图》,本地方始首度出现竹堑庄和中港庄。⑩雍正九年(1731年),竹堑置巡检一员,管辖大甲溪以北地域。雍正十一年(1733年)北路协右营游击复驻于竹堑,并常川巡防竹堑港。⑪雍正末年,竹堑庄已具备港口市街和行政城市的雏形,乾隆初年成为大甲溪以北至南崁溪以南唯一的市街。⑫

由此可知,18世纪初叶,大甲溪以北地方仍属草创阶段,几无内地商船往来之可能,境内港口主要作为移垦门户,或是从事沿岸贸易,也最先形成聚落。其中,崩山港、后龙港、中港、竹堑港、南崁港,有台郡商贾往来装载芝麻;⑬房里港和吞霄港已有航行于台湾沿岸的杉板船往来搜购土产,⑭应有汉番之间的贌社贸易在进行。境内鹿皮制品亦由沿岸输载至鹿耳门,再运载日常用品回航,各港与鹿耳门的直接连结反而较为密切。其次,竹堑、中港、后龙三港,或因位置优越,或是港口泊船条件较佳,⑮又因置塘设兵,而略具规模,已发展成四级港,乃各自与其腹地形成一个直接从属于鹿耳门——府城的小地域。

---

① [清]郁永河:《裨海纪游》,《台湾文献丛刊》第44种,台湾银行经济研究室,1959年,第32页。
② 盛清沂:《新竹、桃园、苗栗三县地区开辟史》(上),《台湾文献》,1980年,第31卷第4期,第158—161页。
③ 盛清沂:《新竹、桃园、苗栗三县地区开辟史》(上),《台湾文献》,1980年,第31卷第4期,第159页。
④ 洪丽完:《清代台中开发之研究(1683—1874)》,东海大学1985年硕士学位论文,第54页。
⑤ [清]周锺瑄:《诸罗县志》,《台湾文献丛刊》第141种,台湾银行经济研究室,1962年,第287页。
⑥ [清]黄叔璥:《台海使槎录》,《台湾文献丛刊》第4种,台湾银行经济研究室,1957年,第134页。
⑦ [清]蓝鼎元:《平台纪略》,《台湾文献丛刊》第14种,台湾银行经济研究室,1958年,第71页。
⑧ 施添福:《清代竹堑地区的"垦区庄":萃丰庄的设立和演变》,《台湾风物》,1989年,第39卷4期,第38页。
⑨ [清]蓝鼎元:《谢郝制府兼论台湾番变书》,[清]蓝鼎元:《平台纪略》,《台湾文献丛刊》第14种,台湾银行经济研究室,1958年,第62页。
⑩ 夏黎明:《台湾文献书目解题——地图类(一)》,雍正台湾舆图,"国立中央图书馆"台湾分馆,1992年,第92页。
⑪ [清]陈培桂:《淡水厅志》,台湾省文献会,1977年,第71页。
⑫ [清]刘良璧:《重修福建台湾府志》,台湾省文献会,1977年,第90、94页。
⑬ [清]周锺瑄:《诸罗县志》,《台湾文献丛刊》第141种,台湾银行经济研究室,1962年,第13—14、111页。
⑭ [清]黄叔璥:《台海使槎录》,《台湾文献丛刊》第4种,台湾银行经济研究室,1957年,第33页。
⑮ 例如18世纪20年代左右,后龙港为淡水港以南,港澳宽深,可容战舰出入的港口,蓝鼎元首议应以千把总轮防。见[清]蓝鼎元:《台湾水陆兵防疏》,[清]蓝鼎元:《平台纪略》,《台湾文献丛刊》第14种,台湾银行经济研究室,1958年,第7页。

进入乾隆朝,为此地域的移民高峰期,临海地区几已大半杜卖予汉垦户;[①]汉人村庄也由乾隆六年(1741年)的1街15庄,变成乾隆二十七年(1762年)之4街64庄左右。[②] 18世纪末叶,土地拓垦已越过乾隆二十五年(1760年)开筑的土牛沟,朝向凤山溪、竹堑溪以及中港溪中游发展,另一方面则南下开垦与竹东丘陵交界之狭长的盐水港地带。至于凤山溪以北的湖口台地与桃园台地,也仅余邻近番界与山脚的高地犹处于初期开垦状态,移民的拓垦活动事实上已逐渐转向土牛沟以东的番地发展。[③] 乾隆末年,以盐水港溪、凤山溪为界,已逐渐区分出竹北一保、竹南一保以及竹北二保等三个区域。[④]

雍正末年至乾隆年间,由于地域开垦进展神速,乃促进港口的发展。乾隆初年,境内的南崁港、竹堑港、中港、后龙港、蓬山港和劳施港(大安港),俱有台属小商船往来。[⑤]乾隆中叶,中港、后龙港以及苑里三港均已成市街。因此,尽管其腹地之开发直至嘉庆年间始告完成,[⑥]但是各港除了主要与鹿耳门贸易之外,已时有偷运米谷至内地,而各自形成与鹿耳门连结的四个半独立小地域。

乾隆中叶至末叶,除了沿海的三个市街陆续成立之外,部分区位较优的乡庄亦开始出现庄店,或进一步发展出小市。这些乡庄主要位于沿海、交通要道或是垦户的公馆所在,如18世纪60年代,蓬山汛附近出现庄店、苑里庄附近街店、白沙墩店、香山的饭店、凤山崎的饭店、大溪墘店以及南崁溪口店。[⑦]乾隆末年,社子溪上游的杨梅坜、凤山溪中上游的新埔、咸菜瓮以及竹堑溪中游的九芎林大致已陆续出现庄店,并向小市发展。[⑧]

乾隆末年以前,大甲溪以北至台北盆地之间平原和河谷地带逐渐开发殆尽。除了苑里、通宵、头份、造桥、新埔镇等地的东边以及头屋乡、宝山乡尚有平原荒埔之外,从今日台中后里区、苗栗苑里镇、通宵镇、西湖乡、铜锣乡、公馆乡、苗栗市、造桥乡、竹南镇、头份镇、新竹市、新竹县竹东镇、新埔镇、桃园县的杨梅镇、平镇乡、龙潭乡均已陆续出现村庄。[⑨] 稻米则是平原地区的主要作物,自然成为出口大宗。由于大陆华南市场对稻米的需求甚殷切,早在乾隆中叶之际,米谷应已是此地最重要的出口商品。[⑩] 作为竹堑城对外出入口的竹堑港规模则最大,并负责转运本地域民

---

① 施添福:《清代台湾竹堑地区的土牛沟和区域发展》,《台湾风物》,1990年,第40卷第4期,第24页。
② [清]刘良璧:《重修福建台湾府志》,台湾文献会,1977年,第95页;[清]余文仪:《续修台湾府志》,《台湾文献丛刊》第121种,台湾银行经济研究室,1962年,第74页。
③ 林玉茹:《清代竹堑地区的在地商人及其活动网络》,台湾联经出版事业公司,2000年,第33—101页。
④ 乾隆五十三年(1788年),立于中港天后宫(慈裕宫)的《严禁差役藉端扰民与勘丈碑》,已可看到竹南一保的成立。见邱秀堂:《台湾北部碑文集成》,台北市文献委员会,1986年,第4页。
⑤ [清]刘良璧:《重修福建台湾府志》,台湾省文献会,1977年,第345页。
⑥ 施添福:《清代在台汉人的祖籍分布和原乡生活方式》,台北师范大学地理系,1987年,第83页。
⑦ 《乾隆二十五年台湾番界图》;《乾隆台湾舆图》。
⑧ 以杨梅坜为例,乾隆五十二年(1787)杨梅坜始垦之际,业主诸协和准许佃户刘显发、刘荣狄建店屋,生理为业,年纳地主地租银二钱。乾隆六十年(1795),杨梅坜业主黄燕礼也将公馆前店基租与佃人熊世基前去架造店宇,居住生理。至嘉庆十五年(1810),杨梅坜已出现公馆前上街,而且由其四至可知,上街大概已成为一列街肆,不再是孤立或是零星的庄店。见临时台湾土地调查局:《大租取调书附属参考书》(下),台湾日日新报社,1904年9月,第30—32,37页。
⑨ 《台湾田园分别垦禁图说》。
⑩ 林玉茹:《清代竹堑地区的在地商人及其活动网络》,台湾联经出版事业公司,2000年,第33—101页。

间货物和米谷至府澳。①

另一方面,大甲溪以北沿着各汛塘形成北部地区第一条贯通南北的官路。这条道路经过沿海的大甲、房里、吞霄、中港、竹堑等汛塘,至竹堑城北边的凤山崎则分成两条交通线,东边通往霄里社,西边则继续沿海边而行,经南崁塘至八里坌。②乾隆初年原来仅止于彰化大肚的邮传,也沿着此条沿海官路往北设立铺递。③乾隆中叶,自竹堑城至新庄、艋舺地区,除了沿着南崁至八里坌的旧道之外,自大溪漧(杨梅坜附近)经中坜、桃仔园、龟仑至新庄的道路已经形成。由于交通位置重要以及旅人、兵弁歇脚的需要,沿着南北主要道路也有不少庄店陆续出现。④

总之,18世纪初,大甲溪以北地区已以竹堑港为首,连结南崁、中港、后龙、蓬山等四个四级港腹地,而组成与鹿耳门——府城之次地域经济区。18世纪中叶,随着地域拓垦有成及稻米出口之需要,本地域逐渐分化出竹堑、中港、后垄等次级地域经济区。

七、淡水港次地域经济区

汉人入垦台北盆地甚早,而有组织、有规模的拓垦活动,却大约于康熙五十年代才开始。⑤康熙四十八年(1709年),陈赖章垦号首先开垦大加腊一带。⑥次年台厦道陈璸往淡水搜捕郑尽心之后,调佳里兴分防千总驻八里坌,并增设大甲以上7塘,唯其时兵米无着,尚仰赖诸罗县四里运给。⑦康熙五十四年(1715年),北路营参将阮蔡文北巡,曾有"淡水一汛、七塘官兵应请咨部撤回之议"⑧,直至1730年左右绘制的《雍正台湾舆图》,仍未见村庄成立。由此可见,此时台北盆地的开垦相当有限。另一方面,因台北盆地对外交通,皆须仰赖淡水河,移民乃先从下游进入盆地,⑨下游一带的港口成为最早出现村庄和市街的地点。

淡水港自荷(西)、郑时期以来即有汉人活动。⑩17世纪中叶,东印度公司在淡水设立主管之后,奠定其作为北台政治经济中心的地位。⑪清统治初期,港口"可泊大船数百"⑫,又距离厦门、福州甚近,⑬因此尽管腹地开发有限,仍有闽浙船只来港装运五谷、鹿脯。康熙五十七年(1718年)增设淡水一营,淡水营守备署建于淡水

---

① [清]朱景英:《海东札记》,《台湾文献丛刊》第19种,台湾银行经济研究室,1958年,第18页;台湾银行经济研究室编:《台案汇录丙集》,《台湾文献丛刊》第176种,台湾银行经济研究室,1963年,第172页。
② [清]周锺瑄:《诸罗县志》,《台湾文献丛刊》第141种,台湾银行经济研究室,1962年,第12—18页。
③ [清]刘良璧:《重修福建台湾府志》,台湾省文献会,1977年,第366页。
④ 《乾隆台湾舆图》。
⑤ 施添福:《清代在台汉人的祖籍分布和原乡生活方式》,台北师范大学地理系,1987年。第84页。
⑥ 尹章义:《台湾开发史研究》,台湾联经出版事业公司,1989年,第62—68页。
⑦ [清]周锺瑄:《诸罗县志》,《台湾文献丛刊》第141种,台湾银行经济研究室,1962年,第118页。
⑧ [清]周锺瑄:《诸罗县志》,《台湾文献丛刊》第141种,台湾银行经济研究室,1962年,第110页。
⑨ 陈正祥:《台湾地志》(下),台北敷明产业地理研究所研究报告第94号,1961年,第1018页。
⑩ 参见曹永和:《台湾早期历史研究》,台湾联经出版事业公司,1985年,第64页。
⑪ 邱馨慧:《从鸡笼到淡水:荷兰时代北台湾的政治经济移转》,《淡江史学》,2011年,第23卷,第205—221页。
⑫ [清]周锺瑄:《诸罗县志》,《台湾文献丛刊》第141种,台湾银行经济研究室,1962年,第14页。
⑬ 淡水距离厦门,水程十一更,几与鹿耳门相等,凡一昼夜即可达,若径至福州,水程八更,较厦门与鹿耳门对渡更近。见[清]周锺瑄:《诸罗县志》,《台湾文献丛刊》第141种,台湾银行经济研究室,1962年,第298页。

河口北岸(即沪尾),南岸的八里坌则由千总驻防。康熙末年,清廷因淡水港离府城窎远,准设社船4艘至漳、泉等地贸易;雍正元年(1723年)再增为6艘,每年自九月至十二月,准许来淡水一次贩卖布匹,再带米回航;其余月份仍令赴鹿耳门贸易。① 因此,该港具有半独立的商业自主功能。

雍正十一年(1733年),桃园与台北之间的龟仑岭山道开通之后,垦民激增,乾隆年间到达最盛。② 而且,由于淡水河绵亘整个盆地,支流分歧,不易用牛车直接牵挽物资到海口,因而随着开发所及,位于内河河港或渡头的村庄最先兴起。

乾隆初年,台北盆地已出现1街20庄,③位于淡水河口的八里坌街最先成街。乾隆中叶,万安圳等水圳又相继竣工,台北平原水田化已完成,乃成为全台最重要产米区之一。④ 18世纪60年代,本域又陆续新增新庄街、艋舺渡头街、八芝兰街(士林)、锡口街(松山)、沪尾等5街,并至少有村庄68个,⑤几乎是乾隆初年的三倍有余。这些乡街大多是淡水河流域内的重要河港,特别是位于北边鸡笼河的锡口街,即是往基隆和噶玛兰货物的水陆转运站。⑥ 由此也显现此际盆地的商业中心和开发方向。

18世纪中叶,台北盆地已经形成一个半独立次级经济区,鸡笼港地区则方兴未艾,与淡水港连结较密切。另一方面,由于港口淤浅不定及地域开发方向的转变,台北盆地的核心港街遂产生由八里坌转至新庄的交替更迭现象。由于汉人最初大多自中南部北移或来自福建,水陆路既皆循西海岸而上,乃最先到达八里坌,⑦八里坌成为台北盆地最早兴起之港口。雍正八年(1729年)淡水营守备由北岸改驻八里坌,⑧已显现八里坌港地位之重要。次年,新置巡检一员,稽查"干豆门内北港、内投庄、南港、武胜湾、搭搭悠等处,直挺鸡笼、淡水"。⑨ 乾隆初年,八里坌为台北盆地唯一市街,原设社船于乾隆八年(1743年)再度增为10艘,每年九至十二月由"淡水庄民佥举殷实之人","在厦贩买布帛、烟、茶、器具等来淡发卖,即在淡买籴米粟回棹";三月至八月则仍须赴鹿耳门贸易。⑩ 而且,淡水地方米谷和民间货物,率由八里坌运至府澳。⑪ 由此可见,乾隆中叶以前,八里坌实为台北盆地的商业、军

---

① [清]范咸:《重修台湾府志》,《台湾文献丛刊》第105种,台湾银行经济研究室,1961年,第1458页;[清]王必昌:《重修台湾县志》,《台湾文献丛刊》第113种,台湾银行经济研究室,1961,第68页。
② 姜道章:《台湾淡水之历史与贸易》,《台湾银行季刊》,1963年,第14卷第3期,第260、261页。
③ [清]刘良璧:《重修福建台湾府志》,台湾省文献会,1977年,第90页。
④ 尹章义:《台北平原拓垦史研究(1697—1772)》,尹章义:《台湾开发史研究》,台湾联经出版事业公司,1989年,第147、148页。
⑤ [清]余文仪:《续修台湾府志》,《台湾文献丛刊》第121种,台湾银行经济研究室,1962年,第90、75页;高贤治:《大台北古契字三集》,台北市文献委员会,2005年,第208页;台大数字图书馆数据库http://thdl.ntu.edu.tw/THDL/RetrieveDocs.php,撷取时间2012年8月3日;《清代台湾大租调查书》,台湾银行经济研究室编:《台湾文献丛刊》第152种,台湾银行经济研究室,1963年,第887页。
⑥ 温振华:《清代台北盆地经济社会的演变》,台湾师范大学1978年硕士学位论文,第116页。
⑦ 姜道章:《台湾淡水之历史与贸易》,《台湾银行季刊》,1963年,第14卷第3期,第262页。
⑧ [清]陈培桂:《淡水厅志》,台湾省文献会,1977年,第192页。
⑨ 台湾银行经济研究室编:《台案汇录丙集》,《台湾文献丛刊》第176种,台湾银行经济研究室,1963年,第305页。
⑩ [清]范咸:《重修台湾府志》,《台湾文献丛刊》第105种,台湾银行经济研究室,1961年,第1461、1462页。
⑪ [清]朱景英:《海东札记》,《台湾文献丛刊》第19种,台湾银行经济研究室,1958年,第18页;台湾银行经济研究室编:《台案汇录丙集》,《台湾文献丛刊》第176种,台湾银行经济研究室,1963年,第172页。

事、政治重心。

乾隆中叶以降,由于台北盆地开发已逐渐往南进展,新庄则位于开发区中央;[1]而且,自从雍正十一年(1733年)龟仑岭山道开通之后,可以由涧仔坜(中坜),经桃仔园,直达新庄,[2]新庄的交通地位日益重要。加之新庄港位于淡水河西岸,受原住民袭击机会较少,[3]港口又方便系泊大船,遂渐成物资集散地。[4]乾隆十一年至五十五年(1746—1790年)新庄达于极盛,[5]成为台北盆地行政及商业中心。乾隆十一年八里坌巡检已改驻新庄。[6] 18世纪60年代,新庄不但形成市街,而且"商贩云集,烟户甚众,凡内地人民赴台贸易,由郡来北路,必至于是"[7]。

淡水河系各港也与新庄互动频仍,外来货物大多由八里坌沿淡水河至新庄卸货,再运往各渡头,复分配至附近村庄。[8]根据乾隆二十九年(1764年)新庄慈佑宫碑文记载,淡水河各渡头有摆接上渡头(莺歌、三峡)及下渡头(枋桥)、大加腊(双园)、奇母子(大稻埕)、牛埔渡头(中和)、大坪林(新店)、秀朗、溪口高江渡(景美)等。[9]可见,当时新店溪可上溯至新店,大嵙崁溪则至三峡,至于基隆河最远则可达锡口。[10]但因此际市街皆集中于三条支流会流点附近,下游河港乃最为发达。

除了商业、行政由八里坌转至新庄之外,军事重心亦由八里坌转移至艋舺。乾隆二十四年(1759年)八里坌都司已移驻艋舺,下辖的港口汛塘有新庄的海山口汛、沪尾之炮台汛、大鸡笼汛,皆各由把总驻防。[11]艋舺军事地位的提升,是该港兴起之契机,18世纪60年代该港业已成街。[12]

18世纪80年代,台北盆地的拓垦,已进入今日大溪镇、新北市的三峡区、土城区、新店区、木栅区、内湖区及汐止区。[13]平原地带大抵开垦殆尽,而进逼浅山丘陵地带。此外,后山的噶玛兰与淡水有赎社贸易存在。每年四、五月南风盛发之际,淡水通事常率番众买置货物,舟载至该地贸易。[14]

总之,清初台湾西部大部分地区,由未开发逐渐进入全面开发状态。由于政策

---

① 温振华:《清代台北盆地经济社会的演变》,台湾师范大学1978年硕士学位论文,第120页。历史文献记载:"(新庄)北连艋舺、大加腊,民番杂处,南距霄里汛、大溪墘一带,旷野平原。"台湾银行经济研究室编:《清高宗实录选辑》,《台湾文献丛刊》第186种,台湾银行经济研究室,1964年,第151页。
② 盛清沂:《新竹、桃园、苗栗三县地区开辟史》(上),《台湾文献》,1980年,第31卷第4期,第164页。
③ 陈正祥:《台湾地志》(下),台北敷明产业地理研究所研究报告第94号,1961年,第1018页。
④ [日]淀川喜代治辑,古舜仁、陈存良译:《板桥街志》,《台北州街庄志汇编》(一),《中国方志丛书》第222种,台湾成文出版社,1985年,第36页。
⑤ 尹章义:《新庄发展史》,新庄市公所,1980年,第10、35页。
⑥ 有关八里坌巡检改驻新庄一事,参见尹章义:《新庄巡检之设置及其职权与功能》,《台湾开发史研究》,台湾联经出版事业公司,1989年,第304—306页。
⑦ 《明志书院案底》,台湾银行经济研究室编:《台湾教育碑记》,《台湾文献丛刊》第54种,台湾银行经济研究室,1959年,第62页。
⑧ 温振华:《淡水开港与大稻埕中心的形成》,《台湾师范大学历史学报》,1978年,第6卷,第250页。
⑨ 温振华:《淡水开港与大稻埕中心的形成》,《台湾师范大学历史学报》,1978年,第6卷,第250页。
⑩ [清]余文仪:《续修台湾府志》,《台湾文献丛刊》第121种,台湾银行经济研究室,1962年,第101页。
⑪ [清]余文仪:《续修台湾府志》,《台湾文献丛刊》第121种,台湾银行经济研究室,1962年,第386页。
⑫ 《乾隆二十六年台湾番界图》。
⑬ 《台湾田园分别垦禁图说》。
⑭ [清]范咸:《重修台湾府志》,《台湾文献丛刊》第105种,台湾银行经济研究室,1961年,第1693页。

使然，按例主要通过鹿耳门出入，而形成以鹿耳门——府城为核心的一个全岛型经济区。不过，随着各地开发有成，与鹿耳门的关系逐渐松弛，而由南到北逐渐形成数个半独立的地域经济区。

第三节 作为全岛政治经济中心的府城

自荷兰时代以大员（台南）为中心建立政权之后，就奠定了此后台南长期作为台湾政治、经济以及军事中心的地位。郑氏王朝仍承继这项规制，清领时期也以台南为台湾府府治，使其得以进一步发展成全台第一大城市，直至清末南北经济消长之下，地位才渐动摇。

康熙二十三年（1684年），台湾初归清廷统治，由于明郑"文武官员、丁卒与各省难民，相率还籍。近有其半，人去业荒"①，"富商大贾尽归内地"②，加以垦辟行动主要继承明郑规模，大概限于嘉南平原南部与高雄平原北部。③ 亦即以台湾府治为中心，由点及面，逐渐向南或向北扩散。④ 因此，清初台湾虽设一府三县，政令所及仅只台湾县而已，诸罗、凤山二县则因草莱初辟，民少番多，二县文武官员尚且侨居于府城，并未归治。⑤ 诸、凤二县殷实业户也大都萃居府城，并就府城建仓交收米粟，供粟多收储于府城。⑥ 台湾府城成为米谷集散中心，各县运谷皆由小船分运至鹿耳门交卸大船，再运至内地。⑦

其次，18世纪中叶以前，行政和军事部署也集中于府城。雍正元年（1723年），应巡台御史吴达礼之奏，增设彰化县和淡水分防厅，设治于半线。⑧ 但是，直至雍正九年，始应福建总督刘世明之请，将大甲溪以北之刑名、钱谷划归淡水同知管理，并将厅治移驻竹堑。⑨ 淡水同知却迟至乾隆二十一年（1756年）始移驻竹堑。⑩

就军事部署而言，鹿耳门只是台江潟湖的主要出入口，⑪内地来台船只可以直抵府城大井头，而用牛车将货物牵挽上岸，⑫或是碇泊于安平镇港，再以渡船往来于府城。⑬ 因此安平镇港与鹿耳门均为府城吞吐口，并分担部分行政和军事功能。康熙二十二年至雍正七年（1684—1729年）之间，驻扎于鹿耳门的台湾海防捕盗同知

---
① ［清］施琅：《靖海纪事》，《台湾文献丛刊》第13种，台湾银行经济研究室，1985年，第67页。
② ［清］季麒光：《东宁政事集》，林树海等编：《台湾文献汇刊》第四辑，第二册，九州出版社，2004年，第237页。
③ 陈正祥《台湾地志》（下），台北敷明产业地理研究所研究报告第94号，1961年，第81页。
④ 林仁川：《大陆与台湾的历史渊源》，文汇出版社，1991年，第74页。
⑤ 施添福：《清代在台汉人的祖籍分布和原乡生活方式》，台北师范大学地理系，1987年，第39页。
⑥ 台湾银行经济研究室编：《台案汇录丙集》，《台湾文献丛刊》第176种，台湾银行经济研究室，1963年，第78页。
⑦ ［清］六十七：《使署闲情》，《台湾文献丛刊》第122种，台湾银行经济研究室，1961年，第96页。
⑧ 台湾银行经济研究室编：《清世宗实录选辑》，《台湾文献丛刊》第167种，台湾银行经济研究室，1963年，第3、4页。
⑨ 《闽浙总督那揭帖》，台湾银行经济研究室编：《台案汇录丙集》，《台湾文献丛刊》第176种，台湾银行经济研究室，1963年，第294页。
⑩ ［清］陈培桂：《淡水厅志》，台湾省文献会，1977年，第46页。
⑪ ［清］洪亮吉：《台湾府图志》，台湾银行经济研究室编：《台湾舆地汇钞》，《台湾文献丛刊》第216种，台湾银行经济研究室，1965年，第42、43页。
⑫ ［清］吴桭臣：《闽游偶记》，《台湾舆地汇钞》，台湾银行经济研究室编：《台湾文献丛刊》第216种，台湾银行经济研究室，1965年，第15页。
⑬ ［清］蒋毓英：《台湾府志》，《台湾史料文献丛刊》第65种，台湾省文献委员会，1993年，第51页；［清］郁永河：《裨海纪游》，《台湾文献丛刊》第44种，台湾银行经济研究室，1959年，第14页。

（台防厅），统辖北自半线南至下淡水溪，兼督台、凤、诸三县捕务，并负责稽查挂验鹿耳门进出船只。① 台湾水师协镇衙门则驻扎安平镇，下辖中、左、右水师三营，水师副将和三营游击衙署概驻扎于安平，驻港战船与兵弁也最多。其中，水师右营管辖二层行溪以南至下淡水溪以北海口、洋面，由鹿耳门千总与右营游击统辖；水师左营则管辖八掌溪以北至半线海口、洋面，由安平左营游击统辖。② 由此可见，清初下淡水溪至大肚溪之间海岸线，俱由台防厅和安平三营水师统辖，鹿耳门与安平镇港的军事、行政功能最高。

康熙末年以前，除了北部淡水港有闽浙商船往来之外，③内地大商船主要至鹿耳门贸易。往来商艘，"上通江浙，下抵闽广"，"殆数千计"。④ 然而，鹿耳门只是位于岸外沙洲的港口，并未成立市街，所有进出口货物的集散与分配，大都于府城进行。府城商业规模的大小，也影响鹿耳门进出货物吞吐量之多寡。根据康熙二十五年（1686年）蒋毓英《台湾府志》记载，清领台之初府城商店街肆最多，安平镇虽划入凤山县，却因"府中市物转聚于此"⑤，而具有市街形态。台湾县仅有旧社街（台南市归仁），凤山县是"延袤荒野无市廛"⑥，诸罗县虽然已出现目加溜湾街（台南市善化），但是直至康熙三十五年（1696年）仍是"县辖多番乡，乡民需物皆市府中"⑦。据此可知，清初除了台湾县之外，南北二县初辟，几无市集；而且，诚如前述，此时台湾对外输出物产以蔗糖为主，蔗糖产地也以台湾县为中心。因此，台湾府城市镇规模最大，俨然成为诸罗、凤山二县的商业中地。康熙三十五年来台的郁永河，曾描述当时府城的繁庶状况：

  台郡独似富庶，市中百物价倍，购者无吝色，贸易之肆，期约不愆……兹地自郑氏割据至今，民间积贮有年矣。……又植蔗为糖，岁产五六十万，商舶购之，以贸日本、吕宋诸国，又米、谷、麻、豆、鹿皮、鹿脯，运之四方者十余万。⑧

也由于府城最早开发，其核心市场圈内的台湾县境内最早出现市街，清领之初，府城东门外即有旧社街，康熙三十九年（1696年）新增鸟松街（永康），且为"北路要冲"，18世纪40年代出现春牛埔、中楼仔（中楼里）、崁下等三街，18世纪50年代形成埤头街。⑨ 从府城到各市街及近山的村庄，即通过南北和东西向道路形成放

---

① [清]范咸：《重修台湾府志》，《台湾文献丛刊》第105种，台湾银行经济研究室，1961年，第14、74页。
② [清]高拱乾：《台湾府志》，中华书局，1985年，第561—567页；[清]黄叔璥：《台海使槎录》，《台湾文献丛刊》第4种，台湾银行经济研究室，1957年，第31页。
③ [清]周锺瑄：《诸罗县志》，《台湾文献丛刊》第141种，台湾银行经济研究室，1962年，第111页。
④ 《清初海疆图说》，《台湾文献丛刊》第155种，台湾银行经济研究室，1963年，第99页。
⑤ 蒋毓英：《台湾府志》，《台湾史料文献丛刊》第65种，台湾省文献委员会，1993年，第48页。
⑥ 蒋毓英：《台湾府志》，《台湾史料文献丛刊》第65种，台湾省文献委员会，1993年，第131页。
⑦ [清]高拱乾：《台湾府志》，中华书局，1985年，第507—510页。
⑧ [清]郁永河：《裨海纪游》，《台湾文献丛刊》第44种，台湾银行经济研究室，1959年，第31页。
⑨ [清]高拱乾：《台湾府志》，中华书局，1985年，第48页；[清]刘良璧：《重修福建台湾府志》，台湾省文献会，1977年，第84页。

射状的路网,最远越过丘陵抵达罗汉内门(内门)。①

作为全台政治经济中心的府城,市街的分化也最早、最明显。郑氏王朝时代,在府城"兴市廛,构庙宇",新街、横街为"首建之处"。② 清领之初,已有9条市街;康熙三十九年(1696年),除了新街和横街之外,不但分化出11条街道,而且首度出现帽仔街的专业市街,同时也有鱼市、菜市、柴市以及新仔市等市场。③ 18世纪20年代,《康熙台湾舆图》所展现的台湾人文景观,除了营盘、汛塘之外,以番社居多,村庄仍寥寥可数,但唯有台湾府城民居众多,南北数条街道分立,已经蔚然成为大镇。

雍正八年(1730年)以前,府城已是具有22条街道的大市镇,市街商业机能的分化更加明显,新增柱仔行街、布街、竹仔街、打棕街等专业街道,④安平镇亦为"近海最大市镇,商贾辐辏"⑤,内地来台舟楫大多停泊港内。⑥ 台湾南北二路物资,也盖聚于府城。此时,自府城运往北路的货物,有盐、糖、烟、布匹、衣线;由北运至府城的物品则是鹿脯、鹿筋、鹿角、鹿皮、芝麻、水藤、紫菜及通草。⑦ 至于南路交换货物,虽然未有明文详载,大概仍以米、糖及其他鹿皮制品输至府城,然后再载运日常用品而回。换言之,府城与台湾南北各地形成岛内的已开发地区与开发中地区的贸易分工结构,主要转口从大陆运来的日常用品,而输入农畜产品。

直至18世纪中叶,鹿耳门仍为官方唯一明令开放与厦门对渡的正口,内地大商船大都聚集本港,举凡官运兵饷、文报传递、官兵往来配渡及配运内地米谷,俱由鹿耳门出入。各厅县所生产的米谷、民间货物,也必须由城乡车运或船载至沿海港口,再用小船运至鹿耳门,方能配装横洋船转运至厦门。⑧ 18世纪50年代,台湾府城街市林立,已具有46条街道。这些街道除了以庙宇或是重要地标为名之外,市街的分化更为细致,又新增花街、打石街、菜市街、糖仔街、针街等专业化街道。⑨ 其次,由城市中的里人或社会精英来修筑街道,特别是铺成石子街道的现象也首见记录。举例而言,乾隆四十年(1775年)潘复和修筑帆寮街;清水寺街是乾隆四十四年(1779年)由萧隆、石炎等鸠众修成。值得注意的是由于城市规模的不断扩大,街道的划分开始出现巷弄,如经厅巷。⑩ 台湾府城可说是市街功能最早分化,也是商业机能最为繁复的全台首要大港市。

---

① 《乾隆台湾舆图》。
② [清] 蒋毓英:《台湾府志》,《台湾史料文献丛刊》第65种,台湾省文献委员会,1993年,第4页。
③ [清] 蒋毓英:《台湾府志》,《台湾史料文献丛刊》第65种,台湾省文献委员会,1993年,第127页;[清] 高拱乾:《台湾府志》,中华书局,1985年,第47页。
④ [清] 陈文达:《台湾县志》,《台湾文献丛刊》第103种,台湾银行经济研究室,1961年,第90—92页。
⑤ [清] 陈文达:《凤山县志》,《台湾文献丛刊》第124种,台湾银行经济研究室,1961年,第27页。
⑥ [清] 黄叔璥:《台海使槎录》,《台湾文献丛刊》第4种,台湾银行经济研究室,1957年,第6页。
⑦ [清] 黄叔璥:《台海使槎录》,《台湾文献丛刊》第4种,台湾银行经济研究室,1957年,第134页。
⑧ 台湾银行经济研究室编:《台案汇录丙集》,《台湾文献丛刊》第176种,台湾银行经济研究室,1963年,第173页。
⑨ [清] 王必昌:《重修台湾县志》,《台湾文献丛刊》第113种,台湾银行经济研究室,1961年,第29页。
⑩ [清] 王必昌:《重修台湾县志》,《台湾文献丛刊》第113种,台湾银行经济研究室,1961年,第29页;[清] 谢金銮:《续修台湾县志》,《台湾文献丛刊》第140种,台湾银行经济研究室,1962年,第9—11页。

第四节　商人团体的出现与扩散

清代台湾的商人团体,至少可以分成两类,一是同一条街或是同一乡街所有铺户联合的准商人团体,并有"公记"(戳印)作为行使权力的表征,如清末台湾府城有"六条街公所";另一种则是进出口商人或是同业商人组成的郊。① 以现有文献来看,以郊为名的商人团体最多。

之所以称作郊,道光二十八年(1848年),丁绍仪的《东瀛识略》有如下说明:

> 城市之零鬻货物者曰店,聚货而分售各店者曰郊。来往福州、江、浙者曰北郊,泉州者曰泉郊,厦门者曰厦郊;统称三郊。郊者,言在郊野,兼取交往意。②

亦即商人团体自称或他称作"郊",显然与他们最初且主要由进出口贸易商人所组成有关。这是源于移垦社会台湾必须进行海洋贸易而产生的特殊机制。郊也最先在沿海重要的港口城市崭露头角。

康熙二十三年(1684年),台湾由清朝统治之后,在政策的规范之下,仅开放台湾府城外的鹿耳门与福建的厦门进行贸易,加以基于比较利益法则,台湾与中国沿海地区形成区域分工机制,使得两岸贸易,特别是以台湾府城——厦门为中心的贸易最为活跃。③ 这种交易的原始形态,应是厦门的商行自置船只或是雇船到台湾府城,④以来自中国内地的手工制品或日常用品向在台湾沿岸港口的商行(称行店)或代理行交换农产品。可能因通过海峡两岸商品的"交关"(闽南语,生意往来),或是固定商行之间的"对交",使得这类商行逐渐以专有名词"郊行"、"郊户"、"郊铺"来指称。⑤ 这些个别的郊行,即是《苑里志》所描述的"各商各为配运"的"散郊户";⑥也因他们从事海洋贸易(过水),有时泛称"水郊"。较大港口城市的散郊户,在市场到达一定规模时,可能基于经济、政治以及宗教因素逐渐组成商人团体。⑦

---

① 林玉茹:《清代竹堑地区的在地商人及其活动网络》,台湾联经出版事业公司,2000年,179—184页。在各种捐题碑中,台湾府城有"府城众铺户",鹿港则有"泉州街份"等准商人团体雏形,但是可能并没有正式组织。
② [清]丁绍仪:《东瀛识略》,《台湾文献丛刊》第2种,台湾银行经济研究室,1957年,第32页。
③ Ng Chin-Keong, Trade and Society: The Amoy Network on the China Coast, 1683-1735, pp. 95-111,163-166;林玉茹:《从属与分立:十九世纪中叶台湾港口城市的双重贸易机制》,《台湾史研究》,2010年,第17卷2期,第4—7页。
④ 在碑文和方志中,常常合称"郊商船户",或是直接指出"泉郊船户","厦郊船只"。见黄典权主编:《台湾南部碑文集成》,《台湾文献丛刊》第218种,台湾银行经济研究室,1966年,第668页;[清]周玺:《彰化县志》,《台湾文献丛刊》第156种,台湾银行经济研究室,1962年,第23页;[清]陈淑均:《噶玛兰厅志》,《台湾文献丛刊》第160种,台湾银行经济研究室,1963年,第7页;陈培桂的《淡水厅志》更直言:"有郊户焉,或曠船,或自置船,赴福州江浙者曰'北郊',赴泉州者曰'泉郊',亦称'顶郊',赴厦门者曰'厦郊'。"[清]陈培桂:《淡水厅志》,台湾省文献会,1977年,第299页)这些船只所有者可能仅有一人,但大多是合股制造。参见:Kuo-tung Chen, "Shipping and Trade of Chinese Junks in South-East Asia, 1730-1830: A Survey," in Simon P. Ville and David M. Williams eds., Management, Finance and Industrial Relations in Maritime Industries: Essays in International Maritime and Business History, St. John's, Newfoundland, 1994, pp. 203-204.
⑤ 林玉茹:《商业网络与委托贸易制度的形成:十九世纪末鹿港泉郊商人与中国内地的帆船贸易》,《新史学》,2007年,第18卷2期,第76,80—86页。
⑥ [清]蔡茂丰:《苑里志》,《台湾文献丛刊》第48种,台湾银行经济研究室,1959年,第83页。
⑦ 散郊户、水郊到泉郊的转变过程,参见林玉茹:《清代竹堑地区的在地商人及其活动网络》,台湾联经出版事业公司,2000年,第179—191页。

过去,大多引用日据初期蔡国琳的说法,认为雍正三年(1725年)在台湾府城首先出现北郊苏万利。卓克华甚至推测澎湖的郊可以追溯到康熙、雍正朝之际成立。①比对现有的台湾和福建碑刻,郊的确最先在台湾出现,且是台湾府城的北郊拔得头筹。北郊最早组成,应与清初台湾的出口商品大宗为糖,且其出口市场主要在华中以北有关。② 由于长程的海洋贸易,更需要团体合作来解决可能面临的各种航海风险、市场、政治等问题,并共同捐修庙宇,崇祀神袛,以祈求贸易顺遂。因此,郊最初是往同一地区的航运贸易联盟,与会馆和行会起源于同乡之联谊,稍有不同。

值得注意的是,尽管雍正至乾隆初年台湾府城和淡水地区已经有郊商参与地方造桥或建庙活动,③但是乾隆初年以前,台湾与厦门、泉州等地的各种捐题碑,仍大多以地方官员和民人具名。④ 直至乾隆二十八年(1763年),才首见"北郊苏万利"具名藻饰水仙宫;乾隆二十九年(1764年)北郊又担任董事,与地方生员重修往嘉义、彰化县要冲的德安桥;乾隆三十五年(1770年),始出现南郊金永顺与北郊共同捐修台湾县捕厅衙门;乾隆三十七年(1772年),两郊再度携手捐修府城北关外的柴头港福德祠。⑤ 由此可见,乾隆二十年(1755年)以降,北郊、南郊已经相当频繁地主导或参与修建地方庙宇、桥梁以及衙署等公共工程或宗教活动。郊的正式出现,也大概是在18世纪60年代左右,不会早于18世纪50年代。

另一方面,乾隆四十年(1775年)以降,随着台湾中、北部平原的拓垦和水田化几近完成,米谷对外贸易大为发展,出口市场则主要在泉州和漳州两府。⑥ 往来于厦门和泉州的郊商颇为活跃,在鹿港、新庄、艋舺等地均看得到泉、厦郊参与地方庙宇的兴建、捐祀田、设立义冢或义渡等宗教和社会公益活动。⑦ 特别是乾隆四十三年(1778年),在台湾知府蒋元枢的号召之下,两岸的郊或个别郊商共同捐修"郡城、宫庙、坛冢、桥路、廨署"。⑧ 在"台湾郡城各项建设捐题碑记",记载如下的郊名:

---

① 卓克华:《清代台湾行郊研究》,福建人民出版社,2005年,第329、330页。
② 林玉茹:《从属与分立:十九世纪台湾港口城市的双重贸易机制》,《台湾史研究》,2010年,第17卷第2期,第5—7页。台湾商人与兴化、泉州、漳州等商人,早在康熙年间已于宁波共同兴建老会馆和大会馆等两座福建会馆。见章国庆:《天一阁:明州碑林集录》,上海古籍出版社,2008年,第243页。
③ 例如,乾隆五十五年(1790年)的碑记,提到雍正六年(1728年)北郊苏万利等自兴工本建造太平桥,见何培夫:《台湾地区现存碑碣图志:台南市篇》,"国立中央图书馆"台湾分馆,1992年,第59页。又如《淡水厅志》记载,乾隆初年郊商建立艋舺水仙宫。见[清]陈培桂:《淡水厅志》,台湾省文献会,1977年,第153页。
④ 例如,府城药王庙于北势街开基时,是由合境共同捐建,乾隆二十九年(1764年)合境又重建。道光四年(1824年),始由郊铺和本境人等再重修。笨港天后宫于雍正八年(1730年)建,乾隆十六年(1751年)重修,乾隆四十年(1775年)再修,是由诸罗县笨港县丞薛肇煌捐倡修,董事、监生、总约之首、僧等捐修,未见郊名。见黄典权主编:《台湾南部碑文集成》,《台湾文献丛刊》第218种,台湾银行经济研究室,1966年,第96,97,259,260页。
⑤ 黄典权主编:《台湾南部碑文集成》,《台湾文献丛刊》第218种,台湾银行经济研究室,1966年,第69—71、89—91页。
⑥ 王世庆:《清代台湾社会经济》,台湾联经出版事业公司,1994年,第97—120页。
⑦ 例如,乾隆四十年(1775年),鹿港泉、厦郊户捐建敬义园义冢;乾隆四十四年(1779年),泉厦众船户、厦郊抽分、厦郊、泉郊及地方民人、永定县、海澄县等籍民共同捐修新庄慈佑宫;乾隆四十五年(1780年),厦郊捐建艋舺大渡;乾隆五十五年(1790年),泉厦郊户同利新庄慈佑宫祀田。见刘枝万编:《台湾中部碑文集成》,《台湾文献丛刊》第151种,台湾银行经济研究室,1962年,第7,8页;何培夫编:《台湾地区现存碑碣图志:台北市、桃园县篇》,"国立中央图书馆"台湾分馆,1999年,第8页;何培夫编:《台湾地区现存碑碣图志:台北县篇》,"国立中央图书馆"台湾分馆,1999年,第11—12页;何培夫编:《台湾地区现存碑碣图志:补遗篇》,"国立中央图书馆"台湾分馆,1999年,第164页。
⑧ 乾隆四十年(1775年)左右,台湾府城修的各项工程,蒋元枢后来编成《重修台郡各建筑图说》。见[清]蒋元枢:《重修台郡各建筑图说》,台湾省文献委员会,1994年。

> 北郊苏万利等、船行陈景山、……泉北郊王顺兴等、泉丝线郊泉盈等、陈林郊杜銮锦等、漳丝郊建安等、厦油郊郑源盛、厦布郊谢升隆等、杉郊宋瑞兴、……敢仔郊、……南郊金永顺、糖郊李胜兴、安海郊龚茂盛、鼎郊高燧兴、谢联兴等、绸缎郊黄振源、李正茂等、鹿仔郊振合、胜陶等、鹿皮铺郭玉珍、陈联兴等……;……嘉属李胜兴、笨港糖郊、笨港布郊……。①

本次捐款,台湾县、嘉义县、凤山县以及彰化县各地商民均参与,虽然碑文有部分残缺,仍可以看到几个现象。首先,府城的北郊、南郊以及糖郊均已出现,但是尚未统合成三郊。② 其次,府城的郊,在市场规模进一步扩大之下,贸易商品更加多样,也产生内、外郊的分化。亦即,除了往厦门以北贸易的北郊及往厦门贸易的南郊等外郊之外,糖郊、鼎郊、杉郊、簌郊、鹿仔郊等同业商人组成的商人团体(内郊)似乎已经成形。不过,除了糖郊、簌郊之外,其他郊大多以个别商号具名居多,似乎仍是散郊户,郊的组成更可能在嘉、道年间才成立。第三,鹿仔郊和安海郊均仅见于此碑文,显然18世纪70年代台湾府城从事鹿皮输出贸易的商人仍不少,之后可能因鹿皮产量减少,郊即不复存在。安海郊的出现,则是乾隆中末叶台湾府城有往安海地区的贸易航线,但之后似乎渐没落,或是并入南郊。换言之,郊可能是当时某种出口贸易线或商品贸易的集称,郊的兴衰与否也与其市场的起落有关。清中末叶之后,郊的新兴或退场变化更加剧烈,郊的重组、合并也更为明显。第四,笨港已出现布郊和糖郊,显见郊在台湾岛内的扩张,已由府城往北边的港市发展。布郊和糖郊正展现当时最主要的进口商品是布匹,南部的出口大宗则是糖。笨港先出现内郊而没有外郊,也反映此时期在单一港口对渡政策之下,其主要进行与台湾府城的岛内沿岸贸易。笨港由于与府城有相当密切的贸易关系,清代几乎均与府城市场圈重叠,③其布郊和糖郊有可能是府城糖郊和布郊在地化的结果。清中叶以降,这种现象更加明显。

再从郊的活动来观察,乾隆中叶以前台湾各地的捐款活动,主要由地方头人或是合境民人参与,甚至有中、北部豪族如王士杰、张士箱也跨界到府城捐款。这种现象显示,此时台湾府城的鹿耳门仍是台湾唯一的对外窗口,所有的进出口贸易均在此进行。不过,乾隆四十年(1775年)以降,除了经济活动之外,郊已经开始参与地域社会中各种政治、社会公益以及宗教活动。如前所述,他们常常是主要的捐款者,不但捐款金额最多,而且往往列名第一,甚至是首倡者。郊在台湾地方社会的角色相当重要,并逐渐变成社会中坚,具有社会领导阶层的身份,与闽南地区大为不同。

---

① 何培夫:《台湾地区现存碑碣图志:补遗篇》,"国立中央图书馆"台湾分馆,1999年,第7页。
② 何培夫:《台湾地区现存碑谒图志:台南市篇》,"中央图书馆"台湾分馆,1992年,第59页;黄典权主编:《台湾南部碑文集成》,《台湾文献丛刊》第218种,台湾银行经济研究室,1966年,第537页。
③ 林玉茹:《清代台湾港口的空间结构》,台湾知书房,1996年,第169—261页。

总之,郊应是因台湾与中国内地贸易而产生的,不但最先在台湾出现,而且大多位于港口城市。其次,郊的种类也反映当时市场趋势,中北部以米谷贸易为主,泉、厦郊最为活跃。南部则以糖为出口大宗,北郊和糖郊以及进口布匹的布郊最盛行,并逐渐由府城扩张到笨港。最后,由郊大量参与地方庙宇的修建来看,为了寻求神明保佑航海贸易而共同建庙,却是此后台湾各地港市组成郊最普遍的导因。台湾的郊往往也以寺庙作为其议事场所,而很少兴建专属的建筑物,再度呈现郊的成立与航海贸易之关连,并且凸显郊与会馆、公所之差异。

第三章　清中叶三大区域型经济区的鼎足而立（1784—1850年）

乾隆年之后，随着汉人大量由福建和广东移入，台湾的中、北部地区进入积极拓垦状态和大规模的水田化运动，乾隆末叶，除了大甲溪以北到南崁部分地区之外，平原地带大致开垦完成。尤其自乾隆四十九年（1784年）以后，清廷陆续开放更多正口与大陆直接对渡；乾隆五十四年（1789年），又公布明设官渡章程，对内地人民之移殖台湾不再积极干预。① 官方政策的调整，使得移民入垦所受到的限制更小，两岸互动日益频繁，西部可开垦之地也日蹙，移民逐渐进入东北边的噶玛兰地方开拓。② 嘉庆元年（1796年），吴沙首先率众入垦，至嘉庆十五年（1810）清廷终于将该地收入版图，置噶玛兰厅。③ 嘉庆十七年（1812年）复设管理民番粮补通判一员，驻扎五围（宜兰市）。④

除了后山版图的扩张之外，嘉庆年间，平原地带陆续完成水田化，拓垦活动转向丘陵、台地地区。由于各地域开垦渐成，直接对外贸易的需求也更高。原来仅由鹿耳门出入的单口对渡政策，越来越不符合地方经济发展后的实际需要，乾隆四十九年（1784年）和乾隆五十三年（1788年），为了治安和地方经济发展的考虑，清廷遂正式开放台湾中部的鹿港、北部的八里坌（今淡水八里，嘉庆二十五年［1820年］后改泊沪尾）为正口，而形成北、中、南三口与福建贸易往来的形态。换言之，乾隆末年之后，台湾逐渐形成三个各自独立的区域型经济区。

另一方面，各区域型经济区内随着人口聚居、开垦有成，出现更多的乡街。乾隆年间原来作为开垦据点的垦户、佃首的公馆，由于邻近村庄已大概垦成，而陆续扩张规模，形成乡街。这些乡街，大都是富田芳郎所说的，位于地方都市的最下层，是附近村落的商业中心，也是一种直接依存于附近村落的"乡村依存型都市"，不具备中心批发功能。⑤ 因此，其虽然与邻近乡庄形成一个地方性的市场圈，但仍必须至地区性城市或是区域性都市取得日常所需商品，并输出土产至这些大城市，再对外输出，而成为区域型经济区内的节点。

本章即首先说明清廷港口政策和地方经济的发展如何促使三大区域型经济区的出现，再一一分述各经济区之发展。此外，也会阐明后山的噶玛兰厅如何成立一个独立的地域经济区及其演变。

---

① 许瑞浩：《清初限制渡台政策下的闽南人移民活动》，台湾大学1988年硕士学位论文，第107页。
② ［清］柯培元：《噶玛兰志略》，《台湾文献丛刊》第92种，台湾银行经济研究室，1961年，第161页。
③ ［清］陈淑均：《噶玛兰厅志》，《台湾文献丛刊》第160种，台湾银行经济研究室，1963年，第331、332页。
④ ［清］柯培元：《噶玛兰志略》，《台湾文献丛刊》第92种，台湾银行经济研究室，1961年，第130页。
⑤ 富田芳郎认为这种"乡村依存型都市"的特质是：乡街在规模、人口数量、机能上皆比城市少，并未具备批发功能，商业大多是零售商，往往以食品杂货店占大多数，至于批发商大多集中于地方都市或中央都市。见［日］富田芳郎：《台湾街の研究》，《东亚学》，1942年，第6辑，第39—44页。

第一节　单一正口对渡政策的打破：由三正口至五正口

乾隆中末叶,台湾中北部地区进入积极开垦状态。乾隆四十九年(1784年),清廷废弃乾隆二十五年(1760年)的蓝线番界,从南边凤山县的下苦溪到最北淡防厅的八连港新划番界紫线,重新规制化清廷认定的界内和界外地区。这条新番界中,南部地区大半沿用原来的红线番界,并未变动,但是中北部地区则大幅向东边移动。大致上,大甲溪以北至台北盆地之间,除了今日的苑里、吞霄、头份、造桥、新埔镇等地的东边以及头屋乡、宝山乡之外,北部平原地带大多划入界内;台北盆地除了深坑、土城东部等平地地带尚在界外,从今日的汐止、五堵至七堵之间皆已全面准垦,最远至基隆田寮港,但瑞芳镇、暖暖以东等则仍属于禁地。① 不过,此条番界仅维持一段时间,汉人和熟番仍不断入垦边区,经嘉、道年间的垦殖,道光末年台湾西部地区已是"地利尽辟,野无旷土"②。

中、北部新开垦区以水田稻作为主,加以漳、泉及福州地区缺米严重,直接出口米到福建地区交换手工制品,符合两地市场利益。因此,原来仅由鹿耳门出入的单口对渡政策,越来越不符合地方经济发展后的实际需求,加以台湾沿海航行不便又危险,各地港口直接走私、"偷漏"到大陆贸易的状况越演越烈,同时也有不少大陆商船和渔船来到这些港口贩运。此外,岛内各地物产同质化较高,各区域又已产生与内地对渡的正口,跨区域、较长距离的沿岸航行,遂显得较不经济也较少,鹿耳门正口体制遂逐渐趋于松弛。各地域半自给性的经济区大半角成,主要港口与内地的私相往来亦更加频繁。

乾隆四十九年(1784年)、五十三年(1788年),因应中部和北部的开发成果,以及将中部米谷配运至内地的需要,清廷只好陆续开鹿港与泉州蚶江、八里坌与福州五虎门对渡,成三个正口对渡格局。最初,政策限制颇严,三口对渡各有指定口岸,不容混淆偷越。直至嘉庆十五年(1810年),因指定口岸弊窦丛生,商船往往借口遭风,任意对渡,避配官谷,以致未运官谷积累甚多,官方只好调整政策,准由三口通行,不拘对渡。③

乾隆末年三正口的成立,打破原由鹿耳门主导的闽台交通与贸易形态。举凡文报传递、运饷、官兵配渡以及米谷配运,逐渐改由三口运送。首先,在文报传递上,乾隆五十二年(1787年)起,转由鹿耳门、鹿港二口配送;④唯鹿耳门与厦门仍为正站,紧要文件则另用副件由蚶江至鹿港并行。⑤ 闽台运饷,向经鹿耳门至厦门

---
① 林玉茹、畏冬:《林爽文事件前的台湾边区图像:以乾隆49年台湾番界紫线图为中心》,《台湾史研究》,2012年,第19卷第3期,第47—94页。
② [清]姚莹:《上督抚言》,《中复堂选集》,《台湾文献丛刊》第83种,台湾银行经济研究室,1960年,第121页。
③ 《为内阁抄出闽浙总督孙尔准奏移会》,台湾银行经济研究室编:《台案汇录丙集》,《台湾文献丛刊》第176种,台湾银行经济研究室,1963年,第18页。
④ 台湾银行经济研究室编:《台案汇录庚集》,《台湾文献丛刊》第200种,台湾银行经济研究室,1964年,第315—317页。
⑤ [清]姚莹:《厦门有警台饷不敷状》,《中复堂选集》,《台湾文献丛刊》第83种,台湾银行经济研究室,1960年,第99页。

领运,①乾隆五十六年(1791年)因剿捕匪徒,一度分由三口领运。②戍台班兵遣返内地,亦向由鹿耳门配渡,嘉庆十五年(1810年)为了缩短路程,减少班兵海上遭难事故,嘉义以北班兵回程改由鹿港直配蚶江,来时则仍由鹿耳门登岸。③道光三年(1823年),鹿港行商又请求与八里坌分船配载,次年议定艋舺、沪尾、噶玛兰及北路右协等四营上府兵,自八里坌径渡五虎门,下府兵则仍由鹿港配渡蚶江,④其后循为定例。至于兵眷米谷原由鹿耳门配运至厦门,乾隆五十三年(1788年)福康安奏准由鹿港配运彰化县应运内地米谷;嘉庆十六年(1811年),将军赛冲阿复奏请将彰化县部分仓谷改由八里坌分运至内地。⑤道光八年(1828年)原运内地眷谷改为折色,毋庸配运;道光十年(1830年)因鹿耳门坐配台、凤、嘉三县仓谷,势有偏重,遂将嘉义县谷分由鹿港及道光六年(1826年)新开的五条港配运,⑥而形成四口配运局面。

由文报、运饷、运兵及运谷,皆由一口而变成三口配运,足以显现台湾对外贸易往来已由单核心转为北、中、南三核心港口之运作。另一方面,由三口运输分配之转变,大概可以看出其盛衰趋势。嘉庆十五年(1810年)之前,鹿耳门实为全台最大港,商船来港最多,配运也最重;鹿港则形同副港,稍分鹿耳门配运量。嘉庆十五年之后,三口通行以及诸项运输之分工,逐渐呈现此消彼长形态。鹿耳门往来商船仍最多,却呈现由盛而衰现象;八里坌来港商船最少,唯相形之下,却是逐渐兴起。

由于北、中、南区域三大口逐步形成,全台亦以大甲溪、八掌溪为界,分由淡防厅、鹿港厅以及台防厅负责管辖境内各海口,稽查出入船只并挂验给照。在军事布防上,也有重大调整。八掌溪以南的海口、洋面,由安平水师中、右二营管辖;八掌溪以北至大甲溪地区,由移驻鹿港的安平水师左营管辖;大甲溪至苏澳一地,则由艋舺营游击管辖。由此可见,在商业贸易与闽台交通、军事布防以及行政配置上,乾隆末叶以后已逐渐形成鹿耳门、鹿港及八里坌三大口鼎立的三个区域。原来垄断全台对外贸易的鹿耳门港的贸易量,因此大受影响。至嘉庆中叶,这三个区域性吞吐口及其商业贸易中心已然成形,成为台湾三大港市,称作"一府(府城)二鹿(鹿港)三艋舺"。⑦不过,鹿港和八里坌以出口腹地内的米至福建为主,鹿耳门则以出口糖至华中、华北地区居多。

道光六年(1826年),由于山后的噶玛兰(宜兰)开垦完成,形成独立的地域经济

---

① 台湾银行经济研究室编:《清会典台湾事例》,《台湾文献丛刊》第226种,台湾银行经济研究室,1966年,第125页。
② 《闽浙总督觉罗伍拉纳题本》,台湾银行经济研究室编:《台案汇录庚集》,《台湾文献丛刊》第200种,台湾银行经济研究室,1964年,第365页。
③ 台湾银行经济研究室编:《台湾采访册》,《台湾文献丛刊》第55种,台湾银行经济研究室,1959年,第179页;[清]姚莹:《改配台北班兵》,《东槎纪略》,《台湾文献丛刊》第7种,台湾银行经济研究室,1957年,第11页。
④ [清]姚莹:《东槎纪略》,《台湾文献丛刊》第7种,台湾银行经济研究室,1957年,第11、12页。
⑤ 亦即将彰化县应运罗源、闽侯、福安、连江、长乐、将军标等七件兵米改由八里坌配运。[清]周玺:《彰化县志》,《台湾文献丛刊》第156种,台湾银行经济研究室,1962年,第179、180页。
⑥ 《户部为内阁抄出闽浙总督程祖洛奏移会》,台湾银行经济研究室编:《台案汇录丙集》,《台湾文献丛刊》第176种,台湾银行经济研究室,1963年,第20页。
⑦ 林玉茹:《清代台湾港口的空间结构》,台湾知书房,1996年,第199—261页。

区。清廷乃开乌石港为正口,与福州五虎门对渡,米是主要出口商品。① 另一方面,台湾中部地区发展迅速,单鹿港一口已不敷实际需求,加以台运官谷到福建之需,②遂新开海丰港(又称五条港,今云林县麦寮)一口,成五个正口与中国内地对渡。③

19世纪30年代之后,清廷对于沿海港口的管理渐趋松弛,正口的贸易网络也日益扩大。以鹿港为例,周玺的《彰化县志》记载了道光初年的明显变化如下:

> 鹿港泉、厦商船向止运载米、糖、粃油、杂子,到蚶江、厦门而已。近有深沪、獭窟小船来鹿者,即就鹿港贩买米、麦、牛骨等物,载往广东、澳门、蔗林等处。回时采买广东杂货、鲢草鱼苗来鹿者,称南船。④

由上可见,乾隆四十九年(1784年)开鹿港与泉州蚶江对渡,乾隆五十五年(1790年)又奏准厦门白底艍可以径渡鹿港之后,⑤该港的主要贸易地点仅局限于福建的蚶江和厦门。然而,19世纪30年代初期,泉州各小港的船只已经常来鹿港贸易,甚至回航至广东、澳门等地。另一方面,"四、五月时,船之北上天津及锦、盖诸州者渐多"⑥。很明显地,道光初年,原来的正口对渡限制已渐放宽,两岸商船的贸易网络也逐渐向中国沿海南、北两地延伸。

除了5个正口作为各区域的吞吐口之外,清中叶之后,台湾各地的开垦趋势,亦已由平原朝向丘陵地发展,村庄、街市纷纷出现,地域经济区逐渐完成。因此,各地区又发展出小吞吐口,如竹堑港、中港、后垄港、大安、北港、盐水港、打狗港、东港。⑦ 这些港口除了按官方规定通过最接近的正口进出口商品之外,嘉庆、道光年间以降,大陆商船为了规避台运米谷配累,常直接来港贸易或是偷漏商品出去,而被称为"私口"或是"私港小口"。⑧ 嘉庆二十二年(1817年)《福建省例》的《配运台谷条款章程》即记载,为了规避台运配谷,在官商勾结下,内地小口与台地小口之间"私越"频繁。⑨ 然而,随着前述道光中叶日趋宽松的港口政策、台运米谷逐渐改为

---

① 历史文献记载记载:"兰中惟出稻谷。"见[清]柯培元:《噶玛兰志略》,《台湾文献丛刊》第92种,台湾银行经济研究室,1961年,第116页;[清]陈淑均:《噶玛兰厅志》,《台湾文献丛刊》第160种,台湾银行经济研究室,1963年,第196页。
② 台运是指自雍正三年(1725年)实施的台湾官方运到福建的兵米、眷米以及平粜米制度。其定义参见吴玲青:《清代中叶における米と银:台运と台饷を中心として》,东京大学2009年博士学位论文,第3页。其运作和兴衰参见王世庆:《清代台湾的米产与外销》,《清代台湾社会经济》,台湾联经出版事业公司,1994年,第103—106页;高铭铃:《清代中期における台运体制の実态についての一考察》,《九州岛大学东洋史论集》,2001年,第29卷,第88—115页。
③ 五条港主要作为鹿港的辅助港、配运官谷而开为正口。道光末年,五条港港口条件不佳,改以南边的下湖口(又称树苓湖)出入。见林玉茹:《清代台湾港口的空间结构》,台湾知书房,1996年,第229、230、248页。五正口的开设与兴衰,参见陈国栋:《清代中叶台湾与大陆之间的帆船贸易:以船舶为中心的数量估计》,《台湾史研究》,1994年,第1卷第1期,第55—96页。
④ [清]周玺:《彰化县志》,《台湾文献丛刊》第156种,台湾银行经济研究室,1962年,第24、25页。
⑤ 《户部为内阁抄出闽浙总督觉罗伍拉纳奏移会》,台湾银行经济研究室编:《台案汇录丙集》,《台湾文献丛刊》第176种,台湾银行经济研究室,1963年,第257、258页。
⑥ [清]周玺:《彰化县志》,《台湾文献丛刊》第156种,台湾银行经济研究室,1962年,第23页。在陈淑均的《噶玛兰厅志》也有类似记载。亦即19世纪30年代噶玛兰对外贸易网络已经分成往江、浙、福州的北船,往广州的南船以及往漳、泉、惠、厦的唐山船。见[清]陈淑均:《噶玛兰厅志》,《台湾文献丛刊》第160种,台湾银行经济研究室,1963年,第196、197页。
⑦ 清代台湾沿岸港口变化不定,这些小口及其变化,见林玉茹:《清代台湾港口的空间结构》,台湾知书房,1996年,第199—319页。
⑧ [清]姚莹:《东槎纪略》,《台湾文献丛刊》第7种,台湾银行经济研究室,1957年,第61、111页。
⑨ 《配运台谷条款章程》,台湾银行经济研究室编:《福建省例》,《台湾文献丛刊》第199种,台湾银行经济研究室,1964年,第79、80页。

折色(米谷折银),①因应各地经济发展与民生用品消费之需,以及地方衙门可以征收船只规费作为公私经费等因素,使得道光末年至同治年间地方厅县逐渐开放沿海贸易私口与大陆内地港口贸易,大多称作"小口"。② 对外贸易的地点,也不再限制在福建地区,可直透至中国大陆沿海各地贸易。③

再者,道光年间,台湾北部地区,每年樟脑出口数量已达到40万斤,④西洋船只和商人也开始尝试来台湾贸易。道光十八年(1838年),已有欧洲商船驶至基隆,企图偷运鸦片来台,淡水商民并以樟脑与之交易。⑤ 道光二十七年(1847年)之后,西洋人开始为了煤矿而来到基隆。⑥ 西洋船艘东来以及道光二十年(1840年)鸦片战争之爆发,也促使台湾海防渐受重视,深水良港逐渐崛起,同时为下一阶段台湾开港揭开序幕。

最后,清初台湾仅与福建对渡的政策也有所调整。道光二十三年十二月(1844年年初),清廷为了避免"走私漏税"之弊,进一步化暗为明,正式开放浙江的宁波、乍浦与台湾贸易。⑦ 至此,打破了清初以来长达160年的台湾与福建正口对渡贸易制度,而台湾与内地的直接贸易终于合法化、体制化。

总之,因应地方经济发展、港口政策的调整以及西力冲击之下,清初全岛型的经济区已经逐渐发展成北、中、南三大区域型经济区,并于后山出现一个独立的地域经济区。以下各节分述其发展。

第二节 以鹿耳门—府城为中心的区域型经济区

鹿耳门—府城区域型经济区的范围,北自北港溪,南至率芒溪,主要包括台、凤二县以及嘉义县南部地区。清中叶本经济区的范围由于海岸线变迁,产生巨幅变动。特别是八掌溪以南至二层行溪一带海岸变化剧烈,原来所谓的台江内海和倒风内海明显陆化。

清初倒风内海面积宽约60平方公里。自康熙中叶,汉人积极入垦台南地区,就近围垦潟湖海岸成鱼塭或是盐田之后,促成倒风内海逐步陆化。18世纪末,急水溪冲断蚊港沙洲出海,倒风内海变成有两个出海口,其后八掌溪也改道流入倒风内海,两溪挟带大量的泥沙,加速淤填内海。⑧ 海岸线变迁后,初浮覆的海埔地因饱

---

① 清代台湾港口严正口对渡之制的重要理由是为了台运米谷至福建各府。道光初年以来,清廷因成效不彰,先将眷谷改为折色;道光二十一年(1841年),兵米、兵谷又采一半折色。见中研院史语所编:《明清史料》戊编,中研院史语所,1953—1954年,第10本,第990、991页。有关台运与港口开放问题,参见林玉茹:《由私口到小口:晚清台湾地域性港口对外贸易的开放》,林玉茹主编:《比较视野下的台湾商业传统》,中研院台湾史所,2012年,第135—168页。
② 这些小口后来比照正口,设置文武口管理。小口开放的论证,参见林玉茹:《清末新竹县的文口经营:一个港口管理活动中人际脉络的探讨》,《台湾风物》,1995年,第45卷第1期,第64—67页;林玉茹:《清代台湾港口的空间结构》,台湾知书房,1996年,第72页注3,第262页。小口开放原因,详见林玉茹:《由私口到小口:晚清台湾地域性港口对外贸易的开放》,林玉茹主编:《比较视野下的台湾商业传统》,中研院台湾史所,2012年,第135—168页。
③ 事实上,由于贸易船只大多属于福建商人所有,清初以来其航运路线即可能随其贸易目的而往中国沿岸南北各港活动。
④ [清]郑用锡:《淡水厅志》,厦门大学出版社,2004年,第269页。
⑤ [清]丁曰健:《治台必告录》,《台湾文献丛刊》第17种,台湾银行经济研究室,1959年,页139、140页。
⑥ George William Carrington, *Foreigners in Formosa, 1841–1874*, San Francisco: Chinese Materials Center, 1978, p. 148.
⑦ 不过,台湾与上海的直接贸易,仍被禁止。见台湾银行经济研究室编:《清宣宗实录选辑》,《台湾文献丛刊》第188种,台湾银行经济研究室,1964年,第501页。
⑧ 张瑞津、石再添、陈翰霖:《台湾西南部嘉南平原的海岸变迁研究》,《台湾师范大学地理研究报告》,1998年,第28卷,第87页。

含盐分,主要作为盐田和鱼埕之用,部分深入平原的低地则成为埤塘,如急水溪上游的德元埤和官田的番子田埤。① 盐、水产也成为本区域冠于全台的物产。

倒风潟湖的消失,使得部分港口完全失去港湾机能,有些港口则由海港变为河港。② 至于台江潟湖,乾、嘉年间,依然是"汪洋渟潴,可泊千艘",③并以鹿耳门为主要出入门户,但道光三年(1823年)大风雨之后,许宽、茑松、顶淡水等溪滥冲南流,改由二层行溪入海,台江也逐渐浮浅。④ 原为台、嘉两邑分界的新港溪,因被沙压绝流,斜南透出与柴头港合流为今之盐水溪;台江仅余安平至四草湖间之内海,未被淤填,原曾文溪改道以后,则透竿寮西出由鹿耳门入海。⑤

台江内海浮复之后,鹿耳门日益淤浅,道光十年(1830年)往来船只只能停泊港外,⑥道光二十年(1840年)左右则已变成废港。⑦ 此时,鹿耳门南边的安平大港,⑧原只供南路小船出入,其后港口略深,南北二路载重六七百石船只可以出入,⑨郡城三郊船货并转由该港进出。⑩ 安平港遂取代鹿耳门,成为府城对外门户。道光二十年(1840年),安平已有居民千余家,唯大部分商业贸易仍于府城进行,港口并驻副将、中营游击及右营都司,防守府城及凤山县各口。⑪

不过,19世纪40年代以后,自内地来台商船,皆改泊于鹿耳门迤南的四草湖,或是北边被曾文溪冲成港的国赛港,该港并设文武馆稽查商船。⑫ 国赛港与鹿耳门之间,并经郊商挖浚竹筏河道,鹿耳门与四草之间也开凿小运河。⑬ 商船自国赛港登岸,须另易小船,盘运至四草,再沿安平港进入郡城。⑭ 台江内海网络仍有效运作。另外,三鲲鯓亦因水冲成港,小船可登岸,又"左右辅翼大港",而成为"郡城门户"之一。⑮ 府城外原来汪洋浩瀚的台江内海,至此转由国赛港、四草湖、三鲲鯓及安平港分担商船驳载机能,其中安平港机能最显著,府城则为其核心商业中心,而与其腹地形成一个区域型经济区。

清中叶,台湾府城仍是全岛最大城市,并已经建造石城,街道分化也更为细致,嘉庆十二年(1807年)薛志亮的《续修台湾县志》即指出:

---

① 张瑞津、石再添、陈翰霖:《台湾西南部嘉南平原的海岸变迁研究》,《台湾师范大学地理研究报告》,1998年,第28卷,第96页。
② 卢嘉兴:《八掌溪与青峰阙》,《台湾研究汇集》,1982年,第22卷,第118页。
③ [清]谢金銮:《续修台湾县志》,《台湾文献丛刊》第140种,台湾银行经济研究室,1962年,第23页。
④ 台湾银行经济研究室编:《台湾采访册》,《台湾文献丛刊》第55种,台湾银行经济研究室,1959年,第27、28页。
⑤ 卢嘉兴:《鹿耳门地理演变考》,台湾商务印书馆,1965年,第90页;卢嘉兴:《台南县古地名考》,《台南县地名研究辑要》,台南县民政局,1982年,第52页。
⑥ 台湾银行经济研究室编:《台湾采访册》,《台湾文献丛刊》第55种,台湾银行经济研究室,1959年,第27、28页。
⑦ 台湾银行经济研究室编:《筹办夷务始末选辑》,《台湾文献丛刊》第203种,台湾银行经济研究室,1964年,第60页。
⑧ 以往安平港为台江内海港口,大港为潟湖口;现则两港已合ража。
⑨ [清]姚莹:《台湾十七口设防图说状》,《中复堂选集》,《台湾文献丛刊》第83种,台湾银行经济研究室,1960年,第76页;《台湾府舆图纂要》,《台湾文献丛刊》第181种,台湾银行经济研究室,1963年,第128页。
⑩ [清]姚莹:《筹建鹿耳门炮台》,《东槎纪略》,《台湾文献丛刊》第7种,台湾银行经济研究室,1957年,第31页。
⑪ [清]姚莹:《中复堂选集》,《台湾文献丛刊》第83种,台湾银行经济研究室,1960年,第76页。
⑫ [清]姚莹:《中复堂选集》,《台湾文献丛刊》第83种,台湾银行经济研究室,1960年,第77、78页。
⑬ 卢嘉兴:《曾文溪与国赛港》,《南瀛文献》,1962年,第8期,第16页。
⑭ [清]姚莹:《中复堂选集》,《台湾文献丛刊》第83种,台湾银行经济研究室,1960年,第76页;[清]丁绍仪:《东瀛识略》,《台湾文献丛刊》第2种,台湾银行经济研究室,1957年,第16页。
⑮ [清]姚莹:《中复堂选集》,《台湾文献丛刊》第83种,台湾银行经济研究室,1960年,第73、78、128页。

盖邑治以东西为经、南北为纬,故东西一街,初甚宽大。市人以其地阔,乃就其当中列摊铺架棚以居,日渐比连,遂中裂大街为二。如今之草花街,即故衣街所分,帽仔街即竹仔街所分是也。由是而街道之间形势变易。①

此时,府城至少有78条街道。这些街道有以下特色。首先,专业化市街仍持续增加,如鞋街、竹仔街、做篾街、米街、石街、鱼行街、杉行街,反映府城商业机能的多样化和城市之繁荣。其次,不少大街也一再分化,如原来的南濠街已经分成内南濠街、外上南濠街、下南濠街。值得注意的是由于城市规模的不断扩大,街区的划分除了原来郑氏王朝时代的东安坊、西定坊、宁南坊以及镇北坊等四坊之外,又出现宗教祭祀范围的"境"。最早出现的境是元会境,也成街道名。巷弄则新增四嫂巷、抽签巷。② 另外,商店铺户名称也更加复杂,除了十三铺之外,还有绸缎铺、杉行铺、碗铺、篾铺。③

1830年,府城至少有86条街道,④相对于18世纪50年代,几乎增加一倍。境也出现更多,至少新增:大人庙境、下米街境、红毛楼境、大关帝境、元和宫境、帆寮街境、镇南门境、皮寮境。铺户则有:饷典铺、布铺、绸缎布铺、篾铺、纸铺、茶铺、鹿肉铺、藤铺、火炭铺。⑤ 商人团体组织也大幅扩张,郊数大为增加,达22个,为全台之冠,⑥都市规模应已相当巨大。贸易仍相当活络,所谓"商船贾贩,以油糖为重利",⑦米谷则仰赖台、嘉、凤三县供应。三县米谷并经由鹿耳门输出至内地,民生日用货物也大都往来鹿耳门取汲。⑧

台湾府城核心市场圈内,除了原来的旧社街、莴松街及埤头街之外,府城周边,特别是往东边到内山番薯寮街(旗山)或是往北到麻豆的交通要道又出现不少乡街。如东门外出现大东门外街、崁仔街、泉州街;二层行溪畔出现二层行街;往内陆丘陵地带也出现大目降街(新化),甚至远至下淡水溪上游的番薯寮街(旗山),该地于雍正十二年由凤山县划入台湾县辖区。⑨ 由府城到周边的乡街、村庄的道路则以府城为核心呈现辐射状,成为联系腹地到港市的纽带。

尽管台湾府城始终是全台最大市镇,但道光中叶以降渐呈衰象。《厦门志》

---

① [清]谢金銮:《续修台湾县志》,《台湾文献丛刊》第140种,台湾银行经济研究室,1962年,第9页。
② [清]谢金銮:《续修台湾县志》,《台湾文献丛刊》第140种,台湾银行经济研究室,1962年,第9—11页。
③ 何培夫:《台湾地区现存碑碣图志:台南市篇》,"国立中央图书馆"台湾分馆,1994年,第198页。
④ 台湾银行经济研究室编:《台湾采访册》,《台湾文献丛刊》第55种,台湾银行经济研究室,1959年,第16、17页。
⑤ 何培夫:《台湾地区现存碑碣图志:台南市篇》,"国立中央图书馆"台湾分馆,1994年,第209—211、223页。
⑥ 除了原北郊、南郊及糖郊等三郊之外,又先后出现生药郊、烟篆郊、丝线郊、草花郊、杉郊、厦鹿郊、锄郊、绸缎郊、布郊。见方豪:《六十至六十四自选待定稿》,作者印行,1974年,第276—283页;黄典权主编:《台湾南部碑文集成》,《台湾文献丛刊》第218种,台湾银行经济研究室,1966年,第593页。
⑦ [清]谢金銮:《续修台湾县志》,《台湾文献丛刊》第140种,台湾银行经济研究室,1962年,第52页。
⑧《筹给艋舺营兵米》,台湾银行经济研究室编:《台湾采访册》,《台湾文献丛刊》第55种,台湾银行经济研究室,1959年,179页;[清]姚莹:《改配台北班兵》,《东槎纪略》,《台湾文献丛刊》第7种,台湾银行经济研究室,1957年,第20页;[清]郑用锡:《淡水厅志》,厦门大学出版社,2004年,第168页。
⑨ [清]谢金銮:《续修台湾县志》,《台湾文献丛刊》第140种,台湾银行经济研究室,1962年,第9—11页;台湾银行经济研究室编:《台湾采访册》,《台湾文献丛刊》第55种,台湾银行经济研究室,1959年,第16、17页。

记载:

> 按厦门商船对渡台湾鹿耳门,向来千余号。配运兵谷、台厂木料……,然皆踊跃从事,近因台地物产渐昂,又因五口并行,并以鹿耳门沙线改易,往往商船失利,日渐稀少,至迩年渡台商船仅四五十余号矣。①

由此可知,安平港已不复往日鹿耳门之兴盛。尤其是府城各港每逢夏秋之际安平涌大,即使国赛港亦不能泊船,②导致"郡城商货不行","郊行衰败,商船日少"。③ 安平港之衰落,显然已是势之所趋。

鹿耳门——府城区域型经济区内连结盐水、打狗以及东港几个次级经济区,以下分别说明之。

一、盐水港半独立地区型经济区

本地域内港口以倒风潟湖河港、河口港为主体。但是,乾隆年间潟湖已逐渐缩小,海岸线亦西移,盐水港、麻豆港、铁线桥港、茅港尾港等港均由海港、河口港变成河港,与鹿耳门的往来可能较不如前期安全、便捷。而且,随着陆路交通的改善,部分港口地位大为消退,甚至失去港湾机能,改以乡村集散中心形态存在。

盐水港是嘉义以南的运粮要路,④并集散六甲、店仔口(白河)、铁线桥、新营、柳营等地农产品。⑤ 乾隆六十年(1795年),盐水港与笨港相同,先出现糖郊、布郊,参与重兴该港街的妈祖庙护庇宫。⑥ 郊的出现,代表其市场和商业贸易已达经济规模,奠定其作为本地域首要港街的地位。该港与鹿耳门连结相当密切,民生用品大都向府城取汲,唯也私自以帆船径赴内地贸易,而具有半独立的商业贸易机能。道光年间,盐水港港道深浅不定,道光二十年(1840年)左右"港道浅狭,唯本地小船出入",⑦至道光三十年(1850年)左右则"一千余石大船亦可驶进"⑧,应有内地商船来港贸易,且"人烟稠密,舟车辐辏,四处村民交易其间"⑨。

盐水港之下,又包含茅港尾港、蚊港及麻豆港三个小地域。其中,茅港尾港"民居街市颇盛"⑩,又是"沿海各庄要路"⑪。另一方面,乾隆末年以降,麻豆街迅速兴

---

① [清] 周凯《厦门志》,《台湾文献丛刊》第95种,台湾银行经济研究室,1961年,第111页。
② [清] 丁绍仪:《东瀛识略》,《台湾文献丛刊》第2种,台湾银行经济研究室,1957年,第51页。
③ [清] 姚莹:《树苓湖归鹿港分运台谷状》,《中复堂选集》,《台湾文献丛刊》第83种,台湾银行经济研究室,1960年,第36、38页。
④ 台湾银行经济研究室编:《清高宗实录选辑》,《台湾文献丛刊》第186种,台湾银行经济研究室,1964年,第414页。
⑤ 蔡清海:《台南县盐水港沿革》,《南瀛文献》,1985年第30期,第184页。
⑥ 黄典权主编:《台湾南部碑文集成》,《台湾文献丛刊》第218种,台湾银行经济研究室,1966年,第155页。
⑦ 台湾银行经济研究室编:《筹办夷务始末选辑》,《台湾文献丛刊》第203种,台湾银行经济研究室,1964年,第67页;[清] 姚莹:《台湾不能坚壁清野状》,《中复堂选集》,《台湾文献丛刊》第83种,台湾银行经济研究室,1960年,第104页。
⑧ [清] 丁绍仪:《东瀛识略》,《台湾文献丛刊》第2种,台湾银行经济研究室,1957年,第52页。
⑨ 林衡道:《明清台湾碑碣选集》,台湾省文献会,1980年,第481页。
⑩ [清] 姚莹:《台北道里记》,《东槎纪略》,《台湾文献丛刊》第7种,台湾银行经济研究室,1957年,第88页。
⑪ [清] 孙尔准、陈寿祺:《重纂福建通志台湾府》,《台湾文献丛刊》第84种,台湾银行经济研究室,1960年,第343页。

起,其既是贩运米粮的"社港",又是"薪米入城(台湾府城)之路",而成为林爽文事件时叛军觊觎的地方,与盐水港、笨港等同是"米粮贩运通衢",均受到兵乱波及。①此时麻豆港是台湾府城(今台南)至盐水港之间最重要的港口。该港除了糖的出口之外,乾隆末年已是重要的米谷集散地。林爽文事件之后,清朝官方添设外委一员,马步战守兵30名,②更显现麻豆港街的重要性。道光年间,该街已分化出顶街和下街。③

清中叶,本地域开发早已完成,街、店以及村庄错落。除了沿海港街通过河流与其腹地联系之外,由府城往北通往笨港沿海官道上仍有木栅街为"民居小村市"、下茄苳为"大村市";此道路又分出一条道路直接连接嘉义县城,或是由府城往东,经大目降街(新化)往沿山地区经焦吧哖街(玉井)、19世纪30年代已成街的店仔口街(白河)到嘉义县城。④

二、打狗港半独立地区型经济区

凤山县地区在乾隆十五年(1750年)确立红线番界之后,尽管汉人和熟番仍不断越界开垦,但屡屡因官方清厘边界,而退回原点。直至乾隆四十九年(1784年),清廷将龙肚、月眉(高雄市杉林区月眉)以及大蓝(高雄市旗山区大林)等地区划入界内,亦即今日美浓溪上游和旗山溪上游地带最后偌大的谷地,⑤全面开禁准垦。此后,虽然没有太多文献记录,但是沿山地带多半已经大致拓垦完成。

打狗港和东港分别是凤山县境内、下淡水溪南北二地的两个大港。其他港口则或淤塞,或成为采捕渔港,而总以两港为集散中心。⑥乾隆五十三年(1788年),凤山县县城由旧城兴隆庄迁至下陴头街之后,打狗港成为县城主要出入口,"商艘络绎",并已出现糖郊、鹦鹉郊在港活动。⑦该港与鹿耳门连结密切,时有艋船运米至郡城,⑧民生日用品则大都仰资于府城。此外,并私自与内地贸易,具有半独立的商业贸易机能。

道光末年,打狗港不但已与歧后港合称,⑨而且自从台江浮复之后,打狗港沙去

---

① 台湾银行经济研究室编:《清高宗实录选辑》,《台湾文献丛刊》第186种,台湾银行经济研究室,1964年,第412、413页;[清]福康安:《钦定平定台湾纪略》,《台湾文献丛刊》第102种,台湾银行经济研究室,1961年,第348、349、369、370、419、420页。台湾"故宫博物院"编:《宫中档乾隆朝奏折》,台湾"故宫博物院",1982年,第64辑,第654—655页。
② [清]福康安:《奏为酌筹添设弁兵分布营汛以重海疆事》,《宫中档乾隆朝奏折》,乾隆五十三年四月三日,台湾"故宫博物院",1982年,第64辑,第704页;《台湾府舆图纂要》,《台湾文献丛刊》第181种,台湾银行经济研究室,1963年,第56、57页。
③ 从道光二十三年(1843年)地契可见,其时麻豆已经分成顶街和下街,下街并有米市。参见林玉茹、刘益昌:《疑似旧麻豆港水堀头遗址探勘暨历史调查研究计划报告》,中研院台湾史所筹备处,2003年,附表3—1。
④ [清]姚莹:《台北道里记》,《东槎纪略》,《台湾文献丛刊》第7种,台湾银行经济研究室,1957年,第88页;《道光初年台湾舆图》,秋惠文库收藏;[清]姚莹:《东溟奏稿》,《台湾文献丛刊》第49种,台湾银行经济研究室,1959年,第19页。
⑤ 《台湾田园分别垦禁图说》。
⑥ 台湾银行经济研究室编:《台湾采访册》,《台湾文献丛刊》第55种,台湾银行经济研究室,1959年,第164页。
⑦ 方豪:《台湾行郊研究导言与台北之郊》,《六十至六十四自选待定稿》,作者印行,1974年,第282页。
⑧ 《台湾海口大小港道总图》,[清]陈寿祺:《福建通志》,台湾华文书局,1968年。
⑨ 历史文献记载:"打鼓与歧后两山对峙,中环巨澳……故又名旗后山。"见[清]丁绍仪:《东瀛识略》,《台湾文献丛刊》第2种,台湾银行经济研究室,1957年,第8页。

水深,道光三十年(1850年)左右港口可泊大船百余只,以致于"海舶往来遂不赴鹿耳,而趋打狗"①。换言之,鹿耳门的淤浅促使打狗港兴起,也为19世纪50年代洋商首先来此设行开栈铺路。打狗港和安平港之间直至清末一直存在着功能互补及势力相互消长的关系,两港连结也相当紧密。不过,开港之前,打狗港贸易状况仍很萧条。②商业贸易主要在凤山县城或台湾府城进行,港口既未成街,也不及府城北边的盐水港繁荣。

打狗腹地内,由港口到凤山县城、腹地的村落、乡街之间则至少已经出现四条南北向道路和两条东西向道路,交织成网状。③亦即,打狗港与其腹地形成一个半独立的地域经济区。

三、东港半独立地区型经济区

清中叶,东港已是屏东平原的主要吞吐口,由下淡水县丞及安平右营水师把总专防。乾隆末年,东港是"南路商舶出入要口",④与府城连结相当密切。粤庄运米至郡,或是人民有事往郡城,皆经由该港出入。⑤向来内地有商船遭风到此港,亦立即押归鹿耳门正口。⑥但因港口仍有船艘私自运米至内地,故为从属于鹿耳门——府城经济区的半独立次级地域经济区。另一方面,由该港有两条南北大路连结内陆的阿猴街、万丹街、新园街以及南边沿海,19世纪40年代出现的林边街,甚至有路直通内山的蛮蛮大庄。⑦内陆的阿里港街则更为繁荣,已出现行郊,⑧并改置陆路外委一员。⑨

东港地域经济区内,又包含枋寮港小地域。枋寮港由下淡水县丞及陆路外委专防,⑩为台湾南端集散地,⑪与府城和打狗港均有往来。此外,19世纪40年代,界外的琅峤地方已是"民杂闽粤,番甫归化有司",⑫而且"粤人来台,常自驾小船由琅峤湾登岸,或有船只偷贩鸦片"⑬。

第三节 鹿港区域型经济区

乾隆四十九年(1784年),鹿港开为正口之后,逐渐形成一个以其为核心港口

---

① [清]丁绍仪:《东瀛识略》,《台湾文献丛刊》第2种,台湾银行经济研究室,1957年,第8页。
② Robert Swinhoe著,周学普译:《一八五八年台湾记行》,《台湾银行季刊》1967年,第18卷第5期,第248页。
③ 《道光初年台湾舆图》。
④ 台湾银行经济研究室编:《平台纪事本末》,《台湾文献丛刊》第16种,台湾银行经济研究室,1958年,第50页。
⑤ 台湾银行经济研究室编:《平台纪事本末》,《台湾文献丛刊》第16种,台湾银行经济研究室,1958年,第50页;台湾"故宫博物院"编:《宫中档乾隆朝奏折》,第67辑,乾隆五十三年四月十八日,台湾"故宫博物院",1982年,第868页。
⑥ 《台湾海口大小港道总图》。
⑦ 《道光初年台湾舆图》;台湾银行经济研究室编:《清代台湾大租调查书》,《台湾文献丛刊》第152种,台湾银行经济研究室,1963年。
⑧ 林衡道:《里港乡的古迹》,《台湾文献》,1980年,第34卷第4期,第22页。
⑨ 台湾银行经济研究室编:《台湾采访册》,《台湾文献丛刊》第55种,台湾银行经济研究室,1959年,第164页。
⑩ 《台湾海口大小港道总图》。
⑪ [日]伊能嘉矩:《大日本地名辞书续编》,东京富山房,1909年,第160页。
⑫ [清]邓传安:《蠡测汇钞》,《台湾文献丛刊》第9种,台湾银行经济研究室,1958年,第2页。
⑬ [清]姚莹:《台湾山后未可开辟议》,《中复堂选集》,《台湾文献丛刊》第83种,台湾银行经济研究室,1960年,第48页。

的区域型经济区。其范围北自大甲溪,南至八掌溪,其下连结三林港、海丰港、笨港及水里港(后来为梧栖港)等三个次级经济区。

乾隆末年,三林港、海丰港俱淤浅,独鹿港港大水深,①乾隆四十八年(1783年)三月,福州将军永德鉴于鹿港私贩、偷漏甚多,遂奏开鹿港与蚶江对渡,次年即正式开口。开为正口,象征彰化地区的开发已步入高峰,亦成为台湾生产重心之一。原设于彰化县城的北路理番同知,随之移驻鹿港,改称"台湾北路理番兼鹿仔港海防捕盗同知",②仍旧办理民番事务及稽查鹿港出入船只、挂验放行,③又称鹿港厅。林爽文事变之后,鹿港军事地位大为提升,成为"台地最要门户"④。乾隆五十三年(1788年),福康安奏请移水师左营游击于鹿港,原驻守备则撤回笨港。⑤

鹿港开口后,内地商船云集,嘉庆中叶已是"北路通商总口",⑥台湾中部最大港市。嘉庆二十一年(1816年)以前,随着商业贸易规模的扩大,郊纷纷成立,分化也更明显,已出现所谓的"鹿港八郊"。⑦又大兴土木,重要建筑俱于19世纪初以前兴建,⑧市镇规模扩展迅速。因此,乾隆末年至道光初年,实为鹿港的黄金时代。⑨此外,鹿港并配运彰化、嘉义二县米谷,境内港口主要与之往来贸易。

然而,乾隆末年至嘉庆中叶,一二千石大商船尚可以直入鹿港港岸,⑩嘉庆中叶以后,鹿港却为泥沙淤塞,大船已无法碇泊,但因港口设施和功能最为完备,只好以南边"港口宽,可泊巨舰数十"的王功港为外口。⑪内地大商船遂改由王功出入,再以小船接驳货物至鹿港,所有进出口贸易仍于鹿港进行。到了道光初年,王功港又淤浅,稍南的番挖港代之而兴,内地商船转由此港出入。⑫但因该港方兴未艾,在成为鹿港外口之前,可能大都以小船往来鹿港取汲。

19世纪30年代,鹿港以番挖为外口,王功为内口,两港与鹿港紧密连结,只作

---

① [清]周玺:《彰化县志》,《台湾文献丛刊》第156种,台湾银行经济研究室,1962年,第202页。
② 闽浙总督富勒浑奏折,台湾银行经济研究室编:《台案汇录丙集》,《台湾文献丛刊》第176种,台湾银行经济研究室,1963年,第244页。
③ 乾隆年各部造送内阁清册,台湾银行经济研究室编:《台案汇录癸集》,《台湾文献丛刊》第228种,台湾银行经济研究室,1966年,第24页;《户部为本部议覆闽浙总督富等会咨移会》,台湾银行经济研究室编:《台案汇录丙集》《台湾文献丛刊》第176种,台湾银行经济研究室,1963年,第250页。
④ [清]赵翼:《平定台湾述略》,台湾银行经济研究室编:《海滨大事记》,《台湾文献丛刊》第213种,台湾银行经济研究室,1965年,第78页。
⑤ 闽浙总督觉罗伍拉纳题本,台湾银行经济研究室编:《平台纪事本末》,《台湾文献丛刊》第16种,台湾银行经济研究室,1958年,第496页。
⑥ 兵部为内阁抄出福州将军赛冲阿奏移会,台湾银行经济研究室编:《台案汇录丁集》,《台湾文献丛刊》第178种,台湾银行经济研究室,1963年,第189页。
⑦ 这八郊是:泉郊、厦郊、布郊、糖郊、簸郊、油郊、染郊、南郊。张炳楠(王世庆):《鹿港开港史》《台湾文献》,1964年,第19卷第1期,第36、37页。
⑧ 本期鹿港的重要建筑有:天后宫(1790年)、龙山寺(1786年)、浯江馆(1805年)、文昌帝君祠、三山国王庙(1812年)、地藏王庙、大众庙(1815年)、凤山寺(1822年)、大开书院(1824年)。见[清]周玺:《彰化县志》《台湾文献丛刊》第156种,台湾银行经济研究室,1962年,第143、153—158页;刘枝万主编:《台湾中部碑文集成》,《台湾文献丛刊》第151种,台湾银行经济研究室,1962年,第36、41、42页。
⑨ 张炳楠(王世庆):《鹿港开港史》,《台湾文献》,1964年,第19卷第1期,第11页。又如道光十年(1830年),台南三郊主办重兴天后宫,鹿港顶郊、布郊及泉郊均参与。顶郊捐献最多,显见鹿港与鹿耳门势力之消长。参见方豪:《台南之郊》,《六十自定稿》,作者印行,1974年,第285页。
⑩ [清]丁绍仪:《东瀛识略》,《台湾文献丛刊》第2种,台湾银行经济研究室,1957年,第39页。
⑪ [清]孙尔准、陈寿祺:《重纂福建通志台湾府》,《台湾文献丛刊》第84种,台湾银行经济研究室,1960年,第28页。
⑫ 《台湾海口大小港道总图》。

为商船碇泊所,商业贸易活动则大都在鹿港进行。鹿港市镇也更为扩大,且筑土城,①道光十五年(1835年)左右已是:

> 街衢纵横皆有,大街长三里许,泉厦郊商居多,舟车辐辏,百货充盈,台自郡城而外,各处货市,当以鹿港为最。②

鹿港显然是全台第二大城市。对外贸易状况则是:

> 远贾以舟楫运载米粟糖油,行郊商皆大陆殷户之人,出货遣伙来鹿港,正对渡于蚶江、深沪、獭窟、崇武者曰泉郊。斜对渡于厦门曰"厦郊"。间有糖船直透天津、上海等处者,未及郡治北郊之多。……其在本地囤积五谷者,半属土著殷户。③

由此可见,此时鹿港的郊商主要出口台湾的米、砂糖及油到中国大陆市场,贸易网络最远至天津、上海,与广东、澳门、蔗林等地也有来往,唯仍以泉州各港为主。另一方面,由于台湾中部地区多水田以生产米谷居多,南部则因多旱园以种蔗较普遍,因此鹿港虽然也出口砂糖到华中、华北,出口量却远不如台湾府城。郊的成员以大陆商人为主,但是值得注意的是鹿港的出口大宗米谷,大半控制在本地商人手中。

由鹿港出发,可以直通位于平原的彰化县城。其城市规模虽然远不如台湾府城,但也大幅扩张,有街、巷之分。街道有东门街、南街、大西门街、小西门街、暗街仔、总爷街、打铁街、新店街、北门街;在城厢外,有北门口街、市仔尾街、南门口街,共12条。巷有赐福巷、文书巷、锁匙巷、城隍庙巷、天公坛巷、暗巷。④ 此外,鹿港核心腹地内出现不少乡街,如小埔心街(埔心)、打廉街(彰化埔盐乡);由彰化县城经乾隆年间出现的员林街、枋桥头街,往内山路上新增悦兴街、永靖街及社头街,最后进入内山的北投街、集集街。⑤ 乾隆四十九年(1784年),北投埔尚处于开垦状态,集集埔则始准垦,至道光年间北投街已有新、旧街之分;集集因是"民番交易之处",又"为入山要路",已成街市。又如北斗街是因东螺街被水冲毁之后,由地方绅士联合成立新市街,因此"街分东西南北中,为大街纵横整齐"。⑥ 大致上,平原和沿山地区市镇带已经形成,重要的市街此时大多已出现,并以鹿港为主要吞吐口。

道光中叶以后,由于出入鹿港的商船依例必须配运,配运却是"兑收则有守候之苦,重涛则有风涛之患,抵仓交卸,如仓书斗级等在在需要"⑦。是故,商船大都趋

---

① 《道光初年台湾舆图》。
② [清]周玺:《彰化县志》,《台湾文献丛刊》第156种,台湾银行经济研究室,1962年,第40页。
③ [清]周玺:《彰化县志》,《台湾文献丛刊》第156种,台湾银行经济研究室,1962年,第290页。
④ [清]周玺:《彰化县志》,《台湾文献丛刊》第156种,台湾银行经济研究室,1962年,第39页。
⑤ 《道光初年台湾舆图》;[清]周玺:《彰化县志》,《台湾文献丛刊》第156种,台湾银行经济研究室,1962年,第41、42页。
⑥ 《台湾田园分别垦禁图说》;[清]周玺:《彰化县志》,《台湾文献丛刊》第156种,台湾银行经济研究室,1962年,第40页。
⑦ 《户部为本部议覆内阁抄出巡台御史李宜青奏移会》,台湾银行经济研究室编:《台案汇录丙集》,《台湾文献丛刊》第176种,台湾银行经济研究室,1963年,第316页。

避取巧改由邻近其他私口偷越,导致"鹿港商船数百,今止五十余号"的局面。① 至于各个私口,虽然与鹿港仍时相往来,与内地的贸易关系却越来越密切,港口规模也更为扩大。因此鹿港区域型经济区之下从属几个半独立地区型经济区。

一、三林港和二林港地区型经济区

介于番挖港与王功港之间的三林港,在清初达于极盛,乾隆末年尚为沿岸贸易港之一。② 其后渐趋没落,而由王功、番挖取而代之。该港虽是"船只湾泊取汲之所",③原把总却改驻外委,④港口规模不大,可能大都直接往来于鹿港贸易。二林港则是二林堡集散市场,⑤原以三林港为外港,三林港衰落之后,又改以番挖为外港。⑥嘉庆二十年(1815年)番挖港已成市街。⑦ 这些港口往往是鹿港的外口,与鹿港核心市场圈重叠。除了沿海的港街之外,平原地带位于往彰化县城的南北大路上也出现大城厝街、挖仔街(二林镇)。⑧

二、海丰港独立地区型经济区

海丰港又称五条港,⑨是西螺溪与虎尾溪之间的主要港口。19世纪20年代,清廷开为正口之后,才形成一个独立地区型经济区。该港原来只是一个沿岸贸易港,乾隆末年至嘉庆初年,港口一度狭隘,而与鹿港有较高的依存关系。其后,因"溪水汇注冲刷,甚为深广"⑩,道光四年(1824年)适值鹿港口门淤浅,台湾府知府方传穟奏请开海丰港,以利商船往来,同年并运米十四万石至天津平粜。⑪ 但直至道光六年(1826年)始奏准开为正口,⑫一切配运事宜仍归鹿港同知管理,并责成笨港县丞往来稽查弹压。⑬

海丰港因甫经开口,商船进出多寡不定,未即行配运,仅分运部分鹿港应运内地米谷至闽省交仓;⑭道光十年(1830年),方才负责配运嘉义县米谷八千石至闽省。因此,海丰港与笨港、鹿港关系仍相当密切,并从属于鹿港区域型经济区。但因该港已辟作正口,依例内地大船可以来港贸易,具有独立的贸易机能,而与鹿港

---

① [清] 陈盛韶:《问俗录》,书目文献出版社,1983年,第113页。
② 台湾银行经济研究室编:《清高宗实录选辑》,《台湾文献丛刊》第186种,台湾银行经济研究室,1964年,第620页。
③ [清] 孙尔准、陈寿祺:《重纂福建通志台湾府》,《台湾文献丛刊》第84种,台湾银行经济研究室,1960年,第377页。
④ 台湾银行经济研究室编:《台湾采访册》,《台湾文献丛刊》第55种,台湾银行经济研究室,1959年,第170页。
⑤ [日] 伊能嘉矩:《大日本地名辞书续编》,东京富山房,1909年,第84页。
⑥ 洪敏麟:《台湾旧地名之沿革》,第二册(下),台湾省文献委员会,1984年,第379页。
⑦ 刘枝万主编:《台湾中部碑文集成》,《台湾文献丛刊》第151种,台湾银行经济研究室,1962年,第127页。
⑧ [清] 周玺:《彰化县志》,《台湾文献丛刊》第156种,台湾银行经济研究室,1962年,第42页。
⑨ 台湾银行经济研究室编:《台案汇录丙集》,《台湾文献丛刊》第176种,台湾银行经济研究室,1963年,第283页。道光六年(1826年)时所开正口,闽浙总督孙尔准称"海丰港即五条港",而且离港15里,有村名麦仔寮,商民贸易均在此处。见台湾银行经济研究室编:《台案汇录丙集》,《台湾文献丛刊》第176种,台湾银行经济研究室,1963年,第283、284页。但是《台湾海口大小港道总图》,夏献纶《台湾舆图并说》(台北成文出版社,1985年),均分载二港。两港距离接近,亦可能是同一内海。由于不易完全确定港口所在,故当初开口地点只能暂作同一港。
⑩ 台湾银行经济研究室编:《台案汇录丙集》,《台湾文献丛刊》第176种,台湾银行经济研究室,1963年,第283页。
⑪ [清] 姚莹:《筹议商运台咨》,《东槎纪略》,《台湾文献丛刊》第7种,台湾银行经济研究室,1957年,第24页。
⑫ 台湾银行经济研究室编:《清宣宗实录选辑》,《台湾文献丛刊》第188种,台湾银行经济研究室,1964年,第38页。
⑬ 台湾银行经济研究室编:《台案汇录丙集》,《台湾文献丛刊》第176种,台湾银行经济研究室,1963年,第284、285页。
⑭ 台湾银行经济研究室编:《台案汇录丙集》,《台湾文献丛刊》第176种,台湾银行经济研究室,1963年,第284、285页。

的连结关系较薄弱,故与其腹地成立一个独立的地区型经济区。

道光十五年(1835年)左右,海丰港港口淤浅,主要通过番挖和王功出入,而"以泊船处为街"。邻近海丰港、位于沿海或平原南北大路上的麦寮此时成街。① 西螺街的西螺柑则是著名地方特产。② 道光十八年(1838年),台湾道姚莹以海丰港淤塞,商船不来,原额配嘉义县米谷八千石,无船可配,遂议以五条港应配米谷改归下湖口配运。③ 1848年丁绍仪的《东瀛识略》,仍称该港"近已淤塞"④。由此可见,道光末年海丰港已淤浅,可能只供小船停泊,与鹿港、笨港连结较为密切,内地大商船则转泊下湖。

三、笨港半独立次级经济区

笨港半独立次级经济区范围,北自虎尾溪南至八掌溪;下辖猴树港小地域。乾隆末年,笨港为嘉义以北运粮要路,⑤嘉义县米谷向由笨港运到正口交卸,并由笨港县丞、水师左营守备专防,港口已出现布郊、簏郊、杉郊以及货郊,⑥商业规模不小。但是,由于该港只容小船出入,⑦无法停泊大船,乃未辟作正口,港口地位遂为鹿港超越。唯因腹地的扩展,使其得以克服港湾缺陷,犹为繁荣商港,⑧大多从事沿岸贸易,与鹿港、鹿耳门连结最为密切。道光初年以前,嘉义县米谷主要由笨港转运至鹿耳门交卸,鹿耳门货物最远也分配至此港;之后,则转由鹿港或海丰港配运。另一方面,笨港亦私自与大陆贸易往来。由于该港水汛、船只统归鹿港同知及游击管辖,故乾隆末年已形成从属于鹿港的半独立地区型经济区。

道光年间,海岸线变化使得笨港成为河港,而以下湖为外口。下湖与五条港(海丰港)位于同一内海,五条港在树苓湖内海之北,称上湖。⑨ 道光十五年(1835年)左右,上湖淤塞,下湖因地处于树苓湖之南钩状沙嘴内侧,便于大船停泊避风,⑩五条港商船遂转泊于下湖。下湖成为五条港附口之后,可以直接与内地往来贸易,以致"街市行店颇盛"。⑪ 但是,因为下湖位于北港溪口,上溯该溪可以直达笨港,下湖乃成为笨港外口,商业活动主要在笨港进行,并由笨港县丞稽查下湖出入船只,⑫港口亦归笨港守备巡防,而有"下湖口即笨港口"之称。⑬ 不过,笨港与下湖仍归鹿

---

① 〔清〕周玺:《彰化县志》,《台湾文献丛刊》第156种,台湾银行经济研究室,1962年,第41页。
② 〔清〕姚莹:《台北道里记》、《东槎纪略》,《台湾文献丛刊》第7种,台湾银行经济研究室,1957年,第88页。
③ 〔清〕姚莹:《中复堂选集》,《台湾文献丛刊》第83种,台湾银行经济研究室,1960年,第35—38页。
④ 〔清〕丁绍仪:《东瀛识略》,《台湾文献丛刊》第2种,台湾银行经济研究室,1957年,第52页。
⑤ 台湾银行经济研究室编:《清高宗实录选辑》,《台湾文献丛刊》第186种,台湾银行经济研究室,1964年,第414页。
⑥ 乾隆末年,笨港已先后出现布郊、簏郊、杉郊及货郊。参见:方豪,《澎湖、北港、新港、宜兰之郊》,《六十至六十四自定稿》,作者印行,1974年,第49页。
⑦ 台湾银行经济研究室编:《台湾采访册》,《台湾文献丛刊》第55种,台湾银行经济研究室,1959年,第71页。
⑧ 洪敏麟:《从潟湖、曲流地形之发展看笨港之地理变迁》,《台湾文献》,1972年,第23卷第2期,第41页。
⑨ 〔清〕姚莹:《中复堂选集》,《台湾文献丛刊》第83种,台湾银行经济研究室,1960年,第79页。
⑩ 洪敏麟:《从潟湖、曲流地形之发展看笨港之地理变迁》,《台湾文献》,1972年,第23卷第2期,第42页。
⑪ 〔清〕姚莹:《中复堂选集》,《台湾文献丛刊》第83种,台湾银行经济研究室,1960年,第37、38页。
⑫ 〔清〕丁曰健:《上刘玉坡制军论台湾时事书》,丁曰健:《治台必告录》,《台湾文献丛刊》第17种,台湾银行经济研究室,1959年,第245页。
⑬ 《台湾地舆总图》,嘉义县图,《民国文献史料丛刊》第60种,台湾成文出版社,1984年。

港厅及鹿港游击管辖,与鹿港有贸易往来;内地来鹿港船只往往因风汛避至下湖,再北航至鹿港。①

19世纪40年代,笨港港道虽一度浅窄,只容台属小船出入。② 但是,19世纪50年代则"一千余石大舟亦可驶进",③而且又已出现厦郊、泉郊,④显然该港与泉州、厦门已有密切的贸易关系。

笨港下辖猴树港小地域,可能与鹿耳门互动较频繁。清中叶,由于海岸线西移,该港已变成牛稠溪河港,只容小船进出,⑤营汛则由笨港守备兼辖,与笨港连结亦较密切。道光年间,猴树港是内地船只运米私口之一,⑥故与其腹地形成半独立小地域。道光十四年(1834年),港口增添外委一员,⑦港口重要性升高。

笨港经济区内,早在19世纪20年代平原的市镇带已经确立,由府城往北的大道中,打猫(民雄)、他里雾等街(斗南)均为大村市或大庄市,为地方集散中心。道光年间,嘉义县城往彰化县城大路上又新兴双溪口街及大莆林街(嘉义县大林);⑧沿海的圳头厝(云林县东势乡)和平原的埔姜仑(云林县褒忠乡)俱成乡街。⑨

四、梧栖港半独立地区型经济区

梧栖港半独立地区型经济区范围,北至大甲溪南至大肚溪。乾、嘉时期,本地域以水里港为主要出入口,与鹿港互动频繁。乾隆末年左右,稍北的梧栖港(原五叉港)出现。道光六年(1826年),本地域发生大水灾,反而提升梧栖港的泊船条件,相对地水里港则逐渐淤塞。⑩梧栖港遂逐渐取代水里港,往来船艘络绎,并为运米私口,间或有船只径行赴内地贸易。⑪道光十二年(1832年),清廷更将水里港汛移驻至梧栖港。⑫道光十五年(1835年),沿岸小船常停泊于梧栖,唯配运大船仍无法进港,⑬并有艋船运柴炭至鹿港,水里港则仅有小渔船出入。⑭此后,梧栖港因吸纳大甲溪以南至大肚溪以北已开垦地区作为腹地,19世纪40年代二三千石商船难

---

① 例如,道光二十七年(1847年)四月,徐宗幹原由蚶江对渡鹿港,因风汛迅利,不得入泊,收之不及而在笨港之下湖登岸,乃欲再北航至鹿港。见[清]徐宗幹:《斯未信斋杂录》,《台湾文献丛刊》第93种,台湾银行经济研究室,1960年,第47页。
② [清]姚莹:《中复堂选集》,《台湾文献丛刊》第83种,台湾银行经济研究室,1960年,第104、129页;[清]徐宗幹:《斯未信斋杂录》,《台湾文献丛刊》第93种,台湾银行经济研究室,1960年,第47页。
③ [清]丁绍仪:《东瀛识略》,《台湾文献丛刊》第2种,台湾银行经济研究室,1957年,第52页。
④ 方豪:《澎湖、北港、新港、宜兰之郊》,《六十至六十四自定稿》,作者印行,1974年,第49页。
⑤ 台湾银行经济研究室编:《台湾采访册》,《台湾文献丛刊》第55种,台湾银行经济研究室,1959年,第71页。
⑥ [清]周凯:《厦门志》,《台湾文献丛刊》第95种,台湾银行经济研究室,1961年,第122—123页。
⑦ 《台湾府舆图纂要》,《台湾文献丛刊》第181种,台湾银行经济研究室,1963年,第286页。
⑧ 姚莹:《北道里记》,《东槎纪略》,《台湾文献丛刊》第7种,台湾银行经济研究室,1957年,第88页;[清]倪赞元:《云林县采访册》,《台湾文献丛刊》第37种,台湾银行经济研究室,1959年,第94页;台湾银行经济研究室编:《台湾私法物权编》,《台湾文献丛刊》第150种,台湾银行经济研究室,1963年,第570页。
⑨ [清]周玺:《彰化县志》,《台湾文献丛刊》第156种,台湾银行经济研究室,1962年,第41页。
⑩ 杨惠琚:《清代至日治时期梧栖港街的发展与贸易变迁》,台湾暨南大学2011年硕士学位论文,第23页。
⑪ [清]姚莹:《东槎纪略》,《台湾文献丛刊》第7种,台湾银行经济研究室,1957年,第21页。
⑫ [清]周玺:《彰化县志》,《兵防志》,《台湾文献丛刊》第156种,台湾银行经济研究室,1962年,第199、200页。
⑬ [清]周玺:《彰化县志》,《台湾文献丛刊》第156种,台湾银行经济研究室,1962年,第200页。
⑭ 《台湾海口大小港道总图》。

以进泊水里港,却可以驶进梧栖港,①该港遂时常有内地商、渔船来港偷越米谷,②进而形成贸易鼎盛的港口街市"鳌栖港街"。③ 该街重要的寺庙,也大概兴建于道光末年以前。④ 这些庙宇的出资和创建者,大多是在梧栖街从事两岸贸易生理的"水郊"。他们是在梧栖街进行米谷贸易,负责采集当地物产与内地商船兑运,有与泉州交易的"泉郊"和与厦门交易的"厦郊",合称"水郊"。⑤

梧栖港街的腹地也大有进展。乾隆末叶以前已经出现沿海的大肚保154庄和内陆的猫雾拺保132庄。⑥ 至道光年间,大肚保分成上、中、下保;猫雾拺保分成东、西保,又再各自分出上、下保。由此可见,由乾隆末年到道光年间,本地域村庄大幅增加,也显现其开垦成果大致告一段落,已经进逼内山地区,直抵乾隆末叶仍是界外的东势角。因此,出现平原和山区两个市镇群。首先,沿海地区除了梧栖港街之外,可以连结乾隆年间已经出现的牛骂街、沙辘街以及大肚街。从彰化县城往北的南北大路上也有新兴的大墩街,可至近山的大里杙街(大里),或往北经犁头店街、四张犁街,直抵石冈仔街、东势街。⑦

第四节　八里坌—新艋区域型经济区

道光初年,噶玛兰厅的乌石港开港之前,八里坌区域型经济区范围,以淡水为中心,东至苏澳,西至大甲。其下连结乌石港、竹堑港、中港、后龙港以及大安港等5个次级经济区。本区域在军事上是由艋舺参将(1824年以前为游击)、沪尾水师守备统辖;在行政上则归淡防厅管理,以淡水河口港八里坌为正口,与福州五虎门对渡。但是八里坌港虽是大商船碇泊地,港口的一切政治、军事及商业贸易,大都集中在内河的大港街进行。19世纪,八里坌由极盛而渐转移港势至对岸的沪尾,内河首港亦由新庄转移至艋舺。

八里坌港在辟作正口之前,定例已有社船数艘载运米谷至福建的漳州、泉州地区粜卖。乾隆五十三年(1788年)六月,因林爽文事件来台的陕甘总督福康安以该港"距五虎门水程约六七百里,港道宽阔,可容大船载运",加以早有商船收泊该地运载米谷,"突有封禁之名,毫无实际",乃奏请开港,以便商民。⑧ 旋经大学士阿桂等九卿议覆,乾隆皇帝准如所请,新开八里坌一口对渡福州五虎门,并由淡水同知、

---

① [清]姚莹:《中复堂选集》,《台湾文献丛刊》第83种,台湾银行经济研究室,1960年,第81页。
② [清]陈盛韶:《问俗录》,书目文献出版社,1983年,第121页。
③《道光二十六年署台湾北路理番驻镇鹿港总捕分府为示谕交纳事》,台湾历史数字图书馆,撷取时间:2010/1/28。
④ 梧栖街有12座清代时期寺庙,其中9座在道光末叶以前兴建。杨惠玴:《清代至日治时期梧栖港街的发展与贸易变迁》,台湾暨南大学2011年硕士论文,第39页。
⑤ 杨惠玴:《清代至日治时期梧栖港街的发展与贸易变迁》,台湾暨南大学2011年硕士论文,第41页。
⑥《乾隆台湾舆图》。
⑦ [清]周玺:《彰化县志》,《台湾文献丛刊》第156种,台湾银行经济研究室,1962年,第40、41页;《道光台湾舆图》。
⑧ 台湾银行经济研究室编:《清高宗实录选辑》,《台湾文献丛刊》第186种,台湾银行经济研究室,1964年,第622页;《大学士阿桂等奏折》,台湾银行经济研究室编:《台案汇录庚集》,《台湾文献丛刊》第200种,台湾银行经济研究室,1964年,第163页。

上淡水营都司稽查挂验。① 但是,淡水厅年征供粟,除了支放兵米外,向系留仓,②并未配运至内地。因此,区域内各港与八里坌之米谷配运关系,较之鹿耳门、鹿港的配运功能微弱,可能大多直接偷越至内地贸易,与核心港口的依存度也较低。然而,淡水商贩运至漳、泉的平粜米,仍主要由八里坌出口,③该港也是北部地区的唯一正口、内地大商船的主要碇泊所,与各港有一定的贸易关系。

清中叶淡水厅的贸易状况,郑用锡④所纂,成书于道光十四年(1834年)的《淡水厅志》,描述如下:

> 淡厅货之大者,莫如油、米,次麻、豆,次糖、菁;至茄藤、薯榔、通草、藤、苎之属,多出于内山,樟脑、茶叶唯淡北内港始有之,商人雇船装载,择内地可售之处,本省则运至漳、泉、福州,往北则运至乍浦、宁波、上海,往南则运至蔗林、澳门等处,几港路可通者,无不争相贸易。⑤

由此可见,19世纪初,淡水厅是以油、米、麻、豆、糖及蓝靛为主要出口商品,并开始输出少量茶叶。茶在新店溪畔的湾潭,已是"山平多种茶",必须"自茶园中行"。⑥贸易网络则已跨越原来仅限于福建一省的格局,北至乍浦、宁波,南至澳门。

乾、嘉时期,八里坌港是淡水河口大船碇泊所,嘉庆中叶以降,港务渐移至对岸的沪尾。⑦ 沪尾早于18世纪60年代已经成街,嘉庆元年(1796年)泊船功能已相当发达;⑧嘉庆十三年(1809年),兴化协左营守备移驻沪尾,⑨为沪尾渐代八里坌而兴之先兆。道光三年(1823年),守防关验及船只出入已大多于沪尾进行。⑩ 道光十年(1830年)以后,文献虽仍称八里坌口,实即指沪尾。⑪

---

① 一般对于八里坌开口时间,均引用《淡水厅志》所载,乾隆五十七年(1792年)的"八里坌开设事宜"条([清]郑用锡:《淡水厅志》,厦门大学出版社,2004年,第173页),以为乾隆五十七年方才开口。然而该文件全名是《八里坌对五虎门开设口岸未尽事宜》(台湾银行经济研究室编:《福建省例》,《台湾文献丛刊》第199种,台湾银行经济研究室,1964年,709页),系闽浙总督觉罗伍拉纳和福建巡抚浦霖检讨开口后未尽事宜之文件,因此乾隆五十七年之说有误。周凯的《厦门志》([清]周凯:《厦门志》,《台湾文献丛刊》第95种,台湾银行经济研究室,1961年)和《清会典台湾事例》(台湾银行经济研究室编:《清会典台湾事例》,《台湾文献丛刊》第226种,台湾银行经济研究室,1966年,第59页)均记载乾隆五十五年(1790年)正式覆准。不过,比对阿桂奏折和《清高宗实录》可见,乾隆五十三年(1788年)六月六日福康安奏开八里坌港,六月二十三日大学士阿桂等九卿遵旨议覆,建议"应如所奏",同日,乾隆帝旋称:"俱照大学士等所议行。"又《清会典台湾事例》(台湾银行经济研究室编:《清会典台湾事例》,《台湾文献丛刊》第226种,台湾银行经济研究室,1966年,第59页)记载,乾隆五十三年覆准开设八里坌与五虎门对渡。显然八里坌正式开口时间应是乾隆五十三年。参[清]福康安:《钦定平定台湾纪略》,《台湾文献丛刊》第102种,台湾银行经济研究室,1961年,第1011—1013页;台湾银行经济研究室编:《清高宗实录选辑》,《台湾文献丛刊》第186种,台湾银行经济研究室,1964年,第621—623页;《大学士公阿桂奏折》,台湾银行经济研究室编:《台案汇录庚集》,《台湾文献丛刊》第200种,台湾银行经济研究室,1964年,第163、164页;[清]周凯:《厦门志》,《台湾文献丛刊》第95种,台湾银行经济研究室,1961年,第169页。
② [清]陈培桂:《淡水厅志》,台湾省文献会,1977年,第173页。
③ [清]陈盛韶:《问俗录》,书目文献出版社,1983年,第121页。
④ 郑用锡是开台进士,出身有名的新竹郑家,其家族经营郊行多达5家,在日据初期是仅次于板桥林家、雾峰林家的望族。参见:林玉茹:《清代竹堑地区的在地商人及其活动网络》,台湾联经出版事业公司,2000年,附表2,第400—409页。
⑤ [清]郑用锡:《淡水厅志》,厦门大学出版社,2004年,第278页。
⑥ [清]陈培桂:《淡水厅志》,台湾省文献会,1977年,第25页。
⑦ 八里坌港务渐移沪尾,是由于:1. 八里坌港淤浅,沪尾则水深。2. 八里坌位于淡水河口南岸,迎东北季风;沪尾则位于背风坡,风speed较小,便于帆船停泊。3. 八里坌背腹是观音山,农田村落较小沪尾腹地则较大。参见:姜道章:《台湾淡水之历史与贸易》,《台湾银行季刊》,1963年,14卷第3期,第262页。
⑧ 陈国栋:《淡水聚落的历史发展》,《台湾大学建筑与城乡研究学报》,1983年,第2卷第1期,第8页。
⑨ [清]陈培桂:《淡水厅志》,台湾省文献会,1977年,第192页。
⑩ [清]陈培桂:《淡水厅志》,台湾省文献会,1977年,第172页。
⑪ [清]姚莹:《东溟奏稿》,《台湾文献丛刊》第49种,台湾银行经济研究室,1959年,第31页。

新庄与艋舺之间,也有类似的消长情形。新庄在乾隆朝一直是台北盆地的中心市镇和繁荣河港,乾隆五十四年(1789年)并改新庄巡检为县丞。[①] 嘉庆年间以降,街区屡遭淡水河削缩,又因泥沙淤塞,港务渐趋衰颓。[②] 此时,台北盆地已普遍开发,位于淡水河、新店溪汇流点的艋舺,因与盆地各村庄交通便利,又居凸岸无河水侵削之虞,大船并可以入泊,[③]遂渐代新庄而兴。嘉庆十三年(1809年)改设艋舺游击,统辖艋舺陆路、沪尾水师官兵,兼辖噶玛兰营;[④]并一度欲改移新庄县丞于此。[⑤] 艋舺在嘉庆十七年(1813年)已出现在新庄和艋舺经营进出口贸易的新艋泉厦郊,[⑥]道光元年(1821年)已是"居民铺户四五千家","商船聚集、阛阓最盛",淡水同知每半年居此;反观新庄,则仅是"大村市,居民近千家"。[⑦] 由此可见,嘉庆中叶以后,艋舺已成为台北盆地的政治、经济、军事重心,位居全台第三大城市。

道光年间,沪尾不但完全取代八里坌港,而且已是北部最大港;又因距离闽省省会福州最近,"风利则朝发夕至,信息易通"[⑧],与鸡笼港俱为淡水厅最要海口。[⑨] 道光二十年(1840年)左右该港已是"商货云集之所"[⑩],但是民居铺户仅有二三百家。[⑪] 可见,沪尾的主要功能只是作为商船碇泊所,淡水地方的军事、政治及经济中心仍在艋舺。艋舺则是"淡水最大村镇,巨商富户皆萃于此"[⑫]。北部地区各港与沪尾、艋舺也有一定的商业贸易关系,只是由于私口与内地贸易日益盛行,与正口的连结更加降低。

此外,八里坌区域型经济区以台北盆地为核心腹地,亦即以淡水河下游的三个河口港、河港为集散中心,再连结三大支流的河港及其腹地而组成。18世纪中后叶,基隆河河港市镇发展最迅速。嘉庆十五年(1810年),噶玛兰之开辟和设治,促使淡水至噶玛兰的要道——基隆河航运更加兴盛。[⑬] 乾隆末年仍属于界外、基隆河上游的暖暖,19世纪20年代有土人伐木制炭,运往艋舺,19世纪30年代已成街;位于潮水终点的水返脚(汐止)于嘉庆二十一年(1816年)已经成街,19世纪30年代大隆同街和公馆街亦已出现。19世纪20年代,大嵙崁溪上游的三角涌街(三峡)已出现;嘉庆七年(1802年)新店溪上游已经出现新店街,19世纪30年代末深坑和

---

① [清]孙尔准、陈寿祺:《重纂福建通志台湾府》,《台湾文献丛刊》第84种,台湾银行经济研究室,1960年,第103页。
② 洪敏麟:《台湾旧地名之沿革》,第一册,台湾省文献会,1984年,第304页。
③ [日]西村睦男著,余万居译:《台北市地理学研究》,日据时期),《思与言》,1985年,第23卷第3期,第7、8页。
④ 台湾银行经济研究室编:《台湾采访册》,《台湾文献丛刊》第55种,台湾银行经济研究室,1959年,第134页。
⑤ 新庄巡检一度欲移驻至艋舺,并艋舺县丞,但终未改移。参见:尹章义,《新庄巡检之设置及其职权与功能》,《台湾开发史》,台湾联经出版事业公司,1989年,第304—306页。
⑥ 邱秀堂:《台湾北部碑文集成》,台北市文献会,1986年,第76页。
⑦ [清]姚莹:《台北道里记》,《东槎纪略》,《台湾文献丛刊》第7种,台湾银行经济研究室,1957年,第90页。
⑧ [清]丁绍仪:《东瀛识略》,《台湾文献丛刊》第2种,台湾银行经济研究室,1957年,第6、52页。
⑨ [清]姚莹:《东溟奏稿》,《台湾文献丛刊》第49种,台湾银行经济研究室,1959年,第31页。
⑩ 台湾银行经济研究室编:《筹办夷务始末选辑》,《台湾文献丛刊》第203种,台湾银行经济研究室,1964年,第67页。
⑪ [清]姚莹:《中复堂选集》,《台湾文献丛刊》第83种,台湾银行经济研究室,1960年,第82页。
⑫ [清]姚莹:《中复堂选集》,《台湾文献丛刊》第83种,台湾银行经济研究室,1960年,第82页。
⑬ 例如,嘉庆二十年(1815年)原设淡北至基隆的淡水、鸡柔山、金包里及鸡笼等4个邮铺,俱被裁汰;而添设柑仔濑、灿光寮、三貂角等三铺。因此,循基隆河至噶玛兰沿线,共设7个邮铺。见[清]陈培桂:《淡水厅志》,台湾省文献会,1977年,第39页。

石碇已经成街。① 换言之，除了乾隆时期基隆河市街最先发展之外，清中叶新店溪和大嵙崁溪沿岸的河港市镇开始崛起。淡水河域内的重要港市，显然早在清末茶业盛行之前即已出现，而并非因茶叶贸易才兴起。

乾隆末年，由大甲溪以北到台北盆地仅有沿海邮铺所经的南北大道和连接内山隘防的两条道路；但至道光末年已经发展出多条道路。首先是由大安港经沿海各庄至竹堑港，再经沿海的红毛港、芝巴里各村庄，到八里坌街；其次，大甲街往北经苑里街、吞霄街、后龙街、中港街到竹堑城南门，再由北门往白沙墩、三重埔或往东势、婆老粉、中坜、海山到新庄街。内山路线则是由彰化大墩街（台中市）、泉州厝、铜锣圈（铜锣）、七十份、加志阁至后龙街，再由堑城东门往东经犁头嘴、九芎林（芎林）、咸菜瓮（关西）、大姑陷（嵙崁，今大溪）、三角涌（三峡）、枋桥头（板桥）到艋舺街。道光年间，台北盆地的开垦已经越过乾隆末叶仍是界外的万顺寮地区（深坑），深入枫仔林、石碇、顶双溪等新店溪上游地域；另一方面，沿基隆河的道路也出现，可以由艋舺一路往北经锡口街（松山）、七堵、八堵到三貂脚，进入噶玛兰厅，又由艋舺或新庄街也可以沿北海各庄抵达三貂脚。② 换言之，大甲溪以北的路网已经初步形成。

总之，由于淡水河口的八里坌正口与内河河港共同分担北台港口最高的行政、军事和商业功能，并通过陆路交通和水运连结腹地，而形成八里坌区域型经济区。其下则较为松弛地连结几个次级经济区。以下分别逐一说明之。

一、鸡笼港半独立经济区

乾隆初年，淡北的鸡笼和金包里（金山）已是台湾邮铺的最北端终点，此后金包里、鸡笼及三貂港，因是"沪尾至噶玛兰必经海口"③，分驻千总或把总。三貂港把总并由大鸡笼千总兼辖。④ 其中，鸡笼港为沪尾和噶玛兰的中继转运站，有埭边小船往噶玛兰载米；而且，一旦有内地商船遭风驶至，必由水汛押归正口，港口并由艋舺县丞及守备专防。⑤

嘉庆年间，鸡笼港因噶玛兰的开辟设治，成为转运中继站，已渐发轫；19 世纪 30 年代，大鸡笼街和金包里街已经出现。⑥ 鸦片战争时期，复因港口"可泊

---

① 《台湾总督府抄录契约文书》，台湾大学数字图书馆，撷取日期：2012 年 8 月 9 日；许文堂：《大基隆古文书选辑》，基隆市立文化中心，2005 年，第 23 页；[清] 郑用锡：《淡水厅志》，厦门大学出版社，2004 年，第 125 页；[清] 姚莹：《台北道里记》，《东槎纪略》，《台湾文献丛刊》第 7 种，台湾银行经济研究室，1957 年，第 91 页；台湾省文献委员会编：《北部地区古文书专辑》（一），台湾省文献委员会，2000 年，第 76 份。
② 《乾隆年间台湾军备图》《道光初年台湾舆图》；[清] 姚莹：《淡兰拟开便道议》，[清] 陈培桂：《淡水厅志》，台湾省文献会，1977 年，第 25 页。
③ [清] 刘良璧：《重修福建台湾府志》，台湾省文献会，1977 年，第 342 页；[清] 柯培元：《噶玛兰志略》，《台湾文献丛刊》第 92 种，台湾银行经济研究室，1961 年，第 125 页。
④ 台湾银行经济研究室编：《台湾采访册》，《台湾文献丛刊》第 55 种，台湾银行经济研究室，1959 年，第 167、168 页。
⑤ 《台湾海口大小港道总图》。
⑥ 高贤治：《大台北古契字二集》，台北市文献委员会，2002 年，第 226 页；《道光初年台湾舆图》。

大船数百",而成为"防夷要口"及"通台最要之处"。[①] 而且,该港也时有沿岸小船收泊,[②]内地商船亦常借口遭风来港贩运。道光二十年(1840年)左右,居民铺户已达700余家,[③]成为三貂至淡水河口一带的主要港口,邻近各港率由大鸡笼汛兼辖,而且可能大多来港取汲。但是,鸡笼港只是私口,与艋舺、沪尾的贸易及军政关系较为密切。

二、南崁港——桃仔园次级经济区

南崁地域经济区范围大致是大溪崁溪到台北盆地之间。南崁早在17世纪荷兰人统治时期,已经有中国人来到当地进行铁与鹿皮、米的交易,[④]因此最早成为本地域的中心港口市街。雍正末年,南崁与竹堑、中港为大甲溪以北最早开垦的地区,台湾知府沈起元一度建议设巡检于此,[⑤]显见其重要性。乾隆四年至嘉庆年间,南崁社纷纷出让本地域土地给汉人耕垦,乾隆末年已出现桃园街,[⑥]是竹堑城往北到台北盆地之间唯一的市街,也象征本地之拓垦和发展较为迅速。桃园街的外港为南崁港,为本地域的吞吐口,是竹堑港以北主要港口,大概私自与大陆贸易。该港不但于乾隆末年之后,改归淡水厅同知稽查,同时为南北邮铺所经,嘉庆二十二年(1817年)设厅仓于此以储藏米谷,[⑦]最迟道光八年(1828年)已出现南崁新街。[⑧]此外,嘉庆十二年(1807年),腹地内的中坜街业已出现。[⑨]

三、竹堑港次级经济区

竹堑港是北部第二大港,腹地大致是社子溪到中港溪之间。自雍正年间至嘉庆年间,其腹地内较平缓的冲积平原与河谷平原已完全开垦。嘉庆初年以降,水田化的过程已自大溪下游的河谷平原地区,逐渐向邻近的台地和丘陵地扩散,嘉庆朝以后,自河谷平原上溯各溪流支流的峡谷地区也进入拓垦状态。嘉庆年间,移民始垦竹北二保湖口台地中段地带(今关西一带);另一方面,竹北一保飞凤丘陵北缘与南缘(今芎林乡一带)以及竹南一保中港溪中游的内湾、三湾地区(今三湾乡)也如火如荼地展开拓垦活动,并逐一开辟陂圳,进行水田化。[⑩]

乾隆年间原来作为开垦据点的垦户、佃首的公馆,如新埔、九芎林以及咸菜瓮

---

① [清]姚莹:《东溟奏稿》,《台湾文献丛刊》第49种,台湾银行经济研究室,1959年,第67、68、82页。
② [清]姚莹:《东溟奏稿》,《台湾文献丛刊》第49种,台湾银行经济研究室,1959年,第82页。
③ [清]姚莹:《东溟奏稿》,《台湾文献丛刊》第49种,台湾银行经济研究室,1959年,第82页。
④ 邱馨慧:《从鸡笼到淡水:荷兰时代北台湾的政治经济移转》,《淡江史学》,2011年,第23卷,第208页。
⑤ 黄富三:《雾峰林家的兴起》,自立晚报,1987年,第39页。
⑥ 台湾银行经济研究室编:《清代台湾大租调查书》,《台湾文献丛刊》第152种,台湾银行经济研究室,1963年,第65、198、339、353、386、548页;《乾隆台湾军备图》。
⑦ [清]刘良璧:《重修福建台湾府志》,台湾省文献会,1977年,第342页;连横:《台湾通史》,《台湾文献丛刊》第128种,台湾银行经济研究室,1962年,第550页。
⑧ 台湾银行经济研究室编:《台湾私法物权编》,《台湾文献丛刊》第150种,台湾银行经济研究室,1963年,第754页。
⑨ 台湾银行经济研究室编:《台湾私法物权编》,《台湾文献丛刊》第150种,台湾银行经济研究室,1963年,第601页。
⑩ 林玉茹:《清代竹堑地区的在地商人及其活动网络》,台湾联经出版事业公司,2000年,第33—101页。

(关西),由于邻近村庄已大概垦成,而陆续扩张规模,于嘉庆年间陆续形成乡街,树杞林街(竹东)则于19世纪40年代已经出现。① 九芎林街和新埔街分别是竹堑溪流域与凤山溪流域的两大乡街,新埔、九芎林与竹堑城之间的道路,不但是竹堑城进入内山地区最重要的交通网络,也是竹堑经内山远及台北盆地三角涌的通道。

另一方面,竹堑往北通往艋舺的南北官路,不再以沿海官路为主要干道,而是改由竹堑城往东北,经大湖口、杨梅坜、中坜、桃仔园,穿过龟仑岭,至新庄、艋舺。② 位于社子溪尾、乾隆四十九年(1784年)才准垦的杨梅埔(杨梅坜)与位于新庄子溪的大湖口,因为交通位置重要,于嘉庆中叶左右先后形成乡街。道光元年(1821年)已是"大村市"。③ 这两个乡街,除了通过陆路交通与竹堑城连结之外,也可以顺着溪流通过河口的红毛港、笨仔港与竹堑港连结。换言之,因交通位置重要或是拓垦所需,在台地与丘陵地区陆续出现新埔、九芎林、咸菜瓮、杨梅坜、大湖口等乡街,不但与港口市街之间形成东西向的交通网络,而且乡街彼此之间也互相连结,形成与南北官路平行的内山南北向要道。

道光中叶,竹堑东南厢的竹东丘陵进入拓垦状态,作为金广福大隘公馆所在的北埔,自然成为商品的集散中心,与竹堑城也有直接的通道往来。而原先联络北埔公馆与各隘寮之间的隘路,随着聚落的形成,隘路也成为各庄之间的道路。④ 道光末年,北埔大概已出现乡街雏形,由于它也是乡村依存型市街,乡街的规模随着腹地内乡庄的开垦而扩张。

由于腹地之拓垦与商业活动的活络,竹堑城规模更加扩张,财富聚集更多,道光六年(1826年)在绅商共同出面请求之下,官方准许修筑砖城。⑤ 道光中叶,堑城的四城门皆已出现街肆。道光元年(1821年),竹堑城已有"居民约二千家",同知每半年居此,⑥而成为北部"小而重要的商业及文化中心",⑦并有文武汛馆于此稽查。⑧ 道光末年官方已开放内地商船来港贸易,而具有自主的商业贸易机能。换言之,本地域业已形成一个独立的地域经济区。但是,本港与北边的沪尾、艋舺,南方的中港、后龙港及大安港各港,仍有贸易往来,亦有港口军政管辖从属关系。因此,乃形成一个从属于沪尾区域型经济区的独立次级经济区。

此外,19世纪20年代,竹堑港稍南的香山港首度出现,并已成香山街,⑨偶有

---

① 林玉茹:《清代竹堑地区的在地商人及其活动网络》,台湾联经出版事业公司,2000年,第33—101;《台湾总督府档案抄录契约文书》,台湾大学数字图书馆,撷取日期:2012年8月15日。
② 《道光台湾舆图》。
③ 《台湾田园分别垦禁图说》;[清]姚莹:《台北道里记》,《东槎纪略》,《台湾文献丛刊》第7种,台湾银行经济研究室,1957年,第89页。
④ 吴学明:《金广福垦隘与新竹东南山区的开发(1835—1895)》,台湾师范大学历史研究所,1986年,第260页。
⑤ 有关淡水厅城的兴筑过程,参见戴宝村:《新竹建城之研究》,《教学与研究》,1982年,第4期,第87—104页。
⑥ [清]姚莹:《台北道里记》,《东槎纪略》,《台湾文献丛刊》第7种,台湾银行经济研究室,1957年,第89页。
⑦ Harry J. Lamley, "The Formation of Cities: Initiative and Motivation in Building Three Walled Cities in Taiwan," in G. W. Skinner ed., *The City in Late Imperial China*, Stanford: University Press, 1977, p.161.
⑧ [清]姚莹:《东溟奏稿》,《台湾文献丛刊》第49种,台湾银行经济研究室,1959年,第82页。
⑨ 台湾银行经济研究室编:《台湾私法物权编》,《台湾文献丛刊》第150种,台湾银行经济研究室,1963年,第942页。

内地商船遭风寄泊于此;该港并设香山塘,有额外驻防。① 唯港口去岸极远,"居民寥寥"②,只是一个与竹堑港紧密连结的四级港。

本地域的出口商品,以稻米为主。乾隆中叶,移民在平原地区进行拓垦时,也开始生产樟脑。③ 道光中叶以后,当土地拓垦方向朝中港溪流域中、上游的竹东丘陵和竹南丘陵进行时,垦民也入山采藤、什木、柴等稍资补贴。④ 道光末年竹堑地区已有商人直接运樟脑到大陆内地贩卖。⑤

19世纪初期,竹堑港已先出现堑郊,一个以"竹堑"为名、在地商人为主组成的商人组织。堑郊的郊商,大半是乾隆末年已来到竹堑落地生根的商号,嘉庆中叶之后成为在地大郊商。或许由于竹堑港的贸易规模更小,导致大陆商人较少像鹿港一般直接插手两岸贸易,而由在地商人主导。因此,竹堑港最先出现的是散郊户。他们最初大多在港口与来自台湾沿岸或是大陆的商船交易;一旦地方开垦完成,商品进出口量更多之后,为了共同雇船贸易和负担地方公务,以在地郊商为首组成郊。不过,不像鹿港、台湾府城以及艋舺等区域性大港市有各种类型的郊,竹堑地区长期以来却仅有堑郊,直至19世纪末因樟脑贸易兴盛才出现脑郊。⑥

四、中港、后龙、大安等三个半独立次级经济区

乾隆年间,中港、后龙港及大安港是大甲溪以北至淡水河口间的三级港。各港因俱未开口,可能主要从事沿岸贸易,与八里坌港及鹿港均有往来,彼此之间互动亦颇频繁。但是,由于腹地开发已大半完成,也私越米谷至内地,而具有半独立的商业贸易机能。

嘉庆年间,大安港已取代蓬山港成为后龙港以南主要港口。嘉庆十四年(1808年)蓬山汛把总改移至此,其下管带猫盂、吞霄、大甲三塘,即为明显征兆。⑦ 本港的集散市场在大甲街,"民居稠密",最迟于道光元年(1821年)已成街,⑧港口并由大甲巡检及守备专防;而且因距离鹿港较近,与之贸易往来较密切,有舢板小船运柴炭至鹿港。⑨

吞霄溪流域开垦的高峰,则约于乾隆至道光年间。乾隆初叶拓垦行动主要在吞霄溪下游平原进行,乾隆中叶则转至中游的丘陵地区,拓垦速度也受到地形与原

---

① [清]姚莹:《东溟奏稿》,《台湾文献丛刊》第49种,台湾银行经济研究室,1959年,第82页。
② [清]姚莹:《东溟奏稿》,《台湾文献丛刊》第49种,台湾银行经济研究室,1959年,第82页。
③ 地方志记载,台湾产"樟脑,北路甚多"。见[清]余文仪:《续修台湾府志》,《台湾文献丛刊》第121种,台湾银行经济研究室,1962年,第616页。
④ 道光十五年(1835年)二月姜秀鑾、林德修同立合约字,北埔姜家史料二,转引自吴学明:《金广福垦隘与东南山区的发展:1843—1895》,台湾师范大学1984年硕士学位论文,第28页。
⑤ 例如,道光二十五年(1845年),东势庄郑迪曾买樟脑运赴内地贩卖。见《淡新档案》第22601—5号,道光二十五年七月二十三日。
⑥ 林玉茹:《清代竹堑地区的在地商人及其活动网络》,台湾联经出版事业公司,2000年,第177—227页。
⑦ 《台湾府舆图纂要》,《中国方志丛书》第58种,台湾成文出版社,1983年,第439、440页。
⑧ [日]伊能嘉矩:《大日本地名辞书续编》,东京富山房,1909年,第62页;[清]姚莹:《台北道里记》,《东槎纪略》,《台湾文献丛刊》第7种,台湾银行经济研究室,1957年,第89页。
⑨ 《台湾海口大小港道总图》。

住民威胁的影响而渐缓。到了道光初年才再向吞霄溪上游的沿山地带挺进。而经过一百年时间的拓垦,吞霄溪地区于道光末年形成吞霄十三庄,主要乡庄大抵出现。吞霄溪流域各乡庄则以吞霄港为吞吐口,因腹地开垦完成,港口相当繁荣,有所谓"商船络绎"之盛况,①道光初年左右建立吞霄街。② 道光十三年(1833年),基于治安考虑,官方乃将原于康熙五十年设立的吞霄塘,改设为吞霄汛,置外委一员,领兵30员。③ 港口驻兵由塘改汛,正显示吞霄庄由庄到街,聚落规模的扩大与地位的提升。

堑城南边的中港溪流域,向来以中港为出入口,与竹堑城的联系较不紧密。嘉庆年间,头份地区邻近村庄大概垦成之后,中港与头份之间的内陆联系逐渐形成,东边的斗换坪则是汉番交易的地点。④ 道光年间,头份由于周地陆续成垦,土产出口日丰,自头份至堑城之间的隘路渐成为往来的要道。此外,自道光十六年(1836年)金广福垦号成立至道光三十年(1850年)之间,垦民以北埔为起点,陆续往中港溪下游的中兴、月眉、富兴开垦,⑤遂与中港溪下游的三湾、斗换坪、头份地区连成一线,中港、头份地方与竹堑城的关系变得更为密切。换言之,中港虽然仍是中港溪流域的主要市街,却随着中港溪上游的拓垦,与竹堑城关系日益密切,而与竹堑经济区互有重叠或从属于竹堑经济区。

道光年间,中港、后龙港、大安港三港,仍是淡水厅次要口之一,⑥统归大甲巡检会同各汛稽查。各港大都无法容纳内地大商船停泊,只有台属小船出入;⑦三港主要从事沿岸贸易,与竹堑港及鹿港互动应较频繁。但是,各港仍时有内地小船偷越来港,因此也是竹堑以南的台谷私口,⑧具有半独立的商业贸易机能,而各自成为腹地的出入要口,形成半独立次级经济区。沿海的大安街和平原的猫里街(苗栗)并已出现;⑨位于内山的铜锣圈、七十分于道光初年陆续成庄,并筑四门土城,以及早于乾隆末年已开禁准垦的蛤仔市,均为内山重要的乡庄。⑩

第五节　噶玛兰地区型经济区

乾隆末年,台湾西部平原大半开垦已尽,移民遂转向山后的噶玛兰地区拓垦。嘉庆元年(1796年)吴沙率众入垦头围,⑪至嘉庆十四年(1809年),今兰阳溪以北地

---

① [清] 姚莹:《台北道里记》,《东槎纪略》,《台湾文献丛刊》第7种,台湾银行经济研究室,1957年,第111页。
② 林玉茹:《闽粤关系与街庄组织的变迁:以清代吞霄街为中心的讨论》,《曹永和先生八十寿庆论文集》,曹永和先生八十寿庆论文集编辑委员会,2001年,第81—101页。
③ 台湾银行经济研究室编:《台案汇录甲集》,《台湾文献丛刊》第31种,台湾银行经济研究室,1959年,第129页。
④ 陈运栋:《三湾垦户张肇基考》,《史联》,1988年,第13期,第26—32页。
⑤ 吴学明:《金广福垦隘与东南山区的发展:1843—1895》,台湾师范大学1984年硕士学位论文,第216,217页。
⑥ [清] 姚莹:《中复堂选集》,《台湾文献丛刊》第83种,台湾银行经济研究室,1960年,第81页。
⑦ [清] 丁绍仪:《东瀛识略》,《台湾文献丛刊》第2种,台湾银行经济研究室,1957年;[清] 姚莹:《东溟奏稿》,《台湾文献丛刊》第49种,台湾银行经济研究室,1959年,第129页。
⑧ [清] 陈盛韶:《问俗录》,书目文献出版社,1983年,第121页。
⑨ [清] 郑用锡:《淡水厅志》,厦门大学出版社,2004年,第128页。
⑩《给垦埔地字》,台湾大学数字图书馆,撷取时间2012年8月6日;《道光初年台湾舆图》。
⑪ [清] 姚莹:《噶玛兰原始》,《东槎纪略》,《台湾文献丛刊》第7种,台湾银行经济研究室,1957年,第70页。

方已尽为汉人开垦,并已聚居 6 万余人。① 嘉庆十五年(1810 年),官方正式设噶玛兰厅,置县治于五围。文官设通判、县丞各 1 员,由淡水厅同知管辖;武官则设守备、千总各 1 员,由艋舺游击兼辖。②

噶玛兰设治之初,港口规模尚小,大都秋塞春开,春夏之际"内地及鸡笼、艋舺、郡中蓬仔船陆续进口以通百货"③。一旦入秋,内地船只皆已西渡,隆冬时期兰船犹可寄椗鸡笼,并以埯边船驳载,回棹却只能至乌石港,至于加礼远港及苏澳港则皆"冬风不入"④。大体上,道光十年(1830 年)以前,秋冬时期境内几无船只往来,唯因境内"但产米谷,一切器用皆资于外贩",⑤因此与鸡笼、八里坌的连结也特别密切。19 世纪 30 年代以后,则"船载四季皆可以渐通"。⑥

各港之中,乌石港因是兰境最早开发地区头围的出入门户,是船只来兰沿海岸而下的第一个港口,又可循奇武兰溪接宜兰川至县城,因此是噶玛兰首要港口。在开为正口之前,福州、泉州等商渔民往往于春末夏初南风司令时,运载日用货物或盐鱼、鱼脯至乌石港和加礼远港,易米而归。⑦ 台地的鹿港、大安、八里坌及鸡笼等港也载百货进港贸易⑧。

道光六年(1826 年),清廷开乌石港为正口,责成头围县丞会同头围千总稽查挂验,并由兴化、泉州等地额编小船 30 只,往来贸易。⑨ 噶玛兰米郊也于此港活动。⑩ 19 世纪 30 年代,噶玛兰对外贸易网络已经分成往江、浙、福州的北船,往广州的南船以及往漳、泉、惠、厦的唐山船。⑪

乌石港设为正口之后,内地、鸡笼及艋舺各港与之互动更形频繁,每于南风顺时载百货进港,载米而回。⑫ 此外,嘉庆中叶以降,淡防厅每年雇船至乌石港运米,以供应艋舺营兵米。⑬ 由此可见,乌石港开为正口之后,虽然内地船只往来更多,唯因无大商船来港,港口仅具有三级港规模,而且在军政、商业贸易上与八里坌仍有相当密切的连结。因此,在性质上乌石港为一个独立地域型经济区,其下连结两个小地域。另一方面,道光年间,由三貂脚进噶玛兰后已出现沿山、平原以及沿海的三条道路,亦即大概今日台七线、台九线以及台二线初见雏形,而连结各地村庄。

---

① [清] 杨廷理:《议开台湾后山噶玛兰(即蛤仔难)节略》,[清] 柯培元:《噶玛兰志略》,《台湾文献丛刊》第 92 种,台湾银行经济研究室,1961 年,第 176、177 页。
② 台湾银行经济研究室编:《清仁宗实录选辑》,《台湾文献丛刊》第 187 种,台湾银行经济研究室,1964 年,第 165 页。
③ [清] 陈淑均:《噶玛兰厅志》,《台湾文献丛刊》第 160 种,台湾银行经济研究室,1963 年,第 48 页。
④ [清] 柯培元:《噶玛兰志略》,《台湾文献丛刊》第 92 种,台湾银行经济研究室,1961 年,第 115、116 页。
⑤ 台湾银行经济研究室编:《台案汇录丙集》,《台湾文献丛刊》第 176 种,台湾银行经济研究室,1963 年,第 284、285 页。
⑥ [清] 柯培元:《噶玛兰志略》,《台湾文献丛刊》第 92 种,台湾银行经济研究室,1961 年,第 116、117 页。
⑦ 台湾银行经济研究室编:《台案汇录丙集》,《台湾文献丛刊》第 176 种,台湾银行经济研究室,1963 年,第 286 页。泉州的祥芝、獭窟、永宁及深沪等港的采捕渔船也来噶玛兰贸易。见[清] 陈淑均:《噶玛兰厅志》,《台湾文献丛刊》第 160 种,台湾银行经济研究室,1963 年,第 352 页。
⑧ [清] 姚莹:《筹议噶玛兰定制》,《东槎纪略》,《台湾文献丛刊》第 7 种,台湾银行经济研究室,1957 年,第 60 页。
⑨ [清] 柯培元:《噶玛兰志略》,《台湾文献丛刊》第 92 种,台湾银行经济研究室,1961 年,第 31 页。
⑩ 方豪:《澎湖、北港、新港、宜兰之郊》,《六十自定稿待定稿》,作者印行,1974 年,第 332 页。
⑪ [清] 陈淑均:《噶玛兰厅志》,《台湾文献丛刊》第 160 种,台湾银行经济研究室,1963 年,第 196、197 页。
⑫ [清] 孙尔准、陈寿祺:《重纂福建通志台湾府》,《台湾文献丛刊》第 84 种,台湾银行经济研究室,1960 年,第 92 页。
⑬ [清] 姚莹:《东槎纪略》,《台湾文献丛刊》第 7 种,台湾银行经济研究室,1957 年,第 18—22 页。

特别是由头城连结二城、三城(礁溪)、四城以及五城(厅治)等五个土堡的台九线最重要。① 不过,除了厅城之外,19世纪30年代末仅出现二结街和礁溪街。礁溪街附近更成为台北盆地之外重要的茶产地,"居民多种茶,有市百余家"②。五城(五围)则以十字街为中心分成多元区块,街道分化明显,有三结街、文昌宫街、米仓口、米市街、镇西街、振南街、土地公后、坎兴街、十字街、四结街、武营后、圣王后街、圣王前街等街。③

乌石港下的小地域,一是以加礼远港为吞吐口的小地域,其范围大致上北至浊水溪南至马赛港溪,与苏澳为界。加礼远港是位于兰阳溪南之河口港。兰境设治之初,其腹地罗东地方犹是荒埔,大多未开垦,又无民居,几无小船出入。④ 设治之后,与乌石港均有内地及鹿港以北的中、大型港口来港贸易。道光六年议开噶玛兰正口时,因与乌石港相距不远,来港船只必经乌石港,故未设口岸,并改归头围县丞稽查,驻港外委亦由头围千总兼辖。⑤ 该港依例向乌石港取汲,唯仍有内地船来港贩卖。⑥ 19世纪30年代,罗东地方业已开垦有成,成立市街,加礼远港不但为该街出入咽喉,而且"内通苏澳,外达头围"⑦。港口虽未成街,但船艘出入鼎盛。春夏之际,偶有内地及鹿港以北地区小船往来,不过仍以"本地小驳载"为主。⑧ 该港主要往来乌石港贸易,间或运米至鸡笼,再转运盐而回。⑨

另一是以苏澳为门户的小地域。苏澳港位于噶玛兰最南,因地近生番界,开垦无几。但是,该港"港门宽广,可容大舟"⑩,每年三月至六月时有匪船游弋,⑪道光四年(1824年)港口添设把总1员,⑫港口军事机能较高。偶有收泊于此港之船艘,则俱需押归正口。⑬ 19世纪30年代,苏澳港泊船条件极佳,春夏之间内地小船偶有收泊,⑭是噶玛兰米谷私口。⑮ 但因港口位置偏僻,虽然已成街,却始终是"人烟未能稠密,诸船亦不甚往来"⑯。直至19世纪40年代末,犹"贸易无几",尚无大商船来

---

① 《道光初年台湾舆图》。
② [清]姚莹:《淡兰拟辟便道议》,[清]陈培桂:《淡水厅志》,台湾省文献会,1977年,第26页。
③ [清]柯培元:《噶玛兰志略》,《台湾文献丛刊》第92种,台湾银行经济研究室,1961年,第22、23页。
④ [清]柯培元:《噶玛兰志略》,《台湾文献丛刊》第92种,台湾银行经济研究室,1961年,第134页。
⑤ [清]柯培元:《噶玛兰志略》,《台湾文献丛刊》第92种,台湾银行经济研究室,1961年,第32页;台湾银行经济研究室编:《台案汇录丙集》,《台湾文献丛刊》第176种,台湾银行经济研究室,1963年,第284、285页;《台湾海口大小港道总图》。
⑥ [清]陈淑均:《噶玛兰厅志续补》,《中国方志丛书》台湾地区第22号,台湾成文出版社,1990年第92页。
⑦ [清]陈淑均:《噶玛兰厅志续补》,《中国方志丛书》台湾地区第22号,台湾成文出版社,1990年,第252页;[清]柯培元:《噶玛兰志略》,《台湾文献丛刊》第92种,台湾银行经济研究室,1961年,第34页。
⑧ [清]陈淑均:《噶玛兰厅志续补》,《中国方志丛书·台湾地区》第22号,台湾成文出版社,1990年,第246页;[清]陈淑均:《噶玛兰厅志》,《台湾文献丛刊》第160种,台湾银行经济研究室,1963年,第42页。
⑨ Robert Swinhoe著,周学普译:《一八五八年台湾记行》,《台湾银行季刊》,1967年,第18卷第5期,第252页。
⑩ [清]孙尔准、陈寿祺:《重纂福建通志台湾府》,《台湾文献丛刊》第84种,台湾银行经济研究室,1960年,第92页。
⑪ [清]姚莹:《台湾班兵议(下)》,《东槎纪略》,《台湾文献丛刊》第7种,台湾银行经济研究室,1957年,第100页。
⑫ [清]姚莹:《改设台北营制》,《东槎纪略》,《台湾文献丛刊》第7种,台湾银行经济研究室,1957年,第10页。
⑬ 《台湾海口大小港道总图》。
⑭ [清]柯培元:《噶玛兰志略》,《台湾文献丛刊》第92种,台湾银行经济研究室,1961年,第33页。
⑮ [清]陈盛韶:《问俗录》,书目文献出版社,1983年,第121页。
⑯ [清]柯培元:《噶玛兰志略》,《台湾文献丛刊》第92种,台湾银行经济研究室,1961年,第33页。

港;①显然该港走私较多,商业贸易则无法与乌石港、加礼远港相埒。19世纪40年代末,苏澳南方后山地区,也有东澳、大南澳、花莲港、大港口等港口存在;大港口并有埯边小船,运货往售。②

噶玛兰境内的农产品,则以稻米为主、白苎为副,礁溪一带也产茶。其他百货食物大都取资漳泉,丝罗绸缎则购于江浙。浊水溪(今兰阳溪)以北河港,主要集聚农产品至乌石港;溪南则囤寄于加礼远港。③噶玛兰厅治也以二港为东西两个出入门户,④分成两个地域。农产品的输出大多经由乌石港,对外贸易地区以漳泉为主,而且"必先探望价值","方肯西渡"。⑤

总之,乾隆末年之后,随着移民大量移入,台湾各地开发几近完成,经济区的发展产生下列几种现象。首先,清帝国领土的范围大为扩大,不但番界向东移动到浅山丘陵地区;嘉庆年间,东北部噶玛兰开辟设治,促使该地区经济迅速发展,成为从属于北部八里坌——艋舺经济区的次级地域经济区。自苏澳至枋寮之间,由以南部鹿耳门——府城为重心的一个全岛型经济区形态,转变成以八里坌港、鹿港及鹿耳门为核心港口,北、中、南三个区域型经济区鼎立的发展趋势。此时台湾对外输出农产品以米、糖、油为主,苎麻、靛青为副,⑥因其生产地偏于中、南部,配运内地米谷亦概由台、凤、嘉、彰四县及噶玛兰厅拨运,显见整个经济重心犹在中、南部。中、南部市镇规模,乃比北部各港大,三个正口港市也形成"一府、二鹿、三艋舺"的强弱对比状态。但是,事实上,鹿耳门经济区已渐出现由盛转衰之趋势,鹿港经济区则达于鼎盛状态。

其次,自乾隆末年至道光初年之间,官方陆续设立鹿港、八里坌、海丰港以及乌石港四个正口,闽、台之间形成五口通航状态,也展现明显的正口纷立特色。而且,由于配运需要,清廷控制力尚强,也较严格地执行正口对渡内地政策,内地大商船主要碇泊于西部四个正口。唯19世纪30年代,正口对外贸易网络已经大幅扩张,南至广东,北至天津。19世纪40年代,甚至开放台湾与华中的直接贸易,而不再仅限于福建一省。

再者,在各个区域经济区内,各地域的吞吐口因腹地开发完成,逐渐有与内地贸易分工的迫切需要,是以除了依例赴正口取汲之外,也私自与内地港口往来贸易,与核心港口的功能依存遂降低,各区域型经济区的结构实际上相当松弛。到了19世纪30年代,正口港因配运壁垒、港口淤浅或其他因素的影响,港口贸易垄断力更加势微,各地域私口成为偏港船往来偷越米谷据点,以私口为中心的半自给或自

---

① [清]丁绍仪:《东瀛识略》,《台湾文献丛刊》第2种,台湾银行经济研究室,1957年,第53页;[清]萨廉、陈淑均:《噶玛兰厅志稿》,《中国方志丛书》台湾地区第22号,台湾成文出版社,1983年,第42页。
② [清]丁绍仪:《东瀛识略》,《台湾文献丛刊》第2种,台湾银行经济研究室,1957年,第53页。
③ [清]柯培元:《噶玛兰志略》,《台湾文献丛刊》第92种,台湾银行经济研究室,1961年,第34页。
④ [清]柯培元:《噶玛兰志略》,《台湾文献丛刊》第92种,台湾银行经济研究室,1961年,第116页。
⑤ [清]柯培元:《噶玛兰志略》,《台湾文献丛刊》第92种,台湾银行经济研究室,1961年,第116、117页。
⑥ [清]丁绍仪:《东瀛识略》,《台湾文献丛刊》第2种,台湾银行经济研究室,1957年,第62页。

主性的经济区逐渐形成。台湾西部地区平原和沿山地区的重要市街,大致上已经出现,并通过南北向道路网形成绵延的市镇带,或是通过河流或东西向道路与港口市街连结。即连淡水河流域地区,早在茶叶贸易兴起之前,内陆的重要河港市街早已产生。

另一方面,由于内地大商船主要汇集于核心港口,与内地贸易范围较广,聚货最丰富也最齐全,加上核心港会到各地采集土产以便对外出口,促使各次级地域与核心港口城市仍有一定程度的贸易往来。其连结程度,大致上与距离成反比。不同区域型经济区内的中、大型港口之间,仍有往来;唯相形之下,较长距离港口之间的互动,因货物交换有限,经济效益又不高,而显得零星稀少,较微不足道。

第四章 开港前后的南北双核心区域型经济区（1851—1895年）

道光二十年（1840年）中英鸦片战争爆发，此后中国被迫开启自由贸易体制，①西洋船只开始频繁往来贸易。道光二十七年（1847年）以降，偶有洋船为了煤矿而来到基隆补给。②咸丰元年（1851年），洋船已经直接至沪尾、基隆贸易，③揭开了近代台湾史的序幕，台湾逐渐卷入世界舞台之中。咸丰十年（1860年）台湾开港之后，更正式被迫纳入世界经济体系，所开放的4个条约港，一跃而执台湾航运之牛耳，对外连结网络也大有不同。茶、糖、樟脑变成国际商品，通过条约港对全球各地输出，贸易结构产生巨变，经济重心逐渐由南向北移转。④在此新变局之下，对于台湾各地域经济区的发展，产生何种影响，是否造成经济区重组，是本章的主要焦点。

其次，自咸丰十年（1860年）以降，台湾历经多次涉外事件和冲突，而"由'内讧'治安的挑衅，改为'外侮'国防的挑衅"⑤，特别是同治十三年（1874年）牡丹社事件爆发，促使清廷调整治台政策，进而全面开放渡台禁令，积极进行开山抚番，巩固海防。因此，一方面形成政治新气象，展开政治近代化；另一方面从琅峤到后山全面开禁，设立厅县，领土大为扩展，全岛版图终于完成。这些新开辟地区的发展值得注意。

再者，清末因应茶、樟脑等国际商品贸易之展开，经济成长迅速，沿山地区兴起不少乡街，进口或是出口商品则主要通过乡街来集散分配。⑥市街的分化也更为明显，不但有大乡街和小乡街之分，而且常具备不同类型的市场。市场种类和数量的多寡，则反映市街的规模。大乡街往往有较高的商品集散机能，如米市、柴市、果市以及炭市等各类市场，南部地区还有鸭仔市、菜市、鱼市以及菁仔市。⑦这种市场，有时是因官方规定而设立，另一方面则是该地有经官署检验合格、公共认同的公秤和公斗，而更能吸引商人或农人来此聚集买卖。⑧其并非如现代市场一般，是拥有

---

① 日本学者杉原薰认为，19世纪中叶在西方压力之下中国各口岸陆续被迫开港，而开启自由贸易体制，称为"被迫的自由贸易（forced free trade）"。不但与西方国家间的贸易增加，同时19世纪80年代之后，亚洲间的贸易量也逐渐增加，关系更为密切。见[日]杉原薰：《アジア间贸易の形成と构造》(京都ミネルヴァ,1996年,第13—38页; "An Introduction," in Kaoru Sugihara ed., *Japan, China, And the Growth of the Asian International Economy, 1850-1949*, London: Oxford University press, 2005, p. 9.
② George William Carrington, *Foreigners in Formosa, 1841-1874*, San Francisco: Chinese Materials Center, 1978, p. 148.
③ 文献记载："咸丰元年，即有洋船驶赴沪尾、鸡笼贸易。"见[清]丁绍仪：《东瀛识略》，《台湾文献丛刊》第2种，台湾银行经济研究室，1957年，第55页。
④ 林满红：《茶、糖、樟脑业与晚清台湾》，《台湾研究丛刊》第11种，台湾银行经济研究室，1978年，第89页。
⑤ 张世贤：《晚清治台政策》，台湾商务印书馆，1978年，第109页。
⑥ "在部街市的商行，特别是在新竹(堑城)，樟脑、茶、砂糖的交易甚盛。"见《台湾总督府公文类纂》，乙种永久，24卷12门，殖产，1897年。
⑦ 《台湾府舆图纂要》，《台湾文献丛刊》第181种，台湾银行经济研究室，1963年，第172页。
⑧ 例如，竹堑城北门外有炭市、米市，计量薪炭和米谷的石秤、量斗即放在长和宫，并由长和宫保管。见城南外史：《台湾市场大观》，《法院月报》，1909年，第3卷第7号，第107页；台湾总督府殖产局：《台湾之鱼菜市场》，台湾总督府殖产局，1915年，第16页。

公共设施的固定市场,而是自然出现于街路、店铺的亭仔脚(骑楼)以及庙前的广场,各自摆陈饮食、薪炭诸类。① 南部的凤山县甚至出现"五日为市"、"逢节为市"的定期庄市,如大林蒲市、角宿市(高雄市燕巢区)、仁武庄市。② 换言之,在清末新的国际贸易体制下,各地域商业贸易有何新发展,也是本章处理的重点。

本章即首先说明开港先后洋人来台贸易过程及经济近代化的面貌。其次,阐述国际环境的改变,如何促使后山解禁、台湾全岛版图形成以及政治的近代化。最后,以鹿港为界,以南北双核心港口为中心,将全岛分成两个区域型经济区,分述清末国际变局冲击之下台湾经济地理的重组。

第一节 被迫的自由贸易时代与经济近代化的萌芽

早在19世纪50年代,台湾开条约港之前,西洋船只已经不断试探台湾港口,③试图进行煤矿、樟脑、糖、米等商品贸易。咸丰元年(1851年),有7艘英国船只从台湾运载米、糖、藤以及蓝靛等物产到福州,价值达54 625元。④ 1854年至1857年,美商罗宾奈洋行(Robinet & Co.)在打狗港建立贸易站;威廉士洋行(Anthan Williams & Co.)与罗宾奈洋行、奈氏兄弟洋行(Nye Brothers & Co.),通过"科学"号船长波特(G. A. Potter)与台湾道裕铎私自签订协约,获得美商三家洋行在打狗港的贸易特权,运输樟脑出口。⑤ 除了美商之外,也吸引英商加入,然而由于竞争激烈出现船多货少现象,威廉士洋行与奈氏兄弟洋行相继退出,罗宾奈洋行最后则因周转不灵,1860年1月中旬由债务人售予英商甸德洋行(Dent & Co.)和怡和洋行(Jardine Matheson & Co.)。⑥

开港之前,外商得以驶入台湾各处港口贸易,原因有二:一是具有武装配备的外国商船可以吓阻骚扰台湾沿海的海盗,而获得地方官员的认可。⑦ 二是地方官员借此向洋船、洋商征收规费。例如罗宾奈洋行即与台湾当局协议,按等级缴纳泊船税;⑧英商德记洋行(Tait & CO.)也与台湾道定约购买樟脑。⑨ 由此可见,清末当清廷中央财政崩溃、中央集权逐渐衰退而无法节制地方之际,如同道光末年以降台湾地方衙门逐渐开放辖内小口对外贸易一般,早在19世纪50年代,地方官员已默许外商在台的非法贸易,从中抽取利润。

---

① 城南外史:《台湾市场大观》,《法院月报》,1909年,第3卷第11号,第174、175页;《台湾总督府档案》,第四辑,1897年1月,台湾省文献委员会,1993年,第729页。
② 卢尔德嘉:《凤山县采访册》,《台湾文献丛刊》第73种,台湾银行经济研究室,1960年,第138页。
③ 叶振辉:《清季台湾开埠之研究》,台北标准书局,1985年,第216页。
④ F. O. 228/144, pp. 148-149, 1851.
⑤ George William Carrington, Foreigners in Formosa, 1841-1874, San Francisca: Chinese Materials Center, 1978, p. 148. 19世纪50年代美商在台湾各地的贸易,参见黄嘉谟:《美国与台湾(1874—1895)》,中研院近代史所,1979年,第115—119页。
⑥ 谢濬泽:《国家与港口发展:高雄港的建构与管理(1895—1975)》,台湾暨南大学2008年硕士学位论文,第19页。
⑦ 据1939年井出季和太所言,当时外商与清廷官员协议条件为防御海贼之设施,修改港口,设置仓库及信号所等。[日]井出季和太著,郭辉译:《台湾治绩志》,台湾成文出版社,1985年,第178页。
⑧ 黄嘉谟:《美国与台湾(1874—1895)》,第三章,中研院近代史所,1979年,第92页。
⑨ 1921年连横记载:"咸丰五年,英商德记洋行始与台湾道订约购脑,每担价十六圆,配赴欧洲。而脑户仅八圆,利人道署。"见连横:《台湾通史》,《台湾文献丛刊》第128种,台湾银行经济研究室,1962年,第504页。

咸丰八年(1858年)，台湾因《天津条约》开台湾府城和淡水为条约港埠。咸丰十一年(1861年)，英国首先于淡水设置副领事馆；[①]次年，沪尾最先开关运作。同治二年(1863年)福州税务司美理登(Badomde Meritens)复请增开鸡笼、打狗为子口。其后自同治二年至同治四年(1863—1865年)，鸡笼(基隆)、打狗以及安平陆续开关，洋船、洋商得以来此四口贸易。[②] 进言之，咸丰十一年(1861年)以后，台湾开放4个条约港，一跃而执台湾航运之牛耳，贸易结构及网络大幅改变。

开港之后，形成淡水——基隆、安平——打狗南北两个双核心国际港埠，大致以鹿港为界，将全岛瓜分成两大市场圈；对外贸易圈则由中国大陆沿岸扩张到全球，而被纳入世界经济体系中。[③] 台湾南部生产的糖、中北部生产的樟脑以及北部的茶叶、煤矿，因是国际商品，主要由条约港输出。其他传统港口，包括正口和小口，一方面仍继续直接与中国大陆沿海各地贸易，贸易圈甚至远及日本和东南亚；另一方面也通过条约港进出口国际商品。换言之，19世纪中叶，依据港口规模与地域经济发展程度之差异，台湾形成南北两个双核心国际港、正口以及小口等三层港口系统，且彼此之间存在市场圈相互从属，却又各自直接对外贸易的分立关系。每个港口的进出口商品和贸易网络，也因地域差异而略有不同。大致上，国际港埠的贸易范围扩及世界各地，传统港口的贸易网络虽然北至锦州、天津、宁波、上海，南至香港，但是仍集中在福建各港。北部地区港口的贸易地点，以福州、泉州为主；中部以泉州为中心；南部地区则以厦门、汕头居多。[④]

在航海技术上，吃水深、使用蒸汽动力的轮船于此际出现，促使台湾的深水良港渐露头角。特别是1869年Suez运河开通，轮船在亚洲海域兴起。[⑤] 由于轮船的使用，使得长距离航运更形便利，水运优于陆运。清末来台的胡传即曰：

> 台北至台南，陆程九日，中隔大甲溪之险，夏秋山水横阻，文报十数日不通；而轮船由海行一日夜可达。台北至后山，非二十日不达，台南至后山非十日不达，路险而远，轮路则一日夜可达。[⑥]

官方运输军队、米粮、官员巡防，转以轮船运载为主，[⑦]长距离的沿岸航行，也较之往

---

① 戴宝村，《近代台湾港口市镇之发展——清末至日据时期》，台湾师范大学博士学位论文，第72、73页。
② 叶振辉《台湾海关的成立》，《台湾风物》，1984年，第34卷第4期，第16、17页。
③ 林玉茹：《清代台湾港口的空间结构》，台湾知书房，1996年，第261、315—317页。
④ 戴宝村《近代台湾海运的发展：中式帆船到长荣巨船》，台湾玉山社，2000年，第53、54页；林玉茹：《清代竹堑地区的在地商人及其活动网络》，台湾联经出版事业公司，2000年，第52、53页。又根据1897年的调查，台湾与中国沿海帆船贸易的航线，大概以中部鹿港、梧栖为界，鹿港以南地区各港主要与泉州、厦门、汕头各港贸易较频繁，鹿港以北各港则多至泉州、福州与温州。淡水、基隆以及苏澳的帆船也常至宁波。[日]荒井贤太郎：《台湾经济事情视察复命书》，日本大藏省理财局，1899年，第63—65页。
⑤ Masami Kita, "Scottish Shipping in Nineteenth-century Asia," in A. J. H. Latham and Heita Kawakatsu eds., *Intra-Asian Trade and Industrialization*, London, New York: Routledge, 2009, p.210.
⑥ 例如1874年，大雅轮船赴东港载运德祥一军，前往苏澳。见台湾银行经济研究室编：《同治甲戌日兵侵台始末》，《台湾文献丛刊》第38种，台湾银行经济研究室，1959年，第169页。
⑦ [清]朱寿朋编：《光绪朝东华续录选辑》，《台湾文献丛刊》第277种，台湾银行经济研究室，1969年，第162页；Shanghai Chinese Maritime Customs, *Chinese Imperial Maritime Customs Publications 1860-1948*, Tamsui, 1887, p.281.

昔频繁。

同时，与大陆沿岸的贸易范围和频率也大幅改变。以淡水港为例，传统帆船贸易时期，船只至福州和泉州贸易居多；[①]开港之后，主要进口贸易区依序是上海、厦门、汕头、牛庄、福州、打狗、烟台、宁波；出口贸易区则依序是厦门、香港、上海、汕头、福州、天津、宁波、打狗。[②] 很明显，由于条约港渐用轮船作为运输工具，没有传统中式帆船远程航行的种种限制，因而突破过去正口港市时期以福建为主的贸易圈，与华中、华北及广东有更频繁的贸易关系。台湾南北两个口岸的贸易，也因轮船定期航线的出现，互动更密切。

开港之初，全台出口大宗以糖为首位，南部二港贸易额是北部二港的 2 倍，自同治九年(1870 年)之后南北贸易比重才逆转，南部呈递减状态。因此，19 世纪 70 年代以前，南部港口仍是全台进出口贸易重心。台湾北部则仍是人口少、资金少以及商业经济不发达之地，[③]主要生产重心仍以平原较多的中、南部为主。然而，随着茶和樟脑因国际市场需求旺盛，促使北部山区大量开辟，经济地位渐有凌驾中、南部之势。[④]

同治九年(1870 年)之后，台湾出口大宗茶、糖、樟脑分别向南北 4 个条约港集中输出，而条约港输入的华货和洋货，除了供应本地消费外，也分配到各地。特别是洋货及官方专卖的盐、樟脑，俱归条约港统筹运作。[⑤] 同治九年官方设通商总局于安平，并于打狗、沪尾及基隆置分局，[⑥]确立四口执全岛贸易牛耳的地位。轮船也被大量使用，逐渐取代帆船，成为主要航运工具；[⑦]而无法容纳轮船出入的港口，地位顿降，南北四口的中心性机能更为加强。

除了港口的南北集中化倾向外，由于本岛沿岸航行风信靡定，各地域又已充分开发，与内地有贸易分工的迫切需要，各港与大陆交通尚称便捷，以及与条约港距离远近等因素的影响，使得各地域港口或多或少径至内地贸易。清末各地域的重要海口，已纷设小口，置文武馆，挂验内地来台船只，主要作为中国帆船的贸易中心。各港与对岸有独立的交通及贸易关系，各地域自主性的经济区已告确立；反之，与核心港口的功能依存度大为减低，而各自形成独立的次级经济区。但是，即便官方对于大陆来台船只的管制趋于宽弛，却严格限制来台洋船由条约港出入，按例缴税。唯洋船违例至非条约港走私贸易，或是非条约港私自偷越专卖货品，仍时

---

① 传统中式帆船的贸易范围和频率，相当受到季候风的影响。以1891年淡水港中式帆船为例，进出口地点依序来自泉州、宁波、福州以及厦门等地。[日]吉井友兄：《台湾财务视察复命书》，日本大藏省印刷局，1896 年，第 276 页。
② 戴宝村：《清季淡水开港之研究》，《台湾师范大学历史所专刊》，1984 年，第 11 号，第 173 页。
③ Shanghai Chinese Maritime Customs, *Chinese Imperial Maritime Customs Publications 1860 -1948*, *Tamsui*, 1867, pp. 73-74.
④ 林满红：《茶、糖、樟脑业与晚清台湾》，《台湾研究丛刊》第 115 种，台湾银行经济研究室，1978 年，第 89 页。
⑤ 官盐与沪尾及安平置配运局，其后又新开基隆配运局，管理全各县总馆民盐之供给。见《台湾总督府档案》，乙种永久，八卷，四门，十二号，文书，1895 年。
⑥ 台湾银行经济研究室编：《安平县杂记》，《台湾文献丛刊》第 52 种，台湾银行经济研究室，1959 年，第 53 页。
⑦ 自 1872 年至 1893 年汽船增长 4.64 倍，总吨数增 8.32 倍；帆船则为 1872 年之 9.72%，总吨数为 1872 年之 13.59%。淡水二港，1880 年汽船数和总吨位数超过帆船；南部二港汽船数于 1888 年超过帆船数，总吨位数则 1884 年超过。见戴宝村：《近代台湾港口市镇之发展——清末至日据时期》，台湾师范大学 1988 年博士学位论文，第 88,89 页。

有所闻。尤其是光绪十二年（1886年）以后，清廷励行厘金制的催化，①原先遭受轮船、西式帆船竞争打击的中式帆船，因可以逃避课税和厘金，导致非条约港与大陆之间的中式帆船贸易更为盛行。② 中式帆船遂仍承担大陆手工商品及台湾出口大宗以外物品与少许大宗物品的载运。③ 不过，由于中式帆船运载量较少，速度又慢，费时长，④各港吞吐量远不如南北四口，腹地也仅止于邻近地域。因此，各港与条约港仍有一定的连结关系。

　　清末南北条约港的物产交换，也较之前略显活络。1870年以后，北部由于部分田地改种茶树，又因开山抚番，军队云集，米粮需求量更大；⑤不但几无米谷出口，而且还须从中国内地进口大量稻米，或自台南运来。⑥ 淡水地方的蔗糖，亦不足供应地方需要，而须由南台湾或内地进口。此外北部二港也有10%—12%的盐，是由安平港运来。⑦ 同样，淡水、基隆二港，则运区域内盛产的茶、藤、樟脑、煤、木头、厚板至南部港口。⑧ 由此可见，南北二地条约港，仍有某种程度的互动关系，唯各港与对岸的连结高于岛内连结。⑨

　　台湾西部沿岸中、大型港口之间，零星的贸易关系由来已久，而且各港也视距离远近、风信、厘金税轻重及出口市场差别，选择转运的条约港。举例而言，鹿港樟脑依风信不同，分别运往安平或淡水港。又由于南部洋药厘金低于北部，大甲地方鸦片一度由安平港取得。⑩ 鹿港的茶叶则因安平无茶叶出口市场，只能转运至淡水港。⑪ 台南的糖郊也曾远至中港采买蔗糖。⑫ 1869年至1872年间，打狗、鹿港及竹堑港三港，曾以中式帆船运糖、盐、米、烟、烟叶、水果及杂货至淡水，回棹载运米、茶、煤、菁、麻、纸、槟榔及椰子。⑬ 1869年，后龙港有6艘民船，载500石樟脑至安平。⑭

---

① 有关清末台湾厘金制度之研究，参见许方瑜：《晚清台湾厘金、子口税与涉外关系(1865—1896)》，台湾暨南大学2012年硕士学位论文。
② *British Parliamentary Papers: Essays and Consular Commercial Reports*，Irish University Press，1971. Area Studies Series，China. Taiwan，1887，P. 459；Taiwan，1891，p. 456.
③ 林满红：《茶、糖、樟脑业与晚清台湾》，《台湾研究丛刊》第115种，台湾银行经济研究室，1978年，第65页。
④ 厦门与台南之间的中式帆船贸易往来，装载一趟，大约二个月时间。见 W. A. Pickering 著，吴明远译：《老台湾(Pioneering in Formosa)》，台湾银行经济研究室，1959年，第285页。帆船到上海、宁波贸易，每年最多三趟。见黄福才：《台湾商业史》，江西人民出版社，1990年，第201页。
⑤ Shanghai Chinese Maritime Customs，*Chinese Imperial Maritime Customs Publications 1860-1948*，Tamsui，1886，p. 266.
⑥ *British Parliamentary Papers: Essays and Consular Commercial Reports*，Irish University Press，1971. Area Studies Series，China. Tamsui，1893，p. 582.
⑦ Shanghai Chinese Maritime Customs，*Chinese Imperial Maritime Customs Publications 1860-1948*，Takow，1878，p. 233.
⑧ Shanghai Chinese Maritime Customs，*Chinese Imperial Maritime Customs Publications 1860-1948*，Tamsui，1869-1972，p. 160；1874，p. 129；1876，p. 93；1877，p. 167；*British Parliamentary Papers: Essays and Consular Commercial Reports*，Irish University Press，1971. Area Studies Series，China. Tamsui，1875，pp. 591-592.
⑨ 参见林满红：《清末台湾与我国大陆之贸易型态比较》，《台湾师范大学历史学报》，1978年，第6期，第216，217页。
⑩ *British Parliamentary Papers: Essays and Consular Commercial Reports*，Irish University Press，1971. Area Studies Series，China. Taiwan，1882，p. 157.
⑪ Shanghai Chinese Maritime Customs，*Chinese Imperial Maritime Customs Publications 1860-1948*，Takow，1881，p. 275.
⑫ 淡新档案第14102之1—2号。
⑬ Shanghai Chinese Maritime Customs，*Chinese Imperial Maritime Customs Publications 1860-1948*，Takow，1869-1973，pp. 169-170.
⑭ W. A. Pickering 著，吴明远译：《老台湾(Pioneering in Formosa)》，《台湾研究丛刊》第60种，台湾银行经济研究室，1959年，第119页。

安平港与淡水港之间也有往来,水运航程大约 10 天左右,但并没有定期航线。①

台湾出口的国际商品,以茶、糖、樟脑及煤炭为主,大多从产地集中到条约港,船运到对岸的厦门和香港后再转口输出,②少数直接出口至世界各地。以茶而言,90%的茶叶输往美国,5%至英国。美国显然早在 19 世纪末叶已经是台湾商品重要的出口国。糖则由原来的华北、华中市场,扩大到日本、澳大利亚、欧洲、美国;19 世纪 80 年代后,逐渐集中出口至日本与华北市场。樟脑则是出口至德国、法国、英国、美国以及印度。③

这些国际商品中,樟脑归官方专卖,因而也导致其与洋商或外国屡生冲突。1868 年,官方实施第一次樟脑专卖,即因英商怡记洋行(Elles & Co.)与制脑者私自贸易,而引发樟脑战争,之后官方才废止专卖。④ 同治九年(1870 年)清廷又针对樟脑出口设卡抽厘,征收关税、厘金以为收入。⑤ 光绪十三年(1887 年)刘铭传抚台之时在大料崁设立抚垦总局与脑务总局,实行第二次樟脑专卖。⑥ 清末樟脑蔚为台产输出大宗,清廷在樟脑产业年盈余高达四万余元。⑦

进口货物则以鸦片、纺织品、金属以及杂货为主。鸦片是进口大宗,一度达到进口总额的 80%。⑧ 这些进口商品也通过两个条约港分配到岛内其他重要港口。以 1891 年北部的沿岸贸易为例,外国进口商品由淡水和基隆两港运到鹿港、梧栖、大甲、吞霄、后垄、竹堑、南崁、三貂以及宜兰等传统港市销售。⑨

大陆纺织品一直是台湾首要进口商品,以夏布、南京布以及绸类为主,⑩开港之后市场却被外国纺织品所瓜分。1860—1884 年之间,外国纺织品大多从英国进口;1885 年之后,日本棉布也进入台湾市场。外国纺织品分成棉织品和毛织品,棉织品进口量和进口额最大,毛织品主要是供应上层阶级的妇女消费。南北两港外

---

① Shanghai Chinese Maritime Customs, *Chinese Imperial Maritime Customs Publications 1860 - 1948*, Tamsuy, 1867, p. 83.
② 以茶为例,由于产地主要集中在北部,特别是台北盆地,因此大多由淡水港输出。但因该港非良港、没有电报以及相关出口设备,因此主要出口至厦门,再转运到美国、英国等地。台湾乌龙茶有 90% 通过厦门转运至美国、英国。温振华:《淡水开港与大稻埕中心的形成》,《台湾师范大学历史学报》,1978 年,第 6 期,第 261 页;林满红:《茶、糖、樟脑业与台湾之社会经济变迁(1860—1895)》,台湾联经出版事业公司,1997 年,第 21,22 页。
③ Man-houng Lin, "Economic Ties between Taiwan and Mainland China, 1860 - 1896: Strengthening or Weakening?", *Tradition and Metamorphosis in modern China*, Symposium in Commemoration of Prof. Liu Kwang-ching's 75th birthday, Taipei: the Institute of Modern History, Academia Sinica, 1998, pp. 1067 - 1068.
④ 详见陈德智:《羁縻与条约:以台湾樟脑纠纷为例(1867—1870)》,台湾师范大学 2007 年硕士学位论文。
⑤ 《淡水厅志》载,同治九年(1870 年),"台道黎兆棠……会同淡水同知,每樟脑百觔,抽厘银五角五点,与半税同。初议归民行代收,旋撤,仍归各口厘金局员抽收。台地洋商完半税厘金自此始。"[清]陈培桂:《淡水厅志》,台湾省文献会,1977 年,第 114 页。
⑥ "……梧栖卡皆光绪十三年正月设。……北路之大料崁、三角涌、双溪口,及中路之后消、梧溪(梧栖)各设转运局,分饬委员司事人等,专驻秤收。"光绪十三年(1887 年)一月设梧栖卡抽税厘。见[清]蒋师辙、薛绍元:《台湾通志》,《台湾文献丛刊》第 130 种,台湾银行经济研究室,1962 年,第 256,260 页。
⑦ "(光绪)十九年二月,……中北路路脑灶日兴月盛,能熬脑六、七十万斤,收纳防番银五、六万两,支局用一成银外;盈余四万余两。"见[清]蒋师辙、薛绍元:《台湾通志》,《台湾文献丛刊》第 130 种,台湾银行经济研究室,1962 年,第 260 页。
⑧ 戴宝村:《清季淡水开港之研究》,《台湾师范大学历史所专刊》,1984 年,第 11 号,第 172,173 页。
⑨ Shanghai Chinese Maritime Customs, *Chinese Imperial Maritime Customs Publications 1860 - 1948*, 'Trade Reports and Returns,' Tamsui, 1891, p. 352.
⑩ Shanghai Chinese Maritime Customs, *Chinese Imperial Maritime Customs Publications 1860 - 1948*, Tamsui, 1868, p. 161;H. B. Morse 著,谦祥译:《1882—1891 年台湾淡水海关报告书》,《台湾经济史六集》,《台湾研究丛刊》第 54 种,台湾银行经济研究室,1957 年,第 150,151 页。

国纺织品进口量也大不同,由于北部经济成长更迅速,消费能力大幅提高,北部经济区的进口量也最大。[1] 外国棉布的使用限制在上层阶级,以配合其社会地位和身份,农人和劳工阶层则大半使用来自宁波、较为耐用的土布和南京布。英国的毛织品则为生番所喜爱,常以鹿角、鹿皮、鹿肉与之交换。[2] 进入光绪朝之后,下层民众已有能力购买外国进口的衣服。[3] 不过,整体而言,开港之后,外国纺织品,特别是棉织品,虽然打破了大陆纺织品长久以来市场的独占地位,但是并未因此而取代大陆纺织品的地位。

开港带来新契机与变化,也造就了南北两大城市由传统正口港市进一步跃升为国际港市。特别是19世纪70年代后,北部台湾因茶叶贸易大兴,大稻埕趁势兴起。同治八年(1869年)之前,大稻埕只是一个小聚落,光绪二十一年(1895年)却已跃居台湾第二大城市,仅次于台南(原台湾府城)。这是由于原来淡水港的商业中心艋舺排外意识强烈,泊船条件变差,茶加工地点又设在大稻埕,导致大稻埕逐渐变成北台新商业中心。[4] 因此,大稻埕可说是西力冲击下的新兴港市。

大稻埕的贸易形态与传统港市差异甚大。首先,同治八年(1869年)台湾茶才进入国际市场,不但逐渐取代福建茶的地位,且引入19世纪在福州发展出来的洋行内地购买茶叶和预付茶款制度。[5] 同治十一年(1872年),为了经营茶业,有5家洋行陆续在大稻埕设立据点。这些洋行大部分只是分行,本行则设在厦门或香港。[6] 洋行的出现,代表西方资本的进入。他们首先向外国银行贷款,然后通过妈振馆或直接提供资金给台湾本地的茶馆(又称茶行、埔家馆、茶庄),茶馆再用预贷金制度向茶贩、茶农预买茶叶,来确保茶叶之取得。[7]

妈振馆,又作马振馆,源自英文 merchant,在原来福建茶叶的产销制度中并不得见,可说是因应台湾茶叶转口至厦门而产生。他们是从洋行借来资本,再贷款给茶馆取得茶叶,并将茶叶运至厦门出售,赚取中间利差。1893年至1894年,台北约有20家妈振馆,资本多者4、5万元,少者5 000元,经营者是广东、厦门以及汕头

---

[1] 李劲桦:《土洋大战:清代开港之后台湾的纺织品贸易》,台湾政治大学2011年硕士学位论文。
[2] Shanghai Chinese Maritime Customs, *Chinese Imperial Maritime Customs Publications 1860-1948*, Tamsui, 1868, p. 161.
[3] "本岛北部的农民、船夫和普通的街头苦力,在冷天都穿三或四件好的外衣,其中一或二件是由欧洲制造的。"见 Shanghai Chinese Maritime Customs, *Chinese Imperial Maritime Customs Publications 1860-1948*, Tamsui, 1876, p. 86.
[4] 温振华:《淡水港与大稻埕中心的形成》,《台湾师范大学历史学报》,1978年,第6期,第245页。
[5] 19世纪福建茶叶贸易的发展与资本结构,参见陈慈玉:《近代中国茶叶的发展与世界市场》,中研院经济所,1982,第47—69、183—195页。
[6] 这五家洋行是宝顺洋行(Dodd & Co.)、德记洋行(Tait & Co.)、怡记洋行(Elles & Co.)、水陆洋行(Brown & Co.)以及和记洋行(Boyd & Co.)。其中,只有英商和记洋行曾将总部设在台北,分行设在厦门。至1895年,变成德记、和记、水陆、Douglas以及怡和(Jardine Matheson)等五洋行。1895年日本割台后,水陆洋行结束营业,1901年Douglas洋行破产。James W. Davidson著,蔡启恒译:《台湾之过去与现在》,《台湾研究丛刊》第107种,台湾银行经济研究室,1972年;台湾银行总务部调查课:《台湾乌龙茶ノ概况并同茶金融上ノ沿革》,台湾银行总务部调查课,1912年,第37、52、53页。
[7] 林满红:《茶、糖、樟脑业与台湾之社会经济变迁(1860—1895)》,台湾联经出版事业公司,1997年,第105—107页。又,在厦门提供台湾乌龙茶资金的外国银行是香港上海汇丰银行(The Hongkong and Shanghai Banking Corporation)和中华银行。汇丰银行大概占有市场资金的九成以上。其银行提供的预付金利息为年利六分,是一般利息的二分之一,相当低廉。台湾银行总务部调查课:《台湾乌龙茶ノ概况并同茶金融上ノ沿革》,台湾银行总务部调查课,1912年,第51、52页。

人,尤以广东人最多。① 由妈振馆输出至厦门的茶叶大概占总额的三分之一。② 由大陆商人,特别是广东商人所控制的妈振馆,显然在台茶转口至厦门的贸易上占有一定地位。

北部茶业的发展,洋行在技术和资金上扮演重要角色。不过,因茶产地主要在台北、桃园、新竹、宜兰、苗栗一部分,尤以台北盆地最重要,③外商影响的地域也以台北为核心,越向外围越薄弱。另一方面,19世纪70年代之后,大陆资本和台湾资本的地位也越来越重要,两者在19世纪80年代之后更凌越外商,控制台茶的岛内和岛外产销市场。④ 南部口岸也有相同情形。洋行最早在打狗设立,⑤以便经营当时台湾最重要的国际商品糖。然而,糖早自荷兰时代已经是台湾重要的出口商品,郊商长期控制其对外贸易,因此在制糖技术没有大幅突破之前,洋行很难具有如北部茶业般举足轻重的地位。开港初年,即有几家洋行倒闭或是撤出。⑥光绪十一年(1885年),由于糖贸易集中到日本及华北,使得南部洋行势力更为衰微。在打狗买糖,必须受到南部最大糖商顺和行的制约和竞争,在台南则受到糖郊的抗衡。⑦

正由于洋行在台湾竞争相当激烈,因此也更迭频繁。根据表4-1,光绪二十年(1894年)台湾四个条约港共有洋行18家。分别是淡水10家,安平7家,打狗6家,基隆2家。其中,英商有12家,德商2家,美国、西班牙、比利时以及丹麦各1家。洋行的分布不但展现了条约港市贸易规模的大小,同时也呈现南北港口洋行的脉络各有不同。除了西班牙的瑞记洋行在四个口岸及德记洋行在南北口岸均有营业之外,洋行显然有很清楚的地域区隔。换言之,除了瑞记和德记之外,清末在台湾的洋行可以分成南北两个不统属的系统。这种差异应该源自其经营的商品或出口市场的差异。

---

① 较大的妈振馆有广东人经营的忠记、德隆、钿记、荫记、安太以及英芳;汕头人经营的隆记以及厦门人经营的瑞云。日本占领台湾后,1897年台北有23家妈振馆,资本大者20万圆,小者7,000圆左右。之后,由于洋行直接将主力转至台北,妈振馆逐渐失去原先中介者的角色,至1907年几乎已经消失。台湾银行总务部调查课:《台湾乌龙茶ノ概况并同茶金融上ノ沿革》,台湾银行总务部调查课,1912年,第55、57页。
② 《台湾ニオケル金融景况调查》,《台湾总督府公文类纂》,第188册,第15号,第12门,第15类,1897年,第288、289页。
③ 林玉茹:《清代竹堑地区的在地商人及其活动网络》,台湾联经出版事业公司,2000年,第69—71页。
④ 林满红:《茶、糖、樟脑业与台湾之社会经济变迁,1860—1895》,台湾联经出版事业公司,1997年,第107—109页。以北部茶业为例,1876年在39家茶馆中,有19家是本地商人开设,5家广东人、14家厦门、1家汕头。(Shanghai Chinese Maritime Customs, *Chinese Imperial Maritime Customs Publications 1860 - 1948*, Tamsui, 1876, p. 89)在1895年以前,70%由漳、泉商人经营,30%由广东人经营,仅有一、两家由本地人经营。不过,所谓漳、泉商人有不少应是台湾商人。1895年之后,与汇单馆相同,大陆商人势力大幅衰退,本地商人经营的茶馆迅速增加。台湾银行总务部调查课:《台湾乌龙茶ノ概况并同茶金融上ノ沿革》,台湾银行总务部调查课,1912年,第28、29页。
⑤ 1897年,在安平的洋行有德记洋行、怡记洋行、东兴洋行、唻记洋行、美打洋行、邦记洋行以及顺记洋行。在打狗则有德记洋行、怡记洋行、东兴洋行以及唻记洋行。这些洋行的本店在厦门,仅置代理店在台湾,安平洋行的资本额二,三十万圆;打狗则十万圆以下。《本岛糖业调查书》,《台湾总督府公文类纂》,第181册,第1号,第12门,第5类,1897年,第93、94页。
⑥ 叶振辉:《天利行史事考》,《台湾文献》,1987年,第38卷第3期,第42、43页。
⑦ 林满红:《茶、糖、樟脑业与台湾之社会经济变迁(1860—1895)》,台湾联经出版事业公司,1997年,第118—122页。1897年台湾总督府的糖业调查也指出:中国商人、台湾商人及外商均涉足台湾南部糖的出口,但是打狗地区在地商人势力最大,安平则外商势力较大。《本岛糖业调查书》,《台湾总督府公文类纂》,第181册,第1号第12门第5类,1897年,第93页。

表 3-4-1 1894 年台湾的洋行

条约港	基 隆	淡 水	安 平	旗后(打狗)
洋 行	丹麦洋商 日国洋商瑞记号	英商得忌利士行 英商德记行 英商水陆行 英商和记行 英商义和行 日商瑞记行(西班牙) 英商西药杂物店 美商良德行 德商公泰行 西人鲁麟行(比利时)	英商怡记行 英商德记行 英商庆记行 英商唻记行 英商万锱行 日商瑞记行 英商美打行	英商怡记行 英商德记行 英商庆记行 德商东兴行 日商瑞记行 英商美打行
合计	2	10	7	6

(资料来源:《咨送台湾口二十年秋季分各国领事姓名行栈字号由》,《总理各国事务衙门档案》,01-15-015-01-011。)

另一方面,洋行与条约港郊商之间的关系似乎也逐渐调整中,不全然只有竞争关系。在台南,洋行势力较打狗地区大,原来的三郊商人不少成为洋行的代理店,代为搜购土产,再交由洋行对外输出。[①] 即使在打狗势力最大、承继顺和行的和兴公司,其总家长(类似今日的总经理)陈中和也同时担任唻记洋行的买办。[②] 亦即,与传统港市相同,由于国际贸易的展开,贸易规模和贸易圈大幅扩张,即使条约港的郊行或贸易商也与洋行建立委托代理的合作关系,[③] 而产生郊商买办化现象。

除了洋行和妈振馆之外,台北地区首先出现传统中国式的金融机构钱庄、汇单馆(又称汇兑馆)以及汇兑局。汇兑局,又称官银局,于光绪十四年(1888 年)设立,以经营各衙门的官银汇兑交易为主,旁及贷款给有信用的官民或经手民间汇兑。[④] 钱庄可视为中国传统的银行,资本较票号少;汇单馆与内地的票号类似,主要经营汇票事业,但是规模较小。

台北由于每年茶叶贸易规模巨大,需要巨额资金流通,[⑤]交易对象又广,传统港市采用的现金或是交互计算的交易方式,已经不敷实际需要。原来仅在中国内地流

---

① 根据 1897 年的调查,在安平的洋行代理店共有宝记等 30 家商号,包括台湾商人和大陆商人。与清代碑文比对,其中至少有 20 家是台南本地商号,其余应为大陆商人。又 20 家台南商号中,至少有 11 家确定是三郊成员,即晋丰宽、吉春、景样、森泰、福人、金发利、崇德、源泰、东昌、宝顺、顺成。值得注意的是,根据调查,这些大陆商人是指在台湾有店,店主来台定居者。亦即洋行的代理商仍以台湾商人为主。《本岛糖业调查书》,《台湾总督府公文类纂》,第 181 册,第 1 号,第 12 门,第 5 类,1897 年,第 94、95 页。临时台湾旧惯调查会:《台湾私法商事编》,《台湾文献丛刊》第 91 种,台湾银行经济研究室,1961 年,第 16 页。
② 《洋行分栈取调ノ件》,《台湾总督府公文类纂》,第 9717 册,第 10 号,第 2 门,第 3 号,第 64 页。
③ 郊商与洋行的合作关系,参见李佩蓁:《安平口岸的华洋商人及其合作关系——以买办制度为中心(1865—1900)》,成功大学 2010 年硕士学位论文;黄怀贤:《台湾传统商业团体台南三郊的转变(1760—1940)》,政治大学 2011 年硕士学位论文。
④ 汇兑局位于台北城内北门街,管事为山西人,资本金二三十万两,每年交易一百万圆,光绪二十一年(1895 年)中日甲午战争后撤走。另有信局的设置,位于大稻埕城隍庙前,除了送信之外,也兼营汇兑,并在厦门、泉州、漳州以及福州等地有交易所。《台湾ニオケル金融景况调查》,《台湾总督府公文类纂》,第 188 册,第 15 号,第 12 门,第 15 类,第 291、292、311、312 页。
⑤ 根据日据初期的调查,北部茶业最盛季节时,流通的资金多达百万圆。台湾银行总务部调查课:《台湾乌龙茶ノ概况并同茶金融上ノ沿革》,台湾银行总务部调查课,1912 年,第 52 页。

行的钱庄和汇单馆因而引入。尤其是汇单馆,可以说是因应大量茶叶贸易而产生,主要与妈振馆交易,即使在台南也仅有两家钱庄,而没有汇单馆存在。① 汇单馆最早设立于同治九年(1870年)左右,19世纪90年代迅速增加;至光绪二十一年(1895年)前后,大稻埕大概有10家左右的汇单馆,② 较著名的是建祥号、谦裕号、怡悦号(南街)、联成号以及鸿记号。其中,除了联成号外,也都兼营钱庄。(表3-4-1)

汇单馆通常在香港、厦门、上海及福州设有代理店或支店,以进行双边资金流通。因其需要较大资本,大多是合股组成,主要由厦门商人经营,或是大陆商人与台湾商人共同组成,资本额在1万元至10万元之间。③ 汇单馆与钱庄的设立,代表的是华商金融资本,特别是台湾人资本的崛起。例如,19世纪90年代,大稻埕的汇单馆即有两家由板桥林本源家开设、一家由经营郊行的新竹郑家出资成立。(表3-4-1)即使在厦门的22家钱庄中,也有5家由板桥林家创立或是其所投资;1895年,台湾割让给日本之后,林维源甚至携带外国银元7百万元到厦门。④ 由此可见,19世纪末叶,台湾商人金融资本的崛起及其财力之雄厚,特别是传统港市的大郊商也试图涉足金融市场,再次展现部分郊商参与国际贸易的面貌。

西方的保险业也在清末开港之后引入台湾,保险的种类包括海上保险、火灾保险以及生命保险,以海上保险居多。位于南北通商口岸的洋行,代理来自香港、伦敦、上海、新西兰、纽约、雅加达以及新加坡的保险公司的保险业务。这些保险公司大多本店位于香港,在台湾的洋行则代为经营保险业务。⑤

相对于条约港,传统正口如鹿港,腹地范围涵盖整个中部地区,贸易规模较小口大,而发展出与泉州固定商号之间的委托贸易制度。⑥ 亦即,两地商号之间,通过同乡、亲友或是多重的合伙投资关系,建立商业信用,而互相代理商品的买卖,交换市场行情和各种情报,以合作策略共同追求最大利益。即使由上海、厦门地区进口商品,也委由泉州商号居间代理。⑦ 这种委托贸易制度也出现在台湾府城和台北。府城主要与厦门、宁波商号;台北则与福州和镇江商号互相委托代理商品买卖。⑧

然而,由于郊商以中小规模居多,两岸的贸易量也没有条约港的国际商品来得

---

① 台湾银行总务部调查课:《台湾乌龙茶ノ概况并同茶金融上ノ沿革》,台湾银行总务部调查课,1912年,第58页;[日]泽村小南:《厦门金融事情》,《台湾协会会报》,1899年,第13卷,第116、117页。虽然在日据初期的调查中,台南没有专门的汇单馆存在,但是似乎有部分商号经营汇票生意。例如光绪十五年(1889年),台南的长裕宝号(1819年已经存在)为晋泰号(1855年已经存在)发出汇票,再由裕宝号在厦门支领款项。临时台湾旧惯调查会:《台湾私法商事编》,《台湾文献丛刊》第91种,台湾银行经济研究室,1961年,第255页。
② 临时台湾旧惯调查第二部的《调查经济资料报告》甚至指出汇单馆(为替店)在日本占领台湾以前颇为隆盛,约有20户。临时台湾旧惯调查会第二部:《调查经济资料报告》,东京三秀舍,1905年,第102页。
③ 《台湾私法》尚记载发记号、益昌、珍记三家。然而,发记号应为法记号,且其与益昌、珍记应是日据初期设立。不过,现在似乎很难完全重建清末台北所有的汇单馆名单。详见表3-4-1。临时台湾旧惯调查会:《台湾私法附录参考书》,第三卷下册,临时台湾旧惯调查会,1902年,第318—320页。
④ 这5家是裕记谦线、汇源、建祥、谦记、谦茂。[日]泽村小南:《厦门金融事情》,《台湾协会会报》,1899年,第13卷,第117页。
⑤ 连克:《从代理店到保险会社:台湾商人的损害保险经营(1862—1947)》,成功大学2014年硕士学位论文,表2—4。
⑥ 这里的委托贸易制度与一般单向的委托买卖稍有区别,其指不同港口之间的两个固定郊行之间,互相代买和代卖商品的商业行为。
⑦ 林玉茹:《商业网络与委托贸易制度的形成:十九世纪末鹿港泉郊商人与中国内地的帆船贸易》,《新史学》,2007年,第18卷第2期,第94、96页。
⑧ 临时台湾旧惯调查会:《台湾私法附录参考书》第三卷下册,临时台湾旧惯调查会,1902年158—169页。

大,因此资金往来除了现金之外,大多以亲友、同乡及合伙关系建构出的商业信用为基础,通过几个商号之间相互对账、过账的交互计算方式,或是通过泉、鹿两地本分号之间的汇兑,而解决彼此的财务关系。因此,传统港市始终没有出现在中国内地相当流行的钱庄、票号等金融机构,商人之间的交易也少见经由钱庄来运作。①

19世纪后期,在西力压迫下自由贸易的展开,反而为台湾带来新的发展契机。各港市商人团体不但普遍设立,而且因应新型进出口商品组成新郊,如19世纪50年代台南已出现茶郊,19世纪80年代台南鸦片进口商组成的芙蓉郊相当活跃,19世纪90年代新竹有脑郊。②台湾商人更因糖、樟脑、茶等国际贸易的发展,迅速累积财富,这是原来以福建为主的传统帆船贸易所无法匹敌的。部分嗅觉敏锐的大郊商涉足国际商品的产销,例如新竹的林恒茂、郑恒利、黄珍香以及吴振利等郊行即因樟脑暴利,远到内山开垦、制脑。郑家的郑利源号甚至成为19世纪末新竹最大的樟脑行。③雾峰林家则与德国公泰洋行携手合作,进行中部樟脑的输出贩卖,而累积可观的财富。④又如光绪二十一年(1895年),台南糖郊中最有名的五间郊行,有三家是台南人开设,一家是广东人,一家是泉州人。⑤显然,即使在台南,在地郊商的财势也超过了大陆商人。南部的糖业贸易,更孕育出陈福谦(1834—1882年)的顺和行以及其家族与陈中和合伙开设的和兴公司。通过以上两者,可以一窥19世纪末台湾商人如何试图直接参与国际贸易、学习西式商业文化的过程,以及早在19世纪中末叶,台湾商人的势力已经崛起,甚至凌驾于大陆商人之上。

咸丰末年至同治初年,陈福谦先在打狗担任洋行买办,与李春生并称南北两大买办。他善于洞察商机,累积财富,进而独立门户。同治元年至二年(1862—1863年),他于旗后(今高雄旗津)设立顺和行,买卖蔗糖,同时经营糖廊,并采用预付制贷款给蔗农,因此掌握打狗地区大半的蔗糖,⑥主要销往日本。同治三年(1864年),又直接在横滨创设顺和栈,是当地三大外国公司之一,也是华商最早设立的商店,更是横滨中华街的两大中心。其后,顺和行陆续于长崎、神户、台南、东港、盐水港设立分栈。贸易项目包括糖、米、鸦片、布、盐、海产、杂货、棺材等,进行多元化的经营。旗下号称有72郊行,委由各个家长(掌柜 manager)负责,由来自盐埕的陈中和担任总家长。顺和行的贸易范围遍及香港、上海、日本、东南亚、西洋。19世纪70年代,为减

---

① 林玉茹:《商业网络与委托贸易制度的形成:十九世纪末鹿港泉郊商人与中国内地的帆船贸易》,《新史学》,2007年,第18卷第2期,第82—90页。
② 嘉庆二十年(1818年),台南已经出现"茶郊圣母",估计是进口茶叶的商人组成,应非出口商人。咸丰四年(1854年)已有"台郡茶郊"。光绪二年(1876年)台南已有"芙蓉圣母"。见黄典权主编:《台湾南部碑文集成》,《台湾文献丛刊》第218种,台湾银行经济研究室,1966年,第323、520、572、663、717页;台湾银行经济研究室编:《台湾私法人事编》,《台湾文献丛刊》第117种,台湾银行经济研究室,1961年,第155页。
③ 林玉茹:《清代竹堑地区的在地商人及其活动网络》,台湾联经出版事业公司,2000年,第127、243页。新竹街7家樟脑行中,郊商出身的至少有4家,包括郑利源、陈恒泰、何锦泉、陈茂春等。《台湾日日新报》,1896年10月2日。
④《台湾日日新报》1898年11月20日。
⑤ 台湾省文献会编:《台湾总督府档案翻译辑录》第3辑,1895年,台湾省文献委员会,1992年,第87页。
⑥ 有关顺和行如何利用预付制来贷款给蔗农及垄断打狗糖业,详见林满红:《茶、糖、樟脑业与台湾之社会经济变迁,1860—1895》,台湾联经出版事业公司,1997年,第121—123页。

少运输成本,提高利润,进一步以中式帆船运糖到横滨各地,创台人之首例。又为了不被外商牵制,雇用夹板船(西式帆船)运白糖至英国,是台湾首位运糖至西洋的贸易商。①

光绪十三年(1887年),陈福谦诸子与陈中和合资11万元成立和兴公司,后来成为打狗地区最大的砂糖输出商。② 这个公司资本规模之巨大,可以说是以前几百至几千元的传统商业合股所未见。③ 由其公司成立章程可知,台湾商人已开始尝试学习西式的经营方式。他们不但在名称上改用西洋的"公司",起草公司成立章程,出资者称为"股东",分配"股票";而且委由专业经理人经营,由陈中和担任"正当事"(总经理)、非股东的陈祝三为副当事,并支付月薪,明订红利分配情形。④ 像这样巨细靡遗的公司成立章程,是传统合股商号时所未有的。其不但反映了19世纪末台湾商业贸易形态的革新,初尝郝延平所谓的"商业革命"之滋味,而且展现了台湾商人对于西方经营模式的认知与学习。和兴公司的职员王雪农,后来不但是台南地区的大糖商,更是第一位倡导设立新式银行的台湾人。⑤ 清末仿西化商业的经历,扩展了台湾商人的视野和经营模式,由此可证。

总之,清末台湾开港之后,条约港逐渐转以轮船作为主要交通工具,洋行纷纷来此设立据点,引入资本、新的金融机制及技术,台湾对外贸易规模大增,贸易网络也大幅扩张,而突破原来以福建为中心的中国沿岸贸易圈,贸易范围扩大至全球,且与华北、华中以及广东贸易频率提高。另一方面,华商资本的角色也越来越重要,台北汇单馆和钱庄的创立即是明证。尤其是台湾大商人的崛起,并试图直接参与国际贸易,学习西洋人的公司经营方式,展现了开港下台湾经济近代化之萌芽。

表3-4-2　19世纪末大稻埕的汇单馆

汇单馆名号	位置	成立时间	所有者	支店	备注
怡悦号(支店)	六馆街	1870年左右	厦门人?	本店在厦门,以经营厦门与大稻埕汇兑为主;后扩张支店至天津、上海、香港	兼营钱庄。1900年因天津支店营运不良,破产。资本2万元。

---

① 杨玉姿:《清代打狗陈福谦家族的发展》,《高雄文献》,1988年,第1卷第2期,第1—19页;赵佑志:《顺和栈在横滨(1864—1914)》,《三重高中学报》,2000年,第3号,第193—210页;戴宝村:《陈中和家族史:从糖业贸易到政经世界》,台湾玉山社,2008年,第87,88页。

② 1897年,和兴公司的资本仍以本地人为主,也有中国人和两三位外国人投资,资本额达100万圆。《本岛糖业调查书》,《台湾总督府公文类纂》,第181册,第1号,第12门,第5类,1897年,第94,95页。

③ 1895年12月,在打狗成立的捷兴公司唻记栈可以作为对照,以凸显和兴公司的规模和近代性。捷兴公司虽名为「公司」,但是由6人合股,资本额22,000元,仍订立"合股字"。临时台湾旧惯调查会:《台湾私法商事编》,《台湾文献丛刊》第91种,台湾银行经济研究室,1961年,第128—132页。

④ 临时台湾旧惯调查会:《台湾私法商事编》,《台湾文献丛刊》第91种,台湾银行经济研究室,1961年,第132—135页;《台湾的砂糖船 合兴公司和中和の今》《台湾日日新报》1907年1月1日。

⑤ 《台湾日日新报》1903年8月14日。有关日据时期台湾商人势力的进一步扩张,参见:Man-houng Lin, "Taiwanese Merchants in the Economic Relations between Taiwan and China, 1895-1937," in Sugihara Kaoru ed., *Japan, China, and the Growth of the Asian International Economy, 1895-1949*, Oxford: Oxford University Press, 2005, pp.222-233.

续表

汇单馆名号	位置	成立时间	所有者	支店	备注
鸿记号（支店）		刘铭传时期已成立	厦门华商邱曾琼（盐运使衔）、英籍商江宗亮	本店在厦门番仔街,支店在台北、香港、上海、新加坡、福州、汕头、Binan、曼谷	兼营钱庄、洋行及米商,有轮船多艘。华商资本挂英籍。资本5万元。
谦裕号	六馆街	1890年	林本源	厦门、上海、香港	林本源、王家春及许论潭合资,王惠泉经营。兼营钱庄;1899年休业,后变更为裕记钱栈。资本4万元;1905年为10万元。
建祥号	六馆街	19世纪90年代	林本源、林鹤寿出资,林冠英经营	厦门,日据时期已扩张至上海、香港、福州、神户	兼营钱庄;资本4万元;1905年为40、50万元。
英芳		1893年			
联成号（联兴?）	芦竹脚街	1893年	厦门富豪黄尔仰	厦门海岸街	兼营钱庄。资产百万元。
谦记		1897年		本店在厦门	兼营钱庄。
发记		1897年	厦门人,陈建寅、洪寿卿合资;洪韫玉经营	与厦门启端号交易	兼雇船营北货贸易,资本1万元。1905年为5、6万元,1912年歇业。
和成号	卑藏南街	1897年	广东人		兼营钱庄。
阜源（支店）		1897年	新竹郑家（郑以庠）	本店在厦门布袋街	兼营钱庄;新竹郑毓臣担任监督;1909年倒闭。
益昌号		1901年	林本源出资,林鹤寿出资一半	厦门、香港、神户	六人合股,资本22 000元。
珍记		1909年	陈大珍	与厦门建兴钱庄互相交易,并通过其与上海、香港交易	资本1万元。

（资料来源:《台湾日日新报》,1898年至1912年;《台湾ニオケル金融景况调查》,《台湾总督府公文类纂》第188册,第15号,第12门,第15类,1897年,第291、292页;《领台当初本岛に存在せる汇兑馆》,《台湾时报》,1919年7月号,第28页;[日]泽村小南:《厦门金融事情》,《台湾协会会报》,1899年,第13卷,第116、117页;台湾银行总务部调查课:《台湾乌龙茶ノ概况并同茶金融上ノ沿革》,台湾银行总务部调查课,1912年,第57、58页;临时台湾旧惯调查会第二部:《调查经济资料报告》上,东京三秀社,1905年,第102、103页。）

第二节　全岛版图的完成与政治近代化

康熙六十一年(1722年),朱一贵事件之后,清廷唯恐汉番联合危害政权,实施划界封山政策,[1]禁止汉人私越,自此后山被封禁达150余年。此后,汉人虽偶有偷越后山者,封山政策却无形之中延迟了该地开发。嘉庆、道光年间,台湾西部开垦大致完成,少数汉人开始转移目标至后山交通较方便、平原开阔之地拓垦,但是大多失败,弃地而去。咸丰、同治年间,较具规模的拓垦集团入垦渐多,但受限于水路交通不便,汉人移垦活动最初集中于花东纵谷南北两端,进入纵谷中段的则以二次移民的平埔族为主。由于恶劣的自然环境和番害的威胁,移民聚居地仍停留于据点或垦区阶段,且汉番贸易关系密切。[2]卑南(台东县卑南乡、台东市)、火烧屿(绿岛)、成广澳(台东县成功镇)、璞石阁(花莲玉里镇)、新城等地即渐形成零星的汉人聚落。[3]然而,清政府对于后山的重视,却要到牡丹社事件爆发之后。

同治十三年(1874年),日本借口琉球难船在台湾遭原住民袭击而侵台,史称"牡丹社事件",这一事件凸显了后山开发之必要性。奉命来台调处的福建船政大臣沈葆桢为杜绝外人之觊觎,奏请解除长达150余年的封山禁令,[4]积极推行开山抚番政策,后山开发渐趋积极。光绪元年(1875年),沈葆桢又重订行政区划,将嘉庆年间以来的一府四县三厅,变成二府八县四厅。[5]鹿港同知一度议定移扎水沙连,鹿港改由南投县丞驻扎,[6]却未移撤,直至光绪十三年始裁撤。[7]北部的淡防厅析成一府二县,各有专管。至于后山地区,则依台湾道夏献纶之议,以"内山开辟日广,番民交涉事件日多,旧治殊苦鞭长莫及",奏请将原设于台湾府(台南)南路理番同知移扎卑南。凡民番词讼俱归该同知审讯,又称作"卑南厅",[8]是为清廷在后山正式设治之嚆矢。卑南厅所管辖范围,大致上为当时后山,亦即北至苏澳南至八瑶湾(屏东县满州乡)地区,[9]但实际上政令所及并不包含山地地区。

与西部前山先有移民再由官随后设治的情形不同,后山在官方强力推动,并以勇营作为开垦前哨的背景下,移民始进入拓垦。因此,设治之初,地旷人稀,并未进一步作行政区划,仅粗分成南路卑南、中路秀姑峦以及北路岐莱,并于卑南、

---

① [清]黄叔璥:《台海使槎录》,《台湾文献丛刊》第4种,台湾银行经济研究室,1957年,第167、168页。
② 邵伟达:《国家政策与东台湾聚落体系的演变(1875—1945)》,台湾政治大学2009年硕士学位论文,第22—40页。
③ 张永桢:《清代台湾后山开发之研究》,东海大学1986年硕士学位论文,第70—76页;《台东移民史》,台湾惯习研究会原著,程大学等译:《台湾惯习记事》,第四卷上,台湾省文献委员会,1984年,第3—6页。
④ [清]沈葆桢:《福建台湾奏折》,《台湾文献丛刊》第29种,台湾银行经济研究室,1959年,第12、13页。
⑤ 台湾银行经济研究室编:《安平县杂记》,《台湾文献丛刊》第52种,台湾银行经济研究室,1959年,第37页。
⑥ 朱寿朋编:《光绪朝东华续录选辑》,《台湾文献丛刊》第277种,台湾银行经济研究室,1969年,第37页;台湾银行经济研究室编:《清德宗实录选辑》,《台湾文献丛刊》第193种,台湾银行经济研究室,1964年,第3页。
⑦ [清]唐赞衮:《台阳见闻录》,《台湾文献丛刊》第30种,台湾银行经济研究室,1958年,第19页。
⑧ [清]唐赞衮:《台阳见闻录》,《台湾文献丛刊》第30种,台湾银行经济研究室,1958年,第60页。同年十二月,设置卑南厅。见台湾银行经济研究室编:《清德宗实录选辑》,《台湾文献丛刊》第193种,台湾银行经济研究室,1964年,第19、20页;台湾银行经济研究室编:《清会典台湾事例》,《台湾文献丛刊》第226种,台湾银行经济研究室,1966年,第36页。
⑨ [清]夏献纶:《台湾舆图》,《台湾文献丛刊》第45种,后山总图,台湾银行经济研究室,1959年;[清]吴赞诚:《吴光禄使闽奏稿选录》,《台湾文献丛刊》第231种,台湾银行经济研究室,1966年,第25页。

璞石阁以及花莲港等北、中、南三地设立招抚局。① 光绪三年(1877年),福建巡抚丁日昌一改沈葆桢以"开路"为重心的后山政策,转而积极招徕移民开垦纵谷平原。② 清廷乃将东部分成三个垦务重心,其中纵谷中段自大巴塱(花莲县光复乡)至大坡(台东县池上乡)为中路;中路以南地区则为南路,以卑南为重心;中路以北为北路,称奇莱。③ 这种三段式的行政区划是初垦之际以汉人拓垦与抚番事业为中心的考虑而产生。

光绪十年(1884年),中法战争促使清廷再度重视台湾,次年台湾建省,光绪十三年(1887年)八月台湾省正式运作。首任巡抚刘铭传以"辖境太广,则耳目难周;控制太宽,则声气多阻",建议重划台湾郡县,将沈葆桢时代的二府八县四厅,再变成三府十一县三厅一州。④ 亦即于后山正式设立台东直隶州,于水尾(花莲瑞穗乡)设直隶知州1员,原卑南厅旧治设州同1员,花莲港(今花莲市)添设州判1员。⑤ 直隶州治原拟设于水尾,嗣因光绪十四年(1888年)大港口事件,水尾被毁,居民死亡殆尽,仍暂寄治于卑南。⑥ 台东直隶州所管辖区域,名义上是北起东澳溪南至八瑶湾之后山地区,⑦但实际上官方政令所及区域时有变动,清末仅北至加里宛,南至阿郎壹溪(安朔溪)。⑧

光绪十二年(1886年)在刘铭传强力推动开山抚番政策之下,东部设卑南(卑南八社至巴塱卫一带)与水尾两个抚垦局。⑨ 光绪十四年(1888年),又将水尾抚垦局分成秀姑峦抚垦分局(自新开园至水尾)与花莲港(水尾北至新城)抚垦分局,⑩仍形成北中南三段的区域分划。直至光绪十五年(1889年)十二月,由于清丈的进行,以及后山经过多年经营亦有不少拓垦成果,正式将后山划分成五乡九堡。⑪ 其主要作为地租征税区,光绪二十年(1894年)并于各乡置册书掌理一乡之税务钱粮。⑫ 换言之,后山已经完全纳入清朝的直接统治之下,全岛版图终于完成。

除了版图扩大、重整厅县之外,清末台湾政治亦因清廷积极理台而一新气象,

---

① 张永桢:《清代台湾后山开发之研究》,东海大学1986年硕士学位论文,第197页。
② 李文良:《台东县史政事篇》,台东县政府,2001年,第114、115页。
③ 林圣钦:《花东纵谷中段的土地开发与聚落发展(1800-1945)》,台湾师范大学1995年硕士学位论文,第64页。
④ 亦即台南府、台湾府以及台北府;11个县为恒春、凤山、安平、嘉义、云林、彰化、台湾、苗栗、新竹、淡水、宜兰;3个厅为埔里社、南雅、基隆;1个州为台东直隶州。
⑤ 台湾银行经济研究室编:《刘铭传抚台前后档案》,《台湾文献丛刊》第276种,台湾银行经济研究室,1969年,第124、125页。
⑥ [清]胡传:《台东州采访册》,《台湾文献丛刊》第81种,台湾银行经济研究室,1960年,第1、13页;林玉茹:《白川夜舟〈台东旧纪〉译注与史料价值评介》,《东台湾研究》,1996年,创刊号,第126、127页。
⑦ 《台湾地舆全图》,《台湾文献丛刊》第185种,台湾银行经济研究室,1963年,第72、73页;《台东直隶州丈量八筐册》,州图,"中央图书馆"台湾分馆藏。
⑧ [清]胡传:《台东州采访册》,《台湾文献丛刊》第81种,台湾银行经济研究室,1960年,第1页。日人田代安定则认为台东直隶州界,北及新城南至巴塱卫溪(今大武溪)。见[日]田代安定:《台东殖民地豫察报文》,台湾总督府民政部殖产课,1900年,第26页。
⑨ 李文良:《台东县史政事篇》,台东县政府,2001年,第25页;[清]胡传:《台东州采访册》,《台湾文献丛刊》第81种,台湾银行经济研究室,1960年,第85页。
⑩ [清]胡传:《台东州采访册》,《台湾文献丛刊》第81种,台湾银行经济研究室,1960年,第85页;《抚垦局概略》,《台湾总督府公文类纂》,乙种永久,6卷4门,文书,1897年,台湾文献馆藏。
⑪ 5个乡是:南乡、广乡、新乡、奉乡以及莲乡。林玉茹:《由鱼鳞图册看清末后山的清赋事业与地权分配形态》,《东台湾研究》第2卷,1997年,第131—168页。
⑫ 《抚垦局概略》,台湾总督府:《台湾总督府公文类纂》,乙种永久,6卷4门,文书,1897年。

实行洋务运动,开始推动各种现代化工程,包括铁路、邮政、筑港、电报、电灯等基础建设。这些建设计划大多起于沈葆桢,但在首任台湾巡抚刘铭传任内落实。首先,同治十三年(1874年)日军侵台,迟至事件发生两周后,消息才辗转由英人传至清廷。有鉴于台湾与大陆间讯息传递不便,沈葆桢乃励行邮政和电报系统之革新。早期台湾的邮政是官方、民间平行发展,官方的铺递仅传递公文,民间书信传送则仰赖商人自营的信局。此年,遂改铺递为站信局,仍只传递公文。光绪十四年(1888年),刘铭传将新式邮政引进台湾,设邮政总局于台北,并于全台各处设43站,分正、旁、腰站三等级,发行邮票,同时接纳、递送官民信件。①

其次,同治十三年(1874年),沈葆桢与闽浙总督李鹤年、福州将军文煜联名奏请架设福州至厦门、厦门至台湾之电报线,后却由于沈葆桢调职而未架设。光绪二年(1876年),丁日昌又计划架设福州至台北、台北至台南之电报线,但由于经费短绌,最后仅于光绪三年(1877年)完成台湾府城至旗后、府城至安平之电报线。② 刘铭传抚台后,于光绪十二年(1886年)在台北设电报总局,筹备架设基隆、沪尾对台北,及台北至安平的陆上电报线,以及沪尾至福州、安平至澎湖的海底电报线,光绪十四年(1888年)全部竣工。其中陆线是由德商泰来洋行提供机器与电线,海线则由怡和洋行承办。③ 海线设沪尾、安平、旗后、妈宫四局,陆线则于基隆、台北、新竹、彰化、嘉义、台南等地设电报局。④ 电报局营运之后,陆线的使用状况并不是非常理想,时常中断,海线电报因有轮船定时巡修,运作较为稳定。⑤ 由于电报营运、维护需要相当数量的技术人员,光绪十四年刘铭传在大稻埕创立电报学堂,培训电报技术人员。⑥

兴建铁路是为了运输基隆煤矿,最早是由沈葆桢推动,但碍于没有经费,因此空有计划却无法落实。至丁日昌任福建巡抚时,曾兴建一条串联矿区与码头的轻便轨道,但从矿区码头至基隆港间仍以船只载送。⑦ 直至光绪十三年(1887年),刘铭传奏呈"拟修铁路创办商务折"之后,才付之实行。一开始修筑的路线是以大稻埕为起点,经锡口(松山)、南港、水返脚(汐止)、八堵等地至基隆,光绪十七年(1891年)竣工。大稻埕至新竹段铁路,则于光绪十九年(1893年)完工。⑧ 刘铭传原计划将铁路修筑至台南,但邵友濂继任时,由于已营运的路段无法回收成本,且财政困窘,只好中断。⑨ 铁路营运之初,因价廉且新奇,搭乘者众多,但后来却因管理不佳、车体容量小、车行颠簸等故,收入每况愈下。光绪十六年(1890年)曾交由粤商承

---

① 萧正胜:《刘铭传与台湾建设》,台湾嘉新水泥公司文化基金会,1974年,第41页。
② 李国祁:《中国现代化的区域研究—闽浙台地区》,中研院近代史所,1985年,第331、332页。
③ 萧正胜:《刘铭传与台湾建设》,台湾嘉新水泥公司文化基金会,1974年,第40页。
④ 许雪姬:《满大人的最后二十年》,自立晚报,1993年,第85—87页。
⑤ 萧正胜:《刘铭传与台湾建设》,台湾嘉新水泥公司文化基金会,1974年,第40页。
⑥ 许雪姬:《满大人的最后二十年》,自立晚报,1993年,第91页。
⑦ 王珊珊:《近代台湾纵贯铁路与货物运输之研究》,新竹县文化局,2004年,第47、48页。
⑧ 刘宁颜主编:《台湾铁路史》上卷,台湾省文献会,1990年,第15、20、21页。
⑨ 许雪姬:《满大人的最后二十年》,自立晚报,1993年,第123、124页。

包,但业绩仍无好转,后又转为官营。①

台湾也是当时中国第一个由官方主导装设电灯的地区。光绪十四年(1888年),在台北城建设大致完成后,刘铭传下令在街道装设电灯,但因电费高昂,不堪负荷,最后仅剩衙门继续使用。②

基隆由于港口条件良好,以及邻近宜兰地区的开发,不但日益繁荣,且于同治二年(1863年)开港,成为淡水的外口。然而,开港之后的贸易状况并不是非常热络。刘铭传主政时期,认为开发基隆港口对于台湾海防、商务帮助甚大,因此计划修筑基隆港。筑港工事于光绪十五年(1889年)开始,由板桥林家的林维源承办,以填筑港内海埔地和内港,疏浚蚵壳港、石硬港、田寮港,增建港口硬设备为重点;但随着刘铭传离开台湾,加以经费不足,修筑工程也随之中止。③

第三节　淡水—基隆区域型经济体系

咸丰十年(1860年),台湾开港之初,最先议定以淡水港为通商正口,基隆为子口。④ 但淡水港实为泛称,包括沪尾及艋舺二港。其中,沪尾虽是"淡属第一大海口",口门较深广,五六百石以上大船却需乘潮进港,而且口外沙线绵亘,船只颇易搁浅。⑤ 基隆港则为岛内最优良海港,⑥"船只出入不待潮涨",因此洋船通商偶尔会收泊于基隆,再赴沪尾完税。⑦ 基隆港和淡水港显然既具有功能互补关系,又各自独立运作、相互消长。开港之初,基隆港即以淡水港附口形态存在,吨位较大的洋船往往碇泊于基隆。光绪六年(1880年)官方规定供应台湾北路的内地唐盐,俱归基隆港盘收,艋舺、竹堑地区不得私收。⑧ 因此,淡水、竹堑地方食盐,除由台南供应外,也由基隆配销。光绪七年(1881年),基隆复设文报局,北路文报改由基隆港转递到省。⑨ 基隆、淡水二港之间互动亦颇频繁,1877年已置飞龙号定轮,往返于两港。⑩ 淡水运往基隆的物品有米、棉布、琼脂及其他杂货,基隆运往淡水货物以盐、煤为主。⑪

在相互消长方面,基隆港自同治九年(1870年)官方核准台煤解禁开采之后,

---

① 李国祁:《中国现代化的区域研究—闽浙台地区》,中研院近代史所,1985年,第330、331页。
② J. W. Davidson, *The Island of Formosa, past and present*, London and New York: Macmillan & Co; Yokohama: Kelly & Walsh, 1903, pp. 246-247.
③ 戴宝村:《近代台湾港口市镇之发展——清末至日据时期》,第108—111页。
④ 台湾银行经济研究室:《筹办夷务始末选辑》,《台湾文献丛刊》第203种,台湾银行经济研究室,1964年,第279—281页。
⑤ 《台湾府舆图纂要》,《台湾文献丛刊》第181种,台湾银行经济研究室,1963年,第418,422,423。
⑥ Shanghai Chinese Maritime Customs, *Chinese Imperial Maritime Customs Publications 1860-1948*, Tamsuy, 1867, p. 82.
⑦ 《台湾府舆图纂要》,《台湾文献丛刊》第181种,台湾银行经济研究室,1963年,第419—423页。
⑧ 淡新档案第14202号之3。
⑨ 台湾银行经济研究室:《淡新档案选录行政编初集》,《台湾文献丛刊》第295种,台湾银行经济研究室,1971年,第359页。
⑩ Shanghai Chinese Maritime Customs, *Chinese Imperial Maritime Customs Publications 1860-1948*, Tamsui and Kelung, 1877, p. 170.
⑪ "British Parliamentary Papers: Essays and Consular Commercial Reports." Irish University Press, 1971. *Area Studies Series, China*. Tamsuy and Kelung, 1874, pp. 77-78;1875, p. 591;1876, p. 99;1879, p. 355.; Shanghai Chinese Maritime Customs, *Chinese Imperial Maritime Customs Publications 1860-1948*, Tamsuy and Kelung, 1873, p. 201;1880, p. 2.

输出量大增。①光绪元年(1875年)该港已是"舟楫尤多,年来夹板、轮船,帆樯林立,洋楼客栈,阛阓喧嚣"。②光绪十三年(1877年)台湾建省,基隆因是"通商建埠,交涉纷繁",又值"开采煤矿、修造铁路,商民菌集",遂设基隆厅,③"兴盛之骤为全台最"。④但是,该港因腹地较小,与樟脑、茶的主要产地又有山岭阻隔,淡水港反而具备较有利的发展条件。1871年,淡水港已有与内地定期轮船之航线,基隆港却没有。⑤北部的大宗进出口货物大都运往淡水港,⑥基隆港主要是一个煤港,⑦贸易几乎完全依赖煤;然而煤矿的开采,因官方政策摇摆不定,⑧该港发展始终受到限制。台湾建省之际,淡水港泊船条件日益恶化,刘铭传一度欲以基隆港取代沪尾;光绪十三年(1887年)修筑基隆往台北铁路,光绪十五年(1889年)奏准基隆筑港。⑨但是,1891年完工的基隆——台北线铁路,并不稳妥,商人大多不愿托运茶叶、樟脑等贵重货物,⑩清廷又因基隆港位居要冲,若建码头、仓库,恐为外强觊觎,筑港计划终告失败。⑪另外,基隆港因聚货较少,贸易不大,官商轮船往来较少,⑫中外商人大都往来沪尾交易。⑬因此,在两港消长过程中,淡水港始终处于优势状态,基隆港则因煤务不振,趋于衰落。

淡水和基隆港二港也有各自紧密相连的腹地。基隆港的腹地是金包里至噶玛兰地方,核心腹地则是金包里至三貂角地区。与基隆港连结最紧密的瑞芳、暖暖、水返脚及金包里各街,均是基隆港集散市场。⑭基隆厅也管辖基隆、石碇、金包里及三貂保四保。⑮不过,金包里、水返脚及暖暖等港与淡水港连结也颇密切。其中,金包里港为金包里保的主要出入门户。此外,基隆港开作条约港岸之后,港务日益繁盛,附近海岸又蕴藏丰富的煤矿,⑯乃带动基隆附近地域的深水良港之兴起,以作为临时避风碇泊地;或如八斗子一般,"为产煤奥区",充当运煤港;而且"招洋匠浚煤

---

① 黄嘉谟:《甲午战前之台湾煤务》,中研院近史所,1961年,第95—97页。
② [清]沈葆桢:《台北拟建一府三县折》,[清]沈葆桢:《福建台湾奏折》,《台湾文献丛刊》第29种,台湾银行经济研究室,1959年,第56页。
③ [清]刘铭传:《台湾郡县添改撤裁折》,[清]刘铭传:《刘壮肃公奏议》,《台湾文献丛刊》第27种,台湾银行经济研究室,1958年,第286页。
④ 刘锦藻:《台湾省舆地考》,台湾银行经济研究室编:《台湾舆地汇钞》,《台湾文献丛刊》第216种,台湾银行经济研究室,1965年,第17页。
⑤ Shanghai Chinese Maritime Customs, *Chinese Imperial Maritime Customs Publications 1860-1948*, Tamsui, 1882-1886, p. 257.
⑥ 基隆港的出口货物以煤炭为主,花生油、樟脑及樟木只有少量装运。见 Camille Imbault-Huart 著,黎烈文译:《台湾岛之历史与地志》,《台湾研究丛刊》第56种,台湾银行经济研究室,1958年,第89页。
⑦ "British Parliamentary Papers: Essays and Consular Commercial Reports," Irish University Press, 1971, Area Studies Series, China, Tamsuy, 1866, p. 486.
⑧ 参见黄嘉谟:《甲午战前之台湾煤务》,中研院近代史所,1961年,第214—247页。
⑨ 戴宝村:《近代台湾港口市镇之发展——清末至日据时期》,台湾师范大学1988年博士学位论文,第127页。
⑩ H. B. Morse著,谦祥译:《1882—1891年台湾淡水海关报告书》,《台湾经济史六集》,《台湾研究丛刊》第54种,台湾银行经济研究室,1957年,第163页。
⑪ [日]井出季和太著,郭辉译:《台湾治绩志》,台湾成文出版社,1985年,第116页。
⑫ [清]刘璈:《巡台退思录》,《台湾文献丛刊》第21种,台湾银行经济研究室,1958年,第33页。
⑬ [清]刘铭传:《刘壮肃公奏议》,《台湾文献丛刊》第27种,台湾银行经济研究室,1958年,第268页。
⑭ 临时台湾旧惯调查会第二部编:《调查经济资料报告》(下),东京三秀舍,1905年,第111页。
⑮ 《台湾地舆总图》,台湾成文出版社,1983年,第15页。
⑯ 黄嘉谟:《甲午战前之台湾煤务》,中研院近代史所,1961年,第11、12页;台湾总督府民政局殖产部:《台湾产业调查录》,东京金城书院,1897年,第202页。

井,仿西法以行之",开始运用近代化技术采煤。①

淡水港在条约中只是泛称,实际上包含沪尾、艋舺及大稻埕三个港口,分别承担条约港的各项机能。19世纪60年代,沪尾已是"行铺众多,居民利密",并与"艋舺各郊行声气相通"②。19世纪70年代之后,沪尾更加繁荣,"居民数千家,皆上、中、下三层街,中、下市肆稠密,行道者趾错肩摩"③。但是,沪尾其实主要作为商船碇泊所及验关收税所在,所有进出口货物缴完税之后,立即运往号称北部商业首都的艋舺,以供台北盆地消费,或沿着本岛北边和西边海岸转运到各地重要市镇。④该港三四百石商船可以直接泊岸,大商船半载也可乘潮进出。⑤ 台北盆地的蓝靛、木材、通草、樟脑均以艋舺为集散中心。⑥ 19世纪70年代,大稻埕兴起之后,大部分的政治、经济活动是在内港的艋舺或大稻埕进行。

艋舺与大稻埕之间,也有分工及消长关系存在。在同治八年(1869年)以前,淡水港所有的进出口货物,几乎都在艋舺集散。⑦ 同治十一年(1872年),五家洋行先后开设于大稻埕,大稻埕遂成为茶的集散、加工中心,茶庄纷立,稍夺艋舺商业集散地位。但是,此时艋舺仍是台北盆地最大商业市镇,大型中式帆船停泊于此港,⑧ "巨商富户,悉萃于此"⑨。光绪元年,清廷于艋舺设台北府府治,彰化以北至后山奇莱胥归控制。⑩ 1881年,艋舺与沪尾之间,已有定期轮往来,⑪所有在沪尾缴税后的进口品,皆被运往艋舺消费或分配。⑫ 此后,因艋舺、新庄之间未设火车桥梁,又因淡水河淤浅,⑬商船改停泊于大稻埕,商势渐移。光绪十二年(1886年),沪尾与大稻埕之间定期轮的航行,⑭似已明白宣告大稻埕取代艋舺成为台北盆地商业集散中心。1890年淡水港的所有商业活动,大都在大稻埕进行。⑮ 光绪十八年(1892年)左右,大稻埕人口已超过艋舺,成为北部第一大市镇。⑯

---

① [清]刘璈:《巡台退思录》,《台湾文献丛刊》第21种,台湾银行经济研究室,1958年,第24页;[清]蒋师辙:《台游日记》,《台湾文献丛刊》第6种,台湾银行经济研究室,1957年,第108页。
② 《台湾府舆图纂要》,《台湾文献丛刊》第181种,台湾银行经济研究室,1963年,第424页。
③ [清]池志征:《全台游记》,《台湾文献丛刊》第89种,台湾银行经济研究室,1960年,第6页。
④ *British Parliamentary Papers: Essays and Consular Commercial Reports*, Irish University Press, 1971. Area Studies Series, China, Tamsuy, 1866, p. 57.
⑤ 《台湾府舆图纂要》,《台湾文献丛刊》第181种,台湾银行经济研究室,1963年,第423页。
⑥ 戴宝村:《近代台湾港口市镇之发展——清末至日据时期》,台湾师范大学1988年博士学位论文,第116、117页;台湾惯习研究会著,程大学译:《台湾惯习记事》,第3卷第8号,台湾省文献会,1984年,第85页;苏省行:《艋舺街名考源》,《台北文物》,1953年,第2卷第1期,第18—27页。
⑦ 林满红:《茶、糖、樟脑业与晚清台湾》,《台湾研究丛刊》第115种,台湾银行经济研究室,1978年,第83页。
⑧ Camille Imbault-Huart著,黎烈文译:《台湾岛之历史与地志》,《台湾研究丛刊》第56种,台湾银行经济研究室,1958年,第85页。
⑨ 《台湾地志草稿》,《中国方志丛书》第157号,台湾成文出版社,1985年,第64页。
⑩ [清]沈葆桢:《台北拟建一府三县折》,《福建台湾奏折》,《台湾文献丛刊》第29种,台湾银行经济研究室,1959年,第58页。
⑪ Shanghai Chinese Maritime Customs, *Chinese Imperial Maritime Customs Publications 1860-1948*, Tamsuy, 1881, p. 2.
⑫ "British Parliamentary Papers: Essays and Consular Commercial Reports." Irish University Press, 1971. *Area Studies Series*, *China*, 1884, Reported by Mr. L. C. Hopkins on the Island of Formosa, p. 520.
⑬ 黄启端等:《艋舺耆老座谈会纪录》,《台北文物》,1953年,第2卷第1期,第5页。
⑭ "British Parliamentary Papers: Essays and Consular Commercial Reports." *Area Studies Series*, *China*, Irish University Press, 1971. Tamsuy, 1886, p. 623.
⑮ "British Parliamentary Papers: Essays and Consular Commercial Reports." *Area Studies Series*, *China*, Irish University Press, 1971. Tamsuy, 1890, p. 273.
⑯ G. L. Mackay著,周学普译:《台湾六记》,《台湾研究丛刊》第69种,台湾银行经济研究室,1956年,第67页。

虽然艋舺与大稻埕互为消长,但两港始终是台北盆地商业集散中心,并通过淡水河三大支流向各地分配进口货物或收集农产品。清末,三条支流皆畅通无阻,航运大兴。北边的基隆河为淡水至鸡笼、噶玛兰要道,由于陆路货运较不方便,水运显得较有利。① 自暖暖、八堵至关渡、沪尾之间,时常有小驳船往来,②暖暖与锡口往往沿河运煤至沪尾出口。③ 其中,锡口于同治年间最为发达,由沪尾或艋舺运货到基隆的船舶,以该港为转载中心点,④行人或可陆行抑可水运,⑤因此锡口为基隆河较重要的河港市街。

淡水河的第二条支流新店溪,自摆接保枋寮(中和)至艋舺之间,有小驳船往来;同治九年(1870年)以降,新店溪航线更深入内山丘陵,新店是20石小船航行终点,7石小船甚至可达屈尺;支流的景美溪,10石小船可以航行至枫子林。⑥ 南面的大嵙崁溪,自新庄至艋舺之间,有小驳船往返运货。⑦ 其中,新庄自从嘉庆末年港务移艋舺之后没落,唯该港仍位于竹堑往淡水大路,又因大嵙崁溪樟脑及茶叶栽植渐兴,遂以河港形态继续存在。内地来贸易,或由郡来北皆至新庄,故"商贾云集,烟户甚众"⑧。

大嵙崁溪航运则特别兴盛,河港规模较大,中式帆船可至新庄;三角涌和大嵙崁是附近地区的茶叶、樟脑、通草集散地,然后再船运至艋舺或大稻埕。⑨ 尤其是大嵙崁为大嵙崁溪航运终点,1867年官方征服番社,开垦番地,制脑业勃兴,米、茶产额逐年增加,⑩并以帆船往返于三角涌、新庄、枋桥、艋舺、大稻埕等港街,⑪该港遂成为淡水河中游沿岸地方的中心市镇,19世纪90年代已成街。⑫ 光绪十二年(1886年)并设抚垦总局,遣兵驻屯,诸产业更加昌盛;光绪二十年(1894年)因"茶叶、樟脑萃集于此,商贾辐辏,生业日繁",又"地逼隘防",遂设"台北府分防南雅理番捕盗同知",管辖新竹、淡水沿山地界。⑬ 大嵙崁成为大嵙崁溪最大港街。

19世纪70年代以前,北部地区出口货物,最大"莫如油米,次麻豆,次糖菁"⑭,樟脑及茶叶生产尚处于肇兴阶段。另外,煤矿、硫黄、蓝靛以及樟脑亦为重要物产。硫黄产于金包里、冷水窟、大磺山、北投等处,郑氏王朝时期已有生产,向由"民间私煮私售",后为沈葆桢奏请收归官用,不准商人输运出洋。光绪十六年,刘铭传奏请

---

① Shanghai Chinese Maritime Customs, *Chinese Imperial Maritime Customs Publications 1860-1948*, Tamsuy, 1867, p.82.
② 《台湾府舆图纂要》,《台湾文献丛刊》第181种,台湾银行经济研究室,1963年,第418页。
③ [清]陈培桂:《淡水厅志》,台湾省文献会,1977年,第385页。
④ 黄得时:《松山地区的沿革》,《台北文物》,1954年,第3卷第1期,第30页。
⑤ [清]陈培桂:《淡水厅志》,台湾省文献会,1977年,第51页。
⑥ 戴宝村:《清季淡水开港之研究》,《台湾师范大学历史所专刊》第11号,1984年,第15页。
⑦ 《台湾府舆图纂要》,《台湾文献丛刊》第181种,台湾银行经济研究室,1963年,第418页。
⑧ 台湾银行经济研究室编:《台湾教育碑记》,《台湾文献丛刊》第54种,台湾银行经济研究室,1959年,第61页。
⑨ 台湾惯习研究会原著,程大学等译:《台湾惯习记事》,台湾省文献委员会,1984年,第85页。
⑩ 富永麟:《大溪志》,据1944年版重印,台湾成文出版社,1985年,第94页。
⑪ 洪敏麟:《台湾旧地名之沿革》第一册,台湾省文献会,1984年,第93页。
⑫ [日]富田芳郎:《台湾乡镇之地理学研究》,《台湾风物》,1955年,第5卷第6期,第39页;《教务教案档》,第五辑(四),光绪十九年四月四日,第2123、2124页。
⑬ [清]朱寿朋编:《光绪朝东华续录选辑》,《台湾文献丛刊》第277种,台湾银行经济研究室,1969年,第183页。
⑭ [清]陈培桂:《淡水厅志》,台湾省文献会,1977年,第287页。

"一体开禁,以畅销路"①。

蓝靛自道光年间以来在出口贸易上始终占有一定的地位,常运到漳、泉,再向大陆南北地区发卖,②咸丰年间更达于鼎盛的地位,大量对外输出。③直到光绪六年(1880年),蓝靛仍占北部地区中式帆船输出商品的第三位,仅次于米和煤,而在价值上常常是第一位,每年由中式帆船装运出去的蓝靛平均约21 000担(约210万斤),总价达150 000元。④光绪中叶,北部地区积极引进茶的种植以后,部分木蓝产地逐渐被茶所占,加上蓝靛内需市场扩大,⑤出口量迅速减退,1896年以后自汕头进口蓝靛已成为常事。⑥

台湾中北部樟林的分布遍布平原与山地,唯随着开垦的进行,平原的樟林被砍伐殆尽,至道光年间产脑地已由平原转向山区,咸、同年间大概仅有汉番交界的内山是制脑地。⑦同治十一年(1872年)以前,樟脑产地仅限于大甲溪以北的大嵙崁溪、凤山溪、后龙溪及大甲溪;中法战役之后,中部产量才逐渐增加。⑧茶叶虽然早在道光年间已输往大陆,唯同治四年(1865年)经英商John Dodd在基隆、艋舺及其附近发现台茶潜力,并引进安溪茶种,1865—1866年之间推销到美国市场之后,栽植始渐成风气。同治八年(1869年),Dodd又直接输运乌龙茶至纽约,在美国市场造成轰动,台茶乃更受国际市场之瞩目。⑨因此尽管同治三年(1864年)进出淡水港的汽船数及总吨位数已超越安平港,⑩淡水港也是台湾西部最佳港湾,但是由于出口货物市场尚未大为开展,邻近市镇财富资金不多,位置又偏离台湾府城,发展稍慢。⑪港口进出口贸易额仅为南部一半。⑫

同治九年(1870年)以后,北部的出口大宗茶和樟脑,在国际市场上大放异

---

① [清]蒋师辙:《台游日记》,《台湾文献丛刊》第6种,台湾银行经济研究室,1957年,第108页;[清]刘铭传:《刘壮肃公奏议》,《台湾文献丛刊》第27种,台湾银行经济研究室,1958年,第369页。
② 道光中叶,郑用锡《淡水厅志》已记载:"菁淀(靛)常运漳泉,南北发卖。"见[清]郑用锡:《淡水厅志》,厦门大学出版社,2004年,第96页。
③ 陈国栋:《清代中叶台湾与大陆之间的帆船贸易:以船舶为中心的数量估计》,《台湾史研究》,1994年,第1卷第1期,第85页。J. W. Davidson也记载:蓝靛在1850年间已经是常有的产品,比较大数量的蓝靛在此年间由此岛运出,1856年数量达到7,000包(931,000磅)。见J. W. Davidson著,蔡启恒译:《台湾之过去与现在》,《台湾研究丛刊》第107种,台湾银行经济研究室,1972年,第358页。
④ 光绪初年,台湾蓝靛染成的黑色布由于不容易褪色,受到大陆市场的喜爱;光绪五年(1879年)北台湾各地纷纷出现新的染坊,并从大陆雇用有经验的染匠来台,由于台湾本地可以染出红、绿色,蓝靛的本地需求量增加,本地所染的纺织品除了供应地方所需之外,也以中式帆船运到大陆福州地区。见Shanghai Chinese Maritime Customs, *Chinese Imperial Maritime Customs Publications 1860 -1948*, Tamsui, 1880, p. 188. 换言之,1880年以后,蓝靛由于内需市场需求增加,又直接将染好的纺织品再进口至大陆,蓝靛的出口量遂减少。
⑤ Shanghai Chinese Maritime Customs, *Chinese Imperial Maritime Customs Publications 1860 -1948*, Tamsui, 1881, p. 9.;James W. Davidson著,蔡启恒译:《台湾之过去与现在》,《台湾研究丛刊》第107种,台湾银行经济研究室,1972年,第359页。
⑥ Shanghai Chinese Maritime Customs, *Chinese Imperial Maritime Customs Publications 1860 -1948*, Tamsui, 1881, p. 9.;James W. Davidson著,蔡启恒译:《台湾之过去与现在》,《台湾研究丛刊》第107种,台湾银行经济研究室,1972年,第359页。
⑦ 林满红:《茶、糖、樟脑业与晚清台湾》,《台湾研究丛刊》第115种,台湾银行经济研究室,1978年,第29页。
⑧ 林满红:《茶、糖、樟脑业与晚清台湾》,《台湾研究丛刊》第115种,台湾银行经济研究室,1978年,第30页;戴宝村:《近代台湾港口市镇之发展——清末至日据时期》,台湾师范大学1988年博士学位论文,第113页。
⑨ John Dodd及其宝顺洋行(Dodd & CO.)与北台茶叶之关系,详见黄颂文:《清季台湾开港前后英商杜德与宝顺洋行的崛起》,东吴大学2012年硕士学位论文。
⑩ 戴宝村:《近代台湾港口市镇之发展——清末至日据时期》,台湾师范大学1988年博士学位论文,第89页。
⑪ *British Parliamentary Papers: Essays and Consular Commercial Reports*, Irish University Press, 1971. Area Studies Series, China. Tamsui, 1864, p. 224.
⑫ 林满红:《茶、糖、樟脑业与晚清台湾》,《台湾研究丛刊》第115种,台湾银行经济研究室,1978年,第87页。

彩。淡水和基隆二港规模更大,腹地也大为扩张。1867年至1872年之间,淡水港先后成立宝顺(Dodd & CO.)、德记(Tait & CO.)、怡记(Elles & CO.)、水陆(Brown & Co.)及和记(Boyd & CO.)等洋行。① 洋行大量收购各地物产,更加强条约港的中心性集散与分配机能。由1891年、1893年两年海关报告记载运销至北部沿岸各港的外国货品,可以发现北部经济区核心港口的供货范围,北至宜兰南至鹿港。同时,大嵙崁、三角涌、竹堑、后龙、梧栖及鹿港各港,也将腹地的樟脑、油,转运至淡水港出口。② 至于后山奇莱(花莲),地方初辟,与北部港口连结较为密切。故淡水——基隆港双核心经济区的范围大为扩张,东至山后的奇莱,西至鹿港。

淡水——基隆港区域型经济区之下,除了淡水河系核心经济区之外,在鹿港以北至奇莱之间,又相当松散地连结几个独立的地区性经济区。除了鹿港经济区之外,大甲溪以北至淡水河口之间,大甲、苑里、吞霄、红毛港、南崁港因口外沙线横隔,外来船只难以入港;唯大安港、后龙港、中港、香山港及竹堑等港,内地船只可以出入。③ 各港置汛兵、口书及澳甲,稽查挂验出入船只,后龙文馆并兼办中港。④ 19世纪60年代,后龙、大甲及竹堑又俱为樟脑集散地,淡水以南遂主要形成以竹堑港、后龙港、中港及大安港为中心的四个独立次级经济区,四港来港的内地船艘最多。其中,香山港、后龙港及中港大都只容纳三五百石小船乘潮出入,间或有七八百石大商船遭风收泊于口外。⑤ 上述港口对外交通功能独立;同时因非条约港税率为条约港之一半,鸦片及部分洋货经常以中式帆船直接输至各港。⑥ 1892年淡水海关报告即宣称鹿港及北部的三四个小港,中式帆船进口贸易几乎占北部一半。⑦ 显然,各港对核心港的依存度较低,唯因其无法容纳大船出入,故"必以沪尾、鸡笼"互易。以下分述各经济区之发展。

一、鹿港独立地区性经济区

鹿港独立经济区范围,主要是大肚溪至虎尾溪之间地域,包括王功、番挖、海丰及梧栖港等四港及其腹地。咸丰十年(1860年)以后,鹿港已经改以鹿港街西4公

---

① 黄颂文:《清季台湾开港前后英商杜德与宝顺洋行的崛起》,东吴大学2012年硕士学位论文,第二章;James W. Davidson著,蔡启恒译:《台湾之过去与现在》,《台湾研究丛刊》第107种,台湾银行经济研究室,1972年,第259页。
② Shanghai Chinese Maritime Customs, *Chinese Imperial Maritime Customs Publications 1860-1948*, Tamsui, 1891, p. 353; 1892, p. 354;1893, p. 368;1894, p. 374;1895, p. 353.
③ 《台湾府舆图纂要》,《台湾文献丛刊》第181种,台湾银行经济研究室,1963年,第421页。
④ 《台湾府舆图纂要》,《台湾文献丛刊》第181种,台湾银行经济研究室,1963年,第36—37页。
⑤ 《台湾府舆图纂要》,《台湾文献丛刊》第181种,台湾银行经济研究室,1963年,第411、412页;[清]陈培桂:《淡水厅志》,台湾省文献会,1977年,第171页。
⑥ W. A. Pickering著,吴明远译:《老台湾》,《台湾研究丛刊》第60种,台湾银行经济研究室,1959年,第53页。
⑦ Shanghai Chinese Maritime Customs, *Chinese Imperial Maritime Customs Publications 1860-1948*, Tainan, 1892, p. 361. 又,1877年淡水与基隆的领事报告曾估计,由大陆沿岸省分各港,往来于台湾东部海岸及淡水以南西部海岸各港的中式帆船,大约有425艘左右。见*British Parliamentary Papers: Essays and Consular Commercial Reports*, Irish University Press, 1971. Area Studies Series, China. Tamsui and Kelung, 1877, p. 141。

里的冲西港为外口,外来商船大都停泊于此。① 王功、番挖则仅容渔船出入,②与鹿港紧密连结。此时,鹿港仍是"中路最要口岸"③,中部文报传递口,④但因港口条件不佳,并未开作条约港,也一直以传统中式帆船作为交通工具,与淡水港和安平港渐有中介转运关系,并没有出现条约港那种逐渐转用轮船运输的交通革命,港口地位大不如往昔。不过,由于1870年以前,国际市场尚未扩大,樟脑产地以大甲溪以北地区为主。鹿港通过淡水港转运的商品有限,转运量也不大,大多直接与大陆贸易。同治九年(1870年)之后,随着条约港国际贸易的扩张,货物吞吐量大逊于南北四口,与安平港、淡水港具有中介转运关系,功能未完全独立自主;而且,集散势力范围大削,只是独立的地区性经济区。

鹿港对外贸易商品是米、糖、樟脑以及苎麻,尤以米谷为大宗,直至日据初期尚占出口量的75%左右。⑤ 贸易地点则以泉州各港、厦门为中心,也偶有直透上海、宁波及香港的商船,但与泉州的贸易却高达90%。⑥ 淡水港出口的糖,虽大部分由鹿港供应,⑦唯由鹿港直接输至对岸者约占七成。⑧ 集中至鹿港的茶,则主要通过淡水港茶商出口。⑨ 埔里、集集地区的樟脑,也大部分由鹿港输至淡水港,⑩东北风季节方由安平港出口。该港进口的洋货、鸦片,大多由淡水港或安平港取得。在1886年以前,鹿港的外国棉布几乎完全由台南供应,但是新厘金税实行后,促使中式帆船运输量大增;外国棉布、煤油、鸦片等物品,也以中式帆船直接运往鹿港。⑪ 鹿港与安平、淡水港虽有相当的贸易依存关系,1893年由淡水港运往鹿港的外国货品价值,更为北部各港之冠。然而,鹿港大部分物货,大半直接自对岸取得;⑫除了樟脑、茶之外,本地物产也主要经由鹿港输至对岸。

境内的王功、番挖、西港,虽与泉州也有往来,船只往返每年却仅100次,远不及鹿港。⑬ 而且,各港文武口概归鹿港厅管辖,⑭与鹿港仍有相当高的依存关系。鹿港的集散地,包括彰化、员林、北投、溪湖、番挖、北斗、永靖、南投、斗六、麦寮、林圯

---

① 《台湾府舆图纂要》,《台湾文献丛刊》第181种,台湾银行经济研究室,1963年,第342页。
② 《台湾府舆图纂要》,《台湾文献丛刊》第181种,台湾银行经济研究室,1963年,第31—33页。
③ [清] 唐赞衮:《台阳见闻录》,《台湾文献丛刊》第30种,台湾银行经济研究室,1958年,第19页。
④ 光绪十年(1884年),鹿港与泉州设道济公栈,以通台湾文报。见[清]朱寿朋编:《光绪朝东华续录选辑》,《台湾文献丛刊》第277种,台湾银行经济研究室,1969年,第98页;台湾银行经济研究室编:《清德宗实录选辑》,《台湾文献丛刊》第193种,台湾银行经济研究室,1964年,第170页。
⑤ 临时台湾旧惯调查第二部,《调查经济资料报告》(上),东京三秀舍,1905年,第40、41页。
⑥ [清] 佚名:《鹿港风俗一斑》,清光绪二十二年(1896年)稿本。
⑦ British Parliamentary Papers: Essays and Consular Commercial Reports,Irish University Press,1971. Area Studies Series, China. Tamsui, 1879, p. 180.
⑧ [日] 荒井贤太郎:《台湾经济事情视察复命书》,日本大藏省理财局,1899年,第205页。
⑨ Shanghai Chinese Maritime Customs, Chinese Imperial Maritime Customs Publications 1860 - 1948, Takow, 1881, p. 275.
⑩ [日] 荒井贤太郎:《台湾经济事情视察复命书》,日本大藏省理财局,1899年,第161页。
⑪ British Parliamentary Papers: Essays and Consular Commercial Reports, Irish University Press, 1971. Area Studies Series, China. Taiwan, 1866, p. 661 - 662; Shanghai Chinese Maritime Customs, Chinese Imperial Maritime Customs Publications 1860 -1948, Tainan, 1893, p. 374.
⑫ [日] 荒井贤太郎:《台湾经济事情视察复命书》,日本大藏省理财局,1899年,第6页。
⑬ 陈其南:《台湾的传统中国社会》,台湾允晨文化公司,1987年,第213页。
⑭ 陈其南:《台湾的传统中国社会》,台湾允晨文化公司,1987年,第189页。

埔等地，①云林县及台湾县部分杂货也由鹿港输入。② 该港与涂葛崛、梧栖港、北港、东石、大安、后龙、竹堑、淡水、基隆、布袋及安平等港，均有往来。③

19世纪60年代，腹地的商业中心又进一步发展，沿海出现福兴街，北投街分成新街和旧街，近山地区则出现社头街、沙仔仑街以及东埔蜡街。④ 另一方面，沿山拓垦已进入埔里盆地。埔里迟至嘉庆二十年(1815年)郭百年事件时才有汉人入垦，但两年后因被官方驱逐出境而中断，此事件也使得原居于此的埔社原住民元气大伤，而招平埔族入埔里开垦。平埔族迁入之后，从盆地东南方开始，逐渐开垦至盆地北方。⑤ 光绪元年(1875年)，开山抚番政策施行之后，清廷招抚埔里社六社，沿山地区又进一步向东进垦。光绪四年，改北路理番同知为中路抚民理番同知，驻扎于埔里社，总兵吴光亮建大埔城。⑥ 19世纪80年代，埔里地区已经开垦田园2 000余甲，尚有三分之一未垦，另有枇杷城存在。沿山边界已达埔里的鲤鱼窟、今日南投县国姓乡的梅仔脚、鱼池乡的铳柜、顶社。除了米、糖之外，茶为此地新兴的产品。鹿港则仍有土城，由沿海到内山的埔里社，道路网络绵密，新增马芝街，除了沿海南北大路市街群，或由彰化县城到嘉义县城的平原市街群之外，已有4条东西向道路，可以由鹿港、彰化县城经由南投街、集集街、哞猫、北投街及葫芦墩到埔里社。⑦

二、梧栖港独立地区性经济区

19世纪50年代，梧栖港已经有美商琼记洋行(Augustine Heard & Co.)与英商怡记洋行(Elles & Co.)使用中式帆船或改良中式帆船来载运樟脑出口。⑧ 开港后，怡记洋行因应美国樟脑需求突增，选定梧栖港作为台湾樟脑生意据点，在该地私设行栈和汉人代理商。⑨

除了洋行在梧栖港进行樟脑贸易外，民间樟脑走私贸易亦十分盛行。不少港街商人与外商私下进行樟脑交易，无视官府之专卖政策。同治七年(1868年)，淡属匠首金东裕即查获洋人带家眷到梧栖长成号居住、设馆，⑩并入山强收樟脑。其私脑来源为三义、通霄、大甲及梧栖等处商人不顾禁令私自和洋行入山收购所得。⑪

---

① 临时台湾旧惯调查第二部：《调查经济资料报告》(下)，东京三秀舍，1905年，第170页。
② [日] 荒井贤太郎：《台湾经济事情视察复命书》，日本大藏省理财局，1899年，第6页。
③ 临时台湾旧惯调查第二部：《调查经济资料报告》(下)，东京三秀舍，1905年，第174页。
④ 台湾银行经济研究室编：《清代台湾大租调查书》第152种，台湾银行经济研究室，第6册，1963年，第965、966页；《台湾府舆图纂要》，《台湾文献丛刊》第181种，台湾银行经济研究室，1963年，第222—228页。
⑤ 邱正略：《日治时期埔里的殖民统治与地方发展》，台湾暨南大学2009年博士学位论文，第22、23页；温振华：《清代中部平埔族迁移埔里分析》，《台湾文献》，2000年，第51卷第2期，第27—37页。
⑥ 连横：《台湾通史》，《台湾文献丛刊》第128种，台湾银行经济研究室，1962年，第468、469页。
⑦ [清] 夏献纶：《台湾舆图并说》，彰化县，台湾成文出版社，1985年。
⑧ 黄嘉谟：《美国与台湾(1874—1895)》，中研院近代史所，1979年，第1—15、106、107页；W. A. Pickering 著，陈逸君译：《历险福尔摩沙(Pioneering in Formosa)》，台湾原民文化事业公司，1999年，第95页。
⑨ W. A. Pickering 著，陈逸君译：《历险福尔摩沙》，台湾原民文化事业公司，1999年，第212—229页。
⑩ 梧栖之长成号在鹿港亦没有店铺。该商号为鹿港之店面乃承租于鹿港泉郊许志湖。林玉茹：《商业网络与委托贸易制度的形成：十九世纪末鹿港泉郊商人与中国内地的帆船贸易》，《新史学》，2007年，第18卷第2期，第61—102页。
⑪ 杨惠玥：《清代至日治时期梧栖港街的发展与贸易变迁》，台湾暨南大学2011年硕士学位论文，第60页。

19世纪60年代,梧栖港也是中式帆船贸易中心,内地商船时常往来。[1] 同治元年(1862年),戴潮春事件爆发,该港一度成为叛军接济洋烟铅药之地。[2] 此时港口已成立行郊,并设司事一人,置文武口挂验船只,[3]也是鸦片走私要口之一。[4] 该港具有独立的对外交通贸易功能,对鹿港的依存度降低,遂与邻近小港组成一个独立地区性经济区。

梧栖港独立经济区范围,是大甲溪至大肚溪一带。区内从属的小港,包括道光以后几已淤塞仅能通小船的水里港,还有因协助鹿港米谷输出而出现的涂葛崛(涂葛窟)港,以及咸丰末年、同治初年新开的"竹筏港"与"高密港"。同治年间,涂葛崛港依然持续稳定成长,而新开之高密港,位于大甲溪南的海汊,可泊米船40余号,以南为梧栖港、水里港,均属汊口;竹筏港则为梧栖港新开口门,可泊米船三四十号。[5]

光绪十三年(1887年),台湾建省,本地域由彰化县析出,另置台湾县(台中)。梧栖港为主要出入门户,虽然港口外"沙痕盘曲,巨舟难拢,洋船罕到"[6],仍有内地商船往来。[7] 港口原隶鹿港厅管辖,改制后归台湾县稽查。[8] 清末梧栖港的澳甲税额仅次于安平、鹿港、澎湖等港口,显然该港贸易盛况空前。[9]

光绪十三年(1887年),梧栖港因流砂埋没港道,船只出入困难,商船改由南边的涂葛崛进出,该港乃成为梧栖外口;其时50吨以上船只停泊于此港,50吨以下则仍由梧栖港出入。[10] 然而,由于商业设施大都设于梧栖港,而且直至光绪二十一年(1895年)涂葛崛只有14户人家,[11]故大部分商业活动皆在梧栖港进行。不过,清末涂葛崛港的发展,仍带动该地在大肚溪北侧沿岸形成港街与汉庄。[12]

梧栖港和涂葛崛的集散市场,北自大甲、三叉河,南至彰化、乌日,东至东势角、阿罩雾。[13] 输出品以米、樟脑为主,稻米占输出首位,[14]大多直接输往大陆,交换日常杂货。樟脑则因梧栖为官设樟脑集散中心之一,[15]东势角地方的樟脑主要由梧栖港、涂葛崛运往淡水港出口;[16]淡水港进口货物,也分配至本港。但是,梧栖港因距

---

[1]《台湾府舆图纂要》,《台湾文献丛刊》第181种,台湾银行经济研究室,1963年,第344页。
[2] [清] 林豪:《东瀛纪事》,《台湾文献丛刊》第8种,台湾银行经济研究室,1957年,第18页。
[3] 陈其南:《台湾的传统中国社会》,台北允晨文化公司,1911年,第189、193页。
[4] 厦门市志编纂委员会、厦门市海关志编委会:《近代厦门社会经济概况》,鹭江出版社,1990年,第53页。
[5] 杨惠玠:《清代至日治时期梧栖港街的发展与贸易变迁》,台湾暨南大学2011年硕士学位论文,第53页。
[6] [清] 夏献纶:《台湾舆图并说》,台湾成文出版社,1985年,第43页。
[7]《台湾地舆总图》,台湾成文出版社,1983年,第19页。
[8] 陈其南:《台湾的传统中国社会》,台湾允晨文化公司,1987年,第189、190、193页。
[9] 杨惠玠:《清代至日治时期梧栖港街的发展与贸易变迁》,台湾暨南大学2011年硕士学位论文,第53页。
[10] 台湾总督府交通局道路港湾课:《台湾の港湾》,台湾总督府交通局,1938年,第150页。
[11] 临时台湾旧惯调查第二部:《调查经济资料报告》(下),东京三秀舍,1905年,第553页。
[12] [日] 湛水:《予观たろ涂葛崛及涂葛崛港》,《台关》,1908年第42号。
[13] 临时台湾旧惯调查第二部:《调查经济资料报告》(下),东京三秀舍,1905年,第66页;[清] 刘璈:《巡台退思录》,《台湾文献丛刊》第21种,台湾银行经济研究室,1958年,第7页。
[14] 临时台湾旧惯调查第二部:《调查经济资料报告》(下),东京三秀舍,1905年,第167页。清末台湾县每年对外输出米谷,约有70余万石。见[清] 刘铭传:《刘壮肃公奏议》,《台湾文献丛刊》第27种,台湾银行经济研究室,1958年,第245页。
[15] Shanghai Chinese Maritime Customs, *Chinese Imperial Maritime Customs Publications 1860 - 1948*, Tamsui, 1891, p. 339.
[16] [日] 荒井贤太郎:《台湾经济事情视察复命书》,日本大藏省理财局,1899年,第6页;Shanghai Chinese Maritime Customs, *Chinese Imperial Maritime Customs Publications 1860 - 1948*, Tamsui, 1891, p. 353.

鹿港不远,与鹿港关系极为密切,日常杂货虽也仰赖台北供应,唯大部分经由鹿港商人自对岸取得。① 此外,本港与大安港、后龙港、安平港也有贸易往来。②

梧栖港街东北方的葫芦墩是台湾稻米产量最丰富的产地。③ 葫芦墩街因位于内陆交通要冲,又控有输出樟脑的东势角街,成为梧栖港经济区内的重要集散据点。④ 大肚上堡南方山麓的牛骂头街则是汴仔头、加投脚(茄投)、大肚、乌日、阿罩雾等村庄集散中心;加以该街介于梧栖街、葫芦墩街之间,而成为有力的中继街市,梧栖、葫芦墩的商人均与该街交易密切。⑤

樟脑是梧栖港街第二项出口商品。清末通过梧栖港输出的米谷与樟脑数量庞大,1897年已经超过鹿港。⑥ 梧栖港经济区内樟脑的重要产地有罩兰、东势角、埔里社、集集街等地。⑦ 其中东势角街集散的樟脑主要运送至梧栖港、涂葛崛港,然后再输出至大稻埕。埔里社、集集街之樟脑,一部分运至涂葛崛港、梧栖港,一部分运至鹿港,再由以上港口北运至大稻埕;但也有部分樟脑在集集街集散后,会以牛车运至半里外的浊水溪,再使用竹筏运至北港,然后更换中式帆船运至台南。⑧

除米谷与樟脑外,19世纪末梧栖港街之农产品,有砂糖、黄麻、茶、豆、苎麻、落花生、落花生油、番薯签等,主要输出至福州、厦门、深沪、默林、蚶江、祥芝、獭堀、崇武等地。砂糖在蓝兴保、猫罗保、大肚上保、大肚中保、棟东上下保等均有产出,以东势角、葫芦墩、牛骂头为中心集散地。其中,大部分均由地方消费,只有蓝兴保及猫罗保之糖在葫芦墩集散后,由涂葛崛、梧栖两港输出。茶则是产于棟东上保及大肚上保,两地产茶在牛骂头街集散后,亦由涂葛崛及梧栖港输出至岛外。⑨

梧栖港街的米谷输出业主要掌握在当地的"水郊"手中。这些郊商以两岸米谷贸易为主,甚至掌握整个梧栖地区的主要商业贸易活动,直至晚清有金和兴、金万顺、金协兴三大郊商组织。⑩

大甲溪以北、通宵街以南地区,因其水路交通与梧栖港街连结便利,促使该经济区与梧栖港经济区相连。例如,大甲街出口当地米谷至台北时,会直接换取梧栖、涂葛崛的杂货。⑪ 竹堑港也会前往梧栖及涂葛崛,⑫购买布匹、金银纸、干鱼等进

---

① [日]荒井贤太郎:《台湾经济事情视察复命书》,日本大藏省理财局,1899年,第41、42页。
② 临时台湾旧惯调查会第二部:《调查经济资料报告》(下),东京三秀舍,1905年,第167页。
③ 清末以来,台中盆地稻米耕地及产额均高居全台之冠。见临时台湾旧惯调查第二部:《调查经济资料报告》(上),东京三秀舍,1905年,第14—16页;[日]荒井贤太郎:《台湾经济事情视察复命书》,日本大藏省理财局,1899年,第4页。
④ 临时台湾旧惯调查会第二部:《调查经济资料报告》(上),东京三秀舍,1905年,第551、552页。
⑤ 临时台湾旧惯调查会第二部:《调查经济资料报告》(上),东京三秀舍,1905年,第555页。
⑥ [日]荒井贤太郎:《台湾经济事情视察复命书》,日本大藏省理财局,1899年,第147页。
⑦ [日]荒井贤太郎:《台湾经济事情视察复命书》,日本大藏省理财局,1899年,第40、41、157页。
⑧ 临时台湾旧惯调查会第二部:《调查经济资料报告》(上),东京三秀舍,1905年,第552、553、608、609页。
⑨ 临时台湾旧惯调查会第二部:《调查经济资料报告》(上),东京三秀舍,1905年,第565、566、567—569、571、572页。
⑩ 杨惠玥:《清代至日治时期梧栖港街的发展与贸易变迁》,台湾暨南大学2011年硕士学位论文,第77页。
⑪ 临时台湾旧惯调查会第二部:《调查经济资料报告》(上),东京三秀舍,1905年,第502页。
⑫ 临时台湾旧惯调查会第二部:《调查经济资料报告》(下),东京三秀舍,1905年,第150—153页。

口商品。① 梧栖港与北港亦有直接或间接的贸易关系。此外,澎湖妈宫港自梧栖港输入豆类、米谷,然后转口至厦门及泉州各口。②

三、竹堑独立地区性经济区

竹堑港独立经济区范围主要是中港以北至南崁港之间地域。竹堑港为主要港口,是中式帆船贸易中心,③邻近小港与之互动较频繁。咸丰五年(1855年),洋商已经私自运鸦片和银块到竹堑港的辅助港香山港贩卖,再运樟脑、米回香港。④ 军工匠首金和合并与美商琼记洋行订定樟脑买卖合约,咸丰六年至咸丰八年(1856—1858年),外商已多次来到香山港和中港私运樟脑至香港。⑤ 19世纪60年代,竹堑港因仅容纳载重200石船只碇泊,⑥郊商遂改由香山港进出货物。⑦

香山港是位于竹堑港与中港之间的避风港,商船进口必须循南边盐水港进入,⑧虽然市街已分化成顶寮街和下寮街,也有郊存在,且置文武口挂验内地出入船只,⑨但主要作为竹堑外口,集散市场大致上与竹堑港重叠。⑩ 竹堑港北方的南崁港,并由香山兼司稽查。⑪ 19世纪80年代,竹堑港又能容纳商船出入,⑫香山港作为竹堑港外口地位顿减。

台湾开港之后,竹堑港纳入条约港市场圈中,与淡水港互动密切。由淡水至竹堑的交通,水、陆路皆可通行,水路沿海岸向南航行费时10小时,陆路则需36小时;艋舺并有客船航运至竹堑。⑬ 竹堑港也直接与中国沿海各地贸易,甚至贸易网络远达新加坡。⑭

同治、光绪年间,竹堑港、香山港以及中港的出口商品仍是"半米半货"⑮,亦即除了米之外,其他经济作物和土产出口也占有近一半比例。这些货物主要是盛产于台地、丘陵地的芝麻、苎麻、藤、通草、蓝靛、糖、樟脑以及茶。⑯

---

① 台湾省文献委员会:,陈金田译:《台湾私法》(三),台湾省文献委员会,1993年,第342、343页。
② 临时台湾旧惯调查会第二部:《调查经济资料报告》(下),东京三秀舍,1905年,第179、186、187页。
③ C. Imbault-Huart著,黎烈文译:《台湾岛之历史与地志》,《台湾研究丛刊》第56种,台湾银行经济研究室,1958年,第85页。
④ 黄嘉谟:《美国与台湾(1874—1895)》,中研院近代史所,1979年,第93—104页。
⑤ 黄嘉谟:《美国与台湾(1874—1895)》,中研院近代史所,1979年,第93—104页。
⑥ 《台湾府舆图纂要》,《台湾文献丛刊》第181种,台湾文献会,1963年,第36、37页。
⑦ 《台湾府舆图纂要》,《台湾文献丛刊》第181种,台湾银行经济研究室,1963年,第416页。
⑧ 陈朝龙、郑鹏云:《新竹县采访册》,《台湾文献丛刊》第145种,1962年,第44页。
⑨ 陈朝龙、郑鹏云:《新竹县采访册》,《台湾文献丛刊》第145种,1962年,第101、102页;《淡新档案》,第15209号之1。
⑩ 临时台湾旧惯调查会第二部:《调查经济资料报告》(下),东京三秀舍,1905年,第200、201页。
⑪ [清]陈培桂:《淡水厅志》,台湾省文献会,1977年,第172页。
⑫ 《台湾地舆总图》,台湾成文出版社,1983年,第11页。
⑬ Shanghai Chinese Maritime Customs, *Chinese Imperial Maritime Customs Publications 1860-1948*, Tamsuy, 1867, p. 83.
⑭ Robert L. Jarman ed., Taiwan Political and Economic Reports, 1861-1890, Vol. 1861-1875, Slough: Archive Editions, 1997, p. 114.
⑮ 《淡新档案》,12404—8号,光绪五年(1879年)七月。
⑯ 根据1898年林百川、林学源合纂的《树杞林志》记载,该地(树杞林)所出之栳、茶、米、糖、豆、麻、苎、菁等项,商人择地所宜,雇工装贩,由新竹配运大陆者甚夥,运着各国者亦复不少:布、帛、杂货则自福州、泉、厦返配;甚至远至宁波、上海、乍浦、天津、广东,亦为梯航之所及者。见[清]林百川、林学源:《树杞林志》,《台湾文献丛刊》第63种,台湾银行经济研究室,1960年,第98、99页。

竹南一保地区向来即盛产蔗糖,台南糖郊甚至远至头份、中港地区搜购蔗糖。①1876年,竹堑和淡水地区之间,糖的出口量大约是45 000担,主要运销到温州、宁波及上海地区。②光绪二十一年(1895年),竹堑地区糖的出口占据重要地位。不过,光绪年间,茶叶栽培逐渐盛行于竹北二保的丘陵、台地地区,多少也产生茶争蔗田现象,但因茶与甘蔗生长环境稍有异,茶争蔗田较茶争靛园的情形缓和。③特别是竹南一保和竹北一保地区茶叶栽种较晚,质量又不如竹北二保地区优良,直至19世纪90年代甘蔗仍为丘陵、山坡地的主要产物。

茶叶的栽种大概始于咸丰末年,产量极少,仅供农民自己消费。同治末年至光绪初年,竹北二保地区首开大量种茶之风气,然而直至光绪十年(1884年)左右大稻埕茶商来此买茶,各地茶的栽植才日益兴盛。④光绪十一年(1885年)竹堑城附近的高地已见茂盛的茶园,⑤光绪十二年(1886年)竹堑城设置茶厘验卡,⑥显然茶叶已开始对外输出。不过,也许由于所产茶叶的质量较淡水河系地区差,清末竹堑地区茶的产量远不及台北盆地,各市街也未出现茶市,茶叶主要转运至大稻埕制成精制茶,再对外输出至厦门。⑦茶园大多分布于竹北二保咸菜瓮、新埔、大湖口等地,⑧至于竹北一保和竹南一保的丘陵地,仍以甘蔗、苎麻以及地瓜为主要产物,⑨茶产量并不多。

同治年间左右,虽然竹堑地区已自行生产棉布带和腰带,⑩但是纺织品仍是重要的进口商品。开港之后,外国纺织品和大陆纺织品互相竞争。1868年竹堑城是外国纺织品的最大市场,⑪但大陆纺织品的进口数量仍远比外国纺织品大。⑫另一方面,开港之初,外国纺织品主要由淡水港转口运至竹堑地区,大陆纺织品则除了江浙丝绸类由淡水供应之外,大部分直接由中式帆船运入。光绪六年(1880年)之后,竹堑商人也直接由大陆地区进口外国纺织品,不再完全依赖淡水港转口。

---

① 《淡新档案》,14102—1之2,光绪六年(1880年)六月。
② Shanghai Chinese Maritime Customs, *Chinese Imperial Maritime Customs Publications 1860 - 1948*, Tamsui, 1876, p. 90; Tamsuy, 1867, p78.
③ 一般而言,茶性喜于生长在排水良好的砾质黏土或是黏质土壤所构成的倾斜地或高地,因此具有同样生长条件的蓝靛,自然较容易被茶所取代。甘蔗(竹蔗)则以沙质土壤为宜,其他类别的甘蔗(红蔗、蜡蔗)则种于沃土。见[日]波越重之:《新竹厅志》,新竹厅总务课,1906年,第513页。
④ 《台北台中县下にける茶叶实况》,《台湾协会会报》,1898年,21号,第53页。《淡新档案》,第22510—8、22510—5、22510—4、22514—89、119号。
⑤ C. Imbault-Huart著,黎烈文译:《台湾岛之历史与地志》,《台湾研究丛刊》第56种,台湾银行经济研究室,1958年,第85页。
⑥ [清] 蒋师辙、薛绍元:《台湾通志》,《台湾文献丛刊》第130种,台湾银行经济研究室,1962年,第255、256页。
⑦ [日]波越重之:《新竹厅志》,新竹厅总务课,1906年,第513页。
⑧ 台湾总督府民政局殖产部:《台湾产业调查录》,东京金城书院,1896年,第2、3页;[日]桂金太郎、安东不二雄:《台湾实业地志》,东京金城书院,1896年,第33,191页。
⑨ 《淡新档案》第22226—3号,光绪十八年(1892年)十月十三日。
⑩ [清] 陈培桂:《淡水厅志》,台湾省文献会,1977年,第298页;Shanghai Chinese Maritime Customs, *Chinese Imperial Maritime Customs Publications 1860 - 1948*, 1869 - 1872, p. 158.
⑪ Shanghai Chinese Maritime Customs, *Chinese Imperial Maritime Customs Publications 1860 - 1948*, Tamsui, 1868, p. 161.
⑫ H. B. Morse著,谦祥译:《1882—1891年台湾淡水海关报告书》,《台湾经济史六集》,《台湾研究丛刊》第54种,台湾银行经济研究室,1957年,第151页。自大陆进口的纺织品中,以上层阶级为消费对象的绫罗绸缎,主要来自于江、浙、漳、粤;其他各色布帛大多购于泉州同安县,同安地区的布帛因物美价廉,而受到台人所喜爱,消费普及,进口量也相当大。见[清] 林百川、林学源:《树杞林志》,《台湾文献丛刊》第63种,台湾银行经济研究室,1960年,第99页。

本地域与大陆沿岸贸易的地点,北至天津南至香港,但是互动最为频繁的地区依序是泉州和福州,特别是泉州惠安县的獭窟、头北,晋江县的祥芝、永宁、深沪以及马巷厅的莲河。① 由此可见,清末中北部小口型传统港市的贸易网络已经大幅放宽,甚至突破原来中国沿海贸易圈的界线,远向东南亚贸易,但是其核心贸易圈仍集中于福建,特别是泉州地区。

本经济区的输入品大都由竹堑港集中至竹堑城,再分配至大湖、苗栗、南庄、三湾、月眉、北埔、树杞林、九芎林及新埔等市场。② 该港中式帆船的沿岸贸易范围,北至基隆、淡水,南至鹿港,与淡水、基隆、许厝港、笨仔港、红毛港、香山、中港、后龙、吞霄、大安、梧栖、涂葛崛、鹿港等港均有往来。③ 其中,与淡水、鹿港贸易极为重要,竹堑商人并常由艋舺取得鸦片,供输鹿港。④ 淡水港输入货物,也大都由沿岸回航本港,再分配至各集散市场。竹堑港并收集邻近地区樟脑运往淡水出口。

同治、光绪年间,竹堑城的规模更加扩大,清末日据初期至少有16条街道,⑤是北部台湾三大都市之一。⑥ 又有米市、柴市等共20个市场,种类最完整,数量也最多。竹堑城以外,具有三至五种市场的乡街,如九芎林、树杞林(竹东)、北埔、新埔、咸菜瓮(关西)、头份都是各流域的大乡街,其与邻近小乡街如月眉街、中兴庄街之间也有集散关系。⑦ 其中,北埔街和树杞林街有米市、柴市、果市、炭市以及脑市;道光末年出现的树杞林街并凌驾九芎林街,成为竹堑溪流域最大乡街。⑧ 此外,同治、光绪年间,樟脑成为国际性商品,为了熬制樟脑,内山进垦更为积极,具有樟脑集散功能的沿山乡街因而兴起。凤山崎溪上游的咸菜瓮街,地当竹堑内山地区樟脑搬运至大嵙崁的要道,极为兴盛。⑨ 南庄则因樟脑熬制与买卖而兴起,设有脑市。⑩

同治、光绪年间,以竹堑城为中心的商品流通网络更加扩张,竹堑城通往旧港、新埔、树杞林以及头份的道路,为东西向主要交通要道。⑪ 自树杞林街往西北可至九芎林街、新埔街;往东则经过大肚小市直至五指山樟脑熬制区,或是往北直达咸菜瓮街;往南则可联络北埔、斗换坪街、三湾街。⑫ 联络这些乡街之间的官路,为南北向的第二条重要道路。再者,官方也因开山抚番以及制脑需要,开凿内山官路。内山官路使沿山的咸菜瓮街、树杞林街、北埔街、三湾街以及南庄街得以连成一线,

---

① [清] 林百川、林学源:《树杞林志》,《台湾文献丛刊》第 63 种,台湾银行经济研究室,1960 年,第 50—52 页。
② 临时台湾旧惯调查会第二部:《调查经济资料报告》(下),东京三秀舍,1905 年,第 152 页。
③ 临时台湾旧惯调查会第二部:《调查经济资料报告》(下),东京三秀舍,1905 年,第 151—153 页。
④ Shanghai Chinese Maritime Customs, *Chinese Imperial Maritime Customs Publications 1860 - 1948*, Tamsui, 1881, p. 4.
⑤ 《台湾总督府公文类纂》,甲种永久,3 卷 2 门,官规官职,1897 年。
⑥ G. L. Mackay 著,周学普译:《台湾六记》,《台湾研究丛刊》第 69 种,台湾银行经济研究室,1956 年,第 47 页。
⑦ [清] 佚名:《新竹县制度考》,《台湾文献丛刊》第 101 种,台湾银行经济研究室,1961 年,第 11 页。
⑧ [清] 佚名:《新竹县制度考》,《台湾文献丛刊》第 101 种,台湾银行经济研究室,1961 年,第 11 页。
⑨ 《台湾总督府公文类纂》,乙种永久,24 卷 12 门,殖产:新竹地方观察报文,1896 年。
⑩ 根据 1896 年的调查,南庄海拔大约 200 尺,邻接生番界,位于北港溪支流南河溪上游 4 里,有 300 余家屋。清代南庄地区有脑灶 300 余份,栳寮 6 所,从事脑业者 1 000 余人,其中脑长二三十人,脑丁四五百人,熬脑帮三四百人,搬脑者一二百人,隘丁七八十人。见《台湾总督府公文类纂》,乙种永久,14 卷 4 门,明治二十九年(1896 年)。
⑪ 《台湾总督府档案》,第四辑,1896 年 1 月,第 728 页。
⑫ [清] 佚名:《新竹县制度考》,《台湾文献丛刊》第 101 种,台湾银行经济研究室,1961 年,第 10—12 页。

沿山的乡街网络大抵完成。竹堑地区各地的物产以及由旧港和中港输入的商品，即是通过这些交通网络流通，流通方式除了平原、河谷、丘陵平坦地区以牛车运载之外，大都是以人力肩挑为主。

四、后龙、中港独立地区性经济区

后龙港经济区范围，主要是中港至吞霄一带，大概包含后龙保、中港保及吞霄保，与大安港腹地部分重叠。后龙港为苗栗地方主要港口，19世纪50年代该港已可以直接对外交通，19世纪60年代出现郊，然因罕见大商船、洋船来港贸易，故仍"必以沪尾、鸡笼通互易"①。光绪十三年（1887年），刘铭传以"新竹苗栗街一带，扼内山之冲，东连大湖，沿山新垦荒地甚多"，新设苗栗县，后龙港乃成为苗栗县的吞吐口，归苗栗捕厅稽查。②

苗栗地方的樟脑，大都由后龙港运往淡水，淡水港也供应日常杂货至此。③ 港口的集散市场包括铜锣湾、苗栗、公馆、大湖、鸭母坑等地，沿岸的中港、白沙墩、吞霄（通宵、吞宵）、房里及大安等港，皆是其集散势力范围。④ 清末，由于樟脑利源的开发，丘陵和浅山地区新兴了三叉河（三义）、铜锣湾、崁头屋、隘寮脚以及大湖等乡街。⑤ 基本上，后龙港与淡水港距离较远，故与淡水的连结强度远不如竹堑港。其下连结中港及吞霄港两个地域。

中港主要作为中港保出入门户，因三面丘陵围绕，进港避风的船舶较多。⑥ 其大多利用中港溪的二条支流行舟，港市亦设于支流中间，西边的塭仔头甚至可容大型帆船碇泊。⑦ 该港据称嘉庆年间已有内地船只往来。19世纪30年代中叶左右，设立文、武口。清末中港街民自有船只者有20余人，船40余艘。从中国大陆来到该港的船只，每日五六十艘，多时至百艘以上。由大陆各地输入的货物则运到新竹、头份、三湾、北埔、大湖、月眉、狮潭以及南庄等地，有时也由淡水转运而来。进口商品有食盐、纸箔、素面、布、棉、杂货、其他海产品等。由中港输出的土产则有苎麻、米、蔺草、砂糖、樟脑、木材、藤、水果及药材等。中港的贸易地点除了中国大陆之外，还包括英国的藩属诸岛及吕宋。⑧ 中港保大致上即以中港为据点，直接与大陆、岛内大港甚至远赴东南亚各地贸易，形成一个独立的小地域。19世纪末，内山的汉番交易点或樟脑开发地，如斗换坪、三湾、南埔以及南庄均已成乡街。⑨ 但是，

---

① [清] 夏献纶：《台湾舆图并说》，台湾成文出版社，1985年，第50页。
② [清] 刘铭传：《刘壮肃公奏议》，《台湾文献丛刊》第27种，台湾银行经济研究室，1958年，第285页；[清] 沈茂荫：《苗栗县志》，《台湾文献丛刊》第159种，台湾银行经济研究室，1962年，第12、13页。
③ [日] 荒井贤太郎：《台湾经济事情视察复命书》，日本大藏省理财局，1899年，第6、161页。
④ 临时台湾旧惯调查会第二部：《调查经济资料报告》（下），东京三秀舍，1905年，第158页。
⑤ [清] 郑鹏云、曾逢辰：《新竹县志初稿》，《台湾文献丛刊》第61种，台湾银行经济研究室，1959年，第20页。
⑥ [日] 伊能嘉矩：《大日本地名辞书续编》，东京富山房，1909年，第57页。
⑦ [日] 富田芳郎：《台湾乡镇之地理学研究》，《台湾风物》，1955年，第5卷第6期，第27—29页。
⑧ 《中港ヲ开港场トナスハ诠议ニ及难シ》，《台湾总督府公文类纂》第4613册，15号，14门，7类，1899年，第74、75、85—90页。
⑨ [清] 郑鹏云、曾逢辰：《新竹县志初稿》，《台湾文献丛刊》第61种，台湾银行经济研究室，1959年，第20页。

该港腹地也属于后龙港集散范围,文馆又归后龙港兼办,与后龙港互动较频繁,且亦直接与基隆、淡水港互易。

房里溪口至白沙墩之间的竹南三保地域内,由南向北有房里港、苑里港以及吞霄港3个出入口。① 清代大部分时间,吞霄港是竹南三保的首要港口,潮涨时三四百石船只可入,大船则停泊口外。② 其虽未被官方正式开口对外贸易往来,却偶有内地船只来港,或是本地船只偷漏出口到大陆。尽管如此,本港基本上仍是岛内沿岸贸易港,与后龙港、大安港及鹿港均有连结,③地方上的埯边船甚至远至鸡笼与淡水贸易。④ 清末时期,外国货物进口至北部的条约港淡水港,也会转运至吞霄港。⑤ 该港出入的船只不如后龙港、竹堑港多,腹地最大时也仅限于竹南三保,与清末作为苗栗县县口的后龙港难以匹敌。⑥ 港口市街规模不大,加以竹南三保中还有苑里街、咸丰年间新设的房里街两个港街,使得与之密切依存的腹地仅限于吞霄溪流域。

房里与大甲地区较接近,移民入垦早,乾隆中叶已建村庄。⑦ 然直至咸丰三年(1853年),漳、泉械斗爆发,泉州人市街猫盂街被毁,才于房里庄北边建立新街,称房里街,并建土堡防御。⑧ 也许由于具有防御工事,加上泉人主宰的港口市街有较为雄厚的地缘资源,房里街相当繁荣,一度凌驾吞霄与苑里两街。其后该街因发生火灾,损失极大,渐渐消颓,漳州人所在的苑里街遂代之而起。⑨

苑里港是三港中最晚出现的港口,大约于乾隆中叶开始运作,⑩清末港口可以供两三百石的小船停泊。⑪ 由于无法容纳四五百石以上的船只进港,⑫与大陆直接往来的可能性并不高,主要作为沿岸贸易港,通过大安港或是吞霄港取汲。

苑里港腹地苑里溪流域大半属于大甲平原的一部分,⑬平原沃土较吞霄溪流域广大,开辟成的水田也最多。⑭ 自乾隆中叶至咸丰年间之间,其一直是竹南三保最大市街。咸丰年间,闽粤械斗爆发,白沙墩以及房里、苑里各街庄皆遭到粤人焚毁,

---

① [清]蔡振丰:《苑里志》,《台湾文献丛刊》第48种,台湾银行经济研究室,1959年,第156页。
② [清]沈茂荫:《苗栗县志》,《台湾文献丛刊》第159种,台湾银行经济研究室,1962年,第174页。
③ 临时台湾旧惯调查会第二部:《调查经济资料报告》(下),东京三秀舍,1905年,第205页;《淡新档案》,第33315—3号,光绪元年七月十二日。
④ "吞霄溪源流长,惟水浅难泊巨舟,故必以沪尾、鸡笼互易。"见[清]夏献纶:《台湾舆图并说》,台湾地区59号,台湾成文出版社,1985年,第50页。
⑤ "trade reports and returns", Shanghai Chinese Maritime Customs, *Chinese Imperial Maritime Customs Publications 1860 -1948*, Tamsui, 1891.
⑥ 临时台湾旧惯调查会第二部:《调查经济资料报告》(下),东京三秀舍,1905年,第205页。
⑦ 夏黎明:《台湾文献书目解题——地图类(一)》,"中央图书馆"台湾分馆,1992年,乾隆台湾地舆图,第151页。
⑧ [清]蔡振丰:《苑里志》,《台湾文献丛刊》第48种,台湾银行经济研究室,1959年,第118页。
⑨ [清]蔡振丰:《苑里志》,《台湾文献丛刊》第48种,台湾银行经济研究室,1959年,第118页。
⑩ 苑里港在文献上最早出现于《道光台湾舆图》,见夏黎明:《台湾文献书目解题——地图类(一)》,"中央图书馆"台湾分馆,1992年,第188页。但是由于该港天后宫于乾隆三十七年(1768年)已兴建,推测港口的运作应在此之前。
⑪ [清]沈茂荫:《苗栗县志》,《台湾文献丛刊》第159种,台湾银行经济研究室,1962年,第174页。
⑫ 清代台湾虽然有不少港口在官方未开放口岸之下,会私自以澎船偷越大陆港口,或有大陆船只私自台湾口岸贸易,不过由于海峡横渡的困难,来往两岸的运输船只排水量通常有一个下限,载重量至少四五百石。林玉茹:《清代台湾港口的发展与等级划分》,《台湾文献》,1993年,第44卷第4期,表1。
⑬ 陈正祥:《台湾地志》(上),台湾敷明产业地理研究所研究报告105号,1961年,第819页。
⑭ 从日据初期所绘成的《台湾堡图》(1905年,原藏台湾大学地质系)看来,吞霄港街的腹地吞霄溪流域虽然较苑里街腹地大,但是相形之下,苑里多平原,开垦成的水田也最大。

苑里"街市遂墟",直至日据之初街尾空地尚未筑屋。①

苑里街衰颓之际,作为粤人市街的吞霄街乘势而起,加上同治年间以后,吞霄港的泊船条件转佳,成为竹南三保内最优良的港湾,特别是清末内山樟脑、茶利源的开发,使港街更加发达。光绪元年(1876年),该街形成金和安郊,②并有米市、鱼市及柴市,是竹南三保唯一的市场。③

咸丰十一年(1861年),吞霄的樟脑已吸引苏州商人盛大奎来台,通过鸡笼郊行媒介,打算偷运樟脑出口,以谋暴利。④官方为了管制与监督,派军工匠首金荣昌于吞霄街设立料馆一所,采制军料。⑤光绪年间,也许是樟脑利源的吸引,吞霄内山更由谢庆安设隘防番,向内山进垦。⑥另一方面,清末吞霄地区也栽植茶树,自吞霄街至东边苗栗一保(后龙保)的公馆庄皆有茶树之栽培,唯茶质并非最好。但由光绪十二年(1886年)官方在吞霄街设茶厘验卡来看,⑦吞霄地区茶叶贸易仍占一定数量。

五、大安港独立地区性经济区

大安港经济区范围,北至苗栗南至大甲溪,与后龙港腹地稍有重叠。大安港是后龙港至鹿港间之良港,⑧大甲保及苑里保的主要出入口,也是苗栗县仅次于后龙港的二级港,该港五六百石商船可以出入,⑨港口并置文武口,直接与对岸贸易。但因无大商船停泊,⑩仍"必以沪尾、鸡笼通互易"⑪。该港集散区,包括苗栗二保、三保、拣东上保、葫芦墩、罩兰、东势角附近地方。⑫淡水、基隆等条约港进口货物,亦沿海岸分配至此,唯数量不多;大甲地区的樟脑,则大都由大安港运往淡水。该港与淡水港距离较远,连结远不如竹堑港、后龙,可能大多由内地取得所需,而且与鹿港也有往来。

此外,嘉庆年间由苑里社熟番妇始创的大甲席,至同治、光绪年间生产愈盛,不但遍及大甲到竹南三保各街庄,几至"无户不习"状态,而且销售市场扩及新竹、台北、台南,甚至大陆。⑬大甲席主要以大甲街为市场,特别是苑里、房里街庄一带民

---

① [清]蔡振丰:《苑里志》,《台湾文献丛刊》第48种,台湾银行经济研究室,1959年,第107页。
② 《淡新档案》12303—1号,光绪元年(1875年)十二月三日。
③ [清]沈茂荫:《苗栗县志》,《台湾文献丛刊》第159种,台湾银行经济研究室,1962年,第21—22页。
④ 《淡新档案》第14302—2号,咸丰十一年(1861年)八月二十八日。
⑤ 《淡新档案》第34101—1号,同治元年(1862年)七月二日。
⑥ 《淡新档案》第17329—116号,光绪十二年(1886年)十二月二十九日。
⑦ [清]蒋师辙、薛绍元:《台湾通志》,《台湾文献丛刊》第130种,台湾银行经济研究室,1962年,第255页;[清]沈茂荫:《苗栗县志》,《台湾文献丛刊》第159种,台湾银行经济研究室,1962年,第65页。
⑧ 临时台湾旧惯调查会第二部:《调查经济资料报告》(下),东京三秀舍,1905年,第502页。
⑨ [清]陈培桂:《淡水厅志》,台湾省文献会,1977年,第4页;[清]沈茂荫:《苗栗县志》,《台湾文献丛刊》第159种,台湾银行经济研究室,1962年,第174页;《台湾地舆总图》:台湾成文出版社,1983年,第25页。
⑩ 《台湾府舆图纂要》,《台湾文献丛刊》第181种,台湾银行经济研究室,1963年,第414页。
⑪ [清]夏献纶:《台湾舆图并说》,台湾成文出版社,1985年,第50页。
⑫ 临时台湾旧惯调查会第二部:《调查经济资料报告》(下),东京三秀舍,1905年,第502,503页。
⑬ [清]蔡振丰:《苑里志》,《台湾文献丛刊》第48种,台湾银行经济研究室,1959年,第95页;临时台湾旧惯调查会第二部:《调查经济资料报告》,(下),东京三秀舍,1905年,第525—528页。

人大多直接携带制品至大甲街贩卖,以交换布帛等日常用品。① 大甲席生产的增加,润泽地方经济,为原以农、渔为业的街庄带来生气。19 世纪 80 年代,大甲街和港口大安街均已出现郊,在此活动。②

六、噶玛兰独立地区性经济区

清末山后噶玛兰地方,除了原乌石港独立经济区之外,苏澳港兴起,形成从属于乌石港的地方性经济区。乌石港仍是噶玛兰主要出入门户,马赛港及加礼远港俱归该港文武口挂验。③ 19 世纪 60 年代,因港口口窄多礁,沙汕迁徙无常,仅容三四百石小船进出。④ 因此,除了内地小商船及渔船来港贸易之外,也运米至基隆,再转运至大陆。⑤ 19 世纪 70 年代之后,春夏之际,大陆船只时相往来,⑥并偶有外国船只装运布匹、鸦片来港交换米、麻、樟脑、煤及木材。⑦ 宜兰与台北的商业贸易关系也相当密切,经常运米、樟脑至淡水港或鸡笼港,装载日用杂货而回。⑧ 两个条约港进口的外国货物,最远分配至宜兰。19 世纪 80 年代,内陆新增礁溪街。⑨

苏澳港,具有南风澳、北风澳,可以避南风和北风,而且口门深广,"四五千石巨舰可容出入";唯港底"皆板礁石,抛椗入水,往往钩挂不住",石礁险恶,船来较少。⑩ 1863 年以后,因腹地樟木遍布,熟番较和善,渐成木材输出港。⑪ 同治六年(1867 年)为供应福州船厂木料,遂兴建锯木厂,地位遽升,偶有外国船只进港。⑫ 1858 年至 1866 年之间,美、德两国商人占垦苏澳南方的大南澳,时常由沪尾、基隆运载食物、火药往来。⑬

1875 年之后,苏澳港有突破性发展。⑭ 港口原是"水势险急,风涌奔腾,向难停泊船只";⑮光绪元年(1875 年),口外沙洲突起,隔成内港,轮船遂可碇泊。⑯ 而且由于清廷积极进行开山抚番,苏澳既是"民番关鉴之区",⑰又是东北部唯一可以停泊

---

① 临时台湾旧惯调查会第二部:《调查经济资料报告》(下),东京三秀舍,1905 年,第 537 页;[清] 蔡振丰:《苑里志》,《台湾文献丛刊》第 48 种,台湾银行经济研究室,1959 年,第 95 页;临时台湾旧惯调查会第二部:《调查经济资料报告》(下),东京三秀舍,1905 年,第 525 页。
② 《淡新档案》第 12222、11106 号。
③ 《台湾府舆图纂要》,《台湾文献丛刊》第 181 种,台湾银行经济研究室,1963 年,第 485 页。
④ 《台湾府舆图纂要》,《台湾文献丛刊》第 181 种,台湾银行经济研究室,1963 年,第 39 页。
⑤ Shanghai Chinese Maritime Customs, *Chinese Imperial Maritime Customs Publications 1860 - 1948*, Tamsuy, 1867, p. 80.
⑥ 台湾银行经济研究室编:《清季申报台湾纪事辑录》,《台湾文献丛刊》第 247 种,台湾银行经济研究室,1968 年,第 452 页。
⑦ C. Imbault-Huart 著,黎烈文译:《台湾岛之历史与地志》,《台湾研究丛刊》第 56 种,台湾银行经济研究室,1958 年,第 89 页。
⑧ [日] 荒井贤太郎:《台湾经济事情视察复命书》,日本大藏省理财局,1899 年,第 36 页。
⑨ [清] 夏献纶:《台湾舆图并说》,台湾成文出版社,1985 年。
⑩ 《台湾府舆图纂要》,《台湾文献丛刊》第 181 种,台湾银行经济研究室,1963 年,第 486、39 页。
⑪ *British Parliamentary Papers: Essays and Consular Commercial Reports*, Irish University Press, 1971. Area Studies Series, China. Formosa, 1863, p. 219.
⑫ James W. Davidson 著,蔡启恒译:《台湾之过去与现在》,《台湾研究丛刊》第 107 种,台湾银行经济研究室,1972 年,第 132 页。
⑬ C. Imbault-Huart 著,黎烈文译:《台湾岛之历史与地志》,《台湾研究丛刊》第 56 种,台湾银行经济研究室,1958 年,第 89 页;《筹办夷务始末选编》,《台湾文献丛刊》第 203 种,台湾银行经济研究室,1964 年,第 353 页。
⑭ Shanghai Chinese Maritime Customs, *Chinese Imperial Maritime Customs Publications 1860 - 1948*, Tamsuy, 1875, p214.
⑮ 台湾银行经济研究室编:《清季申报台湾纪事辑录》,《台湾文献丛刊》第 247 种,台湾银行经济研究室,1968 年,第 532 页。
⑯ [清] 沈葆桢:《福建台湾奏折》,《台湾文献丛刊》第 29 种,台湾银行经济研究室,1959 年,第 36 页。
⑰ 台湾银行经济研究室编:《同治甲戌日兵侵台始末》,《台湾文献丛刊》第 38 种,台湾银行经济研究室,1959 年,第 70 页。

轮船的良港,①重要性大增,成为东部海岸指挥中心,②并是"基隆北至后山通运之所"③。基隆港定期运军米来苏澳,以供应驻扎于后山的军队食用,④苏澳港变成基隆港与花莲港的转运中继站,与二港互动频繁。

七、花莲港半独立地域经济区

后山奇莱(花莲)地方与北部连结较密切。然而因"境内沿山、沿海所有溪河,夏秋雨多,水涨阻隔,而不能通往来者,岁必有一二月之久"⑤,而且陆路又为生番隔绝,故凡"换防及采运粮米、军火,皆需轮船渡送"⑥。因此,水运尤为重要,拥有良港的地点也最先开发。卑南以北地方,只有秀姑峦大港口和花莲港可泊轮船。

大港口是后山最早出现的港口,同治十三年(1874年)清廷武装开山,遂被重视。⑦ 光绪三年(1877年)港口的情况是:巨石蔽塞,港口口狭,水急船只更难出入,至轮船交夏后,罕能驶至,唯冬春雨季风色微和可以暂就海面停船,装卸人货,亦不宜久。⑧ 光绪十四年(1888年)以前,大港口是秀姑峦地方的出入门户,日用饮食全由苏澳接济。百石小船并可沿秀姑峦溪至水尾,唯光绪十四年发生番乱,水尾营房民居,尽付一炬,大港口亦塞。⑨

花莲港位于花莲溪口附近,是奇莱地方出入门户。该港西南风顺时,方可停泊轮船。⑩ 1875年港口附近,已聚居600至700个汉人。⑪ 花莲港街不但是重要的汉番交易市场,且是纵谷内部各庄社物资出入的转运港,再加上军队的长期驻防,成为纵谷北端的行政和军事中心。⑫ 19世纪70年代之后,随着武装拓垦的进行,在花莲港街附近也出现新港街、军威以及农兵等街庄。光绪十三年(1887年)该地已

---

① 台湾银行经济研究室编:《同治甲戌日兵侵台始末》,《台湾文献丛刊》第38种,台湾银行经济研究室,1959年,第63页;British Parliamentary Papers: Essays and Consular Commercial Reports, Irish University Press, 1971. Area Studies Series, China. Reported by Mr. L. C. Hopkins on the Island of Formosa, 1884, pp. 521.
② British Parliamentary Papers: Essays and Consular Commercial Reports, Irish University Press, 1971. Area Studies Series, China. Reported by Mr. L. C. Hopkins on the Island of Formosa, 1884, p. 521; Shanghai Chinese Maritime Customs, Chinese Imperial Maritime Customs Publications 1860‐1948, Tamsuy, and Kelung, 1875, p. 215. 光绪元年(1875年),福建提督罗大春奉旨统师台北,驻扎于苏澳。见邱秀堂编:《台湾北部碑文集成》,台北市文献委员会,1986年,第120页。
③ [清]刘璈:《巡台退思录》,《台湾文献丛刊》第21种,台湾银行经济研究室,1958年,第127页。
④ [清]刘璈:《巡台退思录》,《台湾文献丛刊》第21种,台湾银行经济研究室,1958年,第127页;British Parliamentary Papers: Essays and Consular Commercial Reports, Irish University Press, 1971. Area Studies Series, China. Tamsuy, and Kelung, 1878, p. 722;[清]吴赞诚:《吴光禄使闽奏稿选录》,《台湾文献丛刊》第231种,台湾银行经济研究室,1966年,第14页。
⑤ [清]胡传:《台东州采访册》,《台湾文献丛刊》第81种,台湾银行经济研究室,1960年,第5页。
⑥ 《到台筹办开山抚番等事片》,孙承泽等编:《台湾关系文献集零》,《台湾文献丛刊》第309种,台湾银行经济研究室,1972年,第123、124页。
⑦ 光绪元年(1875年),福建提督罗大春即督率弁勇,沿山伐木开路,直达本港。见台湾银行经济研究室编:《清季申报台湾纪事辑录》,《台湾文献丛刊》第247种,台湾银行经济研究室,1968年,第551页。
⑧ [清]吴赞诚:《吴光禄使闽奏稿选录》,《台湾文献丛刊》第231种,台湾银行经济研究室,1966年,第11页。
⑨ [清]胡传:《台湾日记与禀启》,《台湾文献丛刊》第71种,台湾银行经济研究室,1960年,第17页。
⑩ W. A. Pickering 著,吴明远译:《老台湾》,《台湾文献丛刊》第60种,台湾银行经济研究室,1959年,第110页。东北季风时,花莲港不便停泊大船。见《台湾史料稿本》九,"公文类纂"乙二卷/四,明治二十九年(1896年)八月五日,第673页。
⑪ Shanghai Chinese Maritime Customs, Chinese Imperial Maritime Customs Publications 1860‐1948, Tamsuy, and Kelung, 1875, p. 215.
⑫ 邵伟达:《国家政策与东台湾聚落体系的演变(1875—1945)》,台湾政治大学2009年硕士学位论文,第81页。

垦熟田约数千亩,又因海口宽深,议置州判于北港,稽查商舶,弹压民番。① 光绪十六年(1890年)花莲港已具有200呎宽的街道,居民大多是汉人,主要从事番汉贸易。②

花莲港因距离北部较近,轮船自基隆放洋6小时即达该港,③与北部港口互动较频繁。光绪三年(1877年)以后,台北常驻轮船一艘,固定每月运饷银、军米至花莲港一二次。④ 大体上,花莲港与艋舺、基隆、苏澳各港,互动最为频繁。而且因腹地初辟,民庄有限,消费不大,且无市街,罕见内地船只来港,本地军队粮米主要由基隆、艋舺供应,⑤花莲港亦运本地的染料、麻等物产至基隆。⑥ 该港与淡水北部经济区依存度极高,故为半独立的地域经济区。

第四节 安平—打狗区域型经济区

台湾南部在开港之前,已有洋行在港贩卖蔗糖、樟脑及出售鸦片;⑦开港之初,以台湾府(安平)为正口,打狗为子口,⑧但打狗海关先行开关,台湾关则于次年方成立。⑨ 打狗领事馆也最先兴建,领事并驻打狗,安平仅只领事助理驻港办公。⑩ 两港在港务管理上息息相关,统计报告往往视为同一单位。

其次,自从台江陆化之后,进出府城洋船或内地大商船,俱停泊于国赛港或四草湖,再以小船由安平港盘运至府城。安平港虽然是主要出入门户,并辟作条约港岸,但1875年以前只是一个敞开的碇泊地,吨位较大的船只不易停泊。⑪ 而且,每年6月至10月西南风季节,安平涌巨浪滔天,轮船几乎无法出入,即使中式帆船也难以碇泊,⑫港口贸易锐减。打狗港则自19世纪50年代,港口条件大有改善。丁绍仪的《东瀛识略》记载:

> 鹿耳门南为凤山县属之打狗口,昔只小舟能进。近年沙去水深,南北有打鼓、旗后两山弯环相抱,故一名旗后口,中可停泊百余舟;海舶往来,遂不赴鹿耳,而趋打狗。⑬

---

① [清]刘铭传:《刘壮肃公奏议》,《台湾文献丛刊》第27种,台湾银行经济研究室,1958年,第286页。
② G. L. Mackay,周学普译:《台湾六记》,《台湾研究丛刊》第69种,台湾银行经济研究室,1956年,第95页。
③ [清]夏献纶:《台湾舆图并说》,台湾成文出版社,1985年,第60页。
④ [清]吴赞诚:《吴光禄使闽奏稿选录》,《台湾文献丛刊》第231种,台湾银行经济研究室,1966年,第28页。
⑤ British Parliamentary Papers: Essays and Consular Commercial Reports, Irish University Press, 1971. Area Studies Series, China. Tamsui and Kelung, 1874, p. 356;台湾银行经济研究室编:《台案汇录壬集》,《台湾文献丛刊》第227种,台湾银行经济研究室,1966年,第109页。
⑥ [清]胡传:《复邵班卿》,[清]胡传:《台湾日记与禀启》,《台湾文献丛刊》第71种,台湾银行经济研究室,1960年,第118、119页。
⑦ 黄富三:《清代台湾外商之研究——美利士洋行(下)》,《台湾风物》,1982年,第32卷第4期,第108页;林子侯,《清代开港后对外贸易的发展》,《台湾文献》,1976年,第27卷第4期,第57页。
⑧ 台湾银行经济研究室编:《筹办夷务始末选辑》,《台湾文献丛刊》第203种,台湾银行经济研究室,1964年,第279—281页。
⑨ 叶振辉:《台湾海关的成立》,《台湾风物》,1984年,第34卷第2期,第16、17页。
⑩ 戴宝村:《近代台湾港口市镇之发展——清末至日据时期》,台湾师范大学1988年博士学位论文,第78页。
⑪ Shanghai Chinese Maritime Customs, Chinese Imperial Maritime Customs Publications 1860 - 1948, Takow, 1865, p. 68.
⑫ Shanghai Chinese Maritime Customs, Chinese Imperial Maritime Customs Publications 1860 - 1948, Takow, 1866, p. 39;[清]易顺鼎:《魂南集》,《台湾文献丛刊》第212种,台湾银行经济研究室,1965年,第10页。
⑬ [清]丁绍仪:《东瀛识略》,《台湾文献丛刊》第2种,台湾银行经济研究室,1957年,第51页。

换言之,安平港泊船条件恶化,促使与府城货运方便、又居于糖产区的打狗"异军突起"①。开港初期,南台湾的进出口贸易大都在打狗进行,"华洋杂处,商贾云集","洵台南之门户也"②。又陆续建立洋行、郊,具有一级港规模。打狗与安平二港之间,既存在着相当密切的互补关系,常被视为同一贸易单位;又各自拥有较紧密连结的腹地,独自进行贸易,遂称作安平——打狗双核心区域型经济区。

本经济区范围大概北至西螺溪南至后山卑南。南边范围,自光绪元年(1875年)沈葆桢奏准琅峤和卑南设治,两地得以进一步拓垦,唯开垦方兴,主要于安平、打狗两港取汲所需。两个条约港规模最大,洋船及内地商船来港最多,集散范围最广,主要集散范围远达半个台湾以上,最北至鹿港、彰化;但是除了鸦片之外,南部进口的外国货很少运销到嘉义以北地区,鹿港以北地方大都由淡水港取得所需,③鹿港也止于东北季风时,运樟脑来安平。④

南部经济区物产众多,与北部稍有不同。如嘉义县是"五谷外,果实最繁;竹笋、诸蓣、槟榔、藤、苎,皆利民生"⑤。不过,以蔗糖为出口大宗,咸丰十年至同治九年(1860—1870年)间糖不但是全台出口商品首位,而且自笨港以南至屏东平原的大部分蔗糖,主要通过打狗、安平二港输出。⑥ 此外,姜黄、花生油、芝麻以及水果也是南部区域的主要出口商品。特别是19世纪70年代之后,包括龙眼、菠萝、文旦以及香蕉等水果已经分别出口到香港、厦门以及温州等地。⑦

安平港和打狗港之间互动频繁,1873年已有拖曳轮船往来,⑧直至1895年,也有小轮船二日一次区间行驶。⑨ 另一方面,两港也存在势力消长的关系。在19世纪六七十年代,洋船贸易主要于打狗港进行。1874年左右打狗港仍是贸易集聚中心,洋商偶而才至府城。⑩ 但是,1874年的一场大风雨,清除了安平口外沙汕,港口泊船条件稍见改善。⑪ 反之,打狗在1876年之后,由于沙嘴扩张,大船只能泊于口外,严重影响商船贸易。⑫ 1881年商人一度提议挖浚港道,未获结果,⑬直至1884

---

① James W. Davidson 著,蔡启恒译:《台湾之过去与现在》,《台湾研究丛刊》第107种,台湾银行经济研究室,1972年,第122页。
② [清]夏献纶:《台湾舆图》,《台湾文献丛刊》第45种,台湾银行经济研究室,1959年,第14页;W. A. Pickering 著,吴明远译:《老台湾(Pioneering in Formosa)》,《台湾研究丛刊》第60种,台湾银行经济研究室,1959年,第188页。
③ P. H. S. Montgomery 著,谦祥译:《1882—1891年台湾台南海关报告书》,《台湾银行季刊》,1957年,第9卷第1期,第361页。
④ 临时台湾旧惯调查会第二部:《调查经济资料报告》(下),东京三秀舍,1905年,第136页。
⑤ [清]夏献纶:《台湾舆图》,《台湾文献丛刊》第45种,台湾银行经济研究室1959年,第21页。
⑥ 林满红:《茶、糖、樟脑业与晚清台湾》,《台湾研究丛刊》第115种,台湾银行经济研究室,1978年,第54页。
⑦ Shanghai Chinese Maritime Customs, *Chinese Imperial Maritime Customs Publications 1860 - 1948*, Taiwan, 1878, p. 228.
⑧ Shanghai Chinese Maritime Customs, *Chinese Imperial Maritime Customs Publications 1860 - 1948*, Takow and Taiwanfoo, 1873, p. 108.
⑨ 日本参谋本部原编:《台湾志》,台湾成文出版社,1985年,第175页。
⑩ Shanghai Chinese Maritime Customs, *Chinese Imperial Maritime Customs Publications 1860 - 1948*, Takow and Taiwanfoo, 1873, p. 108.
⑪ *British Parliamentary Papers: Essays and Consular Commercial Reports*, Irish University Press, 1971. Area Studies Series, China. Takow and Taiwanfoo, 1874.
⑫ Shanghai Chinese Maritime Customs, *Chinese Imperial Maritime Customs Publications 1860 - 1948*, Takow, 1876, p. 105.
⑬ P. H. S. Montgomery 著,谦祥译:《1882—1891年台湾台南海关报告书》,《台湾银行季刊》,1957年,第9卷第1期,第173页。

年该港仍只容小轮船碇泊。①而且,由于台南为南部地区农产品集散中心及最大消费区域,②又是行政中心,利于外商交涉。1877年轮船已转至安平卸货,③南台湾与香港、汕头及厦门的定期轮船,也以安平为终点。④洋商遂改以安平为大本营,仅于糖季至打狗;抵达打狗的轮船,大都将货物转运至安平。⑤安平港乃成为洋商首要居住地。⑥直至1895年安平仍位居南部条约港贸易首位,大多数的船只碇泊于此。⑦

不过,安平港只有在东北季风时,才能安全碇泊,此时贸易量也最大。⑧夏季西南风季节,货物装卸大都停顿,船只只能避往澎湖或回厦门,或转往打狗。⑨尽管如此,由于蔗糖是南部输出大宗,在打狗、安平"桅樯林立者,大抵为糖船"⑩,糖季则正值东北风季节。⑪因此,安平港仍持续扩展,占有进出口贸易的绝大部分;打狗港除了作为凤山、恒春二县制糖出港之外,⑫其进口贸易也几乎在安平港进行。⑬打狗港商势的转移,促使该港直至1892年,仍是一年比一年衰颓。⑭

尽管安平、打狗二港连结相当紧密,但各自也拥有强相关的腹地。安平港最密切相关的腹地,大致以台南府城为中心,北至曾文溪南至阿公店溪,与盐水港及打狗港腹地相连接。腹地内港口,已消失大半,四草湖及国赛港则仍分担部分外来商船碇泊功能,再转运至府城。

打狗港的沿岸中式帆船贸易范围,南至琅峤、后山,北至布袋。⑮唯该港主要作为楠梓以南至下淡水溪以北之凤山平原的集散吞吐口。⑯由于国际贸易的刺激和发展,清末打狗腹地内乡街和市场甚为发达。凤山县城已经发展出至少15条街道,"逐日为市",且有鸭仔市、菜市仔、鱼仔市以及柴市仔等专门市场;内陆不但新增过沟街(高雄市过沟)、能雅寮(苓雅寮)街、三块厝街(高雄市三民区)、右冲街、后劲街(楠梓区)、桥仔头街(桥头),而且不少村庄成立村市,如:大林蒲市、仁武庄

---

① "Reported by Mr. L. C. Hopkins on the Island of Formosa", *British Parliamentary Papers: Essays and Consular Commercial Reports*, Irish University Press, 1971. Area Studies Series, China. 1884, pp. 520 – 521.
② 临时台湾旧惯调查会第二部:《调查经济资料报告》(下),东京三秀舍,1905年,第136页;*British Parliamentary Papers: Essays and Consular Commercial Reports*, Irish University Press, 1971. Area Studies Series, China. Taiwan, 1889, p. 590.
③ Shanghai Chinese Maritime Customs, *Chinese Imperial Maritime Customs Publications 1860 - 1948*, Taiwan, 1877, p. 177.
④ P. H. S. Montgomery著,谦祥译:《1882—1891年台湾台南海关报告书》,《台湾银行季刊》,1957年,第9卷第1期,第173页。
⑤ P. H. S. Montgomery著,谦祥译:《1882—1891年台湾台南海关报告书》,《台湾银行季刊》,1957年,第9卷第1期,第173页。
⑥ Shanghai Chinese Maritime Customs, *Chinese Imperial Maritime Customs Publications 1860 - 1948*, Taiwan, 1882, p. 6.
⑦ *British Parliamentary Papers: Essays and Consular Commercial Reports*, Irish University Press, 1971. Area Studies Series, China. Taiwan, 1895, p. 606.
⑧ Shanghai Chinese Maritime Customs, *Chinese Imperial Maritime Customs Publications 1860 - 1948*, Taiwan, 1876, p. 105.
⑨ P. H. S. Montgomery著,谦祥译:《1882—1891年台湾台南海关报告书》,《台湾银行季刊》,1957年,第9卷第1期,第173页;黄福才:《台湾商业史》,江西人民出版社,1990年,第81页。
⑩ [日]佐仓孙三:《台风杂记》,《台湾文献丛刊》第107种,台湾银行经济研究室,1961年,第45页。
⑪ 台南地区砂糖输出及制造时节,是每年的一、二月左右至翌年四月约五六个月的时间。每年十一月左右,上海、宁波、乍浦、牛庄和英国等客商来安平买入制糖,再以中式帆船或轮船,运至目的地。见台湾总督府史料编纂委员会:《台湾史料稿本》(六),"公文类纂"乙2卷25,明治二十八年(1895年),第22页。
⑫ 《台湾史料稿本》(六),"公文类纂"乙2卷25,明治二十八年(1895年),第15页。
⑬ Shanghai Chinese Maritime Customs, *Chinese Imperial Maritime Customs Publications 1860 - 1948*, Taiwan, 1883, p. 277.
⑭ Shanghai Chinese Maritime Customs, *Chinese Imperial Maritime Customs Publications 1860 - 1948*, Taiwan, 1892, p. 301.
⑮ Shanghai Chinese Maritime Customs, *Chinese Imperial Maritime Customs Publications 1860 - 1948*, Taiwan, 1878, p. 235.
⑯ 临时台湾旧惯调查会第二部:《调查经济资料报告》(下),东京三秀舍,1905年,第147页。

市、三奶坛市、角宿市、援剿中市、五甲尾市（冈山区）、阿嗹市（阿莲）、竹沪市（路竹）、围仔内市（湖内）。① 另一方面，打狗港其实只是丹凤内海的总海口，内海的分支港有盐埕港、三块厝港、前金港、前镇港、竹仔港、凤山港、红毛港、硫黄港、田尾港、船仔头港等港，②而总以苓雅寮为货物运至内陆之起点，腹地农产品也由苓雅寮横越内海至打狗。③ 光绪六年（1880年），打狗已形成歧后、哨船头二街，④洋行、领事馆、税关皆设于打狗。

安平—打狗双核心区域型经济区又连结数个独立或半独立的地区性经济区。以下一一说明。

一、东港独立地区性经济区

东港是屏东平原主要吞吐口，也是凤山县第二大港。咸丰三年（1853年）林恭事件之后，东港商船贸易复盛，遂设立文、武口，以检查商船出入，而成为小口。⑤ 19世纪60年代，该港已形成市街，"南艇、白底艍群聚"⑥，为中式帆船贸易中心，主要输出米、糖两种农产品。⑦ 粤庄人民每年省亲或乡试，大多由打狗或东港直接配船至闽省。⑧ 然由于洋船不能进入东港，只有中式帆船可以安全碇泊，⑨与条约港仍有一定程度的连结。

19世纪80年代，东港独立次级经济区的范围主要是下淡水溪以南至枋寮一带。此时由于凤山县沿海各港半多壅塞，唯东港口岸较深，⑩内地商船时常往来贸易。⑪ 琅𫟛与后山的开辟，也促使作为转运中继站的东港，⑫更加繁荣。该港平均每年大约有200艘中式帆船出入，⑬主要输入瓷器、日常用品，出口米、油。⑭

东港的集散市场，包括阿里港街、阿猴街、万丹街、林边街，以及19世纪80年

---

① 卢德嘉：《凤山县采访册》，《台湾文献丛刊》第73种，台湾银行经济研究室，1960年，第136—138页。
② 卢德嘉：《凤山县采访册》，《台湾文献丛刊》第73种，台湾银行经济研究室，1960年，第62—64页。
③ Shanghai Chinese Maritime Customs，*Chinese Imperial Maritime Customs Publications 1860 - 1948*，Takow and Taiwanfoo，1873，p. 108.
④ [清]夏献纶：《台湾舆图并说》，凤山县图，台湾成文出版社，1985年，第2页。
⑤ 《台南县下东石港、东港沿革其他情况》，《台湾总督府公文类纂》，4536册，22号14门7类，1897年，第290页。
⑥ 《同治四年吴宗贮立典契字》，陈纬一等编：《力力社古文书契抄选辑：屏东崁顶力士村陈家古文书》，台湾文献馆，2006年，第142页；《台湾府舆图纂要》，《台湾文献丛刊》第181种，台湾银行经济研究室，1963年，第74页。
⑦ James W. Davidson 著，蔡启恒译：《台湾之过去与现在》，《台湾研究丛刊》第107种，台湾银行经济研究室，1972年，第81页。
⑧ 黄典权主编：《台湾南部碑文集成》，《台湾文献丛刊》第228种，台湾银行经济研究室，1966年，第495页。
⑨ James W. Davidson 著，蔡启恒译：《台湾之过去与现在》，《台湾研究丛刊》第107种，台湾银行经济研究室，1972年，第81页。
⑩ [清]夏献纶：《台湾舆图并说》，台湾成文出版社，1985年，第27页；[清]池志征：《全台游记》，《台湾文献丛刊》第89种，台湾银行经济研究室，1960年，第12页。
⑪ 卢德嘉：《凤山县采访册》，《台湾文献丛刊》第73种，台湾银行经济研究室，1960年，第64页。
⑫ 台南郡城至卑南境，向由凤山之东港沿海南行。见[清]陈文炜、屠继善：《恒春县志》，《台湾文献丛刊》第75种，台湾银行经济研究室，1960年，第39页。
⑬ 1875年以前，每年出入东港之中式帆船，在200艘左右。见 Shanghai Chinese Maritime Customs，*Chinese Imperial Maritime Customs Publications 1860 - 1948*，Takow，1876，p. 104. 其后，中式帆船一度减少，但是1882至1891年之间，每年大约有250艘中式帆船至东港，运载大量稻米出口。见 P. H. S. Montgomery 著，谦祥译：《1882—1891年台湾台南海关报告书》，《台湾银行季刊》，1957年，第9卷第1期，第190页。
⑭ Shanghai Chinese Maritime Customs，*Chinese Imperial Maritime Customs Publications 1860 - 1948*，Takow，1875，p. 227.

代成街、位处平原地带的内埔街;沿海地带的潮州庄街、水底寮街及枋寮街。其与岛内的安平、打狗、淡水、基隆、南湾、卑南各港,均有往来。① 其中,与安平、打狗二港关系最密切。屏东地区的砂糖大都集中于东港,再转运至打狗;东港大规模商号主要从事砂糖贸易。② 清末东港与打狗之间,并有蒸汽船往来。③ 东港既可以独立与内地往来,又与打狗有中介转运关系。

此外,同治六年(1867年),琅峤地方发生美国罗佛(Rover)号商船遇难事件。④ 在东港南方的枋寮港,因与琅峤距离较近,地位渐重要。同年官方移兴隆巡检于此,⑤同治八年(1869年)复移道标千总驻防。⑥ 此时枋寮居民主要以捕鱼为生,境内生产的米谷、鹿角、牛革、火柴及各种皮毛,大都运往府城脱售。⑦ 该港与府城、打狗依存度较高,并由条约港供应洋货及部分华货。直至19世纪90年代,仍以中式帆船运木材至安平、打狗两港。⑧

二、盐水港独立地区性经济区

嘉义县大概分成以盐水港、猴树港及笨港为主要出入口的三个地区性经济区。八掌溪以南至曾文溪之间,主要以盐水港作为吞吐口,沿海港口并由盐水港巡检及把总巡防。直至19世纪60年代,盐水港犹是"富户甚多"⑨,是八掌溪至曾文溪之间的主要港口,商业、军事及行政机能最高,为"西南要地"⑩。唯该港已变成河港,大船不易驶进,大都利用竹筏至其分支港布袋,接驳货物。⑪ 布袋港形同盐水港外口。

布袋港在冬港淤塞之后,代之为八掌溪口港埠。⑫ 由于沿岸一带产盐,大商船大都停泊口外,改以小渔船装运,再转运至安平港,⑬由安平港统筹分配至各地。但是,直至同治四年(1865年),该港仍系"偏僻小口"⑭,1869年布袋港是海盗和劫掠船难者的出没场所,⑮也是南澳船只走私鸦片的据点之一。⑯ 19世纪80年代,布袋

---

① 卢德嘉:《凤山县采访册》,《台湾文献丛刊》第73种,台湾银行经济研究室,1960年,第139页;临时台湾旧惯调查会第二部:《调查经济资料报告》(下),东京三秀舍,1905年,第193页。
② 戴宝村:《近代台湾港口市镇之发展——清末至日据时期》,台湾师范大学1988年博士学位论文,第113页;[日]荒井贤太郎:《台湾经济事情视察复命书》,日本大藏省理财局,1899年,第204页。
③ 临时台湾旧惯调查会第二部:《调查经济资料报告》(下),东京三秀舍,1905年,第147,332页。
④ 参见张世贤:《晚清治台政策》,台湾商务印书馆,1978年,第13页。
⑤ 台湾银行经济研究室编:《清穆宗实录选辑》,《台湾文献丛刊》第190种,台湾银行经济研究室,1964年,第121页。
⑥ 台湾银行经济研究室编:《清会典台湾事例》,《台湾文献丛刊》第226种,台湾银行经济研究室,1966年,第116页。
⑦ 李让礼(Charles W. Le Gendre):《台湾番事物产与商务(The Aboriginal Affairs, Products and. Commerce of Taiwan)》,《台湾研究丛刊》第46种,台湾银行经济研究室,1960年,第19页。
⑧ Shanghai Chinese Maritime Customs, *Chinese Imperial Maritime Customs Publications 1860-1948*, Tainan, 1890, p. 10.
⑨ 蔡青筠:《戴案纪略》,《台湾文献丛刊》第206种,台湾银行经济研究室,1964年,第37页。
⑩ 《台湾府舆图纂要》,《台湾文献丛刊》第181种,台湾银行经济研究室,1963年,第31页。
⑪ [日]富田芳郎:《台湾乡镇之地理学研究》,《台湾风物》,1954年,第4卷第10期,第12页;《台湾府舆图纂要》,《台湾文献丛刊》第181种,台湾银行经济研究室,1963年,第270页。
⑫ 卢嘉兴:《嘉义县属海岸线演变考》,《台湾文献》,1959年,第10卷第3期,第32页。
⑬ 《嘉义县图》,《台湾府舆图纂要》,《台湾文献丛刊》第181种,台湾银行经济研究室,1963年;台湾总督府交通局道路港湾课:《台湾の港湾》,台湾总督府交通局,1938年,第150页。
⑭ [清]丁曰健:《治台必告录》,《台湾文献丛刊》第17种,台湾银行经济研究室,1959年,第499页。
⑮ W. A. Pickering著,吴明远译:《老台湾(Pioneering in Formosa)》,《台湾研究丛刊》第60种,台湾银行经济研究室,1959年,第119页。
⑯ 厦门市志编纂委员会、厦门海关志编委会:《近代厦门社会经济概况》,鹭江出版社,1990年,第53页。

港是笨港与安平港间泊船条件最佳的港口,与安平之四草湖,有小轮船往来。①1876年左右,安平、打狗二港因外国船只增加,中式帆船在无法竞争之下,转往布袋活动;而且港口派驻军队,贸易较安全,②遂成为中式帆船贸易中心。又因布袋距离府城较近,与安平港互动关系较北方的猴树港、笨港密切。本地域所盛产的糖、盐,大都由布袋港转运至安平港,并由台南供应外国货品及其他杂货。③

盐水港至府城之间的市街以麻豆街最大。清末麻豆街仍是南北官道所必经,又有糖、渔之利,不因港口机能消失而没落,反而转型为供应周边麻豆保、善化里东保等乡村集散和消费的乡街。④麻豆港淤废之后,砂糖的出口先用牛车载运到南边的曾文溪畔,再用竹筏运到台南府城,对外输出。⑤除了糖之外,由于濒临倒风内海,内海则不断浮复而成鱼塭。直到日据初期,该地域鱼塭税仍是全台最多,⑥显然渔业资源极为丰富。同治、光绪年间,从来是台南北边汉人主要市街的茅港尾街衰微之后,麻豆街更为繁荣。⑦该街成为嘉南地区的粮仓,运粮收税的重地,⑧并有盐馆⑨、米市、牛墟。⑩

三、笨港独立地区性经济区

19世纪五六十年代,笨港仍是"海口要地","商旅辐辏",并以下湖为外口,商船大多碇泊于下湖。⑪笨港原从属于鹿港区域经济区,港口设司事一人和文武口,以挂验内地出入船只,且归鹿港厅管辖。⑫唯自从安平港辟作条约港之后,笨港蔗糖主要集中至安平,因此该港虽与鹿港也有贸易关系,但是与府城中介转运现象较明显,故视为从属于安平——打狗南部经济区之腹地。

19世纪70年代由于东石港之兴起,瓜分笨港的腹地,其经济区范围大致上北至西螺溪南至牛稠溪,部分集散市场与东石港相交错。⑬光绪十三年(1887年),本

---

① 《台湾地舆总图》,台湾成文出版社,1983年,第31页。
② Shanghai Chinese Maritime Customs, *Chinese Imperial Maritime Customs Publications 1860-1948*, Taiwan, 1876, p. 105.
③ [日]荒井贤太郎:《台湾经济事情视察复命书》,日本大藏省理财局,1899年,第45,205页。
④ 林玉茹:《番汉势力交替下港口市街的变迁:以麻豆港为例(1624—1895)》,《汉学研究》,2005年,第23卷第1期,第1—34页。
⑤ 根据日据初期的调查,清末麻豆输出糖的糖商主要有住在草店尾的林涂、林寿三、林庆、林进、林除? 以及巷口的林招,共六家,大多是麻豆林家各房。其他有大埕郭乃、寮仔廊黄养、四六廊李轩、安业庄李连德以及大坤头庄的陈昆。见《台湾总督府公文类纂》,第9761册,第8件,第3页。
⑥ 台湾惯行记事研究会原著,程太学等译:《台湾惯行记事》,第一卷下,台湾省文献委员会,1984年,第86页。
⑦ 茅港尾原来因市街规模和位置重要,曾设外委1名,兵25名,同治八年(1869年),却由汛改为塘,并归麻豆汛分防。见[清]蒋师辙、薛绍元:《台湾通志》,《台湾文献丛刊》第130种,台湾银行经济研究室,1962年,第656页。由此可见,该市街在同治年间已经衰颓,市势被麻豆街所夺。1895年10月的乙未抗日战争,茅港尾又是战场之一,30余民宅毁于一旦,40余户居民他迁到其他地区。该地遂更加衰败,转与麻豆、盐水港或台南交易。见《台湾总督府公文类纂》,第9763册,第12件,第6页。
⑧ 光绪十九年(1893年),有在麻豆柜完清钱粮执照的记录。见《台湾公私藏古文书》,FSN02-06-337。清代嘉义县的钱粮征收分成南柜麻豆、东柜店仔口(白河)、北柜盐水港和打猫以及中柜的嘉义城。麻豆最后一任柜书是黄朝光。见《台湾总督府公文类纂》,第9708册,第10件,第5页。
⑨ 台南盐务总局嘉义总馆下辖麻豆子馆、萧垄子馆、铁线桥子馆,已无茅港尾馆。《台湾总督府公文类纂》,第4524册,1896年,第14—30页。
⑩ 《台湾总督府公文类纂》,第9762册,第2件,1896年,第10、26、27页。
⑪ 《台湾府舆图纂要》,《台湾文献丛刊》第181种,台湾银行经济研究室,1963年,第31页。
⑫ 陈其南:《清末的鹿港》,陈其南:《台湾的传统中国社会》,台湾允晨文化公司,1987年,第189、193页。
⑬ 临时台湾旧惯调查会第二部编:《调查经济资料报告》(下),东京三秀舍,1905年,第179页。

地域由嘉义县析出,新置云林县。云林县境内只有海丰港及北港(笨港)有内地商船寄椗;海丰港主要作为避风港,交易则赴北港。①

北港虽然是本地域主要大港,但"潮至水深方可泊商船"②,故以下湖为外港,"货物则归北港行椗"③。港口街市及贸易状况,《云林县采访册》记载如下:

> (北港街)东西南北共分八街,烟户七千余家。郊行林立,廛市毗连。金、厦、南澳、安边、澎湖商船常由内地载运布匹、洋油、杂货、花金等项来港销售,转贩米石、芝麻、青糖、白豆出口;又有竹筏为洋商载运樟脑前赴安平转载轮船运往香港等处。百货骈集,六时成市,贸易之盛,为云邑之冠。④

由此可见,清末北港相当繁荣,至少有街道8条,贸易地区除了台湾沿岸港口之外,也与澎湖、金门及厦门均有往来,出口商品包括米、芝麻、糖以及豆。云林涂库街、双溪、他里雾街(斗南)、大莆林街(大林)之砂糖均集中至北港,经下湖转运至安平。⑤竹山丘陵及斗六丘陵山区所产樟脑及林产,也由北港经下湖,运往安平。⑥沿海居民并以大竹筏载货至安平、鹿港贩卖。⑦

19世纪90年代,北港腹地内,沿海新兴褒忠街(褒忠乡);以县城斗六城为中心,邻近地区已出现东和街、沟仔背街、石榴班街(斗六市石榴班)、九芎林街以及溪边厝街(斗六市溪边厝)等乡街,或是往彰化县城大道上的莿桐巷街(云林县莿桐乡);沿山地区有19世纪50年代出现的庵古坑街(古坑乡)。⑧另一方面,清末后山的开禁和设置,也促使沿山乡街的交易更加繁荣或是因位于交通要道而成街。前者,如林杞埔街为"沙连保贸易总市",社寮街为社寮地方的"交易总市",同时也位于"往来南北暨埔里社孔道",东埔蚋街则是东埔蚋庄等处"交易之区",新寮街则为"大坪顶七处交易之区,入后山台东州总路"。⑨

四、东石港(猴树港)独立地区性经济区

19世纪70年代,东石港独立经济区逐渐形成,其范围是八掌溪至牛稠溪地域,大概是清末嘉义县境北半部,与南部的盐水港及北部的北港市场圈有部分重叠。本地域原以朴仔脚(朴子)为吞吐口,朴仔脚变成河港之后,转以东石港为外口,仍称猴树港。咸丰、同治年间,牛稠溪改道,朴仔脚几失河港机能,⑩但仍有南北郊、澎

---

① 倪赞元:《云林县采访册》,《台湾文献丛刊》第37种,台湾银行经济研究室,1959年,第87,82页。
② [清]左宗棠:《左文襄公奏牍》,《台湾文献丛刊》第88种,台湾银行经济研究室,1960年,第40页。
③ 倪赞元:《云林县采访册》,《台湾文献丛刊》第37种,台湾银行经济研究室,1959年,第126页。
④ 倪赞元:《云林县采访册》,《台湾文献丛刊》第37种,台湾银行经济研究室,1959年,第49页。
⑤ 戴宝村:《近代台湾港口市镇之发展——清末至日据时期》,台湾师范大学1988年博士学位论文,第113页。
⑥ 洪敏麟:《从潟湖、曲流地形之发展看笨港之地理变迁》,《台湾文献》,1972年,第23卷2期,第33,34页。
⑦ 倪赞元:《云林县采访册》,《台湾文献丛刊》第37种,台湾银行经济研究室,1959年,第148页。
⑧ 倪赞元:《云林县采访册》,《台湾文献丛刊》第37种,台湾银行经济研究室,1959年,第10—11,94,199页。
⑨ 倪赞元:《云林县采访册》,《台湾文献丛刊》第37种,台湾银行经济研究室,1959年,第146页。
⑩ [日]富田芳郎:《台湾乡镇之地理学研究》,《台湾风物》,1955年,第5卷第6期,第24页。

湖郊和糖郊3个郊,且有不少郊行称"台朴"①,显现该港街不但与台湾府城市场圈重叠,郊商于两地设立郊行,而且与澎湖、中国大陆沿海港口贸易密切,且糖为主要出口商品。

东石港则成为八掌溪以北主要吞吐港,②与岛内的安平、鹿港、下湖、基隆、淡水等港,皆有往来。③嘉义县城、朴仔脚街及浅山丘陵地的店仔口3个大市场,与之连结密切。④本地域的砂糖、米、麻及龙眼等物产,大都由东石港直接以中式帆船输至对岸,⑤少部分转运至安平港出口。但是洋货主要由安平港供应,砂糖也大半转运至安平。

19世纪60年代,嘉义县城商业相当繁荣,有药郊金合兴、杂货郊金和利、福员郊金福兴、布郊金顺利、糖郊李胜兴、箎郊金长顺、茶郊潘振源、油郊金长盛、纸郊金捷顺等9个郊。⑥福员郊和茶郊的出现,反映此地龙眼和茶贸易的兴起。另一方面,城内已有21条街道。⑦而由沿海各港口到内陆、沿山市街进出口货物如何通过乡街、港口来集散,19世纪90年代成书的《嘉义县管内采访册》有相当详细的记载。如:"打猫街采货物,贩自嘉义城,并新港、北港、朴仔脚等处而来。唯粗纸……等物,由竹头崎、梅仔坑等处而来。双溪口街亦然"⑧。大莆林街则是东顶保梅坑等处附近乡民买卖于此而成市集,"土产糖、米、笋干、火炭、菓子等件,来街销售,转易煤油、花金、烟丝、白盐、布匹诸杂货。他如大康榔保、北港等处,多运布匹、气油、烟丝、花金、白盐各款货物,于此交易,转运糖、米、笋干、火炭、菓子、杂物,以付海市出口。百物骈集,六时成市,贸易之盛,亦可谓嘉邑之一市镇云"⑨。新南港街(新港)也是"人烟辐辏,百货充集,笨港海船运糖米者,半购于此焉。地当冲要,街分六条,近附乡村,卖买皆会于是,虽不可比滨海之都会,亦嘉属之一市镇也"⑩。

内山地区则新兴梅仔坑街(梅山)。该地原只有"数间茅屋",之后因作为内山"买卖所,后生理日隆,建为街市"。由梅仔坑东可以到生番界,西抵北港、朴仔脚;南到嘉义县城,北往彰化鹿港等多条道路。其货物输运状况如下:

> 米豆从牛龟溪、内林四处输入;糖从油车店仔、中洲仔输入;花金、盐、磁器、铁器、火油、番油以及什物等件,从北港、朴仔脚、麦寮等处输入;俱到梅仔坑街市场发售。沿山人民,运出粗纸、竹笋、李、桃、藤、笋干、茶心、

---

① 根据1896年调查,行名有"台朴"者至少有台朴振合、台朴福安、台朴东宝兴、台朴金源合、台朴义源、台朴福庆昌、台朴振利、台朴金福昌等八家。见《台湾总督府公文类纂》,第9765册,第5号,第5门,第19类,1898年。
② 临时台湾旧惯调查会第二部编:《调查经济资料报告》(下),东京三秀舍,1905年,第180页。
③ 临时台湾旧惯调查会第二部编:《调查经济资料报告》(下),东京三秀舍,1905年,第181页。
④ 临时台湾旧惯调查会第二部编:《调查经济资料报告》(下),东京三秀舍,1905年,第180、181页。
⑤ [日]荒井贤太郎:《台湾经济事情视察复命书》,日本大藏省理财局,1899年,第43页。
⑥ [清]吴德功:《戴施两案纪略》,《台湾文献丛刊》第47种,台湾银行经济研究室,1959年,第84页。
⑦ 《台湾府舆图纂要》,《台湾文献丛刊》第181种,台湾银行经济研究室,1963年,第172页。
⑧ 《嘉义管内采访册》,《台湾文献丛刊》第58种,台湾银行经济研究室,1959年,第42页。
⑨ 《嘉义管内采访册》,《台湾文献丛刊》第58种,台湾银行经济研究室,1959年,第18、19页。
⑩ 《嘉义管内采访册》,《台湾文献丛刊》第58种,台湾银行经济研究室,1959年,第4页。

火炭、茶油、芝仔,从堡内各庄山内输入,俱到梅仔坑街市场中发售。西打猫、北港四处,南嘉义四处,北云林四处运出。①

由上可见,本地域物产主要是糖、米豆,内山地区则有水果、火炭、茶油、竹笋、粗纸等物产,日常用品则由北港、朴仔脚以及麦寮等地输入。

五、恒春县次级经济区的出现

琅峤地方从来即为十八番社居地,自康熙六十年清廷明令示禁,不准汉人入垦之后,始终未能进一步发展。直到同治十三年(1874年),牡丹社事件爆发,清廷为了杜绝外人窥伺,内镇民番,乃应总理船政大臣督办台湾防务沈葆桢之奏,新设恒春县,以车城南之猴洞为县治。② 又采取积极的开山抚番政策,置招垦局,听民开垦。其后,因成效不彰,光绪四年(1878年)由营务处派委员至广东汕头、厦门以及香港等处招垦。③ 官方的开禁、积极招垦,使得琅峤地方之垦殖得以突破瓶颈,进一步发展。19世纪80年代,境内已在县城附近形成新街以及位居恒春通往后山要道的上枫港街两个小乡街。④ 不过,由于本地位置偏僻,又无贵重物产,直至光绪十八年(1892年)仍是"商贾罕至,往来仅营勇、垦民、小本商贩而已"⑤。

境内重要港口有大坂埒、后璧湖、鹅銮鼻、蚵广嘴、后湾、车城(琅峤湾)、枫港,虽皆可停轮登岸,⑥却是"夏秋涌浪滔天,冬春落山风司令","维系亦不稳妥",因此轮船需视天色平稳,方可寄椗。⑦ 夏秋之际,恒春海道则人皆视为畏途。⑧

大体上,恒春县主要通过枫港、车城、南湾三个地方性港口对外往来,各港规模不大,与内地可能偶有船艘往来。其中,车城琅峤港因开禁前,略有开垦,牡丹社事件及中法之役复因外国轮船登岸寇扰,⑨地位渐著,为琅峤主要门户,地域经济区逐渐成形。

六、卑南半独立次级经济区

由于地形阻碍及原住民抵抗激烈,汉人迟迟才进入东台湾拓垦。⑩ 光绪元年(1875年)移台湾海防兼南路理番同知至卑南,并积极进行开山抚番,采军屯形式,以花莲璞石阁(玉里)及卑南宝桑庄为中心,形成点状开垦,⑪但开垦成效不大。光

---

① 《嘉义管内采访册》,《台湾文献丛刊》第58种,台湾银行经济研究室,1959年,第62、63页。
② 台湾银行经济研究室编:《清德宗实录选辑》,《台湾文献丛刊》第193种,台湾银行经济研究室,1964年,第3页。
③ [日]伊能嘉矩著,江庆林等译:《台湾文化志》(上),台湾省文献会,1991年,第174页。
④ [清]夏献纶:《台湾舆图并说》,恒春县图,台湾大通书局,1985年。
⑤ [清]陈文炜、屠继善:《恒春县志》,《台湾文献丛刊》第75种,台湾银行经济研究室,1960年,第133页。
⑥ [清]陈文炜、屠继善:《恒春县志》,《台湾文献丛刊》第75种,台湾银行经济研究室,1960年,第9页。
⑦ [清]夏献纶:《台湾舆图并说》,台湾成文出版社,1985年,第76页。
⑧ [清]陈文炜、屠继善:《恒春县志》,《台湾文献丛刊》第75种,台湾银行经济研究室,1960年,第261页。
⑨ [清]杨岳斌:《恭报抵台筹办情形折》,[清]杨岳斌:《杨勇悫公奏议》,《台湾文献丛刊》第62种,台湾银行经济研究室,1959年,第35页。
⑩ 陈正祥:《三百年来台湾地理之变迁》,《台湾文献》,1961年,第12卷1期,第82、83页。
⑪ 李国祁:《清季台湾的政治近代化——开山抚番与建省》,《中华文化复兴月刊》,1975年,第8卷12期,第7—10页。

绪十三年台湾建省,又改置台东直隶州。

台东直隶州辖境,北至东澳南至八瑶湾。境内大港口以北各港,与北部港口连结较紧密,划归北部经济区。成广澳及卑南港,则与南部港口连结较密切。其中,成广澳于西南风时可泊大船,①泊船条件较佳。但是卑南因最早开垦,虽几无港湾形态,②却是主要出入门户,卑南同知及其后的直隶州州判均驻于卑南。直至19世纪90年代,仅于此地出现一庄二乡街,即新兴街,有"大小店铺、手艺工匠人等浮户九十家"和马兰坳街"商贩居其小半,各营弁勇眷口居其大半"③。

中法之役,由于大量军队及财货补给皆由卑南登陆,更突显该港重要性。④ 清末经常碇泊于卑南的中式帆船大约有三四艘,与内地南澳、金门及厦门均有往来,冬季东北风司令时亦往安平贸易。⑤ 卑南的官兵换防、采运粮米及军火,率由轮船运送,⑥大概归安平及打狗两港供输。卑南至安平港轮船六小时可到。⑦ 此外,打狗港的中式帆船也绕至东岸,以布、水果、刀子及其他物品与番民交换柴薪、藤、麦。⑧ 卑南、成广澳食盐则由安平港运至。⑨ 总之,卑南因地方初辟,商民聚集不多,与内地贸易有限,而与安平、打狗互动较频繁,遂以卑南港为首,组成一个半独立地区性经济区。

综合上述,19世纪50年代洋船、洋商已经逐渐来到台湾各地进行贸易,突破之前台湾仅与中国内地贸易往来的格局。咸丰十年(1860年)台湾正式开条约港之后,大致以安平与打狗港、基隆与淡水港两组条约港为首,形成南北两个区域型经济区。经济区范围则因清末国际情势巨变、外力刺激之下,清廷积极施行开山抚番政策,终于将恒春及后山纳入清朝版图,并推动政治近代化。台湾全岛也以鹿港为界,西螺溪以南至东部成广澳各港,从属于安平——打狗港双核心区域型经济区;西螺溪以北至后山大港口,从属于淡水——基隆港双核心区域型经济区。南北四口,分别对区域内各港街提供中心性集散机能,各地对外出口大宗物产,大都由各地域较大港口转运至条约港,条约港亦分配进口货物至各地。但是,除了南北4个条约港之外,传统的正口和小口仍持续运作。各地规模较大港口,除了与条约港具有中介转运功能外,也陆续由地方厅县开为小口,主要作为中式帆船贸易中心。其

---

① [清]夏献纶:《台湾舆图并说》,后山总图,台湾成文出版社,1985年,第104页;[清]蒋师辙:《台游日记》,《台湾文献丛刊》第6种,台湾银行经济研究室,1957年,第117页。
② 台湾总督府交通局道路港湾课:《台湾の港湾》,台湾总督府交通局,1938年,第141页。
③ [清]胡传:《台东州采访册》,《台湾文献丛刊》第81种,台湾银行经济研究室,1960年,第18页。
④ "Reported by Mr. L. C. Hopkins on the Island of Formosa", *British Parliamentary Papers: Essays and Consular Commercial Reports*, Irish University Press, 1971. Area Studies Series, China. 1884, p. 607.
⑤ 台湾总督府史料编纂委员会编纂:《台湾史料稿本》八,"公文类纂"乙22卷31条,1896年4月15日,《台东附近情况谈话笔记》,第101页。
⑥ 《到台筹办开山抚番等事片》,孙承泽等编:《台湾关系文献集零》,《台湾文献丛刊》第309种,台湾银行经济研究室,1972年,第123,124页;又,1878年也自日本进口小麦,由安平、打狗二港以中式帆船运至东部,供军队食用,见 *British Parliamentary Papers: Essays and Consular Commercial Reports*, Irish University Press, 1971. Area Studies Series, China. Taiwan, 1878, p. 698.
⑦ [清]胡传:《台湾日记与禀启》,《台湾文献丛刊》第71种,台湾银行经济研究室,1960年,第247页。
⑧ [清]胡传:《台湾日记与禀启》,《台湾文献丛刊》第71种,台湾银行经济研究室,1960年,第178页。
⑨ P. H. S. Montgomery著,谦祥译:《1882—1891年台湾台南海关报告书》,《台湾银行季刊》,1957年,第9卷第1期,第190页。

不但具备独立对外贸易功能,而且贸易网络远至日本、东南亚地区,对核心港口的依存度大为降低,遂形成独立次级经济区。换言之,其一方面从属于条约港市场圈内,有密切的国际商品交易;另一方面,也各自直接对外贸易,而形成一种地域间既从属又分立的双重结构。台湾港口城市出现条约港和传统港市两种类型,经济区分成南北两个区域型经济区,其内又分立出数个独立的地区性经济区。

其次,台湾南北区域型经济区地位的比重也有重大转变。19世纪70年代以前,米、糖两种产品仍占对外输出相当大比例,北部的樟脑及茶方兴未艾,南部港口为全台贸易重心。19世纪70年代之后,全台国际商品的贸易额,分别是茶54％、糖36％、樟脑4％及煤2％,[1]北部茶的出口已凌驾南部的糖,北部港口贸易额亦逐渐超越南部。1880年以后,北部二港渐占优势,[2]淡水港并成为本岛最大贸易港。[3] 1885年至1895年之间,北部贸易总额更为南部两倍,北部条约港跃升为全台贸易重心。不过,另一方面,中北部传统港市仍持续以米为主要出口商品,南部地区则新兴水果、姜黄等商品。

官方的对外交通也产生同样现象。光绪七年(1881年)福建巡抚岑毓英奏准,闽、台官轮改以五虎口径渡基隆为正道,原由五虎口经澎湖至安平航路为副道。[4]凡是来往官兵及省台文报,俱派拨琛航、永保两艘轮船,轮流渡送。[5] 官方渡台正道,由南部转移至北部,显见北部政治和经济地位已经凌驾南部。

最后,清末台湾开港之后,条约港逐渐转以轮船作为主要交通工具,南北地域物产的生产专业化,促使岛内长距离航行和不同经济区之间往来,较之前来得频繁。洋行纷纷来条约港设立据点,引入资本、新的金融机制及技术,台湾对外贸易规模大增,贸易网络也大幅扩张,而突破原来以福建为中心的中国沿岸贸易圈,贸易范围扩大至全球,且与华北、华中以及广东贸易频率提高。另一方面,华商金融资本的角色也越来越重要,台北汇单馆和钱庄的创立即是明证。尤其是台湾大商人的崛起,并试图直接参与国际贸易,学习西洋人的公司经营方式,均是开港后国际贸易所促成的经济近代化萌芽现象。

---

[1] 林满红:《茶、糖、樟脑业与晚清台湾》,《台湾研究丛刊》第115种,台湾银行经济研究室,1978年,第217页。
[2] Albrecht Wirth著,周学普译:《台湾之历史(Formosa's bis Anfang 1898)》,《台湾经济史六集》,《台湾研究丛刊》第54种,台湾银行经济研究室,1957年,第66页。
[3] 戴宝村:《近代台湾港口市镇之发展:清末至日据时期》,台湾师范大学1988年博士学位论文,第88页。
[4]《会商台湾防务大概情形折》,孙承泽等编:《台湾关系文献集零》,《台湾文献丛刊》第309种,台湾银行经济研究室,1972年,第110页。
[5]《请将"琛航"、"永保"轮船二号轮流渡台片》,孙承泽等编:《台湾关系文献集零》,《台湾文献丛刊》第309种,台湾银行经济研究室,1972年,第118页。

第五章 结 论

台湾是个南北狭长的海岛,又有河流阻隔,陆路交通相当不便,加以从康熙二十三年(1684年)清廷正式将台湾纳入版图之后,始全面进入开发状态,因此从时间和空间的视点来看,清代台湾并非是一个同质的区域,地域差异颇大。各地域随着土地拓垦的进程和经济发展之需要,逐渐与中国大陆沿海外向型经济区形成农产品和手工制品的贸易分工状态。全台也以港口为中心,不断分化出大大小小的地域经济区以及规模不等的港口市街,并形构出一个动态变化的经济地理图像。

清代台湾经济地理的发展充分受到国家政策、地方经济发展以及国际环境之影响。从17世纪末到18世纪中叶,囿于清廷实施台湾鹿耳门与福建厦门单一正口对渡政策,加以各地土地开发正如火如荼地开展中,地域经济区尚处于建构阶段,特别是中北部地区开发较迟,后山则停留在封山划界状态,因此全台以鹿耳门——府城为核心,形成一个以西部平原地区为主的全岛型经济区。此时,经济区范围随土地拓垦进程剧烈变化,不但以台湾县(台南)为中心往南北方向扩张甚速,番界也随着汉人和熟番的一再越界拓垦,不断往东边挺进。台湾对外出口的商品,最初以南部地域生产的糖、油为主,出口市场以华中地区居多,但大多通过福建厦门往北运输。雍正年间以降,中北部地区开垦渐有成效,至乾隆年间因大规模的水田化运动之拓展,已有余米输往福建缺米的漳、泉、福州以及兴化四府。中北部地区又因为距离台湾府城遥远,往来不方便,乾隆年间之后偷漏米谷到中国内地的现象也越来越多,地域经济区的雏形渐出,与台湾府城的联系日益疏离。

乾隆末年,台湾西部除了中北部少数地区之外,平原地带大致开发完成,对外直接贸易往来的需求也日益增强,各地走私偷漏现象越演越烈。清廷基于治安及符合现实状况,遂先后开台湾中部的鹿港与泉州蚶江、台湾北部的八里坌与福州五虎门对渡。于是,全台逐渐形成以三正口为核心的,北、中、南3个区域型经济区。其下,又因为各地域吞吐口也陆续私自对外往来,而逐渐建构出与正口连结越来越松弛的半独立地域经济区。另一方面,汉人和熟番土地拓垦的脚步除了继续往东边的浅山丘陵地带挺进之外,也经由台北盆地入垦后山的噶玛兰地区。嘉庆十五年(1810年),噶玛兰厅正式设治,道光六年(1826年)又开厅内的乌石港为正口,与福州五虎门对渡,而自成一个独立的地区性经济区。

19世纪30年代以降,除了犹处于封山划界状态的后山之外,台湾各地大多已由开发中地区变成已开发地区,对外直接贸易的驱力更强,加以清廷对于中国沿海的控制力趋弱,贸易网络已经不再局限于福建一省,而往南北延伸到广东和华北。

19 世纪 40 年代,清廷更进一步正式开放华中与台湾直接贸易,至此打破长达近 150 年仅与福建贸易的格局。台湾地方厅县也开始基于收税的需要,径行开放地方吞吐口与大陆贸易。因各地域的贸易商品和网络有所差异,而形构出不同的地域经济区特色。

19 世纪 50 年代,西洋船只和商人已经陆续来到台湾南北两个口岸,或与地方官员密约进行贸易,而为台湾经济和政治近代化的萌芽拉开序幕,并突破之前台湾仅与中国内地贸易往来的格局。咸丰十年(1860 年),台湾被迫正式开港后,带来国际自由贸易体制的新变局。台湾南北各出现两个条约港,大致以鹿港为界,将全台瓜分成安平——打狗和淡水——基隆港两个双核心区域型经济区。另一方面,同治十三年(1874 年)牡丹社事件之后,清廷积极理台,不但推行开山抚番政策,尝试各种近代化设施,而且正式在后山设治,台湾全岛版图终于完成。南北两组国际港,则分别对区域内各港街提供中心性集散机能,各地对外出口大宗物产,大都由地域内较大港口转运至条约港,条约港亦分配进口货物至各地。但是,除了条约港之外,传统的正口和小口仍持续运作。各地规模较大港口,除了与条约港具有中介转运功能外,也陆续由地方厅县开为小口,主要作为中式帆船贸易中心。其不但具备独立对外贸易功能,而且贸易网络远至日本、东南亚地区,对核心港口的依存度大为降低,遂形成独立次级经济区。换言之,其一方面从属于条约港市场圈内,有密切的国际商品交易;另一方面,也各自直接对外贸易,而形成一种地域间既从属又分立的双重结构。

台湾南北区域型经济区地位的比重,随着贸易商品变化也有重大转变。19 世纪 70 年代以前,米、糖两种产品仍占对外输出相当大比例,北部的樟脑及茶方兴未艾,南部港口为全台贸易重心。19 世纪 70 年代之后,北部茶的出口已凌驾南部的糖,北部港口贸易额亦逐渐超越南部。光绪六年(1880 年)以后,淡水港成为本岛最大贸易港,北部贸易总额更为南部两倍,北部条约港跃升为全台贸易重心。另一方面,中北部传统港市仍持续以米为主要出口商品,南部地区则为新兴水果、姜黄等商品。

国际港埠与传统港市贸易形态差异则更大。传统港市基本上长期依附于中国大陆市场,受到西方势力的影响较有限,郊也较少受到洋行的打击,甚至共享国际贸易的大饼,深入内山地带建立据点,经营樟脑贸易,或是协助在条约港的洋行收购土产,而产生郊商买办化现象。在条约港,轮船逐渐取代帆船作为主要运输工具,国际商品的茶、糖、樟脑大多集中到此再对外输出。洋行、妈振馆纷纷设立,并带来西方资本、技术、新金融制度及商业文化。贸易网络也大幅变化,由原来以华南为主的贸易圈,扩大到全世界,进而纳入世界经济体系中,且与华北、华中以及广东贸易频率提高。由于国际商品贸易量大,需要巨额资金流通,传统港市盛行的现金或是交互计算方式已经不敷所需,台北首先出现中国内地流行已久的钱庄与汇单馆。更值得注意的是,部分台湾商人通过地缘优势,逐渐参与国际商品的生产与输出,迅速累积财富,不但可以与洋行相抗衡,甚至直接涉足国际贸易,设立仿西式的贸易公司。19世纪中后叶台湾商人的异军突起,并渐有凌越大陆商人和洋商的现象,反映了台湾本土经济力的成长。

第四篇
近代台湾经济地理(日据时期)

第一章 绪 论[*]

第一节 综 述

台湾是我国的宝岛,位于祖国大陆的东南沿海,总面积约 3.6 万平方公里。广义的"台湾",由台湾本岛、澎湖列岛、金门、马祖等岛屿组成;狭义的"台湾"仅指台湾本岛及其附属岛屿。台湾日据时期指 1895 年至 1945 年之间台湾被日本殖民统治的时期,基于各种不同的观点,也有人称为日据时期、日本时代、日本统治时期或是日本殖民时期。

一、地理环境和自然条件

台湾本岛是一个多山的岛屿,由几条平行于岛轴的山脉组成。中央山脉贯穿南北,北起苏澳,南到恒春半岛,全长 340 公里,3 000 米以上的高峰林立。中央山脉西侧为雪山山脉和玉山山脉。位于平原和山地之间是台地和丘陵。平原包括河流冲积平原和海岸平原,分布于岛的边缘,主要有西部的嘉南平原、南部的屏东平原和东北部的宜兰平原。[①]

台湾的丘陵和台地,大致分布在台湾断层山系西缘与平原过渡的山麓地带,从台北盆地周缘起至恒春半岛上,由起伏平缓的丘陵与连绵接壤的台地组成,一般在海拔 100—500 米,约占台湾总面积的四分之一。

主要的丘陵区有 4 处:基隆竹南丘陵区、嘉义丘陵区、丰源丘陵区和恒春丘陵区。基隆竹南丘陵区北起基隆附近的海岸,西南抵达丰原一带,全区为中新统及鲜新统地层分布,它是台湾最大的丘陵区。嘉义丘陵区位于阿里山前,北起浊水溪南岸,南至高雄、屏东之间。丰原丘陵区位于上述两个丘陵区之间,丰原经台中至南投一线以西,为西部丘陵地带最宽部分,东西呈半圆形,连接玉山山脉和西部阿里山山脉,是台湾岛中部地形中最特殊的。恒春丘陵区几乎占据了恒春半岛的全部,由中新统和鲜新统砂岩与页岩所构成,成平缓的南北向背斜,山势渐次向两侧低落,西与屏东平原相衔接。

较大的台地有林口、桃园、后里、大肚、八卦和恒春西部台地带。例如桃园台地,分布于桃园、中坜、平镇、伯公冈和湖口等地。为南崁溪、埔心溪、新街溪、老街溪和社子溪等几个扇形水系所分割,高度在 400 米以下,是台湾面积最大的台地。

---
[*] 第四篇除绪论第二节为姜修宪所撰外,其余均由王湛撰稿。
[①] 石再添主编:《台湾地理概论》,台湾中华书局,1987 年,第 13—16 页。

地面表层覆盖着褐土和砾土,有的已开辟为水田。台湾的丘陵和台地面积大小不一,起伏连绵。对于缺少耕地的台湾,这些地区是仅次于平原和盆地区的农业区,为园艺作物和水果的主要种植带。

台湾的平原和盆地不多,面积较小,仅约占台湾总面积的五分之一。主要的平原有嘉南平原、屏东平原、宜兰平原、台东纵谷平原。

嘉南平原北起彰化,南至高雄,南北长约180公里,东西最大宽度为43公里,面积约4 550平方公里,为台湾最大的平原。嘉南平原由大肚溪、浊水溪、北港溪、朴子溪、八掌溪、曾文溪冲积而成,地势平坦,平均海拔在100米以下。平原北部为水稻土和冲积土,南部西侧为盐渍土,东侧为盘层土。嘉南平原是台湾最早开发的地区。

屏东平原以屏东市为中心,向四周延展,南北长约50公里,东西宽约25公里,面积为1 160平方公里,为台湾第二大平原。屏东平原是高屏溪、东港溪冲积而成,为水稻土和冲积土。平原东侧是中央山脉南段西侧的倾斜山坡,西北与嘉南平原相接,其开发时间仅次于嘉南平原。

宜兰平原分布在台湾岛的东北部,其南北两侧为中央山脉和雪山山脉的山峦,东有太平洋,中有宜兰平原。宜兰平原以苏澳、头围与宜兰浊水溪出山口为顶点,每边长各约20公里,面积约为320平方公里,由兰阳溪、宜兰浊水溪冲积而成,土壤以水稻土为主,是台湾东部最早开发的地区。

台东纵谷平原介于中央山脉和海岸山脉之间,南北长约150公里,东西平均宽度不超过15公里,纵谷两侧地势陡峭,使纵谷平原较之西部平原地势起伏大,平均海拔在100—500米之间,并有一些峡谷相隔,整个平原被分隔成几片,其中以纵谷两端的花莲平原和台东平原面积最大,都在100平方公里以上。纵谷平原由花莲溪、秀姑峦溪、卑南溪大小30多个冲积扇组成,土壤层薄,多为水稻土、冲积土和红棕壤。

台湾的盆地较平原面积更小,数量更少。较大的盆地有两处,即台北盆地和台中盆地。

台北盆地原为干涸湖盆,由基隆河、新店溪、大汉溪冲积而成。盆地东南为雪山山脉的余脉形成的丘陵所环绕,北以大屯火山群为界,西有基隆竹南丘陵的观音山、林口台地等围绕,盆地形状完整。盆地内最北部的北投和最南部的新店相距约20公里,东部顶端的松山至西部观音山脚宽约15公里,总面积约200平方公里。盆地内地势低平,平均海拔在20米以下,土壤为水稻土。

台中盆地以台中市为中心,四周为平原丘陵所环绕,西部的大肚台地与八卦台地,如一蟹之两螯,合抱盆地。南北长度,平原至南投间约为38公里,东西最大宽度为18公里,面积约370平方公里。盆地内地势自东北向西南倾斜,平均海拔在100米以下,由北苍溪、乌溪、前湖溪、大甲溪冲积而成,以水稻土为主。

其他还有南投盆地、埔里盆地、泰源盆地等,面积很小,都在数十平方公里左右。

台湾地区的河川大都源短、坡陡、流急。重要河川有淡水河、大甲溪、乌溪、浊水溪、曾文溪、高屏溪、兰阳溪、花莲溪与秀姑峦溪等；而流域面积在 2 000 平方公里以上的河川，有北部的淡水河、中部的乌溪与浊水溪，南部的高屏溪等。

台湾本岛海岸线长约 1 139 公里，四周海岸地貌各异。

东部海岸起自东北角的三貂角，向南至旭海村的牡丹湾，濒临太平洋，属于断层海岸。东部海岸缺乏天然港湾，沿岸从北至南分布的苏澳港、花莲港、成功港、台东港等，均为人工港口。

北部海岸起自淡水河入海口的北岸，向北经富贵角再向东至三貂角，濒临东海，属于下沉海岸，连接东海大陆架，沿岸多岬角，基盘多为坚硬岩石构成。位于该段中部的基隆港，就是利用天然港湾和人工配合修建的良港。

西部海岸起自淡水河入海口的南岸，向南至屏东的枋寮，濒临台湾海峡，为上升隆起海岸，单调平直，沙滩绵长。和东部海域相反，台湾海峡海底较浅，几乎都在 100 米以内，有一大部分水深仅为 50 米。这段海岸分布的港口数量最多，包括淡水港、旧港、后龙港、台中港、鹿港、东石港、安平港、高雄港、东港等。但是由于沿岸多为砂质，加上岛上河流携带大量泥沙入海，各个港口泊地深度不足，并受到泥沙淤积的影响，必须不断地进行人工修缮，其中高雄港是台湾西部海岸中最大的港口。

南部海岸起自枋寮，向南绕过鹅銮鼻至牡丹湾，濒临南海、巴士海峡和太平洋，为珊瑚礁海岸。沿岸港口数量较之其他三段海岸为少，只有南湾(大板埒)一个港口。

台湾的气候属于亚热带海洋季风气候，夏长冬短，气温较高。南部地区一年四季如夏，北部属于亚热带气候，冬夏气温颇有差异。台湾各地的累年平均温度，平原气候自 4 月后平均温度达 20℃以上，其中，6 月至 9 月，平均温度超过 30℃。冬季除了高山以外，各地最冷月份的平均温度，均在 15℃以上。[①] 在日照方面，全年平均都在 1 500 小时以上，但是各地的差异颇大。日照数较低者属于北部地区，较高者为南部地区。

台湾雨量丰沛，湿度较大，除西部沿海一带雨量较少外，其余各地年平均降水量均在 1 500 毫米以上，山地雨量更大，平均在 3 000—4 000 毫米以上。雨天大都集中在梅雨季节与夏天的台风时刻。雨天南北差异颇大。就降雨量而言，南北也存在差异。

台湾的土壤、植被，在山区广泛分布石质土和经过灰化而成的各种灰化土，在低丘岗陵区主要是黄棕壤和红棕壤，在沿海低平地区为肥力较高的冲积土和贫瘠的盐土。由于台湾终年高温多雨，地形复杂，加上有不同的土壤类型，因此生物植被繁殖力旺盛，种类繁多。台湾的森林群系就有海岸林群、热带雨林群、硫黄泉植物群、亚热带与暖温带雨林群、暖温带山地针叶树林群、冷温带山地针叶树林群、亚

---

① 石再添主编：《台湾地理概论》，台湾中华书局，1987 年，第 26 页。

高山针叶树林群等。①

二、台湾的交通状况及清末近代化发展

台湾的交通状况颇受岛内山川河流等自然条件的限制。在清朝初期交通条件比较落后的情况下,岛内通行,陆路主要的交通方式为骑马乘车,较长距离的运输无疑以舟楫为首选,这必须要有通航便利的海洋河川及天然良港。事实上,台湾岛河川的航运之利是有限的。这表现在以下几个方面。

首先,岛上河川通航条件差,不利于大型商船航行。台湾岛上的河川具有山高流短、坡陡流急、水量变化无常、含沙量高、易于淤积等特点,这些特点均不利于水上航行,而且容易造成下游河床和港口的淤塞。有清一代,台湾岛上除淡水河有较好的通航条件外,其他河流通航条件较差。"台湾岛上河流虽多,但除少数可以终年航行平底船外,大部分均为急湍。每当雨季,河水泛滥,常泛滥成灾。而在旱季,又几呈干涸之状,干旱河床往往成为土人所行道路。"②因此,两岸贸易的大型商船只能停泊在沿岸港口,无法溯河进入内陆地区,造成两岸贸易只能集中在沿岸港口,从而促进了沿海口岸的发展,内河港口无法超越这些开展两岸贸易的沿海港口。

其次,岛上主要河流呈东西流向,河床宽广,水位倏涨倏落,无法架桥,渡船往来也不能保证,河流乃成南北陆路交通的障碍。例如虎尾溪,"浊水沸腾……然溪底皆浮沙无实土……溪水深二三尺,不通舟,夏秋潦涨,有竟月不能渡者"③。这些东西向的河流将台湾岛分隔成为一个个相对独立的小区域,几条大河就成为较大区域的分界线。

再次,沿岸港湾条件差。台湾岛沿岸港口众多,但是缺乏天然良港,港口常淤塞,港口发展的持续性颇受影响。

台湾岛上的陆路交通也是极为不便的,由于岛上高山、丘陵、台地交错分布,且河川大体上呈东西走向,造成南北向交通的不便。早期台湾极少有人工修筑的大路,所谓的交通道路也不过是仅能容纳一辆牛车经过,大部分乡村之间只有自然形成的田间小道。陆上交通工具也极为原始,"陆运仅借人力,未曾以车马往来"。岛上最普遍的交通工具是牛车,虽可载运米、糖,但是每辆车只能载运10石,且笨重难行,一天只能走二三十里。④康熙末年台湾南路米的运载情形显示,陆路运输费用要比水路贵数倍,文献记载:"自东港运至台邑,进大港,不由鹿耳门,每石船价八

---

① 石再添主编:《台湾地理概论》,台湾中华书局,1987年,第86、87页。
② Camille Imbault-Huart 著,黎烈文译:《台湾岛的历史与地志》,《台湾研究丛刊》第56种,台湾银行经济研究室,1955年,第72页。
③ [清] 蓝鼎元:《东征集》,纪虎尾溪,《台湾文献丛刊》第12种,台湾银行经济研究室,1958年,第85页。
④ 连横:《台湾通史》,商务印书馆,1947年,第354页。

分;陆运每牛车止五六石,溪涨难行,脚价数倍水运。"①以下这段话最能说明清代台湾岛内陆交通的窘境了:"虎尾、东西二螺、大肚、大甲、大安之深度,后垅、中港、竹堑之潮汐,溪水骤涨则稽日,潮流正长则需时。兼以夏秋泥淖,埋轮濡首,故有由县治而至鸡笼,或浃旬、逾月乃至者。良由道路险阻,有时折轴输载,将伯无从;有时溪涌潮吞,望洋而叹。"②

直到晚清时期,清政府为了应对海疆危机,开始积极建设开发台湾,大搞洋务运动,一些近代化的交通设施被引入台湾,具有代表性的就是刘铭传抚台期间在台湾修建的第一条铁路。这不仅是台湾的第一条铁路,同时也是中国最早的一条铁路,可谓开风气之先。同时,随着台湾北部的开发,基隆港也逐渐发展起来,成为新兴的港口。

三、台湾的开发和近代化的发展

台湾的社会经济在清朝初期属于传统的农业经济,主要生产稻米和砂糖,以及一些台湾特有的物产如硫黄、樟脑等,当时人称台湾"糖谷之利甲天下",台湾的米和糖主要销往大陆,换取大陆的手工业品等自身所缺乏的物资,两岸属于同一个贸易圈。清代晚期,台湾开港,随着外国资本的介入以及台湾北部的开发,茶、糖、樟脑等物产成为台湾主要的出口商品。

1895年,中日甲午战争爆发,清政府战败,签署丧权辱国的《马关条约》,台湾被割让给日本。日本在接收台湾的过程中,面对台湾人民的抵抗,经过一番血战,在付出巨大的代价后,才开始得以在台湾进行其殖民统治。③

日本殖民者为了将台湾建设成为日本的殖民地,首先继承了清政府在台湾进行洋务运动所取得的各项成果,而后又进行一系列的"殖民地基础工程",以构建殖民地经济体系。日本殖民者进行了土地调查和林野调查,通过土地调查废除了大租权,确立了以小租户为核心的近代土地制度,通过林野调查攫取了大量的林野田地,将其纳为官有。为了把台湾纳入到日本资本主义的经济圈,日本殖民者又改革币制、统一度量衡;并为确保殖民地统治秩序,进行了人口和户籍调查。④

日本据台初期,财政极为短绌。⑤ 台湾总督府为克服因统治台湾而产生的财政危机,必须大力发展经济,因此整备岛内交通体系,铺设了岛内的铁路、公路网络;兴建高雄和基隆两大港口,以促进海运业的发展。为了满足日本国内的需要,先是大力发展台湾糖业,大量输出台糖到日本,其后又积极进行稻米的生产和对日输出,形成台湾的"米糖单一经营农业",成为日本的农业附庸,养活日本不断增加的

---

① [清]黄叔璥:《台海使槎录》卷一,赤崁笔谈·赋饷,《台湾文献丛刊》第4种,台湾银行经济研究室,1957年,第23页。
② [清]周钟瑄:《诸罗县志》,《台湾文献丛刊》第141种,台湾银行经济研究室,1962年,第6页。
③ 陈孔立:《台湾历史纲要》,九州出版社,1996年,第174—179页。
④ 王键:《日据时期台湾总督府经济政策研究(1895—1945)》,社会科学文献出版社,2009年,第185—262页。
⑤ 黄通、张宗汉、李昌槿:《日据时代台湾之财政》,台湾联经出版事业公司,1987年,第23页。

工业人口。①

在日本殖民者的苦心经营下,台湾经济在日据时期取得了较大的进展,但是它依然是殖民地经济的性质,台湾人民的劳动成果被日本殖民者所掠夺了。

四、日据时期台湾经济的殖民地性质

所谓殖民地经济,就是这种经济形态是受宗主国控制和剥削的。对于宗主国而言,殖民地的一个重要作用就是成为宗主国的农产品、工业原料产地和资本输出地。台湾作为日本的殖民地,同样扮演了这样的角色。

日据时期,台湾向日本提供了大量的砂糖和稻米,这为日本完成工业化进程和促使日本资本主义向帝国主义阶段过渡发挥了巨大作用,而台湾米、糖产业的发展也充分体现出台湾经济的殖民地性质。

米、糖产业是台湾的传统产业,清代就有"糖谷之利甲天下"之称。稻米在台湾开港前就是主要出口产品。开港后,砂糖和茶叶、樟脑等产品更是大量出口,米和糖作为台湾的主要财富,自然成为日本殖民者掠夺剥削的对象。

日本割占台湾后,为镇压台湾人民的武装反抗,军费开支浩繁。其他事业费如土地调查费,铁路、港口、邮电建设等支出也十分庞大。而总督府初期的财政收入仅有田赋和专卖,收支不抵。台湾财政(时称特别会计)须仰赖日本中央财政一般会计的补助。日本人称为"补充金",自1896年至1904年补充金总额达3 000万元,尤其在据台前几年,日本补充金占该时期台湾财政收入比例极大。例如1896年占72%,1897年占53%,1898年占34%。②然而,此一时期日本财政本身也十分窘迫,对于经营台湾的巨额费用感到力不从心,因此有"卖掉台湾"的提议出现。③在这种情况下,第四任总督儿玉源太郎(任期1899年2月—1906年4月)在其任内提出了"殖产兴业"的政策,主张发展官营事业和民间产业,增加税源,以期达到财政独立的目的。④但官营事业中的铁路、港口都是长期投资,一时难有收益。专卖收入也不能无限榨取,否则将招致民众的不满和反抗。因此,发展民间产业就成为财政脱困的最现实的途径,而制糖业遂被选为首要发展的产业。

之所以选择制糖业,一是台湾具有甘蔗种植传统,适合产糖;二是当时日本市场需要进口大量的砂糖。但是发展近代化的制糖厂需要大量的资金投入,日本国内的资本出于岛内治安、投资获利不确定以及资金紧张等种种原因,不愿投资,因此台湾总督府不得不借助台湾本地的资本,为此制定了鼓励政策。但是台湾本地资本力量更加有限,同样无力投资建设大规模的近代化制糖厂。为此,台湾本土资

---

① 参见戚嘉林:《台湾史》,第16章,海南出版社,2011年,第245—266页。
② 黄通、张宗汉、李昌槿:《日据时代台湾之财政》,台湾联经出版事业公司,1987年,第23、24页。
③ [日]井出季和太:《台湾治绩志》,台湾日日新报社,1937年,第296页。
④ 陈孔立主编:《台湾历史纲要》,九州出版社,1996年,第181页。

本因地制宜,将过去台湾民间广泛存在的使用石制糖磨,借助畜力推磨榨糖的旧式糖廍改为使用蒸汽机的"半工业化"的改良糖廍,从而获得了投资少、收益快的效果,粗糖产量较之以往有了大幅度的增长。台湾产的粗糖大量出口日本,台湾总督府也从中获得了大量的砂糖消费税,有效地改善了台湾的财政收支状况。根据资料显示,台湾总督府的砂糖消费税收入,1903年为76.1万日元,1904年翻一倍达到145.4万日元,1906年又增为239.99万日元,1908年更是达到350.2万日元。[①]因此,台湾制糖业的发展和台湾本土资本主导的改良糖廍的出现,对于台湾财政独立起到了巨大的作用。

但是,由于台湾经济的殖民地性质,决定了台湾成为日本原料产地和资本输出地的命运。日俄战争以后,日本国内资本充裕,金融利率下降,闲置资金急于寻求投资出路。因此,日本资本改变之前的态度,转而积极投资台湾制糖业。加之台湾总督府从一开始就极其希望建设大规模近代化的制糖工厂,只是无力实现,才退而求其次鼓励台湾本土资本发展"半工业化"的改良糖廍。现在双方一拍即合,于是台湾总督府积极为日本资本投资台湾糖业创造条件,而为台湾财政独立作出巨大贡献的本土资本主导的改良糖廍便面临被排斥和被限制的境地。

日资在台湾投资兴建的新式制糖厂建成后,与已经存在的改良糖廍在原料获取上很快就出现了矛盾和冲突。日据时期,制糖厂80%的原料甘蔗要靠农民提供,[②]而种植甘蔗不是农民的唯一选择,他们要比较甘蔗和粮食作物的收益,如果种植甘蔗获利较高才会种甘蔗。另一方面,稻米向来也是台湾的重要农产,为了保证本岛的需求和向日本输出,甘蔗种植面积也不能无限扩大。因此,作为制糖原料的甘蔗的供给是有限的。

在日资进入台湾制糖业之前,台湾总督府为了鼓励改良糖廍的发展,曾经制定"原料采取区域制度",该制度规定:凡全部或部分采用新式机器的制糖厂应获得临时台湾糖务局的许可,获得许可后糖务局为其划定相应的原料采取区域,该区域内的甘蔗只能卖给该制糖厂,而不能运出区域外。同时未经糖务局许可,区域内不准设立旧式糖廍,以此保证制糖厂有充足的原料来源,并避免其相互之间的冲突。[③]因此,日资到来以前,本地资本的改良糖廍都能获得一个原料采取区域,而且多在南部重要产蔗区,位置不错。而当后来的日资大型制糖厂愈来愈多、愈来愈大时,出于对原料的需求,它们就不可避免地要来夺取这些原本属于改良糖廍的原料采取区域。

为了满足日资制糖厂的原料需求,台湾总督府通过资金补偿、政策限制等方式逐步撤除了数量众多的改良糖廍,为日资糖厂获取原料清除了障碍。剩余的改良

[①] [日]东乡实、佐藤四郎:《台湾殖民发达史》第11章,财政,台北晃文馆,1916年。
[②] 陈孔立:《台湾历史纲要》,九州出版社,1996年,第188页。
[③] 临时台湾糖务局:《台湾糖业一斑》,1908年,第53、54页。

糖廍也无力与资本雄厚且有政策扶持的日资糖厂竞争,最终都被兼并、收购。日本资本从而实现了对于台湾制糖业的垄断和控制。资料显示,现代化的新式制糖厂自1905年开始增加,至1909年工厂数量达到了15家。这些新式制糖厂的生产能力远远超过旧式糖廍和改良糖廍,其产量1905年只占旧式糖廍和改良糖廍总产量750万斤的10%,而到了1909年产量则是两种糖廍的两倍,达到11 880万斤,占台湾糖产量的三分之二以上。其后,甚至达到总产量98%左右的程度。①

以上分析表明,改良糖廍作为一种投资小,见效快的产业形式,是台湾本地资本发展近代化制糖业的一条可能道路,但在殖民地环境里,它首先被殖民当局作为大资本引进之前的一种替代手段用来纾解财政困难,大资本引进之后则被视为垄断资本发展的障碍而遭限制、排挤。台湾改良糖廍的盛衰和制糖业的发展充分反映了日据时期台湾经济的殖民地本质。

台湾的另一种重要物产是稻米,这也是台湾一项主要出口产品。日本随着自身资本主义的发展,工业化逐渐进行,本国对于稻米的需求日趋增加,而本土对于稻米的供给渐显不足,1918年日本甚至发生了"米骚动"。因此,殖民地对于宗主国的农产品供应也就显得越来越重要了。日本主要从朝鲜和台湾进口稻米,在1910年朝鲜完全沦为日本殖民地之前,殖民地台湾的稻米对于日本而言就更加重要了。

台湾稻米的输出地在甲午割台前一直是中国大陆,为了将台湾稻米的输出地转为日本,扩大对日出口,日本殖民者据台后采取措施,先是对输日台米的质量进行检查,以扩大台米在日本市场的占有。台湾总督府于1904年8月颁布《内地移出米检查规则》先后在台北、新竹、台中、台南、高雄和东部地区设立检查所,检查米质。1931年,又将北部米、中部米和南部米分为五个等级,并规定三级以上才能输往日本。② 该规则的施行是很有效率的,几年间,输日台米的质量迅速提高。

台湾总督府为促进台米输日并不仅限于改善台米的加工质量,为了适应日本市场的需求,满足日本消费者的消费习惯,台湾总督府还在台湾稻米品种上进行改良和引进。日本据台后不久即设立台北农事试验场,在台湾北部气温较低的山地开始引种、驯化日本的蓬莱米种,1922年初步驯化成功。在蓬莱米尚未驯化成功的时期,台湾总督府大力对台湾原有米种——在来米进行改良。1903年,总督府就从日本本土派遣有稻米改良经验的技术人员分赴台湾各地,就米的粒形、硬度和米粒的重量、种类等进行调查,以便选取并且改良在来米以适应日本的消费习惯。③

台湾总督府通过上述"米谷检查"和"品种改良"等政策的推动实施,逐步使日

---

① 涂照彦:《日本帝国主义下的台湾》,台湾人间出版社,2008年,第63页。
② 欧素瑛:《从鬼稻到蓬莱米:矶永吉与台湾稻作学的发展》,《台湾学研究国际学术研讨会:殖民与近代化论文集》,"中央图书馆"台湾分馆,2009年,第243页。
③ 欧素瑛:《从鬼稻到蓬莱米:矶永吉与台湾稻作学的发展》,《台湾学研究国际学术研讨会:殖民与近代化论文集》,"中央图书馆"台湾分馆,2009年,第247—253页。

本成为台湾稻米的主要输出地,输出到中国大陆的米谷份额变得微不足道了。作为殖民地的台湾,其稻米生产是要服从宗主国日本的需要的。日本本土进行工业化,竭力向帝国主义转化的阶段是非常需要低价米的。台米经过品种改良符合日本人的口味,而且输日时机往往是在每年日本农业青黄不接的时候,这对于平抑日本的米价非常重要。台湾稻米满足了日本对于农产品的需要,这也是台湾经济殖民地性质的体现。

稻米输日,使台湾输出到日本市场上的稻米可以随着日本市场波动而发生价格变化,随着日本市场上米价的腾贵,台湾农民可以享受到比种植甘蔗更高的经济利益。因为根据台湾总督府制定的制糖原料采取区域政策,某一区域内的甘蔗只能卖给某一家制糖工厂,并且甘蔗的收购价格并不体现砂糖的市场价格,糖业的高额利润都被日本资本所获取。

随着日本市场上稻米价格的上涨,台湾农民越来越觉得种植甘蔗不如种植稻米更有收益,因此纷纷转产稻米。作为制糖原料的甘蔗的种植面积开始减少,影响到了日资制糖工厂的原料供给,从而出现了"米糖相克"情况。[①]

日本不但需要台湾的米,而且也需要台湾的糖。因此,台湾总督府联合日资制糖工厂制定种种政策,对台湾农民进行控制,保证甘蔗的供应,减少稻米的生产。直到后来战争爆发,对于粮食需要的提升,稻米产量的控制才开始减少,"米糖相克"也渐渐不再提起。

"米糖相克"更能充分说明台湾经济的殖民地性质:宗主国既需要殖民地的米,又需要殖民地的糖,这两种物产的生产和出口情况完全是为了满足宗主国的需求而进行相应的调整,台湾农民的经济利益是可以被牺牲和无视的。

五、日据时期台湾殖民地经济的分期

纵观日据时期台湾殖民地经济发展过程,大致可以将之分成三个阶段:

第一阶段,1895—1905年,殖民地经济的基础工程时期。

在日本据台的最初几年里,日本殖民者最主要的任务是镇压台湾人民的武装反抗,为此付出了巨大的军事费用,当时台湾总督府的经常性岁入(主要为租税和关税),远不够支付军费等开支,其不足部分只能由日本国库提供补助。为谋求财政独立,维持殖民统治,第四任总督儿玉源太郎提出了以"殖产兴业"为中心的20年财政计划,通过发行公债,筹集资金,兴办铁路、邮电、港口等官营企业以及其他民间企业来发展经济。为实现以上目标,事先开展了土地调查、林野调查,实施了改革币制和建立金融体制、交通体制、警察制度等"基础工程",即为殖民地经济奠定基础的工作。这些工作,具体情况如下。

---

① 柯志明:《所谓的"米糖相克"问题:以日据台湾作为一个依赖发展的例子》,《台湾风物》,1990年,第40卷第2期。

第一,土地调查。清代台湾土地所有权分割成大租权和小租权,两者又可以分别分割、继承、典卖,这使得地权十分凌乱,同时存在着大量的隐田或土地种目状况不明、地籍混乱等问题。台湾总督府于1898年7月公布地籍规则和土地调查规则,开始调查工作。此期历时六年,达到了确定土地权利所属、区分土地种目及查明地形的目的。土地调查工作一方面因取消大租权而确立了一地一主的近代土地制度,另一方面,大量增加的赋课则给总督府的财政提供了重要的财源。①

第二,林野调查。1895年台湾总督府颁布了"林野取缔规则",规定"凡无地契及其他可资证明其所有权的山林原野,悉为官有"。据此,除台湾少数民族居住的"番界"以外,在97万余甲林野中,被没收为官有的达到916775甲,民有的仅56961甲,其中还包括不承认其所有权,但是因为其长期使用而准予继续使用的"缘故林"。以后,当局于1914—1925年整顿官有林野地,出卖其中的204912甲,获得了5 459 863元的巨额收入。②

第三,金融机制的建立。通过币值改革和设立台湾银行,台湾总督府建立了金融体制,其目的是把台湾经济纳入到日本的经济体系中。1899年台湾银行开业,发行以一元银币兑换的纸币。1904年,台湾银行改用单一金本位制,发行金币兑换券,后来取消了银币的流通,将台湾的币制完全纳入了日本的体制。台湾银行的另一个作用是承担总督府的事业公债,其创立之初的大部分资金用于认购公债和向总督府贷款。此外,台湾总督府还把台湾的关税也编入日本的经济圈,通过关税来保护和扶植日本产业,逐渐驱逐和排挤了欧美资本。③

第四,警察制度的建立。1898年,后藤新平提出警察和行政合一的主张。各地方厅设置总务课、警务课和税务课等行政机构。厅长虽然由文官担任,但是事务大部分由警务课执掌。至于地方厅以下,支厅长由警部充当,其以下官吏全部为巡查。台湾总督府于1898年颁布保甲条例,恢复清代的保甲制度。警察制度和保甲制度的结合,成为日本殖民统治台湾的基础。④

上述各项"基础工程"都是日本殖民者力图把台湾纳入到日本经济体系中的举措,为台湾总督府和日本垄断财团的事业奠定了基础。

在建立基础工程的同时,台湾总督府还施行"殖产兴业"政策,兴建铁路、港口、城建等官营事业,为台湾经济的发展营造良好的基础设施条件。台湾总督府选定蔗糖业为发展重点,先是借助岛内资本,其后又向日本资本倾斜,为其垄断台湾糖业创造条件。"殖产兴业"发展了台湾总督府的官营事业和日本财团的民营企业,

---

① 涂照彦:《日本帝国主义下的台湾》,台湾人间出版社,2008年,第37页。
② 陈孔立主编:《台湾历史纲要》,九州出版社,1996年,第182页。
③ 涂照彦:《日本帝国主义下的台湾》,台湾人间出版社,2008年,第41—46页。
④ 涂照彦:《日本帝国主义下的台湾》,台湾人间出版社,2008年,第33页。

增加了台湾总督府的财政收入。

第二阶段,1905—1937年,殖民地经济的演进时期。

殖民地基础工程的基本完成,将台湾纳入到了日本的经济体系,也为台湾殖民地经济的发展创造了外部条件。

为了发展殖民地经济,台湾总督府提出"殖产兴业"的口号,在日据前期,糖业被确定为产业发展的重点。这是因为,一方面台湾有种植甘蔗的传统,稻米和甘蔗是台湾最重要的两种经济农作物,台湾南部以旱作地作为甘蔗的主要产地,北部则是以种稻为主,因此台湾向有"南糖北米"的说法。

另一方面,当时日本本土对于蔗糖也有极大的需求,据台之前,日本本土适宜蔗作的面积有限,糖产量供给不足,每年需要大量进口砂糖,如1894年日本砂糖消费量为400万担,而生产额仅为80万担,80%需要进口。[1] 巨额的砂糖输入,恶化了日本的国际收支。1900年时,日本处于"产业革命"的重要时期,需要大量外汇来购买欧美发达国家的机器设备,减少因为砂糖输入而产生的外汇开支成为当时日本政府的一项重要课题。

因此,日据台湾后,台湾总督府大力促进台湾制糖业的发展,这不仅可以满足日本国内砂糖消费市场的需求,也可以为日本节约和赚取一大笔外汇,且可确保精糖的原料来源,达成产业升级。台湾甚至成为日本剩余资本的理想投资地。发展糖业对于台湾总督府而言,也有很迫切、现实的需要。所以在1896年,台湾糖业作为台湾总督府的施政重点之一,得到了大力的支持和长足的发展。

20世纪20年代,为了弥补日本国内粮食的不足,台湾又全力发展稻米业,尤其是适合日本人口味的蓬莱米的栽培。结果,台湾的稻米、蔗糖成长迅速,形成"米糖单一经营农业"。台湾一方面输出农产品以弥补日本农产品的不足,另一方面亦成为日本工业品的市场,双方形成垂直分工关系。此为殖民地经济的典型且普遍的模式。

总之,在日据前期,岛内米糖产业有所进步,殖民地经济缓慢提升,台湾成为供应日本农产品的重要基地。台湾米糖业的发展,以日本资本大力投资并且独占台湾糖业,以及"蓬莱米"的引进和栽培等最具有代表性。台湾米糖的生产形态,也和日本的产业发展及日本本土的需求有密切的关系。

如此,日据前期台湾总督府经济政策的主要特征是"工业日本,农业台湾",呈现出对于米糖产业的侧重。台湾米糖经济的发展,成为日据时期台湾殖民地经济发展的重要基础,不仅使日本殖民者稳固了对台湾的殖民统治,也极大支持了日本资本主义经济的发展。整个日据时期,米糖经济的发展本身显示出日据时期台湾殖民地经济发展的缩影。

---

[1] 周宪文:《台湾经济史》,台湾开明书店,1980年,第547页。

第三阶段,1931—1945年,殖民地经济的工业化时期。

1931年后,随着日本军国主义对外战争日趋扩大,台湾在日本资本主义经济圈中的地位也发生转变,由边陲之殖民地转为向南洋扩张的"南进基地"。"工业台湾,农业南洋"的政策也随之出台,以军需产业为核心的工业化发展迅速,米糖经济的比重略微下降。

所谓"工业台湾",就是对台湾的工业进行军需化的改造,使之服从于日本军国主义的南进政策,服从于它的军事战略。

台湾总督府秉承日本政府的战略意图,将以往主要以促进米糖产业为特点的经济政策,迅速调整为发展以军需工业等重工业为特点的新经济政策。

在台湾总督府的工业化构想中,工业化所必需的各项基础工作是:发展电力产业,开发煤炭资源,建立工业区,确立必需的科研机构,确保劳动力、物资和资金的供给。需要发展的工业,有制铁、机器、造船、化肥、水泥、碳化、纸浆、制油、卤化、天然气利用等。太平洋战争爆发后,日据台湾则将重点放在发展以炼铝为主的电气化学工业部门。[①]

具体而言,台湾的工业化发展进程可以划分为三个时期。

第一,1931—1935年。随着日月潭水电工程的完成,新兴工业开始发展。日月潭水电厂1934年竣工,生产大量低廉的电力,因此耗电巨大的炼铝、炼钢、化学工业得以发展。其他如蔗渣利用工业、火柴工业、造船业、汽车制造业均有设立,改变了以前的单一制糖的工业状况。在农业方面,殖民当局在限制米、糖生产的同时,开始鼓励发展棉花、麻类、小麦、水果、咖啡、薯类、可可等生产,并相应地发展这些农产品的加工业。

第二,1936—1940年。殖民当局继续发展电力工业,兴建了一些水电厂,在电力充沛的条件下,利用海外资源发展冶金、化肥、水泥、橡胶等工业。新办的工业有纺织工业与机械制造工业。机械制造为军事部门制造通信器材、装甲车、精密测量仪器、船舰等。纺织工业很大程度上也是为了适应战时需要,而且用的是从日本移入的旧设备。

第三,1941—1945年。太平洋战争期间,由于运输困难,日本殖民当局被迫利用台湾本岛资源,集中人力物力发展钢铁、轻金属、煤炭、水泥、化肥、酒精等工业。在这一阶段中,水泥、碱、电力、酒精、纸、磷酸钙等产量均达历史上的最高峰。农产品加工工业则因为战争而销售困难,逐年减产。[②]

战争时期台湾工业化的实施和发展,使得日本资本和本地资本全部被强制编入战时体制,人力、物力的总动员,严重限制了民间资本的活动空间,削弱了他们的

---

① 陈孔立主编:《台湾历史纲要》,九州出版社,2006年,第214页。
② 陈孔立主编:《台湾历史纲要》,九州出版社,2006年,第181页。

经济实力和自主性。台湾的现代产业完全被日本资本所控制,战时的工业化和经济统制更是为日本军国主义的"南进政策"服务的。"台湾经济是在日本资本主义统治下进行殖民地开发的。其成就的根本意义是对日本资本主义的贡献。"①

第二节 研究回顾

1949年前学界对日据时期台湾经济发展的关注和研究,早在清末民初时就已经开始。当时的国人或个人自发进行,或由地方政府组织,赴台从事实地各种考察活动,并形成了一批内容丰富的考察报告,如汪洋的《台湾视察报告书》(中华书局,1917年)、王树榛的《参观台湾劝业共进会报告书》(商务印书馆,1917年),等等。1934—1936年,与台湾一海之隔的福建省,先后派出了三批阵容庞大的官方考察团,对台湾的农林、工矿、水利、交通、电力、卫生及土地问题进行多方面的考察,并形成了《台湾考察报告》②。此时,带有研究性的学术著作也已经出现。例如,袁克吾根据台湾总督府的统计资料写成《台湾》(商务印书馆,1927年)一书,侧重探讨了日据状态下台湾的地理、人口、财政、交通、实业和金融等诸多方面。台湾光复前后,围绕收复台湾,学术文化界出现一股对台研究的热潮。如陈民耿和柯台山的《台湾概览》(正中书局,1945年)、徐子为和潘公昭合著的《今日的台湾》(中国科学图书仪器公司,1945年),后者参考了大量日据时期形成的统计资料和研究成果,是研究日据台湾经济史的一部力作。此外,宋家泰的《台湾地理》(正中书局,1946年)、汤子炳的《台湾史纲》(刘涛发行,1946年)、王维屏的《台湾地理》(新中国出版社,1948年)、李震明的《台湾史》(中华书局,1948年),以及国民政府台湾资源调查委员会的研究成果,都涉及到台湾经济的各个方面。

除专门性著作外,民国时期的诸如《边疆半月刊》《农声》《国际贸易导报》《工商半月刊》等诸多报刊也都刊载有关台湾经济各个领域的文章。例如《台湾糖业之发展》(《银行周报》,1918年,第18、19、21期)、谢衣苓的《最近台湾经济及交通情况》(《边疆半月刊》,1937年,第1期)、沈镇南的《台湾糖业之回顾与前瞻》(《资源委员会季刊》,1946年,第6卷第3、4期)、沙金惠的《台湾茶叶》(《农业周讯》,1947年,第6期),等等。

早期日本学者对日据时期台湾经济研究工作的代表性文献,是矢内原忠雄于1929年完成的《帝国主义下的台湾》(台湾省文献委员会,1952年)和坂口的《日本帝国主义下之台湾》(杨开渠译,神州国光社,1930年),对日据状态下的殖民政策和经济发展,土地和度量衡,资本家的企业、财政与资本主义化,以及台湾在日本帝国主义中的地位等问题作了详尽的分析和探讨。另外,日本据台时期的临时台

---

① [日]隅谷三喜男:《台湾之经济》,台湾人间出版社,1993年,第25、26页。
② 潘建:《1930年代福建"经建学台湾"的三次考察》,《闽台文化研究》,2010年,第3期。

旧惯调查会和台湾总督府下设的官房临时国势调查部,都对台湾的社会经济作了比较详细的调查,留有大量的档案资料。所修的诸如《台湾地志》、《高雄地志》、《台湾诸岛志》等日文志书和一些史地文献中,也不乏有关台湾地形、地貌、经济发展的专著和研究报告。

20世纪50年代以来,大陆对日据台湾经济史的研究,可以1980年为界大致分为两个阶段。前一阶段的研究乏善可陈,政治意义强于学术研究。真正的学术研究实始于1980年后。厦门大学台湾研究院和中国社会科学院台湾史研究中心相继成为大陆地区台湾经济史研究的主导力量,诸如《台湾研究集刊》、《台湾历史研究》、《台湾研究》等成为台湾政治、经济、历史、文化等方面研究成果展示和交流的重要平台。日本于1970年后成立了台湾近现代史研究会和台湾史研究会,分别成为关东和关西地区研究日据时期台湾历史的重镇。战后的美国哈佛大学和美国亚洲学会等一些组织机构,也成立了台湾研究小组,专门开展对台湾的研究。

上述研究机构和组织的学者,不但对有关台湾的历史资料进行系统性整理发掘,而且在研究成果上也取得了重大进展。在历史资料的搜集、整理和出版方面,主要有:历年《台湾总督府统计书》,《台湾五十一年来统计概要》(台湾省行政长官公署统计室,1946年)、沟口敏行、梅村又次编的《旧日本殖民地经济统计》(日本东洋经济新报社,1988年),福建省档案馆、厦门市档案馆合编的《闽台关系档案资料》(鹭江出版社,1993年),《旧殖民地家计调查集(台湾篇)》(台湾青史社,2000年),《(战时期)殖民地统治资料》(日本柏书房株式会社,1998年),林玉茹、刘序枫编《鹿港郊商许志湖家与大陆的贸易文书(1895—1897)》(中研院台湾史所,2006年),中国第一历史档案馆、中国第二历史档案馆、海峡两岸出版交流中心合编的《馆藏民国台湾档案汇编》(九州出版社,2007年),等等。最近,林玉茹在《日据时期台湾的税关资料及其运用》(《"国家"航海》,2016年,第16辑)中,以海关贸易资料为例,具体说明了关税调查统计资料的来源及使用情况。

有关日据时期台湾经济的发展问题,大陆和台湾本地学者均做了大量的研究工作。农业方面,主要著作有:华松年的《台湾粮政史》(台湾商务印书馆,1984年),吴田泉的《台湾农业史》(台湾自立晚报文化出版部,1993年),谢美娥的《清代台湾米价研究》("国立"编译馆,2008年),陈慈玉的《台北县茶业发展史》(台湾稻乡出版社,2004年),钟书豪的《百年来的(1899—2002年)花莲糖业发展史》(东台湾研究会,2009年)。论文数量众多,主要有:施洁斌的《日据时期的台湾农业科技》(《古今农业》,1999年,第1期),范小芳的《日据时期台湾农业研究》(《台湾研究》,2002年,第4期),武政文的《日本统治时期台湾农业现代化发展的特点及启示》(《青岛农业大学学报》,2013年,第4期),周翔鹤的《日据时期(1922年以前)台湾农家经济与"米糖相克"问题》(《台湾研究》,1995年,第2期)、《日据时期台湾改良糖廊研究》(《台湾研究集刊》,1995年,第2期),吴育臻的《日治时代改良糖的发展及其对地方的影响——以前大埔改良糖为例》(《南台湾乡土文化学术研讨会论文集》,中正大学历史系暨研究所,2000年),林圣钦的《日治时代糖业采取区域制度对区域经济的影响——以盐水港地区为例(1896—1930)》(《台湾文献》,2008年,第4期),陶德臣的《日据时代台湾茶业的经济结构与贸易》(《中国农史》,1995年,第1期),潘健的《日据时期的台湾红茶业》(《广东社会科学》,2012年,第6期),田志馥的《殖民时期台湾甘蔗种植业的发展与借鉴》(《台湾农业探索》,2007年,第3期)。

林业、渔业和副业也是台湾经济的重要方面,成果以几部博士、硕士学位论文为主:王俊昌的《日治时期台湾水产业之研究》(中正大学2005年博士学位论文),王景怡的《日治时期大甲地区帽席产业的产销特色》(高雄师范大学2008年硕士学位论文),于亚娟的《日据以来台湾林业变迁之研究》(福建师范大学2007年硕士学位论文),游棋竹的《日治时期台湾林业经济研究两面向:贸易网络与经营》(中正大学2014年博士学位论文)。论文主要有:刘志伟的《国际农粮体制与台湾的粮食依赖:战后台湾养猪业的历史考察》(《台湾史研究》,2009年,第2期),田和正孝的《1910年代の台湾本岛における石沪漁业》(《地理》,2010年,第2期),曾纯纯的《日据时期台湾农村养猪业》(《台湾研究集刊》,2013年,第1期)。

工矿业是台湾经济的新兴产业。著作和博士、硕士学位论文,主要有:张宗汉的《光复前台湾之工业化》(台湾联经出版事业公司,1965年),陈慈玉《台湾煤矿史上的第一家族:基隆颜家研究》(基隆市立文化中心,1999年);高淑媛的《台湾近代产业的建立——日治时期台湾工业与政策分析》(成功大学2002年博士学位论文),布施优子的《日治时期山本炭矿之研究》(淡江大学2003年硕士学位论文),游棋竹的《台湾对外贸易与产业之研究(1897—1942)》(中正大学2003年硕士学位论文),张丽芬的《食用到工业用——日治时期台湾盐业发展之变迁》(成功大学博士学位论文,2013年)等。学术论文,主要有陈慈玉的《日据时期台湾盐业的发展——台湾经济现代化与技术移转之个案研究》(《中国现代化论文集》,中研院,1991年),周翔鹤的《日据前期在台湾日本人的工商业活动》(《台湾研究集刊》,2006年,第2期)、《日据时期台湾"工业化"评析》(《台湾研究》,2007年,第3期),王林楠、翁嘉禧的《日据时期台湾煤矿业的发展变迁》(《中国矿业大学学报》,2010年,第1期),等。

对外贸易和水陆交通是台湾日据时期经济的重要方面。著作主要有:林满红的《茶、糖、樟脑业与台湾之社会经济变迁》(台湾联经出版事业公司,1997年),戴宝村的《近代台湾海运发展:戎克船到长荣巨舶》(台湾玉山社,2000年),松浦章的《日治时期台湾海运发展史》、《东亚海域与台湾的海盗》(均为卞凤奎译,台湾博扬文化事业公司,2004年、2008年)。论文主要有:林满红的《台湾与东北间的贸易(1932—1941)》(《"中央研究院"近代史研究所集刊》,1995年,第24期),叶涛的《日据台时期闽台贸易考略》(《中国边疆史地研究》,1998年,第1期)、朱庆葆的《日据台湾时期的鸦片政策(1895—1945)》(《福建论坛》,2000年,第4期)、陈小冲的《割台后海峡两岸贸易关系的新变化——以金顺益案为中心》(《台湾研究集刊》,2000年,第2期)、葛小佳的《台湾陆路交通的发展》(《台湾研究集刊》,1983年,第1期)、陈小冲的《试论日据时期的台海两岸交通》(《台湾研究集刊》,2001年,第2期)、刘素芬的《日治初期台湾的海运政策与对外贸易(1895—1914)》(汤熙勇主编:《中国海洋发展史论文集》第7辑,中研院人文社科所,2005年)、蔡龙保的《日治时期台湾近代铺设道路的演进及其发展》(《白沙历史地理学报》,2008年,第5期)、潘健的《日据时期台海商贸的异化与延续——以台湾"条约港"与"特别输出入港"为中心》(《福州大学学报[哲学社会科学版]》,2014年,第6期),等等。

  此外,一些通论性或综论性论著也有涉及日据时期台湾经济发展的内容。例如周宪文的《台湾经济史》(台湾开明出版社,1980年)、林景源的《台湾工业化之研究》(台湾银行经济研究室,1981年)、黄福才的《台湾商业史》(江西人民出版社,1990年)、陈孔立的《台湾史纲要》(九州出版社,1996年)、久保文克的《殖民地企业经营史论——"准国策会社"的实证研究》(日本经济评论社,1997年)、平井广一的《日本殖民地财政史研究》(日本ミネルヴァ书房,1997年)、叶淑贞的《日治时代台湾经济的发展》(《台湾银行季刊》,2000年,第4期)、林仁川、黄福才的《台湾社会经济史研究》(厦门大学出版社,2001年)、陈小冲的《日本殖民统治台湾五十年史》(社会科学文献出版社,2005年)、《日据时期台湾与大陆关系史研究(1895—1945)》(九州出版社,2013年)、王键的《日据时期台湾总督府经济政策研究(1895—1945)》(社会科学文献出版社,2009年)、张海鹏、陶文钊的《台湾史稿》(凤凰出版社,2012年),等等。

  就本期台湾经济地理的研究来说,台湾本地学者的贡献尤大。论文主要有:陈正祥的《台湾之经济地理》(《台湾银行季刊》,1949年,第3卷第1期)、《台湾地理之变迁》(《台湾银行季刊》,1957年,第9卷第1期)、《三百年来台湾地理之变迁》(《台湾文献》,1961年,第1期)、林圣钦的《日本时期花东纵谷中段的土地开发》(《守望东台湾研讨会论文集》,联合报系文教基金会,1998年)、吴育臻的《日治时代的糖业移民聚落初探——以移民寮和农场寮仔为例》(《环境与世界》,2000年,第4期)、《日治时代嘉南大圳对台南州"米糖相克"现象的冲击》(林玉茹、艾茉莉主编:《南瀛历史、社会与文化》,台南县政府,2008年)、《地理环境与糖业经营——盐糖株式会社东西部三处制糖所的比较》(刘翠溶主编:《自然与人为互动——环境史研究的视角》,台湾联经出版事业公司,2008年)、李宗信的《日治初期崩山八社租权的地理历史分析》(《台湾学研究》,2009年,第8期)。著作和硕士、博士学位论文主要有:陈尔寿的《台湾经济地理》(中华"全国"科学技术普及协会,1955年)、吴育臻的《台湾糖业"米糖相克"问题的空间差异(1895—1954)》(台湾师范大学2003

年博士学位论文),黄武达的《日治时期台湾都市发展地图集》(台湾南天书局,2006年),魏德文等的《测量台湾 1895—1945：日治时期绘制台湾相关地图》(台湾南天书局,2008 年)。

以上众多的成果,对各自的研究对象都有很好的论述,但因受论述内容所限,对台湾日据时期的经济地理状况一般涉及不多,更无综合性的考察。然而,这些成果为本书的研究提供了不可缺少的论述基础,笔者在此深表敬意。

第二章 第二次世界大战前的经济地理

第一节 台湾作为日本殖民地原材料供应基地的形成

一、日本驱逐西方资本,控制台湾经济

甲午战争之后,日本虽然割占台湾,但是在贸易和金融等经济领域,西方列强依然占据着主导的地位,西方资本控制着台湾多数产业的命脉。为了使台湾真正成为日本的殖民地,发挥其作为日本原料产地和日本商品倾销市场的作用,更好地服务于日本资本主义的发展,日本就必须夺取台湾的经济控制权,驱逐在台的西方资本,将台湾传统对外贸易方向,从中国大陆改为日本,从而完全把台湾纳入到日本的经济圈内。在这一过程中,台湾总督府对于日本资本在台湾的发展及其对于台湾各大产业的控制,提供了必不可少的政治保障和支持。

19世纪末期,台湾的主要进出口商品包括稻米、砂糖、茶叶、樟脑、鸦片等,这些商品的生产、采购、贸易和运输大多控制在西方资本之手,日本占据台湾后,日本资本与西方资本展开了激烈的竞争。以下按照各个项目分别论述。

一、稻米。稻米是台湾的重要物产,也是两岸贸易的大宗商品。1901年,日资的三井物产开始从事台湾米业。1904年,台湾总督儿玉源太郎担任日俄战争中日军参谋长,他下令三井物产筹措30万石台湾米充作军粮,此举对于开拓台湾米谷销路具有一定的意义。在台湾米业经营中,除了外商之外,台湾本土商人的实力也较为强大,这是因为在蓬莱米输入台湾之前,台湾米主要是为了满足岛内消费的。但是在符合日本人口味的蓬莱米生产普及之后,台米输日的数量激增,从事米业的日本商人数量也大大增加,日本资本实力增强,台湾米业的控制权也逐渐转入日本资本之手。[①]

二、砂糖。1858年美国Robinet公司到打狗从事砂糖输出;1873年澳大利亚Melbourne砂糖公司也随之而来,进行大笔交易。在日据台湾初期,德记、怡记、庆记、美打、海兴、东兴等洋行利用买办制度,一方面向制糖业者放款,另一方面则包购所有的砂糖产品。在砂糖运输出口阶段,除使用帆船运输外,凡用轮船装运必须获得这些外商的许可。当时台湾的轮船海运由以香港为基地的英商Douglas汽船公司所独占。这样,日据初期,砂糖贸易几乎为西方商人所独占。对此,日本三井物产于1898年在台北设立支店,1903年开始收购赤糖。虽然因为西方商人与制糖

---

① 参见[日]井出季和太:《台湾治绩志》,台湾日日新报社,1937年。

业者以及汽船公司之前存在的特殊关系,不论是收购或是装运都有不利与不便,但三井物产以营业的资金,吸引西方商人专属的买办,利用放款,极力扶植当地势力。又在 1905 年,横滨增田屋商店着手经营砂糖贸易,打破过去在打狗、安平交货的旧惯,初改车站交货,后来进而采取产地交货,以此取便砂糖生产者。此后,专门依靠买办制度的西方商人地盘渐渐被侵夺,三井物产也开始废除买办制度,改为与砂糖生产者直接交易。另外,大阪商船会社在总督府的资金补助下与英商 Douglas 汽船公司展开竞争,迫使其在 1905 年退出台湾海运界,西方商人在砂糖装运出口方面的势力于是被清除。自 1907—1908 年,神户的铃木商店、汤浅商店以及大阪糖业会社等,已经开始采购砂糖。1909 年,日本资本的糖商中已经出现了糖商俱乐部的卡特尔组织。西方商人以及台湾本土的糖商在 1910—1911 年已经完全没落,有关糖业的西方国家资本已被日本资本驱逐出台湾市场。[①]

第三,茶叶。西方商人很早就进入台湾从事茶叶贸易,早在 1869 年,英商 John Dodd 洋行就向纽约输出台湾茶叶约 21 万斤。后来,西方商人更是独占台湾茶叶的出口贸易。加之在茶叶的生产过程中,洋行发挥了金融机构的作用,其从厦门的外国银行获取资金,再转手贷款给"妈振馆","妈振馆"再贷款给茶馆,再由茶馆贷款给茶农,最后茶农以茶叶来抵偿贷款。通过这种方式,洋行得以控制茶农,决定茶叶价格。1907 年,日资的三井物产和野泽组从事台茶贸易,西方商人大受影响。此后,随着三井合名会社等产业式直营茶园的发达,日本资本控制了茶叶的生产环节,结果西方商人在台茶贸易上更加受到驱逐。[②]

第四,樟脑。樟脑是台湾特产,早在台湾开港之前,英国商人就私下赴台收购樟脑,谋取利益。[③] 开港以后,西方商人更是深入台湾内山采买樟脑。因为樟脑贸易获利丰厚,为了垄断樟脑利益,清代台湾官府曾经试图实行樟脑专卖政策,由官府垄断经营,夺取外商利益。此举导致英国的不满,为此爆发台湾历史上的"樟脑战争",在英国的军事压力下,台湾官府最终不得不废除樟脑专卖政策。日本据台后,为掠夺山地资源,于 1895 年颁布施行"樟脑制造取缔规则",1896 年颁布樟脑税则,1899 年凭借强大的国家力量再度实行樟脑专卖政策,这使樟脑贸易的商权由西方商人独占改为总督府独占。但是樟脑专卖实施以后,樟脑输出尚由输出业者竞争投标,结果还是英商中标。直到 1908 年,总督府将樟脑贩卖改为自身直接经营,委托三井物产会社贩卖,至此,樟脑利益才彻底为日本资本所占据。[④]

第五,鸦片。鸦片在日据台湾时期的输入品中,占据重要的地位,它是价额最高的重要商品。鸦片输入台湾原来也是由西方商人控制,后来还是因为台湾总督

[①] [日] 井出季和太:《台湾治绩志》,台湾日日新报社,1937 年。
[②] [日] 井出季和太:《台湾治绩志》,台湾日日新报社,1937 年。
[③] 黄嘉谟:《美国与台湾:1784—1895》,中研院近代史所,1966 年,第 93—104 页。
[④] [日] 井出季和太:《台湾治绩志》,台湾日日新报社,1937 年。

府实行专卖政策而为三井物产及其他日本商人所取代。

第六,海运。台湾海运原本由英商 Douglas 汽船公司所独占,1899 年台湾总督府向大阪商船会社发放补助金,要求其开辟"命令航路",结果,Douglas 汽船公司竞争落败,于 1905 年完全撤出台湾。①

如上所述,台湾各类商品的对外贸易以及海运等经济领域,在日据初期主导权多掌握在西方商人手中,但至 1907 年前后基本上被日资驱逐。这种商权转移的原因,除了日本资本本身的强大以外,最关键的因素在于日本国家政权直接或间接的支援,例如总督府专卖政策对于樟脑、鸦片等产业,航路补助金政策对于海运市场的影响。

二、台湾对外贸易的转向

日据台湾以后,伴随着日本资本在台湾的渗透、发展,台湾对外贸易的方向也发生了改变,由原来的中国大陆转向日本,在这一过程中台湾关税政策的改变是一个重要的原因。

日据初期,台湾还是沿用清朝的旧关税率,但是到了 1896 年 2 月,台湾总督府宣布,台湾改用日本的关税制度。当时日本受到西方列强的制约,没有独立的关税自主权,只能执行列强指定的"协议税率",值百抽五,关税税率仅为 5%。随着日本国力渐渐强大,它开始修订关税税率,以求摆脱列强束缚。1899 年日本政府颁布《改正关税协定率法》,将关税税率提高三倍,升至 15%。台湾总督府不但执行日本的关税税率,同时还废止了对日本商品征收的进口税,这样一方面使日本商品能够获得价格优势占领台湾市场,同时也高筑壁垒,限制了大陆及外国商品输入台湾。②

随后,为了争夺台湾经济的控制权,在台湾总督府财政补贴和政策扶植下,日本资本与西方资本在台湾的各个产业都展开了激烈的竞争。至 1910 年,西方资本势力呈现衰退的迹象,日台贸易长期占据台湾总贸易额的 60%—90% 左右。③ 此时,鉴于岛内重要产业基本上都被日本资本所控制,台湾总督府干脆把台湾的出口税和输往日本的出港税完全废除,只对其他国家商品保留进口税,从而使日本与台湾完全融为一体,无任何关税的障碍。台湾的外贸体制也与日本连为一体,成为宗主国主体经济的分支。但是,相对于日台贸易的连接和融合,台湾与大陆的贸易遭到极大的破坏,两岸贸易额急剧萎缩。

在台湾总督府的关税政策影响下,台湾对大陆的传统贸易完全为对日贸易所取代,对日贸易占到台湾对外贸易的 90%。根据台湾总督府的统计资料显示,台湾对大陆出口,1896—1900 年占出口总额的 63%,1926—1930 年为 7.8%,1937 年只

---

① [日]矢内原忠雄著,周宪文译:《日本帝国主义下之台湾》,台湾海峡学术出版社,2002 年,第 36 页。
② 王键:《日据时期台湾米糖经济史研究》,凤凰出版社,2010 年,第 334 页。
③ 周宪文:《台湾经济史》,台湾开明书店,1980 年,第 623—673 页。

剩 1.3%；从大陆的进口，1896—1900 年占进口总额的 37.4%，1926—1930 年为 13.8%，1937 年只剩 1.9%。① 这些数据都反映出日据台湾以来，两岸贸易急剧萎缩的态势。

三、台湾成为日本的米糖供应基地

台日贸易从商品结构上来看，台湾输往日本的主要是稻米和砂糖，其中稻米输往日本数量约占生产量的 30%—40%，而砂糖输往日本的数量则占生产量的 90%以上；② 台湾输入的货物主要是岛内短缺的工业制成品，不仅农工生产资料依赖日本提供，连很多民生消费品也大多自日本进口。

台湾与日本的经济关系，体现在一方面台湾向日本提供稻米、砂糖等农产品，另一方面为日本的工业制成品提供市场。日本殖民者正是通过台湾农产品与日本工业品的贸易交换，实现了其对于台湾经济的控制和掠夺。这是殖民地台湾与宗主国日本之间贸易的最主要特征。

台湾对于日本资本主义的发展贡献极大。首先甲午战争后，日本获得大笔战争赔款，得以大力发展资本主义。其次，在日本推进"殖产兴业"和产业革命的进程中，来自台湾的米和糖发挥了重要作用。由于日本自身不产糖，台湾糖的输入不但可以省去大量外汇，而且可以征收高额的砂糖消费税，从而增加财政收入。随着日本资本主义的发展，大批农业人口进入城市成为产业工人，这就造成日本国内粮食供应短缺，甚至出现了"米骚动"的社会危机。台米的输入，可以极大缓解日本工业化时期的粮食短缺问题。从 1896 年起，台湾砂糖的 95% 向日本出口，台湾的稻米在 1935—1936 年间 50% 以上出口日本。③ 仅仅砂糖一项，在日本销售所征收的消费税，在 20 世纪 10 年代初期，每年对日本政府就有 4 500 万日元的税收贡献。④

第二节 山地经济状况：樟脑生产与原住民传统经济及生态破坏

一、晚清时期台湾山地经济状况

台湾山地约占台湾岛面积的三分之二，这里森林植被茂密，自然资源丰富，传统上是台湾原住民的生活区域。

通常而言，台湾原住民可以分为平埔族和高山族，前者主要生活在台湾的平原地带，后者主要生活在山地。平埔族由于跟汉人长期接触，受其影响，生产力水平日渐提高，生活方式和风俗习惯也逐渐汉化，到后来其与汉人几乎没有什么区别

---

① 台湾总督府财务局：《贸易 40 年表(1896—1935)》，吉村商会，1936 年。
② 何保山：《台湾的经济发展(1860—1970)》，上海译文出版社，1981 年，第 35 页。
③ 台湾省政府主计处编：《台湾贸易五十三年表》，1949 年，第 198 页。
④ 台湾总督府：《台湾糖业大观》，1927 年，第 490 号，第 254 页。

了。而高山族由于地理上的隔绝,加之清政府为了防止"番人"①出草伤人,以及实现族群分治的统治目的,而有意采取使用"土牛红线"隔绝汉番的政策,使其与汉人接触较少,因此生产力发展水平较为低下,生产、生活方式依然保持着相对原始的状态。② 我们所说的台湾原住民一般是指高山族,而根据人类学家的调查研究,截至目前,高山族又可以细分为泰雅族、赛夏族、布农族、邹族、排湾族、鲁凯族、卑南族、阿美族、达悟族、撒奇莱雅族、太鲁阁族、赛德克族、噶玛兰族、邵族十四个族群。

生活在台湾山地的原住民主要从事原始农业、采集和狩猎等生产活动。以山地部落泰雅族为例,他们主要从事原始的农业生产,但是由于其畜养不够发达,肉食的主要来源是通过狩猎获得的,以鹿、獐、长鬃山羊、野猪、飞鼠等为主要狩猎物。③

随着晚清时期的"开山抚番"政策的执行,台湾山地得到开发,原来被"土牛红线"所隔绝的汉番人民开始进行接触和交流。

汉人入山,目的一是拓垦土地,二是熬制樟脑,其中樟脑是台湾山地的最主要富源,也是晚清时期台湾的主要出口商品之一。因为山地是台湾原住民的生活空间,汉人进山从事拓垦和制脑,必然破坏山林、植被,而这些本来是原住民的猎场或是食物采集地,如此便将损害原住民的利益。汉人要想从事上述的生产活动,要么通过武力、欺诈等手段,要么通过"和番"方式——即向原住民提供牛、酒物品或缴纳"山工银"来换取原住民的许可,才可以进行。汉人和原住民之间虽然伴随着冲突和摩擦,但与此同时,双方的交流和融合也在同步进行,原住民也逐渐学会了汉人的农耕和制脑技术,原住民的汉化情况日益显现,一些原住民首领甚至成为类似汉人地主豪强一样的人物,他们汉化程度明显,甚至雇佣汉人从事农耕和制脑工作,从中谋取利益。

随着晚清时期台湾山地开发的逐步推进,汉人和原住民的交流日益深入,原住民的生产力水平得以发展和提高,山地地区的原住民传统经济模式开始向平地地区的农耕经济模式转变。

二、日本殖民者对于台湾山地的控制和掠夺

甲午战后,台湾割日。日本殖民者对于台湾原住民所处的山地极为垂涎,认为:"樟脑之制造,山林之经营,林野之开垦,农产之增殖,矿山之开发,对于内地人之移住,无一不与蕃地有关,台湾将来之事业要看在蕃地。"④加之据台初期,因镇压

---

① 清政府称台湾原住民为"番人",平埔族因为汉化较深且归化官府,如汉人那样缴纳赋税故而称为"熟番";高山族因与汉人接触较少,依然保持着本族群的固有文化,并且有着杀人猎首的风俗习惯,"不服王化","不纳赋税,故而被称为"生番"或是"凶番"。日本据台以后,称台湾原住民为"蕃人"。以上两种称呼皆有歧视原住民不开化的意味。
② 柯志明:《番头家:清代台湾族群政治与熟番地权》,中研院社会学所,2001年,第41—52页。
③ 瓦历斯·诺干、余光弘:《泰雅族史篇》,台湾文献馆,2002年,第7页。
④ 林衡道发行:《日本据台初期重要档案》,台湾省文献委员会,1978年,第145页。

岛内抗日起义而产生的高额军费,导致台湾殖民地财政状况入不敷出,严重依赖日本国内的资金援助。① 在这种情况下,台湾总督府更要加紧对于台湾山地进行控制和掠夺了。

山地最大的富源是樟脑,樟脑是晚清台湾重要的出口产品,其主要产区就在山地。据统计,晚清台湾出口商品中,樟脑仅次于茶叶位居第二,每年得自樟脑和樟脑油的税收就有30万—40万元之多,再加上其他的山地产业收入,预计可以达到150万元左右,这对于台湾财政的贡献是巨大的。②

为了占有和掠夺这一富源,日本殖民者首先从法律上否定了生活在山地的台湾原住民对于居住地以及部落土地的所有权。1895年10月,台湾总督府颁布了《官有林野及樟脑制造业取缔规则》(日令第二十六号)。其中,第一条规定:"无官方证据及山林原野之地契,算为官地。"第二条又规定:"台湾交接以前,除有清国政府之允准执照者外,一概不准民人采伐官地之树木及开垦官地。"③这样一来,原本就没有自己文字的台湾原住民哪里能够提出有利于自身的所谓证据呢,此一法令不啻宣告台湾原住民丧失了其祖辈相传的土地,台湾的山地一夜之间就成为台湾总督府的囊中之物,富饶的山地资源如樟脑等物因为"土地国有"而可以任由殖民者开发处置。④ 山地国有化,这也是日本殖民者在台湾推行的"殖民地基础工程"中"林野调查"一项所要达到的目的。

山地国有化的最直接目的是为了垄断樟脑利益,台湾总督府对于樟脑采取了专卖政策,早在1895年10月颁布的《官有林野及樟脑制造业取缔规则》第二条就规定:"台湾交接以前,未领有清国政府之允准执照者,不准熬制樟脑。"⑤开始对樟脑制造业进行严格的控制。1906年6月,在后藤新平民政长官的主持下,台湾总督府颁布《台湾总督府樟脑局官制》,在总督府内专设樟脑局,负责樟脑和樟脑油的收购、买卖、检查及制造等。同时发布《台湾樟脑及樟脑油专卖规则》、《台湾樟脑及樟脑油制造规则》。依据此两项规则之规定,在岛内从事樟脑及樟脑油业者,必须向总督府递交契约申明制造数量和期限,依照总督府所定价格把产品卖给樟脑局,不得零星贩卖、转让或作他用。违反者可处以罚款、没收、停业、取消等惩罚。日据前后,台湾的樟脑业原均掌握在欧美外商的手中,实施樟脑专卖后,驱逐了西方商人的势力,日本资本得以全面独占了台湾山地的最大资源——樟脑业。在总督府的支持和保护下,日本资本如铃木、池田及三井等商社趁机深入山地,垄断樟脑的收购与制造,攫取丰厚的利润。根据日本樟脑制造专家、日本神户樟脑精制合资会社社长松田茂太郎的统计,1897年台湾出产樟脑700万斤,加上日本国内生产的200

---

① 陈锦荣编译:《日据台初期重要档案》,台湾省文献委员会,1978年,第145页。
② [日]藤井志津枝:《日据时期台湾总督府理蕃政策》,台湾师范大学历史研究所,1989年,第91页。
③ 陈锦荣编译:《日据台初期重要档案》,台湾省文献委员会,1978年,第181,182页。
④ 瓦历斯·诺干、余光弘:《泰雅族史篇》,台湾文献馆,2002年,第151页。
⑤ 陈锦荣编译:《日据台初期重要档案》,台湾省文献委员会,1978年,第182页。

万斤(其中 150 万斤为从台湾进口的 300 万斤粗制樟脑再加工而成的精制樟脑),一共输出 900 万斤,曾造成世界市场价格的剧烈波动。由此可以见到台湾樟脑的影响力。①

日本殖民者的"山地国有"和"樟脑专卖"政策,必然跟原来定居此地,从事制脑的原住民部落产生矛盾,终于在 1902 年,爆发了以日阿拐为首的南庄赛夏族武装抗日起义,史称南庄事件。② 日本殖民者在遭到打击后,调集重兵予以镇压。南庄事件后,赛夏族的土地被剥夺,被编入普通行政区,受镇压后幸存的赛夏族人被解除武装,成为失去土地和生计的廉价劳动力。

台湾山地除了樟脑资源以外,还有非常丰富的木材资源。台湾地区的木材质地优良,是日本国内建筑楼宇、殿堂的上等材料,靖国神社,其建筑材料中就有来自阿里山的红桧。

台湾总督府于 1899 年开始计划对阿里山森林资源进行开发,随后在后藤新平民政长官的主持下,总督府于 1903—1904 年两次调查了森林蓄积状况并筹划建设林业铁路,计划采伐阿里山林场的林业资源。1912 年,阿里山森林铁路完工通车,开始大规模伐木;1914 年进而开发八仙山和太平山林场。

台湾木材被源源不断地运往日本,据统计,仅 1926—1942 年的 17 年间,由台湾输往海外的优质木材总量为 588 961 立方米,其中被运往日本的就多达 503 025 立方米,运往日本的木材总量占台湾全部输出木材总量的 85.41%。③ 由此可见,在日据时期,台湾林业资源是完全为日本而开发、利用的,台湾的木材几乎全部是为了日本的需要而生产的。

日本殖民者不但要对台湾山地和资源进行控制和掠夺,还要把生活在此的原住民纳入到其殖民统治之下,使之成为日本帝国的驯服臣民。日本总督府推行的"理蕃"政策,在后期的主要目的就从前期的对于土地和资源的控制,转为对人的控制。

原来台湾山地的主人——台湾原住民,在丧失家园和猎场后,原来自给自足的耕猎经济模式无法继续,只能出卖自己的劳动力,一步步沦为日本殖民者剥削榨取的对象。

这些原住民由于适应山地生活和劳动,十分适合于在山地开发中日本人乃至汉人都无法胜任的艰苦工作。在山地开发过程中,台湾总督府以极低的报酬,极残酷的暴力迫使原住民充当苦役,原住民在日本警察的斥责和鞭挞下,从事着艰苦的工作。在日月潭水电工程、道路修筑、森林砍伐等等领域,均有大量的原住民从事

---

① 台湾总督府史料编纂委员会:《台湾总督府樟脑专卖志》,第 48、49、54、55 页。
② 林修澈:《原住民重大历史事件——南庄事件:根据〈台湾总督府档案〉的理解》,台湾文献馆,2007 年,第 227—245 页。
③ 周宪文:《台湾经济史》,台湾开明书店,1980 年,第 750 页。

着极为繁重的体力工作。①

日本殖民者的压榨、侮辱,令原住民不堪忍受,终于在1930年爆发了著名的雾社起义,给予日本殖民者重大打击。

三、山地开发带来的生态破坏问题

日据时期,山地的主要经济活动是制脑和伐木,这无疑都会对山地的生态环境造成破坏。

樟脑制造对于山地环境和资源的破坏非常严重,早在日据初期,日本人就观察到汉人进山制脑和隘垦往往是相结合的,因为汉人进山设置脑寮从事制脑,必须设隘保护。随着脑灶的增加,脑丁和隘丁人数也会增加,基于食物的需求,必须在制脑之余开荒种地,所以脑丁和隘丁又扮演着农夫的角色。日本抚垦署对此评价道,"以蕃界附近当地人民之开垦事业而言,则是逐步驱逐蕃人,砍伐其山林,加以烧尽,并在陡峭的斜坡上加以开垦耕作。又看制脑者所为,不仅是砍伐樟树,以供制脑而已,亦砍伐其他树木,并挖掘樟树根,留下之土地则任由开垦者为所欲为。其辛劳程度令人赞赏,但对这些濯濯童山而言,此将成为再度诱发土石流的原因。"②

在制脑过程中,由于樟树各个部分樟脑含量不同,加之制脑者的急功近利和粗放的制造工艺,也会造成很大的资源浪费。文献记载:"制脑者拼命想要在短期内生产出最多的产量,而滥伐樟木,且除挑选其最好的材料外,其余皆弃之不顾,甚至有将其供作燃料之积弊。"③

由于樟树成长周期长达几十年,樟树的人工培育速度远远无法跟上制脑所造成的资源消耗速度,随着台湾成为20世纪初期全球最大的樟脑输出地,台湾山地的樟树资源也不可避免地受到巨大的损失。

伐木所造成的环境和资源破坏也是一样,制脑消耗樟树资源,而伐木的主要树种则是桧木,它是日本内地所需要的宝贵建筑材料。桧木是分布于中海拔的主要树种,一株桧木生命可长达两三千年,生长于台湾降雨量最高的地区,堪称台湾地表稳定、水土保持的守护神。桧木的大面积采伐对于生态的破坏可想而知。

台湾森林的木材拥有量在日据时期有很大的减少,从最高峰的1926年的2 158 521公顷到1942年仅为172 926公顷,面积减少约92%。④ 其中,除了开垦为稻田、蔗园等用于农业开发的用途外,过量的木材采伐也是重要原因之一。特别是日据末期为了战争的需要而滥伐大批林木,给台湾的森林覆盖率造成了直接的损失。

---

① [日]喜安幸夫:《日本统治台湾秘史》,台湾武陵出版社,1984年,第198页。
② 王学新编译:《日据时期竹苗地区原住民史料汇编与研究》,"竹苗地区踏勘覆命书专辑",台湾文献馆,2003年,第1195页。
③ 王学新编译:《日据时期竹苗地区原住民史料汇编与研究》,明治三十一年十一月份台北县新竹办务署有关蕃人蕃地之事务及情况报告,台湾文献馆,2003年,第782页。
④ 王键:《日据时期台湾总督府经济政策研究(1895—1945)》上册,社会科学文献出版社,2009年,第377页。

第三节　20世纪30年代以前的工业分布

1895年,日本割占台湾,其时距明治维新尚不足30年,日本资本主义羽翼未丰,尚未形成垄断,无资本输出的要求。占据台湾初期,为维持对台湾的殖民统治,日本财政背上了沉重的负担。但日本很快就看到了殖民地台湾对它经济发展的好处,即台湾可以成为日本工业产品的一个倾销地,同时,作为殖民地台湾又可以为宗主国日本提供农产品,成为其原料产地。因此,日据前期,日本实行"工业日本,农业台湾"的政策。

台湾所能提供给日本的初级产品只有稻米和蔗糖。台湾的蔗糖业不仅能提供日本所需食糖的绝大部分,而且能为日本资本家带来巨额利润。

现代化的制糖厂耗费不赀,台湾仅凭自己的力量也是无力支撑的,在日本总督府的政策倡导下,半工业化的改良糖廍开始出现并且兴盛起来。所谓的改良糖廍,就是过去台湾乡间使用牛只、石碾等原始工具榨糖的手工作坊,改用机器进行生产,从而提高产量和质量。由于改良糖廍设立门槛低,台湾本地资本纷纷投入,在台湾蔗糖出口旺盛的大背景下,获得了丰厚的利润。改良糖廍虽然创利丰厚,但是在台湾总督府的眼中,终究属于"半工业化"的产物,况且多为台湾资本所控制。

在日本资本主义发展起来以后,日本资本寻求向外投资的渠道,利润丰厚的台湾糖业就成为其投资的目标。台湾总督府更是希望日本资本来投资建设现代化的大糖厂,为此不惜制定政策,压制当地改良糖廍的生存空间,为日资糖厂的扩张创造条件。最终台湾资本被挤出台湾糖业,日资糖厂形成了垄断。现代化的制糖工厂成为当时台湾工业化的代表,而台湾工业化的主要内容也就是食品加工业中的制糖业而已。

因此,1906年日俄战争后日本资本大量来到台湾,建立了许多近代化制糖企业,在日资制糖企业扩张的同时,殖民当局还采取各种措施将本地资本排挤出制糖业,使得这个原先是台湾人传统产业的制糖业变成日本资本的一统天下。

一、改良糖廍的兴衰

所谓改良糖廍,主要是对旧式糖廍压榨甘蔗装置的改造。传统的旧式糖廍,用牛带动两个竖立的石碾压榨甘蔗,榨出来的蔗汁经数口铁锅持续煎熬而形成红糖。由于压榨力量不大,大量的蔗汁残留在蔗渣里最后被当成燃料烧掉,熬成的红糖则因含有大量的糖蜜而品质低劣。改良糖廍用蒸汽机或石油发动机作为动力源取代牛,并用横置的轧辊(早期的改良糖廍多采用单重三转子压榨机)取代石碾。煮糖的形式则仍和旧式糖廍相同,但由于蔗汁增多,铁锅数相应增加。它生产的糖仍和旧式糖廍一样,是含糖蜜的粗糖。不过由于它的压榨机力量大,甘蔗能得到充分利用,效益也就大大提高。在改良糖廍兴起之时,新式糖厂尚处于开创阶段。日资大规模制糖厂仅有台湾制糖株式会社的桥仔头工厂一家,此外还有几家小型糖厂,其产糖量不及改良糖廍和旧式糖廍之和。

改良糖廍之兴起,是因应台湾总督府"殖产兴业"政策的需要。此外,首选制糖业,还因为预计日本本国的《砂糖消费税法案》将获得通过,砂糖消费税将成为一项重要的税源。

1901年台湾总督府聘请农学专家新渡户稻造考察台湾蔗糖业。当年9月新渡户提出以甘蔗种植业改良为中心的《糖业改良意见书》。《意见书》关于农业部分为总督府全盘接受。关于制糖业方面,新渡户认为,在当时的情况下,第一,应从国外购入小型压榨机,经试验后无利或低利贷给糖廍主;第二,应劝诱资本家投资大规模制糖厂,为此应将甘蔗产地情况调查清楚,公布给资本家,并对建设大规模制糖厂的资本家给予奖励;第三,应劝诱耕作者组成蔗糖生产组织。[①]

要发展大规模制糖业需要巨额资本,台湾本地资本没这个力量,而日本国内资本是否愿意投资则取决于能否获得利润。在这种背景下,日资投资台湾制糖业要赢利是困难的,必须由总督府给予资金利息补助才能保证利润。总督府无力提供更多的利息补助来劝诱其他日本资本集团投资台湾制糖业,总督府发展大规模制糖厂的政策遂遭搁浅。从1901—1906年,再无日本国内资本投资台湾制糖业,总督府的"殖产兴业"政策不得不转向本地资本。因此,总督府采取了奖励、促进本地资本兴办小型糖厂与改良糖廍的政策,在总督府的奖励和促进下,本地资本的小型糖厂和改良糖廍迅速发展起来。

台糖产量的提高带来了大量的砂糖消费税收入,1904年以后砂糖消费税已超过100万元。巨额的砂糖消费税使得总督府财政(特别会计)得以在1905年独立,比日本大藏省与台湾总督府协定的独立时间大大提前。总督府财政(特别会计)的独立,本地资本的小型糖厂和改良糖廍所起的作用是不小的。[②]

二、日资糖厂的发展

1910年以后,是日本资本主义快速发展时期,尤其第一次世界大战前后,日本资本主义工业化开始从轻工业为主转向重工业为主。同时也正是在此期间,日本资本开始形成集中与垄断,日本资本有了输出的要求,台湾作为日本的第一个殖民地,自然成为日本垄断资本输出的对象,台湾为日本提供初级产品的作用也就更加重要和明显。如前所述,虽然日本在割占台湾后的20世纪初期,立即从台湾输入米和糖,但发展至垄断阶段的日本资本主义,对台湾的初级产品需求与割台初期相比不可同日而语,从1910年到日本全面侵华之前,台湾已完全成为日本的初级产

---

① 王键:《日据时期台湾米糖经济史研究》,凤凰出版社,2010年,第167页。
② [日]东乡实、佐藤四郎:《台湾殖民发达史》第11章,东京晃文馆,1916年。

品(米、糖)生产基地。

台湾是一个传统的蔗糖产地,而日本则是一个不适合生产原料糖的地区,因此日本自从明清时期以来就有食用台糖的习惯。台糖天然可以作为殖民地向宗主国提供的初级产品。从另一方面来说,台湾制糖业对日本垄断资本的形成也提供了投资场所。日资进入台湾制糖业的第一步,就是在总督府的支持下,吞并、扼杀本岛人的制糖业——改良糖廊。

如前所述,本岛人的改良糖廊对于纾解日据初期总督府的财政困难起了极大的作用,但总督府仍念念不忘发展大制糖业。日本资本要投资台湾制糖业,就要清除本岛人在制糖业中所占的位子,也就是说,要清除掉改良糖廊。

紧接着明治制糖之后,日本国内资本纷至沓来,制糖会社纷纷成立。在日资糖厂和总督府的两面夹攻下,本地人开办的改良糖廊迅速没落了,本地资本被排挤出台湾糖业这个传统产业。台湾制糖业成为日本资本的一统天下。在排挤了本岛人资本之后,日本糖业资本本身也在不断地进行集中和合并。从1910年开始,日资糖厂进行了第一次合并运动,主要是为了瓜分原料产地。合并的结果是形成了台湾制糖、明治制糖、盐水港制糖、东洋制糖、帝国制糖等几家日资会社控制台湾制糖业的局面。①

第一次世界大战期间,德、奥等甜菜糖产国产量剧降,使得日本砂糖(以台湾粗糖为原料)输出剧增。同时,日本国内的人均砂糖消费水平也在增长,使得糖价上涨,利润暴增。为此,日资糖厂不仅将大部分红利转为投入资本,同时大量向台湾银行贷款,五大制糖厂的贷入资本均已超出实收资本。糖业界的"黄金时代"大约持续到1920年左右,1920年7月,西方各国控制砂糖采购,以后的二三年中,糖价持续下跌,导致了糖业界的萧条。

为应对萧条,各大制糖厂所属的垄断财团对所属企业进行改组、合并,以加强对市场的垄断控制。这次改组合并是以日本国内垄断财团为主体进行的。经过一系列相互之间的收购、合并,台湾糖业界最终在20世纪20年代下半期形成了三井系、三菱系、大日本制糖系三大资本系统鼎立的局面。这三大系资本占据了台湾制糖业的87%的资本和84%的制糖量。30年代后半期和40年代初期,这三大系资本更是彻底将其他所有制糖厂合并,而形成它们完全瓜分台湾制糖业的局面。②

在总督府的扶持下,日资在台湾建立了一个庞大的制糖工业,而台湾通过这个制糖业向日本提供了其所需的大部分糖,承担了殖民地向宗主国提供初级产品的任务。

日资制糖业主要从事粗糖制造,在获得巨额利润以后,它们的投资领域开始拓

---

① 周翔鹤:《日据时期台湾改良糖廊研究》,《台湾研究集刊》,1995年,第2期。
② 周翔鹤:《日据时期台湾改良糖廊研究》,《台湾研究集刊》,1995年,第2期。

展,一部分资金投入其他行业,一部分资金投向海外。投资于岛内的主要为制糖相关行业,如利用制糖副产品糖蜜生产酒精等。为了运送甘蔗,各大制糖厂都铺有轻便铁道,这些铁道也供一般运营之用。此外,1917—1918年,因航运价格高涨,台湾制糖、帝国制糖、盐水港制糖均购置海轮用于运送自家所产的糖,并且参与一般海运业。20世纪30年代中期以前,碾米、凤梨罐头、纺织、采矿、窑业、机械、木制品以及一些日用品制造也有一定的发展,但都规模不大,制糖业仍然占据了工业构成中的绝大部分。

三、微不足道的其他工业

制糖业是台湾最重要和唯一成规模的传统产业,改良糖廍在殖民当局的限制和日资的并吞下衰落、消失后,台湾人基本上被排除出这个产业。非但如此,由于实行"工业日本,农业台湾"的政策,除了利用土特产的家庭副业以外,当局并不鼓励在台湾发展大、小工业品制造业。日据时期的台湾,连手工业都极不发达,本地人的投资被限制在很小的范围内。台湾人的小工业和家庭手工业一直被限制在传统的日常生活的食品、器具的制造、修理业中。

由于台湾的小工业和家庭手工业被限制在传统的日常生活食品和器具用品范围之内,自身无法发展,仅占本地区经济中一个小份额,因此对社会经济发展无法产生较大的作用。以1935年为例,当年台湾的工业产值中,小工业及家庭手工业仅占14.5%,其余85.5%为日资近代企业所占有。[①]

四、20世纪30年代中期的"热带产业调查"与拓殖会社

(一) 热带产业调查会的成立

为了贯彻向华南、南洋侵略的南进政策,1935年初,台湾总督中川健藏下令设立"南方经济调查会",后来改称为"热带产业调查会"。台湾总督府虽然使用"热带"一词,但是实质上的含义是指"华南和南洋",台湾总督府企图用"热带"这一地理学名词掩饰其渗透华南及南洋的真实战略目的。

台湾总督中川健藏于1935年9月7日颁布的《台湾总督府热带产业调查会规章及宗旨》(训令第五十七号)称:"本岛为帝国南方的要冲,与一衣带水的邻邦中华民国相对,南方又与菲律宾、婆罗洲、法属印度支那、爪哇、苏门答腊等友邦殖民地相邻,有形无形相关之处甚多。鉴于其地理位置,在进一步开发本岛产业的同时,在经济上与华南、南洋地方保持更加密切的关系,促进其贸易发展,增进相互利益,乃是本岛的使命。本府有鉴于此,以前曾在1930年召开临时产业调查会,明确岛

---

① [日]大园市藏编:《台湾年鉴》,第18册,第四十·一般工业"昭和五年工业生产类别表",据旧本影印,《中国方志丛书》台湾地区第135种,台湾成文出版社,1985年。

内各项产业的发展方向,此次更设立热带产业调查会,以各方权威人物为委员,进一步探讨与华南、南洋地方的贸易及其它各事项,以期随着岛内产业、交通、文化等方面的发展,实现邻邦共荣,繁荣帝国国运。"

10月19日至23日,热带产业调查会在台北召开,历时5天。被台湾总督府指定的50余名委员,审议了台湾总督府提出的有关振兴华南与南洋贸易、开发与促进热带产业的各种咨询事项;振兴贸易,促进企业投资,振兴工业,改善金融、交通设施、文化设施等议案,基本上通过了总督府的原案。

在上述方案中,特别值得注意的是,台湾总督府在咨询事项第二项中,对于"在台湾经营拓殖事业及与拓殖有关的金融业务的同时,为促进华南、南洋的日人企业,需要设立一个机关,主要经营拓殖金融,成为日本人发展南洋的中枢"的答复,具体提出了设立"台湾拓殖株式会社"的计划。大要是:1. 以法律设立;2. 资本总额3000万元,半数由政府以实物出资,半数由民间投资;3. 交纳资本金额达到十倍以上时,有该公司债权的发行权;4. 以经营拓殖事业及提供拓殖资金为主;5. 利益分红,保证每年8分;6. 由台湾总督府加以监督。①

热带产业调查会由台湾总督中川健藏出任会长,总务长官平塚广义为副会长,委员及临时委员若干人,从有关单位高级职员以及有学识经验人士中遴选,由台湾总督任命。调查会设置干事若干人,由台湾总督从有关单位高等官员中任命。1935年9月13日,台湾总督任命委员47人,临时委员10人。②

热带产业调查会召开时,集中研讨的最重要事项之一就是设立台湾拓殖株式会社事宜。根据《热带产业调查会决议案》(第二号第五项),台湾拓殖株式会社具体开展以台湾资金开发华南地区的工作,该项议案指出:"以半官半民之方式在台成立拓殖会社,其主要目的在台湾经营拓殖事业及办理有关拓殖事业之融资业务外,并援助日人在华南及南洋之企业;为发展日人之企业,对新规划之企业,应予援助促其成立,而对现有之企业,除提供该企业之扩张、改进及合办等经营上合理化之机会之外,并促进资金周转之灵活。"③此时台湾总督府就有意以台湾之土地充资,以开发台湾经济"培植基础",来向华南及南洋发展。

但是由于日本政局不稳,事变频发,直到1936年4月以后,台湾拓殖株式会社的成立问题才提到日本政府的具体议程上来。在台湾总督府以及日本海军的催促下,1936年5月3日,日本广田弘毅内阁通过决议,决定设立台湾拓殖会社。

(二)台湾拓殖株式会社的成立

1936年6月2日,日本议会正式颁布《台湾拓殖株式会社设立法案》(法律第四十三号)。该法案经营规则规定:台湾拓殖株式会社除了在台湾的业务外,还应积

---

① 王键:《日据时期台湾总督府经济政策研究(1895—1945)》,社会科学文献出版社,2009年,第390、391页。
② [日]井出季和太:《南进台湾史考》,东京诚美书阁,1943年,第147、148页。
③ 台湾总督府编:《热带产业调查会答申书》,台湾总督府,1935年,第55、56页。

极向华南及南洋方面发展业务。7月29日,日本政府公布了《台湾拓殖株式会社施行令》(敕令第二二八号)。按照《台湾拓殖株式会社施行令》第五条规定,台湾拓殖株式会社的主要经营内容如下:

1. 拓殖之必要的农业、林业、水产业及水利业;
2. 拓殖之必要的土地(含有关土地之权利)征购、经营及处分;
3. 从事委托形式之土地的经营与管理;
4. 拓殖之必要的资金供给;
5. 对于农业者、渔业者以及移民,供给其拓殖之必需物品,收购、加工或销售其生产品;
6. 拓殖之必要的资金提供;
7. 以上各项事业之附属事业;
8. 以上各项事业之外,拓殖之必要的事业。

其中,在上述范围里,若经营第7项或是第8项时,必须得到台湾总督的许可;进而,若在台湾岛外从事这类事业时,必须通过台湾总督,取得拓务大臣的认可。[①]由此可见,台湾拓殖株式会社的经营范围很大。具体而言,可分为三大类进行考察:第一类是在岛内从事的事业,以台湾总督府出资的"官有地"为事业基础,将土地借贷给农民,以稳定的地租收入为资本,对土地改良、农产品品质改良、海岸填充地以及开拓事业等进行投资;第二类是从事在华南、东南亚等地的日本占领地的治安维持、军需资源的开发以及军事设施的建设等以日本"圣战"及建设"大东亚共荣圈"为目的的事业;第三类是在岛内外的金融融资事业,按照台湾总督府令第三十九号,对日本的海外移民以及拓殖事业,提供长期的资金融资及定期融资的业务。

1936年7月30日,日本政府下令设立台湾拓殖株式会社委员会,委员长由日本拓殖务大臣儿玉秀雄兼任,副委员长为台湾总督府总务长官平塚广义以及三菱财阀董事加藤恭平,有81名官方委员以及民间委员。官方委员有内阁书记官长,法制局长官;外务、大藏、拓务、陆军及海军各省次官;台湾总督府内务、殖产及财务各局长、事务官等。[②]

1936年8月24日至25日,台湾总督府召开了有关台湾拓殖株式会社的设立会议,决定了设立宗旨、公司章程、事业计划书、招股方法等。设立当初的资本额为3 000万日元,每股50日元,合计60万股。在招股方法中规定:在60万的总股份中,台湾总督府以"官有地"出资,拥有30万股的官股,10万由日资制糖企业认购,10万由生命保险团体、银行团体及各财阀认购,10万分配于民间各阶层。糖业资本占民间股份的三分之一。开始认购后,分配于民间的10万股,日本内地占8.5

---

① 《台拓设立委员会关系书类》,《台湾拓植株式会社文书》第26号,1936年,第2、3页,台湾文献馆藏。
② 《台拓设立委员及干事名单》,《台湾拓植株式会社文书》第34号,1936年,台湾文献馆藏。

万股,台湾仅有1.5万股,日本股东占据绝大多数。① 至此,台湾拓殖株式会社的创立基本就绪。

(三)台拓的经营事业

台湾拓殖株式会社的投资范围极为广泛,至1939年其企业组成大致分为五大类,第一类主要是从事拓殖事业的企业,有台湾棉花株式会社、印度支那产业会社、星规产业株式会社、拓洋水产株式会社、台湾野蚕株式会社、台湾畜产兴业株式会社、株式会社福大公司、南邦产业株式会社、台东兴发株式会社及中支那振兴株式会社等10家;第二类是商业企业,只有株式会社南兴公司1家;第三类是工业企业,有南日本盐业株式会社、南日本化学工业株式会社、台湾化成工业株式会社、台湾国产自动车株式会社、新兴氮肥工业株式会社、东邦金属制铁株式会社及台湾纸浆工业株式会社7家;第四类是矿业企业,有开洋磷矿株式会社、饭塚铁矿株式会社2家;第五类是运输交通企业,只有台湾海运株式会社1家。到1942年,台湾拓殖株式会社的投资范围更为扩大,介入程度也更加深入。②

台湾总督府设立台湾拓殖株式会社的目的,一方面是借以促进台湾工业化;另一方面是借以经营在台湾、华南以及南洋的开垦殖民事业,统一联系日本在华南、南洋的事业,以推行日本的南进政策。③

1941年太平洋战争爆发后,为适应台湾总督府的新南进政策,扩充岛内的经济统制体制,1942年6月30日,台湾拓殖株式会社召开定期股东大会,通过增资3 000万元,共60万股的决议案。其中,30万股1 500万元,由台湾总督府以台湾岛内营林事业之全部(造林事业除外),及约2 600甲之官租地抵充资本,其余由民间股东以每股增资一股的方式分配之。增资后的资本为6 000万元。随后又在1941年、1944年度发行4 000万元的台拓债券,使台湾拓殖株式会社的资本更加充实。④

台湾总督府占有一半设立资金的"台湾拓殖株式会社",是台湾总督府为呼应配合日本政府侵华战争的经济扩张行为,同时也是准备在华南乃至南洋地区进行经济扩张的一种准备,是日本正在确立的以台湾为据点的"南进"政策在经济政策上的反映。具体看,台湾拓殖株式会社作为台湾总督府的代理,是一家担负有推进总督府南进政策义务的大企业。

(四)评价:国策公司

台湾拓殖株式会社是日本政府与台湾总督府为使台湾"充裕日本国防资源,以补充日本的经济力,得强大的伸展"⑤而设立的国策公司。所谓国策公司,可以视为经营准国营事业的准国家机关,它是国家直接参与干涉经济的具体表现形式。国

---

① 《股份分配表》,《台湾拓植株式会社文书》第23号,1936年,第7—9、140—145页,台湾文献馆藏。
② 王键:《日据时期台湾总督府经济政策研究(1895—1945)》,社会科学文献出版社,2009年,第937页。
③ 张静宜:《台湾拓殖株式会社组织推移之探讨》,《台湾风物》,1998年,第48卷第2期。
④ 台湾拓殖株式会社调查课:《事业要览》,台湾拓殖株式会社,1942年,第2页。
⑤ 汪敬虞编:《中国近代工业史资料》第2辑,中华书局,1962年,第537页。

策公司不允许像一般民间公司那样只追求利润，不顾及国家全局。国策公司必须顺应日本的国家政策，对所属产业实行指导统制，具体实施国家政策，并给予特别保护。

　　从表面上看，台湾拓殖株式会社属于"半官半民"性质的公司，但实际上其经营活动完全听命于台湾总督府，一切经营活动把配合与推动台湾总督府南进及对岸政策奉为圭臬。台湾拓殖株式会社的经营管理模式，完全依据台湾总督府、台湾银行、台湾电力株式会社等的"官营体制"。台湾总督不仅对台湾拓殖株式会社的社长、副社长有任命权，还有向台湾拓殖株式会社派遣"监理官"，由其对台湾拓殖株式会社经营业务进行监视的权限。台湾拓殖株式会社的社长、副社长必须贯彻总督的命令，以实施"国策"为第一要务。在台湾总督府的威权支持下，台湾拓殖株式会社以雄厚的资金，渗透并控制了无数的关系企业。台拓的股东几乎涵盖了台湾各个行业的会社，其势力极为雄厚。从台湾拓殖株式会社的设立过程、性质定位、股权分配等情况来看，该会社是一个地地道道的日本国策会社，即日本为了贯彻施行对华南、南洋的经济政策而设立的殖民地大企业。

第三章 第二次世界大战期间的经济地理

第一节 第二次世界大战期间台湾的"工业化"

考察台湾工业化发展的大致脉络,可以看出台湾的工业化发轫于制糖业,从半工业化的改良糖廍到后来日资控制的近现代化的大制糖厂,台湾生产的米、糖等农产品大量输出日本,这也符合日本殖民者设计的"工业日本,农业台湾"的殖民地分工政策。但是到了后来,经济形势发生了变化,东南亚的蔗糖更加有价格优势,日本市场对于台湾米糖的需要有所下降了,因此台湾经济面临转型,于是日据当局开始搞"工业化",进行热带产业调查,成立台湾拓殖会社,力图实现"工业台湾,农业南洋"。随后在中日战争以及太平洋战争全面爆发后,台湾的工业化被绑上日本军国主义的战车,完全为日本的侵略战争服务,开始大力发展重化工业和热带产业等以满足军事需要,这实际上并不符合台湾自身工业发展的需要,同时也带来了灾难性的后果,在战争期间,台湾遭受了盟国猛烈的空袭,到了战争末期,台湾工业化的成果几乎全部被战火毁灭。

一、台湾工业化的原因和背景

日据初期,台湾作为日本的殖民地,主要作用是提供米、糖为主的农产品,到了20世纪30年代,在世界性的经济危机中,日本的农业也出现了问题,为了保护本国农产品市场,日本政府开始限制台湾农产品输日。其次,30年代日本帝国主义在东南亚找到了倾销工业品的市场,从东南亚攫取比台湾成本更低的米和糖,台湾米糖输日陷入更加不利的局面。

面对形势的变化,台湾总督府认为台湾经济有进行"转型"的必要,决定在台湾发展工业,准备利用台湾的资本对华南和南洋进行投资。如果说,在日据台湾前期,日本殖民者经营台湾的态度是"工业日本、农业台湾"的话,那么此时的政策则是"工业台湾,农业南洋"了。日本殖民者在台湾发展工业,除了台湾自身的经济模式需要转型外,还有一个非常重要的目的,就是要台湾为日本的"南进政策"服务,充当日本帝国主义的"南进基地",以便于日本更好地控制华南和南洋。

要想充当日本的南进基地,台湾工业化就不能像过去那样只发展砂糖制造一类的食品加工业,虽然它符合台湾的自然禀赋,但这属于轻工业,必须发展重化工业以及军需工业才能满足日本帝国主义的需要。发展重化工业首先要有充足的电力,在台湾进行水电开发建设是工业化的前提和基础。

二、台湾工业化的三个阶段

日据时期台湾电力工业是以日月潭水电站为核心的。实际上日月潭发电站于

1916年就已经组织兴建,1934年7月第一期工程完工,发电量10万千瓦,1937年第二期工程完工。日月潭水电站再加上一些火电厂,全部发电量总共达到27万千瓦。要符合整个战时工业化的要求,这个数量是远远不够的。因此,台湾总督府计划继续开发水电,主要目标是大甲溪45万千瓦的工程。该工程1942年开工,但是因为战争期间材料、设备均严重不足,于1943年停建。在整个40年代,台湾的发电量为30万千瓦左右,顶峰是1943年的36万千瓦。这30万千瓦左右的发电量是一个什么样的概念呢?日本学者小林英夫说:"它只相当于当时朝鲜长津江水力发电厂的发电量而已。"[①]由此可以得知台湾工业化规模之小。

日据时期台湾的工业化在电力发展的基础上展开,它大约可以分为三个阶段。

第一阶段,1935年以前。当时战争尚未爆发,台湾总督府的工业化政策意在改变台湾经济结构。这一阶段工业化的进展甚小,主要是在电力工业的基础上建立一些电化学工业企业,如利用印尼铝土原料的日本铝业公司,利用日本生铁的电炼钢(台湾电气化学公司),以及利用本岛天然气制造化肥的台湾化学工业会社等。其他新办的工业企业均为利用农业原料的轻工业,如制麻、淀粉、蓖麻油等,再有就是利用制糖工业的下脚料糖蜜生产酒精和利用蔗渣生产纸板的企业。

第二阶段,1936—1940年。其时,日本全面侵华的战争即将爆发或已经爆发,日本军国主义又积极备战太平洋战争,殖民当局工业化政策的目的在于把台湾建成一个战争补给基地。这一阶段随着日本备战和战争的进展,工业化政策的实施明显以重化工业为中心,以求达到建立战争补给基地的目的。除了利用台湾农业原料的轻纺工业以外,这一阶段,日本国内许多垄断资本到台湾投资,利用台湾的电力和海外的原料,建立了许多重化工业企业。

上述企业包含钢铁工业、轻金属冶炼、肥料化学工业、水泥和橡胶等制造业,涉及基础工业者不少。但其实规模均不大,工场大多成立于1939—1940年,是战时体制下日本军国主义经济动员之结果,原料均仰赖海外,太平洋战争爆发后,难免陷入困境。

值得补充一提的是备战与战争期间的台湾纺织业。台湾本无纺织业,清代台湾的纺织品来自大陆,近代台湾开港后洋布开始大量输入,日据时期则是日本纺织品的天下。20世纪三四十年代,殖民当局才将棉纺织业、毛纺织业作为军需工业发展。30年代以前台湾仅有阔幅织机5台,窄幅织机703台,分散在30多家小厂里,40年代当局将这些厂合并为10家左右,并为节省物资起见,提倡使用破布回收的"更生纱"。战争期间,台湾的更生纱厂最多有破布纺锭91342锭。太平洋战争爆发后,为配合日军南进,从日本拆运来织机、纺锭组建纺织厂,但旋即被盟军炸毁。毛纺厂亦是为供应日本海军军需而组建,有毛纺锭2 000多锭,基本上没有展

---

① [日]小林英夫著,何义麟译:《1930年代后半期以后的台湾"工业化政策"》,《台湾史料研究》,1993年,第1期。

开生产就被盟军炸毁。

第三阶段,1941—1945年。这一阶段为太平洋战争爆发至日本战败投降。随着日本军国主义在战争上从进攻转为防守,从防守到败亡,殖民当局工业化的目的也从作为战争的补给基地,转到动员人力物力支撑逐渐濒临败局的战争。在这一段时间内,工业化的政策集中于动员人力、物力支持战争相关工业。殖民当局最初将钢铁、轻金属、电力、水泥及化肥等五项列为"超重点工业"而力求予以保证,至于金属冶炼的原料仍以南洋的铁矿和印尼的铝矾土等为主要来源。但战争爆发后,日军虽占南洋等地,但因战线太长,运力不足,原先计划的用南方原料、台湾电力制成半成品输往日本的设想并不能完全实现,台湾的军需工业原料乃呈困难局面。随着战局的进展,日本本国因战事吃紧,物资匮乏,只得要求台湾利用自给原料进行生产。但台湾的工业原料仅石灰石、盐及经济作物,军需工业所需之铁矿等原料几近于零,铜亦很少。在这种情况下,殖民当局乃采取严厉的统制手段,搜刮民间废铜烂铁,以及打捞沉船,甚至拆卸民用设备中的金属以供原料之需。在日本军国主义战局趋败之时,又倡"明日百吨不如今日十吨"之政策,竭泽而渔,使得军需工业产值在1940—1942年间趋于高峰,形成了一个畸形的重化工业。但这种状况并未持久,1943年2月所罗门群岛战役后,日军转入守势,台湾顿时进入"要塞化"阶段。其后战事每况愈下,日军退却,盟军对台湾形成封锁,台湾与日本之间的航运亦不能保持畅通,钢铁、铝等冶炼业无从取得新的原料,只能利用库存生产。台湾本无发展冶炼等重工业的资源条件,在封锁的情况下,重化工业必然萎缩以致无法运转。与重化工业的萎缩相反,战争后期,台湾的食品业(以制糖业为主)、木材业以及一些民生用品制造业却意外得到增长的机会。[①]

在殖民当局的工业化政策中,制糖业本属压缩对象,由于战时增产粮食的要求,许多蔗田被改种稻或番薯、花生等粮食作物,制糖厂亦紧缩,拟将设备运往南洋,以利用当地更廉价的甘蔗。随着战事吃紧,日本国力日蹙,为寻求液体燃料来源,乃开发酒精(乙醇)以充航空燃料。制糖厂因其下脚料糖蜜能制酒精作为飞机燃料,因此殖民当局于战争后期力倡所谓台湾糖业航空燃料化与制糖厂燃料厂化,制糖业遂出现转机。木材业的发展首先是因台湾"要塞化"需大量木材修建工事,后又因出现木制飞机,也需要大量木材、树脂、油漆等原料而得到一个意外的发展。民生工业的发展,则因战争后期日本许多民用部门转为军用部门,设备闲置,且因日本本国物资匮乏,许多以前依赖日本输入的民生用品,要求台湾自己生产,因此,殖民当局乃将许多日本的老旧设备移至台湾,台湾遂一下子增加了许多民生用品企业。重化工业的萎缩和制糖业、木材业、民生用品企业的发展,表明1943年以后,重化工业所占的地位开始下降。

[①] 韩清海:《中国企业史·台湾卷》,企业管理出版社,2003年,第100页。

综上所述，从 20 世纪 30 年代中期起，殖民当局为把台湾建成一个军事补给基地而竭力发展军需工业，这个军需工业在以太平洋战争爆发为中心的前后两三年时间里达到顶峰，形成一个畸形的重化工业，但在战争后期，这个畸形的重化工业出现萎缩。战争期间，这个畸形的重化工业的存在改变了台湾的经济结构。日据时代台湾的产业，在 20 世纪 30 年代以前，由于米糖为主的经济包含着一个很大的制糖工业，因此，工业在整个经济结构中占有不小的比例，但一直到 40 年代，工业产值才超过农业产值。

20 世纪 40 年代初期工业产值的这种增加，是以重化工业为主的，而这个重化工业是日本军国主义强加给台湾人民的、为战争服务的军需工业。

三、台湾工业化的评价

日据时期台湾的工业化，既然是为日本侵略战争服务的军需工业，它就不可避免地要卷入战争，并受到战争的破坏。二战末期之 1944 年 10 月后，盟军海空军对台湾工业进行袭击、轰炸，遭到破坏的工厂计 202 所，其中严重破坏者 152 所，次级破坏者 27 所，损失小者 23 所。所遭破坏者大半属重要工业企业，所以战后张宗汉说："台湾工业化运动自推行迄今，凡十余载，遭此巨劫，乃随第二次世界大战终了同入于尾声。"[①]这是台湾被绑上日本军国主义战车所不可避免的结果。不但如此，重化工业被破坏，还给光复初的台湾社会带来严重的问题。由于多数工厂破坏惨重难以修复，所以光复初"各项工业停顿者居多，幸能残存者产量亦减至最低"，而由于战时劳力，尤其大量男劳力都因人力统制被征调到工业领域里，工厂的大规模破坏便造成光复初期社会上存在大量的失业人员，形成社会的不稳定因素。

1941—1945 年，从太平洋战争爆发到日本战败投降。此时台湾的工业化完全为军需工业服务，总督府通过严厉的统制手段，将人、财、物力投入其中，一切为了战争，完全不顾及经济效益。战争后期，随着海上交通的被切断，产自南洋的工业原料无法运到台湾，只能依靠台湾本地的原料进行生产，但台湾的矿产并不丰富，军需工业所需之铁矿、铜矿等都属稀缺资源，在这种情况下，总督府涸泽而渔，搜刮民间废铜烂铁，以及打捞沉船，甚至拆卸民用设备中的金属以供原料之需，形成了一个畸形的重化工业。如此工业化的结果，对于经济发展而言，完全是负面作用，对于民众福祉来说，也是痛苦远大于收益。

这种为了服务战争而孤注一掷、不计代价发展出来的重化工业必然成为军事打击的目标，随着日本在太平洋战争中的逐步败退，台湾的这些工业企业也暴露在盟军的空袭之下，最后大部毁于战火，台湾的工业化进程遭受到严重的挫折。

---

① 张宗汉：《光复前台湾之工业化》，台湾联经出版事业公司，2001 年，第 145 页。

第二节 战争后期台湾"重化工业"和基础设施的破坏和毁灭

日本长期将台湾作为"南进基地",据台时期在岛上广建军事基地,修筑机场和军港,扩充军火和物资储备。二战期间,台湾在日本对东南亚和华南的扩张中发挥了重要作用,太平洋战争爆发后其战略地位益显重要:满载战略物资的日本舰船往往是由从台湾基隆基地起飞的飞机护航;穷途末路的日本军国主义还以台湾、琉球、小笠原群岛构成"最后的海上防线",谋作困兽之斗。太平洋战争末期,随着盟国军队的节节胜利,战线逐渐向日本本土推进,当时台湾岛内有传闻说美军将在此登陆,进而向日军发起总攻,其实美国海军确有从马里亚纳群岛攻击驻扎于此的日军航空基地的打算,不过由于缺少足够部队而改在冲绳登陆。

为进一步打击和摧毁日军残余航空兵力,在战争最后结束之前的一年多时间里,盟军出动了大批次机群,或利用快速航母特混舰队,或从菲律宾、塞班岛等基地出发,向日据台湾连续发动猛烈空袭。日军在台指挥机关及军事设施无疑被盟军列为空袭的首要目标,台北市内的台湾总督府、台南市日军兵事部、基隆市日海军武官府等所在地均遭重创。1944年10月13日,美机对高雄县境内台湾飞行机第三制造厂进行的空袭,一举摧毁了那里的飞行员宿舍以及停放的飞机和发动机,1945年4月下旬炸毁嘉义空军基地,5月20日又轰炸了台南飞行场。在1945年5月31日美机对台北市的大空袭中,位于该市的台湾总督府、台湾总务长官邸、台湾军司令部等处全被炸成废墟。澎湖县马公镇一带是驻台日军军事重地,频繁光顾的美机在此倾泻弹药无数,日军军需、设施、工作部设于马公测天岛、马公大案山等要塞的兵舍、仓库、作业工场等军用设施以及马公虎井屿炮台、东海兵团粮食库、海军码头、火烧坪火药库等重要据点被悉数炸平。①

为切断日军战略物资的来源,台湾工矿企业亦成为盟军打击的重点。台南的台湾拓殖株式会社、明治制糖株式会社、台拓化学工业株式会社,高雄的台湾肥料工场、台湾炼瓦工场、东铁工场,新竹的苗栗炼油厂、酒精工厂、中方水泥公司,花莲的盐水港制糖公司寿丰工厂、台湾石绵公司丰田工厂、东台湾运送会社等企业工场、仓库等,均屡遭盟军轰炸,损失惨重。1944年10月12日、13日,盟军接连两天轰炸了花莲地区的东邦金属制炼株式会社、日本铝株式会社、台湾专卖局花莲港支局,重创该地区钢铁构筑的工作工场、制品仓库等。台湾原有生产设施遭到毁灭性破坏,全省约1/4的工厂毁于美军轰炸,其中以电力工业、制糖业受损最重。战时毁于战火的制糖工厂达34家之多,作为全台电力中心的日月潭电站两个发电所的高压设备全被炸毁,溪口、松山、恒春等火力发电所也相继毁损,各种发电设备、输电线路损失惨重。为破坏在台日军的抵抗能力,盟军还对台湾铁路、港口等交通网

---

① 海峡两岸出版交流中心、中国第二历史档案馆编:《台湾光复档案·历史图像》,九州出版社,2005年,第166页。

线实施了重点轰炸,全省各主要城市火车站均是美机投弹的对象,大小桥梁、路基被毁者更无计其数,高雄、基隆、新高(台中)、马公四大港口的船坞码头也毁坏大半,光复初期台湾交通已基本陷于瘫痪。①

空袭对于台湾工业设施的破坏,可以举例如下。

1. 1944年10月12日上午9时,美机对花莲县铝株式会社电炉工场实施轰炸,致使该工场钢筋建筑及设备受损。

2. 1945年6月基隆港码头建筑物被炸受损。

3. 1945年5月10日,位于台南县北门区佳里镇的台拓化学工业株式会社佳里仓库遇炸后被夷为平地。

4. 1945年5月22日上午11时,台南县东石区六脚乡酒精工厂遭到空袭,机器设备被炸毁。

5. 1945年3月5日,位于花莲县寿丰乡溪口村的台湾电力公司溪口发电所被炸毁。

6. 1945年5月25日,位于嘉义县大林镇的日糖兴业株式会社台湾支社大林制糖所被炸受损。

7. 1945年5月17日,新竹县苗栗炼油厂遭到空袭,机器损坏率高达77%。

8. 1945年4月22日,台中市火车站被炸受损。

9. 1945年3月1日,台南市区在空袭中成为一片废墟。

10. 屏东市民族路中站两侧的商店被炸毁。

11. 1945年5月31日,高雄市大阪商船株式会社被炸受损。

12. 1945年6月2日上午11时,新竹县苗栗火车站遭到空袭,该站月台被毁。②

据1945年6月国民党中央设计局台湾调查委员会编制的《台湾被炸损失统计表》统计,仅1944年10月至1945年5月15日止,美军飞机对台空袭次数就在1万架次以上。③ 如此大规模的密集轰炸,在有效攻击日军在台军事、经济目标的同时,难免累及无辜,对大量民用设施造成误炸。据战后台湾省行政长官公署民政处营建局对全省各县公路建筑物状况进行的调查显示,分布于城乡各地的商铺街市、农户民宅等民用公共设施及寺庙、教会、学校、医院等设施在二战中遇袭挨炸的情况屡见不鲜,平民在空袭中屡有伤亡。1945年3月1日台南市被袭时,全市就有10余所学校受损,孔圣庙、历史博物馆等亦尽受池鱼之殃。轰炸过后,台湾各大中城市各类基础设施被破坏殆尽,昔日熙攘热闹的街市上到处是断垣残壁,瓦砾遍地。

战事结束近半年后,台湾省行政长官公署派员视察全省时,各地战后废墟仍然

---

① 陈鸣钟、陈兴唐主编:《台湾光复和光复后五年省情》,南京出版社,1989年,第315—346页。
② 海峡两岸出版交流中心、中国第二历史档案馆编:《台湾光复档案·历史图像》,九州出版社,2005年,第171—180页。
③ 陈鸣钟、陈兴唐主编:《台湾光复和光复后五年省情》,南京出版社,1989年,第62页。

触目皆是,足见受损程度之严重。据善后救济总署台湾分署所呈报的台湾省都市损坏报告统计,高雄市受损最重,战事毁损率高达57%,基隆市紧居其后达56%,战时受损率过半的台南市为51%(系按建筑物计算),嘉义市按全市区之面积计算为40%,若按街道房屋计则高达80%,而新竹、台北、屏东、彰化、台中等台湾主要城市的战事毁损率系由各该市公共工程局仅就住宅一项调查统计得出,分别为30.9%、27%、11.9%、4.6%和1.5%。[1]

---

[1] 海峡两岸出版交流中心、中国第二历史档案馆编:《台湾光复档案·历史图像》,九州出版社,2005年,第168页。

第四章　日据时期的区域经济和交通体系

第一节　日据时期的区域经济

一、三大区域

台湾本岛的土地资源主要位于西部,除了位于台湾岛东北部的宜兰平原外,花莲平原和台东纵谷平原的土地资源面积较小。因此,台湾西部平原地带是台湾主要的经济区域,依照地理区隔和开发先后,可以分为南、中、北三大区域:斗六以下为南部,斗六至大安溪为中部,大安溪以北为北部。

南部包括嘉南平原、屏东平原以及恒春半岛平原等,它是台湾最大的平原地带。其中,嘉南平原水资源不足,农作物的构成主要有稻米以及甘蔗、番薯、花生、豆子等旱作作物。

中部包括彰化平原、台中盆地、埔里社盆地等。这里水资源丰富,土地肥沃,是台湾最为重要的稻米产区。

北部由新竹沿海平原、桃园台地、台北盆地、基隆丘陵以及宜兰平原构成。北部降雨量充沛,其平原地带是良好的稻米产区,丘陵地带又很适合于经济作物的生长。在清代的前期和中期,丘陵地带主要生产蓝靛、苎麻、藤、芝麻等,晚期则生产茶叶。此外,中、北部山地出产的樟脑也是晚清时期台湾重要的特产。米、糖、茶叶、樟脑是当时台湾最重要的出口商品。[①]

从开发角度而言,台湾西部的开发也是从南到北逐步进行的。台湾与闽粤隔海相望,气候温和,雨量充沛,土地肥沃,明清以来大量闽粤人民跨海移垦台湾。台湾在荷据和明郑时期,主要开发区域是以今天的台南地区周边为主,南及凤山(今屏东、高雄一带),北至斗六一带,其他地方则处于荒芜的状态。清朝统一台湾后,大量移民赴台开垦,迅速越过斗六门北上,开始拓垦中部、北部的平原、丘陵。至乾隆末期,除了宜兰平原和台东地区以外,台湾岛西部的大部分地区已经被开垦。

由于台湾属于新开发区域,手工业并不发达,闽粤移民在台湾生产的稻米、甘蔗和其他的经济作物多数输往大陆,以此换取生活所需的日用消费品。因此,清代台湾两岸贸易极为发达,从事两岸贸易的港口城镇也逐渐发展起来。

最早形成的是南部府城内港鹿耳门(后来改称安平镇港),它在荷据、明郑时期就已经成为台湾和岛外联系的主要港口,它所在的府城台南也是当时台湾的行政、

[①] 参见林满红:《茶、糖、樟脑业与台湾之社会经济变迁(1860—1895)》,台湾联经出版事业公司,1997年。

贸易中心。清朝统一台湾后,清政府以鹿耳门为"正口",对渡厦门,成为台湾与大陆联系的唯一口岸。其后,随着移民拓垦的推进和两岸贸易的繁荣,中部和北部的贸易口岸也出现和发展起来,乾隆四十九年(1784年)清政府开放鹿港与泉州晋江的蚶江口对渡,乾隆五十七年(1792年)开放北部淡水厅的八里坌口与蚶江及福州五虎门对渡。这就促进了两岸间贸易和中北部两个口岸的繁荣。鹿港在开放前就已经是台湾中部的物资集散地和贸易中心,至于八里坌则是北部淡水溪的出海口,它与淡水溪上游的艋舺联系紧密,艋舺在雍正末年已经是台北盆地的物资集散中心,往返两岸的帆船可以直抵艋舺。开放八里坌实际上就是开放艋舺。到清朝中后期,台湾府城台南、中部的鹿港以及北部的艋舺成为台湾最重要和最繁荣的商业中心和贸易口岸,俗称"一府二鹿三艋舺"。南、中、北的农产品从各个集镇集中到这里,输往大陆,大陆来的手工业品也由此输往台湾各地。①

二、南北两大核心

进入到晚清时期,随着1840年第一次鸦片战争的爆发,西方列强逐渐打开中国的大门,第一批沿海口岸被迫开放,随之在1860年第二次鸦片战争后,依照《天津条约》的规定,台湾的安平和淡水也被列为通商口岸,随后又增设鸡笼(基隆)为淡水的子口,打狗(高雄)为安平的子口,台湾南北共计开放四个口岸。

台湾开港后,经济被迅速卷入到资本主义的世界体系中,为了满足国际市场的需要,茶、糖、樟脑等产业迅速发展,改变了之前台湾以米和糖为主的经济结构,在商品经济和对外贸易的刺激下,台湾岛逐渐发展出以打狗和淡水为中心的南、北两个货物集散地,然后再以这两个集散地为中心,形成了南北两大市场体系,②从而奠定了日后台北与高雄两大都会区的基础。

贸易的发展还推动了岛内经济重心的北移,由于台湾的开发是由南往北,原来的经济重心一直偏向南部。在同治九年(1870年)以前,南部口岸的年平均贸易额为北部口岸的两倍以上,但此后由于北部茶叶、樟脑、煤矿的发展,各项资源得以开发和利用,经济有了长足的进步。1881年起,北部口岸的贸易额已经超越了南部口岸,其后两地发展的差距进一步拉大。1893年,北部淡水口岸的贸易额几乎相当于南部打狗口岸的2.5倍,经济重心已经由南部转移到了北部。③

晚清台湾开港以来,相较于南、北部的发展和双核体系的形成,中部地区的发展则较为落后,但是中部地区的地理位置非常重要,位居全岛中部可以兼顾南北,刘铭传主政时期则设想将台湾建省后的省会建在中部,但是最后未能实现。日本据台后,对于中部尤其是台中市大力投入,经营开发,使得台中市成为台湾重要的

---

① 陈孔立:《台湾历史纲要》,九州出版社,1996年,第83页。
② 林满红:《贸易与清末台湾的经济社会变迁》,黄富三、曹永和主编:《台湾史论丛》第1辑,台湾众文图书公司,1980年。
③ 陈孔立:《台湾历史纲要》,九州出版社,1996年,第139页。

城市,同时也促进了中部区域的发展。

三、日本殖民者对于台中的经营

1895年,日本割占台湾。日本殖民者要在中部地区选择一个较为理想的地方作为核心城市和政治中心。当时选择有三:1. 鹿港。鹿港向来是中部唯一的港口,与对岸的交通非常频繁,未来可以作为特别输出港,但是作为行政中心的效益较少。2. 崁仔脚(乌日和大肚庄的中间地区)。崁仔脚是适合作为交通的要道,附近的地势高燥,气候清爽,前可控制大肚溪,便于舟车运输,然而全境多为田园原野,若是政治中心设置于此,则需要庞大的经费。3. 东大墩街(即后来的台中),虽原为蕃人控制,但以中部首要都市而言,东大墩街是首要之选:该区土地高燥,气候清爽,而且清末刘铭传选择将省会设置于此,说明该地的优越性。原刘铭传的筑城工程因为政治、经济、交通等因素而中断,但是当时规划城市的规模大于台北城,提供了东大墩街作为一个城市的基础。①

从上可以看出,日本殖民者经过权衡利弊,也作出跟刘铭传一样的选择,倾向于将中部的政治中心定在台中。况且,据台初期日本并未能完全控制住台湾,义军的反日抗争此起彼伏,当时比东大墩要繁华很多的彰化,附近就是抗日义军活跃的八卦山,基于安全和防守的考虑,日本殖民者也不能选择彰化为政治中心。

1896年3月,台湾总督府在台湾中部设置台中县,这是"台中"名称的首次出现,并将东大墩改为"台中街",将县治设置于此。1920年台湾市制实施后,"台中市"之名正式出现了。

由此可以看出,台中的兴建和发展与国家力量有着密切关系,当台中还是那个名叫桥孜图的小地方时,就被选为省会的所在地,初步显示了未来的发展潜力。其后,进入日据时期,台湾总督府经过种种考虑之后,选择东大墩街作为中部统治的据点,从而使这个小聚落后来逐步发展为台中市。因此,台中之所以能够成为中部的核心城市,实为国家力量的规划和推动所致。

日本殖民者经营台中也要面对交通不便以及其他基础设施落后的问题,台湾中部地区的发展一向受到交通条件的制约,过去主要通过鹿港进行水路交通,陆路交通则极为原始。为了改变这一状况,日本殖民者大力发展铁路、公路等近现代化陆路交通方式并且兴建开发台中港。

铁路较之海运和原始陆上交通,不但运量大,速度快,安全性高,而且对于密切沿线地区的联系,拉动地方经济有着极为显著的作用。但是由于修筑铁路工程浩大,耗资不菲,如果没有国家力量强有力的支持和推动是无法实现的。早在晚清时期,台湾巡抚刘铭传就曾经进行铁路的修筑工作,但是限于财力仅完成基隆到新竹

---

① 杨静宽:《从省城到台中市:一个城市的兴起与发展(1895—1945)》,台湾历史博物馆,2012年,第44页。

之间的路段。日本据台后,台湾总督府以清末铁路为基础,再加以改建和新建,使铁路向南延伸至高雄。1908年4月20日,台湾铁路纵贯线自新竹至高雄计297.3公里全线通车,连同清代所修筑的基隆至新竹路段,成为台湾西部纵贯线。[①]

近现代化的公路修筑,始于1900年,此时交通建设的目的也从军事交通改为经济需要。台湾西海岸的纵贯道路,北起基隆南至屏东,是一条相当重要的汽车道。纵贯道路自台北南下,经过中部的神冈、丰原、潭子等重要的市街后,由大屯郡的北屯庄进入台中市,沿线经过台中公园、台中医院、台中公学校等地,向南通往乌日至彰化市,其中台中至乌日的路段铺设沥青路面,为当时道路品质较好的路段。

台中港原名新高港,在台中州梧栖街,位居台中西岸,该港对于促进台中一带的商业和渔业的发展繁荣,有很大的关系,该港因为台中物产丰富,人口众多,具备发展成为重要工业港的潜力。日本殖民者自1937年开始兴建台中港,规模浩大,至1944年商港及渔港工程大致完工,航道水深7米。[②] 但是之后因为战争的原因,在完成十之六七的工程量后,筑港工程停工。

总之,纵贯铁路、公路的通车和台中港的修建,将台中与岛内外各个区域之间的交通紧密联系起来,交织成为一张绵密的交通网络,使台中取得了交通便利的优势,成为中部地区当之无愧的中心城市。

第二节　港口建设和海运事业

一、基隆港的建设

基隆港于1860年开港,是台湾历史较长的国际贸易港口。基隆港因是联络台湾、华南、南洋地区的要港,自1860年展开修筑起,便因年年船舶进出量的增加,港口设备不敷负荷,而数度进行扩建、整修。1898年在总督府民政长官后藤新平的策划下,台湾总督府决意将基隆港建为军商两用港口,开始基隆港的扩建工程。由于经费筹集的困难,对基隆港的扩建分为一、二期工程。1899年基隆港第一期扩建工程开工,至1902年完工,耗费244万元,完成航道疏浚等,可停泊3 000吨轮船4艘;1906年第二期工程开工,至1912年完工,耗费626万元,扩建码头、筑造防洪堤、装卸货场等,可容纳6 000吨轮船出入;1912年至1919年,在佐久间左马总督的强力推动下,台湾总督府再次出资(1 070万元)第三次扩建基隆港,至1929年完工后,可满足万吨轮船的进出,年货物吞吐量达到45万吨。为大力推行南进政策,推动台湾"工业化"进程,1936年,台湾总督府计划再次扩建,但由于中日战争爆发而被迫停止。台湾总督府先后多次对基隆港进行扩建,计耗资为4 618万元,基隆

[①] 杨静宽:《从省城到台中市:一个城市的兴起与发展(1895—1945)》,台湾历史博物馆,2012年,第143页。
[②] 吴壮达:《台湾地理》,三联书店,1957年,第224页。

港内港面积为0.95平方公里。①

二、高雄港及其他港口的建设

日据时期,台湾总督府也曾有三次高雄港的扩建计划。高雄港在扩建之前,港口附近水域面积仅为9公顷,水深仅3米,只能容纳小轮船和舢板停泊。1900年起,台湾总督府开始对高雄港的扩建计划进行港湾调查和工程规划,并提出5年扩建计划(1908—1912年)。1908年4月—1912年的第一期扩建工程,耗资491万元,航道加宽为109米,可停泊7艘轮船;同时,在基隆港和高雄港两地之间铺设纵贯铁路,使港湾与铁路相连接,并与公路连为一体。1918年出入高雄港的船只已达400艘,总吨数达70万吨。随后进行了第二期工程,并于1933年基本完工,耗费1280万元。至1937年,高雄港可容纳3000—10000吨级船只26艘停泊。后为配合日本对外扩张的军国主义政策,台湾总督府将高雄港改建为军港。此外,安平、淡水、花莲、苏澳、新港、海口、新高各港亦有相当之建设。自1908年至1944年止,高雄港扩建工程计耗资5000万元。高雄港面积达1.55平方公里。②

扩建后的基隆、高雄两港,港内深水面积扩大,防洪堤坝、码头、起重机及储运仓库等现代化设备齐全,与陆路的联系也相当便利,货物吞吐量大增。1925年,基隆、高雄两港进出口货物价值分别占该年台湾进出口货物总值的58.5%与34.7%。1940年,基隆、高雄两港进出口货物价值分别占该年台湾进出口货物总值的55.2%与42.1%。③基隆与高雄两港集中于南北的发展,对日后台湾南北双峰式发展具有深远影响。

1931年,总督府开始兴建东部的花莲港;1939年又开始兴建台中港。花莲港的兴建在1939年完成首期工程后,继续的增建工程因为战争而进度延滞。

三、台湾海运业的创立与发展

日据之后,总督府大力扶持大阪商船株式会社等日资航运企业,完全控制台湾航运业的发展,将其纳入到构建殖民地经济体系之一环。1896年6月16日,伊藤博文巡视台湾之际,在台湾总督府的一次会议上声称:"为期望能增进台湾的富源,必先开启运输通道。"④率先提出扩充日台间航线的建议。在总督府民政局长水野遵的主持下,总督府随即开始拟订航运政策,为扩大日台间贸易往来创造条件。总督府此刻所采取的航运政策,第一步是除掉英商在台湾海峡航线所占的优势,第二步是与英商竞争其中国南部沿海各口岸的航线,第三步是扩充台湾至华北各地及

---

① 台湾省行政长官公署统计室:《台湾省五十一年来统计提要》,1947年,第59页。
② 台湾省行政长官公署统计室:《台湾省五十一年来统计提要》,1947年,第59页。
③ 戴宝村:《近代台湾港口的发展》,《台湾风物》,1989年,第39卷第1期,第154页。
④ 《大阪朝日新闻》第522号,1896年7月2日。

南洋、欧美各地的航线。随后,大阪商船株式会社与英国道格拉斯公司展开了激烈的竞争。

为扶持日本资本控制台湾的航运业,台湾总督府自1896年起,将水路邮件全部交由指定的一家或若干家日本轮船公司承运,定期航行于日台间、台湾沿海及海外航线,并给予高额补助,称作"命令航线"。日本邮船株式会社自1907年起承办基隆—神户线的航路,每月往返两次,全年给予52 250日元之补助金。大阪商船株式会社是台湾总督府命令航线的轮船公司之一。1896年,总督府即令其开辟神户—基隆间的定期航线,以舞鹤丸、明石丸及须磨丸等数艘轮船担任运输工作,是日台定期航线的肇始。以往台湾至大陆及香港的航线为英国道格拉斯轮船公司把持,台湾总督府于1899年发给大阪商船会社补助金,开辟"命令航线","获得总督府援助的大阪商船会社,其优势地位无法动摇"。1902年末,道格拉斯轮船公司被迫撤出台湾航运市场,日本资本遂成为台湾海运业的主角。① 整个日据时期,台湾航运界共有7家日本轮船公司,即大阪商船会社、日本邮船会社、辰马汽船会社、大连汽船会社、东亚海运、南日本汽船会社、三井船舶会社。1942年成立"船舶运营会",对台湾航运业统一施行业务管理。

第一次世界大战后至1941年止,日本拥有各类商船632万余吨,当时台湾被纳入日本航运业的一环,受到日本的严格控制,台湾航运业始终未形成单独的航运体系。1898年在台湾登记的船舶为52艘、1 617吨。但至1942年,40余年间,仅增至350艘、27 000余吨。②

第三节 铁路交通

日本据台后,出于政治和经济的双重目的,非常注重台湾岛内交通事业的建设。1895年6月2日,侵台日军正式接收了晚清时期建设的台湾铁路,并着手进行新的铁路建设。

一、台湾纵贯铁路的建设

台湾首任总督桦山资纪认为,为加速实现台湾殖民地经济的从属化发展,便利日本资本对台湾资源的独占与掠取,仅对现有铁路进行改建是远远不够的,必须加快铁路新线的建设步伐,以期实现尽早确立殖民统治秩序的战略目的。在台湾总督府举行"始政日"两个月之后,桦山资纪向日本政府提出修筑岛内纵贯铁路的建议。③ 桦山资纪的规划原案是建设一条经台北、台中、台南至高雄的长达320公里的南北纵贯铁路,并且对原有铁路加以改造,铁路的建设、运营均由总督府陆军部

---

① [日]松浦章著,卞凤奎译:《日据时期台湾海运发展史》,台湾博扬文化事业公司,2004年。
② 王开节:《台湾之交通》,《台湾研究丛刊》第65种,台湾银行经济研究室,1958年,第7、8、32—34页。
③ 陈俊:《台湾铁道发展史》,"交通部"运研所,1987年,第262—264页。

负责进行,经费从军事费中支出。这是台湾总督府最早提出的台湾铁路建设计划。

日本政府虽许可台湾总督府修建铁路,但由于日据初期的台湾社会秩序极为混乱,日军的暴行引起台湾民众的决死抗争,岛内抗日烽火四起,台湾总督府疲于应付治安问题,根本无暇顾及铁路建设等岛内殖民地经济建设事务。同时日本政府的财政补贴也主要用于侵台日军的军需开支,绝无多余财力来投入台湾的铁路建设,拮据的财政现状更使台湾铁路的建设难以启动。在岛内反日抗争稍趋低沉后的1896年3月,台湾总督府派出由技术人员组成的勘测队,开始对铺设西部纵贯铁路的沿线用地进行勘测。

1898年2月,陆军中将儿玉源太郎出任第四任台湾总督,3月,内务省卫生局长后藤新平出任民政长官。由此,台湾进入儿玉源太郎—后藤新平时代(任期1898—1906年)。掌握总督府实权的民政长官后藤新平坚持认为要实现台湾的财政独立,就必须大力发展台湾的产业,而发展产业则必须首先建设铁路。而纵贯铁路则成为建设台湾铁路网络的"龙头",更加推进了台湾铁路的兴建步伐。

1899年11月,台湾总督府设立铁道部,首先提出在未来的10年间,推动兴建纵贯铁路、土地调查、扩建港口三大事业计划。到1902年为止,修建了基隆—新竹线,又接着开始推动新竹以南地区的铁道建设。至1908年4月,完成了连接从台湾本岛北部基隆到南部高雄的纵贯铁道全线,以及支线淡水线、潮州线。完成基隆到高雄的纵贯铁路的修建后,继又兴建竹南至大胜线。这样,纵贯铁路的竹南至彰化段,有一条海岸铁路线和一条沿山铁路线。接着,台湾总督府又集中财力和人力,修筑了阿里山铁路、宜兰铁路、花台(花莲—台东)铁路。1903年开始兴建基隆港,1908年又开工扩建高雄港。同时,建设苏澳至花莲等临海公路。[①] 这些工程的完成,使岛内南北东西贯通,沿海有良港,形成交通网络,大大便利了总督府对台湾殖民地经济的控制以及对岛内资源的掠夺,为总督府殖民地经济政策的制订与实施提供了有力保障。

至1908年4月,基隆至高雄的南北纵贯铁路全线竣工(1899年5月开工),花费了9年时间,全长400公里,所需经费为2758万元。纵贯铁路的完成,充分发挥了以交通大动脉强化台湾殖民地统治体制的功能。

二、东部线和海岸线

台湾纵贯线的开通仅限于连接台湾岛西部地区,台湾岛东部仍然是"陆上孤岛",尚未开发。为了打通台湾东西部的联系,台东县铁路第一期(台东南北线)工程于1910年2月1日正式开工,花莲、玉里间的轨距采用762毫米。为了日后能适合纵贯线机车、车辆在东线行驶,桥梁、隧道、建筑限界、路线强度等,均采用1067

---

① 王键:《日据时期台湾米糖经济史研究》,凤凰出版社,2010年,第127页。

毫米轨距的建筑标准。第一期工程之后,又进行了第二期工程,最后总长171.8公里的"台东县铁路"得以完工。

为增加运输能力,并解除中部铁路因坡度过高所受的阻力问题,总督府铁道部开始计划兴建海岸铁路线。1918年6月,陆军大将明石元二郎出任第六任台湾总督,加快了海岸线的兴建速度。同年11月,台湾总督府铁道部技师新元鹿之助正式提出修建由竹南至台中的海岸铁路线的方案。明石元二郎对兴建海岸线尤为重视,在他的威权推动下,海岸线终在1919年得以开工;1922年10月,台湾西部海岸线全线完工。至此,台湾铁路的大规模建设告一段落。

三、日据前期铁路建设概况

1920年,属于台湾总督府"官营"的铁路营业里程已达637公里;至1940年,增至907公里。

1. 纵贯线:1899年开工,历时9年(1899年5月—1908年4月)完成。基隆—台北—新竹—苗栗—台中—云林—嘉义—台南—高雄,全长408.5公里,其中自基隆到新竹的一段部分系改修刘铭传时代所筑的铁路。1912—1919年间,完成基隆—台北段28公里的双轨,耗资102.6万元。1919—1922年间,完成竹南—通霄—大甲—沙辘—彰化的海岸线,长91.2公里,耗资1 055万元,本线即竹南—彰化间之复线。1927—1935年,完成台北—竹南间97.1公里及台南—高雄间46.5公里的双轨工程,耗资1 244万元。

2. 淡水线:台北—淡水,1901年通车,长22.4公里。1900年6月至1901年间建成。1916年,由中途站北投至新北投间,修建支线1.3公里,全线计长22.4公里。

3. 屏东线(原名潮州线):高雄—屏东—东港,长62.9公里。其中,1907年4月—7月完成高雄—九曲堂间段;1911年10月—1914年2月完成九曲堂—屏东段,其中下淡水溪(高屏溪)铁桥长达1 526米,耗资137万元。1917年12月—1920年2月,完成屏东—潮州阶段;1923年10月延至溪州,至1941年又延至林边以及东港。

4. 海岸线:1919年开工,由纵贯线之竹南站起至大肚站,全长82公里,1921年竣工;再延长至彰化,1922年10月完工。

5. 宜兰线:1917年12月起,分由南北两端开工,长98.8公里,1935年完工。八堵—瑞芳—宜兰—苏澳,1919年完成宜兰—苏澳段及八堵—瑞芳段;1920年12月完成宜兰—大里段,工程最难的瑞芳—大里段则于1924年12月完成,至此全线通车,总计耗资1 254万元,前后历时7年。

6. 台东线:自花莲港—玉里—关山—台东,长达173公里,亦分期修建。1914—1917年间,完成花莲—玉里段,87.3公里,耗资434万元;1921—1926年间完成玉里—玉山段，长41.5公里，耗资237万元；台东—关山段则系以95万元收购台东制糖株式会社的私营铁路，予以改建而成。后花莲港至东花莲港一段线路，于1939年9月完工。

7. 纵贯双轨工程：基隆至台北间之28公里双轨工程于1919年完成，台北至竹南间97公里余及台南至高雄间40公里余之双轨于1927—1931年间完成。

8. 集集线：集集线为纵贯线的二水东至中部山区的外车埕，系台湾中部之交通要道，计长29.7公里，1919年12月—1921年12月间建成。原为台湾电力株式会社所经营，1927年收购，改称集集线。

9. 平溪线：由宜兰之三貂岭至菁桐坑长凡12公里有余，原为台阳矿业株式会社所铺设，于1929年收购，改称平溪线。

10. 阿里山线及太平山线：阿里山线为纵贯在线的嘉义站至眠月，全长78.6公里，于1906年7月—1912年12月陆续建成；太平山线为罗东—太平山的土场，全长37.3公里，1921—1924年间建成。[①]

四、岛内私营铁路的修建

日据初期，鉴于总督府财力的严重不足，能支出经费发展地方交通者极为有限，遂采取奖励民间资本修建轻便铁道。1912年1月，总督府颁布《台湾私设铁道规程》，进一步强化对私设铁道的支持力度。

台湾私营铁路更多之修建则见于日资制糖会社。建筑之初本为运输蔗糖之用，其后因为营业发达，遂在商业繁盛地区兼营客、货运。按照《台湾私设铁道规程》，经营轻便铁道可得到总督府铁道部的经费补助。由于私营铁路有利可图，筑路事业也跟着扩张。公、私营铁路之间的关系，大抵以公营铁路为主线，私营铁路则向东西两侧伸展而进入农村，构成纵横相错的交通网。其中制糖会社修筑之路线最长、区间最大。其次为林业、盐业、矿业亦随之而起。至于纯为运输营业而建设之铁路，则有台北铁道株式会社所属之万华至新店一线及台湾交通株式会社经营之丰原至土牛（台中石冈）一线。1942年为台湾私营铁路发展之最盛期，私营铁路总长计3 010公里，超过公营铁路总里程的两倍多。

1941年经营轻便铁道的有17家，其中6家兼营一般旅客与货运业务（其中4家为制糖会社），11家只经营专用线运送会社本身的货物；营运线532.3公里，专用线2 180.2公里，合计2 712.5公里。1943年增为22家，兼营客货运，定期营业里程为692.2公里，半营业线（不定期客货运）1 984.1公里，专用线347.9公里。[②]

[①] 曾汪洋：《台湾交通史》，《台湾研究丛刊》第37种，台湾银行经济研究室，1955年，第56页。
[②] 《台湾交通》，第1辑，第6—8页。

第四节　公路交通与陆路交通体系

台湾初期的公路建设，最早可追溯到同治十三年(1874年)，当时沈葆桢赴台处理"牡丹社事件"，为了"开山抚番"，主持开筑了岛内最早的三条公路。南路一由凤山的赤山越山至卑南(台东)，一由社寮循海岸东行到卑南；中路由彰化的林圯埔越山至璞石阁(玉里)；北路由苏澳沿海岸至奇莱(花莲)。这三条公路的修建使得东西海岸连成一片，有利于巩固海防。①

日据之后，台湾总督府主要出于"围剿"抗日义军的军事目的，以沿用旧有公路为原则，以抗日活动最为激烈的台湾南部为筑路的重点区域，开始修筑公路，由南部逐渐扩建至中部，而后及北部，这主要是基于当时台湾岛内治安形势而定的。至1896年3月止，完成台中—台南、台南—安平、台南—旗山、高雄—凤山—东港、台中—埔里等路段，计400多公里。1896年4月至1898年两年间，又赶筑完台北—基隆、台北—新店、台北—淡水、基隆—苏澳、新竹—台北、东港—恒春、枋寮—台东等路线，总计920公里。在台湾总督府初步确立殖民地统治秩序后，总督府将公路建设的重点转为发展经济。

日据时期修筑的公路主要有以下几条。

1. 纵贯公路：基隆—台北—台中—台南—高雄—屏东，总长461公里。1916—1925年各段陆续完工，为开发西部经济的主要动脉。

2. 苏花公路：苏澳—花莲。全长121公里，筑路工程历时2年，完成于1924年。1927年起，台湾总督府决意将其改建为汽车专用公路，至1932年完工，耗资450万元，历时15年。

3. 新店礁溪公路：新店—礁溪，全长63公里。1936年起改建为汽车道路。为环岛公路之一环。

4. 南回公路：高雄—枫港—台东，长194公里，1933—1939年陆续建成，耗资187万元，亦为环岛公路之一环。

5. 屏东台东公路：屏东—台东，长120公里，也即南部纵贯公路。1927年动工兴建，至1943年改建为汽车道路。

6. 新高公路：花莲铜门—南投雾社，也即中部纵贯公路，全长90公里，1941年开工，至台湾光复时，尚未能完工。

除总督府主导修筑的公营公路以外，各地方官厅也依照总督府的旨意，分别建筑了一些公路。至1905年完成各种公路约9500公里，其中，道路宽度在2米以下的约4600公里，2米以上4米以下的约3500公里，4米以上6米以下的约1000公里，6米以上8米以下的约350公里，8米以上的约100公里。至1920年，公营公

---

① 陈孔立：《台湾历史纲要》，九州出版社，1996年，第152页。

路为553公里;1940年增至12 076公里。至1945年光复时,总长度为17 000余公里,平均每平方公里有公路0.475公里。①

日据时期的公路运输,可分为公营客运及民营客、货运两大类。公营客运开始于1933年,至1942年时总营业里程长达6 415公里,行车里程4 990 657公里。当年总载客人数几达100万人次。民营运输则始于1912年,而以1943年为最高峰。当年营业里程为4 272.5公里,客运行车里程21 431 432公里,载客40 128 468人次;货运行车里程30 335 106公里,载重3 325 188公吨。②

第五节 城市及其市街体系

台湾各个区域的城市在日据时期有了很大的发展,日本殖民者出于政治统治和经济掠夺的需要,在岛内投入巨资进行基础设施建设,修筑了纵贯公路、苏花公路、南回公路、新高公路以及纵贯铁路等交通干线,对沿线市镇聚落的发展产生很大影响,促成了新竹、台中、高雄、屏东、宜兰、丰原等市镇的兴起。港口方面,新兴的基隆、高雄、花莲,逐渐取代了淡水和安平的地位。同时,工业基础的建立和矿产的开发,也促成了若干新城市聚落的崛起,主要有南港、罗东、竹东、埔里、南投、员林、斗六、新营等市镇。另外,还有因军事需要而形成的基隆、左营、冈山、凤山等;因教育文化等因素而未衰继兴的台南;因具有游憩功能而成为新的市镇聚落的北投、嘉义、阿里山等;因政治的关系而成为全岛行政、商业和工业中心的台北。总之,日据时期由于交通以及工业发展,台湾城市在内陆地带已迅速扩张,至光复前,出现了台北、基隆、宜兰、新竹、台中、彰化、台南、嘉义、高雄等9个5万人口以上的城市。1943年,9市人口达114万人,占总人口659万人的17.3%,其中台北市人口即近40万人,占总人口的6%。③

日据时期台湾的城市数量和规模不但有了增加和扩大,在城市功能结构、城市形态和发展模式方面,日本殖民者也进行了相应的改造,在台湾主要城市实施了"市区改正"计划,主要措施有:

一、建设上、下水道,并改善公共道路系统。上、下水道工程建设,一般与市街内既成道路改善及拓宽工事配合施行。

二、建设近代城市发展及产业振兴所必需的城市公共设施,如医疗、卫生、教育、通信、邮政、行政设施、公园、广场以及绿地等。

三、拆除城垣以建设环城的干线道路。这是一项重要的工程,也是影响城镇发展和引导城镇向外扩张的重要举措。

四、根据城镇的具体建设要求而进行的各项工程。例如港口建设和运河疏浚

---

① 台湾省文献委员会编:《台湾省通志》,第4卷,经济志,交通篇,第1册,台湾省文献委员会,第231页。
② 张奋前:《台湾之公路交通》,《台湾文献》,1968年,第29卷第1期,第117—118页。
③ 台湾省行政长官公署统计室编:《台湾省五十一年来统计提要》,台湾省行政长官公署统计室,1946年,第83—85页。

工程等。①

经过改造,台湾城镇内部结构及其形态发生了重大变化,各种交通、卫生、休憩等公共设施有了较大的改善,适应近代经济和产业发展要求的各种设施得以建立,也促进了城镇经济的较快发展。"市区改正"中断了台湾城镇原有的发展模式,改变了传统中国式的城镇形态,使城镇具有了日本以及欧美近代城市的某些特点,对台湾城镇的现代化发挥了较大的作用,但其目的仍然在于将台湾的城市改造成为适应殖民统治和经济掠夺需要的大小据点,在"市区改正"的过程中,日本殖民者并没有把台湾人民的利益放在首位。

---

① 唐次妹:《日据时期台湾的"市区改正"及其对城镇发展形态的影响》,《台湾研究集刊》,2005年,第4期。

表图总目

表 1-2-1　1868—1908 年福州主要进口洋货净值占洋货进口总值的百分比
表 1-2-2　1869 年全国部分口岸鸦片进口税率
表 1-2-3　1869 年福州口部分进口商品征税量
表 1-2-4　1861—1919 年福州口各类纸张出口量
表 1-3-1　民国前闽东闽北近代机器工业和新兴产业概况
表 1-3-2　抗日战争全面爆发前闽东闽北工业概况
表 1-3-3　全面抗战期间闽东闽北现代工业简况
表 1-3-4　抗日战争胜利后闽东闽北现代工业简况
表 1-3-5　20 世纪三四十年代闽东闽北各县电气公司概况
表 1-3-6　入民国后闽东闽北各县电力发展简况
表 1-3-7　全面抗战初期闽东闽北米谷加工厂使用动力情况（1937 年 8 月—1938 年 6 月）
表 1-3-8　1941 年闽东闽北各县核准登记茶商茶贩统计
表 1-3-9　1934—1941 年闽东闽北纸槽户数概况
表 1-4-1　1946 年闽东闽北各县耕地情况总览
表 1-4-2　20 世纪 40 年代闽东闽北各县主要耕作制度
表 1-4-3　闽东林森、南平二县土地利用情况
表 1-4-4　1912—1933 年闽东闽北历年经由海关输入肥田料数量
表 1-4-5　1935 年闽东闽北各县主要作物种植面积与产量
表 1-4-6　1937 年闽东闽北各县水稻种植面积与产量
表 1-4-7　20 世纪 40 年代闽东闽北稻作制度概况
表 1-4-8　20 世纪 40 年代闽东闽北稻作区域
表 1-4-9　闽东六种甘薯品种产量与品质
表 1-4-10　20 世纪 40 年代闽东闽北主要杂粮生产概况
表 1-4-11　20 世纪 40 年代闽东闽北主要冬季作物种植面积比例和亩产量
表 1-4-12　清代至民国时期闽东闽北各县食粮余缺概况
表 1-4-13　1934—1941 年闽东闽北各县产茶概况
表 1-4-14　闽东闽北部分县各种木材生产量
表 1-4-15　1941 年闽东闽北部分县桐油生产概况
表 1-4-16　福建全省平均每百户农家拥有牲畜数量
表 1-4-17　闽东闽北部分县主要家畜数量调查（1936—1938 年）
表 1-4-18　20 世纪三四十年代闽东闽北各县牛猪数量变化情况

表 1-4-19　20 世纪三四十年代闽东闽北各县沿海渔业概况
表 1-4-20　全面抗战时期闽东闽北渔业损失情况
表 1-5-1　民国时期闽东闽北公路建设概况
表 1-5-2　20 世纪 30 年代闽东闽北主要路段公路运营概况
表 1-5-3　全面抗战期间及战后福建全省、闽东闽北及闽北公路通车里程概况
表 1-5-4　1935 年度福建省营公路各路段乘客人数比较
表 1-5-5　1946—1948 年闽东闽北官营各路段客货运周转情况
表 1-5-6　20 世纪 30 年代闽东闽北官营路段客运收支盈亏情况
表 1-5-7　1938—1948 年福建省官营机构汽车数量概况
表 1-5-8　19 世纪后期福州与香港和上海之间常川轮船航线简况
表 1-5-9　民国间闽江全线轮、汽船数量及主要航线概况
表 1-5-10　1899—1949 年闽东闽北邮政机构增设概况
表 1-5-11　1911—1949 年福建全省邮政发展概况
表 1-5-12　晚清民国各历史时期福建省邮政机构数量的区域差异
表 1-5-13　民国时期福建省历年邮路概况
表 1-5-14　抗日战争全面爆发前闽东闽北历年有线电报建设情况
表 1-5-15　1929 年闽东闽北有线电报营业统计
表 1-5-16　1947 年闽东闽北电信营业机构分布
表 1-5-17　20 世纪 20 年代闽东闽北交通运输概况调查
表 1-5-18　20 世纪 40 年代初的闽东闽北陆路运输统计
表 1-5-19　20 世纪 30 年代闽江流域主要河段通航能力
表 1-5-20　20 世纪 40 年代初闽江流域各县行驶船只上下水载重统计
表 1-6-1　20 世纪 40 年代崇安县主要输出入商品概况
表 2-1-1　20 世纪 30 年代闽南闽西物产运销概况
表 2-1-2　近代修纂的闽南闽西方志
表 2-1-3　闽南闽西重要经济调查与统计文献
表 2-1-4　民国时期福建省各河流可通航之里程与船只种类
表 2-2-1　20 世纪 50 年代末闽南闽西华侨在国内的分布概况
表 2-2-2　1905—1938 年流入厦门侨汇数额
表 2-3-1　20 世纪初厦门轮船交通航线
表 2-3-2　1921 年华商在厦门经营的航运业及主要航线
表 2-3-3　1907 年闽南各地汽轮数量
表 2-3-4　九龙江下游及厦门内海交通概况
表 2-3-5　抗日战争全面爆发后闽南闽西被破坏的公路
表 2-3-6　抗日战争全面爆发前闽南闽西各县区按耕地计算之人口密度
表 2-3-7　20 世纪 40 年代中期闽南闽西地主及各类农户分配之百分比
表 2-3-8　1935 年闽南闽西各县米谷输出入数量

表 2-3-9	1905—1930 年厦门、汕头烟草输出值
表 2-3-10	20 世纪 30 年代闽南闽西各县木材产值
表 2-3-11	1947 年闽南闽西甘蔗栽培面积与产糖量统计
表 2-3-12	民国时期闽南所产蔗糖集散地及运销区域
表 2-3-13	1934 年闽南闽西各产茶县茶地面积
表 2-3-14	1940 年闽南闽西茶叶产量统计
表 2-3-15	1905—1930 年厦门茶叶输出量与价值
表 2-3-16	1935 年闽南闽西各县主要果树产量产值
表 2-3-17	1905—1930 年厦门果类输出值
表 2-3-18	晚清闽南闽西鸦片产量
表 2-3-19	20 世纪 30 年代闽南闽西农产品运输方式及运销地区分配百分比
表 2-3-20	泉州地区古瓷窑的分布
表 2-3-21	1947 年厦门工业分类统计
表 2-3-22	1935 年闽南闽西发电厂与发电量统计
表 2-3-23	1935 年厦门工业结构
表 2-3-24	1935 年晋江工业结构
表 2-3-25	1935 年龙溪工业结构
表 2-3-26	1873—1900 年厦门出入口货品总值
表 2-3-27	1873 年基隆与福建南部港口的帆船贸易
表 2-3-28	1905—1938 年厦门流入的侨汇数额
表 2-3-29	1908 年厦门 26 家钱庄的经营情况
表 2-3-30	1926—1936 年厦门钱庄数
表 2-3-31	晚清民国间厦门民信局数量
表 2-3-32	1903—1936 年间厦门海关贸易总额
表 2-3-33	1935、1936 年与厦门有贸易关系国家与地区的进出口数据
表 2-4-1	闽南闽西的运销中心、供给地和消费地
表 2-4-2	民国间厦门市区人口增长数据
表 2-4-3	民国间厦门外侨增长数据
表 2-4-4	1932—1936 年厦门出生与死亡人数统计
表 2-4-5	民国间厦门男女人口比例
表 2-4-6	1937 年厦门与禾山人口年龄分布状况
表 2-4-7	1930、1936 年厦门居民职业情况调查
表 2-4-8	1930 年居住厦门的外省人数量统计
表 2-4-9	20 世纪 30 年代初福建省各县住厦门人数统计
表 2-4-10	1936 年安海商家数量、资本、营业额统计
表 2-5-1	1871—1949 年福建华侨在本省各地区的投资统计
表 3-4-1	1894 年台湾的洋行

表 3-4-2　19 世纪末大稻埕的汇单馆

图 1-1-1　福建地形剖面图
图 1-4-1　19 世纪 60 年代福建农民打谷图
图 1-6-1　福州口岸 1861—1914 年鸦片进口量变化图
图 2-2-1　厦门英租界示意图
图 2-2-2　厦门鼓浪屿公共租界示意图
图 2-3-1　晚清民国间厦门汇款、出口额总和与人口额比较图
图 2-3-2　晚清民国间厦门历年汇款、进口额与人口额比较图
图 2-4-1　近代市政改革后厦门城市主要干道规划示意图

参考征引文献举要

第一篇

一、史　料

白家驹:《第七次中国矿业纪要》,农矿部直辖地质调查所,1945 年。

[清]卞宝第:《闽峤辅轩录》,清光绪间排印本。

蔡建贤:民国《南平县志》,《中国方志丛书》华南地区第 217 号,台湾成文出版社,1974 年。

蔡振坚:民国《建瓯县志》,《中国方志丛书》华南地区第 95 号,台湾成文出版社,1968 年。

中华人民共和国杭州海关译编:《近代浙江通商口岸经济社会概况》,浙江人民出版社,2002 年。

[清]德福等:《闽政领要》,福建师范大学图书馆藏抄本。

[清]段梦日:乾隆《光泽县志》,《福建师范大学图书馆藏稀见方志丛刊》第 21—23 册,国家图书馆出版社,2008 年。

福建省档案馆编:《民国福建省县以上行政长官名录》,福建省档案馆,1987 年。

福建省档案馆、福建省汽车运输公司合编:《福建省公路运输史资料汇编》,内部资料,1984 年。

福建省公路局公路史编写办公室编:《福建省公路史资料汇编》,内部资料,1984 年。

福建省轮船总公司史志办公室编:《福建省航运史资料汇编》,内部资料,1994 年。

福建省政府秘书处统计室:《福建省经济统计手册》,福建省政府秘书处,1946 年。

福建省政府秘书处统计室:《福建省统计年鉴》(1937 年),福建省政府秘书处,1937 年。

福建省政府秘书处统计室:《福建省统计提要》,福建省政府秘书处,1946 年。

福建师范大学历史系编:《明清福建经济契约文书选辑》,人民出版社,1997 年。

福州海关:《近代福州及闽东地区社会概况》,华艺出版社,1992 年。

[清]金鸣凤等:康熙《光泽县志》,《清代孤本方志选》第 1 辑,线装书局,2001 年。

[清]李绂:乾隆《福宁府志》,《中国地方志集成》本,上海书店出版社,2000 年。

[清]李麟瑞:光绪《增修光泽县志》,《中国方志丛书》华南地区第 221 号,台湾成文出版社,1974 年。

李文治编:《中国近代农业史资料》,三联书店,1957 年。

刘超然:民国《崇安县新志》,《中国方志丛书》华南地区第 238 号,台湾成文出版社,1974 年。

[清]刘世英:《芝城纪略》,福建师范大学图书馆藏抄本。

茅家琦主编:《中国旧海关史料(1859—1948)》,京华出版社,2001 年。

林炳章:《福建矿务志略》,福建省财政厅,1917 年。

［清］卢建其：乾隆《宁德县志》，《中国地方志集成》本，上海书店出版社，2000年。
罗克涵：民国《沙县志》，《中国方志丛书》华南地区第233号，台湾成文出版社，1974年。
彭泽益编：《中国近代手工业史资料》，中华书局，1962年。
钱鸿文：民国《政和县志》，《中国方志丛书》华南地区第97号，台湾成文出版社，1968年。
［清］盛朝辅等：道光《重纂光泽县志》，《中国地方志集成》本，上海书店出版社，2000年。
孙毓棠编：《中国近代工业史资料》，科学出版社，1957年。
［清］陶元藻等：乾隆《延平府志》，《中国地方志集成》本，上海书店出版社，2000年。
王宗猛：《建安县乡土志》，福建师范大学图书馆藏光绪间钞本。
杨大金：《现代中国实业志》，商务印书馆，1938年。
杨桂森：嘉庆《南平县志》，福建师范大学图书馆藏抄本。
杨宗彩：民国《闽清县志》，《中国方志丛书》华南地区第32号，台湾成文出版社，1968年。
姚贤镐编：《中国近代对外贸易史资料》，中华书局，1962年。
［清］张琦：康熙《建宁府志》，《中国地方志集成》本，上海书店出版社，2000年。
周宪文：《福建省例》，《台湾文献史料丛刊》第7辑，台湾大通书局，1984年。
周子雄、郑宗楷、姚大纯：《福州便览》，环球印书局，1933年。
《闽藩政要》，上海图书馆藏抄本。
《闽江流域杉木之调查》，福建省图书馆藏排印本，1936年。

Jules Davids Wilmington, *American Diplomatic and Public Papers: the United States and China*, Vol. 20, Scholarly Resources, 1979.

The Parliament of the United Kingdom of Great Britain and Northern Ireland, *British Parliamentary papers: China, Commercial reports: embassy and consular commercial reports*, Shannon: Irish University Press, 1972.

二、专　　著

陈明璋：《福建省粮食问题》，福建省研究院，1943年。
陈文涛：《福建近代民生地理志》，远东印书局，1929年。
戴一峰：《区域性经济发展与社会变迁》，岳麓书社，2004年。
福建公路运输史编写组：《福建公路运输史》第1册，人民交通出版社，1988年。
福建省公路局编辑组：《福建公路史》，福建科学技术出版社，1987年。
福建省政府秘书处统计室：《福建经济研究》，福建省政府秘书处统计室，1940年。
福建省政府秘书处统计室编：《福建历年对外贸易统计（1899—1933）》，1935年。
福建省政府农林处统计室：《福建省各县区农业概况》，福建省政府统计处，1942年。
福建省政府秘书处统计室：《福州粮食运销存储概况》，福建省政府秘书处，1938年。
福建师范大学地理系：《福建自然地理》，福建人民出版社，1987年。
郝延平著，陈潮等译：《中国近代商业革命》，上海人民出版社，1991年。
李国祁：《中国现代化的区域研究：闽浙台地区（1860—1916）》，《"中央研究院"近代史研究所专刊》第44辑,1982年。

李金强:《区域研究:清代福建史论》,香港教育图书公司,1996年。

廖大珂:《福建海外交通史》,福建人民出版社,2002年。

林存和:《福建之纸》,福建省政府统计处,1941年。

林观得:《初中乡土教材福建地理》,建国出版社,1941年。

林开明主编:《福建航运史》,人民交通出版社,1994年。

林庆元:《福建近代经济史》,福建教育出版社,2001年。

林仁川:《福建对外贸易与海关史》,鹭江出版社,1991年。

林星:《城市发展与社会变迁:福建城市现代化研究》,天津古籍出版社,2009年。

刘大钧:《中国工业调查报告》,经济统计研究所,1937年。

罗肇前:《福建近代产业史》,厦门大学出版社,2002年。

钱实甫:《清代重要职官年表》,中华书局,1959年。

唐永基、魏德端:《福建之茶》,福建省政府统计处,1941年。

唐文基:《福建古代经济史》,福建教育出版社,1995年。

翁绍耳:《福建省松木产销调查报告》,协和大学农经系,1941年。

翁绍耳:《邵武米谷产销调查报告》,协和大学农经系,1942年。

翁礼馨:《福建之木材》,福建省政府秘书处,1940年。

谢循贯:《闽北种制香菇之调查研究》,上海图书馆藏本,1940年。

郑林宽:《福建省耕地面积数字之商榷》,福建省农业改进处调查室编印,1946年。

朱代杰、季天祐:《福建经济概况》,福建省政府建设厅,1947年。

[日] 外务省通商局:《福建事情》,1917年。

John Thomson F. R. G. S, *Through China with a Camera*, London and New York: Harper & Brothers, 1899.

Justus Doolittle, *Social Life of the Chinese: With Some Account of their Religions, Government, Educational, and Business Customs and Opinions*, VoL. I, New York: Harper & Brothers Publishers, 1867.

Members of the Anti-Cobweb Society Foochou, *Fukien: Arts and Industries*, Foochow: 1933.

Robert Fortune, *Three Years' Wandering In The Northern Province Of China*, Shanghai: The University Press, 1847.

Robrt Fortune, *Visit To The Tea-Districts Of China And India*, London: John Murray, Albemarle Street, 1852.

Robert Gardella, *Harvesting Mountains: Fujian and China Tea Trade (1757–1937)*, Univesity of California Press, 1994.

The Anti-cobweb Club, *Fukien: A Study of A Province In China*, Presbyterian Mission Press Shanghai, 1925.

Thomas P. Lyons, *China Maritme Customs And China's Trade Statistics (1859–1948)*,

Willow Crerk Press, 2003.

三、期刊论文

陈长伟:《1844 年至 1894 年福州港进出口贸易的兴衰嬗变》,福建师范大学 2003 年硕士学位论文。

甘满堂:《清代福建地痞无赖与福建地方社会》,《福州大学学报(哲学社会科学版)》,1999 年,第 3 期。

谷桂秀:《民国时期福建民营近代工业研究》,福建师范大学 2001 年硕士学位论文。

胡中升:《1911—1928 年福建邮政的发展》,福建师范大学 2006 年硕士学位论文。

黄国盛:《清代前期台湾与沿海各省的经贸往来》,《福建师范大学学报(哲学社会科学版)》,2004 年,第 1 期。

黄志中:《近代福建民族资本主义机器工业的发生发展及其特点》,《福建史志》,1991 年,第 2 期。

李少咏:《民国时期福建公路交通发展概况》,《中国社会经济研究》,1986 年,第 3 期。

梁民愫、贺瑞虎:《试论三都澳的主动开埠和闽东北近代航运的兴衰》,《江西财经大学学报》,2000 年,第 5 期。

梁民愫:《试论近代福建三都澳开埠后的对外贸易及其特征》,《江西师范大学学报(哲学社会科学版)》,2000 年,第 4 期。

廖廷建:《福建民军之研究》,福建师范大学 2003 年硕士学位论文。

刘梅英:《全球视野下的福建对外贸易研究(1895—1937 年)》,厦门大学 2006 年博士学位论文。

祁刚:《八至十八世纪闽东北开发之研究》,复旦大学 2010 年博士学位论文。

水海刚:《近代闽江流域经济与社会研究》,厦门大学 2006 年博士学位论文。

张燕清:《清代福建邮驿制度考略》,《福建论坛》,2001 年,第 6 期。

第二篇

一、中文书目

上海社会科学院经济研究所、上海市国际贸易学会学术委员会编:《上海对外贸易:1840—1949》,上海社会科学院出版社,1989 年。

王元炎主编:《仙游蔗糖志》,福建科学技术出版社,1994 年。

王集吾、邓光瀛修纂,福建省地方志编纂委员会整理:《民国连城县志》,厦门大学出版社,2008 年。

云霄县地方志编纂委员会编:《云霄县志》,方志出版社,1999 年。

[日]木宫泰彦著,陈捷译:《中日交通史》,商务印书馆,1931 年。

中共厦门市委党史研究室、厦门市档案局编:《抗日战争时期厦门人口伤亡和财产损失调查》,中共党史出版社,2009年。

中国海关学会汕头海关小组、汕头市地方志编纂委员会办公室编:《潮海关史料》,1988年。

中国海湾志编纂委员会:《中国海湾志》第8分册,海洋出版社,1993年。

中国银行行史编辑委员会:《中国银行行史(1912—1949)》,中国金融出版社,1995年。

中国银行泉州分行行史编委会编:《闽南侨批史纪述》,厦门大学出版社,1996年。

中国银行厦门市分行行史资料汇编编写组编:《中国银行厦门市分行行史资料汇编(1915—1949年)》,厦门大学出版社,1999年。

中国第一历史档案馆编:《鸦片战争档案史料》,天津古籍出版社,1992年。

长汀县地方志编纂委员会:《长汀县志》,三联书店,1993年。

[清]方履篯、巫宜福修纂:《道光永定县志》,厦门大学出版社,2012年。

尹章义:《台湾开发史研究》,联经出版事业公司,1989年。

石狮市地方志编纂委员会:《石狮市志》,方志出版社,1998年。

龙岩市地方志编纂委员会:《龙岩市志》,中国科学技术出版社,1993年。

冯承钧:《中国南洋交通史》,商务印书馆,1937年。

永定县地方志编纂委员会:《永定县志》,中国科学技术出版社,1994年。

台湾"故宫"博物院编:《宫中档乾隆朝奏折》,台湾"故宫"博物院,1982年。

台湾银行经济研究室:《台湾交通史》,台湾银行经济研究室,1955年。

台湾银行调查课编,赵顺文译:《侨汇流通之研究》,中华学术院南洋研究所,1984年。

[美]毕腓力著,何丙仲译:《厦门纵横》,厦门大学出版社,2009年。

庄为玑:《晋江新志》,泉州志编纂委员会办公室,1985年。

刘大钧:《中国工业调查报告》,经济统计研究所,1937年。

安海陈诸益书局编:《安海大事记》,1936年。

许世英:《治闽公牍》,哈佛大学燕京图书馆藏本。

孙毓棠编:《中国近代工业史资料》,科学出版社,1957年。

苏警予等编:《厦门指南》,厦门新民书社,1931年。

巫宝三、张之毅:《福建省食粮之运销》,商务印书馆,1938年。

李文治编:《中国近代农业史资料》第1辑,三联书店,1957年。

李秉乾:《福建文献书目(增订本)》,2003年。

李金明:《厦门海外交通》,鹭江出版社,1996年。

李竞能主编:《天津人口史》,南开大学出版社,1990年。

杨彦杰主编:《长汀县的宗族、经济与民俗(上)》,国际客家学会等,2002年。

吴尔芬、张侃:《商业巨子胡文虎》,当代中国出版社,2005年。

吴承禧:《中国的银行》,商务印书馆,1935年。

吴修安:《福建早期发展之研究:沿海与内陆的地域差异》,台湾稻乡出版社,2009年。

吴觉农编:《中国地方志茶叶历史资料选辑》,农业出版社,1990年。

朱代杰、季天佑:《福建经济概况》,福建省政府建设厅,1947年。

何炳棣:《中国历代土地数字考实》,台湾联经出版事业公司,1995年。
余光弘、杨晋涛等主编:《闽南山河人的社会与文化》,厦门大学出版社,2015年。
邹依仁:《旧上海人口变迁的研究》,上海人民出版社,1980年。
张汉等修:《民国上杭县志》,《中国地方志集成》本,上海书店出版社,2000年。
张后铨主编:《招商局史(近代部分)》,人民交通出版社,1988年。
张翊:《中华邮政史》,东大图书股份公司,1996年。
陈支平:《民间文书与明清东南族商研究》,中华书局,2009年。
陈文涛:《福建近代民生地理志》,远东印书局,1929年。
陈达:《南洋华侨与闽粤社会》,商务印书馆,1938年。
陈志明编:《福建暨闽南研究文献选辑》,香港中文大学香港亚太研究所,1999年。
陈国栋:《东亚海域一千年:历史上的海洋中国与对外贸易》,山东画报出版社,2006年。
陈佳源主编:《福建省经济地理》,新华出版社,1991年。
陈朝宗修纂,福建省地方志编纂委员会整理:《民国大田县志》,厦门大学出版社,2009年。
[清]陈懋仁:《泉南杂志》,《丛书集成初编》本,商务印书馆,1936年。
[清]范咸等修:《重修台湾府志》,《台湾府志三种》本,中华书局,1985年。
茅乐楠:《新兴的厦门》,1934年。
茅家琦主编:《太平天国通史》,南京大学出版社,1991年。
林开明:《福建航运史(古近代部分)》,人民交通出版社,1994年。
林凤声:《石码镇志》,《中国地方志集成》本,上海书店出版社,1992年。
林存和:《福建之纸》,福建省政府统计处,1941年。
林传沧:《福州厦门地价之研究》,《中国地政研究所丛刊》本,台湾成文出版社,1978年。
林庆元主编:《福建近代经济史》,福建教育出版社,2001年。
林国赓:《厦市工程概况》,漳厦海军警备司令部,1928年。
林金枝、庄为玑编:《近代华侨投资国内企业史资料选辑》,福建人民出版社,1985年。
林金枝:《近代华侨投资国内企业史研究》,福建人民出版社,1983年。
林学增修:《民国同安县志》,《中国地方志集成》本,上海书店出版社,2000年。
林星:《城市发展与社会变迁:福建城市现代化研究(1843—1949):以福州,厦门为中心》,天津古籍出版社,2009年。
[日]松浦章著,卞凤奎译:《清代台湾海运发展史》,台湾博扬文化事业公司,2002年。
[日]松浦章编:《近代东亚海域交流:航运·海难·倭寇》,台湾博扬文化事业公司,2014年。
罗肇前、廖大珂、王日根等:《闽商发展史·总论卷》,厦门大学出版社,2013年。
季羡林:《季羡林文集》第9卷,江西教育出版社,1998年。
周子峰:《近代厦门城市发展史研究(1900—1937)》,厦门大学出版社,2005年。
[清]周凯:《厦门志》,鹭江出版社,1996年。
周雪香:《明清闽粤边客家地区的社会经济变迁》,福建人民出版社,2007年。
郑林宽、吴桢:《福建之人与地》,福建省农业改进处调查室,1946年。

郑林宽:《福建华侨汇款》,福建省政府秘书处统计室,1940年。

郑林宽:《福建省农产贸易之研究》,福建省农业改进处调查室,1937年。

郑振满:《明清福建家族组织与社会变迁》,湖南教育出版社,1992年。

郑翘松等:《永春县志》,台湾成文出版社,2007年。

赵昭炳主编:《福建省地理》,福建人民出版社,1993年。

赵德馨:《黄奕住传》,湖南人民出版社,1998年。

胡昌炽:《福建之柑橘》,1936年。

柯渊深编:《石码史事辑要》,龙海市文史资料委员会,1993年。

泉州市地方志编纂委员会编:《泉州市志》,中国社会科学出版社,2000年。

泉州市华侨志编纂委员会编:《泉州市华侨志》,中国社会出版社,1996年。

俞如先:《清至民国闽西乡村民间借贷研究》,天津古籍出版社,2010年。

[美]施坚雅著,史建云等译:《中国农村的市场和社会结构》,中国社会科学出版社,1998年。

施添福:《清代在台汉人的祖籍分布和原乡生活方式》,台湾师范大学地理学系,1987年。

洪卜仁主编:《厦门航运百年》,厦门大学出版社,2010年。

费成康:《中国租界史》,上海社会科学院出版社,1991年。

姚贤镐编:《中国近代对外贸易史资料(1840—1895)》,中华书局,1962年。

聂宝璋编:《中国近代航运史资料》第1辑,上海人民出版社,1993年。

晋江市地方志编纂委员会:《晋江市志》,三联书店上海分店,1994年。

[清]顾祖禹:《读史方舆纪要》(点校本),中华书局,2005年。

晋江县人民政府编:《福建省晋江县地名录》,1983年。

铁道部业务司调查科:《京粤线福建段经济调查报告书》,铁道部业务司,1933年。

徐本章、叶文程:《德化瓷史与德化窑》,华星出版社,1993年。

翁礼馨:《福建之木材》,福建省政府秘书处,1940年。

凌鸿勋:《中华铁路史》,台湾商务印书馆,1981年。

郭天沅主编:《闽志谈概》,吉林省地方志编纂委员会等,1987年。

郭廷以:《台湾史事概说》,台湾正中书局,1954年。

唐文基主编:《福建古代经济史》,福建教育出版社,1995年。

唐永基、魏德端:《福建之茶》,福建省政府统计处,1941年。

黄公勉:《福建历史经济地理通论》,福建科学技术出版社,2005年。

黄叔璥:《台海使槎录》,台湾省文献委员会,1996年。

盛叙功编:《福建省一瞥》,商务印书馆,1928年。

第三战区金厦汉奸案件处理委员会:《闽台汉奸罪行纪实》,江声文化出版社,1947年。

章有义编:《中国近代农业史资料》第1辑,中华书局,1957年。

梁方仲:《中国历代户口、田地、田赋统计》,上海人民出版社,1980年。

彭泽益编:《中国近代手工业史资料》,三联书店,1957年。

厦门工商广告社编纂部:《厦门工商业大观》,厦门工商广告社,1932年。

厦门市地方志编纂委员会办公室整理:《民国厦门市志》,方志出版社,1999年。
厦门市地方志编纂委员会:《厦门市志》,方志出版社,2004年。
厦门市地理学会:《厦门经济特区地理》,厦门大学出版社,1995年。
厦门市志编纂委员会、厦门海关志编委会:《近代厦门社会经济概况》,鹭江出版社,
　　　1990年。
厦门市政协文史资料委员会、厦门总商会编:《厦门工商史事》,厦门大学出版社,1997年。
厦门市政府统计室:《厦门要览》,1946年。
厦门市档案局、厦门市档案馆编:《近代厦门经济档案资料》,厦门大学出版社,1997年。
厦门交通志编纂委员会:《厦门交通志》,人民交通出版社,1989年。
厦门图书馆编:《厦门图书馆馆藏福建地方文献目录汇编》,2003年。
厦门城市建设志编纂委员会:《厦门城市建设志》,中国统计出版社,2000年。
厦门总商会编:《厦门工商史事》,厦门大学出版社,1997年。
厦门海关档案室编:《厦门海关历史档案选编(1911年—1949年)》第1辑,厦门大学出版
　　　社,1997年。
傅宋良、林元平:《中国古陶瓷标本·福建汀溪窑》,岭南美术出版社,2002年。
傅家麟主编:《福建省农村经济参考资料汇编》,福建省银行经济研究室,1941年。
曾玲:《福建手工业发展史》,厦门大学出版社,1995年。
谢江飞:《四堡遗珍》,厦门大学出版社,2014年。
楼祖诒编:《中国邮驿史料》,人民邮电出版社,1958年。
[日]滨下武志著,高淑娟等译:《中国近代经济史研究:清末海关财政与通商口岸市场
　　　圈》,江苏人民出版社,2006年。
福建省云霄县地方志编纂委员会:《云霄县志》,方志出版社,1999年。
福建省公路局:《福建公路志》,华艺出版社,1992年。
福建省公路局编辑组:《福建公路史》,福建科学技术出版社,1987年。
福建省龙海县地方志编纂委员会:《龙海县志》,东方出版社,1993年。
福建省地方志编纂委员会:《福建省志·地理志》,方志出版社,2001年。
福建省地方志编纂委员会:《福建省志·交通志》,方志出版社,1998年。
福建省地方志编纂委员会:《福建省志·农业志》,中国社会科学出版社,1999年。
福建省地方志编纂委员会编:《福建省志·轻工业志》,方志出版社,1996年。
福建省地方志编纂委员会编:《福建省志·烟草志》,方志出版社,1995年。
福建省政府秘书处公报室:《福建历年对外贸易统计》,1935年。
福建省政府秘书处统计室编:《福建经济研究》,1940年。
福建省政府秘书处统计室:《福建省统计年鉴》第一回,福建省政府秘书处,1937年。
福建省档案馆编:《民国福建各县市(区)户口统计资料》,1988年。
福建省钱币学会编:《福建货币史略》,中华书局,2001年。
蔡清毅:《闽台传统茶叶生产习俗与茶文化遗产资源调查》,厦门大学出版社,2014年。
漳州市地方志编纂委员会编:《漳州市志》,中国社会科学出版社,1999年。

漳厦海军警备司令部:《漳厦海军警备司令部临时路政办事处征信录》,厦门市图书馆藏本。
德化县地方志编纂委员会编:《德化陶瓷志》,方志出版社,2004年。
潘英:《台湾拓殖史及其族姓分布研究》,自立晚报,1992年。
戴鞍钢、黄苇主编:《中国地方志经济资料汇编》,汉语大词典出版社,1999年。

二、中文论文

王子建:《中国劳工生活程度——十四年来各个研究的一个总述》,《社会科学杂志》,1931年,第2卷2期。
王业键:《18世纪福建的粮食供需与粮价分析》,王业键:《清代经济史论文集》(二),台湾稻乡出版社,2003年。
王连茂、庄景辉编译:《一九〇八年泉州社会调查资料辑录》,《泉州工商史料》第2辑,1983年。
[清]王澐:《闽游纪略》,王锡祺辑:《小方壶斋舆地丛钞》第九帙,第11册,杭州古籍出版社,1985年。
毛星:《长汀染织业史话》,《长汀文史资料》第19辑,1991年。
龙岩地区交通史编委会:《龙岩地区的公路交通概况(1920年—1949年)》,《龙岩文史资料》第8期,1983年。
叶文程:《古泉州地区陶瓷生产与海上陶瓷之路的形成》,中国航海学会、泉州市人民政府编:《泉州港与海上丝绸之路》(二),中国社会科学出版社,2003年。
叶近智:《厦门电灯公司概述》,《鹭江春秋》,中央文献出版社,2004年。
叶秉基:《厦门电池工业的发展和变化》,《厦门工商集萃》第1辑,1984年。
庄国土:《明末南洋华侨的数量推算和职业、籍贯构成》,《南洋问题研究》,1990年,第2期。
许东涛:《清末福建商办铁路研究》,苏州大学2007年硕士学位论文。
苏基朗:《两宋闽南广东外贸瓷产业的空间模式:一个比较分析》,张炎宪主编:《中国海洋发展史论文集》第6辑,中研院中山人文社科所,1997年。
村上卫:《清末厦门贸易结构的变动与华商网络》,廖赤阳、刘宏主编:《错综于市场、社会与国家之间——东亚口岸城市的华商与亚洲区域网络》,南洋理工大学中华语言文化中心,2008年。
李阳民:《抗战时期长汀的工业与手工业》,《长汀文史资料》第26辑,1995年。
李林昌:《漳浦织染业的兴衰起落》,《漳浦文史资料》第1—25辑合订本,上册,2007年。
李国祁:《民元—二十七年福建人口问题》,李国祁:《民国史论集》,台湾南天书局,1990年。
李金明:《Zaitun与泉州的丝绸生产》,中国航海学会、泉州市人民政府编:《泉州港与海上丝绸之路》(二),中国社会科学出版社,2003年。
李金强:《从福建海关十年报告(Decennial Reports)观察清季福建社会之变迁》,李金强:

《区域研究——清代福建史论》,香港教育图书公司,1996年。
连子丹:《龙岩卷烟厂发展综述》,《龙岩文史资料》第25辑,1997年。
吴世灯:《清代四堡刻书业调查报告》,《出版史研究》第2辑,1994年。
吴承禧:《厦门的华侨汇款与金融组织》,《社会科学杂志》,1937年,第8卷第2期。
吴承禧:《最近五年华侨汇款的一个新估计》,《中山文化教育馆季刊》,1936年,秋季号。
余启锵:《木兰溪的航运与会仙、南门码头的兴废》,《莆田市文史资料》第8辑,1993年。
张侃:《客家地区的经济发展和基层组织的变迁:以闽西为考察物件》,徐正光主编:《历史与社会经济:第四届国际客家学研讨会论文集》,中研院民族学所,2000年。
张镇世、郭景村:《厦门早期的市政建设(1920—1938)》,《厦门文史资料》第1辑,1963年。
张德昌:《胡夏米货船来华经过及其影响》,李定一、吴相湘、包遵彭编:《中国近代史论丛》第2辑第1册,台湾正中书局,1958年。
陈云鹤:《厦门纸箔出口话沧桑》,《厦门工商史事》,厦门大学出版社,1997年。
陈仙海:《20年代初东肖工、商业的兴起》,《龙岩文史资料》第22辑,1994年。
陈启发、陈祖模:《福建果产业概论》,福建省政府建设厅经济研究室编:《福建经济问题研究》第1辑,1947年。
陈杰:《马巷纺织工业简史》,《同安文史资料精选本》上册,1996年。
陈国栋:《清代中叶厦门的海上贸易(1727—1833)》,吴剑雄主编:《中国海洋发展史论文集》第4辑,中研院中山人文社科所,1991年。
陈明辉:《解放前木兰溪船运输》,《莆田文史资料》第11辑,1987年。
陈钥:《咸丰初年闽南会党之乱》,中华文化复兴运动推行委员会主编:《中国近代现代史论集》第2编,台湾商务印书馆,1985年。
陈淑熙:《商办厦门电话公司》,《鹭江春秋》,中央文献出版社,2004年。
陈慈玉:《近代黎明期福建茶之生产与贸易构造》(上),《食货》,1976年,复刊第6卷第9期。
陈慈玉:《近代黎明期福建茶之生产与贸易构造》(下),《食货》,1977年,复刊第6卷第10期。
茅海建:《鸦片战争时期厦门之战研究》,《近代史研究》,1993年,第4期。
林仁川:《晚清闽台的商业贸易往来(1860—1894)》,范希周主编:《台湾研究论文集》,厦门大学出版社,2000年。
林丽月:《晚明福建的食米不足问题》,《台湾师范大学历史学报》,1987年,第15期。
林忠友:《福建邮政五十年》,《福建文史资料》第17辑,1987年。
林金枝:《安海港的兴衰与华侨的关系》,安海港史研究编辑组编:《安海港史研究》,福建教育出版社,1989年。
林萍:《百货行业与"龙岩帮"》,《厦门工商集萃》第1辑,1984年。
[日]松浦章:《清代帆船运销日本的中国砂糖及其影响》,[日]松浦章编著:《近代东亚海域交流:航运·商业·人物》,台湾博扬文化事业公司,2015年。
卓全成口述,陈纹藻整理:《同英布店经营史》,厦门市政协文史资料委员会、厦门总商会

编:《厦门工商史事》,厦门大学出版社,1997年。

罗炳锦:《清代以来典当业的管制及其衰落》(上),《食货》,1977年,复刊第7卷第5期。

周雪香:《明清时期闽西客家地区的经济变迁与科举事业》,《中国历史地理论丛》,2004年,第4期。

郑士美:《辛亥革命前后安海社会见闻杂记》,《晋江文史资料选辑》修订本第1至第5辑,1995年。

郑林宽:《福建农民家庭生活费之初步比较研究》,福建省政府秘书处统计室编:《福建经济研究》上册,1940年。

郑炯鑫:《从"泰兴号"沉船看清代德化青花瓷器的生产与外销》,德化陶瓷研究论文集编委会编:《德化陶瓷研究论文集》,2004年。

赵国壮:《清末民初中国砂糖业——以〈中国省别全志〉及〈领事报告资料〉为中心》,[日]松浦章编:《近代东亚海域交流史》,台湾博扬文化事业公司,2011年。

胡大新:《永定县烟草业的历史考察》,[法]劳格文主编:《客家传统社会》,中华书局,2005年。

胡中升:《1911—1928年福建邮政的发展》,福建师范大学2006年硕士学位论文。

科大卫:《公司法与近代商号的出现》,《中国经济史研究》,2002年,第3期。

养吾:《泉州典当业略述》,近代中国典当业编委会编:《近代中国典当业》,中国文史出版社,1995年。

洪卜仁:《厦门租界概述》,列强在中国的租界编委会编:《列强在中国的租界》,中国文史出版社,1992年。

洪少禄:《军阀统治时期之安海》,《晋江文史资料选辑》修订本第1至第5辑,1995年。

翁如泉:《清代厦门邮政局简介》,福建省集邮协会编:《八闽邮文精选》,人民邮电出版社,1985年。

郭景村:《厦门开辟新区见闻(1926—1933年)》,《厦门文史资料》第19辑,1992年。

黄秀政:《清代治台政策的再检讨:以渡台禁令为例》,黄秀政:《台湾史研究》,台湾学生书局,1992年。

黄秀政:《清代鹿港的移垦与社会发展》,古鸿廷、黄书林合编:《台湾历史与文化》(二),台湾稻乡出版社,2000年。

黄家伟:《漫话厦门的烹饪饮食业》,《厦门工商集萃》第2辑,1985年。

黄福才:《1683年前台湾商业的变化与特点》,厦门大学台湾研究所历史研究室编:《郑成功研究国际学术会议论文集》,江西人民出版社,1989年。

彭泽益:《中英五口通商沿革考》,包遵彭、李定一、吴相湘编:《中国近代史论丛》第2辑,台湾正中书局,1958年。

葛文清:《汀江流域外向型客家经济演变初探》,《龙岩师范高等专科学校学报(社会科学版)》,1995年,第6期。

韩玉衡:《海军厦门造船所概述》,文闻编:《旧中国海军秘档》,中国文史出版社,2005年。

傅衣凌:《明代泉州安平商人论略》,安海港史研究编辑组编:《安海港史研究》,福建教育出版社,1989年。

傅衣凌:《清代前期厦门洋行》,傅衣凌:《明清时代商人及商业资本》,人民出版社,1956年。

游海华:《清末至民国时期赣闽粤边区市场网络的传承与嬗变》,《中国社会经济史研究》,2006年,第4期。

谢友仁:《旧福建的公路是怎样修建起来的》,《福建文史资料》第4辑,1980年。

蓝汉民:《汀江上杭河段航运与商俗》,[法]劳格文主编:《客家传统社会》,中华书局,2005年。

詹庆华:《中国近代海关贸易报告述论》,《中国社会经济史研究》,2003年,第2期。

福建省轮船总公司史志办公室编:《福建航运史资料汇编》第1辑,1994年。

蔡纮生:《厦门钱庄业之鸟瞰》,《商学期刊》,1937年,第1卷第1期。

蔡渊絜:《清代台湾的移垦社会》,台湾师范大学中等教育辅导委员会主编:《认识台湾历史论文集》,1996年。

郑炳山:《石狮史话》,《晋江文史资料选辑》修订本第1至第5辑,1995年。

戴一峰:《近代厦门城市工业发展述论》,《厦门大学学报(哲学社会科学版)》,1995年,第1期。

戴一峰:《闽南华侨与近代厦门城市经济的发展》,《华侨华人历史研究》,1994年,第2期。

戴一峰:《闽南海外移民与近代厦门兴衰》,《二十一世纪》,1996年,第31期。

戴一峰:《厦门与中国近代化》,张仲礼主编:《东南沿海城市与中国近代化》,上海人民出版社,1996年。

戴一峰:《厦门开埠初期华工出国人数》,《福建论坛(文史哲版)》,1984年,第3期。

三、报章部分

[日本]《官报》

《申报》

《叻报》

《江声报》

《南锋日报》

《振南报》

《厦门周报》

四、英文部分

Brokaw, Cynthia, J. "Commercial Publishing in Late Imperial China: The Zou and Ma family business of Sibao, Fujian", *Late Imperial China*, Vol. 17 no. 1, June 1996.

Coates, P. D. *The China consuls: British consular officers, 1843 – 1943*. Hong Kong: Oxford University Press, 1988.

David Joel Steinberg ed., *In Search of Southeast Asia: A Modern History* revised ed.

Honolulu: University of Hawaii Press, 1987.

Gardella, Robert. *Harvesting Mountains: Fujian and the China Tea Trade, 1757 - 1937*. Berkeley: University of California Press, 1994.

Great Britain. Parliament. House of Commons, *British Parliamentary Papers: China*. Shannon: Irish University Press, 1971.

Gutzlaff, Charles. *Journal of Three Voyages Along the Coast of China*. London: Westley and Davis, 1834.

Ho, Ping-ti. *Studies on the Population of China*. Cambridge, Mass.: Harvard University Press, 1959.

King, Frank H. H. *The History of the Hongkong and Shanghai Banking Corporation*. Cambridge: Cambridge University Press, 1987.

Lin, Yu-ju, "Trade, Public Affairs and the Formation of Merchant Associations in Taiwan in the Eighteenth Century", in Yu-ju Lin and Madeleine Zelin eds., *Merchant Communities in Asia, 1600 - 1980*. London: Pickering & Chatto, 2014.

Lindsay, Hugh H. *Report of Proceedings on a Voyage to the Northern Ports of China* London: B. Fellowes, 1833.

Morse, H. B. *International Relations of the Chinese Empire*. London: Longmans, Green, and Co., 1910 - 1918.

Ng, Chin-keong, *Trade and Society: The Amoy Network on the China Coast, 1683 - 1735*. Singapore: University Press, 1983.

Pitcher, Philip Wilson. *In and About Amoy*, 2nd ed. Shanghai: The Methodist Publishing House in China, 1912.

Remer, C. F. *Foreign Investments in China*. New York: Macmillan, 1933.

SarDesai, D. R. *Southeast Asia: Past & Present*. 4th ed. Boulder: Westview Press, 1997.

Shannon, Thomas R. *An Introduction to the World-System Perspective*. Boulder: Westview Press, 1989.

五、日文部分

日本外务省通商局:《通商汇纂》。

[日]东亚同文会:《支那省别全志》第14卷,福建省,日本同亚同文会,1920年。

台湾总督府热带产业调查会编:《南支那の资源と经济》第1卷,福建省,1938年。

台湾总督府殖产局特产课:《糖业ニ关スル调查书》,1935年。

张遵旭:《福州及厦门》,1916年。

南满洲铁道株式会社调查部上海事务所调查室编:《华侨调查汇报》第2、3合辑。

六、档案材料

China Maritime Customs. *China Maritime Customs Publications*. Shanghai: Statistical

Department of the Inspector of Customs, 1861–1948.

Kesaris, Paul L., ed. *Confidential U. S. State Department central files: China internal affairs, 1930–1939*. Frederick, Md.: University Publications of America, 1984.

The Kulangsu Municipal Council, *Report for the Year Ending 31st December 1934*.

厦门市档案馆馆藏档案

福建省档案馆档案

第三篇

一、中 文 文 献

(一) 史料

甲、方志(依著作年代先后排列)

[清] 金铉等:《康熙福建通志台湾府》,台湾成文出版社,1983年。

[清] 蒋毓英:《台湾府志》,《台湾文献丛刊》第65种,台湾省文献委员会,1993年。

[清] 高拱乾:《台湾府志》,中华书局,1985年。

[清] 周钟瑄:《诸罗县志》,《台湾文献丛刊》第141种,台湾银行经济研究室,1962年。

[清] 陈文达:《台湾县志》,《台湾文献丛刊》第103种,台湾银行经济研究室,1961年。

[清] 刘良璧:《重修福建台湾府志》,《台湾文献丛刊》第74种,台湾银行经济研究室,1961年。

[清] 范咸:《重修台湾府志》,《台湾文献丛刊》第105种,台湾银行经济研究室,1961年。

[清] 王必昌:《重修台湾县志》,《台湾文献丛刊》第113种,台湾银行经济研究室,1961年。

[清] 王瑛曾:《重修凤山县志》,《台湾文献丛刊》第146种,台湾银行经济研究室,1962年。

[清] 余文仪:《续修台湾府志》,《台湾文献丛刊》第121种,台湾银行经济研究室,1962年。

[清] 谢金銮:《续修台湾县志》,《台湾文献丛刊》第140种,台湾银行经济研究室,1962年。

[清] 孙尔准、陈寿祺:《重纂福建通志台湾府》,《台湾文献丛刊》第84种,台湾银行经济研究室,1960年。

周凯:《厦门志》,《台湾文献丛刊》第95种,台湾银行经济研究室,1961年。

[清] 郑用锡:《淡水厅志》,厦门大学出版社,2004年。

李元春:《台湾志略》,《台湾文献丛刊》第18种,台湾银行经济研究室,1958年。

[清] 周玺:《彰化县志》,《台湾文献丛刊》第156种,台湾银行经济研究室,1962年。

[清] 柯培元:《噶玛兰志略》,《台湾文献丛刊》第92种,台湾银行经济研究室,1961年。

[清] 陈淑均:《噶玛兰厅志》,《台湾文献丛刊》第160种,台湾银行经济研究室,1963年。

[清] 陈培桂:《淡水厅志》,《台湾文献丛刊》第172种,台湾银行经济研究室,1963年。

[清] 佚名:《台湾地志草稿》,《中国方志丛书·台湾地区》第157号,台湾成文出版社,1985年。

[清] 胡传:《台东州采访册》,《台湾文献丛刊》第81种,台湾银行经济研究室,1960年。

［清］倪赞元：《云林县采访册》，《台湾文献丛刊》第 37 种，台湾银行经济研究室，1959 年。

［清］陈文炜、屠继善：《恒春县志》，《台湾文献丛刊》第 75 种，台湾银行经济研究室，1960 年。

［清］蒋师辙、薛绍元：《台湾通志》，《台湾文献丛刊》第 130 种，台湾银行经济研究室，1962 年。

［清］卢德嘉：《凤山县采访册》，《台湾文献丛刊》第 73 种，台湾银行经济研究室，1960 年。

［清］沈茂荫：《苗栗县志》，《台湾文献丛刊》第 159 种，台湾银行经济研究室，1962 年。

［清］蔡茂丰：《苑里志》，《台湾文献丛刊》第 48 种，台湾银行经济研究室，1959 年。

［清］林百川、林学源：《树杞林志》，《台湾文献丛刊》第 63 种，台湾银行经济研究室，1960 年。

连横：《台湾通史》，《台湾文献丛刊》第 128 种，台湾银行经济研究室，1962 年。

佚名：《安平县杂记》，《台湾文献丛刊》第 52 种，台湾银行经济研究室，1959 年。

陈国瑛等：《台湾采访册》，《台湾文献丛刊》第 55 种，台湾银行经济研究室，1959 年。

乙、舆图

《康熙台湾舆图》，台湾博物馆典藏。

《清初海疆图说》，《台湾文献丛刊》第 155 种，台湾银行经济研究室，1963 年。

《雍正台湾舆图》，清雍正间原件，台湾"故宫"博物院典藏。

《乾隆台湾舆图》，"中央图书馆"台湾分馆典藏。

《乾隆台湾军备图》，清乾隆间原件，日本天理大学原藏。

《乾隆二十六年台湾番界图》，中研院傅斯年图书馆典藏。

《台湾田园分别垦禁图说》。

［清］蒋元枢：《重修台郡各建筑图说》，台湾省文献委员会，1994 年。

《道光初年台湾舆图》，清道光初原件，台湾秋惠文库藏。

《台东直隶州丈量八筐册》，"中央图书馆"台湾分馆典藏。

［清］夏献纶：《台湾舆图》，《台湾文献丛刊》第 45 种，台湾银行经济研究室，1959 年。

［清］夏献纶：《台湾舆图并说》，台湾成文出版社，1985 年。

《台湾府舆图纂要》，《台湾文献丛刊》第 181 种，台湾银行经济研究室，1963 年。

《台湾地舆全图》，《台湾文献丛刊》第 185 种，台湾银行经济研究室，1963 年。

丙、档案、奏折、碑文、契据

《淡新档案》，台湾大学特藏组藏。

《教务教案档》，中研院近代史所，1974 年。

中研院史语所编：《明清史料》戊编，中研院史语所，1953 年。

中国第一历史档案馆编：《乾隆朝上谕档》，档案出版社，1991 年。

中国第一历史档案馆、海峡两岸出版交流中心编：《明清宫藏台湾档案汇编》第 24 册，九州出版社，2009 年。

［清］左宗棠：《左文襄公奏牍》，《台湾文献丛刊》第 88 种，台湾银行经济研究室，1960 年。

朱寿朋编：《光绪朝东华续录选辑》，《台湾文献丛刊》第 277 种，台湾银行经济研究室，

1969年。

[清]吴赞诚:《吴光禄使闽奏稿选录》,《台湾文献丛刊》第231种,台湾银行经济研究室,1966年。

[清]沈葆桢:《福建台湾奏折》,《台湾文献丛刊》第29种,台湾银行经济研究室,1959年。

何培夫编:《台湾地区现存碑碣图志:台南市篇》,"中央图书馆"台湾分馆,1992年。

何培夫编:《台湾地区现存碑碣图志:屏东县、台东县篇》,"中央图书馆"台湾分馆,1995年。

何培夫编:《台湾地区现存碑碣图志:云林县、南投县篇》,"中央图书馆"台湾分馆,1996年。

何培夫编:《台湾地区现存碑碣图志:台北市、桃园县篇》,"中央图书馆"台湾分馆,1999年。

何培夫编:《台湾地区现存碑碣图志:台北县篇》,"中央图书馆"台湾分馆,1999年。

何培夫编:《台湾地区现存碑碣图志:补遗篇》,"中央图书馆"台湾分馆,1999年。

林衡道编:《明清台湾碑碣选集》,台湾省文献会,1980年。

邱秀堂编:《台湾北部碑文集成》,台北市文献委员会,1986年。

高贤治编:《大台北古契字二集》,台北市文献委员会,2002年。

高贤治编:《大台北古契字三集》,台北市文献委员会,2005年。

孙承泽等编:《台湾关系文献集零》,《台湾文献丛刊》第309种,台湾银行经济研究室,1972年。

台湾"故宫"博物院编:《宫中档乾隆朝奏折》,台湾"故宫"博物院,1983年。

张本政编:《清实录台湾史资料专辑》,福建人民出版社,1993年。

许文堂编:《大基隆古文书选辑》,基隆市立文化中心,2005年。

陈纬一等编:《力力社古文书契抄选辑:屏东崁顶力社村陈家古文书》,台湾文献馆,2006年。

[清]杨岳斌:《杨勇悫公奏议》,《台湾文献丛刊》第62种,台湾银行经济研究室,1959年。

黄典权主编:《台湾南部碑文集成》,《台湾文献丛刊》第218种,台湾银行经济研究室,1966年。

台湾银行经济研究室编:《台案汇录甲集》,《台湾文献丛刊》第31种,台湾银行经济研究室,1959年。

台湾银行经济研究室编:《台湾教育碑记》,《台湾文献丛刊》第54种,台湾银行经济研究室,1959年。

台湾银行经济研究室编:《台湾私法商事编》,《台湾文献丛刊》第91种,台湾银行经济研究室,1961年。

台湾银行经济研究室编:《台湾私法人事编》,《台湾文献丛刊》第117种,台湾银行经济研究室,1961年。

台湾银行经济研究室编:《台湾私法物权编》,《台湾文献丛刊》第150种,台湾银行经济研究室,1963年。

台湾银行经济研究室编:《清代台湾大租调查书》,《台湾文献丛刊》第 152 种,台湾银行济研究室,1963 年。

台湾银行经济研究室编:《清世宗实录选辑》,《台湾文献丛刊》第 167 种,台湾银行经济研究室,1963。

台湾银行经济研究室编:《台案汇录》丙集,《台湾文献丛刊》第 176 种,台湾银行经济研究室,1963 年。

台湾银行经济研究室编:《台案汇录》丁集,《台湾文献丛刊》第 178 种,台湾银行经济研究室,1963 年。

台湾银行经济研究室编:《清高宗实录选辑》,《台湾文献丛刊》第 186 种,台湾银行经济研究室,1964 年。

台湾银行经济研究室编:《清仁宗实录选辑》,《台湾文献丛刊》第 187 种,台湾银行经济研究室,1964 年。

台湾银行经济研究室编:《清宣宗实录选辑》,《台湾文献丛刊》第 188 种,台湾银行经济研究室,1964 年。

台湾银行经济研究室编:《清穆宗实录选辑》,《台湾文献丛刊》第 190 种,台湾银行经济研究室,1964 年。

台湾银行经济研究室编:《清德宗实录选辑》,《台湾文献丛刊》第 193 种,台湾银行经济研究室,1964 年。

台湾银行经济研究室编:《福建省例》,《台湾文献丛刊》第 199 种,台湾银行经济研究室,1964 年。

台湾银行经济研究室编:《台案汇录庚集》,《台湾文献丛刊》第 200 种,台湾银行经济研究室,1964 年。

台湾银行经济研究室编:《筹办夷务始末选辑》,《台湾文献丛刊》第 203 种,台湾银行经济研究室,1964 年。

台湾银行经济研究室编:《清会典台湾事例》,《台湾文献丛刊》第 226 种,台湾行经济研究室,1966 年。

台湾银行经济研究室编:《台案汇录壬集》,《台湾文献丛刊》第 227 种,台湾银行经济研究室,1966 年。

台湾银行经济研究室编:《台案汇录癸集》,《台湾文献丛刊》第 228 种,台湾银行经济研究室,1966 年。

台湾银行经济研究室编:《清季申报台湾纪事辑录》,《台湾文献丛刊》第 247 种,台湾银行经济研究室,1968 年。

台湾银行经济研究室编:《刘铭传抚台前后档案》,《台湾文献丛刊》第 276 种,台湾银行经济研究室,1969 年。

台湾银行经济研究室编:《淡新档案选录行政编初集》,《台湾文献丛刊》第 295 种,台湾银行经济研究室,1971 年。

台湾银行经济研究室编:《雍正朱批奏折选辑》,《台湾文献丛刊》第 300 种,台湾银行经济研究室,1972年。

台湾省文献委员会编:《台湾总督府档案翻译辑录》第3辑,台湾省文献委员会,1992年。

台湾省文献委员会编印,陈金田译:《台湾私法》,台湾省文献委员会,1993年。

台湾惯习记事研究会编,台湾省文献委员会译编:《台湾惯习记事》,台湾省文献委员会,1984年。

[清]刘铭传:《刘壮肃公奏议》,《台湾文献丛刊》第27种,台湾银行经济研究室,1958年。

刘枝万主编:《台湾中部碑文集成》,《台湾文献丛刊》第151种,台湾银行经济研究室,1962年。

丁、文集、杂著

[清]丁曰健:《治台必告录》,《台湾文献丛刊》第17种,台湾银行经济研究室,1959年。

[清]丁绍仪:《东瀛识略》,《台湾文献丛刊》第2种,台湾银行经济研究室,1957年。

[清]六十七:《使署闲情》,《台湾文献丛刊》第122种,台湾银行经济研究室,1961年。

[清]池志征:《台湾游记》,《台湾文献丛刊》第89种,台湾银行经济研究室,1960年。

[清]朱仕玠:《小琉球漫志》,《台湾文献丛刊》第3种,台湾银行经济研究室,1957年。

[清]朱景英:《海东札记》,《台湾文献丛刊》第19种,台湾银行经济研究室,1958年。

[清]吴德功:《戴施两案纪略》,《台湾文献丛刊》第47种,台湾银行经济研究室,1959年。

[清]林豪:《东瀛纪事》,《台湾文献丛刊》第8种,台湾银行经济研究室,1957年。

[清]易顺鼎:《魂南集》,《台湾文献丛刊》第212种,台湾银行经济研究室,1965年。

[清]季麒光:《东宁政事集》,林树海等编:《台湾文献汇刊》第4辑第2册,九州出版社,2004年。

[清]林谦光:《澎湖台湾纪略》,《台湾文献丛刊》第104种,台湾银行经济研究室,1961年。

[清]姚莹:《东槎纪略》,《台湾文献丛刊》第7种,台湾银行经济研究室,1957年。

[清]姚莹:《东溟奏稿》,《台湾文献丛刊》第49种,台湾银行经济研究室,1959年。

[清]姚莹:《中复堂选集》,《台湾文献丛刊》第83种,台湾银行经济研究室,1960年。

[清]胡传:《台湾日记与禀启》,《台湾文献丛刊》第71种,台湾银行经济研究室,1960年。

[清]郁永河:《裨海纪游》,《台湾文献丛刊》第44种,台湾银行经济研究室,1959年。

[清]施琅:《靖海纪事》,《台湾文献丛刊》第13种,台湾银行经济研究室,1985年。

[清]唐赞衮:《台阳见闻录》,《台湾文献丛刊》第30种,台湾银行经济研究室,1958年。

[清]徐宗幹:《斯未信斋杂录》,《台湾文献丛刊》第93种,台湾银行经济研究室,1960年。

[清]张嗣昌:《巡台录》,香港人民出版社,2005年。

[清]黄叔璥:《台海使槎录》,《台湾文献丛刊》第4种,台湾银行经济研究室,1957年。

[清]陈伦炯:《海国闻见录》,《台湾文献丛刊》第26种,台湾银行经济研究室,1958年。

[清]陈盛韶:《问俗录》,书目文献出版社,1983年。

郭永坤:《鹿港郊之史料集零》,《史联》,1985年,第6卷24期、33—35期。

[清]董天工:《台海见闻录》,《台湾文献丛刊》第129种,台湾银行经济研究室,1961年。

[清]佚名:《平台纪事本末》,《台湾文献丛刊》第16种,台湾银行经济研究室,1958年。

[清]佚名:《同治甲戌日兵侵台始末》,《台湾文献丛刊》第38种,台湾银行经济研究室,

1959 年。

[清] 佚名:《钦定平定台湾纪略》,《台湾文献丛刊》第 102 种,台湾银行经济研究室,1961 年。

林绳武:《海滨大事记》,《台湾文献丛刊》第 213 种,台湾银行经济研究室,1965 年。

台湾银行经济研究室编:《台湾舆地汇钞》,《台湾文献丛刊》第 216 种,台湾银行经济研究室,1965 年。

[清] 蔡青筠:《戴案纪略》,《台湾文献丛刊》第 206 种,台湾银行经济研究室,1964 年。

[清] 刘璈:《巡台退思录》,《台湾文献丛刊》第 21 种,台湾银行经济研究室,1958 年。

[清] 邓传安:《蠡测汇钞》,《台湾文献丛刊》第 9 种,台湾银行经济研究室,1958 年。

[清] 蒋师辙:《台游日记》,《台湾文献丛刊》第 6 种,台湾银行经济研究室,1957 年。

[清] 蓝鼎元:《东征集》,《台湾文献丛刊》第 12 种,台湾银行经济研究室,1958 年。

[清] 蓝鼎元:《平台纪略》,《台湾文献丛刊》第 14 种,台湾银行经济研究室,1958 年。

[清]《鹿港风俗一斑》,手稿本,1896 年。

(二) 近人专著

王世庆:《清代台湾社会经济》,台湾联经出版事业公司,1994 年。

王世庆:《淡水河流域河港水运史》,中研院近代史所,1996 年。

王珊珊:《近代台湾纵贯铁路与货物运输之研究》,新竹县文化局,2004 年。

方豪:《六十至六十四自选待定稿》,作者印行,1974 年。

尹章义:《新庄发展史》,新庄市公所,1980 年。

尹章义:《台湾开发史》,台湾联经出版事业公司,1989 年。

李文良:《台东县史政事篇》,台东县政府,2001 年。

李祖基:《近代台湾地方对外贸易》,江西人民出版社,1986 年。

李国祁:《中国现代化的区域研究——闽浙台地区》,中研院近代史所,1985 年。

吴学明:《金广福垦隘研究》(上、下),新竹县立文化中心,2000 年。

[日] 东嘉生著,周宪文译:《台湾经济史概说》,台湾帕米尔书店,1985 年。

周宪文:《清代台湾经济史》,《台湾文献丛刊》第 45 种,台湾银行经济研究室,1957 年。

卓克华:《清代台湾的商战集团》,台湾台原出版社,1990 年。

卓克华:《清代台湾行郊研究》,福建人民出版社,2005 年。

林仁川:《大陆与台湾的历史渊源》,文汇出版社,1991 年。

林仁川、黄福才:《台湾社会经济史研究》,厦门大学出版社,2001 年。

林玉茹:《清代竹堑地区的在地商人及其活动网络》,台湾联经出版事业公司,2000 年。

林玉茹、李毓中:《战后台湾的历史学研究:1945—2000》第 7 册:台湾史,"行政院国家科学委员会",2004 年。

林满红:《茶、糖、樟脑业与晚清台湾》,《台湾研究丛刊》115 种,台湾银行经济研究室,1978 年。

林会承:《清末鹿港街镇结构》,台湾境与象出版社,1985 年。

涂照彦著,李明俊译:《日本帝国主义下的台湾》,台湾人间出版社,1992 年。

侯怡泓:《早期台湾都市发展性质的研究》,台湾省文献委员会,1989年。
洪敏麟:《台湾旧地名之沿革》,台湾省文献委员会,1984年。
洪丽完:《台湾中部平埔族:沙辘社与岸里大社之研究》,台湾稻乡出版社,1997年。
柯志明:《番头家:清代台湾族群政治与熟番地权》,中研院社会学所,2001年。
施添福:《清代在台汉人的祖籍分布和原乡生活方式》,台北师范大学地理系,1987年。
施添福:《清代台湾的地域社会:竹堑地区的历史地理研究》,新竹县立文化中心,2001年。
唐次妹:《清代台湾城镇研究》,九州出版社,2008年。
夏黎明:《台湾文献书目解题——地图类》(一),"中央图书馆"台湾分馆,1992年。
夏黎明:《清代台湾地图演变史》,台湾知书房,1996年。
曹永和:《台湾早期历史研究》,台湾联经出版事业公司,1985年。
张世贤:《晚清治台政策》,台湾商务印书馆,1978年。
张隆志:《族群关系与乡村台湾——一个清代台湾平埔族群史的重建和理解》,台湾大学出版委员会,1991年。
许雪姬:《满大人的最后二十年》,台湾自立晚报社,1993年。
章国庆编著:《天一阁:明州碑林集录》,上海古籍出版社,2008年。
黄富三:《雾峰林家的兴起》,台湾自立晚报社,1987年。
黄富三:《台湾水田化运动先驱:施世榜家族史》,台湾文献馆,2006年。
黄福才:《台湾商业史》,江西人民出版社,1990年。
黄嘉谟:《甲午战前之台湾煤务》,中研院近代史所,1961年。
黄嘉谟:《美国与台湾(1874—1895)》,中研院近代史所,1979年。
陈正祥:《台湾地志》,《敷明产业地理研究所研究报告》第94号,1961年。
陈其南:《台湾的传统中国社会》,台湾允晨文化公司,1911年。
叶振辉:《清季台湾开埠之研究》,台湾标准书局,1985年。
温振华、戴宝村:《淡水河流域变迁史》,台北县立文化中心,1998年。
杨彦杰:《荷据时代台湾史》,台湾联经出版事业公司,2000年。
厦门市志编纂委员会、厦门海关志编委会:《近代厦门社会经济概况》,鹭江出版社,1990年。
廖风德:《清代之噶玛兰》,台湾里仁书局,1982年。
廖风德:《台湾史探索》,台湾学生书局,1996年。
刘宁颜主编:《台湾铁路史》上卷,台湾省文献委员会,1990年。
卢嘉兴:《鹿耳门地理演变考》,台湾商务印书馆,1965年。
卢嘉兴:《台南县地名研究辑要》,台南县政府民政局,1982年。
戴宝村:《清季淡水开港之研究》,《台湾师范大学历史所专刊》第11期,第127—317页,1984年。
卢嘉兴:《台中港发展史》,台中县立文化中心,1987年。
卢嘉兴:《近代台湾海运的发展:中式帆船到长荣巨舶》,台湾玉山社,2000年。

萧正胜:《刘铭传与台湾建设》,台湾嘉新水泥公司文化基金会,1974年。

(三) 期刊论文

王世庆:《清代台湾的米产与外销》,《台湾文献》,1958年,第9卷第1期,第15—32页。

王业键:《清代经济刍论》,《清代经济史论文集》(一),台湾稻乡出版社,2003年。

王慧芬:《清代台湾的番界政策》,台湾大学历史学研究所,2000年。

尹章义:《台北平原拓垦史研究 1697—1772》,《台北文献》,1981年,第53、54期合刊,第1—190页。

石万寿:《明清台湾中路交通的变迁》,《东海大学历史学报》,1988年,第9期,第41—54页。

[日]西村睦男著,余万居译:《台北市地理学研究:日据时期》,《思与言》,1985年,第23卷第3期,第3—34页。

江灿腾:《日据前期基隆港市崛起与变迁之背景考察》,《台北文献》,1983年,第82期,第145—188页。

朱德兰:《清康熙年间台湾长崎贸易与国内商品流通关系》,《历史学报》,1988年,第28期,第55—72页。

朱德兰:《清康熙雍正年间台湾船航日贸易之研究》,《台湾史料研究暨史料发掘研讨会论文集》,编者自印,1988年。

李佩蓁:《安平口岸的华洋商人及其合作关系——以买办制度为中心(1865—1900)》,成功大学2010年硕士学位论文。

李劲桦:《土洋大战:清代开港之后台湾的纺织品贸易》,政治大学2011年硕士学位论文。

李鹿苹:《淡水港衰退的地理因素》,《地学汇刊》,1969年,第1卷,第96—111页。

李国祁:《清季台湾的政治近代化——开山抚番与建省》,《中华文化复兴月刊》,1975年,第8卷第12期,第4—16页。

李国祁:《闽浙台地区清季民初经济近代化初探:传统农商手工业的改进与产销关系的改变》,《台湾师范大学历史学报》,1976年,第4期,第407—450页。

李瑞麟:《台湾都市之形成与发展》,《台湾银行季刊》,1973年,第24卷第3期,第1—29页。

李献璋:《笨港聚落的成立,及其妈祖祠祀的发展与信仰实态》,《大陆杂志》,1967年,第35卷第7、8、9期,第7—11、22—26、22—29页。

沈昱廷:《清代郊行研究:以北港资生号为例》,逢甲大学历史与文物管理研究所、台湾古文书学会编:《台湾古文书与历史研究学术研讨会论文集》,台湾逢甲出版社,2007年。

吴学明:《金广福的组成及其资金》,《史联》,1984年,第4期,第21—52页。

吴学明:《北部台湾的隘垦组织:以金广福为例》,《台北文献》,1984年,第70期,第161—230页。

吴学明:《金广福垦隘与东南山区的发展,一八三四——八九五》,台湾师范大学1984年硕士学位论文。

卓克华：《行郊考》，《台北文献》，1978年，第45、46期合刊，第427—444页。

卓克华：《淡兰古道与金字碑研究》，《台北文献》，1994年，第109期，第69—128页。

卓克华：《石头营圣迹亭与南部古道之历史研究》，《高市文献》，1995年，第7卷第3期，第1—54页。

林子侯：《台湾开港后对外贸易的发展》，《台湾文献》，1976年，第27卷第4期，第53—63页。

林玉茹：《清代台湾港口的发展与等级划分》，《台湾文献》，1993年，第44卷第4期，第97—134页。

林玉茹：《评介李著〈近代台湾地方对外贸易〉》，《台湾史研究》，1995年，第2卷第1期，第218—226页。

林玉茹：《清末新竹县文口的经营：一个港口管理活动中人际脉络的探讨》，《台湾风物》，1995年，第45卷第1期，第113—148页。

林玉茹：《清代台湾中港与后龙港港口市镇之发展与比较》，《台北文献》，1995年，第111期，第59—107页。

林玉茹：《白川夜舟〈台东旧纪〉译注与史料价值评介》，《东台湾研究》，1996年，第1期，第117—140页。

林玉茹：《由鱼鳞图册看清末后山的清赋事业与地权分配形态》，《东台湾研究》，1997年，第2期，第131—168页。

林玉茹：《闽粤关系与街庄组织的变迁：以清代吞霄街为中心的讨论》，《曹永和先生八十寿庆论文集》，曹永和先生八十寿庆论文集编辑委员会，2001年。

林玉茹：《番汉势力交替下港口市街的变迁：以麻豆港为例（1624—1895）》，《汉学研究》，2005年，第23卷1期，第1—34页。

林玉茹：《商业网络与委托贸易制度的形成：十九世纪末鹿港泉郊商人与中国内地的帆船贸易》，《新史学》，2007年，第18卷2期，第61—102页。

林玉茹：《2007年台湾经济史的回顾与展望》，《汉学研究通讯》，2009年，第28卷4期，第10—22页。

林玉茹：《从属与分立：十九世纪台湾港口城市的双重贸易机制》，《台湾史研究》，2010年，第17卷2期，第1—37页。

林玉茹：《由私口到小口：晚清台湾地域性港口对外贸易的开放》，林玉茹主编：《比较视野下的台湾商业传统》，中研院台湾史所，2012年。

林玉茹、畏冬：《林爽文事件前的台湾边区图像：以乾隆四十九年台湾番界紫线图为中心》，《台湾史研究》，2012年，第19卷第3期。

林欣宜：《樟脑产业下的地方社会与国家：以南庄地区为例》，台湾大学1999年硕士学位论文。

林欣宜：《十九世纪的台湾北部山区与樟脑》，吴密察主编：《台湾重层的近代化论文集》，台北播种者出版公司，2000年。

林伟盛：《荷据时期东印度公司在台湾的贸易》，台湾大学1998年博士学位论文。

林满红:《清末台湾与我国大陆之贸易形态比较》,《台湾师范大学历史学报》,1978年,第6期,第209—243页。

林满红:《贸易与清末台湾的经济社会变迁》,曹永和、黄富三主编:《台湾史论丛》第1辑,台湾众文书局,1980年。

林满红:《光复以前台湾对外贸易之演变》,《台湾文献》,1985年,第36卷第3、4期合刊,第53—65页。

林满红:《台湾资本与两岸经贸关系(1895—1945):台商拓展外贸经验之一重要篇章》,宋光宇主编:《台湾经验》(一),历史经济篇,台湾东大图书公司,1993年。

林满红:《清末大陆来台郊商的兴衰:台湾史、世界史、中国史之一结合思考》,《"国家科学委员会"研究汇刊》,1994年,第4卷第2期,第173—193页。

林满红:《口岸贸易与腹地变迁:近代中国的经验》,复旦大学中国历史地理研究中心主编:《港口:腹地和中国现代化进程》,齐鲁书社,2005年。

林圣钦:《花东纵谷中段的土地开发与聚落发展(1800—1945)》,台湾师范大学1995年硕士学位论文。

林衡道:《里港乡的古迹》,《台湾文献》,1980年,第34卷第4期。

[日]岸本美绪:《台湾史对近世东亚史研究的启发》,林玉茹主编:《比较视野下的台湾商业传统》,中研院台湾史所,2011年。

邵伟达:《国家政策与东台湾聚落体系的演变(1875—1945)》,政治大学2009年硕士学位论文。

邱正略:《日据时期埔里的殖民统治与地方发展》,台湾暨南大学2009年博士学位论文。

邱敏勇:《清代集集水尾古道小考》,《台湾风物》,1995年,第45卷第2期,第17—28页。

邱馨慧:《从鸡笼到淡水:荷兰时代北台湾的政治经济移转》,《淡江史学》,2011年,第23期,第205—221页。

姜道章:《淡水之历史发展》(上),《大陆杂志》,1961年,第23卷第10期,第24—27页。

姜道章:《台湾淡水之历史与贸易》,《台湾银行季刊》,1963年,第14卷第3期,第254—278页。

洪美龄:《清代台湾对福建供输米谷关系之研究》,台湾大学1978年硕士学位论文。

洪敏麟:《从潟湖、曲流地形之发展看笨港之地理变迁》,《台湾文献》,1972年,第23卷第2期,第1—42页。

洪丽完:《清代台中开发之研究(1683—1874)》,东海大学1985年硕士学位论文。

施添福:《台湾历史地理札记(二):竹堑、竹堑埔和"鹿场半被流民开"》,《台湾风物》,1989年,第39卷第4期,第95—98页。

施添福:《清代竹堑地区的"垦区庄":萃丰庄的设立和演变》,《台湾风物》,1989年,第39卷第4期,第33—69页。

施添福:《清代台湾"番黎不谙耕作"的缘由:以竹堑地区为例》,《"中央研究院"民族学研究所集刊》,1990年,第69期,第67—92页。

施添福:《清代竹堑地区的土牛沟和区域发展》,《台湾风物》,1990年,第40卷第4期,第

1—68页。

施添福:《台湾竹堑地区传统稻作农村的民宅:一个人文生态学的诠释》,《台湾师范大学地理研究报告》,1991年,第17辑,第39—62页。

施添福:《清代竹堑地区的聚落发展和分布形态》,陈秋坤、许雪姬主编:《台湾历史上的土地问题》,台湾史田野研究室出版品编辑委员会,1991年。

施添福:《开山与筑路:晚清台湾东西部越岭道路的历史地理考察》,《台湾师范大学地理研究报告》,1999年,第30辑,第65—100页。

连克:《从代理店到保险会社:台湾商人的损害保险经营(1862—1947)》,成功大学2014年硕士学位论文。

翁佳音:《清代台湾汉人社会史研究的若干问题》,台湾大学编:《民国以来国史研究的回顾与展望研讨会论文集》,台湾大学历史系,2002年。

张永桢:《清代台湾后山开发之研究》,东海大学1986年硕士学位论文。

张炳楠(王世庆):《鹿港开港史》,《台湾文献》,1964年,第19卷第1期,第1—44页。

张秋宝:《兰阳平原的开发与中地体系之发展过程》,《台银季刊》,1975年,第26卷第4期,第226—257页。

张家铭:《农产品外贸与城镇繁兴:以清末台湾北部地区的发展为例》,《东海历史学报》,1985年,第7期,第169—187页。

张瑞津、石再添、陈翰霖:《台湾西南部嘉南平原的海岸变迁研究》,《台湾师范大学地理研究报告》,1998年,第28辑,第83—105页。

许嘉明:《彰化平原福佬客的地域组织》,《"中央研究院"民族学研究所集刊》,1973年,第36辑,第165—190页。

许瑞浩:《清初限制渡台政策下的闽南人移民活动》,台湾大学1988硕士学位论文。

盛清沂:《新竹、桃园、苗栗三县地区开辟史》上,《台湾文献》,1980年,第31卷第4期,第154—176页。

庄英章、陈运栋:《清末台湾北部中港溪流域的糖廍经营与社会发展:头份陈家的个案研究》,《"中央研究院"民族学研究所集刊》,1983年,第56辑,第59—110页。

章英华:《清末以来台湾都市体系之变迁》,瞿海源等编:《台湾社会与文化变迁》,《"中央研究院"民族学研究所专刊》第16期,中研院民族学所,1986年。

黄克武:《清代台湾稻作之发展》,《台湾文献》,1981年,第32卷第2期,第151—163页。

黄俊铭、刘彦良、黄玉雨:《清代苗栗出矿坑石油开矿史》,《苗栗文献》,2007年,第42期,第12—32页。

黄富三:《清代台湾之移民的耕地取得问题及其对土著的影响》上,《食货》,1981年,第11卷第1期,第19—36页。

黄富三:《清代外商之研究——美利士洋行》上,《台湾风物》,1982年,第32卷第4期,第104—136页。

黄富三:《清代外商之研究——美利士洋行》下,《台湾风物》,1983年,第33卷第1期,第92—126页。

黄富三:《清代外商之研究——美利士洋行》续补,《台湾风物》,1984年,第34卷第1期,第123—140页。

黄富三:《清季台湾外商的经营问题:以美利士洋行为例》,《中国海洋发展史论文集》第1辑,中研院中山人文社科所,1984年。

黄富三:《台湾农商连体经济的兴起与蜕变(1630—1895)》,林玉茹主编:《比较视野下的台湾商业传统》,中研院台湾史所,2012年。

黄启端等:《艋舺耆老座谈会纪录》,《台北文物》,1953年,第2卷第1期,第1—11页。

黄得时:《松山地区的沿革》,《台北文物》,1954年,第3卷第1期,第27—33页。

黄智伟:《统治之道:清代台湾的纵贯线》,台湾大学1999年硕士学位论文。

黄颂文:《清季台湾开港前后英商杜德与宝顺洋行的崛起》,东吴大学2012年硕士学位论文。

黄怀贤:《台湾传统商业团体台南三郊的转变(1760—1940)》,政治大学2011年硕士学位论文。

陈正祥:《三百年来台湾地理之变迁》,《台湾文献》,1961年,第12卷第1期,第67—92页。

陈秋坤:《十八世纪上半叶台湾地区的开发》,台湾大学1975年硕士学位论文。

陈秋坤:《清初台湾土地的开发》,《台北文献》,1976年,第38期,第23—32页。

陈秋坤:《清初台湾地区的开发1700—1756:由米价的变动趋势作若干观察》,《食货》,1978年,第8卷第5期,第221—233页。

陈秋坤:《台湾土地的开发1700—1756》,黄富三、曹永和主编:《台湾史论丛》第1辑,台湾众文图书公司,1980年。

陈国栋:《淡水聚落的历史发展》,《台湾大学建筑与城乡研究学报》,1983年,第2卷第1期,第5—20页。

陈国栋:《清代台湾的林野与伐木问题》,中研院经济所研讨论文8304号,1994年。

陈国栋:《清代中叶台湾与大陆之间的帆船贸易:以船舶为中心的数量估计》,《台湾史研究》,1994年,第1卷第1期,第55—96页。

陈国栋:《"军工匠首"与清领时期台湾的伐木问题》,《人文及社会科学集刊》,1995年,第7卷第1期,第123—158页。

陈运栋:《三湾垦户张肇基考》,《史联》,1988年,第13期,第26—32页。

陈德智:《羁縻与条约:以台湾樟脑纠纷为例(1867—1870)》,台湾师范大学2007年硕士学位论文。

陈慧先:《半斤八两?清代台湾度量衡之探讨》,《台湾文献》,2007年,第58卷第4期,第203—236页。

曾品沧:《从田畴到餐桌:清代台湾汉人的农业生产与食物消费》,台湾大学2000年博士学位论文。

曾品沧:《炎起爨下薪:清代台湾的燃料利用与燃料产业发展》,《台湾史研究》,2008年,第15卷第2期,第37—78页。

叶振辉:《台湾海关的成立》,《台湾风物》,1984 年,第 34 卷第 4 期,第 3—25 页。

叶振辉:《天利行史事考》,《台湾文献》,1987 年,第 38 卷第 3 期,第 41—45 页。

叶振辉:《前清打狗领事馆的设置》,《高雄文献》,1987 年,第 30 卷第 31 期,第 1—21 页。

叶振辉:《淡水英国副领事馆的设置》,《台湾文献》,1987 年,第 38 卷第 4 期,第 109—122 页。

叶振辉:《前清府城英国领事馆的设置》,《台湾文献》,1989 年,第 40 卷第 2 期,第 99—105 页。

温振华:《淡水开港与大稻埕中心的形成》,《台湾师范大学历史学报》,1978 年,第 6 期,第 245—270 页。

温振华:《清代台北盆地经济社会的演变》,台湾师范大学 1978 年硕士学位论文。

温振华:《清代中部平埔族迁移埔里分析》,《台湾文献》,2000 年,第 51 卷第 2 期,第 27—37 页。

杨惠珺:《清代至日据时期梧栖港街的发展与贸易变迁》,台湾暨南大学 2011 年硕士学位论文。

廖风德:《海盗与海难:清代闽台交通问题初探》,《中国海洋发展史论文集》第 3 辑,中研院中山人文社科所,1989 年。

刘序枫:《清代的乍浦港与中日贸易》,张彬村、刘石吉编:《中国海洋发展史论文集》第 5 辑,中研院中山人文社科所,1993 年。

刘淑芬:《清代凤山城的营建与迁移》,《高雄文献》,1985 年,第 20、21 期合刊,第 5—46 页。

刘进庆:《清末台湾对外贸易的发展与其特点》,《台湾学术研究会志》第 1 辑,1986 年。

郑瑞明:《清领初期的台日贸易关系》,《台湾师范大学历史学报》,2004 年,第 32 期,第 43—87 页。

蔡采秀:《海运发展与台湾传统港都的形成:以清代的鹿港为例》,汤熙勇编:《中国海洋发展史论文集》第 7 辑,中研院中山人文社科所,1999 年。

蔡升璋:《日据时期台湾"特别输出入港"之研究》,"中央大学"历史学研究所,2007 年。

蔡清海:《台南县盐水港沿革》,《南瀛文献》,1985 年,第 30 期,第 183—199 页。

蔡渊絜:《清代台湾基层政治体系中非正式结构之发展》,《台湾师范大学历史学报》,1983 年,第 11 期,第 97—111 页。

蔡渊絜:《清代台湾行郊的发展与地方权力结构之变迁》,《东海大学历史学报》,1985 年,第 7 期,第 189—207 页。

蔡渊絜:《清代台湾移垦社会的商业》,《史联》,1985 年,第 7 期,第 55—65 页。

卢嘉兴:《台湾古盐场考》,《台南文化》,1953 年,第 3 卷第 3 期,第 36—38 页。

卢嘉兴:《台南县盐场史略》,《南瀛文献》,1954 年,第 2 卷第 1、2 合期,第 83—94 页。

卢嘉兴:《台南市盐场沿革志要》,《台南文化》,1955 年,第 4 卷第 3 期,第 22—28 页。

卢嘉兴:《台湾清季盐制与盐专卖》,《台南文化》,1956 年,第 5 卷第 1 期,第 24—30 页。

卢嘉兴:《清季台湾北部之盐务》,《台北文物》,1958 年,第 7 卷第 3 期,第 56—65 页。

卢嘉兴:《嘉义县属海岸线演变考》,《台湾文献》,1959 年,第 10 卷第 3 期,第 27—34 页。

卢嘉兴:《蚊港与青峰阙考》,《台南文化》,1961 年,第 7 卷第 2 期,第 72—86 页。

卢嘉兴:《曾文溪与国赛港》,《南瀛文献》,1962 年,第 8 期,第 1—28 页。

卢嘉兴:《八掌溪与青峰阙》,《南瀛文献》,1964 年,第 9 期,第 11—40 页。

卢嘉兴:《二层行溪与蛲港》,《南瀛文献》,1965 年,第 10 期,第 133—181 页。

赖永祥:《淡水开港与设关始末》,《台湾风物》,1976 年,第 26 卷第 2 期,第 3—17 页。

谢浚泽:《国家与港口发展:高雄港的建构与管理(1895—1975)》,台湾暨南大学 2008 年硕士学位论文。

戴炎辉:《清代台湾之大小租业》,《台北文献》,1963 年,第 4 期,第 1—48 页。

戴炎辉:《从一田二主谈台湾的租权》,《中原文化与台湾》,台北市文献会,1971 年。

戴宝村:《新竹建城之研究》,《教学与研究》,1982 年,第 4 期,第 87—104 页。

戴宝村:《近代台湾港口市镇之发展——清末至日据时期》,台湾师范大学 1988 博士学位论文。

薛化元:《开港贸易与清末台湾经济社会变迁的探讨(1860：1895)》,《台湾风物》,1983 年,第 33 卷第 4 期,第 1—24 页。

苏省行:《艋舺街名考源》,《台北文物》,1953 年,第 2 卷第 1 期,第 18—27 页。

二、日 文 资 料

(一) 史料

《台湾总督府公文类纂》

《台湾总督府档案》

《台湾日日新报》

《法院月报》

《台湾堡图》,台湾大学地质系原藏。

[日] 井出季和太著,郭辉译:《台湾治绩志》,台湾成文出版社,1985 年。

[日] 田代安定:《台东殖民地豫察报文》,台湾总督府民政部殖产课,1900 年。

[日] 伊能嘉矩:《大日本地名辞书续编》,东京富山房,1911 年。

[日] 伊能嘉矩:《台湾文化志》,东京刀江书院,1928 年。

[日] 佐仓孙三:《台风杂记》,《台湾文献丛刊》第 107 种,台湾银行经济研究室,1961 年。

[日] 波越重之:《新竹厅志》,新竹厅总务课,1906 年。

[日] 荒井贤太郎:《台湾经济事情视察复命书》,日本大藏省理财局,1899 年。

[日] 桂金太郎、安东不二雄:《台湾实业地志》,东京金城书院,1896 年。

富永编:《大溪志》,台湾成文出版社,1985 年。

湛水:《予观たろ涂葛崛及涂葛崛港》,《台关》第 42 期,1908 年

[日] 淀川喜代治辑,古舜仁、陈存良译:《台北州街庄志汇编》,台湾成文出版社,1985 年。

参谋本部编:《台湾志》,台湾成文出版社,1985 年。

台湾总督府史料编纂委员会编纂:《台湾史料稿本》,1895—1919 年。

台湾总督府交通局道路港湾课:《台湾の港湾》,台湾总督府交通局,1938年。

台湾总督府民政局殖产部:《台湾产业调查录》,东京金城书院,1896年。

台湾总督府殖产局:《台湾之鱼菜市场》,台湾总督府殖产局,1915年。

临时台湾土地调查局:《大租取调书附属参考书》,台湾日日新报社,1904年。

临时台湾旧惯调查会第二部编:《调查经济资料报告》,东京三秀舍,1905年。

临时台湾旧惯调查会编:《台湾私法附录参考书》,神户临时台湾旧惯调查会,1902年。

[日] 泽村小南:《厦门金融事情》,《台湾协会会报》第13期,第116、117页,1899年。

(二) 专书与论文

吴玲青:《清代中叶における米と银:台运と台饷を中心として》,东京大学2009年博士学位论文。

[日] 杉原薰:《アジア间贸易の形成と构造》,京都ミネルヴァ,1996年。

[日] 栗原纯:《清代台湾における米谷移出と郊商人》,《台湾近现代史研究》第5期,第5—45页,1984年。

唐立:《清代台湾南部制糖业と商人资本——一八七〇～一八九五——》,《东洋学报》第64卷3、4期合刊,第289—326页,1983年。

唐立:《清代台湾南部における制糖业の构造—とくに一八六〇年以前を中心として》,《台湾近现代史研究》第5卷,第47—113页,1984年。

高铭钤:《清代中期における台运体制の实态についての一考察》,《九州大学东洋史论集》第29卷,第88—115页,2001年。

[日] 宫田道昭:《中国の开港场と沿海市场》,东京东方书店,2003年。

[日] 富田芳郎:《台湾街の研究》,《东亚学》第6卷,第33—72页,1949年。

[日] 富田芳郎:《台湾乡镇之地理学研究》,《台湾风物》第4卷10期,第1—16页,1954年。

[日] 富田芳郎:《台湾乡镇之地理学研究》,《台湾风物》第5卷1期,第23—45页,1955年。

[日] 富田芳郎:《台湾乡镇之研究》,《台湾银行季刊》第7卷3期,第85—109页,1955年。

[日] 滨下武志:《中国近代经济史研究:清末海关财政と开港场市场圈》,东京大学东洋文化研究所,1989年。

三、西文资料(含翻译文献)

(一) 史料、专书

江树生译注:《梅氏日记:荷兰土地测量师看郑成功》,台湾汉声杂志社,2003年。

British Parliamentary Papers: Essays and Consular Commercial Reports. Irish University Press, 1971. Area Studies Series, China.

Chinese Imperial Maritime Customs Publications 1860 – 1948. Shanghai Chinese Maritime Customs.

Carrington, George William. Foreigners in Formosa, 1841 – 1874. San Francisco: Chinese

Materials Center. 1978.

Davidson, J. W. *The Island of Formosa, past and present*. London and New York: Macmillan & Co; Yokohama: Kelly & Walsh. 1903.

DeGlopper, Donald R. *Lukang: Commerce and Community in a China City*. Albany: the State University of New York Press. 1995.

Hao, Yen-ping (郝延平) *The Commercial Revolution in Nineteenth-century China: the Rise of Sino-Western Mercantile Capitalism*. Berkeley: University of California Press. 1986.

Ho, Samuel P. S. *Economic Development of Taiwan, 1860-1971*. New Haven and London: Yale University Press. 1978.

Imbault-Huart, C. 著,黎烈文译:《台湾岛之历史与地志》,《台湾研究丛刊》第 56 种,台湾银行经济研究室,1958 年。

Jarman, Robert L. ed. *Taiwan Political and Economic Reports, 1861-1890*, Vol. 1861-1875. Slough: Archive Editions. 1997.

Le Gendre, Charles W. (李让礼):《台湾番事物产与商务》,《台湾研究丛刊》第 46 种,台湾银行经济研究室,1960 年。

Mackay, G. L. 著,周学普译:《台湾六记》,《台湾研究丛刊》第 69 种,台湾银行经济研究室,1956 年。

Mailla 著,吴明远译:《台湾访问记(1715 年)》,《台湾经济史五集》,《台湾研究丛刊》第 44 种,台湾银行经济研究室,1957 年。

Montgomery, P. H. S. 著,谦祥译:《1882—1891 年台湾台南海关报告书》,《台湾银行季刊》,1957 年,第 9 卷 1 期,第 172—196 页。

Morse, H. B. 著,谦祥译:《1882—1891 年台湾淡水海关报告书》,《台湾经济史六集》,《台湾研究丛刊》第 54 种,台湾银行经济研究室,1957 年。

Ng Chin-Keong. *Trade and Society: The Amoy Network on the China Coast, 1683-1735*. Singapore: Singapore University press. 1983.

Pickering, W. A. 著,吴明远译:《老台湾》,《台湾研究丛刊》第 60 种,台湾银行经济研究室,1959 年。

Pickering, W. A. 著,陈逸君译:《历险福尔摩沙》,台湾原民文化,1999 年。

Sugihara Kaoru ed. *Japan, China, And the Growth of the Asian International Economy, 1850-1949*. London: Oxford University press. 2005.

Swinhoe, Robert 著,周学普译:《一八五八年台湾记行》,《台湾银行季刊》,1967 年,第 18 卷 5 期,第 247—256 页。

Wirth, Albrecht 著,周学普译:《台湾之历史》,《台湾经济史六集》,《台湾研究丛刊》第 54 种,台湾银行经济研究室,1957 年。

(二) 论文

Chang, Han-Yu and Myers, R. H. "Japanese Colonial Development Policy in Taiwan, 1895-1906: A Case of Bureaucratic Entrepreneurship." *Journal of Asian Studies* 22(4): 433-

449. 1963.

Chen, Kuo-tung. "Shipping and Trade of Chinese Junks in South-East Asia, 1730 – 1830: A Survey," in Simon P. Ville and David M. Williams eds., *Management, Finance and Industrial Relations in Maritime Industries: Essays in International Maritime and Business History*. St. John's, Newfoundland. 1994.

DeGlopper, Donald R. "Social Structure in a Nineteenth Century Taiwanese Port City," in G. William Skinner ed., *The City in Late Imperial China*, pp. 633 – 650. California: Stanford University Press. 1977.

Gardella, Robert. "From Treaty Ports to Provincial Status, 1860 – 1894." Murray A. Rubinstein, *Taiwan: A New History*, pp. 163 – 201. Armonk: M. E. Sharpe, 1999. 2006.

Kita Masami. "Scottish Shipping in Nineteenth-century Asia," in A. J. H. Latham and Heita Kawakatsu eds., *Intra-Asian Trade and Industrialization*. London, New York: Routledge. 2009.

Lamley, Harry J. "The Formation of Cities in Taiwan," in G. William Skinner ed., *The City in Late Imperial China*, pp. 155 – 209. Stanford, California: Stanford University Press. 1977.

Lin, Man-houng. "Economic Ties between Taiwan and Mainland China, 1860 – 1896: Strengthening or Weakening?" *Tradition and Metamorphosis in modern China, Symposium in Commemoration of Prof. Liu Kwang-ching's 75th birthday*. Taipei: the Institute of Modern History, Academia Sinica. 1998.

Lin, Man-houng "Taiwanese Merchants in the Economic Relations between Taiwan and China, 1895 – 1937", in Kaoru Sugihara eds., *Japan, China, and the Growth of the Asian International Economy, 1850 – 1949.*, pp. 217 – 243, Oxford: Oxford University Press. 2005.

Myers, Ramon H. "Taiwan under Ching Imperial Rule, 1684 – 1895: The Traditional Economy." *Journal of The Institute of Chinese Studies of the University of Hong Kong* 5 (2): 373 – 409. 1973.

Sangren, Steven. "Social Space and the Periodization of Economic History: A Case from Taiwan." *Comparative Studies in Society and History* 27(3): 530 – 561. 1985.

Wheeler, James O. and Pannell, Clifton W. "A Teaching Model of Network Diffusion: The Taiwan Example." *The Journal of Geography* 72(5): 21 – 31. 1973.

第四篇

一、专著类

石再添主编:《台湾地理概论》,台湾中华书局,1987年。

Camille Imbault-Huart 著,黎烈文译:《台湾岛的历史与地志》,《台湾研究丛刊》第 56 种,台湾银行经济研究室,1955 年。
[清]蓝鼎元:《东征集》,《台湾文献丛刊》第 12 种,台湾银行经济研究室,1958 年。
[清]黄叔璥:《台海使槎录》,《台湾文献丛刊》第 4 种,台湾银行经济研究室,1957 年。
连横:《台湾通史》,《台湾文献丛刊》第 128 种,台湾银行经济研究室,1962 年。
周钟瑄:《诸罗县志》,《台湾文献丛刊》第 141 种,台湾银行经济研究室,1962 年。
戚嘉林:《台湾史》,海南出版社,2011 年。
[日]井出季和太:《台湾治绩志》,台湾日日新报社,1937 年。
陈孔立:《台湾历史纲要》,九州出版社,1996 年。
[日]东乡实、佐藤四郎:《台湾殖民发达史》,台湾晃文馆,1916 年。
临时台湾糖务局:《台湾糖业一斑》,台湾糖务局,1908 年。
涂照彦:《日本帝国主义下的台湾》,台湾人间出版社,2008 年。
周宪文:《台湾经济史》,台湾开明书店,1980 年。
[日]隅谷三喜男:《台湾之经济》,台湾人间出版社,1993 年。
[日]矢内原忠雄著,周宪文译:《日本帝国主义下之台湾》,台湾海峡学术出版社,2002 年。
王键:《日据时期台湾米糖经济史研究》,凤凰出版社,2010 年。
台湾总督府财务局:《贸易 40 年表(1896—1935)》,吉村商会,1936 年。
何保山:《台湾的经济发展(1860—1970)》,上海译文出版社,1981 年。
台湾省政府主计处编:《台湾贸易五十三年表》,台湾省政府主计处,1949 年。
台湾总督府:《台湾糖业大观》第 490 号,台湾总督府,1927 年。
林衡道:《日本据台初期重要档案》,台湾省文献委员会,1978 年。
[日]藤井志津枝:《日据时期台湾总督府理蕃政策》,台湾师范大学历史研究所,1989 年。
陈锦荣:《日本据台初期重要档案》,台湾省文献委员会,1978 年。
[日]喜安幸夫:《日本统治台湾秘史》,台湾武陵出版社,1984 年。
王学新:《日据时期竹苗地区原住民史料汇编与研究》,"竹苗地区踏勘复命书专辑",台湾文献馆,2003 年。
王键:《日据时期台湾总督府经济政策研究(1895—1945)》,社会科学文献出版社,2009 年。
韩清海:《中国企业史·台湾卷》,企业管理出版社,2003 年。
张宗汉:《光复前台湾之工业化》,台湾联经出版事业公司,2001 年。
陈鸣钟、陈兴唐主编:《台湾光复和光复后五年省情》,南京出版社,1989 年。
海峡两岸出版交流中心、中国第二历史档案馆编:《台湾光复档案·历史图像》,九州出版社,2005 年。
林满红:《茶、糖、樟脑业与台湾之社会经济变迁(1860—1895)》,台湾联经出版事业公司,1997 年。
林满红:《贸易与清末台湾的经济社会变迁》,黄富三、曹永和主编:《台湾史论丛》第 1 辑,台湾众文图书公司,1980年。

杨静宽:《从省城到台中市:一个城市的兴起与发展(1895—1945)》,台湾历史博物馆,2012年。

吴壮达:《台湾地理》,三联书店,1957年。

台湾省行政长官公署统计室:《台湾省五十一年来统计提要》,台湾行政长官公署统计室,1947年。

[日]松浦章著,卞凤奎译:《日据时期台湾海运发展史》,台湾博扬文化事业公司,2004年。

王开节:《台湾之交通》,《台湾研究丛刊》第65种,台湾银行经济研究室,1958年。

陈俊:《台湾铁道发展史》,"交通部"运研所,1987年。

曾汪洋:《台湾交通史》,《台湾研究丛刊》第37种,台湾银行经济研究室,1955年。

台湾省文献委员会编:《台湾省通志》第4卷,经济志·交通篇,台湾省文献委员会,1970年。

陈国栋:《台湾的山海经验》,台湾远流出版事业公司,2006年。

中国自然资源丛书编纂委员会:《中国自然资源丛书·台湾卷》,中国环境科学出版社,1995年。

郭大玄:《台湾地理——自然、社会与空间的图像》,台湾五南图书出版公司,2013年。

李祖基:《台湾研究新跨越·历史研究》,九州出版社,2010年。

王珊珊:《近代台湾纵贯铁路与货物运输之研究(1887—1935)》,新竹县文化局,2004年。

唐次妹:《清代台湾城镇研究》,九州出版社,2008年。

瞿海源、章英华主编:《台湾社会与文化变迁》,中研院民族所,1998年。

何培齐:《日据时期的海运》,"国家"图书馆,2010年。

二、论文类

戴宝村:《近代台湾港口的发展》,《台湾风物》,1989年,第39卷1期。

张奋前:《台湾之公路交通》,《台湾文献》,1968年,第29卷1期。

[日]小林英夫著,何义麟译:《20世纪30年代后半期以后的台湾"工业化政策"》,《台湾史料研究》,1993年,第1期。

周翔鹤:《日据时期台湾"工业化"评析》,《台湾研究》,2007年,第3期。

周翔鹤:《日据时期台湾改良糖廊研究》,《台湾研究集刊》,1995年,第2期。

周翔鹤:《日据初期台湾稻米输日问题研究》,《台湾研究集刊》,1997年,第1期。

唐次妹:《日据时期台湾的"市区改正"及其对城镇发展形态的影响》,《台湾研究集刊》,2005年,第4期。

索引

一、地名索引

阿猴街 309,339,394

阿罩雾 381,382

安边 397

安海 166,172,173,192,193,195,197,199,222,233,239,245,257,258,260,261,275—277,282,283,328

安平 21,133,189,190,257,275,276,301,302,312,314,324,325,332,335,337,339,359—361,364,365,370—372,377,379—382,391—398,400,401,403,409,425,448,451,456,457

安平镇港 302,303,323,324,447

安溪 165,166,173,175,193,195,197,199,203,206—208,210—213,217,219,220,246,257,259,275,283,377

八堡圳 315

八里坌 305,307,318,320—322,330—332,345—348,351,353,355,402,448

八连港 331

八瑶湾 370,371,400

白河 313,337,338,396

白沙墩 319,348,386,387

半路竹 311

半线 301,315,316,323,324

宝山乡 319,331

保枋寮 376

卑南 296,310,311,370,371,390,392,394,395,399,400,408,428,456

北斗 303,341,379

北港 9,12,178,290,292,298,300,333,334,343,344,353,364,380,382,383,385,390,397—399,408

北港镇 314

北埔 294,350—352,385,386

北线尾 302

笨港 290,291,298,304,305,307,312—317,327—329,337,338,340,342—344,392,395—398

崩山八社 318,422

汴仔头 382

鳌兴港 309

布袋 102,240,369,380,393,395,396

草店头 311

草店尾 311,396

草屯 316

柴头港 302,327,335

长乐 17,30,45,46,60,61,67,73,75,80,81,86—91,93,94,96,97,99,103,105,107,111,113,114,116,119,121—123,125,135,138,139,142,144,147,154,155,158,253,332

长泰 165,167,168,173,200,203,210,212,213,215,217,219,259,260,278

长汀 165,167,168,174,175,187,188,194,196,200,201,203,206—208,217,219,221,224—227,231,258,259,261,283

车城 399

成广澳 370,400

赤石 139,145

崇安 2,3,17,21,22,39,43—47,54,56,62,69,70,72,73,75,80,81,84,85,92—95,99,101—103,105,108,109,112,119,121,124,138,139,144—146,148,149,

索引 495

151,154,155,157,160
崇武 187,197,259,341,382
崇爻九社 310
铳柜 380
春牛埔 324
搭搭悠 321
打狗 29,190,193,238,240,290,291,293,299,305,309,311,312,333,337—339,358—361,364,365,367,368,391—396,400,403,424,425,448
大安 12,146,299,300,318,333,351—353,380,385,386,389,411,447
大安港 319,345,348,350—352,378,382,386—388
大坂垾 399
大稻埕 178,292,322,362,363,365,366,368,372,375,376,382,384
大肚保 317,345
大肚上堡 382
大港 193,302,305,312,317,325,332,335,338,340,345,347,349,351,376,386,394,397,410
大港口 326,355,371,390,400,403,411,445
大姑陷 348
大湖街 311
大磺山 376
大鸡笼 310,322,348,349
大加腊 320,322
大甲西社 317,318
大井头 302,323
大军麓 310
大昆麓 305,309
大蓝 338
大里 316,317,345,454
大里区 317
大仓脚 315

大南澳 355,389
大坪林 322
大坡 129,371
大埔林 315
大垃田 315
大田 2,46,67,120,142,144,165—167,173,198,200,211,212,217,221,224,226,257,284
大溪漧 320
大溪镇 293,322
大线头 302
大员 323
淡水 29,113,114,116,142,189,190,238—240,290—296,301—303,305—311,318,320—324,326,327,330,334,336,338,339,345—354,356,359—364,371,373—381,383—389,391—395,398,400,401,403,409,410,448,451,453,454,456,457
德安桥 327
德化 2,46,47,165,166,168,193,195,197,198,200,217,219—221,225,252,257
店仔口 337,338,396,398
顶淡水 335
顶社 380
顶双溪 348
东澳 355,371,400
东大墩街 449
东港 299,305,308,309,312,333,337—339,359,367,394,395,408—410,454,456
东石 195—197,220,224,226,230,257,260,380,445
东石港 299,394,396—398,409
东势角 345,381,382,388
斗换坪 352,385,386

斗六　315,379,397,447,457

斗六门　314—316,447

斗六镇　315

斗南　315,344,397

鹅鸾鼻　399

番路乡　315

番挖港　340,342

枋寮　303,305,308—311,339,355,394,395,409,456

枋桥　316,322,341,348,376

房里　320,386—388

房里港　318,387

放索港　309

枫仔林　348

枫子林　376

峰市　174,175,193,194,197—199,201,226,275,279,280

凤山　301—306,308—312,319,320,323—325,328,331,335,336,338—340,350,358,371,377,385,391,393—395,447,456,457

凤山港　312,394

凤邑　309—312

福安　17,20,30,45,47,56,58,59,61,64,70,73,75,80,81,86,87,90,92—94,96,97,100,102,104,106—111,113,114,116,122,138,139,144,145,147,149,150,153,158,332,397

福鼎　17,30,47,61,64,70,75,80,81,86,92—94,96,97,100,108,110,111,113—115,122,138,139,145,147,158,162

福宁府　30,45,47,96,121,138,146,148,153,154,158

福清　17,19,30,45,59—61,64,74,75,80,81,86,89,90,92—94,96,97,99,102,104,107—111,113,114,119,121—123,125,126,135,138,139,142—147,154,

158,165,187,190,226,246,259,268

福州　3,5,7,11,17—23,25—61,63,64,66—70,72—82,84,87,89,90,92,96,97,99,101,103—105,107,109,113,115,116,118—123,125—127,129—139,141—146,148—152,154—162,165—167,172,178,182,183,189,190,193,196,200,201,210,218,220,243,244,249,254,261,263,265—267,271,274,275,282,283,304,307,314,320,326,331—333,340,345—347,353,358—360,363,365,366,369,372,377,382,383,385,389,402,422,448

府城　223,293,294,298,301—303,306—309,311—314,317,318,320,321,323—329,332,334—339,344,355,366,372,391—393,395,396,402,447

富兴　352

噶玛兰　294,321,322,330,332,333,347,348,352—355,374,376,389,402,428

噶玛兰厅　326,330,332,333,345,348,353—355,402

干豆门内北港　321

冈山　311,394,457

港东里　309

高密港　381

高树乡　309

高雄　134,293,311,323,338,358,367,368,393,407—409,411,414,420,421,444—448,450—457

蛤仔市　352

公馆乡　319

古坑乡　315,397

古田　17,22,30,45,46,54,56,59—61,64,72—76,78,80,81,86,87,90,91,93,94,96—99,101,103,105—109,111,119,121—123,126,130,138,139,143—149,

152,157—159,198,211

鼓浪屿 175,183—186,194,199,200,228,229,233,254,256,258,260,264,266—268

关帝港 309

关渡 376

官田 256,313,335

光泽 2,3,17,22,44,50,62,67,72,98,100,103,105,119—121,124,138,146,149,150,155,157,160

归仁 324

龟仑 320

龟仑岭 321,322,350

龟仔港 315

国赛港 290,335,337,391,393

国姓乡 380

海丰港 305,316,317,333,340,342,343,355,397

海山 348

海山口 322

海翁窟 302

蚶江 179,195,196,259,277,331—333,340,341,344,382,402,448

涵江 18,67,133,134,196,200,209,225,226,259

蚵壳港 373

侯官 17,30,45,94,99,139

猴树港 305,314,315,343,344,395—397

后璧湖 399

后里区 319

后龙 296,305,318—320,345,348,350—352,361,377,378,380,382,385—388,409

后垄 307,320,362

后垄港 305,333

后山 296,310,311,322,330,334,352,355,357—359,370,371,375,378,389,

390,392—394,397,399,400,402,403

后湾 399

葫芦墩 380,382,388

湖口 302,319,333,335,343,349,350,384,407

沪尾 142,321,322,330,332,345—350,357,359,360,372—376,378,386—389

花莲 4,296,310,370,371,378,390,399,408,409,420,444,445,447,451,453,454,456,457

花莲港 355,370,371,390,391,409,444,451,454,455

惠安 43,165,166,168,175,187,193,197,206,217,220,246,253,268,275,385

火烧屿 370

鸡笼 302,320,321,347—349,353,354,357,359,376,378,386—389,411,448

基隆 133,193,237,239,240,249,294,321,322,331,334,347,348,357,359—362,364,371—374,376—378,380,385,387—391,395,398,400,401,403,407—409,411,421,444—457

加礼远港 353—355,389

加里宛 371

加禄 309

加洛堂庄 309

加藤港 305

加投脚 382

加志阁 348

佳里 313,314,320,445

嘉义 287,290,303,315,327,328,332,334,337,338,340,342—344,371,372,380,392,395—399,407,444—446,454,455,457

甲仙区 311

建宁 3,17,22,39,44—47,50,51,61,74,75,80,82,86,90,92—95,97,100—102,

106,108,110,112,113,120—122,138,142—146,148—151,154,157,178,282

建宁府 22,30,43—47,49,58,77,138,146,154

建瓯 17,21,22,38,39,45—48,50,51,54—57,59—65,67—69,72—78,80,81,84—87,89,90,92,93,95,101—105,107,108,112,113,117,119—121,126,131,137—139,142—145,148,149,151,152,156,157,159,160

建阳 2,17,22,39,43—46,56,61,62,65,67,68,74,75,80,81,84—87,89,90,92—95,99,101—103,105,108,109,112,113,117,119,121,122,124,127,129,130,138,139,142—145,148,149,151,153—155,157,160,253

涧仔坜 322

将乐 17,39,45,46,56,61,67,72,75,80,81,84,86,90,92—95,99,101,102,104,106,108,112,113,120—122,138,142,145,146,148,150,151,154,157

角宿市 358,394

金包里 347,348,374,376

金门 166,168,178,191—193,233,237,238,246,252,253,260,397,400,407

晋江 3,144,165,166,168,171,173—175,187,197,198,204,209,210,212,213,217,219,220,224—226,230,233,234,246,252,253,255—257,275—278,282,283,385,448

井水港 313

景美溪 376

九龙江 3,134,165,173,174,192—194,204,207,208,219,226,254,278,282

九芎林 319,348—350,385,397

崁顶街 309

崁下 324

崁仔脚 449

傀儡山 310

兰阳溪 352,354,355,408,409

劳施港 305,319

冷水窟 376

犁头嘴 348

鲤鱼窟 380

连城 95,121,129,144,165,167,168,174,188,199,201,203,206—208,217,219,221,226,227,281

连江 17,30,60,61,64,75,80—82,86,90,91,93,94,96,97,99,102,104—106,108,109,111,113,114,116,119,121,125,135,138,142,143,145,147,152,155,158,233,253,332

莲河 197,200,222,385

林杞埔 316,397

刘五店 173,191,197,282

柳营 278,337

龙肚 309,338

龙潭乡 319

龙溪 43,67,151,165—167,174,187,188,204,208,209,212,213,224,231,233,234,246,257,259,260,278—280,283

龙岩 47,67,165—168,173,174,187,188,193,196,198—201,206—208,210—212,216,217,219,221,224,226,231,233,258,260,274,278,281

卢麻产 315

鹿耳门 1,12,290,300—306,308,309,312—316,318—321,323—326,328,330—332,334—340,343,344,346,355,391,402,410,447,448

鹿港 12,177,178,220,277,290—292,294,296—298,300,302,304,305,307,315—317,326,327,330—333,337,339—346,351—355,358,359,361,362,366,

367,370,378—382,385,387,388,392,396—398,400,402,403,409,420,448,449

鹿仔草 315

鹿子港 304,305

罗源 17,47,56,60,61,64,68,75,80,81,86,88,90,91,93,94,96,97,99,101,102,106—108,111,113,114,116,122,131,138,142,145,147,154,158,253,332

麻豆 9,290,301,313,336—338,376,396

马赛港溪 354

马沙沟小港 314

马尾 3,7,51,105,119,121,123,127,129,135,138,142,145,149

马巷厅 385

麦寮 333,343,379,398,399

蛮蛮大庄 339

猫雾捒保 317,345

猫盂 318,387

茅港尾 312,396

茅港尾港 313,337

梅山乡 315

梅仔脚 380

梅仔坑 398,399

美浓区 309,311

艋舺 178,297,320—322,327,332,336,345,347—351,353,355,363,373,375—377,383,385,391,448

米仓口 354

苗栗二保 388

苗栗市 319

民雄 315,344

闽侯 17,45,46,64,75,76,80,81,83,86,87,89—94,96,97,101,102,104,106—108,110,111,113,114,116,135,139,143,147,148,152,261,332

闽清 17,30,45,46,56,60,61,64,72—76,80,81,86,87,90,91,93,94,96—99,101,103,105,106,108,111,119,121—123,139,144,147,148,152,158,197,253

闽县 17,30,87,94,99,146,187

名间 316

默林 382

木兰溪 173,219,226,282

木栅区 322

目加溜湾 302,313,324

南安 165,166,168,173,175,197,200,210,212,213,217,219,220,224,226,246,252,254,257,259,275,283

南澳 395,397,400

南澳岛 192

南港 107,151,152,321,372,398,400,457

南靖 165,166,173—175,188,193,195,203,207,208,213,217,229,259,260,278,281

南崁港 305,318,319,349,378,383

南崁社 318,349

南平 4,17,22,39,45—47,51,54—58,60,61,63—65,67,72,75,76,80,81,83,86,89,91—96,99,101—108,111,113,117,119,121,123,124,126,127,129,131,134,136—139,142—145,148—152,154,156—160,187,225,231,318,323,334,335,407,408,447

南埔 386

南台 43,49—51,58,59,66,77,142,154,261,361,392,393,421

南投 316,317,370,379,380,407,408,456,457

南庄 296,385,386,430

楠梓 393

内湖区 322

内门区 311

内木栅 311,313

内埔乡　309

内投庄　321

内湾　349

能雅寮　393

茑松　335,336

宁德　17,20,25,27,45,47,56,61,62,64,
72,74,75,80,81,85－87,89,92－94,96,
97,100,101,106－108,111,113,114,
116,122,138,139,143－145,147,153,
154,156,158

宁化　39,46,47,165,167,174,187,188,
197,198,217,221,227,259,261

牛骂庄　317

牛埔渡头　322

蓬山港　305,319,351

澎湖　4,178,192,292,302,314,327,343,
344,353,372,381,383,393,397,398,
401,407,444

平和　73,77,139,144,160,165,166,173,
188,193,197,198,206－208,210,212,
217,219,226,259,260,278

平潭　17,45,75,80,81,92－94,97,99,
108,109,111,113,114,122,138,139,
144,147

平镇乡　319

屏东　4,296,301,309,311,339,370,392,
394,395,407－409,445－447,450,454,
456,457

屏南　17,45,46,56,62,64,75,80－82,86,
91,93,94,96,98,99,101,103,105,106,
110,111,122,139,144,146,147

婆老粉　348

璞石阁　370,399,456

埔姜仑　344

埔里社　371,380,382,397,447

埔盐乡　341

浦城　3,17,21,22,39,43,44,46,56,61,
62,73,75,77,80,81,84,89,90,92－95,
100,101,103－105,108,112,119－121,
124,129－131,138,139,142－146,148,
149,151,154,155,157,160

七堵　331,348

七十份　348

奇莱　371,375,378,390,428,456

奇母子　322

奇武兰溪　353

旗山　311,336,338,456

旗山区　311,338

前镇港　312,394

茄藤港　304,305,309,310

青鲲鯓　302

清流　39,46,95,149,165,167,187,200,
217,221,259,261

泉州　3,12,18,30,43,47,66,122,133,
146,165,166,168,172,173,175－178,
180,187,190,192,193,195,196,198,
199,201,203,204,206,208,209,219－
222,224－226,230,232,233,235,237－
239,242,243,245－247,249,250,253,
255,257,259,260,274－278,282,283,
298,300,302,307,316,317,326,327,
331,333,336,341,344,345,353,359,
360,365－367,379,383－385,387,402,
448

泉州厝　348

仁武庄　358,393

榕树王　315

瑞芳镇　331

三叉河　381,386

三貂港　348

三貂脚　348,353

三都澳　11,19,20,23,25,27,42,43,47,
48,69,88,107,113,131,133,134,138,
139,142,155,158

三结街 354

三鲲鯓 335

三林港 305,316,317,340,342

三湾 349,352,385,386

三峡区 322

三元 17,39,60,94,95,104,116,139,144,145

三重埔 348

沙埕 18,113,131,133,139

沙辘庄 317

沙县 17,22,39,43—46,54—56,59,61,65,69,74,75,80—82,86,89,92,93,95,99,101,103,104,106,108,112,116,117,119,121,124,129,137,138,142,144,145,148—150,152,155,157

杉林区 311,338

善化 313,324,396

上渡头 322

上杭 77,103,165,167,168,172,174,175,187,188,193,194,198—201,203,204,206—208,211,217,219,224,226,227,259,261,279—281,283

上湖 343

上洋 17,60,61

邵武 3,17,22,39,43—47,50,51,56,57,61,62,72—75,80,82,84—86,88,90—93,95,97,100—104,106—110,112,113,116,117,119—121,124,137,138,144—146,148—151,154,155,157,227

社子溪 319,349,350,407

深坑 331,347,348

狮潭 386

十字街 315,354

石碇 347,348,374

石冈区 317

石码 167,173,174,191,192,199,206,219,223,226,229,230,232,233,239,253,257,259—261,268,275,278,279

石狮 195,196,257,275,277,278,283

石硬港 373

士林 321

市仔头 309

寿宁 17,22,43,47,75,80,81,86,92—95,100,101,106,108,109,111,122,139,144—147,152,158,197,198

树苓湖 333,337,343

水返脚 347,372,374

水吉 17,39,56,94,95,101,108,120,130,137,138,144,145,157

水里港 316,317,340,344,381

水里庄 317

水尾 296,371,390

顺昌 17,39,45,46,56,59,61,72,73,75,80,81,83,90,92—95,99,101,102,104,106,108,112,120—122,137—139,142,145,148—150,152,154,157,187,227

四堡 219,221,284

四草湖 335,391,393,395

四沟水 309

松山 321,348,372,376,408,444

松溪 17,30,44,46,61,74,75,80,82,87,92—95,100,101,103,106,108,109,112,122,138,139,145,146,148,149,151,154,155,157

嵩屿 194—197,260

苏澳港 353,354,389,390,409

獭窟 259,333,341,353,385

台北 4,9,142,240,243,290—296,318—323,327,331,332,336—338,342—344,347—352,354,358,359,362—366,368,369,371—376,381,382,384,388,389,391,401—403,407,408,413,414,420,424,431,436,444,446—450,452,454—457

台东 4,309—311,370,371,390,397,400,408,438,447,453—456

台江 116,118,152,302,313,314,323,334,335,338,391

台南 177,192,223,244,290,292,301—303,311,313,323,324,327,328,334—338,340,359,361,363—368,370—373,379,382,383,388,392—394,396,400,402,414,422,444—448,452,454—457

台湾府 178,300—328,335—342,344,347—349,351,353,354,357,359,363,366,370—373,375—378,380,383,388,389,391,394—396,398,402,448

台湾海峡 2,4,192,307,409,426,451

台湾县 301—305,307,321,323—325,327,328,335,336,379,381,402

台中 4,294,317—319,348,381,382,384,407,408,414,445—450,452,454—457

太平区 317

泰宁 17,21,39,44,46,61,62,74,75,78,80,82,86,87,89,92,93,95,100,103,106,108,110,112,120—122,138,139,142,144—146,148,149,151,154,157,160

桃园 318,319,321,322,349,364,407,447

桃园县 319,327

桃仔园 320,322,349,350

天津 20,25,29,33,38,39,52,66,109,133,160,166,172,178,183,192,200,208,209,220,235,240,257,265,304,333,341,342,355,359,360,368,383,385,448

田寮港 331,373

铁线桥 337,396

铁线桥港 313,337

汀江 2,172,174,175,188,193,194,207,208,219,226,279,283

同安 30,43,97,165,166,168,172,188,192,193,195—199,206,210,213—215,217,219,220,222—224,233,237—239,252,253,257,260,261,275,384

铜锣圈 348,352

铜锣乡 319

铜山 18

头份 295,319,331,352,383,385,386

头份镇 319

头围 352—354,408

头屋乡 319,331

涂葛崛港 381,382

土城 322,331,340,352,380

土地公港 315

土地公后 354

土狮仔 314

吞霄 318,320,331,348,351,352,362,378,385—388

吞霄港 318,352,386—388

湾里 294,312,313

湾潭 346

万安圳 321

万丹 309

万丹港 312

万丹街 309,339,394

万峦乡 309

万顺寮 348

王功港 340,342

堽仔头 386

温州 28,30,113,133,134,162,165,166,192,209,210,213,233,274—276,359,384,392

文昌宫街 354

蚊港 290,305,312,313,334,337

乌日 381,382,449,450

乌石港 332,345,353—355,389,402

梧栖 299,317,340,344,345,359,362,

378,380—383,385,450

五叉港　344

五堵　331

五沟水　309

五条港　302,332,333,342,343

五围　277,330,353,354

武平　165,167,168,174,188,207,208,217,218,226

武营后　354

雾峰　307,316,346,349,367

雾峰区　317

西湖乡　319

汐止区　322

溪湖　379

溪口高江渡　322

隙仔港　302

霞浦　17,30,47,56,72,74,75,80,81,87,92—94,97,100,101,107,110,111,113—115,122,138,144,145,147,158

下渡头　322

下茄苳　338

下营　313

厦门　1,6—8,12,18,20,25—27,29,31,37,38,41,43,47,48,52,57,67,100,120,121,124—127,133,135,138,142—144,154,160,165—173,175—180,182—187,189—202,205—208,210—224,226—279,282—284,288,289,300—307,317,320,325—328,331—334,336,337,341,344—347,352,359—366,368,369,372,377,379,381—384,392,393,395,397,399,400,402,420,422,425,448

仙游　165,166,173,187,197,198,200,204,207—209,213,215,217,220,225,233,259

咸菜瓮　319,348—350,384,385

香港　19,41—43,73,109,131—134,146,156,160,166—168,180,183,185,186,189,190,192,200,208,213,224,225,227,228,230,235,239,242—244,250,260,275,280,305,307,359,360,362,363,366—369,379,383,385,392,393,397,399,424,452

祥芝　192,259,353,382,385

萧垄　313,396

哮猫　380

新北　322,454

新城　370,371,457

新店区　322

新港　292,302,313,335,343,344,353,390,398,451

新埤乡　309

新埔　319,349,350,384,385

新埔镇　319,331

新营　337,457

新园街　309,339

新竹　291,292,294—296,301,308,318,319,322,334,346,350,357,364,366,367,369,371,372,376,383—386,388,414,431,444—447,449,450,453,454,456,457

新庄　320—322,327,345,347,350,375,376

新庄街　321,348

兴化府　43,47,138,146,165,187,209,237

兴隆庄　311,312,338

秀姑峦　370,371,390,408,409

秀朗　322

许厝港　385

许宽　335

鸭母坑　386

盐树脚　309

盐水港　305,312,313,315,319,333,337—339,367,383,393,395—397,421,434,

435,444

杨梅坜　319,320,350

杨梅镇　319

洋口　17,38,46,108,137,138,142,145,149,150,152,157,159

宜兰　4,291—293,296,332,343,344,353,362,364,371,373,378,389,407,408,447,453—455,457

宜兰川　353

营盘口　309

永安　17,22,39,41,44,46,54—56,59—62,65,73—75,80—82,86,89,92,93,95,96,98,99,101—104,106,108—110,112,116,117,119—121,124,127,129,137—139,142,144,145,148,150,151,154,156,157,159,173,198,217,225,231,284,309

永春　45,47,116,165,166,168,173,174,179,193,197—200,207—210,212,213,217,219,220,222,225,233,245,249,252,256,258—260,275,283

永定　165,167,168,172,174,175,187,188,198,201,203,204,206—208,217,219,224,226,253,275,279—281,327

永宁　195,196,353,385

永泰　17,45,46,56,60—64,68,74—76,80,81,90,91,93,94,96—99,103,106,108,111,119,121—123,135,138,139,144,147,151,152,156,158,165,168

尤溪　17,22,45,46,61,72,74,75,80,81,92,93,95—97,99,106,108,112,122,134—139,145,148—152,154,157,174,217,220,253

鱼池乡　380

玉井　313,338

玉泉村　309

苑里　319,326,331,348,378,387,388

苑里庄　319

月眉　311,338,352,385,386

云霄　166,168,196,199,210,213,217,257,258

造桥　319,327,331

造桥乡　319

彰化　301,303—305,308,315—318,320,323,326—328,332,333,340—345,348,371,372,375,379—381,392,397,398,408,446,447,449,450,453,454,456,457

漳平　165,167,173,174,188,193,199,200,207,208,210—213,217,219,220,224,226,260,278,281

漳浦　165,166,168,173,187,188,193,196,197,199,213,217,219,259,260

漳州　3,30,43,47,146,165,166,168,172,173,175—179,181,187,188,191—196,198—204,206,208,209,212,213,216,219,221—224,226,229,230,235—239,242,253,254,256—261,275,278,282,283,302,316,327,345,365,387

诏安　43,165,166,168,172,187,198,199,210,212,213,217,219

罩兰　382,388

柘荣　17,122,145

蔗林　333,341,346

圳头厝　344

政和　17,20,39,43,44,46,56,60,62,70,72—76,80,82,83,87,92—95,100,101,103,106,108,109,112,122,138,139,144,145,148,149,151,155,157,323,372,390

芝巴里　348

中港　9,290,294—296,305,307,318—320,333,345,348—352,361,378,383,385,386,409,411,449—451

中港庄　318

中坜 320,322,348—350,407

中楼仔 324

中埔乡 315

中兴 352,385

周宁 17,122,145

诸罗 301—306,308,310,312—318,320,323,324,327,411

竹北二保 319,349,384

竹北一保 319,349,384

竹东 294,319,350,351,385,457

竹东镇 319

竹筏港 381

竹南一保 319,349,383,384

竹南镇 319

竹崎乡 315

竹堑 9,12,288,290,292,295,297,300,307,308,317—320,323,326,346,348—352,357,359,362,364,367,373,376,378,380,383—386,411

竹堑港 305,317—320,333,345,348—352,361,378,382,383,385—388

竹山 46,50,226,316,397

竹仔脚 315

二、企业行业名索引

安海郊 328

板桥林家 346,366,373

宝承罐头公司 77

北郊 254,255,326—329,336,341,397

笨港布郊 328

笨港糖郊 328

布郊 178,328,329,336,337,340,343,398

蚕桑业 103

茶郊 12,300,367,398

辰马汽船会社 452

陈赖章 320

陈联兴 328

陈林郊 328

绸缎郊 328,336

川崎汽船会社 134

船行陈景山 328

大阪商船公司 134

大阪商船公司 133,189,190,425,426,452

大北电报公司 200

大连汽船会社 452

大英轮船公司 132,189

大中火柴厂 67

道比船厂 48,51

德记洋行 199,227,242,358,363,364

德忌利士轮船公司 132

帝国制糖 434,435

甸德洋行 358

鼎郊 328

东邦金属制炼株式会社 444

东邦金属制铁株式会社 438

东台湾运送会社 444

东兴行 365

东亚海运 18,452

东洋制糖 434

发记 366,369

饭塚铁矿株式会社 438

纺织业 75—77,219,220,222,224—226,441

福电铁工厂 54

福建船政局 7,49,50,133

福峡汽车公司 122,123

福兴泉货运汽车公司 122

福员郊 398

福源机器制造厂 51

福州船坞 48,51

福州电气公司 51,58,59,61,63,64,74,89,90,156

福州机器局 50,51

阜源 243,369

复兴汽车公司 122,126
敢仔郊 328
高燧兴 328
公泰行 365
公信玻璃厂 51
龚茂盛 328
光泽米罗湾银铅矿 50
龟山水电厂 60
郭玉珍 328
国光火柴厂 66,67
和成号 369
和记行 365
和兴公司 365,367,368
鸿记号 366,369
华祥制糖公司 229
黄珍香 367
黄振源 328
机械制造 55,56,70,72,418
建安 17,44,45,99,154,155,160,328
建华火柴厂 67
建瓯电灯公司 60
建瓯煤矿 63,64,156
建祥号 366,369
建兴锯木厂 50,51
建源号 190
金长盛 398
金长顺 398
金东裕 380
金福兴 398
金广福大隘 294,350
金合兴 398
金和安 388
金和利 398
金和兴 382
金捷顺 398
金顺利 398
金万顺 382

金协兴 382
金永顺 327,328
锦兴船务行 188
开洋磷矿株式会社 438
开源公司 63
刻书业 219,221
矿业 20,49,50,62—64,72—74,156,157,
　　421,438,455
唻记行 365
梨山煤矿 50
梨山煤矿公司 63,73
李胜兴 328,398
李正茂 328
联成号 223,366,369
炼铝 418
良德行 365
林恒茂 367
鹿皮铺 328
鹿仔郊 328
轮运 132—137,158,159
罗宾奈洋行 358
迈罗罐头公司 67,77
美打行 365
苗栗炼油厂 444,445
民信局 8,198,199,241—243,245—249,
　　277
闽江轮船公司 137,138
闽西长途公共汽车公司 122
明治制糖 434
明治制糖株式会社 444
奈氏兄弟洋行 358
南邦产业株式会社 438
南郊 327,328,336,340
南平电厂 54,60,61
南平电气公司 60
南日本化学工业株式会社 438
南日本汽船会社 452

南日本盐业株式会社　438

南兴公司　263,438

潘振源　398

谦记　366,369

谦祥春记玻璃厂　51

谦裕号　366,369

钱庄　20,59,159,241—245,249,254,278,365—369,401,403

侨汇　8,12,57,170,182,186,190,198,199,240—246,248—253,255,277,278,282

庆记行　365

全禾汽车公司　263

泉北郊　328

泉丝线郊　328

泉盈　328

日本铝株式会社　444

日本邮船会社　452

日月潭水电厂　418

瑞记号　365

瑞记行　365

瑞记洋行　364

瑞记栈罐头厂　228

三北轮船公司　133

三井船舶会社　452

三井合名会社　425

三井物产　63,424—426

杉郊宋瑞兴　328

邵武煤务局　50,51

胜陶　328

石竹山铅矿　50

手工业　5,7,11,12,20,45,48,67—73,75—78,154—156,170,172,176—178,210,215,216,218—227,231,253,255,258,265,269,271,274,278—282,289,411,435,447,448

水陆行　365

顺和行　364,365,367

苏万利　327,328

台北农事试验场　414

台东兴发株式会社及中支那振兴株式会社　438

台拓化学工业株式会社　444,445

台湾电气化学公司　441

台湾肥料工场　444

台湾国产自动车株式会社　438

台湾海运株式会社　438

台湾化成工业株式会社　438

台湾化学工业会社　441

台湾炼瓦工场　444

台湾棉花株式会社　438

台湾石绵公司丰田工厂　444

台湾拓殖株式会社　436—439,444

台湾畜产兴业株式会社　438

台湾野蚕株式会社　438

台湾纸浆工业株式会社　438

台湾制糖　413,414,417,433—435

台湾总督府　10,11,18,169,189,206,210,223,299,301,303,347,350,357,358,360,363—365,367—369,371,374,381,384—386,393—397,400,411—420,422,424—427,429—433,435—441,444,449—454,456

太古洋行　189,190,227,264

糖郊　178,313,328,329,336—338,340,361,364,367,383,397,398

淘化大同股份有限公司　229

拓洋水产株式会社　438

万有胜罐头公司　77

王顺兴　328

文明电灯公司　50

雾峰林家　307,346,349,367

厦布郊　328

厦门电灯电力股份有限公司　229

厦门机器公司　228

厦门市政会 261
厦油郊 328
谢联兴 328
谢升隆 328
新兴氮肥工业株式会社 438
兴业火柴厂 67
星规产业株式会社 438
雅乐罐头公司 77
盐水港制糖 434,435
盐水港制糖公司寿丰工厂 444
药郊 336,398
耀华电灯公司 50
耀明火柴厂 49,51
怡和洋行 132,227,358,372
怡记洋行 362—364,380
怡悦号 366,368
颐康罐头公司 77
义和行 365
益昌号 369
银行 9,11,72,143,144,169,189,190,
  195,198,199,216,218,220,228,235,
  238,241—247,249,254,255,278,280,
  282,287,289—291,295,302—328,330—
  355,357—371,373—381,383—401,410,
  411,416,419,422,425,434,437,439,
  452,455
印度支那产业会社 438
英商万镒行 365
英商厦门船坞 227,228
英商祥泰木行 136
永安电厂 54,55,60,62
永宝公司 63
永康罐头公司 77
永泰县钼矿 63,64
油郊 340,398
悦兴隆砖茶公司 49—51
杂货郊 398

造纸业 70—72,85,172,219,221,226,227
榨油业 68,74,75,78
漳丝郊 328
招商局 132—134,189
赵相泉 313
珍记 208,366,369
振合 328,397
振济会第一工厂 54
郑恒利 367
郑源盛 328
纸郊 398
制糖业 219,223,240,295,412,414,424,
  432—435,440,442,444
中方水泥公司 444
中日轮船和纳闽煤炭公司 189
株式会社福大公司 438

三、商品名索引

安溪茶 211,377
白豆 397
白苎 355
槟榔 179,189,200,312,361,392
菠萝 213,392
布帛 223,307,321,384,388
布料 303
草鱼 116
草鱼苗 333
茶叶 3,4,7,20,21,23,25,26,29,31,36—
  38,41—45,47,49,50,58,68—70,79,87,
  90,100—102,131—133,154,155,158,
  178,179,204,210—213,216,219,238—
  240,249,279,282,283,346,348,356,
  359,361—363,365—367,374,376,377,
  384,388,412,419,424,425,429,447,448
柴炭 279,280,344,351
鲳鱼 113
蛏子 113,114,116

索引 509

瓷 54,62,68,72,121,154—156,166,178,179,218—221,225,228,282,394

大甲席 388,389

带鱼 113

靛 68,104,105,154,204,238,283,346,355,358,375—377,383,384,447

豆 9,26,42,75,81,82,84,85,87,95—98,160,178,192,204,206,209,255,279—281,290,301,303,309,312,313,316,321,324,336—338,346,376,382,383,396—399,447

豆类 81,85,87,91,92,98,206,259—261,280,383

番檨（芒果） 312

纺织品 26,27,31,178,219,362,363,377,384,441

粉丝 42,246

福建茶 9,20,31,68,70,211,238,363

干果 18,26,204,214,279

甘蔗 4,21,81,85,87,90,97,100,104,165,176,204,206,208—210,218,219,229,238,384,412,413,415,417,421,432,433,435,442,447

柑 21,107,165—167,178,213,216,282,343,347

橄榄 21,154

蛤贝 113,114,116

谷 2,3,12,18,20—22,26,27,34—36,42,48,51,52,65,75,80—82,85,86,88,90,92,94,100,102,119,123,124,126,128,130,131,134,136,137,139,149,153—155,158,159,174,198,204—207,211,215,218,226,230,235,243,252,253,258,260,261,277—280,287,292,297,298,301,303—305,307,308,310,312—314,316,317,319—321,323—325,327,329,331—333,336—338,340—346,349,351—355,357,361,369—371,379,381—383,386,390,392,395,402,408,411,412,414,415,419,422,424,447

菓子 398

海产 47,154,173,193,280,303,367,386

海带 42

厚板 361

花金 397,398

花生 75,81,85—87,97,100,104,166,233,237,240,280,382,442,447

花生油 44,75,86,166,233,240,374,382,392

化肥 87,206,418,441,442

黄花鱼 113

黄麻 102,382

火柴 18,26,27,35,36,42,49,51,66,67,228,231,251,252,395,418

火炭 336,398,399

火油 228,398

碱 71,72,418

姜黄 160,392,401,403

椒 192

金属 43,55,56,62,220,232,240,362,418,438,441—444

筋角 310

酒精 53,54,255,418,435,441,442,444,445

橘 21,42,107,154,213,216

咖啡 179,418

可可 418

蜡烛 68,277

栳 383,385

鲤鱼 116,380

荔枝 77,107,154,165,166,213

鲢鱼 116

磷酸钙 418

龙眼 107,154,165,166,213,392,398

鹿脯　303,310,320,324,325

鹿角　119,123,325,363,395

鹿皮　303,318,324,325,328,349,363

麻　9,42,75,84,100,102,104,139,149,154,223,226,237,238,240,279,290,301,303,312,313,315—317,324,336—338,346,361,376,383,389,391,396,398,418,441

鳗鱼　113

煤矿　50,63,64,73,156,334,357—359,372,374,376,421,448

煤油　18,26,27,35,37,42—44,49,50,68,78,160,228,251,379,398

米　18,21,22,26,27,34,35,42,50,53,55,58,59,61,62,64—66,72,75,82,88—92,96—100,107,129,131,146,149,155,160,165,173,174,176—179,182,183,186,203—210,220,230—232,234,235,238—240,252,253,258—261,278—282,287,289,292,293,297,298,303—312,314,316,317,319—321,323—325,327,329,331—333,336,338—346,348,349,351,353—355,357—359,361,367,369,373,376,377,379—383,385,386,388—391,394—403,407—415,417,418,420,422,424,426,427,430,432—435,440,443,447,448,450,451,453,456

米石　397

棉布　27,32,33,76,219,220,222,224,226,235,237,238,249,251,254,277,278,280,310,362,363,373,379,384

棉花　18,33,77,90,100,103,160,219,222,224,279,303,418,438

棉纱　18,26,27,33,42,76,77,222,225,239,240,252,279

面粉　27,34,42,50,54,55,251,259—261

牡蛎　113,114,116

木材　18,20,23,26,27,37—39,45—47,49,50,52,55,56,58,66,79,105—108,136,146,154—156,160,174,187,188,193,204,207,208,237,240,251,278—280,283,310,375,386,389,395,430,431,442

牛革　395

牛骨　42,333

漆器　68,73

铅　26,27,31,35,42—44,50,53,62,121,128,144,146,160,174,221,231,284,381

茄藤　304,305,309,310,346

琼脂　373

伞　53,68,73,108,178,179,230,282

沙藤　192

鲨鱼　113

什木　351

柿　213

薯　3,4,81,82,85,87,91,92,95—98,178,204,206,220,282,311,336,382,418,442,447

薯榔　346

水果　3,6,7,21,26,81,87,154,193,204,214,278,280,361,386,392,399—401,403,408,418

水泥　27,372,418,441,442,444

水藤　325

丝绸　179,219,303,384

松木　37—39,45,48,49,66,106,107,160,208

素面　386

笋　18,77,84,85,108,109,153,154,156,160,392,398,399

笋干　154,398

糖　9,42,50,51,54,59,68,100,104,105,153,165—167,173,178,192,204,206,208—210,215,218,219,223,229,234,

238—240,249,251,255,275,278—280,
282,291,292,295,303,304,306,311—
314,316,317,324,325,327—329,332,
333,336—338,340,341,346,355,357—
365,367,368,375—377,379,380,382—
384,386,391—399,401—403,410—422,
424—427,432—435,437,440—445,447,
448,453,455

桃 213,318—322,327,349,350,364,398,
407,447

陶 42,119,139,192,197,220,225,233,
237,328,421,422

陶瓷 42,55,56,72,219—221,225,281

铁 3,12,13,20,35,38,43,48,49,54,58,
62—64,68,73,74,77,78,82,118,121,
131,135,136,143,150,154,155,157,
159,165,172,174,189,191,194,195,
200,201,206,211,212,228,231,233,
234,240,254,264,266,296,313,337,
341,349,372,374,396,398,411,412,
415,416,418,430,432,435,438,441—
444,449—455,457

通草 103,325,346,375,376,383

铜 18,35,43,49,62,63,73,174,230,303,
319,348,352,386,442,443,456

土布 26,31—33,76,222,225,237,363

土纸 193,227

文旦 392

乌龙茶 211,212,216,238,240,249,362—
366,369,377

乌贼 113

锡 26,27,35,37,43,97,102,149,168,
176,211,216,279,321,334,336,345—
348,352,372,376,377

虾 87,113

夏布 102,154,224,362

香菇 75,108,154,156,160

香蕉 4,165,213,392

橡胶 418,441

小麦 18,26,34,42,81,82,85,87,90—92,
97,98,204,400,418

蟹 113,408

鸦片 5—8,10,12,17,20,21,25—31,37,
43,44,48,57,68,79,101,131,154,155,
157,160—162,182—184,199,201,214,
215,219,222,223,227,235,238,240,
282,297,298,300,334,339,348,357,
361,362,367,378,379,381,383,385,
389,391,392,395,422,424—426,448

烟 29,30,37,39,42,43,45,55,56,62,63,
101,105,133,165—167,173,187,192,
204,206—208,215,219,221,231—233,
237,240,251,254,255,266,279,283,
284,316—318,321,322,325,336,337,
354,360,361,376,381,397,398

烟草 18,21,154,172,174,176,178,188,
204,206,207,215,223,231,282—284

烟丝 26,42,154,231,277,280,398

盐 9,20,22,42,50,86,103,116,143,154,
160,166,173,187,193,194,204,233,
237,278,279,283,290,305,309,310,
312,313,315,319,325,333—335,337—
339,341,353,354,360,361,367,369,
373,383,386,393—398,400,408,409,
421,422,434,435,438,442,444,455

颜料 42

洋药 28—30,162,361

洋油 397

椰子 361

银 9,11,50,59,62,72,122,143,144,169,
176,177,179,189,190,194,195,198,
199,206,216,218,220,223,228—230,
235,238,241—250,252—255,258,263,
277—280,282,287,289—291,293,295,

302—328,330—355,357—371,373—401,410,411,416,419,422,425,428,434,437,439,452,455

油 6,18,35,42,44,49,53,59,65,67,68,73—75,78,85,100,104,108,125,126,154,160,173,228,229,231,233,238,275,279,297,303,306,314,317,328,333,336,340,341,346,355,376,378,394,398,399,402,418,429,432,441,442,444,445

油饼 192

油菜 75,81,82,85,87,88,91,95,98,100,104

油茶 3,22,108,204,283

油桐 108

柚 165,167,178,213,274,282

杂货 35,240,246,249,254,278,279,281,298,330,333,361,362,367,373,379,381—383,386,389,396—398

樟脑 18,20,42,156,160,238—240,291,292,296,334,346,351,357—364,367,374—383,385,386,388,389,391,392,397,401,403,411,412,421,424—431,447,448

芝麻 104,318,325,383,392,397,447

纸 10,11,18,23,26,27,35,39—42,45—47,53—56,58,67,68,70—74,79,85,108,153,154,156,160,166,167,172,173,178,179,187,204,207,219,221,223,225—227,230,231,237,240,242,245,251,278—280,282,283,299,303,336,361,382,398,399,416,418,438,441

纸箔 35,39—41,43,223,244,246,279,386

竹器 68,258,279—281

苎麻 102,224,355,379,382—384,386,447

紫菜 113,154,325

四、人名索引

阿桂 345

巴詹声 185

波特 358

陈宝琛 194

陈福谦 367,368

陈弘谋 176

陈嘉庚 195,229,263

陈中和 365,367,368

陈祝三 368

丁日昌 200,371,372

丁绍仪 306,326,335,337—340,343,344,347,352,354,355,357,391

儿玉源太郎 412,415,424,453

方传穟 342

福康安 332,338,340,345

郭百年 380

郭士立 182,183

后藤新平 416,429,430,450,453

胡传 311,359,371,390,391,400

胡文虎 232,233

胡夏米 182,183

黄国材 304

黄世金 229,243,261

黄重吉 232

记里布 183

蒋毓英 301—303,323—325

觉罗满保 308,310

赖科 310

李春生 367

李鹤年 200,204,372

林本源 243,366,369

林尔嘉 229,261

林国赓 262—264

林维源 366,373

刘崇伦 50

刘崇伟 50
刘铭传 289,296,362,369,371—374,376,
    381,386,390,411,448,449,454
刘世明 323
刘韵珂 183,235
美理登 359
潘冬 310
潘复和 325
邱忠波 189
阮蔡文 320
赛冲阿 332,340
沈葆祯 456
沈光文 313
沈起元 349
施琅 177,303,323
施世榜 303,315
王士杰 328
王雪农 368
文煜 372
吴达礼 323
吴沙 330,352
谢庆安 388
新柱 307
许应骙 47,103,185
薛志亮 335
姚莹 331—333,335—339,342—344,
    346—354
叶崇禄 194,261

尹士俍 305,306,312,316
永德 195,340
郁永河 303,317,323,324
裕铎 358
张士箱 328
张嗣昌 305,307
张毅 216
郑尽心 320
周玺 304,326,332,333,340—345
周醒南 195,257,261—264,272
周钟瑄 310,312,411
朱景英 302,304,306,307,310,314,316,
    317,319,321
朱仕玠 302,309—311
朱一贵 308,370

五、其他

改良糖廍 413,414,432—435,440
闽变 57,120—122,169,196,226,253,264
农业改良 88—90
区域差异 7,10—12,19,84,141,154,233
区域经济 6,7,10—13,17,19—21,23,24,
    76,98,118,153,154,156—160,162,168,
    170,186,221,238,282,294,300,355,
    396,421,447
热带产业调查会 18,206,435,436
土地利用 9,11,79,82—85
殖产兴业 412,415—417,427,433